VERLAG
FRITZ
MOLDEN

TATIANA METTERNICH

Bericht eines ungewöhnlichen Lebens

MIT 23 ABBILDUNGEN

VERLAG FRITZ MOLDEN
WIEN–MÜNCHEN–ZÜRICH–INNSBRUCK

Bildnachweis: Privatarchiv Metternich
Schutzumschlagbild: Aquarell von Molly Bishop

1. Auflage – Mai 1978
1.–8. Tausend
2. Auflage – Oktober 1978
9.–11. Tausend
3. Auflage – Dezember 1978
12.–14. Tausend
4. Auflage
15.–17. Tausend
5. Auflage
18.–22. Tausend

Erstmals erschienen bei William Heinemann Ltd., London
Titel der englischen Ausgabe: Tatiana

Schutzumschlag und Ausstattung: Hans Schaumberger, Wien
Lektor: Annie Haberkalt
Technischer Betreuer: Herbert Tossenberger
Satz: Manzsche Buchdruckerei, Wien
Druck: Astoria, Wien
Bindearbeit: Wiener Verlag
ISBN 3-217-00907-X

Inhalt

Dank allen denen, die mir bei der deutschen Ausgabe geholfen und das Geröll vor den Füßen weggeräumt haben.

Vorwort

Geboren in einer Zeit gewaltsamer Umwälzungen auf unserem Kontinent, die meine Familie aus festgefügten Fundamenten rissen, war diese Entwurzelung für uns durch den grotesken Umstand gekennzeichnet, daß wir im Lauf der Jahre in höchst legaler Weise fünf Pässe verschiedener Nationalitäten besaßen.

Meine Kindheit war ein Teil des Lebens unserer Eltern, für die der Verlust ihres Landes eine Art Amputation bedeutete, die uns hinderte, sich wichtig zu nehmen und gedankenlos oder unbesonnen zu sein. Um so mehr warteten wir mit Ungeduld auf den Beginn des eigenen Lebens. Es waren aber nicht die frühen, oft so schwierigen Jahre der Emigration, die in unseren Herzen eine Narbe hinterließen, sondern der Zweite Weltkrieg.

Den Ausführungen über die Kriegszeit liegen Tagebücher und Notizen aus den Jahren 1939 bis 1945 zugrunde; sie stellen den Versuch dar, meinen ganz persönlichen Eindruck der damaligen Zustände und Stimmungen in Deutschland wiederzugeben.

Das Leben in einer Diktatur ist für Menschen, die nur die Demokratie kennen, kaum zu begreifen; wir hingegen haben in den Jahren des Nationalsozialismus gelernt, die verschiedenen Existenzmöglichkeiten in totalitären Staaten zu verstehen. Sind einmal die grundlegenden Prinzipien der Moral und des Gesetzes aufgehoben, wird es beinahe unmöglich, aus dem ganzen Gefüge von Unrecht auszubrechen, denn dann ist niemand mehr frei von Furcht. Nach der Französischen Revolution erschienen diejenigen, die überlebt hatten, den zurückkehrenden Emigranten verdächtig. Als die Alliierten mit dem Gegensatz zwischen den Konzentrationslagern und dem normalen Alltagsleben der Deutschen konfrontiert wurden, neigten sie zu einer ähnlichen Ansicht.

Wir hatten im Lauf der langen Kriegsjahre erkannt, daß man mit dem Grauen auf die Dauer nicht leben kann; nach jedem Schicksalsschlag gewinnt der Alltag sofort wieder die Oberhand. Wenn sich nicht jeder Mensch eine eigene Zuflucht schafft, die oft nur in einer Art innerer Emigration besteht, geht er im Sog der Demoralisierung unter. Nach und nach schrumpften diese Zufluchtsstätten wie Eisschollen zusammen. Am Ende konnten viele ihre innere Unabhängigkeit nur mehr durch eine Geste von Trotz oder Hohn aufrechterhalten. Dabei kam es auf die persönliche innere Stärke an, und bevor diese nicht ihre Probe bestanden hatte, konnte keiner sagen, wieweit er sich auf sich selbst verlassen durfte.

Als alles vorüber war, merkten wir, daß nicht das Entsetzliche den Schwerpunkt menschlicher Erfahrung ausmacht. Die Überlebenden erinnerten sich vor allem an die Lichtblicke in dieser dunklen Zeit: an die gute Kameradschaft, die selbstlosen Gesten von Liebe und Mut, welche die einzigen echten Werte in einer verstörten, wahnwitzigen Welt blieben.

Nach dieser Erfahrung konnte niemand wieder ganz derselbe sein und niemals wieder die gleiche Lebensintensität erreichen.

1. Teil

KINDHEIT UND JUGEND

1

Als ich im Jahre 1963 zum ersten Mal wieder nach Leningrad kam, schien das Haus in der Fontanka 7 geschrumpft zu sein. Oft läßt ja die Erinnerung Gebäude überdimensional hoch emporragen, vielleicht im Verhältnis zur eigenen damaligen Winzigkeit. Die einstige Hauptstadt war in bewundernswerter Weise wiederaufgebaut worden; ein ganzer Stadtteil hieß noch Petrograd – das war so vertraut und so fern wie ein flüchtiger Blick in ein früheres Leben.

Ich war erst zwei Jahre alt, als wir von dort weggingen, und so erinnerte ich mich an das Haus nur in plötzlich aufblitzenden, unzusammenhängenden Bildern.

Ich sehe mich auf der ersten von drei Stufen am Ende eines gewundenen, holzgetäfelten Ganges hocken und warten, während meine älteren Geschwister, Irina und Alexander, sieben und fünf Jahre alt, sich darum balgten, wer mich an der Hand die Treppe hinunter und um die Ecke in Mamas Zimmer führen dürfe.

Es war an meinem zweiten Geburtstag – der erste wird in Rußland immer übergangen. Mama lag im Bett; ich kuschelte mich weich in ihre Spitzen; es roch nach Lavendel und Rosen wie in einem Taschentuchbeutel.

Auf der Steppdecke lagen meine Geschenke aufgehäuft: flauschige Plüschtiere und englische Bücher mit Seiten so glatt wie Seide. (Bald darauf gab es keine importierten Spielsachen mehr. Die russischen waren aus Holz, handgeschnitzt und lustig bemalt, aber wir mochten sie nicht so gern.)

Am Nachmittag fand in unserem Haus ein Kinderfest statt. Am Ende des Ballsaals hatte man einen schwarzen Schrank aufgestellt, auf dem ruckartig Kasperle-Marionetten auf und nieder hüpften. In langen Reihen saßen Kinder wie Puppen auf leichten goldenen Stühlchen, kleine Mädchen mit Schleifen im Haar in bestickten Smokkleidern über hellblauen oder rosa Unterröckchen und Buben in Matrosenanzügen, unter deren viereckigem Kragen eine Pfeife an einem Band baumelte.

Dann stiegen wir die Treppe hinauf zu der schmalen Plattform über einer polierten hölzernen Rutschbahn. Ein kräftiger Schubs: Wusch! Hinunter zu Nanny, die unten wartete, um mich aufzufangen, und zwischendurch die drängelnden Buben ermahnte: ,,Benehmt euch wie kleine Gentlemen!" – ,,Ich will aber kein kleiner Gentleman sein!" johlte der Betroffene – ein Protestschrei, unzählige Male von Kinder-Generationen in ganz Europa ausgestoßen, aber die Nannies gaben nie auf.

Was für eine bittere Enttäuschung am nächsten Morgen: der große Saal war leer. All die kleinen Buben und Mädchen waren verschwunden. Ich hatte geglaubt, sie gehörten zum Dekor.

Bald darauf erschien ein knallrotes, verknittertes neues Baby, eingewickelt in schaumiges Rosa, als sei es ein Bonbon.

,,Warum ein Korb und keine Wiege?"

,,Es ist Krieg, und es war keine zu bekommen; aber Nanny hat ihn so hübsch mit Bändern und Rüschen verziert."

Das Baby war viel aufregender als jedes Spielzeug, und da es so bald nach meinem Geburtstag erschienen war, meinte ich, es gehöre mir ganz; die Größeren glaubten ihrerseits ja auch, ich gehöre ihnen.

Um die Teezeit führte man uns in den Salon, um uns den Nachmittagsgästen zu ,,zeigen", und wir bekamen rosa oder grüne Kekse, die auf einem Silberteller, sternförmig ausgebreitet, auf der niedrigsten Ablage des Teetisches in Augenhöhe vor mir lagen. Alles, woran ich mich aus jener Zeit erinnere, scheint Papierkorbhöhe gehabt zu haben: Tische und Sessel sah ich von unten, außer wenn meine Onkel mich hoch in die Luft schwangen. Es schien einen Wald von Onkeln zu geben. Ich erinnere mich mehr, wie sie sich anfühlten, an das Kitzeln eines Schnurrbartes, wenn man hochgehoben und geküßt wurde, an den Geruch von Tabak und Eau de Cologne, den Duft von Seife und Leder, als an ihre Gesichter, die mit denen auf alten Fotos in meinem Gedächtnis verschwimmen.

Da gab es Oleg, den Mann von Papas Schwester, der bei der Marine diente, und Papas Bruder Nikolai Wassiltschikow, der so schön Cello spielte. Sein jüngerer Bruder Georg war schon im Krieg gefallen. Er war ein schöner Mensch, sagten sie, aber zu groß, ein sicheres Ziel für den Feind. Sein Bursche Iwan hatte ihn im Feuer zurückgetragen und war dafür mit der St.-Georgs-Medaille für Tapferkeit belohnt worden.

Mama hatte drei Brüder: Boris, der mein Pate war; Dimitri, den sie besonders liebte, auch weil er der lustigste von allen war; Adischka (Wladimir), der Jüngste, kümmerte sich um das Gestüt. Eines ihrer Pferde hatte das russische Derby und damit einen prunkvollen Siegespokal gewonnen.

Außer Onkel Georg Wassiltschikow waren sie alle jung verheiratet, was dazu führte, daß es auch eine Menge Tanten gab. Sie waren ruhig, sanft und dufteten köstlich; da sie meist eigene Babies hatten, spielten sie nicht so viel mit uns.

Die Onkel waren hochaufgeschossen und fröhlich, meist in Uniform und für mich einfach überwältigend. Sie scherzten und lachten, während die Hunde um ihre Füße tobten. Der große weiße Eskimohund Norka lag unter dem Marmortisch in der Halle und starrte mich mit seinen schwarzen Augen an, ohne zu blinzeln, während ich ängstlich seinen buschigen Schweif beobachtete, der hin und her wedelte wie eine große Feder. Ich klammerte mich an die Hand irgendeines Erwachsenen und hoffte, daß man mich schnell außer Reichweite bringen würde, falls dieser bedrohliche Schweif aufhören sollte hin und her zu schwingen und Norka langsam aufstünde, sich zu enormer Größe streckend, und sich daranmachte, mir das Gesicht zu lecken.

An einem heißen, schwülen Tag in Lotarewo, Mamas erstmaliges ländliches Zuhause in der Nähe von Tambow, saß ich auf den Knien meines Paten Boris Wiazemski. Sein weißes, leinenes Norfolk-Jackett, bepflastert mit Taschen, fühlte sich kühl an; das gestutzte, kupferfarbene Haar schimmerte eine Schattierung dunkler als das von Mama, seine Augen waren haselnußbraun. Bewaffnet mit einem Pfeifenreiniger, zog er mir vorsichtig eine Zecke aus dem Ohr, geübt durch die lange Erfahrung bei seinen Hunden.

Irina und Alexander hatten die Namensliste, die zu ihrem Tierlotto gehörte, verloren; er schrieb die ganze Liste neu; sogar in Latein, ohne nachschauen zu müssen. Ein Babylöwe, den er aus Indien mitgebracht hatte, durfte mit im Park umherstreifen, aber dann wurde er so groß, daß man ihn in den Zoo geben mußte, wo er „Lew Wiazemski" genannt wurde.

Die Onkel pflegten ganz plötzlich ihre volle Aufmerksamkeit und ihren Witz auf irgendein sich windendes Opfer unter uns Kindern zu richten. Sie schimpften nie, aber sie behandelten einen wie eine voll erwachsene Person, die fähig sein mußte, schlagfertige Antworten zu geben, in der Art, wie sie selbst untereinander scherzten. So waren sie entzückt, wenn auf eine Frage eine gute Antwort kam; wenn wir uns aber frech und affektiert benahmen, wurden wir sofort ignoriert – sanft zur Seite geschoben: man kam sich plötzlich ganz dumm vor, und die Erleichterung, in Ruhe gelassen zu werden, wog das kaum auf.

Einige Jahre später sah meine kleine Schwester Missie aus wie ein Weihnachtsengelchen mit einem von gesponnenem Goldhaar eingerahmten Gesicht; sie zog die Winkel ihres runden Mundes hinunter und quoll regelmäßig vor Tränen über, wenn ihr die geringste Beachtung zuteil wurde. Die Erwachsenen waren dann tief betroffen und überschütteten sie mit Geschenken, aber nichts half. Sie antwortete sogar Mama nur durch mich, aber mit der Zeit wuchs sich das aus. Als sie schon älter war, neckte man sie immer noch damit: „Nun, Missie, wirst du mit mir sprechen, oder brichst du gleich in Tränen aus?"

Das Zuhause unserer Großmutter Gaga, Mamas Mutter, hieß „Ossinewaja Rostscha" (heute „Lewaschowo") und lag bei St. Petersburg an der finnischen Grenze. Es war ein kleines Schloß aus dem frühen 19. Jahrhundert; auf der Gartenseite erhoben sich von einem Piedestal niedriger Stufen hohe Säulen im Halbkreis bis zum Dach. Das Haus, einen Steinwurf von der Hauptstadt entfernt, war immer voll von Gästen. Die Kinder lebten dort ihr eigenes Leben. Nachmittags fuhren wir in kleinen, aus Weiden geflochtenen Wägelchen aus. Die Ponies waren störrisch und wurden von jungen Stallknechten geführt; die Nannies gingen nebeneinander her. Ein Jausenkorb war hinten am Wagen festgeschnallt; wir stiegen bald aus und liefen in den Park. Durch das hohe Gras konnte man Bisons in einiger Entfernung beobachten. Man erlaubte uns nicht, zu nah hinzugehen, denn sie waren wild und unruhig, besonders wenn sie Junge bei sich hatten. Riesenhaft und grau standen sie da und hörten auf zu kauen, um uns anzustarren. Wir fragten uns, wer wohl die Mutter und wer die Tante der Jungtiere sei, denn der Vater stand nie bei seiner Familie. Irina ängstigte sich meistens sehr.

Eines Tages trug Mama schwarze Kleider; ihr Gesicht war schneeweiß, von langen Trauerschleiern eingerahmt, denen es nicht gelang, den Kupferschimmer ihres Haares zu verdunkeln. Abends sagte man uns, wir sollten für die Onkel beten, die gefallen waren. Die Liste wurde immer länger: Georg, Oleg, Dimitri, Boris.

Papas Vettern ersten Grades, Sergei und Nikolai, waren ebenfalls an der Front gefallen, und ihr Vater, Granny Wassiltschikows Bruder, hob mein Kinn an, wenn er uns besuchte, und sagte versonnen: „Nikolai; sie hat Nikolais Augen."

Dann wurden Tante Mary Scherbatow, ihre Tochter Sandra und ihr Sohn Dima ermordet, tief drinnen im Lande, wo ihr Besitz lag. Papa hatte gerade hinfahren wollen, um sie zu überreden, von dort wegzuziehen.

Die bösen Nachrichten schienen kein Ende zu nehmen. Wir Kinder wußten nicht, was es bedeutete, tot zu sein; die Umgekommenen wechselten nur in eine neue Kategorie in unseren Gebeten über. Auch war uns nicht bewußt, wie jung alle unsere Onkel gewesen waren, die meisten unter dreißig Jahren. Aber wir empfanden Trauer, daß sie nicht mehr da waren, und Mama wurde still, ganz anders als sonst. Sie kam jetzt oft ins Kinderzimmer, wo sie sich leise mit Nanny unterhielt: „Hier bei den Kindern hole ich meine ganze Kraft."

Wir versuchten brav zu sein und ihr mit kleinen Überraschungen Freude zu machen, aber sie bemerkte es kaum und strich uns nur leicht übers Haar, wenn wir abwechselnd auf ihrem Schoß saßen, die Größeren fest an sie geklammert.

Man spürte einen Klumpen im Hals, wenn Erwachsene weinten, besonders wenn sie es zu verbergen suchten. Meistens saß ich mucksmäuschenstill an irgend jemandes Knie geschmiegt, gegen ein hartes, militärisches Koppelschloß oder an weiche Spitzen gepreßt. Niemand hatte mehr Zeit, über die komischen Dinge zu lachen, die Irina sagte, und wenn sie und Alexander allein waren, brach oft, wie aufgestaut, ein heftiger Streit los.

Onkel Dimitri, Mamas Lieblingsbruder, starb, als eine Bombe in seinen Wagen geschleudert wurde; Mamas Cousine ersten Grades, die Schwester von Tante Marussja Weljaminow, traf eine verirrte Kugel, als sie am Fenster stand, während man unten auf der Straße kämpfte. Man hielt es für klüger, Kinder und Nannies auf die Krim zu schicken, bis diese unruhigen Zeiten vorüber wären. Dort würden sie vor Schießereien und Aufständen sicher sein.

Dicke Dampfwolken quollen durch die schwarzen Räder der Lokomotive unter der glasüberwölbten Bahnhofshalle. Ein ganzer Waggon erster Klasse war für uns gemietet und an den Expreßzug in Richtung Krim angehängt worden. Alles kam mit – unsere beiden englischen Nursen, Miss Thompson und Miss Menzies, Irinas Gouvernante, Miss Scott, die russischen Kindermädchen – unsere liebste, Eva, war allerdings Finnin –, die Bediensteten und die Hunde.

Wir wurden die hohen Stufen in den Waggon hineingehoben, und der Zug rumpelte hinaus in die Nacht. Die Bettlaken fühlten sich glatt und kühl an, aber mit dem Nachttopf führten wir einen Tanz auf, denn er wackelte hin und her. Während des Tages wurden blitzsaubere weiße Überdecken, eingefaßt mit derber Baumwollspitze, über die gepolsterten Sitze gebreitet, die nach Pferdehaaren und altem Staub rochen. Es war, als wohne man in einem eigenen Haus auf Rädern; wir stürmten den Gang hinauf und hinunter, um jeden zu besuchen. Die Hunde hatten ein eigenes Abteil; wir gingen hin, um mit ihnen zu sprechen und ihnen Zuckerstückchen durch ein schmales Gitter zu reichen. Ich mußte hochgehoben werden, wenn ich sie begrüßen wollte.

Nach einer ewig langen Reise überfluteten uns Hitze und warmer Sonnenschein. Palmen wiegten sich sanft im Wind, Blumen dufteten, ein felsiges Gebirge türmte sich auf, und das Meer schimmerte. Wir hatten die Krim erreicht.

Der ganze Haushalt, unser Foxterrier Billy und Baby Missies Stoffhund „Cat“ eingeschlossen, zog in eine Villa, welche die Kaiserin-Mutter, Marie Fjodorowna, meiner Mutter zur Verfügung gestellt hatte. Die Villa lag am Rand eines Parks, der ihr eigenes Haus umgab, und hieß „Charaks“.

Wir verfielen bald wieder in den gewohnten Trott geregelter Zeiteinteilung und fader englischer Babynahrung – kleingehackt und breiig –, gemildert durch reichliche Jausen, Beatrix-Potter-Geschichten, „Nursery Rhymes“ (Kinderverse) und lange Spaziergänge.

In abgeschlossenen Winkeln des weitläufigen, staubigen Gartens, dessen Büsche in Blüte standen, spielten wir. Oft kamen zwei zierliche, schwarz gekleidete Damen und beobachteten unser Treiben im Sandkasten: es waren die Kaiserin-Mutter und ihre Hofdame. Von ihren tellerförmigen, schwarzen Hüten standen Krallen und Federn in die Luft, als wären sie mit toten Krähen verziert. Die Kaiserin hatte ein zerknittertes Gesicht und helle, freundliche Augen; ihre Hofdame schien gar nicht wirklich da zu sein: ein Schatten nur.

Unsere Nanny, Miss Menzies (Miss Thompson war nicht mehr bei uns), und Irinas Gouvernante, Miss Scott, stellten uns auf die Füße, staubten uns ab und versanken in tiefe Hofknickse, während sie uns hastig zuflüsterten, ja brav zu sein.

Die Kaiserin streichelte unsere Köpfe und schenkte uns Süßigkeiten, große, klumpige Stücke, die in Papier gewickelt und mit Troddeln geschmückt waren wie Knallbonbons. Sie sprach sehr lieb zu uns, mit einer gebrochenen, wie zerhackten und heiseren Stimme. Wir waren überhaupt nicht schüchtern und mochten sie gern.

Obwohl sie oft nach Norden verreisten, verbrachten Mama und Papa, wenn sie daheim waren, mehr Zeit mit uns denn je zuvor. Mama ließ uns oft mit ihren Halsketten spielen, an denen juwelengeschmückte Ostereier hingen, deren Emaille leuchtete wie Blumen, besetzt mit winzigen, farbig leuchtenden Sternen: sie waren schöner als jedes Spielzeug. Papa hatte sie aus Petrograd mitgebracht. Er war einfach in unser Haus hineingegangen, das gerade geplündert wurde; jeder konnte es betreten und mitnehmen, was er wollte, nicht einmal die Haustür war verschlossen. Papa hatte die Eier in einer Schublade von Mamas Toilettentisch gefunden und in die Tasche gesteckt. Da dort jeder stahl, hielt ihn niemand auf.

Irina liebte Schmuck und erzählte uns, daß Mamas „größere Sachen“ auf die Bank gebracht worden seien, bis die Schießereien vorüber wären und wir nach Hause zurückkehren könnten. Das Wort „Bank“ klang wie ein Mittelding zwischen Gefängnis und Festung, in jedem Falle wie etwas, das man nicht so leicht plündern konnte wie unser Haus; aber auch die „größeren Sachen" sahen wir nie wieder.

Während die Zofe Mamas langes Haar aufsteckte, übten wir Buchstaben in russischer und lateinischer Schrift auf steifen Pappebögen. Alexander liebte den Buchstaben „Z" für „Zaitz" (Hase) so sehr, daß er den Karton ins Bett mitnahm.

Abends spielte Mama Klavier, und Papa begleitete sie auf der Geige. Das Haus war oft voller Gäste; die Erwachsenen musizierten zusammen oder unterhielten sich bis tief in die Nacht hinein. Man hörte kein Gelächter wie in Lotarewo. So klein wir auch waren, spürten wir doch sehr wohl die Spannung und Erregung, die alle erfaßt hatte.

Auf ihrer letzten Reise nordwärts wurde Mama von Onkel Georgs Ordonnanz Iwan begleitet, der damals seinen tödlich verwundeten Herrn aus der vordersten Kampflinie zurückgetragen hatte. Obwohl er dessen Leben nicht hatte retten können, war man ihm doch dankbar und behandelte ihn, als gehöre er zur Familie.

Als aber nun Beamte im Zug erschienen, um die Ausweise zu kontrollieren, flüsterte er Mama zu, er wisse, daß ihre Papiere gefälscht seien: „Geben Sie mir tausend Rubel, oder ich verrate, wer Sie sind." Die plötzliche Abkehr von seiner Heldenrolle blieb allen unverständlich.

Mama unterbrach ihre Fahrt in Moskau, um ihren jüngeren Bruder Adischka zu finden, der sich dort versteckt hielt. Sie konnte ihn mit ukrainischen Papieren gerade noch rechtzeitig aus der Stadt bringen, denn kurz darauf wurden alle Offiziere in der Reitschule festgesetzt und standrechtlich erschossen, wenn sie nicht in die Rote Armee eintraten und einwilligten, gegen ihre eigenen Leute zu kämpfen.

Als Mama dann weiter nach Petrograd fuhr, wurde sie dort erkannt, verhaftet und in das Gefängnis der Bolschewiken, die „Tcheka", gebracht. Sie wurde in eine überfüllte Zelle gestoßen, in der Diebe und zufällig Aufgegriffene, bunt durcheinandergewürfelt, saßen. Man rückte für sie zusammen, wobei sie neben die schöne und liebenswürdige Gräfin Brasow zu sitzen kam. Die Gräfin war die Frau des Großfürsten Michael Alexandrowitsch. (Diese morganatische Heirat war der Grund für seine Weigerung gewesen, nach der Abdankung seines Bruder Nikolaus II. den Thron zu besteigen.)

Die Gräfin Brasow teilte kostbare Taschentücher und Seife mit Mama, die, von der Straße weg verhaftet, nichts außer ihrer Handtasche bei sich trug.

Nachts wurden die Gefangenen abwechselnd zum Verhör geführt, das der gefürchtete Uritzky vornahm. Er war dafür berüchtigt, keine Gnade zu kennen. Mama behauptete, sie habe nie so verabscheuungswürdige Gestalten gesehen wie jene, die dort um den Tisch lungerten, um über sie zu richten. Es erschien ihr wie eine Vision der Hölle. Als Uritzky und seine Helfershelfer an ihrer Bibel herumfingerten und über die handbemalten Bildchen spotteten, die als Buchzeichen dienten, fuhr sie die Kerle an: „Die haben mir meine Brüder, die von Ihnen und Ihren Leuten getötet wurden, geschenkt. Es ist höchst unerfreulich zu sehen, wie schmutzige Hände entweihen, was einem heilig ist."

Seltsamerweise entgegneten sie: „So dreckig sind sie auch wieder nicht." – Dabei hatte Mama „blutbefleckt" gemeint.

Vielleicht half der ukrainische Paß – sie gaben das Büchlein jedenfalls zurück und entließen Mama, vielleicht auch dank einer einflußreichen Intervention von außen.

Wir hörten zu, als sie Nanny ihre Erlebnisse erzählte, unter anderem, wie im Gefängnis die Motoren der im Hof stehenden Lastwagen angelassen wurden, um den Lärm der Erschießungen zu ersticken.

„Noch erschießen sie keine Frauen, deswegen ist Mama wieder herausgekommen", erklärte uns Alexander.

Wir fingen an, uns schrecklich zu fürchten, und hatten böse Träume. Seitdem waren die Erwachsenen vorsichtiger mit dem, was sie vor uns sagten.

Unsere Umgebung wurde allmählich unsicher. Bald hieß es, die Roten planten auch hier auf der Krim ihre Terrorherrschaft aufzurichten.

Eines Nachts steckte man uns voll angezogen ins Bett, in Stiefeln, die mit Hornhaken hoch hinaufgeknöpft wurden, und Mänteln, ganz so, als ob wir gleich ausgeführt werden sollten. Gott sei Dank ersparte man uns wenigstens das gesteppte Seidenfutter unterm Mantel und die „Walenkis", die Filzüberschuhe, die wir sonst im Winter trugen, aber furchtbar heiß und muffig war es immer noch in unseren Betten.

Unser Schlaf blieb „porös" und unruhig, gestört von fremdartigen Geräuschen; es war wie das näherkommende, dröhnende Rauschen einer großen Welle, das Rennen von Füßen, wildes Rufen und Schreien. Dann klommen ächzend Lastwagen den Hügel herauf, und das Gebrüll wurde immer lauter.

Nanny schlich auf Zehenspitzen herein, dann Mama. Sie unterhielten sich flüsternd. „Hoffentlich wecken sie nicht die Kinder", sagte Nanny. Der Lärm kam genau auf das Haus zu und erstarb auf dem Hügel. Darauf hörte man ein kurzes Knattern, und schließlich herrschte Stille. Am nächsten Morgen erfuhren wir, daß Papa die ganze Nacht, bewaffnet im Garten patrouillierend, Wache gehalten hatte. Das hörte sich sehr aufregend an, aber zugleich doch auch beruhigend.

„War dein Gewehr geladen? Hast du geschossen?“ wollten wir wissen.

Am nächsten Tag marschierten General Wrangel und seine Weiße Armee ein, um uns zu befreien. Er war ein großer Freund unserer Familie und kam uns oft besuchen.

Alexander stolzierte mit leuchtenden Augen sehr geschmeichelt einher, denn der General hatte ihm sein signiertes Foto und eine kleine weiß-blau-rote Fahne geschenkt, die gleich einen Platz über dem Bett neben den Ikonen bekam.

Die Weiße Armee stellte die Ordnung wieder her und ließ diejenigen hängen, die Verbrechen begangen hatten. Es waren z. B. von den Bolschewiken Offiziere im Hafen von Jalta ertränkt worden, denen man Steine an die Füße gebunden hatte. Der Taucher, den man hinunterschickte, um sie zu identifizieren, wurde wahnsinnig, als er die aufrecht hin- und herschwankenden Gestalten sah. Man diskutierte viel über all dies, auch über das Hängen.

Wieder einmal hatten die Erwachsenen vergessen, daß wir anwesend waren und die Ohren spitzten, während wir in der Ecke spielten. Nachher versuchten wir uns vorzustellen, ob es wohl so ausgesehen haben könnte wie Alexanders Zinnsoldaten, wenn man sie auf den Grund der vollen Badewanne stellte. Mama war schockiert, als wir es ihr erklärten und dazu meinten: „Es stirbt ja niemand mehr. Alle werden immer nur umgebracht.“

Die Matrosen, die im nahegelegenen Leuchtturm Dienst taten, saßen oft bei uns in der Küche, und dann kicherten die Mädchen mehr als gewöhnlich. Diese Freundschaften hielten die schlechtgesinnten unter den Matrosen in der Nacht, als Papa Wache hielt, von unserem Hause fern. Sie baten nun darum, man möge General Wrangel sagen, daß sie uns vor seiner Ankunft nichts Böses zugefügt hätten, was Papa auch tat.

Bei den Roten wurden Listen gefunden, auf denen die Namen all derer standen, die in jener Nacht, bevor die Weißen kamen, hätten getötet werden sollen. Sogar Baby Missie war dabei. Es schauderte uns zwar, doch fühlten wir uns, Zwerge die wir waren, wichtig, weil man uns nicht übersehen hatte.

Die Leute begannen wieder zu lachen. Der Frühling kam, und die Luft roch nach Blumen, erdigem Grün und nach dem Salz des Meeres. Morgens konnten wir wieder an den Strand hinuntergehen. Die Wellen kräuselten sich nur träge und platschten, leise auslaufend, auf die glatten grauen Kieselsteine, die gesprenkelt waren mit flachen weißen und getupften spitzen Muscheln. Es war schwierig, hier zu laufen, denn es war rutschig und knirschte unter den Sandalen. Mama schwamm hinaus, und wir hielten uns wie kleine Krabben an ihren Schultern fest. Wunderbar war es, auf die steile Küste zurückzublicken, wo die Häuser und Gärten übereinanderkletterten, als kämpfe jedes um die bessere Aussicht.

Auch die Nachmittagsspaziergänge mit Nanny wurden wieder aufgenommen. Oft führten sie uns nach Alupka nahe Jalta, wo unsere kleinen Cousins, die Worontzow-Enkel, wohnten. Manchmal blieben wir dort über Nacht, und ich schlief auf einem grünen, mit Seide bezogenen Sofa, das man verkehrt an die Wand gestellt hatte und das so gemütlich war wie eine Wiege.

Mama fotografierte uns, wie wir rittlings auf den großen steinernen Löwen saßen, die die breite, zum Meer hinunterführende Treppe des Palais flankierten. Onkel Georgie Scherbatow-Stroganow, der etwa fünfzehn Jahre alte jüngere Bruder Onkel Olegs, half, uns festzuhalten.

Mama behauptete, wir und unsere Cousins sprächen das Englisch unserer jeweiligen Nannies, wobei Jim und Nina, Onkel Adischkas Kinder, die gewisse näselnde Aussprache hätten, die man „Cockney" nennt, genau wie ihre Miss Macklin. Unsere Miss Menzies, die Schottin war, erlaubte nicht, daß wir sie nachahmten, obwohl sie die liebe „Mackie" sehr gern mochte. Leonid und Sandra Wiazemski, Onkel Dimitris Kinder, sprachen hingegen ein ziemlich affektiertes Oxford-Englisch, fand Nanny.

Eines Tages, als wir die Landstraße entlanggingen, blieben Alexander und ich zurück und lehnten uns an die hölzernen Telegrafenmasten, um ihrem geheimnisvollen Summen zu lauschen. Wir malten uns aus, es sei der Laut von Nachrichten, die durchgegeben würden, das Schwirren weitentfernter Stimmen, die dringend zueinander strebten.

Der goldgelbe Weg, der über den Hügelrand in den Himmel zu führen schien, wurde plötzlich durch eine Staubwolke verdüstert, die von einem Haufen grüngekleideter Soldaten aufgewirbelt wurde, deren Pickelhauben und Fahrräder in der Sonne funkelten. Deutsche!

Von Panik ergriffen, rannten wir atemlos Nanny nach, die mit ihrem Kinderwagen und der braven Irina schon weit voraus war. Wir waren nicht schnell genug, sie holten uns ein, als wir über die Straße liefen. Alexander gelang es noch, die andere Seite zu erreichen, aber ich fand mich nach einem dumpfen Schlag im Graben wieder, verstrickt in Speichen und schwirrende Reifen. Der Himmel stand verkehrt, und ich fühlte eine große Beule auf meinem Kopf wachsen und überall Schnitte und blaue Flecken.

Ein bulliger Mann mit fuchsrotem Haar und rötlichem Gesicht, der stark nach Stiefeln, Uniform und heißem Tag roch, stellte mich vorsichtig wieder auf die Füße und betupfte die Kratzer mit einem großkarierten Taschentuch. Er hatte mich umgefahren. „Ach, ich war immer ein Unglückskind", seufzte er, während Nanny, selbst über den Vorfall erschrocken, ihm beruhigend zusprach. Die ganze Kompanie stand umher, ein Meer von Fahrrädern und Mitgefühl.

Nanny meinte nachher zu Mama: „Ich hätte nie gedacht, daß meine ersten Worte zu einem Deutschen nach diesem fürchterlichen Krieg Worte des Trostes sein würden."

Es gingen nun Gerüchte um, daß Zar Nikolaus, die Kaiserin und alle ihre schönen Kinder von den Bolschewiken umgebracht worden seien. Die Nachricht schien uns zu schrecklich, um glaubwürdig zu sein, und die Kaiserin-Mutter war die erste, die sie nicht für wahr halten wollte, bis man ihr die Ergebnisse der Untersuchung später vorlegte.

Unter großen Schwierigkeiten gelang es König Georg V., einem Vetter des Zaren und Neffen der Kaiserin Marie Fjodorowna, den Premierminister Lloyd George zu überreden, einen Flottenverband zur Krim zu senden, um seine Tante zu retten. Als die Engländer kamen, weigerte sie sich aber, an Bord zu gehen, wenn nicht alle, die fort wollten, ebenfalls von den englischen Schiffen mitgenommen würden. Da die britische Flotte den Befehl hatte, die Kaiserin in Sicherheit zu bringen, war der Befehlshaber froh, die Situation ausnützen und die verfügbaren Einheiten hinschicken zu können, um möglichst viele Flüchtlinge – so auch uns – ohne weitere Erlaubnis einzuschiffen.

Wir würden also wegfahren! Rußland verlassen!

Das große Einpacken begann. Die Hausmädchen schwammen in Tränen.

„Nur das Wichtigste", sagte Papa.

„Ich laß' dann das, was wir nicht mitnehmen können, auf dem Pier zurück", sagte Mama.

„Kein Spielzeug?"

„Jeder eines, und ein paar Bücher. Schulbücher auch."

Ein Schrankkoffer wurde mit fadschmeckendem „Benger-Food" gefüllt, denn Missie war erst zwei Jahre alt, und es war wieder ein Baby unterwegs. Ich hoffte im stillen, daß es Tommy heißen würde, aber Alexander erklärte, er hätte lieber einen Esel als ein Brüderchen und eine Bürste dazu, um ihn sauber zu halten; ein Baby sei zu klein, um damit zu spielen, und wäre gerade jetzt niemandem von Nutzen.

„Aber einen Esel könntest du genausowenig mitnehmen."

„Vielleicht schenken sie mir wenigstens später einen", seufzte er hoffnungsvoll.

Der Foxterrier Billy mit seinem schwarzen Fleck über dem einem Auge trottete trübselig hinter uns her. Wir waren sehr traurig, ihn zurücklassen zu müssen, obwohl die Hausmädchen versprachen, sehr lieb zu ihm zu sein. Er konnte nicht mitkommen wegen etwas, das „Quarantäne" hieß.

Mama brauchte ihre Koffer schließlich nicht auf dem Pier zurückzulassen, denn es war genug Platz im Laderaum des Schiffes, das auf uns wartete. Matrosen, gelenkig wie Affen, kletterten dünne Leitern hinauf und hinunter und balancierten die riesigen Kisten auf ihren Schultern.

An einem sonnigen Apriltag des Jahres 1919 schifften wir uns auf der „Princess Ena" ein.

Aufgeregt sausten wir auf den Decks umher, denn alle unsere Vettern und Cousinen fuhren auch mit, und wir waren noch nie auf einem Schiff gewesen. Den verwirrten Nannies war leicht zu entkommen. Sie fanden uns erst Stunden später, als wir unsere Sympathien bereits fest vergeben hatten, auf den Knien unseres Lieblingsmatrosen schaukelten und den herrlichen Geruch von Teerseife und derbem Segeltuch schnupperten. Selig teilten wir ihre Hundebiskuits und den starken Schwarztee aus Blechbechern.

Nanny behauptete, die Mannschaft sei erstaunt über unser puppenartiges Aussehen – wir trugen große, breitkrempige Schlapphüte – und über unser Englisch.

Ich wurde der besondere Liebling des stämmigen Kapitäns, Commodore Unwin. Auf seinem Schoß sitzend, rieb ich mein Gesicht an seinem Mantel und spielte mit seinen Ordensbändern. „Was ist dieses da?" – „Das Victoria Cross."

Alexander erklärte es mir nachher; es war derselbe Orden wie in der Geschichte „Misunderstood", wo das sterbende Kind die Hand eines Kriegshelden, eines „V. C."-Dekorierten, hält und nicht einmal weint, obgleich *wir* über die rührselige Geschichte leidenschaftlich schluchzten. Alexander sagte, ein „V. C." sei etwas ganz Besonderes, das überall anerkannt und bewundert werde.

Es gab keine Unterrichtsstunden und keine Verhaltensregeln mehr. Wir spielten Fangen über das ganze Schiff und standen dann am Heck, fasziniert hinunterstarrend, wie die tintenblauen Wellen sich in einen breiten, sahnig-weißen Fächer ausbreiteten. So traurig diese Fahrt in die Verbannung die Eltern stimmte – wir Kinder hatten uns noch nie so gut unterhalten.

Nun fuhren wir in den Bosporus ein, der von geschäftigen, auf und ab schaukelnden kleinen Dampfern überquoll. Sie tuteten um die Wette; die Sirenen endeten mit einem wehmütigen Klageruf, der weit über das Meer hallte, wie das Schreien fremdartiger Vögel. In regelmäßigen Abständen erhoben sich trutzige Türme die Küste entlang. Alexander sagte, es seien Festungen, die von den Türken oder gegen sie gebaut worden seien. Sie sahen genauso aus wie seine geliebte Spielzeugfestung, die er hatte zurücklassen müssen.

Irina und Alexander wurden zur Besichtigung der Hagia

Sophia, der größten Moschee in Konstantinopel, mitgenommen. Sie gingen in einem Motorboot an Land, das aus einem Schweif von Gischt hervorschnellte und bald, als es seinen Weg zwischen den gekräuselten Dampfwolken anderer Schiffe suchte, zur Größe eines Insektes zusammenschrumpfte. Gespickt mit spitzen Türmen, erwartete sie die Stadt wie ein großer, summender Bienenstock.

Als sie zurückkehrten, erzählten sie, sie hätten die Spur der blutigen Hand des Sultans hoch oben auf der Mauer der Hagia Sophia gesehen, die er hinterließ, als er über Berge von Leichen nach der Belagerung Konstantinopels in die Kirche einritt. Es kam uns vor, als müßten die Türken ähnlich gewesen sein wie die Bolschewiken, die auch alles vernichteten und umbrachten, wo immer sie hinkamen.

Ob sie die Stadt Konstantinopel, Byzanz oder „Novy-Rim" (Neu-Rom) nannten, die Erwachsenen wurden verträumt, wenn sie als geistige Erben jener Vergangenheit den Zaubernamen aussprachen. Sie beklagten Konstantinopels Abstieg und Verfall, aber nichts konnte die goldenen Vorstellungen auslöschen, die für sie mit dieser Stadt verbunden blieben.

Zahlreiche Flüchtlinge verließen die Schiffe auf den Prinkipo-Inseln im Marmara-Meer. Später sollten viele ihrer Kinder von einer Virusgrippe, der „Ispanka", befallen werden und daran sterben. Den Eltern blieb oft nur ein verblassendes Foto als Erinnerung zurück.

Papa besaß noch Ländereien in Litauen, das ein unabhängiges Land geworden war. Wir zählten daher nicht zu den ausgesprochenen „Flüchtlingen", wie viele unserer Landsleute, und erhielten die Erlaubnis, nach Malta weiterzufahren. In einer kleinen Gruppe wurden wir auf ein Schiff gebracht, das „Bermudion" hieß. Bald darauf erzählte man uns, daß es zweimal torpediert, geborgen und erneut zu Wasser gelassen worden sei. So war das bleifarbene Wasser unter uns also doch nicht so zuverlässig, wie wir gedacht hatten; jeden Augenblick konnten wir von einem riesenhaften Schlund verschluckt werden, wie es in der Geschichte der legendären Stadt Kitez geschehen war.

Die „Bermudion" schien tatsächlich nicht allzu seetüchtig zu sein, denn im Laufe des Tages begannen wir auf unruhigen Wellen hin und her zu schlingern, und alle Erwachsenen verschwanden außer Sichtweite, denn es wurde ihnen furchtbar übel.

Einige Tage lang kam niemand, um uns anzuziehen oder sich um uns zu kümmern. Unser finnisches Kindermädchen Eva taumelte mit einem Napf voll klebrigem Porridge herein, stellte ihn gerade noch auf meine Knie und verschwand schon wieder mit einem Taschentuch vorm Gesicht, wie ein „Jack-in-the-box", ein

Schachtelmännchen. Ich schob das Zeug in Missies Mund und wischte unter ihrem Kinn und hinter den Ohren mit einem Blechlöffel nach. In unserer Kajüte dem Schicksal überlassen, spielten wir und schliefen viel, bis schwere Ketten rasselten und man Rufen und das Geräusch trappelnder Füße hörte.

Wir hatten Malta erreicht.

Das Meer war wieder glatt, so blau wie der Himmel, und es schimmerte im leuchtenden Sonnenlicht; die Welt schien sauber gewaschen. An Land führten steile Gäßchen den Hügel hinauf und zwischen hohen Häusern wieder hinunter zum Meer. Gärten waren nicht zu sehen, obwohl wir später einen entdeckten.

Der Sohn des Besitzers in unserem Hotel hieß Harry Cini. Er verwöhnte uns und überschüttete uns mit Süßigkeiten und Geschenken. Wenn wir gefüttert wurden, half er mit, und bald wollte er unsere rotbackige Eva heiraten.

Jeden Tag machten wir lange Spaziergänge. Meerschweinchen und Blumen wurden an jeder Straßenecke verkauft. Wir schauten durch die Käfigstäbe auf die pelzigen, buntscheckigen kleinen Knäuel und fütterten sie mit Salatblättern. Die Maultiere trugen spitze Strohhüte, geschmückt mit künstlichen Blumen und roten Pompons; die Löcher in der Krempe ließen die langen wedelnden Ohren durch, mit denen sie die Fliegen verscheuchten. Mit wehenden Fahnen ergossen sich singende Prozessionen die engen Straßen hinunter wie Flüsse, die durch eine tiefe Kluft wirbeln.

Kleine Buben in Chorhemden schwangen bimmelnde Glöckchen vor vielfarbigen, schwankenden Heiligenfiguren. An einem Heiligen nagten zwei Löwen, aber es konnte ihm wohl nicht sehr wehe tun, denn er lächelte holdselig.

Eine freundliche englische Dame schenkte Alexander das bemalte Modell eines Malteserschiffes. Wir hatten nie etwas so Schönes gesehen, aber wir durften es nur anschauen. Berühren verboten!

Irina und Alexander schienen in einen Dauerstreit miteinander verstrickt zu sein – „wie Hund und Katze", sagte Nanny. Eines Nachts warfen sie bei einem Handgemenge die Lampe um, die Vorhänge in ihrem Zimmer begannen lichterloh zu brennen.

Sie stürzten in ihren Nachthemden geradewegs hinunter ins Eßzimmer, wo Mama und Papa mit der britischen Navy beim Diner saßen. Die Offiziere rannten los, um das Feuer zu löschen. Statt sie zu strafen, stopfte man Irina und Alexander mit Eis und Schokolade voll; so hatten sie Glück, denn es hieß, der Schrecken sei Strafe genug. Außerdem war Harry Cini so sehr in Eva verliebt, daß er seinem Vater gar nicht erlaubt hätte, mit einem von uns länger böse zu sein.

Eva kehrte später nach Malta zurück, um ihn zu heiraten, und ein Baby nach dem anderen wurde nach uns benannt.

2

Bald darauf ging es weiter nach Frankreich.

„Werden wir nie mehr irgendwo so lange bleiben wie in Charaks?" fragten wir traurig, denn die zwei Jahre dort hatten uns verleitet zu glauben, es sei für immer ein Zuhause.

Wir zogen nun nach Beaulieu und richteten uns bald in einem hübschen weißen Haus ein, das mitten in einem Garten voller Palmen und süß duftender, gefederter Mimosen lag.

Freundliche Damen beaufsichtigten uns einmal den ganzen Nachmittag beim Bildermalen, und als wir nach Hause kamen, lag Mama im Bett, und ein neues Baby war eingetroffen.

Es döste in einem Weidenkörbchen, das oft auf zwei Stühlen in den Garten gestellt wurde. Missie und ich hatten es noch nie richtig betrachtet, und so kletterten wir auf die Stühle, um gut hineinsehen zu können. Seine Nase war rund und rosa wie ein Knopf, aber ganz weich anzustupsen. Plötzlich geriet alles aus dem Gleichgewicht; wir polterten zu Boden, es gab ein wüstes Durcheinander von Stühlen, Korb und Baby. Nanny stürzte herbei, und alle waren fürchterlich aufgeregt. Das Baby hatte sich geschickt zwischen die Kissen gerollt und sich überhaupt nicht weh getan, aber es brüllte derartig, daß wir zur Strafe bei hellem Tageslicht ins Bett geschickt wurden.

Alexander war schon im Recht: mit einem Esel hätte man es leichter gehabt.

Beide Großmütter waren oft bei uns. Gaga Wiazemski war groß und schlank, Granny Wassiltschikow rundlich und mollig. Wenn sie uns zulächelten, hatten sie traurige Augen, denn die Onkel, die tot waren und für die wir beteten, waren ihre Söhne gewesen.

Oft brachten sie uns Geschenke mit, ein sorgfältig ausgesuchtes Spielzeug oder Jacken und Mützen, die sie selbst gestrickt hatten. Stundenlang wurden Märchen vorgelesen. Tante Lili, die mit meinem Paten, Onkel Boris, verheiratet gewesen war, kam uns immer wie eine „Tsarewna", eine Prinzessin, aus einer dieser Geschichten vor: große schwarze Augen und elfenbeinfarbene Haut, hochgewachsen und gertenschlank. „So jung!" sagten die Erwachsenen seufzend, dabei war sie schon zweiundzwanzig, erschien uns also recht alt. Sie war lieb und still, lächelte fast nie, aber kam oft mit zu unseren Spaziergängen und Picknicks. Es schien uns, als verweile sie in einer anderen Welt.

Die Nannies erklärten uns nicht, was mit Onkel Boris geschehen war. Alexander deutete dunkel an, daß es wohl schlimmer sei, als wir uns vorstellen könnten, aber wir waren damals zu klein, um es erfahren zu dürfen.

Großpapa, Papas Vater – Nanny nannte ihn den „General" –, war ein brummiger alter Herr mit einem viereckig gestutzten, weißgelb gescheckten Bart. Er roch nach Tabak; es kitzelte, wenn er einen küßte. Oft kam er, um mit Alexander Schach und mit mir Dame zu spielen. Er schnaubte und kaute, hin und her überlegend, bevor er einen Zug machte, und gewann beinahe immer. War die Partie zu Ende, hatten wir ihm eigentlich nichts mehr zu sagen und atmeten auf, wenn wir hinaus in den Garten zu unseren eigenen Spielen laufen durften.

Es gab da noch andere Erwachsene um uns herum, aber sie hatten verschwommene Konturen, wie Bäume und Häuser, die man von einem fahrenden Zug aus sieht. Zwar nahmen wir sie wahr, aber sie fesselten unsere Aufmerksamkeit nicht lang. Trotzdem verstanden wir, ohne daß man es uns hätte erklären müssen, so als ob wir viele Dinge schon immer gewußt hätten, warum die Menschen so und nicht anders fühlten und handelten. Die Begründungen und Erläuterungen kamen viel später, und dann war nichts mehr so klar.

Ganz geheim erzählte mir Alexander von seinem Plan: er wollte mitten auf einem Feld ein Haus bauen, das mit einem Fäßchen Schießpulver, an dem ein Zünder und eine lange Schnur hingen, vermint werden sollte. Mit dem Versprechen geheimer Information könnte man Lenin und Trotzki dorthin locken. Sie würden mit einem großen Knall in die Luft fliegen, und es hätte ein Ende mit der Schreckensherrschaft in Rußland.

Immer noch bereitete uns der nächtliche Lärm von Lastwagen Alpträume, doch nun überholten uns manchmal bei unseren Spaziergängen amerikanische Militärfahrzeuge voll lachender Soldaten, die uns Kaugummis herunterwarfen und uns zuwinkten. Nanny nahm diese Spenden zwar sofort weg, aber wir erfuhren, dadurch immerhin, daß auch freundliche Männer in Lastwagen herumfahren.

Eines Morgens sagte man uns, Irina sei verschwunden, anscheinend fortgelaufen; Miss Scott suche nach ihr. Wir Geschwister fanden ihren Entschluß sehr wagemutig, denn sie handelte ganz wie die Heldin des Buches, das sie gerade las. Mit langen schwarzen Haaren und einer hübschen, pfirsichfarbenen Haut, für ihre neun Jahre hoch aufgeschossen, munter und aufgeweckt, war Irina gewohnt, Mittelpunkt allgemeiner Beachtung zu sein; das ging so lange, bis wir und unsere kleinen Cousins um sie herumzuwirbeln begannen. Damals passierte außerdem so viel Umwälzendes, daß außer einem Streicheln über ihren Kopf, einem schnellen Kuß keine Zeit mehr für sie übrig blieb. Vielleicht hatte es sie getroffen, daß man sie immer mehr in die Nursery abschob, wo unsere Spiele sie langweilten. Sie interessierte sich ja nur für die Welt der Erwachsenen. Vielleicht war auch Miss Scott zu streng; Unterricht und Lernen fesselten Irina sowieso nie.

Um die Mittagszeit brachte man sie jedenfalls mit Schimpf und Schande zurück. Sie hatte nämlich einen Brief hinterlassen, in dem stand, sie werde bei unseren Verwandten Scherbatow in Nizza wohnen. So nahm Miss Scott einfach eine Straßenbahn dorthin und ging zu Fuß zurück, um die Ausreißerin abzufangen. Irina erzählte uns später, es sei ganz gut gewesen, daß Miss Scott sie gefunden habe, denn es habe sie ein Mann mit gezücktem Messer die ganze Zeit verfolgt.

„Deine arme Mama! Bei all dem, was sie ohnehin schon durchstehen muß! Wie konntest du nur so etwas Schlimmes tun?" sagte Miss Scott. Wir verstanden auch nicht, warum sie es eigentlich getan hatte, denn sie war glücklich, wieder da zu sein, und genoß das Aufheben, das um sie gemacht wurde. Außerdem nahm Mama Irina nun so oft wie möglich mit, wenn sie fortging.

Miss Scott verließ uns bald darauf.

Man würde bald wieder verreisen, hieß es; diesmal nach Deutschland.

„Warum denn nach Deutschland? Das sind doch Feinde!"

„Weil Papa nach Litauen gehen muß, und das ist dort in der Nähe."

Das Haus der Familie in Yourburg bei Tilsit war von den Deutschen 1914 niedergebrannt worden; die Ländereien von Yourburg und Tauroggen hatte man konfisziert. Die neue Regierung ließ Papa wissen, daß diese Maßnahme, soweit sie ihn betreffe, für zwei Jahre außer Kraft gesetzt würde wegen all der Verdienste, die er sich in früheren Jahren um Litauen erworben habe. So könne er für seine große Familie sorgen. Außer uns waren da noch Großpapa und Granny, Onkel Nikolai und Tante Sonja (Olegs Witwe) sowie ihre vier Töchter.

Die neugewonnene Unabhängigkeit der baltischen Staaten stand noch auf wackeligen Füßen. Vielleicht waren sie weit genug von den Bolschewiken entfernt, um ihre Freiheit bewahren zu können, aber Mama wollte sich lieber nicht dorthin begeben. Bevor die neuen Regierungen nicht fest im Sattel saßen, zog sie es vor, nicht zu weit von Papa in einem Seebad in Ostpreußen zu bleiben.

Sie machte sich Sorgen um ihn, denn er hatte auf der Krim, kurz bevor wir flohen, eine Art Nervenzusammenbruch erlitten. Der Verlust seiner Heimat schmerzte ihn wie eine tödliche Wunde, die langsam die Kräfte aufzehrt.

Schließlich kamen wir in Rauschen an, das am Meer, nahe bei Königsberg, liegt. Es stellte sich heraus, daß es eigentlich ein ganz passabler Ort war. Die Gäste in unserem Hotel aßen nachmittags eine Unmenge leckerer Kuchen, die nach grießigem Teig und süßlichem Schaum schmeckten und auf deren Oberfläche unsicher ein oder zwei kandierte Kirschen thronten. Wir verstanden nicht ein Wort von dem, was um uns herum gesprochen wurde; Nanny seufzte tief, daß sie in Deutschland sein mußte.

Mama organisierte lange Spazierfahrten in einem bequemen, knarrenden Pferdewagen auf sandigen Wegen, die sich zwischen Kiefern hindurchwanden. In den seichten Wellen des Meeres spielten wir bald wieder so unbekümmert wie junge Vögel.

Der Strand erstreckte sich unendlich weit an der graugrünen See entlang und war ganz menschenleer. Wir bauten Sandburgen und warteten auf Papa.

Eines Tages stritten ekelhafte Buben mit Alexander. Ich konnte es mir jahrelang nicht verzeihen, daß ich davonlief und ihn im Stich ließ, aber er nahm es nicht so tragisch. Sie warfen Steine und schrien spöttisch: „Rußland kaputt!" Nanny sagte kopfschüttelnd: „Deutschland is kaputt too!"

Wir erkrankten kurz vor der Reise an Keuchhusten und hechelten um die Wette. Irina sagte todtraurige Dinge wie: „Ich werde den morgigen Tag nicht überleben, denn meine Kehle zerreißt." Missie wurde beim Husten purpurrot, doch ohne zu heulen, denn sie weinte selten, wenn es einen triftigen Grund dafür gab. Wir klammerten uns hilfesuchend an jeden zweiten Baum und würgten heftig; die Deutschen blieben stehen und starrten uns sprachlos an, bis wir ausgekeucht hatten.

Irina wußte immer, wer in dem kleinen Hotel mit wem schlief, denn die Schuhe standen nachts paarweise vor den Türen. Sie war überhaupt sehr neugierig geworden.

Ab und zu gab es heftige Gewitter mit zuckenden Blitzen und grollendem Donner. Wir fragten uns, ob der liebe Gott wohl seine Möbel im Himmel hin und her schob.

Alexander grübelte über den heiligen Georg nach, denn wie konnte dieser einen Drachen töten, wenn die Heiligen doch erst in der Zeit nach Jesus Christus als solche anerkannt wurden? Da aber gab es keine Drachen mehr. Er wußte über vorsintflutliche Tiere Bescheid seit seinem Besuch im Museum des Berliner Zoo.

Papa kam endlich zurück. Wir machten weite Spaziergänge miteinander. Doch wenn mehr als einer von uns ihn begleitete, ermüdete es ihn.

Bald darauf zog man schon wieder um, diesmal nach einem Ort, der Baden-Baden hieß; dieser Doppelname kam uns lächerlich vor, bis wir uns daran gewöhnt hatten. Zuerst wohnten wir in einem Hotel, das aussah wie eine riesige weiße Torte und das Brenners Park-Hotel hieß. Mit dem Liftboy, dessen Uniform mit schimmernden Knöpfen besät war, schlossen wir gleich Freundschaft. Er kroch sogar hinunter in das schwarze, übelriechende

Loch unter dem Lift, um Missies Negerpuppe herauszufischen, die Baby Georgie dorthin geschleudert hatte. Missie wünschte sich dann, daß der Page sie bade, aber Nanny fand das keine gute Idee.

Georgie war inzwischen Mamas Liebling geworden, und wir hatten dafür volles Verständnis. Er sah in seiner weißen Kaninchenfelljacke und der Mütze unwiderstehlich aus und sagte fortwährend die komischsten Sachen. Wir küßten und umarmten ihn ununterbrochen, denn er war so weich und appetitlich. Ihm machte das gar nichts aus; er zerschlug weiter unsere Spielsachen, aber da er zum Verhauen viel zu klein war, mußte man es eben hinnehmen.

Nach langem Suchen fand Mama ein Haus; endlich ein reizendes Haus! Sie beschrieb es uns genau: Es bot einen schönen Ausblick und war von einem großen Garten mit hohen Bäumen umgeben. Nun sollte es saubergemacht und angestrichen werden, und dann würden wir sofort einziehen.

Das einstöckige Haus war von zwei untersetzten weißen Türmen flankiert. Ein großer Balkon, auf dessen Geländer sich buschige Glyzinien sträubten wie ein üppiger Schnurrbart, lief quer über den ersten Stock.

Unser „Krippenhof" erinnerte Mama an die Krim, an die kaiserlichen Villen Livadia, Ay Todor. Der süße Duft von Glyzinien und blühenden Azaleen wehte seitdem durch unsere Kindheit und brachte später immer wieder einen Hauch von Frühling und heiteren Erinnerungen zurück.

Dichte Kletterrosen wucherten auf dem Hügel hinter dem Haus und griffen nach unseren Kleidern, wenn wir in den Hekken Himbeeren pflückten. Auf dem sanft sich zur Stadt hin neigenden Rasen standen hohe Zedern und eine Blutbuche, die uns wie kleine Eichhörnchen auf ihre höchsten Zweige lockte.

Als wir eines Sonntags aus der Kirche zurückkamen und ich prüfend die Nase in die Luft streckte, um das Wetter zu erraten, stieß ich heftig an die geschnörkelte Ecke eines gußeisernen Briefkastens. Zu betäubt, um zu klagen, schleppte ich mich stumm hinter den anderen her, und erst beim Mittagessen bemerkte Mama, als sie den langen Tisch mit den fröhlich plaudernden Gästen entlangblickte, daß ich nichts aß.

„Was hast du?"

„Ich habe mir den Kopf angeschlagen, und jetzt kann ich dich nicht mehr sehen."

Man brachte mich eiligst in Mamas Zimmer zu Bett, und sie saß viele Stunden lang im Dunkeln, während durch den Spalt des zugezogenen Vorhanges ein schmaler Lichtstreif auf ihr Buch fiel. Der Doktor kam und ging, Eisbeutel wurden auf meinen Kopf gepackt. Derweil döste ich und war mir von Zeit zu Zeit bewußt, daß die „Breguet"-Uhr golden schimmerte und die winzigen Zahnrädchen sich hinter der gebogenen Glastür drehten, während sie sanft tickend die Zeit verrinnen ließ.

Die zahlreichen russischen Emigranten, die nach der Revolution wie ein Schwarm Zugvögel in Baden-Baden eingefallen waren, brachten Farbe und Leben in die tägliche Szene, die sich andernfalls auf ein paar ältere Ehepaare, die ihr Gesundheitswasser schlürften und ihre Hunde spazierenführten, beschränkt hätte.

Das Städtchen sollte diese Zeit nie vergessen. Es erschien wie ein mahnendes, flackerndes Wiederaufleben der glücklichen vorrevolutionären Tage, als Fürst Menschikow mit seiner Troika weißer Pferde die Lichtentaler Allee hinuntergetrabt war, Turgenjew gegenüber von Brenners Park-Hotel gewohnt hatte und ein Großfürst stets mit seinem italienischen Springbrunnen reiste, der jedesmal erneut vor seinen Fenstern aufgestellt und in Gang gebracht werden mußte. Noch überraschender war, daß dessen Leibarzt immer sein eigenes Klavier mitbrachte. „Als ob man ihm in Deutschland keines zur Verfügung stellen könnte", sagten die Leute schnippisch und waren doch widerstrebend von der grandiosen Verschwendung beeindruckt.

Im 19. Jahrhundert entstanden in einigen deutschen Bädern russische Kirchen. Entweder hatte eine Großfürstin ins Ausland geheiratet und eine Kirche als Teil ihrer Mitgift erhalten, oder es hatten – wie in Baden-Baden – russische Reisende die nötigen Geldmittel gesammelt, denn so gern sie auch umherfuhren, konnten sie es doch nie lange ohne eine eigene Kirche aushalten.

Als die Flüchtlingswelle Westeuropa überflutete, bildeten diese Kirchen Mittelpunkte, um die man sich scharte; auch in Baden-Baden organisierte sich das Leben der Emigranten bald ganz auf diese Weise. Umgeben von einem kleinen eingezäunten Garten stand die orthodoxe Kapelle da wie ein vielgeliebtes Spielzeug. Der mit Sternen übersäte Zwiebelturm trug ein goldenes Kreuz mit zwei Querbalken, das mit dünnen Ketten befestigt war, als könnte es wegfliegen. Drinnen hinter der goldenen „Ikonostase" summten tiefe Stimmen Beschwörungen und Gebete, die immer wieder von anschwellendem Gesang aus dem „Kliros", der Nische, in der der Chor stand, beantwortet wurden; Mamas weicher Alt klang zuweilen klar heraus.

Alle Mitglieder des Chores waren Bekannte; die Proben und die langen Gottesdienste gaben ihnen Heiterkeit und Kraft, mit der so lange genährten und nun schwindenden Hoffnung auf Rückkehr nach Rußland fertigzuwerden. Die Liebe zum Vaterland gehörte zum Kern ihres Wesens und fand in der orthodoxen Religion einen tiefen Ausdruck.

An Sonntagen, besonders zur Osterzeit, hing Glockengeläute

in der Luft. Wie abgelöst von den katholischen Kirchen im Tal, von denen es ausging, umschwebte es unser Haus hoch oben auf seinem Hügel. In der Karwoche, die bei Orthodoxen wie „Ramadan" bei den Mohammedanern einschlägt, wanderten wir die Lichtentaler Allee hinunter zur russischen Kapelle, schlendernd, um den Duft der leuchtend gelben und rotorangenen Azaleen zu genießen. Dichte Rhododendronbüsche gaben den Ufern der nur knöcheltiefen Oos, die über moosbedeckte Steine plätscherte, einen Hauch von Luxus und Überfluß. Die Oos paßte zu Kindern: es war unmöglich, darin zu ertrinken; und sie rühmte sich sogar einiger stolzer Wasserfälle, die in kleinen Abständen von filigranähnlichen, schmiedeeisernen, mit Glyzinien drapierten Brückchen überspannt wurden, die manchmal sogar so breit waren, daß zwei Erwachsene aneinander vorbeikamen. Wir lehnten uns über das Geländer, um den Fischen Brotkrumen zuzuwerfen.

Die langen Gottesdienste stellten unsere Kraft auf eine harte Probe, und öfters fielen Alexander und ich, vielleicht weil wir gerade damals so schnell in die Höhe schossen, nach stundenlangem Stehen ohne Vorwarnung um, erbsengrün im Gesicht. Draußen auf einer Stufe oder einem Grabstein sitzend, erholten wir uns dann nach und nach. Wir wurden keineswegs bemitleidet, erwarteten das auch nicht; man hatte sich eben zusammenzunehmen.

Es hieß, mit acht Jahren sei man vernünftig genug, um nachzudenken, und daher auch reif, zur Beichte zu gehen. In der Tat war ich an meinem achten Geburtstag in Tränen aufgelöst gefunden worden, weil ich mir plötzlich der Vergänglichkeit bewußt geworden war, und der erschreckenden Tatsache, daß alle, die ich liebte, eines Tages sterben würden. So war wohl etwas daran, daß man zum erstenmal mit acht Jahren einen Abstand zu den Dingen bekommt und über sie nachdenkt.

Am Aschermittwoch liefen wir durchs Haus und baten jeden um Verzeihung, denn es war ein Gebot, vor der Beichte „mit der Welt in Frieden zu sein". Wir hatten entdeckt, daß der Tadel für vergangene Untaten ausfiel, wenn wir die Runde mit Schwung hinter uns brachten.

Wenn man in der dunklen Kirche mit gesenktem Kopf, eine immer weicher werdende Kerze in der heißen Hand, vor dem Beichtstuhl Schlange stand, fühlte man sich auf einmal wirklich demütig und bereute ehrlich jede Bosheit „in Gedanken oder Taten", wahrhaftig die geheimnisvollen Worte von „Gottes Gericht" verstehend, und daß die Sünde ein Zustand war, den man wie ein dunkles Gewand jetzt dankbar weglegen durfte.

Als die Nacht hereinbrach, gingen wir nach Hause – in gedämpfter Stimmung, aber doch erleichtert. Bald kehrten die Lebensgeister zurück, und wir schubsten und neckten einander, obwohl wir uns bemühten, wenigstens bis zur Kommunion am nächsten Morgen sündelos zu bleiben, und daher ausnahmsweise froh waren, früh ins Bett zu gehen.

Am nächsten Morgen paßten wir auf, beim Zähneputzen ja kein Wasser zu schlucken, und frühstückten nicht. Wir zogen unsere besten Smokkleidchen an, Alexander trug seinen Matrosenanzug. Einmal hatte er sich aber nicht beherrschen können und etwas „Passcha" (Osterkuchen) genascht, bevor wir das Haus verließen. Von Reue gepackt, ging er zum Altar hinauf, um noch einmal zu beichten, und kehrte bald darauf mit rotem Kopf zurück. Dreimal kniete er vor der mittleren Ikone nieder, während die ganze Gemeinde zusah. Er tat uns schrecklich leid, aber keiner sprach darüber. Später sagte der Priester zu Mama, er meine, Alexander würde sich von nun an dessen bewußt sein, daß ein Gelübde etwas Heiliges sei.

Schließlich schwang der rote Vorhang zurück, die goldenen Tore öffneten sich, und wir gingen mit vor der Brust gekreuzten Armen nach vorn zur Kommunion – eine Welle von Seligkeit umfing uns.

Die Karwoche fand ihren Höhepunkt im Auferstehungsgottesdienst in der Nacht des Samstag. Er begann mit aufbrausendem, fröhlichem Gesang, dessen Klangfülle jedoch manchmal in Unsicherheit und falsche Töne abglitt, denn diese Hymnen waren äußerst schwierig und wurden selten gesungen. Wir mußten uns sehr zusammennehmen, um nicht ungehörig loszukichern.

Jeder umarmte dann jeden ohne Unterschied, und wir kehrten heim zu einem üppigen Schmaus, zu dem Gäste aller Altersstufen, natürlich auch unsere Vettern und Cousinen, eingeladen waren. Obwohl wir vor Müdigkeit schwankten, hätten wir die Feier um keinen Preis versäumen wollen. Mama schenkte dann uns Mädchen je ein kleines Fabergé-Ei (benannt nach dem berühmten Juwelier) aus ihrer Sammlung für unsere Ketten.

Im Lauf der Monate schmolzen die finanziellen Mittel dahin; die Russen mußten ihre Ausgaben sehr einschränken. Sie waren gezwungen, immer merkwürdigere Arbeiten anzunehmen. Die Kinder der Emigranten drängten zu zwei Schulen hin, zur Realschule und zum Gymnasium. Oft erreichten sie die besten Noten, denn alle Wechselfälle des Schicksals konnten nicht ihren Wissensdurst stillen.

Die freundliche, rundliche, energiegeladene Madame Pouschine organisierte Picknicks für Kinder; sie endeten in aufregenden und manchmal erschreckenden Räuberspielen, bei denen eine Mannschaft die andere suchte und durch die Wälder hetzte.

Die Kinder waren überhaupt bei allen Unterhaltungen dabei; im Winter nahmen sie an Amateur-Theaterstücken teil und führten Märchenspiele auf.

Mama sammelte jedes verfügbare musikalische Talent um sich, und ein Hauskonzert folgte dem anderen. Papa nahm nicht aktiv daran teil, aber sein Bruder Nikolai spielte Cello, und Mama begleitete ihn. Man erlaubte uns oft, aufzubleiben und zuzuhören. Basare, Lotterien und Bälle zur Unterstützung ärmerer Flüchtlinge schossen ins Kraut, und bald wurde die Gründung solcher Hilfsorganisationen für viele eine Hauptsorge.

Ein Zimmer in einem der Türme des Krippenhofs stand ganz den Kindern zur Verfügung. Unsere Katze bekam hier Junge; Raupen, in durchlöcherten Zigarettenschachteln sanft auf Salatblättern gebettet, verwandelten sich in wunderschöne Schmetterlinge; Sämlinge sprossen in Fensterkästen und wurden dann in eigene Gartenbeete umgesetzt, in denen unsere Namen in Buchstaben aus Kresse eingesät worden waren. Es gab wirklich keinen Augenblick der Langeweile. Schon morgens wachten wir mit dem glückseligen Gefühl auf, ein Teil der Welt zu sein, als ob einem die Sonne bis ins Innerste hineinschiene. So kam es uns seltsam vor, wenn andere Kinder lustlos herumlehnten, als wäre ein Tag nicht eine begrenzte Zeitspanne, die nur allzuschnell verflog.

Als unsere Miss Menzies zu ihrer schottischen Familie, die sie jahrelang nicht gesehen hatte, zurückkehrte, gab Mama ihr ein Empfehlungsschreiben mit, das sich anhörte wie das Zeugnis für einen Soldaten, der von der Front kommt: ,,Kaltblütig und erfinderisch in Gefahr, unter Belastungen unermüdlich, mit unbezwingbarem Mut.“

Anfangs hatte ihr Weggang eine schmerzhafte Lücke gerissen, dann aber wurden wir durch die Ankunft von Baby Georgie und Nanny Hilliard ein wenig abgelenkt.

,,Fräuleins“, wie man eine Art Kindergärtnerinnen nannte, kamen und gingen. Eine von ihnen hatte kaum Zeit, uns die erste Ohrfeige zu verabreichen, da war sie schon wieder draußen. Der schweizerische Hauslehrer, Monsieur Faletti, sollte sich ganz auf Alexander konzentrieren. Wir hatten ihn von Michael und Konstantin Gortschakow geerbt, die später mit Staunen hörten, was für Heiligenscheine sich um ihre verwegenen Köpfe gebildet hatten, denn wenn es nach Monsieur Faletti ging, konnten Konstantin und Michael gar nichts Falsches tun. Es brauchte ziemlich lange, bis wir entdeckten, daß sie letzten Endes ganz menschlich waren.

Monsieur Faletti, der Feinschmeckerei für einen wichtigen Teil einer wohl abgerundeten Erziehung hielt, pflegte mit seinem Schüler ausgiebige Mahlzeiten in teuren Restaurants einzunehmen, aber als Papa die Rechnungen bekam, wurde mit dieser Gewohnheit schnell aufgeräumt.

Bald drehten sich die Gespräche nur mehr um die Inflation; jeder rechnete in Billionen und Trillionen, und wir bekamen saubere

Geldscheine zum Spielen, denn sie waren von einem auf den anderen Tag wertlos geworden.

Gaga schickte mir einen Fünffrancschein zum Geburtstag. Ich wechselte ihn um in eine Million und erwarb damit ein komplettes Schwarzwälder Puppenhaus.

Es kam gar nicht mehr in Frage, den Krippenhof zu kaufen, und wir zogen in ein kleines Haus auf dem früheren Besitz jenes Fürsten Menschikow um, der vor Jahren Baden-Baden aus der selbstgefälligen Ruhe eines wasserschlürfenden Kurorts herausgerissen hatte.

Unsere Zimmer waren klein und muffig, mit roter und weißer „Toile de Jouy" ausgeschlagen und gepolstert; man fühlte sich wie im Inneren eines Kissens. Wenn alles still war, flitzten Mäuse frech die Wandbehänge hinauf und hinunter, so nah, daß man sie beinahe greifen konnte. Es machte uns nichts aus, solange wir sie sehen konnten, aber es war uns unangenehm, wenn wir sie im Dunkeln herumknabbern hörten.

Der Garten wucherte noch üppiger als in unserem geliebten Krippenhof. Rosen krochen über verfallene Gemäuer und hingen, vermischt mit Geißblatt, in Bündeln an den niedrigeren Ästen der großen Zederbäume.

Missie und ich durchforschten eine alte Scheune und gruben ein Spielzeugauto aus, das einstmals hellrot angemalt gewesen war, dazu einen dicken Elefanten auf Rädern, aus dessen wolligem, mottenzerfressenem Fell Stroh aus tödlichen Wunden rieselte. Obwohl beide Vehikel recht wackelig waren, hetzten wir auf ihnen den steilen Weg hinunter; sie blieben völlig unkontrollierbar, selbst wenn man die Vorderräder mit den Füßen lenkte. Ganz erschöpft vor Lachen landeten wir in einem Heuhaufen am unteren Tor mit aufgeschlagenen, blutenden Knöcheln.

Auch dieses Haus mußte bald aufgegeben werden; wir verbrachten anschließend einige Wochen in einem kleinen Dorf am Bodensee, jenseits von Meersburg, einer Stadt wie aus einem Spielzeugkasten. Uhrtürmchen saßen auf den gewölbten Stadttoren, und Befestigungsmauern zogen sich ringsum. Der kleine Zug schnaufte, ratterte und pfiff schrill auf seiner Fahrt durch ein Dutzend Dörfchen bis zu unserem Bestimmungsort Heiligenberg.

Wir hausten im örtlichen Gasthof. Baden wurde jetzt ein nur wöchentliches Ereignis. Ganz in der Nähe stand ein Schloß, das hoch über das darunterliegende Tal emporwuchs. Durch eine Zugbrücke am Berg verankert, sah es aus wie ein Schiff, das nach einer umwälzenden Sturmflut gestrandet war. Bald freundeten sich Papa und Mama mit der Familie an, die dort lebte.

Es wimmelte im Schloß von Enkeln des Hausherren und ihren Freunden, alle etwa zehn Jahre alt, genau wie wir; es gab auch eine beachtliche Anzahl von Gouvernanten und Hauslehrern. Wir wurden in ihre Obhut gegeben und sahen, solange die Ferien dauerten, nicht mehr viel von unseren Eltern. Die konnten sich nicht erklären, warum wir abends zwar strahlend, aber in etwas ramponiertem Zustand zurückkamen, bedeckt mit Schrunden und Schrammen, die Kleider zerrissen und schmutzig, denn kaum waren die Erwachsenen außer Sichtweite, wurden augenblicklich fürchterliche Kämpfe ausgetragen. Ganz ohne Bitterkeit war nämlich Krieg erklärt worden. Ein paar Vettern schlugen sich auf unsere Seite, um die Kräfte der sich bekämpfenden Parteien ins Gleichgewicht zu bringen, aber außer diesem anfänglichen Zugeständnis kannte man keine Gnade mehr.

Wir schlitterten die steilen Rasenflächen auf Sofakissen hinunter in heißer Verfolgungsjagd oder aufgelöster Flucht vor dem Feind und versuchten, den unterirdischen Gang unter dem Hügel zu erreichen, wo dann im Dunkeln eine Seite die andere mit feinkörnigem, weißem, kratzendem Sand bewarf. Bewaffnet mit Kissen, aus unzähligen Gastzimmern requiriert, lauerten wir einander in dunklen Ecken des Flurs auf. Am Donnerstag wurde der große Rittersaal, über dessen poliertes Parkett an den anderen Tagen der Woche bewundernde Touristen in Filzpantoffeln dahinstapften, den ,,lieben Kindern" zum Spielen überlassen. Von entgegengesetzten Enden des weiten Raumes galoppierten die beiden Parteien in genagelten Stiefeln aufeinander zu, um dann rutschend und schlitternd in lachenden Knäueln in der Mitte zusammenzustoßen. Am nächsten Morgen reparierten Schreiner den Schaden, und für eine weitere friedvolle Woche schlurften die Besucher durch den Saal.

,,Kinder, Ruhe!" war die einzige milde Ermahnung, denn die Tatsache, daß Ferien waren und daß die Großeltern in ihre Enkelkinder vernarrt waren, sicherte Straflosigkeit zu. Ab und zu allerdings stahl sich ein Onkel oder eine Tante herein und trennte einen der Kämpfer von den anderen, damit er sich in der Einsamkeit beruhigen konnte. Für eine Weile wurde dann ein Burgfriede geschlossen und die Streitaxt begraben, um einem harmloseren Zeitvertreib nachzugehen: Heumachen oder als Beifahrer auf dem Motorrad des Sekretärs mitfahren.

Alles endete eines Tages in einer riesigen Geburtstagsfeier, bei der sich Kuchen und Geschenke für alle auf den Tischen türmten.

Es waren unvergeßliche und abenteuerliche Ferien, die sich für uns nie wiederholen sollten. Wann hatten wir in unseren ungestümen Spielen schon einmal innegehalten, um nachzudenken? Da war immer jemand gewesen, der hinter einem aufgeräumt hatte. Wir wußten sehr wohl, daß das ein Luxus war, der von nun an für uns unerreichbar bleiben würde.

3

Erwachsene und Kinder saßen, eng aneinandergedrängt, auf den noch verbliebenen Stühlen, um die sich griffbereit fertig gepackte Taschen und Koffer häuften.

„Schließt die Tür.“ Stille. Ein kurzes Gebet. „Bekreuzigt euch. Der Jüngste steht zuerst auf.“

Obwohl dies das gewöhnliche Ritual vor jeder Reise war, machten wir uns diesmal doch auf eine umwälzende Lebensveränderung gefaßt, denn wir verließen Deutschland in Richtung Paris, wo unsere Verwandten sich bereits niedergelassen hatten.

So traurig wir auch waren, fortzugehen, fühlten wir doch, daß das leere Haus uns bereits verleugnete; die schwere Wahl, was man mitnehmen und was man hierlassen sollte, hatte uns bis dahin nicht darüber nachdenken lassen. Nur ein einziger Korb mit Spielzeug durfte mit, alles andere war zu verschenken.

„Es wird andere Kinder glücklich machen.“ Ein magerer Trost!

„Wir konnten überhaupt nichts mitnehmen, als wir Rußland verließen“, erzählten wir stolz den jüngeren Geschwistern. Missie war damals zu klein, um sich daran zu erinnern, und Georgie glaubte sich sowieso hintergangen, weil er in der Emigration geboren war und sich daher seiner „Vergangenheit“ beraubt fühlte. Dennoch erfand er haarsträubende Geschichten über seine angeblichen Abenteuer in Rußland und erzählte sie Fremden, solange wir außer Hörweite blieben und seinen Redefluß nicht hemmen konnten.

Aus irgendeinem unerfindlichen Grund wurde die Reise bereits in Straßburg unterbrochen. Die Schrankkoffer, die nicht bei „Devant“ in Baden-Baden lagerten, warteten irgendwo auf uns, während Mama, Nanny und wir fünf Kinder ins Hotel „National“ gegenüber dem Bahnhof einzogen. Papa fuhr voraus, um unsere Ankunft vorzubereiten.

Unsere Fenster schauten auf den Bahnhofsplatz hinaus, der von Novembernebel, Ruß und Rauch verdunkelt war. Die Trambahnen stöhnten und quietschten um die Kurven zu dem Geklingel der pilzähnlichen Glocke, die pausenlos vom Fahrer mit dem Fußhebel angeschlagen wurde. Die Straßenlaternen schwankten hin und her und blinkten im Regen und Wind.

Die gewohnte Routine der Nursery wurde von Nanny sofort wiederhergestellt: lange Spaziergänge, Unterrichtsstunden, Tee mit englischem Gebäck oder zur Not mit französischen Brioches und „Madeleines“.

Frische Luft war ein Fetisch, der von Mama hoch in Ehren gehalten wurde. Sie lebte in ständiger Angst vor Tuberkulose, dieser Geißel, die besonders die Jugend traf und in früheren Generationen so viele wahllos dahingerafft hatte. Wir wurden bei jedem Wetter hinausgeführt. Um die Kanäle am Stadtrand zu erreichen, nahmen wir manchmal die Tram. Sie dröhnte fröhlich, wenn sie für ihre Verhältnisse allzu schnell fuhr, bis der Bügel, der oben an die elektrischen Drähte reichte, mit protestierendem Geräusch wegsprang. Unbeeindruckt stieg der Fahrer ab, die baumelnde Tasche mit den bunten Fahrkarten auf dem Rücken, und riß den Bügel geschickt zurück, während ein Schauer von Funken über uns niederging.

Schließlich erreichten wir Paris, wo wir in ein kleines Hotel in der Rue de l'Université einzogen. Am Morgen frühstückten wir in einem Bistro an der Ecke: eine große Schale köstlichen Kaffees, dampfende heiße Milch und ein langes, knuspriges Schinkensandwich, das mit würzigem Senf beschmiert war. „Gute Kundschaft", nickte der Besitzer, unseren gesunden Appetit bewundernd.

Die kleine Tochter der Portiersfrau, die ungefähr so alt war wie ich, brachte mir das Spiel „Marelle" bei: Wir hüpften im Hof auf einem Bein, einen Stein mit der Fußspitze über gezeichnete Quadrate schiebend.

Ein Gefühl des Wartens hing in der Luft, aber worauf warteten wir? Wir wußten es nicht. Vielleicht war die Hoffnung, nach Rußland zurückzukehren, doch noch nicht in endgültige Resignation umgeschlagen. Die Monate vergingen, ohne daß sich etwas zu entscheiden schien. Inzwischen besuchten wir oft unsere Großmutter, die Vettern und die Cousinen. Wir trafen immer mehr russische Kinder, deren Eltern mit den unseren befreundet waren.

Eine unausgesprochene Trennungslinie verlief seltsamerweise zwischen den Petersburger Emigranten und denen aus Moskau, obwohl sie meistens miteinander verwandt waren. Letztere kamen nach und nach in dem Vorort Clamart zusammen und lebten dort in immer bescheidener werdenden Verhältnissen. Mama war oft darüber verärgert, daß sie die Symptome der Armut zu leicht hinnahmen; zum Beispiel trank man aus Marmeladentöpfen, anstatt aus Gläsern – „wo doch beide genau dasselbe, nämlich 90 Centimes, kosten!"

Viele aus der Petersburger Gruppe wurden noch von ihren Nannies begleitet, von denen einige für immer bei „ihrer" Familie blieben, sogar ohne Bezahlung – so bildeten sie einen Ruhepol mitten in den Wirbeln des Emigrantenschicksals.

Die Kinder aus Moskau machten sich über unsere Smokkleider, die überhöflichen Manieren und unseren „Akzent" lustig: „Anglichani", johlten sie. Aber bald begrub man die Clanrivalität; im besten Einvernehmen betrieben wir gemeinsam wilde Spiele, übten Chorgesang und Scharaden.

Lange Spaziergänge führten uns in den Jardin du Luxembourg, zuerst an einigen „Défense de . . ."-Schildern entlang, dann zu einer Reihe billig aufgemachter Läden, angefüllt mit Ikonen und Fabergé-Gegenständen („Objets d'art" und Juwelen); sie stammten von der nahe gelegenen Pfandleihanstalt – letzte Zuflucht für viele Emigranten.

Wir zogen es allerdings meist vor, den Fluß zu überqueren, um zu den Tuilerien zu wandern, wo glänzende Kastanien aus ihren Schalen platzten, wenn sie auf dem staubigen Erdboden auftrafen, genau so, als seien sie perfekt zu unserer Verwendung geliefert. Wenn die Parkwächter wegschauten, rannten Kinder durch die sauber zusammengefegten Haufen verwelkter Blätter und kreischten laut auf vor dem immer bereitgehaltenen Klaps einer verärgerten französischen Mutter, die schrill schimpfte: „Tu veux une gifle?"

Das Summen des in der Ferne vorbeibrausenden Verkehrs und der beißende Geruch von Benzin umgaben das Viereck der Gärten, als sei es eine Insel. An einem Ende färbten sich die Palais rosa, während am anderen die Place de la Concorde golden im Schein der untergehenden Sonne leuchtete. Bei dieser friedlichen Abendstimmung konnten wir es uns kaum vorstellen, daß die Guillotine in einer solchen Umgebung so viele Köpfe hatte rollen lassen.

Müde kehrten wir nach Hause zurück. Einmal stolperte ich, verfing mich in meinem Holzreifen und lag plötzlich vor einem heranrollenden haushohen grünen Bus. Bremsen quietschten, und erschreckte Gesichter blickten von allen Seiten auf mich herunter. Ich wurde aufgehoben, geschüttelt und abgebürstet – dann ging es nach Hause.

Papas verbliebenes Geld war in der Inflation der Deutschen Mark zerronnen. Er sah sich daher genötigt, öfter nach Litauen zu reisen. Die dortige politische Situation war noch weit davon entfernt, stabil zu sein; so schien es klüger, uns während dieser Zeit in Frankreich zu lassen. Drastische Sparmaßnahmen zwangen uns, von unserer geliebten Nanny Abschied zu nehmen. Mama, die wir über alle Maßen liebten, füllte von da an unser Leben aus und gab uns sicheren Schutz in einer fremden Welt.

Sie hatte grüne Augen und üppiges, bronzefarbenes Haar, das im Lauf der Jahre zu Kupfergold aufhellte und ihr, wenn es morgens gebürstet wurde, bis zur Taille herunterreichte. Sie hielt den Rücken gerade und den Kopf hoch. Jeder Augenblick ihres Daseins schien ihr von aufregenden Abenteuern überzuquellen. Nie verlor sie ihre erwartungsvolle Freude am Leben, die einen ausgezeichneten Appetit mit einschloß – allerdings verteidigte sie dann ihre Figur durch sporadische Fastenanfälle: ein Milchtag, ein Obsttag, wiewohl sie beides verabscheute.

Zu allen Zeiten scheint abwechselnd irgendein weiblicher Körperteil in Mode zu kommen. Vor dem Ersten Weltkrieg wurde der „schulterfreie Halsausschnitt“ sehr geschätzt. So bildeten, als Mama ein junges Mädchen war, ihr schöner Teint und ihr glattes „Décolleté“ einen Ausgleich für die unregelmäßigen Züge: der Mund mit starken, weißen Zähnen erschien zu groß, die Nase undefinierbar – Verdruß so vieler Russen! –, das Kinn entschlossen. Ihre Vitalität und die weitgespannten Interessen faszinierten und erschöpften ihre Umgebung manchmal, aber langweilten nie, denn sie war überraschend wandlungsfähig, von possenhaften Darbietungen bis zu tiefem, echtem Mitgefühl für jeden, dem Ungerechtigkeit oder Unglück widerfuhr, und sie versank in untröstlichen Kummer, wenn sie einen geliebten Menschen verlor: ihren Vater, ihre Brüder (besonders Dimitri) und später Alexander!

Furchtlos, sowohl physisch wie moralisch, unfähig zu Neid, Heuchelei, Eitelkeit oder Selbstsucht, konnte sie aber voll der besten Absichten für den Betreffenden über die Empfindungen anderer Menschen schonungslos hinweggehen.

Wir liebten es, Geschichten aus ihrer Kindheit zu hören, wobei es ihre Autorität nicht im geringsten verminderte, als wir erfuhren, daß sie als Kind ein ziemlicher Plagegeist gewesen war, der oft schlimme Streiche ausheckte.

In St. Petersburg in den frühen 90er Jahren saß Mamas Großmutter, Gräfin Lewaschow, im Kreise einiger alter Damen beim Tee, als ihre kleine Enkelin Lydia erschien, um wie üblich vorgestellt und umarmt zu werden. Mit einer tiefen Verbeugung und der Geste eines Musketiers zog sie ihren weitkrempigen Strohhut, und heraus sprangen einige völlig verwirrte Frösche, die gemütlich auf ihrem gerade erst geschorenen Kopf gekauert hatten. Die drastische Maßnahme des Abscherens sollte ein üppiges Nachwachsen des Haares nach einer schweren Typhuserkrankung garantieren.

Eines Tages entlief ihr großer Eskimohund, der nur auf den schrillen Pfiff einer Polizeipfeife hörte. Die Regel mißachtend, die einem jungen Mädchen verbot, das Haus ohne Begleitung zu verlassen, stürzte sie hinaus und sprang in den ersten vorbeifahrenden „Iswostschik“ (Droschke). Sie stand hinter dem stämmigen Kutscher und hielt sich an seiner Schulter fest; eine Mähne flammenden Haares wehte hinter ihr her. Sie blies schrill auf ihrer Pfeife, während das Gefährt durch die Straßen der Hauptstadt raste.

Trubel, Auflauf, Verkehrsstauung! Polizisten brachten sie nach

Hause und versicherten, daß sie ihren Hund bestimmt finden würden, aber sie müßten darauf bestehen, die Pfeife zu konfiszieren: „Barishnya, nelsa ja tak." – („Fräulein, das geht doch nicht!")

Ihr Vater, „Aide-de-Camp" des Kaisers, Mitglied des Thronrates und Minister der Kronländer, war fasziniert von seiner fröhlichen, leidenschaftlichen und klugen, zu jedem Schabernack aufgelegten und doch so warmherzigen kleinen Tochter und verwöhnte sie sehr. Trotzdem war er die einzige Autorität, die sie anerkannte. Ein Wort: „Dilka, dovolno!" (Genug!) ließ sie sofort innehalten. Ihre Mutter, sanftmütig und hochkultiviert, von der ganzen Familie mit großem Respekt und liebevoller Rücksicht behandelt, hatte sich verhältnismäßig jung vom gesellschaftlichen Leben zurückgezogen, um jeder möglichen Reibung mit ihrem Mann aus dem Weg zu gehen, denn sein Charme verfehlte die Wirkung auch auf andere nicht.

Sie sorgte für die Erziehung der Kinder, während der gesamte Haushalt in regelmäßigen Abständen von der Hauptstadt aufs Land hinaus und vom Land wieder zurück in die Stadt übersiedelte.

Englische Nurses, französische Gouvernanten, ein Schweizer Hauslehrer, ein deutsches Kindermädchen waren engagiert, um sicherzustellen, daß alle drei Sprachen nebeneinander, wenn auch auf verschiedene Weise gesprochen wurden: kindliches Englisch, literarisches Französisch und holperiges Deutsch. Vielleicht wollte man auch durch ausländische Einflüsse das leidenschaftliche und oft widersprüchliche Temperament sowie die für westliche Maßstäbe übertriebene Gefühlsintensität – latent bei vielen Russen – eindämmen und mildern.

Musik, Katechismus und Lesen wurden schon in der Nursery gelehrt. Alle drei Brüder und Mama besuchten das Gymnasium, Buben und Mädchen getrennt, aber alle in Uniform. Man erwartete von ihnen, daß sie die Prüfungen mit Goldmedaillen abschlossen, und sie taten es auch.

Zu Hause und in der Schule herrschte eiserne Disziplin, um Privilegien und Luxus wieder auszugleichen; man legte auch einen gewissen Wert auf das Zeremonielle, um die Bindung an wichtige Dinge zu verstärken und Achtung davor einzuflößen.

Noch weit entfernt war die Zeit, in der man sich für die Ausübung von Autorität entschuldigte, und die junge Generation bereitete sich offen darauf vor, einmal aktiv und verantwortungsbewußt andere zu führen. Von frühester Kindheit brachte man ihnen bei, jede Herausforderung anzunehmen, das Vaterland zu lieben und ihm zu dienen. Die nationalen Grundbegriffe und die politischen Ziele des Landes wurden ihnen deutlich vor Augen geführt. Auch im Kriegsfall wurden Völker als eine organische

Gruppierung von Individuen betrachtet und nicht als Nation einer abstrakten Größe abgestempelt.

Die Zeit, da Köpfe rollten, wenn es dem Zaren so einfiel, war längst vorbei. Man fühlte sich in seiner Position fest verankert, mit klar definierten Pflichten und ohne es nötig zu haben, seinen „Status" nachzuweisen. Daraus ergab sich die Unabhängigkeit der eigenen Meinung und eine innere Freiheit, die oft mit einer gewissen Gleichgültigkeit materiellen Dingen gegenüber Hand in Hand ging. Diese Gelassenheit bildete einen wertvollen Rückhalt, als das Schicksal eine steile Wende nach unten nahm.

Die so weltliche, vorrevolutionäre französische Aristokratie scheint Gott wie einen hochgeschätzten Verbündeten betrachtet zu haben, der dafür, daß er ihr Glück und Fortkommen sicherte, Anerkennung, Rücksicht und treue Ergebenheit verdient hatte. Eine ganz andere Auffassung hatte man in Rußland, wo Religion eine ernste und wesentliche, sowohl geistige wie ethische Grundlage des Verhaltens war, so fehlbar jeder als einzelner Sünder auch sein mochte. Diese Einstellung wandelte sich in der Fremde und unter den veränderten Verhältnissen nicht im geringsten; aber die Erziehung zu Führungsaufgaben hatte viele Emigranten unfähig gemacht zu Unterwürfigkeit, zu eintöniger, unschöpferischer Arbeit, selbst zur Routine. Kein Wunder, daß sie zum Geldverdienen und Geschäftemachen völlig ungeeignet waren.

Vielleicht war man sich dieser Schwäche bewußt. Um Mama, die einmal ein beträchtliches Vermögen erben sollte, die Grundregeln der Geldverwaltung beizubringen sowie ihr den Wert des Geldes für diejenigen, welche es nicht haben, verständlich zu machen, mußte sie in einer Schule für Waisenkinder alle anfallenden Ausgaben aus ihrem reichlichen Taschengeld bestreiten. Angeleitet von ihrer englischen Gouvernante, unterrichtete sie Kinder, die kaum jünger waren als sie selbst. Trotz dieser Erfahrungen gewann sie nie einen Begriff vom Wert des Geldes und gab immer alles großzügig aus – allerdings nie für sich selbst.

Zu Hause erwartete man von Mama und ihren Brüdern, daß sie den prominenten Gästen zuhörten und sich mit ihnen unterhielten: es waren Schriftsteller, Historiker, berühmte Reisende, Staatsmänner. Man nahm die Kinder bei allen wichtigen Ereignissen mit und schickte sie oft in Konzerte, ins Theater und zum Ballett. Ein paar Jahre später beendete Mama erfolgreich das Konservatorium für Klavier und Gesang; dann ging sie im Jahre 1906 nach Oxford. Sie war eines der ersten russischen Mädchen, die zu dieser Zeit dort an der Universität studierten.

Diese Zeit wohlgeordneter Studien, unterbrochen und aufgehellt von Unternehmungen voll jugendlicher Lebensfreude und stürmischem Übermut, gipfelte, als die Kinder erwachsen wurden, in einem Wirbel von Bällen und Festivitäten in der Wintersaison. Mama war damals die Anführerin einer Gruppe von jungen Leuten, die sich „Schaika“ (Gang) nannten. Sie gingen zusammen auf Tanzereien und Feste oder organisierten selbst welche. Zusammen bildeten sie sogar ein Orchester, denn jeder spielte ein Instrument. Außerdem führten sie Theaterstücke auf und gingen Schlittschuh-Tanzen auf dem Eis. Manchmal nahmen sie auch „lahme Enten“ in ihre Reihen auf und zogen sie in ihren fröhlichen Kreis hinein. Mama bestand darauf, daß sie sich nie gegen andere abschlossen; trotzdem mußten wir immer wieder denken, wie traurig es wohl gewesen sein mußte, nicht dieser unternehmenden und brillanten Gruppe anzugehören. Obwohl die Schilderungen dieser schönen Zeit für uns wie Märchen klangen, waren wir glücklich zu wissen, daß Mama eine so herrliche Jugend gehabt hatte, bevor all das Entsetzliche über sie hereinbrach.

Sie interessierte sich leidenschaftlich fürs Theater; besorgt, sie würde eine unerwünschte Laufbahn ergreifen, atmete ihre Familie erleichtert auf, als sie sich mit einem Freund und Kollegen ihres älteren Bruders Boris verlobte.

Die Ländereien und das Haupttätigkeitsfeld meines Vaters Ilarion lagen in Litauen, wo er als Adelsmarschall oft den Gouverneur zu vertreten hatte. Da der Gouverneur unverheiratet blieb, sah Mama sich vor eine Reihe von Pflichten gestellt, für die sie beinahe zu jung war: Empfänge, Wohltätigkeit, Minderheitenprobleme. Ein Baby folgte auf das andere, aber das konnte ihren Tätigkeitsdrang kaum dämpfen.

Sie kam mit ihrer Schwiegermutter wunderbar zurecht, dafür brachte ihre angeborene Unpünktlichkeit ihren armen Schwiegervater zur Verzweiflung. Als General der Armee war er es gewohnt, daß man ihm unbedingt gehorchte und pünktlich zur Stelle war; aber hier war gar nichts zu machen. Auf und ab schreitend schwenkte er vorwurfsvoll die Uhr in der Hand, als sie endlich hereinstürzte, mit einer immer unglaubwürdigeren Entschuldigung und einer lebhaft hervorgesprudelten Geschichte, die alles erklären sollte.

Großmama liebte es, während ihrer Nachmittagssiesta das beruhigende Geräusch des Hin- und Herrechens des Kieses im Garten zu hören. In Hörweite rechten also die Gärtner nach dem Mittagessen, wenn alle sich für eine Weile zur Ruhe zurückgezogen hatten. Es kam ja auf dasselbe heraus, ob sie es zu dieser Stunde taten oder früh am nächsten Morgen, aber Jahre später erinnerten sich russische Emigranten, die sich mit irgendeiner minderen Arbeit herumplagten, sehnsüchtig an diese Idiosynkrasie, die ihnen wie ein Symbol einer anderen Ordnung erschien: „Man stelle sich nur vor, daß deine Großmutter den Kies . . .“

Obwohl Rußland überhaupt nicht darauf vorbereitet war, löste der Erste Weltkrieg eine Welle von Euphorie und Patriotismus aus. Damen, die an die Front fuhren, um dort hingebungsvoll als Rotkreuzschwestern zu arbeiten, nahmen ihren Schmuck mit, um jederzeit für Empfänge und Bälle in Berlin gerüstet zu sein, wenn die siegreichen Alliierten die Hauptstadt des bezwungenen Deutschland zur nachfolgenden Friedenskonferenz betreten würden. Der Wiener Kongreß schien ihnen ein gültiger Präzedenzfall zu sein.

Mit dem ihr eigenen Schwung und praktischen Sinn, den sie entwickelte, wenn es sich um andere handelte, stand Mama während des Krieges einem Krankenzug an der nordöstlichen Front vor und unterbrach ihre Tätigkeit nur ab und zu, wenn das eine oder andere Baby geboren wurde. Durch Umgehen jedes Bürokratismus, durch Kontakte mit maßgeblichen Stellen, erhielt sie für ihre Verwundeten und Schwestern die besten Hilfsmittel und erreichte die vorzüglichsten Arbeitsbedingungen. All den Berichten zufolge funktionierte ihr Rotkreuzzug trotz des allgemeinen Zusammenbruches immer noch mit bemerkenswerter Effizienz.

Dann kam der Mord an ihren Brüdern und an so vielen, die sie liebte, der Zusammenbruch ihrer ganzen Welt, Flucht und Emigration, alles kompliziert durch vier kleine Kinder und ein fünftes Baby, das unterwegs war. Ohne Geld, ohne ausländisches Vermögen, konnte sie noch dazu auf keine wirkliche Unterstützung durch Papa bauen.

Er neigte von Natur aus zum Pessimismus und sollte sich nie mehr von der Niederlage der Emigration erholen, die sein Selbstvertrauen zerstört hatte. Es schien, als ob in ihm eine lebenswichtige Triebfeder gebrochen wäre. Nicht nur wurde eine vielversprechende Karriere an ihrem Anfang jäh abgeschnitten – denn er war zum Staatsmann im weitesten Sinne erzogen –, er hatte sein ganzes Leben dem Dienst an seinem Land gewidmet. Papa beschäftigte sich auch intensiv mit Projekten zur Entwicklung der äußeren Provinzen des russischen Reiches, und nach ihrer Hochzeit reisten meine Eltern ins französische Nordafrika, um das System der Kolonialregierung, das dort praktiziert wurde, kennenzulernen. Im Jahr 1912 sah man diese Form als ein Dreistufenmodell beispielhafter Verwaltung an.

Papa liebte es, uns von seinen Reisen nach Turkistan und Buchara zu erzählen. Alle örtlichen Scheichs versammelten sich, um den offiziellen Zug, der die untersuchende Kommission brachte, zu begrüßen. Aufrecht in ihren Sätteln stehend, schwangen die Reiter laut johlend aufblitzende Krummschwerter; ihre brokatenen und goldenen Gewänder funkelten in der Abendsonne, als sie durch die Wüste galoppierten. Sie bildeten einen vielfarbigen Zauberteppich, der sich über die Ebene ausbreitete.

Aber in den halb unterirdischen Kerkern von Buchara streckten Gefangene ihre Hände durch die Eisenstäbe im Pflaster und bettelten um Nahrung, denn der grausame Emir regierte immer noch wie im Mittelalter.

Papa war Nachbar, Anhänger und Kollege des Ministers Stolypin gewesen, dessen Reformprogramm sich auf jedes Gebiet erstreckt hatte. Vor allem war ihm die Landreform wichtig; sie sollte jedem Bauern den Besitz eines eigenen Hofes ermöglichen. Das war in fruchtbaren Landschaften wie der Ukraine, wo man keine großen Flächen benötigte, um eine Familie ernähren zu können, verhältnismäßig leicht zu bewerkstelligen. In weiten Teilen Rußlands hingegen, selbst dort, wo als Zwischenstadium vor der Einzelaufteilung Bauern bereits das Land gemeinsam bewirtschafteten, blieb als Hauptproblem die Frage des persönlichen Eigentums, das man Nachkommen weitergeben konnte, so groß die Zahl der Erben auch sein mochte.

Kooperative landwirtschaftliche Zentren schienen die Lösung zu sein. Stolypin, der selbst in Litauen Eigentum besaß, förderte das Modellzentrum von Datnovo, das Papa dort errichtet hatte.

Um dasselbe Prinzip aber in ganz Rußland anzuwenden, hätte man Jahre gebraucht, denn abgesehen von der Lösung anderer Probleme, hätte man den rückständigen Bauern erst an moderne Anbaumethoden gewöhnen müssen.

So ist die bolschewistische Meinung über Stolypin verständlicherweise die, daß er ein „Reaktionär" der schlimmsten Art gewesen sei: er habe dem Volk die „teuflische Verlockung des Eigentums" vor Augen geführt und den einzelnen dadurch von seiner Verpflichtung der Gemeinschaft gegenüber weggelockt.

Kein Wunder, daß sie ihn umbrachten.

Während des Krieges 1914–1918 war Papa Generalstabsoffizier. Wir waren begeistert zu hören, daß der unternehmende junge Flugkapitän Sikorsky ihn einmal von einem Befehlsstand zum anderen geflogen hatte. Später wanderte Sikorsky nach Amerika aus. Neben seiner Leidenschaft für das „Sammeln" von Vulkanen (er besichtigte alle!) verwendete er seinen erfindungsreichen Geist noch zur Verbesserung von Helikoptern, von denen er damals glaubte, das sei die einzige Form der Luftfahrt, die der Menschheit nur Gutes bringen könne.

Zwischen der Februar- und der Oktoberrevolution von 1917 hatte Papa noch als Laie an der Heiligen Synode teilgenommen, die den Patriarchen Tichon als Haupt der orthodoxen Kirche wählte. Zur gleichen Zeit reorganisierte er das Rote Kreuz zu einem „Sowjet" (Rat), so daß auch untere Angestellte ins Führungsgremium berufen werden konnten. Er glaubte, daß das Überleben dieser beiden Pole der moralischen Entwicklung, Rotes Kreuz und Kirche, einmal die Rettung Rußlands bedeuten konnte.

Nie beklagte er sich über den Verlust seines Besitzes, an dem sein Herz nicht hing und den er nur als Tätigkeitsfeld ansah. „Dinge" interessierten ihn nicht; ein oder zwei schöne Gegenstände in der Nähe reichten, um ihn ästhetisch zu erfreuen.

Aber nun mußte er seine Familie erhalten! Das Einkommen aus seinen Ländereien, die ihm noch zwei Jahre nach dem Krieg gehörten, war in der Inflation der Deutschen Mark dahingeschmolzen, und obgleich die Litauische Regierung ihr Konfiskationsgesetz zu seinen Gunsten großzügig ausgelegt hatte und ihm die Rückgabe einer kleinen Brauerei zusicherte, führten die endlosen Transaktionen, die damit zusammenhingen, schließlich in eine Sackgasse. Übrig blieb nur Enttäuschung.

Wenigstens gab ihm die Weite der Landschaft in Litauen das Gefühl, wieder in Rußland zu sein, denn er konnte sich nie daran gewöhnen, in fremder Umgebung zu leben. Er litt unter der Einengung von Bergen und Zäunen und sehnte sich immer noch zutiefst nach der Monotonie der endlosen Steppe. Russen haben die Empfindung, daß die Seele in weiten Räumen zu blühen anfängt. Sie fühlen sich bedrückt, wenn sie keine Weite („prostor") um sich spüren, als ob diese sie näher an den Himmel bringen würde.

Wenn er zu Hause war, schritt Papa oft lustlos in seinem Zimmer auf und ab wie ein eingesperrtes Tier. Wir vermochten nichts zu tun, um ihm über den Verlust seiner Heimat hinwegzuhelfen.

Insofern wir einen Teil von Rußlands Zukunft darstellten, waren wir ihm wichtig gewesen, obwohl er uns auch dann gleichsam wie aus der Ferne liebte. Nun, wo das nicht mehr der Fall war, schienen wir nicht mehr von großem Interesse für ihn zu sein.

Für Frauen bedeutete der Zusammenbruch der von Männern aufgebauten gesetzlichen Ordnungen, die das Gerüst der Regierung gebildet hatten, kein persönliches Versagen. Mama trauerte nicht um Institutionen, sondern um Menschen, Dinge, um das Land und vor allem um Petersburg. Es bedeutete für sie so viel mehr als eine bloße Stadt; es bildete einen Teil des Stoffes, aus dem ihr Leben gewoben war.

Papa sagte immer, das Herz Rußlands sei Moskau, aber Petersburg erschien allen Petersburgern wie ein Symbol des zivilisierten Rußland, wie ihre eigene Schöpfung, ihr Geschenk an das Land.

Trotzdem gab Mama sich nicht geschlagen.

„Deine Mutter donnerte mit wahrer Löwenstimme", scherzte einmal ein Freund, denn ihr tiefer Alt und das volltönende Lachen besaßen weittragende Resonanz. Mit ihrer fröhlichen Vitalität und Großzügigkeit war sie bereit, mehr zu schenken, als man oft fähig war aufzunehmen. Erzogen zu einem Übermaß des Gebens, mußte der jetzt so beschränkte Wirkungskreis sie eingeengt haben wie ein eingelaufener Mantel. Vielleicht um ein Ventil für ihre vulkanischen Energien zu finden, erzog und verteidigte sie uns tatsächlich wie eine Löwin ihre Brut. Wir wurden hin- und hergestoßen, überrumpelt, dressiert – und unendlich geliebt.

Wenn wir nicht wohl oder in Bedrängnis waren, gab es nichts, was sie nicht für uns getan hätte, und so saß sie in Krankheitsfällen ganze Nächte hindurch, bei gedämpftem Licht lesend oder nähend, in unserem Zimmer. Müßig war sie nie.

Beruhigende Töne des vierhändigen Klavierspiels mit Irina wiegten uns Jüngere sanft in den Schlaf. Mamas intensives Interesse und ihre Teilnahme an allem, was uns betraf, fachte auch bei uns jeden Funken Eigeninitiative an.

Wir brauchten dringend Möglichkeiten, uns auszutoben, und erfanden lärmende Spiele, die zu der plüschigen, muffigen Atmosphäre gemieteter Räume nicht recht passen wollten: Vier Stühle wurden auf einen wackligen Tisch gestellt, den wir mit Schwung durchs Zimmer schoben – und schon war es eine Kutsche, von galoppierenden Feinden verfolgt, während die improvisierte Peitsche des Kutschers laut knallte. Aber der gebrechliche Tisch zerfiel in Stücke, und wir versuchten, zutiefst bestürzt, mit Leim und Stricken die Teile wieder zusammenzufügen – eine unmögliche Aufgabe!

Ein anderes begeisterndes Spiel bestand darin, einander in wilden Sprüngen vom Stuhl auf den Tisch und zum Bett zu jagen, ohne daß man einen Fuß auf den Boden setzen durfte. Blaugeschlagen und zerkratzt landeten wir irgendwo dazwischen, während verärgerte Nachbarn stürmischen Protest an Wände und Decken hämmerten. Als Mama zurückkam, mußte sie dem wütenden Eigentümer entgegentreten, dessen Geduld ohnehin reichlich strapaziert war, weil die Miete schon so lange auf sich warten ließ.

Die Tatsache, daß Mama nun immer wieder versuchte, ein kleines Haus mit Garten zu finden, wird ihren Grund wohl darin gehabt haben, daß unsere Wanderung durch einige dieser provinziellen „pensions de famille", wo Kinder und Hunde grundsätzlich unterdrückte Minderheiten bilden, oft solche Katastrophen heraufbeschworen.

Für die Wahl eines Hauses waren zwei Kriterien bestimmend: Ausblick und Badezimmer. Alles andere, meinte Mama, ließe sich später verbessern.

Bei Umzügen wurde der russische Priester geholt, selbst wenn wir nur kurze Zeit blieben. Man stellte ein Kruzifix und eine Schale Wasser auf einen Tisch; in langer Prozession schritten wir von Zimmer zu Zimmer, zuletzt stellte sich jeder neben seinem Bett auf; das neue Heim wurde gesegnet und eine Ikone in der Ecke des Eßzimmers aufgehängt. Dann nahmen wir es in Besitz.

Irina erwies sich als geschickte Köchin, und mir vertraute man die sonstigen Aufgaben an, etwa das Inventar des Hauses, das wir gerade gemietet hatten.

Eines Morgens kamen drei bebrillte, alterslose Herren in steifen Krägen, um die einzelnen Punkte des Mietvertrages zu besprechen. Groß gewachsen für meine elf Jahre, erwartete ich sie mit hochgerollten Socken, die Schultasche unterm Arm. Ihre anfängliche Überraschung verbergend, diktierten sie mir einen Punkt nach dem anderen, und ich notierte alles pflichtbewußt in meinem Schulheft. Die Liste wurde ordnungsgemäß von ihnen unterschrieben und von mir gegengezeichnet.

Ich war außerdem der Packer in der Familie und tauchte kopfüber in riesige Schrankkoffer, deren Boden ich kaum erreichen konnte. Sie waren Überbleibsel aus einer anderen Welt: aus schwarzem oder braunem Leder, kupferbeschlagen und gegurtet, mit Streifen in den „Familienfarben" bemalt.

Wenn wir uns selbst überlassen waren, zogen wir heimlich Mamas letzte „Doucet"-Kleider an – sie hatte es noch nicht über sich gebracht, sie wegzugeben – und setzten ihre großen „Reboux"-Hüte auf, die mit malvenfarbigen und grünen Schleiern behängt waren. Wenn wir nun in den hohen Spiegel schauten, der in dem dunklen Flur hing, waren wir überrascht, uns so verändert, so schön und geheimnisvoll wiederzufinden. Es gab immer noch Überreste aus Mamas „Trousseau" – ein Wort, das Vorstellungen von Bräuten, Kutschen, Schlössern wie in einem Märchen in uns weckte. Wir begriffen allmählich, daß die rapid schwindenden Wäschestapel aus feinem Leinen, mit Krone und Monogramm bestickt, kostbar waren; bald lernte ich, verschlissene Bettücher auszubessern, indem ich mit einer gebrechlichen Kindernähmaschine große Flicken einsetzte.

„Sie ist geschickt mit ihren Händen, wie eine Kammerzofe . . ." Ganz stolz war ich, als ich das von mir sagen hörte!

Leider entwickelte ich dann ein Talent, mit dem teuflischen sogenannten „Calo" fertigzuwerden. Der „Calorifère" war ein großer Kessel, der die einzelnen Heizkörper und das Badewasser aufwärmte. Wenn man ihn auch nur einen Augenblick vernachlässigte, beschloß er einfach auszugehen. Dann mußte man zuerst die harte Schlacke herausschütteln und aufpassen, daß die kleine Eisentür einem nicht sofort die ungeschickten Finger einklemmte. Es folgten Lagen von Papier und „Margotins" – in Harz getränkte Holzscheite mit Zauberwirkung, aber mit messerscharfem Draht zu großen Bündeln zusammengepackt; darauf kam Holz und Kohle, beides feucht. So blieb nichts anderes übrig, als Petroleum über das müde flackernde Häufchen zu schütten.

Die französische Leidenschaft für Sparsamkeit setzte Geduld mit den Launen des „Calo" voraus, der einen minimalen Verbrauch von Heizmaterial garantierte. Für mich aber bedeutete jedes Heizen Stunden im Keller, über Schulbüchern brütend, während ich darauf wartete, daß der gräßliche Ofen endlich mit beruhigendem Dröhnen wieder ansprang.

Missie, mein treuer Adjutant, kam eines Tages, um zu helfen, und flog beinahe mit dem „Calo" in die Luft, denn sie hatte Petroleum hineingegossen, obwohl er bereits hell brannte. Die Flamme, die aus der offenen Tür herausschoß, versengte ihr die Augenbrauen und die Ponyfransen, aber sie hielt die Kanne fest und wendete damit größeres Unglück ab.

Einen Augenblick fürchteten wir, daß ihr Gesicht womöglich entstellt bleiben könnte. Sie war zu einem ungemein hübschen Kind herangewachsen, mit feinen und regelmäßigen Zügen, die von den Erwachsenen sehr bewundert wurden; auch uns hatte man beigebracht, diesen Vorzug zu respektieren. Während unserer Kinderzimmerschlachten schützte Missie ihre Nase mit der Hand und schrie: „Gebt acht auf mein Profil!" Das geschah nicht aus Eitelkeit, denn sie machte sich nie Sorgen über ihr Aussehen, sondern es entsprang einer Art Verantwortungsgefühl einem Geschenk gegenüber, das zu bewahren ihre Pflicht war. Diese Rücksichtnahme lag auch ganz in unserem Interesse, denn hätte „die Nase" bei einem Streit einen Kratzer, oder, Gott bewahre, einen Schlag abbekommen, so hätte uns das strenge Strafen eingebracht.

Glücklicherweise war Missie nach wenigen Tagen wiederhergestellt und sah nicht mehr wie ein weißes Kaninchen aus.

Wenn Mama nicht da war, fiel uns die Aufgabe zu, auf Georgie aufzupassen. Er war ein lustiges, sonniges Kind, doch es war schwierig für uns, ihn unter Kontrolle zu halten, vor allem, ihn zu vernünftigen Zeiten ins Bett zu bringen. Wir müssen manchmal recht schonungslos mit ihm umgegangen sein, teilweise auch um Mamas Nachsichtigkeit auszugleichen; aber das hinderte uns nicht, mit inniger Solidarität zusammenzuhalten.

Seit wir nach St.-Germain-en-Laye hinausgezogen waren, gab es nicht mehr viele fremde Kinder um uns; um so abhängiger wurde jeder von uns von der Gesellschaft und der Erfindungsgabe der anderen Geschwister. Wir erdachten lange Geschichten, die in haarsträubenden und romantischen Einzelepisoden erzählt wurden, und erfanden eigene Spiele.

Eines Sommerabends entwischte uns Georgie, und wir konnten gerade noch sehen, wie er über das hohe Gartentor kletterte, während er mit einer Hand die Glocke festhielt, um ihr verräterisches Läuten zu verhindern. Bevor wir die Straße erreichen konnten, war er außer Sicht. Die Zeit verrann, und wir warteten voller Angst, aber schließlich waren wir vollkommen entwaffnet, als er strahlend und zufrieden zurückkehrte, ein Paket in der Hand. Er hatte von seinen Ersparnissen ein Geschenk für den Namenstag von Missie gekauft und konnte sich nun nicht zurückhalten, das von ihm erworbene Bügelbrett für Puppen mit allem Zubehör vor uns aufzubauen. Allerdings sicherte er sich vorher ab: „Versprich, es jetzt gleich zu vergessen, damit es morgen eine Überraschung ist.“

Ganz von selbst wurden wir schließlich mit jeder Hausarbeit fertig, scheuten jedoch vor der Vorstellung zurück, einen Tisch vom Schreiner abzuholen und unterwegs dem Hohn von Klassenkameraden ausgesetzt zu sein. Mama war von dem Transportauftrag nicht abzubringen und wollte von unseren Einwänden keine Notiz nehmen. Als wir nun beladen mit einem Ding, das tausend Beine und Ecken zu haben schien, einhertrotteten, kamen wir uns furchtbar blöd vor; gleichzeitig schämten wir uns, daß uns das Ganze so peinlich war.

An sich stand es überhaupt nicht zur Debatte, aufzugeben, denn sich zu genieren wurde als affektiert oder ordinär abgestempelt. Man sollte vielmehr eigene Werte hüten und sie je nach Möglichkeit durchsetzen, aber sich durch keine mißliche Lage bedrücken oder verunsichern lassen. Innere Unabhängigkeit von jedem äußeren Geschehen galt als Axiom. Wir stellten diese Maximen keineswegs in Frage, aber manchmal, wenn Wellen von Schwäche uns überkamen, zweifelten wir an unserer Fähigkeit, ihnen gerecht zu werden.

Es muß uns wohl ein Schutzengel behütet haben, denn weil die Ausübung jeder geregelten Sportart viel zu teuer war, unternahmen wir statt dessen die gewagtesten Streiche, ohne daß etwas Schlimmes passierte. Alles Vernünftige, was wir gern getan hätten, kam nicht in Frage; wir besaßen nie Schlittschuhe oder einen Tennisschläger; nur den Traum vom eigenen Fahrrad gaben wir nie auf. Zu stolz, um zu bitten, warteten wir, bis andere Kinder uns ihre Räder liehen, um dann selig die Terrasse von St.-Germain hinunterzuflitzen, von der Geschwindigkeit und dem Sausen des Windes im Haar berauscht.

Als ich einmal freihändig fuhr und dabei den großen Hund des Fahrradbesitzers an der Leine hielt, sprang dieser plötzlich nach vorne hinter einer Katze her – mit fürchterlichen Folgen für mich. Tagelang humpelte ich zum Doktor, und immer wieder holte er Sand und Steinchen aus einem tiefen Loch in meinem Knie heraus.

Zwei kleine, blonde kanadische Brüder, die Whitmore hießen und Georgies Kumpane waren, hatten sich ausgedacht, ihre Fahrräder kurz vor Weihnachten kaputtzuschlagen, um ganz sicher zu sein, daß sie neue bekommen würden. Sie gingen mit Hammer und Zange zu Werk, während wir stumm zusahen, unfähig zu jedem Kommentar.

Jahre später kaufte ich Missie von meinem ersten Verdienst das schönste Fahrrad, das ich finden konnte. Sie war damals zwar schon fünfzehn, aber es kam noch rechtzeitig.

4

Ich war zehn und Missie acht Jahre alt, als wir in das französische Lycée von St.-Germain-en-Laye in der Nähe von Paris eintraten. Mama hatte es nach vielem Suchen gewählt, angetan von den großen Fenstern des Gebäudes und den blühenden Kastanienbäumen im Schulhof.

Obwohl wir uns bisher aufs Geratewohl Wissen über eine Vielzahl von Dingen angeeignet hatten, waren wir doch nie in eine Schule gegangen. Nun fanden wir uns auf einmal in die achte und zehnte Klasse des nach Tinte, Kreide und Eau de Javel riechenden roten Ziegel-Lyzeums hineinversetzt. Wir waren an fremde Kinder nicht gewöhnt; von plötzlicher Schüchternheit gelähmt, standen wir zuerst schutzlos dem Anprall der anderen gegenüber.

Es brauchte seine Zeit, bis wir mit den Schulgefährten gleichzogen. Ausgerüstet mit einem fotografisch genauen visuellen Gedächtnis, waren wir aber bald imstande, ganze Seiten in perfektem Französisch herunterzuhaspeln, ohne die leiseste Ahnung zu haben, was der Text bedeutete. Als Missie einmal ihren Unterrichtsstoff vor Mama wiederholte, plapperte sie sorglos: „Die Gallier, unsere Vorfahren . . .", worauf Mama entsetzt ausrief: „Das Kind ist ja ein kleiner Roboter!"

Gegen Ende des Schuljahres wurde jedem Schüler eine lange Liste von Fragen vorgelegt. Die erste hieß: „profession du pére?" – („Beruf des Vaters?") Wir waren ratlos, denn was sollten wir hinschreiben? „Mitglied der Duma", „Staatsmann", „Maréchal de la Noblesse" (eine wichtige Funktion im Zarenreich, der eines Landeshauptmannes entsprechend, aber unweigerlich aufreizend für französische Republikaner!), „Ministre-adjoint"?

Es hörte sich alles hoffnungslos unpassend an, und wir konnten uns zu keiner Angabe entschließen. Um uns herum kritzelten eifrige, am Federhalter kauende kleine Mädchen in violetter Tinte: „Marchand", „Tapissier", „Advocat" sowie andere beneidenswert einfache Berufe hin.

„Aber ihr braucht euch doch nicht zu schämen", sagte die Lehrerin verständnislos, als sie die Blätter einsammelte und die leere Zeile bei uns sah. Die Vorstellung von „unehrenhaften Berufen" ging uns verworren durch den Kopf. Bei ihr muß wohl ein

Zweifel zurückgeblieben sein, denn wie üblich, wenn bei uns etwas schiefging, sagte sie: „Glaubt ihr, immer noch bei euren Muschiks zu sein?“ Sah sie uns wirklich im Geiste die Peitsche des Kosaken schwingen?

Trotz der überwältigenden Anhäufung oft nutzlosen Lehrstoffs, den man in uns hineinstopfte, weckte das ganze französische Schulsystem Wißbegier, brachte einem klares Denken bei und zeigte, wie Wesentliches herauszusieben sei und wo man Kenntnisse ergänzen konnte. Vor allem lehrten uns die Franzosen, ihre schöne Sprache perfekt zu beherrschen. Trotzdem konnte auch dieses System einen Unbegabten zwar zum Nachdenken anleiten, aber aus einem Dummen keinen Gescheiten machen, selbst wenn er mit angelerntem Geschick scheinbares Wissen vortäuschte.

Da die Geldüberweisungen aus Litauen in unregelmäßigen Abständen eintrafen, war es äußerst schwierig, ein brauchbares Budget aufzustellen. Als die Rechnungen sich immer mehr häuften, versammelte das Gefühl drohender Verhängnisse uns zu einer Konklave um Mama. Wir waren aber viel zu klein, um ihr als Berater oder Verdiener wirklich von Nutzen zu sein.

Wenn man uns in der Schule bat, ein wichtiges Requisit zu kaufen, wurde die gehobene Stimmung, die einen bei dem Gedanken überkam, ein Paar neue Turnschuhe, eine Schürze oder vor allem neue Bücher zu bekommen, sofort von der Gewißheit gedämpft, daß jede zusätzliche Ausgabe ganz undenkbar war. Ohne die Sache überhaupt zu Hause zu erwähnen, erfanden wir Entschuldigungen: der Laden sei geschlossen, Mama sei nicht da, die richtige Größe nicht erhältlich. Innerlich seufzten wir, weil das Ausreden so mühsam war, und reagierten erst verlegen, dann verdrossen auf die sture Beharrlichkeit der Lehrerin, sofort den gewünschten Gegenstand anzuschaffen. Bald aber wurden wir trotzig und kümmerten uns nicht mehr um ihre Vorhaltungen, denn solche kleinen Ärgernisse standen in keinem Verhältnis zu dem, was sie verursachte.

Als wir unser Schulgeld schuldig blieben, holte man uns aus dem Klassenzimmer. Draußen wurden wir durch den „Économe“ wegen der rückständigen Rechnungen streng ermahnt. Kalte Augen starrten anklagend über ein silbergerändertes „pince-nez“.

Mama behielt uns daraufhin zu Hause, als seien wir krank. Sie ging dann den ganzen Unterrichtsstoff mit uns durch, denn sie fürchtete, unsere Studien könnten leiden.

„Aber die Prüfungen? Die können wir doch nicht verpassen!“ Wir schlichen uns also für einen Tag zurück, gaben unsere Arbeit ab und blieben wieder zu Hause; wir kamen uns wie Diebe vor. Doch lernten wir intensiver als je zuvor. Überraschenderweise erhielt ich so gute Noten, daß ich ein Stipendium bekam. Aber wir waren Ausländer: so konnte es mir schließlich doch nicht zugesprochen werden. Es machte mir nicht soviel aus, wie Mama dachte; es erleichterte wenigstens mein Gewissen, was die unbezahlten Schulgebühren betraf.

Mama versuchte, aus unseren Talenten das Beste zu machen. Irina klimperte eifrig auf dem Klavier, Georgie und ich zeichneten und malten recht geschickt, doch ohne Begeisterung, denn wir ahnten, daß Kunststudien wohl nicht der richtige Pfad zum Reichtum sein würden. Missie hatte eine reizende Stimme und besaß ein ganzes Repertoire von Liedern in verschiedenen Sprachen. Wenn wir zusammen um Mamas Klavier standen, stimmten wir allerdings immer die gehaltvolleren russischen Lieder an.

Während wir arbeiteten, saß Mama in einem harten Armstuhl und las uns vor; dabei strickte sie, denn sie fertigte alle unsere Pullover selbst an. Ihre weiche Stimme und ihre perfekte Diktion gaben der Geschichte oder dem Gedicht Leben und Wirklichkeit. Gespannt hörten wir zu, und ebenso natürlich, wie man atmet, wurden wir mit den großen russischen Schriftstellern und Dichtern vertraut: mit Puschkin, Lermontow, Gogol, Tolstoi usw., den Historikern Karamsin und Platonow sowie Schilders Biografien der russischen Zaren des 19. Jahrhunderts. Dostojewski wurde uns nur in kleinen Mengen verabreicht: Mamas sonnige Natur empfand ihn als zu düster.

Es gab so vieles, das sie uns vorlesen und erzählen wollte, daß wir selten, wie andere Kinder, früh zu Bett geschickt wurden, obwohl die Schulaufgaben ja auch noch auf uns warteten. Missie schlief oft ein, zusammengerollt wie eine Haselmaus in der Ecke des Sofas; das goldene Haar fiel ihr wie eine Abschirmung übers Gesicht. Eine Zeitlang wurde daher bei dieser intensiven Indoktrination nicht mit ihr gerechnet.

Auch ich verging vor Schläfrigkeit, fühlte aber verschwommen Mamas Einsamkeit, die sie sich nie eingestehen würde, ihren mühsamen Kampf gegen die vielen Widrigkeiten, denen sie begegnete. Es schien eine Kleinigkeit, sie gewähren zu lassen.

Meine Eltern und ihre Freunde fühlten schmerzhaft die Verantwortung für ihr Versagen gegenüber der Revolution in Rußland. Mama erzählte uns, sie hätte sich in ihrer Kindheit immer beklagt: „Heutzutage geschieht nichts Aufrüttelndes mehr – keine Kriege, keine Revolution!“ Sie hatte es fast bedauert, nicht in aufregenderen Tagen zu leben.

Im 19. Jahrhundert schien den Verantwortlichen der europäischen Oberschicht unendlich viel Zeit zur Verfügung zu stehen. Bedächtig und ohne Eile wurde für Jahrzehnte im voraus geplant. Frei von ideologischen Einflüssen und selbst hochgebildet, mißtrauten die führenden Kreise meistens den „professionellen Intellektuellen“ mit ihren fertigen, frei in der Luft schwebenden Theorien. Erst allmählich nahmen sie den schnelleren Lauf der Geschichte wahr und begriffen, daß sie sich bei der gemächlichen Durchführung der Reformen doch in einem Wettlauf mit der Zeit befanden.

Mama hatte eine Erfahrung nachdenklich gestimmt: Als sie noch ein Kind war, fuhr sie eines Tages mit ihrem Vater spazieren. Er hielt an, um mit einem ihm unbekannten Muschik zu sprechen, und fragte ihn nach einer Weile:

„Seid ihr zufrieden mit allem, was hier getan wird: mit den Schulen, dem neuen Krankenhaus, den Geräten, die euch zur Verfügung stehen . . .?“

Er bekam die überraschende Antwort: „Zufrieden? Natürlich sind wir zufrieden. Aber im Grunde geht uns das alles nichts an. Der Fürst tut es ja für sein eigenes Seelenheil.“ (Der Bauer kam aus Korobowka, einem Dorf in der Nähe des Familienbesitzes Lotarewo, dessen Bewohner sich später an der Ermordung meines Onkels beteiligten.)

Über die Antwort grübelnd, meinte mein Großvater: „Wir müssen erreichen, daß die Bauern eine unmittelbare Beziehung zu diesen Dingen bekommen, vielleicht auch dadurch, daß sie eine Kleinigkeit dafür bezahlen. Sonst lassen sie am Ende alles wieder verkommen.“

Der zunehmende Wohlstand und Fortschritt in Rußland vor dem Ersten Weltkrieg verleitete die Führungsschicht Rußlands zu der Hoffnung, sie könnten im Rennen gegen die Revolutionäre Sieger bleiben; hatte nicht Stolypin selbst erklärt: „Noch zwanzig Jahre Reformen, und die Schlacht ist gewonnen!“ Aber wir meinten, daß es schließlich doch nur eine kleine Minderheit war, die so dachte, sonst wären sie beim Zusammenbruch nicht so allein gestanden.

Immer, wenn wir mit den Eltern russische Geschichte studierten, erinnerten sie uns daran, daß alle unangenehmen Dinge, die wir erleben mußten, nichts waren im Vergleich zu den Leiden des russischen Volkes.

In der Geschichte von „Taras Bulba“ schleicht sich der berühmte Kosak „Ataman“ (Häuptling) in die polnische Festung zurück, wo sein Sohn Ossip auf dem Marktplatz gefoltert wird. Im Todeskampf ruft der Jüngling: „Vater, hörst du mich?“ Aus der umhergaffenden Menge kommt die bekennende Antwort: „Slichou!“ (Ich höre dich.)

Unter den Werken der russischen Volksdichtung hat diese Erzählung aus dem 16. Jahrhundert immer noch eine tiefe Nachwirkung. Auch wir durften nicht vergessen: wenn man schon nicht helfen kann, soll man zumindest Zeugnis ablegen.

5

Als wir beinahe schon erwachsen waren, erzählte uns Mama, wie ihr ältester Bruder Boris Wiazemski umgebracht worden war. Als sein Tod bekannt wurde, brach es aus seiner Mutter hervor: „Es gab in ihm genug Lebenskraft, um drei Existenzen auszufüllen; mit dreiunddreißig Jahren haben sie ihn niedergemacht!"

Er war einer der kultiviertesten Männer seiner Generation. Er schrieb und dichtete formvollendet, besaß das seltene Talent, sofort den Kern jeder Frage zu erfassen, und hatte sowohl die naturwissenschaftliche als auch die historische Fakultät mit Goldmedaillen absolviert. Er kombinierte die Fähigkeiten eines Staatsmannes mit denen eines Diplomaten und war vor allem ein prädestinierter Friedensstifter.

Ein Jünger und Freund Stolypins, wurde er während des Krieges zum Adelsmarschall gewählt, wo er auch der unangenehmen Pflicht des Vorsitzenden der örtlichen Mobilmachungsbehörde nachkommen mußte. Das machte ihn unpopulär, trotz allem, was er für die Verbesserung der Lebenshaltung des Volkes getan hatte.

Am 1. März 1917 wurde Mamas zweiter Bruder Dimitri in St. Petersburg durch eine Granate getötet, die in das Auto geworfen worden war, in dem er zusammen mit dem Kriegsminister Gouchkow saß.

Eine Abordnung von Bauern aus dem schon erwähnten Dorf Korobowka erschien vor Onkel Boris und erklärte ihm herausfordernd, sie wünschten nicht, daß sein Bruder in der Familiengruft des Landsitzes Lotarewo beigesetzt würde.

Die Beerdigung fand trotzdem in Lotarewo statt, und es schien, als habe sich die Stimmung bei den Bauern von da an zum Besseren gewendet. Es folgte eine Zeit verhältnismäßigen Friedens, der nur zeitweise von kleinen Unruhen unterbrochen wurde.

Am 6. Juli 1917 nahmen die Regierungstruppen die Festung Peter und Paul in Petrograd ein und warfen die Bolschewiken hinaus, ohne daß auch nur ein einziger Schuß gefallen wäre. Daher schrieb Onkel Boris von seinem Gut am 15. August 1917: „Es ist alles ruhig. Nun können sich Menschen guten Willens wieder sicher fühlen, und die Böswilligen haben allen Grund zu zittern."

Ruhe war allerdings nicht das erwünschte Klima für eine Revolution. Es gab einige „spontane" Morde und Plünderungen. Aus der daraus folgenden Nervosität entstanden mitunter durch reinen Zufall folgenschwere Zwischenfälle.

In einem Brief vom 9. August schrieb Boris seiner Mutter: „Ein Posten, der eine Zisterne mit Treibstoff bewachen sollte, versuchte, mit einem Eimer einige Liter davon zu stehlen. Es war dunkel, und er zündete ein Streichholz an. Von der darauffolgenden Explosion wurden die umliegenden Häuser zerstört, der Soldat wurde in Stücke gerissen. Von Panik ergriffen, schossen seine Kameraden wild in alle Richtungen. Als die Leute herbeieilten, um das Feuer zu löschen, wurden sie von Kugeln empfangen. Kurz: ein zeitgemäßes Idyll."

Es kam trotzdem überraschend, als eines Tages Lili aus dem Speisezimmerfenster „Ochrana"-Soldaten, die der zaristischen Regierung treu geblieben waren, in voller Flucht auf das Haus zukommen sah. Gewehre unter dem Arm, liefen sie hinter ihrem säbelschwingenden Leutnant über den Rasen vor dem Gutshaus. „Spassaitis!" (Rettet Euch), schrien sie meinem Onkel zu. „Wir können Euch nicht mehr schützen. Sie kommen schon!"

In den umliegenden Dörfern wurde bereits Alarm geschlagen; das Glockengeläute übertönte den Lärm des sich zusammenscharenden, herannahenden Mobs.

Wanja, der Butler, und Michailo, der Kutscher, beschworen Boris und seine Frau, das Haus in der Troika zu verlassen, die eingespannt vor dem Tor stand. Beide konnten sich aber nicht zur Flucht entschließen.

Die Menge brach nun in den großen Hof ein: es waren Dörfler aus den umliegenden Siedlungen: Korobowka, Podworkow und Debrey, geführt von Agitatoren. Aus der größten Ortschaft in der Gegend, Biagora, war niemand gekommen; die Einwohner dort lehnten es ab, mit diesen Ereignissen irgend etwas zu tun zu haben.

Viele von den Bauern kannten Boris von Kindheit an, so ging er nun ruhig hinaus, um mit ihnen zu sprechen. Seine Frau Lili, die zweiundzwanzig Jahre alt war, weigerte sich, ihn allein zu lassen, und begleitete ihn, eingehängt in seinem Arm.

Aber die Meute war gekommen, um zu töten, und so wurden, aufbegehrend und verhetzt, alle Mißstände vorgebracht, auch solche, die über ein halbes Jahrhundert, in die Zeit der Leibeigenschaften, zurückreichten. Während Boris argumentierte, fand sich Lili plötzlich von einer Gruppe feindseliger Frauen umgeben, die ihr einen Strick um den Hals legten. Die Männer schrien aber verärgert ihre „Babas" an, und der Strick verschwand wieder.

Ein Dorfbengel kletterte auf einen Baum, um die Ereignisse besser beobachten zu können. Dabei berührte er eine elektrische Leitung, die ihm im Wege war. Um Schlimmstes zu verhindern, rief ihm Boris zu: „Steig sofort herunter!"

Da er nicht gleich gehorchte, schrie ihn ein Muschik an: „Du hörst, was der Fürst sagt! Komm herunter, du Lümmel."

Hier hielt die Menge den Atem an; es entstand eine Pause, als ob die Bauern über die beiderseitige menschliche Reaktion nachdächten und sie gegen ihren Groll abwägten.

Da aber tauchte plötzlich ein kleiner, verhutzelter Mann auf, dem ein „pince-nez" schief auf der krummen Nase saß; er machte sich über die Muschiks lustig und höhnte herausfordernd: „Im Herzen seid ihr alle noch Leibeigene. Ihr würdet es nie wagen, dem Fürsten etwas anzutun!"

Der Anführer der dörflichen Bevölkerung antwortete: „Es ist wahr, der Fürst pfeift, und wir gehorchen. Aber jetzt haben sich die Zeiten geändert. Wir wollen sein Land, und er wird es uns nicht geben, solange er lebt. Obwohl wir ihn achten, müssen wir ihn loswerden. Aber was dich betrifft", wandte er sich an den grinsenden Agitator, „für dich gibt es keinen Grund, schadenfroh zu sein. Der Tag wird kommen, wo wir dich und deinesgleichen hängen, dann aber ohne jede Achtung!"

Spät in der Nacht wurden Boris und Lili in die Dorfschule zum Verhör geholt. Dieses Mal konfrontierte man sie mit ihren Jagdgewehren, die vor einem Halbkreis betrunkener Muschiks ausgebreitet lagen. Sie wurden der Absicht beschuldigt, damit auf das Volk zu schießen. Lili wandte ein:

„Aber ihr kennt doch diese Gewehre! Die meisten von euch waren schon einmal Treiber und halfen bei den Jagden!"

Boris hielt sie zurück und sagte auf englisch zu ihr: „Sprich nicht, laß mich antworten."

Die Anschuldigungen wurden immer absurder. Schließlich führte man beide zurück in ihre Kammer.

Als der Morgen dämmerte, kamen die Wachen, um Boris zu holen. Sie erlaubten ihm, sich von Lili im kleinen, hinteren Schlafzimmer zu verabschieden; sie erinnerte sich noch gut an seinen letzten Blick, wie er über die Schulter zu ihr zurücksah, als sie ihn wegführten.

Sie hörte das Brüllen der wartenden Menge, als Boris am Tor erschien. Dann nahmen meuternde Truppen, deren Zug zufällig im örtlichen Bahnhof angehalten hatte, die Sache in die Hand.

Später führte ein Soldat, der sich von den anderen abgesondert hatte, Lili zu einem Güterwagen, der auf einem Seitengeleise des Bahnhofs stand; dort lag Boris' Leiche. Die ganze Nacht hindurch hockte Lili neben ihm auf dem Stroh. Der Soldat verließ sie nicht. Morgens holte dann jemand einen Priester, der eine „Panihida", eine Totenmesse, abhielt. Die Kinder der Eisenbahnarbeiter sammelten Feldblumensträuße und brachten sie ihr, damit sie sie neben den Toten lege. Lili kehrte dann nach Annino zurück, wo eine Cousine von Boris, Marussja Weljaminow, die von Biagora herübergeritten war, auf sie wartete. Schneeweiß im Gesicht, aber gefaßt, streckte sie ihr die blutbefleckten Hände entgegen und sagte tonlos: „Sie haben Boris getötet!"

In späteren Jahren erzählte uns Tante Lili, daß sie den Glauben an die angestammte Güte des russischen Volkes nie verloren habe, so fehlgeleitet es in jenen Tagen auf Grund falscher Versprechungen auch gewesen sein mochte.

Sie dachte dabei an die Menschen, die ihr und Boris unter Lebensgefahr beigestanden waren und Hilfsbereitschaft, Mitgefühl und Mut bewiesen hatten; dazu gehörten der Majordomus Wanja, die Magd Anna, der Kutscher Michailo, der junge Soldat, die Kinder der Eisenbahnarbeiter, der Zugführer und manche andere.

Viele Jahre danach heiratete Lili wieder. Eines Tages fragte ich sie, ob sie noch oft an meinen Patenonkel denke. Ihr Gesicht wurde ganz still, als sie sagte: „Ich bin mit Esska (ihr zweiter Mann) sehr glücklich. Er ist mein Geliebter, mein Freund und der Vater meiner Kinder. Und doch, immer wenn ich plötzlich denke ‚mein Mann vor Gott', denke ich an deinen Onkel Boris." Dann lächelte sie wieder und fügte hinzu: „Aber erzähl' es Esska nicht."

In Revolutionen passieren unvorhersehbare Dinge: es kann alles auch ganz anders kommen. So marschierten einige Monate nach dem Tode von Onkel Boris die Arbeiter der Putilow-(jetzt Kirow-)Fabrik nach Petrograd ins Gefängnis, um Mamas Tante, Gräfin Sophie Panine, zu befreien. Sie setzten sie in einen Zug und geleiteten sie zur finnischen Grenze.

Ihrer Zeit in sozialem Denken weit voraus, hatte Großtante Sophie beträchtliches Vermögen der Förderung von Projekten gewidmet, die die Lebensumstände und den sozialen Status der Arbeiterklasse verbessern sollten. So gründete sie den „Narodnyj-Dom", ein Bildungs-Zentrum für Arbeiter, das über eine Bücherei, Abendkurse, ein Gymnasium, eine Theaterbühne für dramatische und musikalische Darbietungen und eine Kantine verfügte. Diese Einrichtungen wurden von Liberalen geführt, aber unter der Bedingung, daß man sie nicht für politische Agitation mißbrauchen dürfe. Hierin allerdings wurde meine Tante von einem ihrer Mitarbeiter, einem jungen Rechtsanwalt mit dem Namen Kerenski, dem sie seine erste Stelle verschafft hatte, getäuscht. Daher trat sie mit gemischten Gefühlen im Jahre 1917 als erste russische Ministerin für Wohlfahrt dessen Kabinett bei. Nach ihrer Verhaftung setzte Lenin Frau Kollontai als ihre Nachfolgerin ein.*

* Aus Finnland lud sie Masaryk nach Prag ein, damit sie dort in den russischen Archiven arbeite, die dann im Jahre 1945 durch die Sowjets eingezogen wurden. Von dort ging sie in die Vereinigten Staaten, wo sie bis zu ihrem Tod in der Tolstoistiftung tätig war. Wie immer lebte sie auch hier in beinahe asketischer Genügsamkeit, ohne jegliches Interesse für materielle Dinge.

6

Man braucht kaum zu betonen, daß Mamas Sorgen andauerten, nachdem wir uns in Frankreich niedergelassen hatten. Alexanders Erziehung war eines der Probleme, mit denen sie fertig werden mußte. Dank amerikanischer Großzügigkeit war in Lafayettes ehemaligem Sitz Chavagnac in der Auvergne ein Internat zur Erziehung der Söhne von Emigranten gegründet worden.

Alexander trat dort ein und fühlte sich zuerst todunglücklich, denn er wurde von älteren Buben rücksichtslos gequält. (Jahre später auf Parties rächten Missie und ich uns an seinen erstaunten Peinigern, die längst alles vergessen hatten, indem wir uns weigerten, mit ihnen zu tanzen.)

Obwohl er damals erst etwa 13 Jahre zählte, schien er so groß und erwachsen für sein Alter, daß er uns, wenn er in den Ferien zu Hause war, das tröstliche Gefühl gab, wir hätten nun einen Mann im Haus. Georgie folgte ihm wie sein Schatten und las ihm jedes Wort von den Lippen ab. „Ja, Alexander, nein, Alexander", hörte man ihn ehrfurchtsvoll murmeln.

Missie und ich waren unzertrennlich und verstanden uns großartig, obwohl wir so verschieden im Charakter und im Aussehen waren. Wir hörten beide fasziniert den Geschichten zu, die Alexander gelesen hatte und die von Entdeckungsreisen und Abenteuern handelten. Er träumte von fernen Ländern und beabsichtigte, Kolonialingenieur zu werden, was damals als vielversprechender Beruf galt. Bis dahin war es wohl noch ein langer Weg, und als er älter wurde, merkten wir, wie ungeeignet er war, sich kämpferisch durchs Leben zu schlagen. Als seine Vertrauten, unbelastet von jeder Erfahrung, versuchten wir, ihm gute Ratschläge zu erteilen, aber im Grunde hatten wir keine Ahnung, wie er mit seinen Problemen fertig werden konnte.

Irina, die Älteste, verschwendete ihre Zeit nicht mit uns Jüngeren und zog die Gesellschaft und das Gespräch der Erwachsenen bei weitem vor. Sie litt von uns allen wohl am meisten unter der Vorstellung, wie anders alles hätte sein können. Uns Kleinere bedrückte das überhaupt nicht, denn wir warteten voller Neugier auf die Zukunft und wünschten ungeduldig, auf eigenen Füßen zu stehen. Jede neue Erfahrung verwandelte sich für uns in ein wunderbares, aufregendes Abenteuer.

Obwohl Irina so viel älter wirkte als wir, blieb sie doch immer noch ein Schulmädchen, für das unsere Ungebundenheit und unsere Solidarität oft eine harte Prüfung gewesen sein mußte. Als es aber dann darauf ankam, das Haus zu führen (sie erledigte das Kochen und das Einkaufen), halfen wir ihr soweit wie möglich, servierten bei den Mahlzeiten und räumten nachher auf.

An Sonntagen füllte sich das Haus mit Gästen aus Paris, und Irina zauberte die köstlichsten Gerichte auf den Tisch, oft auch unsere Lieblingsspeise „bitkis", haschiertes Huhn, das in Sauerrahm schwimmt. Sie wurde sehr dafür gelobt. Wir Kinder nahmen an all dem fröhlichen Gelächter und den Gesprächen, musikalischen Zusammenkünften und langen Nachmittagsspaziergängen der Gäste teil.

Natürlich kam auch Onkel Adischka, wenn die Beschäftigung mit Pferderennen ihn losließ. Seit frühester Jugend hatte ihn eine Leidenschaft für Pferde gepackt; dann, als er erwachsen war, übernahm er die Führung des Wiazemski-Gestüts in Rußland. Im Ausland wurde er als Autorität anerkannt, und da er den Stammbaum jedes Pferdes kannte, konnte er beinahe immer den Gewinner vorhersagen; trotzdem wettete er nie.

Jedes Jahr erschien eine Dame, deren schneeweißes Haar nicht recht zu ihrem jungen Gesicht und ihrem lustigen Lachen passen wollte. Sogar ihr Name hatte einen fröhlichen Klang: „Olala Mumm".

Immer brachte sie Mama irgendeinen luxuriösen und meistens völlig nutzlosen Gegenstand mit: einen Hut von Reboux, ein Kleid von einem berühmten Modeschöpfer oder eine Riesenflasche eines seltenen Parfüms. Mama, die nie etwas für sich selbst kaufte, errötete vor Freude und sah, wenn sie unter Protest das Geschenk entgegennahm, plötzlich wieder jung und sorglos aus. Wir Kinder liebten ihre Freundin wegen ihrer Heiterkeit und des Hauchs von Phantasie, den sie in die Kargheit unserer von ständigen Sparmaßnahmen eingeengten Welt brachte.

Sie wurde von ihrer bildhübschen Tochter begleitet, einem ätherischen Geschöpf namens Elena, die wir außerordentlich bewunderten; sie heiratete später den amerikanischen Schriftsteller und Kritiker Edmund Wilson.

Viele von Mamas Gästen waren Taxifahrer oder verdienten mit ähnlichen Arbeiten ihren Lebensunterhalt. Sie scherzten über ihre jeweiligen Berufe, als ob diese mit ihrem eigentlichen Leben nicht das geringste zu tun hätten.

Walerian Bibikow, der eine Cousine von Papa aus der Familie Tolstoi geheiratet hatte, war Fahrer eines Touristenbusses in Paris. Er schüttelte sich wie vor Grauen, wenn er uns das unangenehme Gefühl beschrieb, dreißig Paar mißtrauische Augen auf seinen Rücken gerichtet zu wissen. Im Sommer chauffierte er Touristen im Mietwagen durch ganz Europa, und das tat er viel lieber. In Österreich traf er dann nach beendeter Arbeit oft mit König Alfons XIII. von Spanien zusammen, der sich zufällig in der Nähe von Klagenfurt aufhielt, um lange mit ihm zu plaudern. Der König war Ehrenkommandant von Walerians Regiment in

Rußland gewesen, und so ging ihnen der Gesprächsstoff natürlich nie aus.

„Bibi" war kahlköpfig, mit einem Gesicht wie aus Gummi, auf dem man jeden Gedanken und jede Laune ablesen konnte. Sein immer wieder hochsprühender Witz und das menschliche Verständnis, das er allen entgegenbrachte, schienen sogar bei den kommunistischen „CGT"- und den „Front Populaire"-Mitarbeitern von der Transport-Gewerkschaft ihre Wirkung nicht zu verfehlen: Obwohl er sich oft in heftige politische Diskussionen ohne Rücksicht auf die Folgen, die recht unangenehm sein konnten, verwickelte, riefen ihm am Ende seine Kollegen liebevoll und nachsichtig zu: „Eh, toi, vieux Bibi!"

Graf Kapnist, der in Odessa seine berühmte Porzellansammlung zurückgelassen hatte, pflegte an seinem freien Tag auf dem Marché aux Puces, dem Flohmarkt, herumzuspuken. Mit seinem grauweißen, sich sträubenden Haar im Bürstenschnitt glich er einem wohlgenährten, leutseligen Igel. Er trippelte leichtfüßig an all dem Bric-à-Brac, das rechts und links ausgebreitet lag, vorbei und suchte schließlich mit geübtem Blick eine angeschlagene einzelne Tasse oder einen gesprungenen, geklebten Teller, der von einer berühmten Manufaktur signiert und seinem mageren Einkommen als Taxifahrer angemessen war, heraus. Diese Schätze schmückten dann die Wände seiner winzigen Wohnung, die in einem anspruchslosen Mietblock des Pariser Faubourg lag. Kochen war ein weiteres Hobby von ihm und seiner Frau, deren dröhnende Stimme und beständig zunehmender Leibesumfang Gemütlichkeit ausstrahlten. Sie luden oft Freunde zu köstlichen Diners bei Kerzenlicht ein. Er strich dann liebevoll über die besten Stücke der Sammlung und stellte seine letzte Errungenschaft vor.

Nach der Niederlage von Tsushima, die so katastrophal den Russisch-Japanischen Krieg von 1905 beendete, sollte sich die gesamte zaristische Flotte den Japanern ergeben. Ein Freund meiner Mutter erzählte uns in diesem Zusammenhang folgende Begebenheit:

Sein Großonkel, Admiral Trojan, befehligte einen Zerstörer, der durch einen Zufall nicht an der Seeschlacht teilgenommen hatte. Nicht willens, dem Kapitulationsbefehl zu gehorchen, ließ Trojan nach Norden abdrehen, um auf diesem Umweg den Heimathafen in der Ostsee wieder zu erreichen. Unterwegs bog der Zerstörer in eine tiefe Bucht in Nordsibirien ein, um dort zu überwintern. Die Besatzung taufte die Anlegestelle „Nachodka" (Entdeckung).

Im Frühjahr kehrte das Schiff unverhofft mit seiner gesamten Besatzung in bester Verfassung zurück und lief in Kronstadt ein.

Die Regierung geriet über diese Rückkehr in größte Verlegenheit, denn Trojan hatte letzten Endes eine völkerrechtliche Abmachung nicht befolgt und sich des Ungehorsams schuldig gemacht. Als taktvolle Lösung wurde ihm erst eine hohe Auszeichnung verliehen, dann versetzte man ihn in den Ruhestand.

„Nachodka" ist heute ein bedeutender Hafen in Nordsibirien.

7

Wir waren drei kleine Mädchen, etwa zehn Jahre alt, und hockten in langen Nachthemden am Geländer einer Galerie, die vor unseren Zimmern im ersten Stock hoch oben unter der Decke eines Haustheaters entlanglief.

Wieder einmal verbrachten wir eine Nacht im Hause der Jussupows in Boulogne-sur-Seine am Rande von Paris, beaufsichtigt von Fürstin Zinaide – von ihrer geliebten Enkelin „Bou" genannt –, ihrer ergebenen, drallen russischen Zofe und einem kläffenden, eifersüchtigen Pekinesen. Als Freundinnen ihrer Enkelin Baby betrachteten wir sie wie eine zweite Großmutter. Ihr Sohn, Fürst Felix Jussupow, und seine Frau, die eine Nichte des letzten Zaren war, behaupteten, zur Kindererziehung völlig unbegabt zu sein, und überließen ihre Tochter ganz Fürstin Bous liebender Fürsorge. Sie ruhte meist auf einem Sofa, mit über fedrigen Stirnfransen aufgetürmtem Haar, in eleganten, hochgeschlossenen, weichfließenden Gewändern, die immer in Trauerfarben gehalten waren, denn sie vermochte den Tod ihres ältesten Sohnes nie zu verwinden. Sie war von zerbrechlicher Zartheit, erhob nie die Stimme und führte ein behütetes Leben, das sie der liebevollen Rücksichtnahme ihrer Umgebung verdankte. Trotzdem verfügte sie über große innere Kraft: sie war immer für jeden Menschen ganz da, stets bereit, mit tiefem Mitgefühl zu trösten, immer still, heiter und verständnisvoll. Wenn ihr Sohn und ihre Freunde ein paar Stunden mit ihr verbracht hatten, verließen sie das Haus belebt, als hätten sie aus einer geheimen Heilquelle getrunken. Wir durften an einem kleinen Tisch in ihrem Zimmer malen und liebten es, in ihrer Nähe zu spielen. Den Tee an ihrer Seite einnehmen zu dürfen, war eine ganz besondere Auszeichnung und wurde erlaubt, wenn sie keinen Besuch empfing. Oft mußte sie sich dann ausruhen, und wir achteten sehr darauf, keinen Lärm zu machen; wir ärgerten, neckten und kitzelten statt dessen die liebe, alte Zofe, die wir in eine Balgerei hineinzuziehen und von ihrer Arbeit abzuhalten versuchten.

Die Jussupows unterhielten immer schon in ihren Häusern ein eigenes Theater, das schien ihnen die natürlichste Sache der Welt zu sein. In Boulogne war es von ihrem Freund, dem Maler Alexander Jakowlew gebaut und dekoriert worden. Cremeweiße, beige und blaßgrüne Jugendstil-Odalisken, in anmutig gewundenen Posen erstarrt, säumten die Wände. Das mit einem Teppich ausgelegte Theater glich einem großen ovalen Salon, der von der Bühne durch einen Vorhang und eine hohe, geschwungene Stufe getrennt war.

Später hörte man mancherlei zwielichtige Gerüchte über das, was in Jussupows Haus vorging; eine bunte Gesellschaft fand sich dort zusammen: Schauspieler, Künstler, Schriftsteller, die Felix umschwärmten; unter ihnen befanden sich einige recht seltsame Persönlichkeiten, denn Originalität faszinierte ihn. Aber auch „lahme Enten" jeder Art suchten bei ihm Schutz, und nie blieb ein Hilferuf ungehört.

Wir als Kinder sahen nur eine Gruppe begabter und zufällig zusammengewürfelter Gäste, die musizierten und Sketches improvisierten, Amateurtheaterstücke aufführten und sich manchmal einfach unterhielten, was uns langweilte, obwohl die Diskussionen oft leidenschaftlich und intensiv geführt wurden, bis sie in Lachsalven über irgendein „Bonmot" endeten. Wir fanden es sehr viel lustiger, wenn der Koch, der außerdem ein bemerkenswerter Balalaikaspieler war, dröhnend wie aus den Tiefen einer Tonne seinen Baß ertönen ließ, während die hohe weiße Mütze, Wahrzeichen seines Amtes, neben ihm auf einer bronzebeschlagenen Kommode lag.

Mit vollendeter Diktion und heller, wohlklingender Stimme sang oder rezitierte Felix selbst russische und ausländische Lieder. Er sah aus wie ein androgyner Engel, wenn er so dastand, den Fuß auf einen Stuhl gestützt, indes er leicht über die Saiten der Gitarre strich. Die seidene, russische Hemdbluse schimmerte im matten Licht, und die großen, blaßblauen Augen blickten verträumt aus seinem ewig jugendlichen Gesicht hervor.

Seine Frau, die in ätherische, mit Quasten gesäumte Kleider gehüllt war, betrachtete ihn entrückt vor Bewunderung; ihr ebenfalls altersloses Gesicht war feingeschnitten wie eine Kamee. Plötzlich aber hatte sie genug und zerstörte den Zauber mit einer trockenen Bemerkung in ihrer heiseren, spröden Romanowstimme. Ohne mit der Wimper zu zucken, holte Felix dann mit geschmeidiger Geste den nächsten Unterhalter heran. Wir beobachteten das Geschehen fasziniert von der oberen Galerie, bis uns eine freundliche Hand sanft, aber bestimmt ins Bett zog.

Alles im Haus war von Felix selbst entworfen und hatte immer etwas Eigentümliches und Überraschendes an sich. Das Badewasser etwa sprudelte aus dem Rachen eines echten alten, in Stein gehauenen römischen Löwen, der in die Wand eingelassen war und von wuchernden grünen Pflanzen und Laubwerk eingerahmt wurde. Ein Raum bildete ein tatarisches Zelt, ein anderer war mit den Bildnissen seltsamer Ungeheuer ausgestaltet, die ganz genau bis zum kleinsten Haar und den scheußlichsten Warzen ausgeführt waren. Baby erzählte uns, ihr Vater habe diese Dinge während einer kurzen Zeitspanne nach dem Tod von Rasputin gemalt, als er sich von „bösen Geistern besessen" glaubte; später habe er nie wieder etwas Derartiges hervorbringen können.

Große, buntgefiederte Papageien, Geschenke des Exkönigs von Portugal, lauerten darauf, nach uns zu hacken, wenn wir vorbeirannten, um wieder einmal unsere Nase in Dinge zu stecken, die uns nichts angingen. Wir schlichen uns in Felix' Schlafzimmer, das vollkommen schwarz ausgeschlagen war, um das prächtige Kostüm eines persischen Prinzen zu begutachten, das auf der Pelzdecke des Samtsofas ausgebreitet lag. Tagsüber trug Felix nüchtern-dunkle, enganliegende Anzüge, aber abends liebte er es, in extravaganter Verkleidung aufzutreten. Auch sonst ging es ungewöhnlich zu. Draußen vor der Tür rechte der verrückte Gärtner den Kies. In die Überreste eines Fracks gekleidet, sah er mit seinem grünlichen Zylinder und den herabhängenden Schößen wie eine müde Schwalbe aus, die die Flügel hängen läßt.

Wie es bei Kindern oft der Fall ist, nahmen wir alles hin, wie es war, und stellten nichts in Frage. Aber manchmal waren wir doch betroffen, wenn wir beim Spielen vergessene, diamantbesetzte Fabergé-Schmuckstücke entdeckten, die jemand achtlos in eine Schachtel geworfen hatte, weil sie zerbrochen und daher nicht mehr schön waren. In diesem Haus galten eben keine materiellen Maßstäbe.

Wir aber, die langsam den simplen Wert des Geldes erkannten und die lästige Erniedrigung fühlten, die dessen Mangel mit sich bringt, fanden diese Gleichgültigkeit gegenüber irdischen Gütern beunruhigend. Das Jussupowsche Vermögen beschleunigte inzwischen seine Talfahrt. Durch die Revolution war das meiste bereits verlorengegangen, und wenn man das, was sie einst in Rußland besessen hatten, mit dem verglich, was sie nach der Flucht im Ausland vorfanden, so schien es, als seien sie von einem Ozeandampfer in einen Kahn umgestiegen, mochte dieser vielen auch noch so luxuriös erscheinen. Sparsamkeit war ein unbekannter Begriff, und von Einschränkungen konnte daher nicht die Rede sein: es blieb wie je zuvor bei Erdbeeren im Winter, Blumen außerhalb der Saison, weitgestreuter Wohltätigkeit und großzügiger Verschwendung.

Baby fragte eines Tages unbefangen: „Wo sind die Löffel, die wir sonst immer benützen?" – „Frag nicht so dumm", lautete die Antwort, denn sie waren verpfändet. Inzwischen empfing ihr Vater seine Gläubiger unten im Erdgeschoß und mischte ihnen Cocktails wie auf einer Party, während er ihnen freundlich versicherte: „Da Ihnen sowieso alles gehört, meine Herren, lassen Sie uns diese Zusammenkunft so angenehm wie möglich gestalten."

Niemand, den wir kannten, schien je mit Rasputin persönlich zusammengetroffen zu sein. „Wie war denn das mit der Hofdame Anja Wyrubowa?", der Freundin der Kaiserin, wollten wir wissen. „Sie war verbohrt, dumm und exaltiert. Aber sie meinte es gut. Als sie von den Heilkräften Rasputins hörte, holte sie ihn an das Bett des Zarewitsch." Sonst kannten ihn nur ein paar „wilde Damen"; in der Folgezeit wurden deren üble Freunde durch Rasputins Einfluß dem Reich als Minister aufgedrängt, denn der Kaiser konnte seiner Frau bekanntlich keinen Wunsch abschlagen.

Papa hatte Rasputin einmal auf einem Bahnhof gesehen und sagte, daß seine „weißen" Augen ihm verwirrend und ekelhaft erschienen seien. „Es war, als sähe er durch einen hindurch." Papa behandelte Fürstin Bou und ihre Schwiegertochter sehr höflich, aber er betrachtete die aktive Beteiligung Felix' an Rasputins Ermordung mit gemischten Gefühlen, obgleich doch jedermann seinen Tod herbeigewünscht hatte. Dennoch nahm er die Kinderfreundschaft von Mama mit Felix hin und überging sie gleichzeitig.

Bald war es zum festen Brauch geworden, daß Baby, die zu jedem von uns eine besondere und verschiedenartige Beziehung unterhielt, mit uns die Sommerferien verbrachte. „Dilka", sagte Felix zu Mama, „du weißt, wie man Kinder erzieht; wir haben da keine so glückliche Hand. So nimm sie mit!" Sie tat es natürlich. Erleichtert atmeten die Eltern auf.

Unser Mietvertrag lief aus, und Mama, die endgültig entschieden hatte, daß man arm genauso gut an einem schönen wie an einem unangenehmen Platz leben konnte, verwarf alle Vorschläge, eine „Datscha" in der Umgebung von Paris zu suchen, und wählte statt dessen die Bretagne – so gesund für heranwachsende Kinder!

Eine lange Zugreise stand uns bevor, und wir beschworen Mama, bei dieser wichtigen Fahrt einmal pünktlich zu sein, denn wir hatten fürchterliche Alpträume von Zügen, die dampfend aus dem Bahnhof stampften, während der Zugführer unsere flehentlichen Bitten, doch noch etwas zu warten, überhörte und Mama den Bahnsteig ganz ungeniert entlanglief, ihren Schirm fröhlich in der Luft schwenkend, und „Anhalten, anhalten!" rief.

Sie kam immer zu spät. Schuld muß wohl eine falsche Schaltung in ihrem Gehirn gewesen sein, denn ihre Unpünktlichkeit wuchs sich beinahe zur Manie aus; aber sie versprach, uns diesmal nicht unserem Schicksal zu überlassen, umgeben von Gepäck, ängstlich den Blick auf den Chef de Gare mit seiner roten Kappe geheftet, der bereits bedeutungsvoll die Pfeife schwang, während sie noch schnell einen Brief einwerfen oder eine Zeitung kaufen ging.

Als Mama schließlich eintraf, ließen wir uns mit einem Seufzer der Erleichterung in unserem harten Abteil dritter Klasse nieder. In Rußland hatten fleckenlose Leinenbezüge die weichen Sessel des Waggons bedeckt, der extra gemietet worden war, um uns an die Krim zu bringen, und den man an den Fernschnellzug angehängt hatte. Um jetzt den Schmutz und den Staub, den die längst nicht mehr vorhandene Nanny mißbilligt hätte, von uns abzuhalten, wurden zu diesem Zweck vorher zusammengeheftete geblümte Vorhänge rundum im Abteil aufgehängt.

Zwei Sitze waren noch leer und wurden bald darauf besetzt. Die Passagiere starrten ungläubig auf das bunte Zelt, das sie umgab. „Ces étrangers . . .!"

Wie ein Akrobat auf seinem Tanzseil balancierte der „Contrôleur" auf den schmalen Fußleisten, die außen am Wagen von einer Tür zur anderen führten. Als er die unsere öffnete, fand er sich in eine geblümte Laube versetzt. Perplex vor Überraschung kaute er an seinem gelben Schnurrbart und starrte durch seine stahlgeränderte Brille. „Ah, mais vous êtes bien installés." – („Sie sind aber gut eingerichtet!")

Irina war schon in dem Alter, in dem man verlegen wird: sie genierte sich schrecklich für uns alle. Noch schlimmer wurde es, als bei unserer Ankunft in der Bretagne das Netz platzte, in dem unsere großen Gummibälle steckten, und diese fröhlich über den „Place de la Gare" hüpften wie freigelassene Frösche. Gemeinerweise hatten wir Spaß daran, Irina zu schockieren.

Endlich erblickten wir hier das Meer, das wie gewelltes Metall funkelte. Die friedvolle Fläche, die sich dem Sonnenuntergang entgegendehnte, besänftigte uns alle.

In Beg-Meil zogen wir in den neuen Anbau der „Auberge Yvonnou" ein. Zum Frühstück, das verschwenderisch mit knusprigen Kipfeln und Honig, Kaffee und heißer Milch in großen irdenen Schalen serviert wurde, mußte man sich in das Haupthaus begeben.

Der Sommerunterricht zwang uns, täglich zwei Stunden lang in einem muffigen Hinterzimmer zu sitzen, das nach Holz, klebrigem Fliegenpapier und Landwirtschaft roch, das Ganze akustisch erfüllt von dem Brüllen der Kühe in den nahegelegenen Ställen. Hier wurden wir Experten im Fliegenfangen. Es kam auf eine schnelle Bewegung aus dem Handgelenk an – eine Technik, die wir sehr nutzbringend anwandten, um Mamas Zimmer für die Nacht von den summenden Insekten zu befreien.

Vormittags, gegen elf Uhr, nach den Schulaufgaben, liefen wir an den Strand, um uns kurz in die schaumgekrönten, eiskalten Wellen zu stürzen. Dann wurden Burgen und Wagen aus Sand geformt, oder wir hetzten einander in unseren leinenbesohlten Schnürsandalen von Fels zu Fels, geschickt wie Bergziegen. Mit der hereinstürmenden Flut lief man um die Wette und zog sich auf einen vorstehenden Felszacken hinauf, kurz bevor der nächste Brecher in die kleinen Buchten hineinschlug.

Bei schönem Wetter aßen wir im Obstgarten des „Bon accueil" zu Mittag, wo einmal in der Woche sogar Kindern Hummer serviert wurde. Nachher legten wir uns ausgebreitet wie ein Fächer auf das helle Fichtenparkett um Mamas Bett herum, und sie las uns mit tönender Stimme russische Gedichte vor. Diese Art Siesta war angeblich gut für den Rücken, sicherlich aber verbesserte sie unser Russisch.

Die nachlässig zugezogenen Mousselinevorhänge bauschten sich sanft in der Nachmittagsbrise. Sie wehten den Geruch der frisch mit Kreide gestrichenen Kordsandalen herein, die auf dem Fensterbrett im warmen Sonnenschein trockneten; den Duft von zermalmten, zu Most vergärenden Äpfeln; von Tang und Salz.

In der Kühle des Nachmittags unternahmen wir lange Spaziergänge, stets in Mamas Kielwasser, die energisch weit vorausmarschierte. Baby wurde immer von Tieren und kleinen Kindern verfolgt. Die Mütter fingen zwar ihre Sprößlinge wieder ein, aber die Hunde waren nicht abzuschütteln, sie streunten wie in einer langen Bittprozession hinter uns her. Auf einem längeren Ausflug entdeckte Mama im Salon des Schlosses Kériolet, das wir als Touristen besuchten, ein Winterhalter-Porträt, das Baby auffallend ähnlich sah. Bald stellten wir fest, daß der Besitz einmal einer Tante der Jussupows gehört hatte. Er war der benachbarten Stadt unter gewissen Auflagen überlassen worden. Weil diese nicht eingehalten wurden, konnte Felix, der vor unserem Besuch von der Existenz dieses Anwesens nichts geahnt hatte, es nun zurückfordern. Nach einem längeren Prozeß bekam er sein Recht; Kériolet wurde die einzige Quelle seines Einkommens.

Während unserer Nomadenjahre stolperten wir überall, selbst an den unerwartetsten Plätzen, über russische Verwandte und Freunde; auch die Bretagne enttäuschte uns in dieser Beziehung nicht, denn wir fanden sehr bald Verwandte namens Lopoukhine auf der anderen Seite der Bucht von Concarneau. Kriege und Revolutionen waren an ihnen spurlos vorübergegangen; sie lebten in einem gewölbten alten Haus, das von einem üppigen Garten überwuchert wurde.

Es war, als besuche man die Welt von Monet und Boudin. Die alten Herren trugen weiße Anzüge, Panamahüte und einen verzierten Stock, wie es in Bordighera um die Jahrhundertwende Mode war. Die Tante war dick und gemütlich, der hohe Kragen ihrer Spitzenbluse steif gestärkt, das Haar trug sie unter einem weichen Hut zu einem strengen Knoten geflochten. Sie schien ganz ohne Koketterie, so als ob ihre gesamte Ausstattung vor langer Zeit ein für allemal zusammengestellt worden sei. Wir stellten uns vor, wie sie durch Mohnfelder wateten oder bei Sonnenuntergang an verlassenen, windverwehten Stränden entlangschlenderten.

Liebenswürdig und gastfreundlich luden die Lopoukhines uns alle, Mama und sechs Kinder, zu köstlichen Mahlzeiten ein, zusammengestellt wie ein Gedicht: der Geschmack, die Farbe, der Anfang und das Ende, alles war sorgfältig komponiert und aufeinander abgestimmt. Unsere Gastgeber schienen das Haus, in dem sie wie in einem Fesselballon lebten, nie zu verlassen; trotzdem hatten sie ein offenes Auge für die Welt draußen. Mama genoß ihre Konversation und behauptete, sie lebten keineswegs hinter dem Mond.

Während sie mit ihnen plauderte, saßen Georgie, Baby und ich malend an der Mole des Hafens von Concarneau, während die Fischer ihre großen, roten Segel einzogen und heimkamen, um ihren Sardinenfang wie einen wirbligen, silbernen Strom auszuladen. Wir wurden umringt von einer neugierigen Menge von Dorfbengeln und pfeifenrauchenden, knorrig verwitterten alten Fischern, die hinter unserem Rücken laut hörbar ihre kritischen Kommentare zu unseren „Kunstwerken" abgaben. Das machte uns nicht wenig verlegen.

Als der Herbst kam, liefen wir durch das feuchte Gras der Obstgärten und sammelten Äpfel. Die Zeit des Mosts war gekommen; der Geruch gärender Äpfel stieg wie Dampf aus jedem Dorf empor. Alle rüsteten sich für einen großen Festtag, den „Pardon" zu Ehren ihres heiligen Schutzpatrons oder der Jungfrau Maria.

Die Bauern strömten von nah und fern zusammen, festlich geschmückt in ihren bunten Trachten; die Frauen trugen gestärkten Kopfputz und engplissierte weiße Krägen, die Männer mit blauem Samt eingefaßte Jacken und breite, schwarze Hüte. Wir fuhren weit hinaus ins Land, um Prozessionen zu sehen, deren wehende, nickende Fahnen wie von allein durch schmale, tiefe Hohlwege schwankten. Sie zogen verwitterten Steinkirchen zu, deren Zwillingstürme wie betende Hände zum Himmel ragten.

Ein paar Monate vorher hatten wir in Paris auf der Heimfahrt von der Oster-Mitternachtsmesse einen Unfall auf der Place de la Concorde erlitten. Ein anderes Taxi war in unseres breitseits hineingefahren. Beide Wagen lösten sich in ihre Bestandteile auf; wir platzten heraus wie Erbsen aus der Schote, mit Schrammen, aber sonst unverletzt. Die Versicherungsgesellschaft hatte uns widerstrebend eine Pauschalsumme zugestanden, die sich nun zur Bezahlung dieser bretonischen Ausflüge in einem wackeligen Mietwagen als sehr nützlich erwies.

Mamas Mißtrauen gegen öffentliche Transportmittel hatte damit volle Bestätigung gefunden, und sie erklärte von nun an jedem Fahrer: „Je sors d'un accident" – („Ich habe erst kürzlich einen Unfall gehabt") – um ihn bis zum Schneckentempo abzubremsen.

Ein paar Jahre später stand mir die Absolvierung des Baccalauréats bevor, ohne dessen erfolgreiches Bestehen sich jedes französische Kind als Versager fühlt. Ich arbeitete fleißiger denn je zuvor, was mir ein Gefühl von Freiheit gegenüber dem Druck aller Einschränkungen und Behinderungen gab. Zur Belohnung kam ich tatsächlich mit fliegenden Fahnen durch.

Iwan Wiazemski, Vetter und naher Freund, war während des Examens mein schützender Begleiter für ein paar Tage, in denen wir ein unwirkliches und chaotisches „Quartier-Latin"-Leben führten, denn die Prüfungen fanden in der Sorbonne statt. Während die Studenten vor Erleichterung über das bestandene Examen völlig überdreht waren und sich in tollen Streichen austobten, sahen die Polizisten weg, die kurzen Umhänge lässig übergeworfen, gedankenverloren ihre Gummiknüppel herumwirbelnd. Das Treiben war mit einer Prise Politik gewürzt: die „Action Française" und die „Jeunesses Patriotiques" rauften mit den Kommunisten, aber jede Gruppe getrennt für sich.

Niemand hätte damals allerdings daran gedacht, Autos in Brand zu stecken oder das Pflaster aufzureißen.

8

Bei einem Aufenthalt in Litauen gelang es Mama, die Erlaubnis zu erhalten, Geld nach Deutschland auszuführen. Sie beabsichtigte, mich in München in Zeichnen und Malen ausbilden zu lassen, und hatte das Geld für diesen Zweck bestimmt.

Georgie und ich begleiteten sie nach Kissingen, wo sie eine Kur machen wollte. Wir fuhren den Rhein von Köln aufwärts und blieben über Nacht in St. Goar. Mama war ganz hingerissen von der romantischen Szenerie und versank in die Betrachtung von Kirchen und Schlössern. Sie war entgeistert, als sie merkte, daß wir viel größeres Interesse für die verschiedenen Marken der Autos zeigten, die auf der Straße unten vorbeifuhren, wenn wir fußbaumelnd auf der zerbröckelnden Mauer irgendeiner alten Burg saßen.

Dann stiegen wir an Bord eines kleinen Dampfers, der in kurzen Etappen in Richtung Mainz stampfte. Als wir eine Biegung des Flusses passierten, die den Blick auf das weite Tal vor Johannisberg öffnete, rief Mama ganz aufgeregt: „Aber hier lebt ja Olala, wir müssen sofort von Bord gehen!"

In einem wüsten Durcheinander zogen wir unsere Koffer über den schwankenden Landungssteg von Oestrich; Mama telefonierte. Georgie und ich stellten uns schon im Geiste darauf ein, schwer beladen mit Gepäck vergeblich nach einer Unterkunft suchen zu müssen, als ein großes, chromglänzendes Auto auftauchte, um uns abzuholen. Wir sanken erleichtert in die Lederkissen und wurden bald darauf von derselben Freundin Mamas warmherzig willkommen geheißen, die ihr seinerzeit so prachtvolle Geschenke nach St. Germain mitgebracht hatte.

Wenig später fragte ich sie: „Wer wohnt in dem großen Haus auf dem Hügel gleich nebenan?"

„Eine spanische Dame; ihr einziger Sohn studiert in der Schweiz."

Ich stellte mir darunter einen Schulbuben vor und zeigte gar kein weiteres Interesse – bis ich ihn traf und ein paar Jahre später heiratete.

Der älteste Sohn des Hauses, ein „alter Mann von dreißig", geruhte, sich mit mir zu beschäftigen, versuchte sogar, Pingpong mit mir zu spielen, was allerdings hoffnungslos war. Er und seine Schwester sahen so gut aus, so gelassen, daß ich mich trotz ihrer Freundlichkeit furchtbar verlegen und ungeschickt fühlte.

Nach dem Abendessen fuhr man uns per Auto nach Mainz, von wo es nach Kissingen weiterging. Das Essen in unserer dortigen Pension war kalorienbewußt, so daß in kürzester Zeit der überflüssige Babyspeck dahinschmolz. Ein örtlicher Fotograf, der mich auf der Straße gesehen hatte, bat Mama um die Erlaubnis, ein paar Bilder von mir machen zu dürfen. Nach unserer Abfahrt muß eines dieser Fotos in seinem Schaufenster gehangen sein und den Blick des Besitzers eines berühmten Gartenzentrums in der Nähe von Berlin auf sich gezogen haben, der seinerseits dort zur Kur war. Daraufhin war ich Ergebenheitsbekundungen ausgesetzt, die ich undankbarerweise als Belästigung ansah; unerwünschte Blumen, Briefe, die unbeantwortet blieben, verfolgten mich jahrelang. Als ich ihren Verfasser schließlich persönlich traf, war ich bereits verlobt. Die Episode endete mit einer wunderschönen Rose, die nach mir benannt wurde und die er mir als Hochzeitsgeschenk in großen Mengen zuschickte.

Ich hörte später mit Entsetzen, daß dieser uneigennützige, wenn auch hartnäckige Verehrer von seiner Sekretärin angezeigt worden war, weil er über Hitler geschimpft hatte. Er ging elend in einem NS-Konzentrationslager zugrunde.

Während wir in Kissingen die Kur machten, wurden wir von Mamas Patentochter, deren Vater einst in Kovno im Jahre 1914 deutscher Militärattaché gewesen war, durch die Würzburger Residenz geführt. Sie kam in Begleitung ihres Verlobten, eines gutaussehenden jungen Offiziers, Graf Claus Schenk von Stauffenberg; es war derselbe, der im Jahre 1944 den mißlungenen Anschlag auf Hitler ausführte.

Den Winter verbrachten Irina und ich in München. Wir wohnten, ziemlich streng beaufsichtigt, mit einigen englischen Mädchen zusammen in Schwabing und wurden bald auf eine Reihe privater Feste eingeladen. Zu den öffentlichen Bällen zu gehen, war uns streng verboten, obwohl Irina nun schon erwachsen war. Sie nahm Klavierstunden, während ich in einem Atelier in der Türkenstraße Zeichnen studierte. Wir arbeiteten zwischen sechs und acht Stunden am Tag. Ich machte gute Fortschritte, denn unser hochbegabter Lehrer, Professor Heymann, riß die Klasse durch seine Begeisterung mit. Er glaubte sicher, daß ich die Aufnahme zum Studium an der Akademie schaffen würde. Das zu erreichen war damals mein größter Ehrgeiz.*

Ich war zu jung und zu oberflächlich, um mir über die unterschwelligen politischen Ziele des Naziregimes Sorgen zu machen, das ja damals bei vielen prominenten Ausländern Sympathie erweckte. Trotzdem besprach man in jedem Haus die Absichten und Ziele der Partei, denn Hitlers Machtergreifung hatte in Deutschland äußerst gemischte Gefühle ausgelöst. Die meisten in unserer Umgebung sahen der Zukunft mit Besorgnis entgegen, obwohl sich die Lebensverhältnisse in Deutschland verbessert hatten, seit die ungeheure Zahl der Arbeitslosen über Nacht zusammengeschmolzen war. Ob es nun der brachiale Beginn von Hitlers Führerschaft in München war oder ob eine entschiedenere moralische und religiöse Bindung hier strengere Kritik für die Art seines Vorgehens auslöste, ist schwer zu sagen; jedenfalls wurden die geschmacklosen Ausschreitungen der Gefolgsleute der nationalsozialistischen Ideologie genauso scharf kritisiert wie die amateurhafte und durch Sachkenntnis ungetrübte Konzeption der Außenpolitik der neuen Machthaber. Viele glaubten schon damals, das Regime könne nur in die Katastrophe führen, wenn die Westmächte nicht aufhörten, den Forderungen der Nationalsozialisten nachzugeben. Trotzdem ging das Leben weiter wie zuvor, und obgleich Hitlers Anhängerschaft ständig wuchs, war von Anfang an „Nazi" für uns nie ein Synonym für „Deutscher".

* Prof. Heymann beging später Selbstmord, um der Judenverfolgung zu entgehen. Scheuklappen und Illusionen über die Ziele der Nazis, die manche Leute gehabt haben mögen, waren zu diesem Zeitpunkt nicht mehr länger zu rechtfertigen.

9

„Besser ein großer Fisch in einem kleinen Teich, als eine Sprotte im Ozean", pflegte Papa zu zitieren. Obwohl wir unsere relative Größe noch nicht recht einschätzen konnten, fanden wir auf jeden Fall Kovno, wohin uns die immer strengeren litauischen Devisenbestimmungen schließlich 1937 gebracht hatten, als Teich zu klein. Ohnehin war die Reise lang aufgeschoben und nur zögernd unternommen worden.

In Litauen fühlte sich Papa zu Hause: die Flüsse waren zwar kleiner als in Rußland, das Land weniger weit, aber es erinnerte ihn immer noch an seine verlorene Heimat, an seine „Rodina". Zu wirklichem Glück oder echter Traurigkeit nicht mehr fähig, hatte er sich in eine eigene Welt zurückgezogen. Für uns allerdings bedeutete die Übersiedlung nach Litauen, alle Bande mit Westeuropa abzuschneiden.

Zuerst wohnten wir in dem einzigen „guten" Hotel auf der „Laisves Aleja", der Hauptstraße von Kovno, das sich stolz „Versal" (Versailles) nannte. Das Essen war ausgezeichnet: köstliche vorrevolutionäre Küche, die den besten Pariser Emigrantenrestaurants in nichts nachstand und deren überreichlicher Gebrauch von Rahm und Teigwaren eine ständige Gefahr für die Figur darstellte. Während der Mahlzeiten spielte ein kleines Orchester seelenvolle Weisen oder Operettenpotpourris im Dreivierteltakt; gelegentlich trugen durchfahrende Künstler zur Unterhaltung bei. Immer noch standen Spucknäpfe in den dafür vorgesehenen Winkeln, und auch das Installationssystem war vorrevolutionär – von dauerhafter Qualität, aber erschütternd geräuschvoll. Das Badewasser gurgelte oder schoß stoßweise hervor, bei den WC's drohte bei jedem Zug der Kette eine Überschwemmung.

Nach einiger Zeit zogen wir in ein neues, zweistöckiges Haus in der Zemaiciustraße um, dessen Besitzerin die Witwe des berühmten litauischen Malers Ciurlonis war. Dieser Künstler hatte tatsächlich ein geradezu unwahrscheinlich feines Gefühl für Licht und pflegte durchscheinende Farben zu traumhafter Wirkung aneinanderzusetzen.

Dafür hatte Madame Ciurlionis etwas von einem Drachen, was zum frühen Hinscheiden ihres Gatten beigetragen haben mag. Als Professorin für litauische Literatur, unterstützt von verdienten Kollegen, arbeitete sie eifrig daran, neue Wörter zu erfinden, um die alte Sprache – ein Dialekt, der aber immerhin noch vom Sanskrit stammt – dem modernen Gebrauch anzupassen. Oft konnten wir ihre angestrengten und humorlosen Bemühungen auf dem Balkon unter uns verfolgen.

Die Litauer, diese kleine Nation von Bauern, waren leidenschaftlich antikommunistisch, stolz auf ihre Unabhängigkeit und bereit, sie heldenhaft gegen alle Angriffe zu verteidigen.

Die benachbarten Letten haben eine andere Sprache, obwohl auch diese im Sanskrit wurzelt. In Litauen waren die Landbesetzer Polen, in Lettland dagegen baltische Barone, die zu meist von den Deutschordensrittern abstammten. Waren die Litauer ein friedfertiges und ehrliches Volk, so zeigten sich die Letten aus einem ganz anderen Holz geschnitzt: hart und zu äußerster Grausamkeit fähig. Sogar ihre „crimes passionel", die im Affekt begangenen Verbrechen, verschärften sie durch blutrünstige Einfälle; so kreuzigte beispielsweise ein beleidigter Ehemann den bei seiner Frau in flagranti erwischten Liebhaber an die Haustür.

Die Sprache der Esten an der nördlichen Grenze war mongolischen Ursprungs und dem Finnischen verwandt, die Kultur eine Mischung aus deutschen und schwedischen Komponenten. In ihrem kleinen Staat erreichten sie einen Lebensstandard, der diesen Einflüssen entsprach. Trotz aller Verschiedenheiten blieb aber Russisch für alle drei Volksstämme als gemeinsame Sprache ein vereinigender Faktor. Man gebrauchte es in allen Geschäften, und daher verbesserten sich bei unserem Aufenthalt auch unsere eigenen russischen Sprachkenntnisse beträchtlich.

Ursprünglich ein provinzielles Städtchen des russischen Reiches, war Kovno nun die provisorische Hauptstadt Litauens, solange die Polen Wilna behielten – wahrscheinlich für immer, denn Polen hatte sich diese Stadt am Ende des Ersten Weltkrieges angeeignet. Die diplomatischen Beziehungen mit Polen waren daraufhin auf drastische Weise abgebrochen worden: die Eisenbahnlinie zwischen beiden Ländern hörte auf offenem Feld auf, es existierten keine Telefon- und keine Postverbindungen.

Während der langen Jahre seiner Mitgliedschaft im russischen Parlament, der „Duma", hatte Papa die Rechte der Minderheiten in den Grenzstaaten beharrlich verteidigt, einerlei, ob sie litauisch, polnisch oder jüdisch waren. Sie vergaßen es ihm nie, und man fand sich nun bereit, ihm zu helfen, worauf er außerordentlich stolz war. Die Juden von Kovno nannten ihn „einen der ihren", ein großes Kompliment für einen Nichtjuden. Eine seiner Haupterrungenschaften war die Gründung einer landwirtschaftlichen Hochschule und eines kooperativen Zentrums in Datnovo, das ohne Zwischenhändler den Bauern den vollen Preis für ihre Produkte sowie auch die nötige technische Hilfe bot. Diese Einrichtung wurde später von der litauischen Regierung übernommen, die nach demselben Muster kleinere kooperative Zentren gründete.

Großbritannien unterstützte die litauische Wirtschaft, indem es den Import von Schinken (Bacon) und Gänsen garantierte. Theoretisch konnte also politischer Druck durch die Drohung „Weniger Bacon" ausgeübt werden, was den britischen Botschafter, Mr. Thomas Preston, und seine reizende russische Frau zu sehr wichtigen Persönlichkeiten in Kovno machte.

Mama erklärte ein für allemal, daß jede Tätigkeit entweder von tieferer Bedeutung oder von höherem Nutzen sein müsse. Sie hatte wenig für eine Sekretärinnenausbildung übrig, die *wir* für das einzige hielten, was uns ermöglichen würde, Unabhängigkeit zu erlangen und auf die Dauer Litauen zu verlassen. So bestellten wir im geheimen ein Exemplar von „Pitmans Kurzschrift" sowie ein Lehrbuch für Schreibmaschine und übten, sooft wir konnten, sogar mitten in der Nacht. Die Arbeit erschien uns fürchterlich schwierig, aber wir plagten uns ab, bis ich genug Übung besaß, eine Stellung in der britischen Botschaft annehmen zu können. Mein Chef, Mr. Preston, ein Freund unserer Familie, war britischer Konsul in Jekaterinburg zur Zeit des Mordes an Zar Nikolaus II. gewesen. Neben verschiedenen anderen Interessen komponierte er Ballettmusik, brachte uns gelegentlich bei, sein Auto zu chauffieren, und war außerdem ein gewandter und liebenswürdiger Diplomat.

Es bedeutete eine große Enttäuschung für Mama, daß ich mein Zeichenstudium aufgab, aber mein Herz war nicht mehr dabei, weil ich wußte, daß ich mir die Jahre des Studiums und der Weiterbildung nie würde leisten können.

Die Wochenenden verbrachten wir oft auf dem Land bei den Totlebens. Von dem kleinen Haus aus, das auf ihrem ehemaligen Besitz stand und in dem sie jetzt lebten, konnte man jenseits des Flusses den gewaltigen Umriß ihres früheren Schlosses durch die Bäume erkennen: enteignet, für verfallen erklärt und aufgegeben . . .

Der Großvater des alten Grafen war ein „Held", der bei der Verteidigung von Sewastopol während des Krimkrieges an der Seite unseres Großonkels Viktor Wassiltschikow gekämpft hatte. Der Graf selbst war ein alter Freund und Kamerad von Papa; sie nannten einander „Graf" und „Kniaz" (Fürst) und „Du" – diese altmodische Anrede überraschte uns.

Die Gräfin war einst eine Schönheit gewesen, wie glänzende konvexe Sepiaaufnahmen bezeugten. Ihr griechisches Profil, ihre Stundenglas-Figur waren aber längst entschwunden, was auch zu einer Einbuße ihrer Heiterkeit und Lebensfreude geführt hatte.

Wir schätzten ihre Töchter sehr, dennoch waren sie für uns ein abschreckendes, nicht nachahmenswertes Beispiel. Vier hübsche Schwestern, etwa zehn bis fünfzehn Jahre älter als wir, begabt und kultiviert, deren Leben nutzlos verrann. Sie waren zwar erhaben über die Spießigkeit des provinziellen Kovno, aber vereinsamt und ohne gleichaltrige Freunde. Unerbittlich verwelkten sie, zermürbt vom ziellosen Warten.

Papa hatte sich in ein zweifelhaftes Geschäft eingelassen und war im Grunde genommen hereingelegt worden. So schmolz das Geld, das aus dem Verkauf der kleinen Brauerei stammte, wie Schnee in der Frühlingssonne dahin. Er erlitt einen Rückfall des Nervenzusammenbruches, den er nach der Revolution bekommen hatte.

Wir alle halfen soweit wie möglich. Irina bezahlte die Haushaltsrechnungen von dem Geld, das sie für Sprachstunden bekam; Missie unterrichtete kleinere Kinder, obwohl sie selbst kaum der Schule entronnen war, während mein Gehalt die unvermeidlichen Löcher stopfte.

Mamas letzte, wohlgehütete Kostbarkeiten wanderten nun zum Pfandleiher; zu unserer Entrüstung hörten wir, daß ihre Kette von Fabergé-Ostereiern verkauft worden war, nur weil man den Pfandschein nicht zur rechten Zeit erneuert hatte.

Trotz meiner gutbezahlten Stellung war ich kaum imstande, Nennenswertes für meine geplante Abreise auf die Seite zu legen, aber da der Verlust dieses Schmuckstücks eine größere Krise bedeutete, zogen Missie, Georgie und ich aus wie auf einen Kreuzzug, um die Kette wiederzufinden.

Wir liefen vom Trödler zum Hehler und weiter zum Juwelier durch die Chagallwelt der schlampigen, stinkenden, malerischen und doch deprimierenden Gäßchen des Ghettos von Kovno. Ein Anhängsel der Kette nach dem anderen konnten wir wieder erwerben. Vielleicht rührten unsere Anstrengungen die sonst so abgebrühten Händler, denn die Preise für den Rückkauf waren nicht zu hoch gegriffen. Nur einer von ihnen weigerte sich, zu verkaufen; er fuhr fort, in unserer Gegenwart einen Smaragd aus einem wunderschönen goldenen Anhänger herauszubrechen. Es fehlten schließlich nur ein oder zwei Ostereier, als wir die wiederhergestellte Kette stolz Mama zurückschenken konnten.

Von einem herrlichen Aufenthalt in Riga, wohin der britische Botschafter mich und Irina eingeladen hatte, nach Kovno zurückgekehrt, war ich um so entschlossener, mich nicht länger in dem Klaustrophobie hervorrufenden Litauen gefangenhalten zu lassen.

Als Mama merkte, daß mein Entschluß, wegzugehen, feststand, versöhnte sie sich mit der Idee und besorgte mir mit gewohnter Energie eine Unterkunft bei ihrer alten Freundin Katia Galitzin in London.

An dem Tag, da ich schließlich aufbrach, kam die ganze Familie zum Bahnhof, um mich zu verabschieden. Im letzten Augenblick drückte mir Georgie noch sein Lieblingsstück in die Hand, einen gravierten russischen Silberbecher.

Nie werde ich Kovnos spitze weiße Kirchtürme vergessen, die durch die vorbeiziehenden Stäbe der großen, grünen Eisenbahnbrücke blinkten, als ich den Njemen überquerte und durch Tränen das letzte Mal zurücksah. Trotzdem war ich glücklich, endlich auf dem Weg zu sein.

Wie konnte ich damals die Tragödie vorausahnen, die über die Stadt kommen sollte, wie den entsetzlichen Tod oder die Deportation so vieler Menschen, die wir kannten! Ein grauenhaftes Schicksal erwartete unsere jüdischen Freunde, die so loyal zu Papa gehalten hatten, und auch die litauische nationalistische Studentengruppe, die Tauteninki, welche jahrzehntelang gegen die Unterdrückung durch den Kommunismus mit hoffnungsloser und verbissener Entschlossenheit gekämpft hatten.

Nach meiner Abreise übernahm Missie, die ich eingearbeitet hatte, meine Stelle und machte genau dieselbe Schinderei durch, wie ich ein Jahr zuvor. Ich hoffte, daß ich die Familie auch von England aus würde unterstützen können und daß Missie so schnell wie möglich nachkommen würde.

In Frankreich unterbrach ich die Reise, um mich mit Alexander zu treffen. Im vorrevolutionären Rußland wäre Alexander sicherlich eine außergewöhnliche und romantische Erscheinung gewesen, aber nun, in der Emigration, verwandelten sich alle seine Vorzüge in unüberwindliche Nachteile. Er sah – etwa im Stil Byrons – gut aus, war aber überdurchschnittlich hoch gewachsen. Obwohl er ein kräftiger, athletischer, gut gebauter Sportler war, brachte ihm seine auffallende Größe nur Schwierigkeiten ein. Auch zog er sich auf eine Weise an, die heute vielleicht Gefallen finden würde; in jenen Tagen aber lag es bereits an der Originalität seines Äußeren, daß er selbst kurzfristige Beschäftigungen, die ihm das nötige Einkommen verschafft hätten, nicht erhielt. Er war übertrieben ehrlich und machte keinen Hehl daraus, wenn er jemanden nicht mochte.

Von ganzem Herzen Idealist, zögerte er nicht, gegen alle Widerstände für seine Meinung zu kämpfen. Dazu paßte es auch, daß er sich heftig und unsterblich verlieben konnte, ohne es zu zeigen. Glücklicherweise spürten die Mädchen diese unterschwellige Zärtlichkeit und umsorgten ihn, denn er stand den äußeren Erfordernissen des täglichen Lebens hilflos gegenüber.

In Nancy holte er mich auf dem Bahnhof ab. Ich hatte ihn lange Zeit nicht gesehen und erschrak über sein Aussehen: das Gesicht bleich und gespannt, war er für seine Größe viel zu mager; ein würgender Husten schüttelte ihn. Ich überließ ihm einen großen Teil meiner schwindenden Ersparnisse, da ich sicher war, in England eine gute Stelle zu bekommen.

Immer noch auf dem Weg nach London, bekam ich in Paris eine schwere Blutvergiftung, ausgelöst durch eine vernachlässigte kleine Verletzung, die ich mir beim Reiten in Schlesien, wo ich Gast der befreundeten Birons gewesen war, zugezogen hatte. Ich verbrachte drei Tage im Krankenhaus, wo man sehr wirksame Maßnahmen ergriff. Der Arzt verordnete eine Woche Bettruhe. Ich dachte sofort an Fürstin Bou, von der ich mit offenen Armen empfangen und betreut wurde, als sei ich wieder ein Kind.

Ob Orchidee oder Anemone – sie erinnerte mich an die luxuriöseste und fragilste aller Blumen, und dann wiederum an die bescheidenste und widerstandsfähigste. Wie ehedem in graue oder malvenfarbene Spitzen und weiche Stoffe gehüllt, hatte sie ein breites Band um den Hals, das nun das verkaufte oder verpfändete „Collier de Chien" aus Perlen ersetzte. Obwohl sie immer noch die Art Kleider trug, die in ihrer Jugendzeit Mode gewesen waren, wirkte sie äußerst elegant. Wie wir nun auf den beiden Sofas in ihrem Salon lagen, wurden Fürstin Bous Erzählungen über vergangene Tage immer vertraulicher.

Ich wußte, daß sie früh verwaist war und ein selbst für russische Verhältnisse immenses Vermögen geerbt hatte. Wie in solchen Fällen üblich, wurde der Kaiser ihr Vormund, um sie vor schmarotzenden Verwandten oder ungetreuen Verwaltern zu schützen. Schön und reizend wie sie war, heiratete sie aus Liebe. Sie erzählte mir nun, sie habe geglaubt, alles, was sie sich wünsche, falle ihr nun in den Schoß. Zuerst ein hübscher kleiner Sohn. Dann wünschte sie sich vor allem eine Tochter. Die Babywäsche wurde in Rosatönen vorbereitet, aber zu ihrer tiefen Enttäuschung wurde es wieder ein Bub – Felix!

Im Laufe der Jahre begann sie unter quälenden Alpträumen zu leiden, die sich auf ihr Leben bezogen und in denen jede Episode fürchterlich endete. „Es waren keine richtigen Träume, sondern es schien mir, als erlebe ich etwas, das sich vielleicht noch ereignen könnte." Sie verstand es als Warnung von Gott, sich nicht durch ihr bisheriges Glück irreführen zu lassen. So mahnten sie diese schrecklichen Träume, dankbar zu sein.

„Dann aber wurden sie Wahrheit, erst der eine Traum, und dann der andere!"

So zum Beispiel hielt sie sich einmal mit der kaiserlichen Familie, der sie sehr verbunden war, auf der Krim auf. In der Nacht, als der Hof nach Petersburg zurückkehrte, träumte sie wieder. „Ich sah mich selbst in einem abgeschlossenen Raum. Ein ohrenbetäubender Knall – dann klirrten Glasscheiben, die überall in der Dunkelheit um mich zerbarsten, während eine Stimme schrie: ‚Mon Dieu, où sont mes enfants!' – ‚Mein Gott, wo sind meine Kinder!' Sie wachte tieferschrocken auf. Am nächsten Morgen waren alle Zeitungen voll von dem Bericht über einen Attentatsversuch auf Kaiser Alexander III.: eine Bombe war in seinem Eisenbahnwagen explodiert, ohne jemanden zu verletzen.

Sie fuhr sofort nach Petersburg und besuchte die Kaiserin Marie Fjodorowna, die ihr den Anschlag beschrieb. Dann fügte sie hinzu: „Im ersten Schrecken beherrschte mich nur ein Gedanke. Ich rief: O mein Gott, wo sind meine Kinder?"

Der Kaiser, der über ungeheure Körperkräfte verfügte, stützte das Dach des Waggons mit seinen breiten Schultern ab, bis Hilfe kam; er zog sich dabei aber ein Nierenleiden zu, das später der Grund für seinen frühzeitigen Tod war.

„. . . Und dann das fürchterliche Duell meines Sohnes . . ." (Aber selbst Jahre später brachte sie es nicht über sich, darüber zu sprechen.)

Ihr ältester Sohn, Nikolai, hatte sich damals in eine Affäre mit einer verheirateten Frau eingelassen. Das Regiment des betrogenen Ehemannes verlangte, gemäß dem geltenden Ehrenkodex, Genugtuung, und zwar unter mörderischen Bedingungen. So wurde nach dem Duell Nikolai, tot auf einer Bahre liegend, ins Haus gebracht.

Über die Frau, die der Anlaß zu diesem Duell war, sagte seinerzeit Mama: „Sie wollte ihn aus nichtigen Motiven: nur wegen seines Reichtums und seiner Position. Es war nie eine ‚grande passion', sie vergaß ihn sofort." Das Leben seiner Mutter aber war zerbrochen; sie erholte sich nie von seinem Tod, zumal sie sich in Mißstimmung getrennt hatten, denn anscheinend hatte sie ihrem Sohn beim letzten Zusammensein bittere Vorwürfe gemacht.

Ich verstand nun, warum sie damals vor dem Duell mit aller Macht versucht hatte, ihn ein für allemal davon abzubringen, nochmals in eine zwielichtige Situation zu geraten: sie hatte von der Bahre geträumt, die ihn an jenem schicksalhaften Morgen nach Hause bringen sollte.

„Später dann", fuhr die Fürstin Bou fort, „wurden die Träume ärger, aber ich glaubte ihnen nicht mehr, denn ich dachte, mein Geist sei nach dem Tod meines Sohnes krank geworden; so fürchterliche Vorahnungen, die meine Freunde und mein Land betrafen, konnten einfach nicht wahr werden."

Aber sie wurden es doch!

Nach der Revolution hörten die Träume auf. „Niemals mehr in all den Jahren habe ich so geträumt – nur neulich", sagte sie nachdenklich, „erst vor ein paar Tagen . . . Ich war ein junges Mädchen und ging im Winterpalast von St. Petersburg die große Galerie entlang auf eine hohe Glastür zu, die sich wie von allein aufschwang, und Kaiser Alexander II., den ich so gern gehabt hatte und der wie ein Vater zu mir gewesen war, kam mit offenen Armen auf mich zu und rief: ‚Ma chére, enfin, vous voilà' –

‚Meine Liebe, endlich sind Sie da!'" Sie lächelte mich an und sagte: „Du siehst, diesmal war es ein schöner Traum!"

Am Tag nach diesem Gespräch fuhr ich fort. Ich sollte sie nie wiedersehen, denn bald darauf starb sie.

Viele Jahre später auf einer Reise nach Sowjet-Rußland besuchte ich ihr Haus Archangelskoje in der Nähe von Moskau und das Jussupow-Palais in Leningrad. Ihr Porträt von Serow hing immer noch in der Michaelowski-Galerie neben dem von Felix. In fließende blasse Gewänder gehüllt, den Kopf in eine Hand gestützt, während kleine Hunde um sie herumsprangen, so lächelte sie mich wieder aus dem Bilde an.

Der Museumsführer ratterte eintönig herunter: „Hier haben wir den Prototyp der frivolen und korrupten Aristokratin." Über die Köpfe der erstaunt gaffenden Menge hinweg rief ich ihm zu: „Da irren Sie aber vollkommen! Ich kannte sie sehr gut; sie war der bezauberndste, gütigste und unverdorbenste Mensch, den man sich vorstellen kann; sie war für mich wie eine andere Großmutter!"

Das Wort „Babuschka" in Verbindung mit der reizenden, ätherischen Gestalt auf dem Bild ließ sie alle mit offenem Mund verstummen.

Im Herbst 1938 traf ich voll der größten Erwartungen schließlich in England ein und war sofort überwältigt und überrascht von der wunderbaren englischen Höflichkeit, der Toleranz und dem „Common sense". Diese Eindrücke trafen bei mir mit dem Gefühl zusammen, eine Reise zurück in die vertraute Nursery zu machen.

Die Züge, die Dörfer, die Wiesen, alles erschien mir um einige Nummern kleiner als auf dem Kontinent. Sogar die Spiegel und die Waschbecken waren zu niedrig angebracht, als seien sie für ein Volk von kleinen Leuten gedacht, was die Engländer wahrhaftig nicht sind. Dieses menschliche Maßhalten beachteten sie auch bei ihrem rücksichtsvollen und diskreten Benehmen zueinander. Außenseitern gegenüber nahmen sie eine Art distanzierter Gleichgültigkeit ein. Die feste nach Kasten geordnete Schichtung der englischen Gesellschaft, die sich auf Grund so seltsamer Kriterien aufbaut wie der Schule, die man besucht hat, oder des Akzents, den man im Englischen gebraucht, verwirrte mich zuerst. Ich war neugierig, alles was ich gehört hatte, mit der Wirklichkeit zu vergleichen, angefangen vom Tower Hill und Hampton Court bis zum Geschmack von „junket" (weißem Käse), „crumpets" (Teekuchen) und „mince-pies" (Dürrobstpastete), Gerichte, die in englischen Büchern oft erwähnt werden, aber auf dem Kontinent unbekannt sind. (Ich muß zugeben, daß ich diese Spezialitäten ziemlich enttäuschend fand.)

Mein fließendes Englisch löste Überraschung aus, es wurde sogar gelegentlich vermutet, daß ich es in der kurzen Zeit seit meiner Ankunft erlernt hätte, was wohl heißen würde, das berühmte russische Sprachtalent zu hoch einzuschätzen; jedenfalls fühlte ich mich sofort zu Hause. Andererseits schienen junge Leute in meinem Alter, verglichen mit jungen Mädchen und Männern auf dem Kontinent, ungeübt im ungezwungenen Umgang miteinander; sie betrachteten einander entweder mißtrauisch oder übertrieben die Kameradschaftlichkeit. Mit älteren Leuten konnte man viel besser zurechtkommen.

Die kleine Kolonie der russischen Emigranten nahm mich sofort auf. Ihre herzliche, offene Gastlichkeit ebenso wie das Niveau ihrer Gespräche und ihrer Interessen entsprach wie gewöhnlich nicht im geringsten ihren bescheidenen Lebensumständen; man langweilte sich nie, und mancher Abend endete mit musikalischer Improvisation, Zigeunerliedern oder Theatersketches. Selbst wenn sie Clownerien aufführten, waren sie nie zynisch. Widrigkeiten wurden offen zugegeben, aber man maß ihnen nicht mehr Bedeutung bei als dem launischen Wetter. Wie anderswo auch, lehnten sie sich gegen ihre so beschränkten Möglichkeiten nicht auf und nahmen Schicksalsschläge mit Demut hin.

Die Großfürstin Xenia Alexandrowna, die Schwester des letzten russischen Zaren Nikolaus II., war die Cousine König Georgs und stand mit ihm auf gutem Fuß. Ganz bescheiden lebte sie in einem kleinen Haus im Windsor Park, später in einem ,,grace and favour"-Häuschen. Als Freundin ihrer Enkel, besonders von Baby Jussupow, nahm man mich dort warmherzig auf. Die Großfürstin war gütig, schüchtern und anspruchslos; trotz ihres kleinen Wuchses und des verrunzelten, kätzchenhaften Gesichtes strahlte sie große Würde aus. Sie wandte sich an jeden mit derselben scheuen Liebenswürdigkeit, ob sie nun russische Chauffeure davon abhielt, ihr die Hand zu küssen, oder Damen hinderte, in tiefe Hofknickse zu versinken. Man mußte sie sofort gern haben.

Von Zeit zu Zeit ging sie zum Tee zum König und der Königin. Eines Tages erzählte sie uns, daß Queen Mary ihr die letzte Erwerbung eines Fabergé-Stückes gezeigt habe, das sie in ihre Sammlung aufnehmen wollte: es war eine emaillierte Zigarettendose, auf deren Deckel der Buchstabe ,,K" in Diamanten eingesetzt war.

Die Großfürstin hielt sie einen Augenblick in der Hand, während eine Flut von Erinnerungen sie überkam. Ihr Mann, der Großfürst Alexander Michailowitsch, hatte sie ihr zur Geburt ihres ersten Kindes geschenkt (auf russisch schreibt man Xenia – ,,Ksenia" mit dem Buchstaben ,,K").

„Ach, wie interessant", sagte die Königin und stellte die Dose entschlossen auf ihren Ehrenplatz in der Sammlung zurück.

„Aber Mama", meinten die Söhne der Großfürstin, als sie uns davon erzählte, „hat sie sie dir wirklich nicht zurückgegeben?"

„Natürlich nicht", antwortete die Großfürstin, „sie hatte schließlich dafür bezahlt und jedes Recht, sie zu behalten. Die Dose hat mich eben nur an so viele Dinge erinnert."

Bei meiner Ankunft in London nahmen die Galitzins mich liebevoll auf, und ihre drei Söhne wurden zu fröhlichen, brüderlichen Kumpanen. Sie führten einen Antiquitätenladen auf dem Berkeley Square, in dem sie neben schönen Möbeln und Ikonen mit vielen Fabergé-Kostbarkeiten handelten. Über Mittag schloß man den vorderen Raum ab und zog sich in die winzige Küche dahinter zurück. Sie verwandelte sich bald in den beliebtesten Treffpunkt für Landsleute, die hier ein Picknick machten, zwischen all den schönen Gegenständen, denen so ähnlich, die früher zum selbstverständlichen Dekor ihres Lebens gehört hatten.

An Sonntagen wurden diese Zusammenkünfte im Haus der Galitzins abgehalten, das im Vorort Dulwich lag. Oft nahm Father Gibbs daran teil, der früher als junger Englischlehrer den Zarewitsch Alexei unterrichtet hatte.

Auch er war der sogenannten Anastasia begegnet und war überzeugt, daß sie nicht die jüngste Tochter der Zarin sei, obwohl diese unglückliche Person tatsächlich ihre ursprüngliche Identität verloren hatte und fest glaubte, eine der kaiserlichen Töchter zu sein. Gilliard teilte die Meinung von Gibbs, ebenso auch die Baronin Buxhoeveden, die mich viele Jahre später besuchte und mir von ihrer Unterredung mit der angeblichen Anastasia in allen Details erzählte.

Wir schlossen damals einige dauerhafte Freundschaften. Oft schlug uns aber auch unglaubliche Unbildung und Gedankenlosigkeit über alles, was den Kontinent betraf, entgegen. So fragte man mich einmal: „Hatten Sie eine Beziehung zu Rasputin?" – „Wie kommen Sie auf die Idee?" – „Oh, ich glaubte, alle russischen Prinzessinen hätten enge Beziehungen zu Rasputin gehabt."

Oder: „Wie aufregend, Russin zu sein!", während wir es nur als Nachteil empfanden.

Andererseits hielten sich zum Beispiel die öffentlichen Reden im Union Club in Oxford auf erstaunlich hohem Niveau, so daß es schwierig sein dürfte, die Schlagfertigkeit, Brillanz, Unbeschwertheit und Originalität, mit der die abstrusesten Fragen dort diskutiert wurden, irgendwoanders wiederzufinden. Zu passenden Gelegenheiten rezitierte man frei und mit Hingabe englische und griechische Verse, denn Homer war für sie wie „der Garten ihres Herzens", ähnlich wie Puschkin für die Russen. Darüber hinaus erklärt vielleicht eine gewisse verdeckte Gefühlsseligkeit die unrealistische Haltung, die sie oft einnahmen, wenn es um politische Theorien ging. Ihre eigentlichen Probleme pflegten sie mit schlafwandlerischer Sicherheit im Wege des berühmten „muddling through" (sich „durchwursteln") zu lösen.

Der Spanische Bürgerkrieg ging seinem Ende entgegen. Jede Alternative zum Kommunismus, deren Programm nicht auf dessen Grundsätzen beruhte, konnte unserer Sympathie sicher sein. Da die kommunistische sogenannte „prorepublikanische" Seite wie immer lauter zu Wort kam, konnte man glauben, daß ganz England ihr beistimme. In Wirklichkeit waren die Meinungen völlig geteilt. Bei meinen häufigen Aufenthalten in Oxford, wohin ich von Vettern oder Freunden, die dort studierten, eingeladen wurde, pflegte man unsere Ansichten über den Kommunismus und die satanischen Seiten der stalinistischen Realität, wie die blutigen Säuberungsaktionen, die Straflager und viele Greuel mehr, mit hochmütiger Geringschätzung auf die Seite zu schieben. „Ihr seid nicht objektiv." Nach einiger Zeit gaben wir es auf, gegen diese Mauern anzurennen, aber wir fragten uns Jahre später, ob diese Einstellung vieler Engländer nicht Karrieren wie die von Philby, Burgess und MacLean erklären könnte.

Meine Hoffnung, auf die Dauer in England bleiben zu können, wurde bald durch das unüberwindliche Hindernis der Arbeitserlaubnis, die man unbedingt benötigte, zunichte gemacht. Trotz vieler Möglichkeiten und Beziehungen mußte ich jedesmal, wenn ich auf eine neue Stellung lossteuerte – und ich wollte nur eine interessante Arbeit, die mit Sprachen, Wissenschaft oder Kunst zu tun hatte –, die Erfahrung machen, daß ich sie eben aus diesem formalen Grund nicht bekommen konnte. Es war sehr entmutigend.

Anfang 1938 luden mich die Eltern guter Freunde ein, sie nach Tunesien zu begleiten. Sie stellten diese verlockende Einladung so dar, als tue ich ihnen mit der Annahme einen Gefallen: Ich sollte die Reise organisieren und ihnen mit meinen Französischkenntnissen zur Seite stehen. Gerade zu dieser trüben Jahreszeit bedeuteten zwei Wochen Sonnenschein in Nordafrika eine herrliche Abwechslung. Meine Gastgeber verwöhnten mich auf der Reise, als sei ich ihre eigene Tochter.

Jahre sollten vergehen, bis ich nach England zurückkehrte.

Auf dem Heimweg erhielt ich in Paris die schlimme Nachricht, daß mein Bruder Alexander wegen akuter galoppierender Schwindsucht nach Lausanne gebracht worden sei. Die litauische Regierung, die unser Vermögen eingezogen hatte, machte die Beschlagnahmung nun bis zu einem gewissen Grad wieder gut, indem sie die Kur bezahlte und die Devisenausfuhr ermöglichte.

Ich war das einzige Mitglied der Familie, das damals außerhalb Litauens lebte; daher war es an mir, sofort meinen Bruder in der Schweiz aufzusuchen. Ich richtete mich in Lausanne ganz nahe bei seiner Klinik ein. Die nächsten Monate verliefen so traurig, daß ich sie hier lieber übergehen möchte.

Schließlich kamen Mama und Missie, um mich abzulösen. Sie überredeten mich, nach Berlin zu gehen, das viel näher bei Litauen lag und wo man mich auch von der Schweiz aus leicht erreichen konnte.

In Berlin fand ich viele Freunde aus den fernen Tagen von Baden-Baden wieder. Nichts scheint gute Beziehungen besser zu festigen, als die Erinnerung an gemeinsame Kinderspiele. Meine Freunde führten mich nun in das intensive, bunte Leben der deutschen Hauptstadt ein. Zu meiner Überraschung wurde ich bei den anderen sofort akzeptiert, ohne die Benachteiligungen, die anderswo gewöhnlich für Emigranten bestanden; und was das Wichtigste war: man gewährte mir die gleichen Chancen wie jedem anderen, zu studieren und zu arbeiten.

Inzwischen erwies sich Alexanders Kur als wirkungslos. Seine Verfassung verschlechterte sich rapide; er starb im April 1939. Sein Tod riß eine tiefe Wunde in unsere so eng verbundene Familie; alle anderen Schwierigkeiten erschienen im Vergleich dazu belanglos. Trotzdem sollten auch diese sich innerhalb weniger Monate in beachtenswertem Ausmaß summieren.

2. Teil

Die ersten Kriegsjahre

1

Berlin, Juli 1939: Der Friede schien wieder einmal durch die letzten Zugeständnisse der Westmächte gesichert zu sein, die Aggressionen der Nazis besänftigt. In der französischen Botschaft auf dem Pariser Platz, neben dem berühmten Hotel Adlon, fand ein größerer Empfang statt. Monsieur Coulondre, der französische Botschafter, pflegte wie sein Vorgänger, Monsieur François-Poncet, einige junge Leute einzuladen, um seine offiziellen Empfänge zu beleben. Eine lange Reihe von Dienstwagen, geschmückt mit viereckigen Standarten, fuhr vor, als ich die Treppe mit dem roten Teppich erreichte. Die Gäste waren Diplomaten – unter ihnen der italienische, englische, amerikanische und holländische Botschafter –, Mitglieder der Reichsregierung und einige höhere Parteifunktionäre in neuen und einfallsreichen Uniformen. Beim Diner fand ich mich neben einem hohen SS-General placiert.

Frivole Fragen rufen manchmal überraschende Antworten hervor.

„Ist Ihr Ziel immer noch mehr ‚Lebensraum'?" fragte ich ihn ganz unschuldig.

„Das bleibt ein wesentlicher Bestandteil unserer Ostpolitik", erhielt ich zur Antwort.

„Aber Sie müssen dreißig Millionen Polen aus dem Weg räumen, bevor Sie an hundertachtzig Millionen Russen herankommen."

„Wir haben Mittel und Wege, um damit fertig zu werden", meinte der SS-Bonze.

„Wenn auch nur ein Dutzend übrigbleibt, wird der gesäte Haß Generationen überdauern!"

„Darüber brauchen wir uns heute nicht den Kopf zu zerbrechen." So einfach schien ihm das.

Mein Nachbar entsprach nicht der Vorstellung des hochgewachsenen, eiskalten SS-Typs mit schnittigen Gesichtszügen, denn sein Rundschädel verlängerte den Hals wie ein Knie, ohne Übergang außer einigen Halsfalten über dem steifen Kragen, wie bei dem Kopf einer Schildkröte. Eine randlose Brille schien die

Augen in seinem schwammigen und vernarbten Gesicht zu ersetzen.

Mit ungehemmter Gier machte er sich kauend und schmatzend über das köstliche Essen her, völlig durchdrungen von der Überzeugungskraft seiner Äußerungen.

Aus seinem luftdicht abgeschlossenen Parteigehäuse, in das weder Kritik noch Widerspruch durchsickerte, tauchte er wohl selten hervor und war sich der Ungeheuerlichkeit seiner Aussprüche möglicherweise gar nicht bewußt. Nach und nach sollten wir aber die Erfahrung machen, daß bei den Nazis die Theorie unausbleiblich in Praxis umgesetzt wurde. Wer so etwas zu hören bekam, der mußte um die Zukunft bangen!

Kaum war das Diner vorüber, eilte ich zu einem anwesenden Freund, Albert Eltz.

„Ich halte es hier keine Minute länger aus – bin neben einem fürchterlichen Kerl mit größenwahnsinnigen und mörderischen Vorstellungen gesessen. Laß uns gehen!"

Wir verließen die Botschaft. Auf der gegenüberliegenden Seite des weiten Platzes vor dem Hotel Adlon war die Wachtruppe der SS-Leibstandarte aufgezogen. In ihren weißen Sommeruniformen, baumlang gewachsen, Schulter an Schulter, in zackiger Haltung, mit stereotypen, bis zur Stirn gutgeschnittenen Gesichtern und flachem, kurzgeschorenem Schädel, sahen sie einander so ähnlich wie ein Backstein dem anderen. Nach gleichem Wuchs und Aussehen wurden sie auch ausgesucht.

Albert hakte mich unter: „Komm, schauen wir nach, was dort los ist!"

„Das geht nicht, sie lassen uns sicher nicht rein", fürchtete ich.

„Doch, in dieser Aufmachung schon. Nur ruhig bleiben. Wir müssen ganz gelassen wirken!"

Und schon glitten wir durch die Drehtür, möglichst nonchalant, um uns unauffällig an den nächsten kleinen Tisch zu setzen. Verstohlen umherschauend, fanden wir uns umringt von hohen und höchsten Funktionären des Reiches mit ihren Frauen, die in üppig bestickte Roben eingezwängt waren. Wir erkannten sie sofort aus Zeitungen und der Wochenschau. Getränke wurden allen serviert.

Kurz nach unserem Eindringen riß man die Eingangstüren weit auf – Hitler, Göring, Goebbels und Gefolge betraten den Raum. Kurzbeinig schritten sie in einer Gruppe an unserem Tisch vorbei. Wie klein diese Übermächtigen waren! Sie wirkten wie ausgestopfte Puppen, Karikaturen ihrer selbst; welcher Unterschied zu dem Konterfei mit siegessicherer Miene und herausforderndem Blick, das veröffentlicht wurde, um das Volk zu begeistern! Hier wirkten sie gemein-grotesk wie Jahrmarktsfiguren; aber sie strömten auch eine furchteinflößende Bedeutsamkeit aus. Die

Faszination, die sie auf die nur mehr flüsternden, andächtig in servilem Lächeln erstarrten Versammelten ausübten, beruhte wohl auf der unwiderstehlichen Anziehungskraft der Macht!

Wir schlüpften gleich wieder auf die Straße hinaus, erleichtert, das Freie erreicht zu haben.

„Wenn wir ihn hätten erschießen wollen, hätte niemand uns daran gehindert", meinte ich.

„Wir sehen wohl nicht nach Attentätern aus", sagte Albert.

Mit dem nächsten Bus fuhren wir an dem blühenden Tiergarten und dem Lützowufer entlang in Richtung Keithstraße.

Nie wieder habe ich Hitler aus der Nähe gesehen.

2

Oft war ich in der polnischen Gesandtschaft, wo ich einige gute Freunde besaß, bei Botschafter Lipski zu Gast. Die Polen wußten, daß sie auf Hitlers Liste als nächste standen, die überfallen und unterjocht werden sollten, aber sie waren entschlossen, sich nicht kleinkriegen zu lassen, schon gar nicht durch Drohungen.

„Er meint doch nicht wirklich, was er verkündet", sagten sie. „Er will die ganze Welt nur einschüchtern, damit man ihm in allem nachgibt. So verrückt kann er gar nicht sein, einen Krieg anzufangen."

Die deutsche Öffentlichkeit reagierte bei dem bloßen Gedanken an Krieg mit Entsetzen und atmete mit fast explosiver Erleichterung jedesmal auf, wenn er vermieden wurde. Dieses Verhalten beruhigte die Polen. „Im Jahr 1914", erinnerten sich einige, „war das anders, da glich das ganze Volk hier einem Bluthund an der Leine."

Hin- und hergerissen zwischen Sorge und Hoffnung berichteten sie verächtlich ihrer Regierung von Panzern aus Pappe und von laut propagierten Scheinmanövern. Sie waren überzeugt, daß hartnäckiger Widerstand den Bluff der Nazis schließlich aufdekken müsse. Erfahrene Politiker zweifelten allerdings, ob diese Verharmlosung berechtigt sei und nicht vielmehr zu irrigen Schlüssen verleiten sollte, denn die deutsche Wehrmacht sei im Begriff, zu einer gewaltigen Waffe geschmiedet zu werden, und zwar viel schneller, als die Polen es wahrhaben wollten.

„Lest ‚Mein Kampf'", rieten sie. „Hitler läßt sich durch nichts aufhalten."

Damals hatte die Gestapo noch nicht die Methoden der GPU angenommen und besaß auch noch nicht deren Durchschlagskraft; so konnte man im Sommer 1939 nicht nur in den Botschaften, sondern fast überall seine Meinung offen aussprechen.

Vor dem Ersten Weltkrieg hatte unsere überschwengliche Mama, die immer bereit war, „lahme Enten“ unter ihre Fittiche zu nehmen, sich mit zwei blassen, schüchternen deutschen Mädchen angefreundet. Die beiden hatten eine Saison im Vorkriegs-Petersburg bei Verwandten verbracht. Meine Mutter führte sie in ihren Freundeskreis ein und nahm sie zu Gesellschaften und Unterhaltungen mit. Sie hatten diese glückliche Zeit nie vergessen, und eine der beiden Schwestern lud mich nun ein, die letzten Sommerwochen in Friedland, ihrem weit abgelegenen Schloß in Schlesien, nahe der polnischen Grenze, zu verbringen. Missie, die sich für ein paar Wochen bei Freunden in Venedig aufhielt, sollte anschließend zu mir stoßen.

Man hieß mich auf dem baufälligen alten Schloß willkommen, als sei ich ein Mitglied der Familie. Ursprünglich von Zinnen gekrönt und von einem Burggraben umgeben, wurde das Haus später umgebaut und erweitert und zuletzt leider durch einen Schuß Neugotik verdorben. Seit 1918 schwand das Geld dahin, und was noch übrig blieb, verwendete man nicht für Friedland. Eine Art gemütlicher Schäbigkeit überzog alles wie eine wildwachsende Kletterrose, die zum wuchernden Wildling zurückkehrt. Der allmähliche Verfall verlieh dem Ganzen einen besonderen Reiz. Die Seele des Besitzes war Gräfin Olga, deren liebevolle Güte sich über ihre ganze Umgebung ausbreitete.

Ihre Gestalt, die einst in der Jugend schlank gewesen war, hatte nun die Form eines Teewärmers angenommen: oben schmal, nach unten sich verbreiternd. Sie konnte sich über sich selbst lustig machen und behauptete immer, sie habe ihre Figur verloren, als sie das Reiten aufgab. Ihr gekräuseltes, rötliches Haar und die langsam sich gelb verfärbende Nasenspitze (von der ewig darunter glimmenden Zigarette) ließen Zweifel aufkommen, ob sie jemals hübsch gewesen sei und Lori, ihrer schönen jüngeren Tochter, geähnelt habe. Nicht verwelkt aber war ihr Charme. Sie fand für jeden ein freundliches Wort und behandelte jedermann gleich. Die herrliche Mischung aus Naivität, unverfälschter Natürlichkeit und guter Laune, ihre Liebe zur Natur sowie ihr recht undeutscher Mangel an Wirtschaftlichkeit machten sie zu einer besonders liebenswerten „Wahltante“.

Ihr Ehegatte fühlte sich vom Schicksal betrogen, denn er hatte ursprünglich eine reiche Erbin geheiratet, und nun, nach dem Umbruch von 1918, mußte er sich mit einer Frau abfinden, deren wahre Vorzüge nicht zu der Art zählten, die er zu schätzen fähig war. Diese skrupellose Seite seines Charakters verbarg er geschickt hinter einer Maske von leutseliger Gutmütigkeit.

Olgas Töchter waren mir reizende Freundinnen. Ihr verschiedenartiges Aussehen und Temperament – Ella diskret hübsch und sanftmütig, Lori lebhaft und strahlend – brachten ihre jeweiligen

Vorzüge erst richtig zur Geltung. Als echte Landkinder wurden sie auch durch ihre jüngsten gesellschaftlichen Erfolge in Berlin nicht verwöhnt und blieben so natürlich wie vorher. Sie nahmen die Tage, wie sie kamen, und waren von jedem neuen Plan, jeder neuen Unternehmung begeistert.

Ein riesiger Strauß leicht zerdrückter roter Rosen erschien in der hohen Tür am Ende des dunkelgrauen Zuges, der sich in den Bahnhof von Oppeln hineinschlängelte und zischend vor uns zum Stehen kam.

Über den Dampfschwaden und über den Rosen lächelten schräge grüne Augen aus dem honigbraunen Gesicht, das von sonnengebleichten Haaren eingerahmt war, zu uns herunter. Diese attraktive Erscheinung hätte anderswo auch überrascht, aber im provinziellen Oppeln wirkte sie überwältigend. Passagiere und Träger starrten mit offenem Mund, als wir Missie aus dem Venedig-Expreß heraushalfen und ihre Koffer und Taschen und natürlich auch die Rosen, den letzten Tribut eines Verehrers, einsammelten.

Wir hatten uns auf ihre so lange und so oft aufgeschobene Ankunft sehr gefreut. Während Missie in der Backfischzeit mit fahlen Haaren und fohlenhaft ungelenken Gliedmaßen wie auf einer unscharfen Fotografie noch keine ausgeprägten Züge besaß, war sie auf einmal, fast über Nacht, zu unerwarteter Schönheit erblüht. Die zarte, schlanke Figur und der auffallende Kontrast der Haar- und Augenfarbe überraschte sogar uns Geschwister immer wieder aufs neue. Als wir nun ihren Erzählungen aus Venedig lauschten, verstanden wir nur zu gut, weshalb sie es mit ihrer Abreise nicht eilig gehabt hatte, denn die Wochen dort mußten von herrlicher Unwirklichkeit und voll von all den poetischen Aufmerksamkeiten gewesen sein, die Italiener so großzügig und so unverbindlich zu erweisen wissen.

Wir konnten nicht ahnen, daß dieser Wirbel sorgloser Freude so bald und so plötzlich aufhören sollte, wie er begann. Auf jeden Fall war ihr Venedig bestens bekommen.

Missies Sinn für Humor und ihre unverbrüchliche Solidarität hatten mir während der vergangenen Monate in Berlin sehr gefehlt. Glücklicherweise schienen wir dieselben Freunde anzuziehen, aber niemals dieselben Verehrer. Wir hatten den gleichen Sinn für Komisches und die gleiche Abneigung gegen fade Konformität. Diese Eigenschaft steigerte sich bei Missie bis zu wagemutiger Herausforderung des Schicksals. Sie war schnell, intelligent und unkompliziert, rücksichtslos ehrlich, aber manchmal zu kompromißlos sich selbst und anderen gegenüber. Ich war viel diplomatischer und neigte dazu, Schwierigkeiten auszuweichen oder sie zu mildern, anstatt offenen Auges in sie hineinzurennen.

Aus diesem Grund bildeten wir ein gutes Team, was uns noch über so manche Hürde in den nächsten Jahren hinweghelfen sollte.

Nun organisierten wir hier in Friedland Besuche und Ausflüge, um Missie die Umgebung zu zeigen, sofern wir nicht faulenzend das herrliche Wetter genossen, Olga im Garten halfen oder gegen Abend durch die umliegende Gegend radelten.

Wie wir erst später erfuhren, versuchte inzwischen der Hausherr eifrigst, sich in der örtlichen Partei beliebt zu machen, im Vertrauen darauf, daß es seiner baldigen Beförderung nutzen würde. In Friedland sprach man nicht darüber, denn Olga fragte nie (oder hatte aufgehört zu fragen), was ihr Mann tat oder sagte. Da wir meistens mit ihr und den Mädchen zusammen waren, schenkten auch wir seiner Zeiteinteilung nicht die geringste Aufmerksamkeit. Das Sommerleben auf dem Land füllte jede Minute des Tages aus und ließ uns wenig Raum für weitere Überlegungen.

Trotzdem fiel es wie der Schatten einer kleinen schwarzen Wolke auf unsere Gemüter, als am Freitag, dem 18. August, auf einem Stück braunem Papier die Weisung eintraf, der Hausherr sollte sich mit der Parteizentrale in der nächsten Kreisstadt in Verbindung setzen. Er wurde der Spionageabwehr zugeteilt. Dummerweise übersahen wir damals, was diese Berufung mit sich bringen würde.

„Es ist genau wie 1914", bemerkte Olga sorgenvoll, als wir am nächsten Abend den Planeten Mars beobachteten, denn er schien viel größer als sonst und leuchtete auffallend rotorange; wir konnten uns nicht erinnern, ihn je so gesehen zu haben. „Das ist ein schlimmes Omen."

Obwohl das Radio über die zunehmenden Spannungen mit Polen berichtete, bemerkte man in dieser fernen Provinz, die so nahe an der polnischen Grenze lag, vorerst keine Anzeichen möglicher Verwicklungen. Trotzdem vertraute uns Olga tiefbesorgt an, daß etwas Ernstes in der Luft liege.

Zwar hatte ihr Mann die Erlaubnis bekommen, für das Wochenende nach Hause zurückzukehren, was immerhin ein beruhigendes Zeichen war, aber früh am Morgen des 22. August klopfte Olga an die Scheibe, als sie vor unserem Fenster Blumen goß, und kündigte uns mit langem Gesicht an: „Wir bekommen Truppeneinquartierung; sie rücken in einer Stunde an."

Sie hatten morgens an einem Kursus für Zivilverteidigung teilgenommen, unterstützt von Dorfamazonen in haremsartigen Trainingshosen, als der Bürgermeister mit der Nachricht hereinplatzte, daß man sich auf die Ankunft von zahlreichen Truppenteilen vorbereiten solle.

Im Haus ging der Trubel los: Matratzen und Kissen mußten

gesammelt, verschlossene Räume geöffnet und gelüftet werden. Wir rannten hinunter, um zu helfen, und trafen bereits auf eine Gruppe von Offizieren, die uns von Olga nervös vorgestellt wurden. Die meisten ihrer Fahrzeuge standen schon im Schloßhof. In kürzester Zeit installierten sie ihre Funkgeräte, während die Mannschaft im Dorf einquartiert wurde. Bis zum Nachmittag hatten die Landser mit den örtlichen Schönheiten angebandelt, als seien sie bereits Jahre hier.

Die Offiziere tauten nicht so leicht auf. Der Oberst schien trotz seines etwas steifen Gehabens ganz freundlich zu sein und hatte einen klugen, pfiffigen Ausdruck.

Der Rittmeister trug die Haare in einem struppigen Büschel, das sich über der Stirn sträubte und am Hinterkopf flach abgeschoren war. Wenn er sich verbeugte, klappte er zusammen wie ein Taschenmesser und verlor dabei das Monokel. Zwei jüngere Offiziere, Bücken und Schöne, sahen nett aus und schienen von ganz anderer Art zu sein als dieser Prototyp von 1914.

Die Unterhaltung beim Mittagessen, die oft von Telefonanrufen unterbrochen wurde, verlief nichtssagend und leer, denn alles, was vergangene oder zukünftige Truppenbewegungen betraf, unterlag natürlich strenger Geheimhaltung. Wir saßen wie auf Kohlen, befürchtend, daß irgendeine harmlose Frage die Militärs dazu verleiten könne zu glauben, Missie und ich suchten ihnen mit List Informationen zu entlocken.

Am Abend überredeten wir sie zu harmlosen Gesellschaftsspielen, um mögliche Fallen in der Konversation zu vermeiden. Zur allgemeinen Überraschung entwickelte der Rittmeister ein erstaunliches merkantiles Talent und gewann haushoch im Monopoly-Spiel.

Die Herren schienen nicht viel zu tun zu haben, außer Leutnant Schöne, der fortwährend mit einer Aktentasche unterm Arm umherging. Er gesellte sich später zu uns, obwohl er vor Schläfrigkeit beinahe umfiel. Ab und zu riß er sich ruckartig zusammen und schloß dann wieder die Augen, sobald seine Vorgesetzten nicht hinsahen. Anscheinend durfte er sich nicht vor den anderen ins Bett zurückziehen, und die waren noch taufrisch. Wir gaben uns schließlich heimlich Zeichen und standen alle auf, bevor der arme Mann von seinem Stuhl herunterkippte.

Als wir am nächsten Tag wie gewöhnlich durch die Gegend radelten, fanden wir die Straßen der ganzen Umgebung von Militärfahrzeugen und Lastwagen gesäumt, die sich unauffällig, wie schleichender Mehltau, auf die Grenze zufraßen. Eine Kolonne von Flakfahrzeugen stand am Rande der Allee, die Wagen mit Blumen und Zweigen geschmückt und, wo immer Platz blieb, mit Parolen und Zeichnungen in Kreide beschmiert. Einer davon war mit einem ungeschickt skizzierten Bett mit schwellenden Federkissen, auf Wolken schwebend, geschmückt: ein Traum, der den herannahenden Feldzug verklären sollte; auf einem anderen hatte ein Optimist in riesigen Buchstaben „Lublin – Paris" hingeschmiert. Für sie bedeutete Krieg noch einen abenteuerlichen Ausflug.

Auf einmal brachte das Radio die überraschende Nachricht vom deutsch-sowjetischen Pakt. In einem Kommentar hieß es, die Franzosen und Engländer hätten sich zwischen Deutsche und Russen schieben wollen, „um deren natürliche Neigung zu gegenseitiger Freundschaft zu zerstören". Der Oberst sagte Olga später, er habe sich geschämt, daß wir solch verlogenes Gefasel mit anhören mußten. Wir fanden das recht anständig von ihm.

Was für ein Bruch mit der bisher vertretenen antikommunistischen Ideologie! Es zeigte sich wieder einmal, wie sehr Nazis und Kommunisten einander glichen.

Missie und ich beschlossen, über Politik überhaupt nicht zu reden. Man behandelte uns zwar nicht wie unerwünschte Ausländer, aber mit einem Hauch von Mitleid, als ob man es mit einem Patienten zu tun habe, dem eine Operation bevorsteht. Unsere kosmopolitisch unvoreingenommenen Ansichten waren dazu verurteilt, aus der Mode zu kommen, denn es war klar, daß von jetzt an nur blinder Nationalismus die Gemüter beherrschen würde.

Ab Mittwoch, dem 23. August, begannen die Truppen, sich offen Tag und Nacht auf die polnische Grenze hinzubewegen, doch gab es noch keinen Befehl zur Mobilmachung. Olga, voller Bangen, erwartete ihn jeden Augenblick, aber ihre Töchter ließen sich nicht aus der Ruhe bringen und sagten blasiert, es sei genau dasselbe wie im Jahr zuvor.

Daraufhin schöpften wir wieder ein wenig Hoffnung. Dann folgte erneut angstvolles Warten. Nach wie vor gab es nicht das geringste Anzeichen einer Vorkriegseuphorie à la 1914.

Gegen Abend gingen die Offiziere in den Garten, um dort eine streng geheime Depesche zu lesen. Sie schritten lange Zeit auf und ab, während wir sie vom Fenster aus beobachteten und uns fragten, was nur vorgehen mochte. Das anschwellende Getöse der vorbeifahrenden Kolonnen war aber Hinweis genug. Als die Nacht hereinbrach, gingen wir zur Brücke vor dem Tor und standen lange, hypnotisiert auf die vorbeiratternden Panzer starrend. Nur ein schmaler Schlitz an den verdunkelten Scheinwerfern ermöglichte es den Fahrern, ihren Weg zu finden, als sie mit hoher Geschwindigkeit vorbeidonnerten.

Der dahinbrausende endlose Zug machte auf uns alle einen niederschmetternden Eindruck. Bedrückt und still gingen wir zu Bett. Die Offiziere waren darüber enttäuscht, denn sie hatten gehofft, noch einen Abend mit uns zu verbringen.

Am nächsten Morgen, Donnerstag, dem 24. August, kamen die Franzi Birons uns besuchen. Ihre Gegend war angeblich noch stärker von Truppen überschwemmt als die unsere. Wartenberg und Langendorf, ihre jeweiligen Gutshäuser, quollen von einquartierten Offizieren über, aber auch dort waren noch keine Zivilisten mobilisiert.

Gegen drei Uhr nachmittags erschien eine Nachbarin, Alda Strachwitz, mit ihrer Tochter, einer Freundin und einem gutaussehenden Wiener Luftwaffenoffizier. Sie wollten Olga überreden, uns zu erlauben, an einem längst geplanten Ball am Samstag teilzunehmen. Olga hegte Zweifel und sagte, sie müsse es sich überlegen. Der Oberst meinte lachend, er könne ja einige seiner Leute abkommandieren, um uns am Kneifen zu hindern. Tatsächlich war uns aber überhaupt nicht nach Tanzen zumute.

Der nette Wiener Offizier fiel seinen deutschen Kollegen auf die Nerven, denn er nahm den herannahenden Krieg nicht ernst und flog täglich nach Wien, um seine Einkäufe dort zu tätigen. Norddeutsche und Süddeutsche schienen sich auf recht verschiedenen Wellenlängen zu bewegen.

Plötzlich stürmte Leutnant Bücken ins Zimmer und berichtete, seine Leute und er müßten sofort das Haus verlassen, ein dringender Marschbefehl sei eingetroffen. Innerhalb einer Stunde montierten sie die Telefone wieder ab und packten alles ein; kurz darauf versammelten sich die Soldaten im Hof, um Anweisungen von Leutnant Schöne entgegenzunehmen. Die schriftlichen Befehle wurden dann vor ihren Augen verbrannt, alles sprang in die bereitstehenden Wagen oder Panzer, und ohne einen Augenblick des Zögerns oder der Verwirrung ging es zum Haupttor hinaus. Wir standen auf der Treppe und verabschiedeten uns von den Offizieren, die bald darauf losbrausten, Sand und Kies unter ihren Fahrzeugen aufwirbelnd. Zum Haus zurückgekehrt, fanden wir dort einen jungen Bekannten aus Berlin, Theo Balthazar, der auf Lori wartete. Es war unfair von ihr, sich über sein Kommen nicht erfreut zu zeigen, aber sie konnte noch unter dem Eindruck des Aufbruchs der Heeresmacht einen ziemlich schlappen Zivilisten gar nicht gebrauchen – und seine schwarz-weißen Schuhe und die rosa Krawatte erregten nicht eben ihren Beifall.

Am Abend ließ der soeben zurückgekommene Hausherr Champagner servieren. Obwohl es niemand aussprach, sah es doch nach Abschiednehmen aus. Es war kaum ein Wort zu verstehen wegen der schweren Artillerie, die jetzt die Brücke vor den Toren überquerte. Wir vier Mädchen und Theo gingen noch einmal hinaus und waren von dem Anblick, der sich uns bot, überwältigt: eine dichte Kolonne von riesigen Lastwagen, Kanonen, Panzern und Wagen, vollgepackt mit Soldaten, die Scheinwerfer verdunkelt, brauste in voller Geschwindigkeit an uns vorbei, genau wie die Nacht zuvor. Das ohrenbetäubende Rattern auf dem Kopfsteinpflaster ließ das Haus erzittern.

Die Soldaten winkten und riefen uns zu; im nächsten Augenblick waren sie bereits in dichten Staubwolken verschwunden. Pionierkolonnen folgten ihnen, deren Lastwagen Bretter und allerlei Bauzubehör transportierten. Einer von ihnen hielt plötzlich an; aus einer Gruppe müder und schmutziger Männer lehnte sich ein Soldat heraus, der uns bat, eine Postkarte einzuwerfen. Sie war nach Jena adressiert, so kam dieser Truppenteil vermutlich aus Thüringen.

Eine im Aufmarsch befindliche Armee konnte wohl nur Krieg bedeuten. Den Vorwand, es handle sich um Manöver, schien man fallengelassen zu haben, sowie auch das Märchen, daß man noch verhandle.

Am Freitag, dem 25. August, kam Graf Haja Strachwitz, Aldas Mann, um sich zu verabschieden. Mit der Bitte um strengste Verschwiegenheit erzählte er Lori, er habe Befehl erhalten, am nächsten Morgen um vier Uhr früh anzugreifen. Er meinte, es werde wohl alles sehr schnell vorbei sein, denn die deutschen Streitkräfte seien dem Gegner unendlich überlegen. Das konnten wir ihm leicht glauben nach allem, was wir in den letzten Tagen gesehen hatten. Er vertraute und hoffte darauf, daß die Engländer vorerst nicht eingreifen würden. Im Falle, daß wir bombardiert würden, was ihm unwahrscheinlich vorkam, sollten wir hinaus in den Park rennen oder in irgendeinem Keller Unterschlupf suchen. Als er uns verließ, seufzte er: „Die armen Polen."

Der Vorbeimarsch der Truppen hörte langsam auf; der nächste Tag ging in gespannter Stille vorüber. Die Abendnachrichten verkündeten, daß die Engländer einen Militärpakt mit Polen geschlossen hätten. Ein Weltkrieg schien nun unvermeidbar. Nach dieser unheilvollen Erkenntnis konnten wir nichts mehr tun, um Olga aufzuheitern.

Samstag, der 26. August, war ein furchtbarer Tag des Wartens. Man hörte keine Schüsse, obwohl wir so nahe der Grenze lagen. Der Generalmobilmachungsbefehl wurde jeden Augenblick erwartet.

Unterdessen erschienen undefinierbare Gestalten in Friedland und der umgebenden Landschaft. Sie kamen in requirierten Fahrzeugen; eine Handvoll Offiziere machte sich ans Werk, aus ihnen eine Art Bürgermiliz zu organisieren. Einige wurden im Schloß untergebracht; da sie kein eigenes Telefon installierten, erwarteten sie von uns, daß wir ihre Meldungen übermittelten. Sonst hatten wir nicht den geringsten Kontakt mit den Milizsoldaten, außer daß wir den Lärm und den Gestank ertragen mußten. Sie grüßten nie, was Olga irritierte, die es schon in Berlin beanstandet hatte, daß „über und unter der Wohnung Leute sind, die man nicht kennt".

Für den Abend sagten sich drei Offiziere an: sie kämen „wegen der Damen", was uns nun erst wieder an Aldas Ball erinnerte. Einer der beiden Kameraden, die unser Wiener Freund mitbrachte, trug einen spanischen Orden, der ihm im Bürgerkrieg verliehen worden war. Er hatte mit der Legion Condor auf der Seite der Nationalisten gekämpft. Zu unserer Überraschung schienen die drei die allgemeine Spannung überhaupt nicht wahrzunehmen. Vielleicht bekamen sie als letzte ihre Befehle.

Es war undenkbar, Olga in einem solchen Moment allein zu lassen. Ziemlich niedergeschlagen gingen die Herren weg und versprachen, nach dem Krieg wieder einen Ball für uns zu geben.

Die folgenden Nachrichten waren völlig unverfänglich, es hörte sich an, als seien die Dinge noch in der Schwebe. Das verleitete uns wieder zur Hoffnung, daß, wenn bis jetzt nichts passiert war, vielleicht gar nichts passieren würde.

Lori fing im Flur einen köstlichen Lavendelgeruch auf und verfolgte die Duftspur bis zu einer Tür, auf der „Gessler" stand. Sie vermutete mit Recht, daß dieser Wohlgeruch nicht zu einem der gewöhnlichen Milizsoldaten führen konnte. Kurz darauf traf Olga in der Halle auf einen kleinen Mann mit Brille, der ratlos umherwanderte. Es stellte sich heraus, daß es Graf Gessler war, der Pianist, dessen Namen wir von vielen Litfaßsäulenplakaten her kannten. Er hatte am Tag vorher seine Mobilmachungspapiere erhalten und beschrieb mit Bestürzung und Humor sein erstes Zusammentreffen mit der Armee. Olga und Ella hörten ihm mitfühlend zu. Die Unteroffiziere hatten ihn fürchterlich angeschnauzt, obwohl sie bemerkt haben mußten, daß selbst der ausgefeilteste Kasernenschliff aus diesem „verächtlichen Intellektuellen" keinen Soldaten machen würde. Wann immer er Zeit fand, spielte Gessler wunderschön auf Ellas klapprigem Klavier, das im Grunde so blechern klang wie ein Kochtopf. Bald erhielt er den Bescheid, daß er am nächsten Morgen um vier mit der buntscheckigen Schar, die während der letzten Tage auf unserer Haupttreppe gelagert hatte, fortziehen sollte. Einige seiner Gefährten trugen wild zusammengestellte Uniformstücke; für Gessler hatte man nichts Passendes finden können. Er schreckte vor dem Anblick von Segeltuch-Unterwäsche zurück und behauptete ferner, daß die vom Staat zugewiesenen Handtücher nicht einmal als Fußmatten tauglich seien und ihn außerdem auf die Dauer unfähig machen würden, auch nur eine Note Musik zu spielen. Er befand sich in einem nervlich sehr angespannten Zustand, vielleicht auch weil er feststellen mußte, wie alle Werte, für die er bisher gelebt hatte, zusammenbrachen. Und damit nicht genug, hatte er sich auch noch in Ella verliebt.

Im Morgengrauen nahm er von uns Abschied, aufgemacht wie eine Vogelscheuche, mit riesiger, horngeränderter Brille, auf dem Kopf eine Zuchthäuslerkappe. Es schien, als ob er einer Zukunft entgegenginge, die zur Inschrift über Dantes „Inferno“ passen würde: „Wer hier eintritt, lasse alle Hoffnung fahren.“

Olga und ich gingen auf den vom Tau glänzenden Rasen hinaus. Die Sonne erhob sich über einem neuen, herrlichen Tag, die Rosen und alle Beete leuchteten in voller Blüte, doch wir fühlten uns völlig deprimiert. Als wir kurz darauf wieder ins Bett schlüpften, hörte ich ein Kratzen am Fenster, durch die Gitterstäbe schaute Gesslers koboldhaftes Gesicht. „Wir fahren nach Tost“, flüsterte er bedeutungsvoll und verschwand. Es schien die letzte Botschaft eines Menschen, der mit rücksichtsloser Brutalität einem schlimmeren Schicksal als dem Tod entgegengeführt wird und dem niemand zu Hilfe kommen kann. Ich schrieb seinen Bestimmungsort mit Lippenstift auf meinen Spiegel, denn ich hatte keinen Bleistift zur Hand, und sank todmüde wieder ins Bett. Wahrscheinlich wollte er, daß Ella Bescheid wußte, wohin er zog.

Über Nacht hatten sich die Läden geleert. Entweder wurden die Lagerbestände vom Inhaber gehortet, oder sie waren ausverkauft, da die Kunden, durch die Nachricht drohender Rationierung aufgescheucht, wie Heuschrecken über alles Vorhandene herfielen. Eine Nachbarin besuchte uns und zählte auf, welche Vorräte an Kohle, Seife usw. sie angelegt hatte, während Olga bisher überhaupt keine Vorsorge getroffen hatte. Um das nachzuholen, wurde hastig ein Schwein geschlachtet, das in Zukunft zu jeder Mahlzeit auf verschiedene Art zubereitet wurde. Missie und ich hatten eine Aversion gegenüber Schweinefleisch, aber darauf konnte man nun keine Rücksicht mehr nehmen.

Die meisten Pferde in der Gegend waren eingezogen worden, Verdunklung wurde angeordnet. Nach einem ersten Augenblick der Verwirrung resignierten die Leute und gehorchten beflissen.

Lori und ich fuhren den Maler Dungert, der den Sommer in einer Hütte auf dem Landsitz verbracht hatte, seine Frau, seine Katze und zahlreiches Gepäck zum Bahnhof von Oppeln. Es gingen zwar nur mehr wenige Züge, aber er wollte unbedingt sofort nach Berlin zurückkehren. In der Nähe von Tillowitz kamen wir an einem Flughafen vorbei, der eine Attrappe war. Auf einem Feld standen hölzerne Flugzeuge in Formation, als seien sie bereit zu starten. Von oben gesehen wirkte das sicher überzeugend. Der richtige Flughafen lag irgendwo in der Nähe.

„Schnell, bitte nehmen Sie ihn. Was soll im Krieg aus ihm werden?“ Ein dicker, pechschwarzer Aberdeenterrier landete auf meinem Schoß, als wir in unserem offenen Auto am Straßenrand saßen, um eine Reihe von Lastwagen und Luftwaffenfahrzeugen vorbeizulassen. Nachdem er unsere Adresse hastig auf ein Stück Papier gekritzelt hatte, schwang sich der große junge Luftwaffenoffizier zurück in seinen Kübelwagen. Man konnte gerade noch das blonde Haar seines Fahrers, das wie Federn unter dem Stahlhelm hervorflatterte, sehen, und schon waren sie wieder in die Kolonne eingeschert; wir verloren sie aus den Augen. Das geschah alles so schnell, daß wir keine Zeit fanden, uns Olgas Reaktion auf diese zusätzliche Komplizierung ihres Haushaltes auszumalen.

Missie, Lori und ich kamen gerade von Langendorf an der polnischen Grenze. Leutnant Bücken war zurückgekehrt, um uns zu besuchen. Kaum war er angekommen, brach sein Wagen zusammen. Auch Haja Strachwitz war zufällig in Friedland. Sein hoher Rang ermöglichte es ihm, Lori zu erlauben, den jungen Mann zu seinem Regiment zu bringen, wo er für eine wichtige Offiziersbesprechung erwartet wurde. Missie und ich begleiteten sie. Dank des schriftlichen Befehls durften wir den Wagen ihres Vaters an einer Militärtankstelle auffüllen, dann fuhren wir durch dichte Truppenkolonnen, die sich immer noch unter sengender Sonne auf die polnische Grenze zubewegten, vielleicht ihrer eigenen Zerstörung und dem Tod im kommenden Krieg entgegen.

Die lange Doppelallee, die nach Stubendorf in der Nähe von Oppeln führte, war zu einem einzigen langen Kavalleriestall geworden: überall standen Pferde in nagelneuem Geschirr. Unter den goldenen Herbstblättern erschien dieser Anblick täuschend friedlich und erinnerte an Stiche aus napoleonischen Zeiten.

Weit und breit war kein Zivilist mehr zu sehen, daher riefen wir eine ziemliche Sensation hervor, aber zweideutige Bemerkungen unterblieben angesichts unseres Begleiters in Uniform. Wir erreichten Langendorf rechtzeitig zur Konferenz; die anwesenden Offiziere waren äußerst erstaunt, uns zu sehen, und strahlten in freudiger Erinnerung an unser letztes Monopoly-Spiel. Leutnant Schöne war wie immer unsichtbar, aber wir freuten uns zu hören, daß sein Eifer belohnt und er bereits zum Oberleutnant befördert worden war.

Für die Rückfahrt vertraute man uns der Obhut eines Motorradfahrers an. Bis zu den Zähnen bewaffnet, gehüllt in einen für das sonnige Wetter völlig ungeeigneten Regenmantel, der sich unter seinem Stahlhelm wie ein Ballon aufblähte, führte er uns durch die dichten Reihen der marschierenden Truppen und Fahrzeuge zurück. Die Brücken standen unter Bewachung; jedermann trug Uniform, außer einigen auf Pferdefuhrwerke verfrachteten Arbeitern, auf deren gelben Armbinden „Deutsche Wehrmacht" stand. Es waren kürzlich eingezogene Bauern, die nun verschiedene Arbeiten übernehmen sollten.

In Friedland angekommen, brach Lori in Tränen aus, als sie erfuhr, sie habe den Anruf ihres Verlobten Manfred Schröder, der Attaché an der Botschaft in Athen war, verpaßt. Sie planten im Frühjahr zu heiraten, aber nun war alles auf einmal dringend. „Wer weiß, wie lange noch . . .", war ein allgemein unausgesprochener Gedanke. Lori beabsichtigte daher, nach Griechenland zu fahren und Manfred so schnell wie möglich zu heiraten, falls es wirklich zum Schlimmsten kommen sollte.

Olgas Freude über unsere sichere Rückkehr hatte sich beim Anblick des neuen Hundes getrübt, um so mehr als er sofort von dem brummigen alten Haushund Cäsar angegriffen wurde. Unser Scottie war aber so hinreißend, daß sie sich bald mit seiner Anwesenheit versöhnte, unter der Bedingung allerdings, daß er sich nur in unserem Zimmer und im Garten aufhielt. Seinen Namen, „Sherry", und die Adresse ließen wir zusätzlich auf dem Halsband eingravieren, das übrigens schon mit dem Epaulettenstern seines Besitzers, des Oberleutnants, geschmückt war. Die ersten Tage wurde er fast wahnsinnig vor Aufregung, wenn er ein Flugzeug hörte, und raste hinaus, um zu sehen, ob es landete. Aber Scotties sind philosophische Tiere: schon nach wenigen Tagen trottete er glücklich hinter mir her, und nur, wenn ein Kaninchen vorbeiflitzte, geriet er in Aufregung. Nachts schlief er auf einem alten Sofa in meinem Zimmer.

Sein Herr kam einmal zu Besuch. Lori, die sich bei Uniformen auskannte, meinte, er sei ein Jagdflieger. Jedenfalls trug er spanische Orden und war auch während des Bürgerkrieges mit der Legion Condor in Spanien gewesen. Seine Meinung über sowjetische Flieger lautete, daß sie zwar tapfer seien, aber leicht zu überlisten. Sie besäßen jedoch die unangenehme Angewohnheit, den Feind auch dann noch zu erledigen, wenn er bereits mit dem Fallschirm das zerstörte Flugzeug verlassen hatte.

Wenn er mit Sherry spielte, der vor Freude mit seinen vier dikken, kurzen Pfoten in die Luft sprang wie ein Zirkuspony, hellte sich sein düsteres und grüblerisches Gesicht auf. Bald mußte er uns wieder verlassen.

Wir sahen ihn nie wieder. Er schrieb einmal, und unser Antwortbrief kam einige Wochen später mit dem lapidaren Vermerk zurück: „Im Kampf gefallen". So wenig wir ihn kannten, waren wir über seinen Tod doch sehr betroffen.

Am Mittwoch, dem 30. August, gab uns eine seltsame Verwirrung von Daten Rätsel auf. Eine Nachbarin hatte ihre Mobilmachungspapiere als Krankenschwester, datiert vom Montag, dem 28. August, erhalten, überschrieben: „3. Tag der Mobilmachung".

Wir vermuteten, daß seit Samstag, dem 26. August, eine

grundsätzliche Veränderung vor sich gegangen sei, damals als, wie Haja uns sagte, die Invasion beim Morgengrauen beginnen sollte. Theo Balthazars Freund berichtete uns, daß sein Regiment gerade im Begriff gewesen sei, gemäß früherer Anordnungen das Feuer zu eröffnen, als ein Gegenbefehl durch Boten eintraf. Der kommandierende Offizier wollte den Boten schon als Saboteur erschießen lassen, und man konnte ihn nur mit Mühe überreden, abzuwarten, bis man Genaueres erfuhr. Haja Strachwitz bestätigte, daß der Befehl, nicht zu schießen, mancherorts erst zehn Minuten vor dem vorher beschlossenen Zeitpunkt der Invasion eingetroffen sei.

Wieder schöpften wir Hoffnung; man hatte sich vorher nicht vorstellen können, daß es möglich sei, das vormarschierende Heer doch noch zurückzuhalten. Vielleicht wußten wir nur nicht, daß in letzter Minute ein Übereinkommen getroffen worden war. Die Spannung erhöhte sich wieder ins fast Unerträgliche. Olga stöhnte: „Ihr seid noch jung, ihr wißt nicht, was ein Krieg bedeutet. Das uferlose Elend! Das endlose Sterben! Und am Ende gewinnt niemand!"

Da unsere Zimmer ebenerdig lagen, hatten wir einen Revolver in meiner Schreibtischschublade deponiert, um uns gegen eventuelle Plünderer zu verteidigen, denn Männer als Schutz waren in diesem Teil des Landes nicht mehr verfügbar. Bücken hatte uns beigebracht, wie man mit Handfeuerwaffen umgeht. Haja hinterließ uns ein paar Extrapatronen für den Notfall. Die Herren malten sich aus, wie es wohl wäre, beim Fenster einzubrechen, um unsere Gesichter zu sehen, wenn wir zum Schießen ansetzten. Das verhältnismäßig kleine Risiko, getroffen zu werden, sei der Spaß wert.

Die Welle des Aufmarsches hatte uns überrollt und ballte sich dicht an der Grenze zusammen. Nun war alles wieder still um uns. Die Dorfleute standen ratlos in kleinen Grüppchen herum. Wir hörten, daß die Polen ihre Brücken in die Luft gesprengt hatten. Man hing dauernd am Radio. Abends wurden die ultimativen Forderungen der deutschen Regierung verkündet; daraufhin mobilisierten die Polen.

Gegen ein Uhr nachts telefonierte Irina aus Venedig und war ganz überrascht, daß es so schwierig war, mit dem Gespräch durchzukommen. Sie wußte nicht, daß wir tagelang von allen Post- und Telefonverbindungen abgeschnitten waren. Ihre Stimme hörte sich an wie aus einer anderen Welt. Sie beschrieb Gesellschaften, amüsante Menschen; die Möglichkeit des Krieges schien dort kaum mehr als einen kleinen Sorgenstreifen am Horizont zu bilden. Was immer auch passieren mochte, sie beabsichtigte, in Italien zu bleiben.

Da wochenlang keine Nachricht von unserer Familie aus

Kovno eingetroffen war, fürchteten wir, daß die Eltern sich schrecklich um uns ängstigten.

Der 31. August war ein tödlich ruhiger Tag. Kein Laut war zu hören, was noch bedrohlicher wirkte als all der Wirbel zuvor. Ein paar Karten und Briefe trafen von der sogenannten „Front" ein: jetzt schienen sich die Streitkräfte wirklich auf den Weg zu machen! Bedrückt wanderten wir ziellos umher. Am Abend brachte das Radio eine detaillierte Erklärung über das deutsche Ultimatum, das in Wirklichkeit längst abgelaufen war.

Im Gegensatz zu dem, was man von allen Seiten über die allgemeine Stimmung des Jahres 1914 gehört hatte, war diesmal das ganze Land bei dem Gedanken an das, was bevorstand, zutiefst betroffen.

3

Am Freitag, dem 1. September 1939, standen wir früh auf. Die Stimmen aus dem Radio, das auf volle Lautstärke gedreht war, folgten uns durch das ganze Haus. Während des Frühstücks hörten wir Hitlers Reichstagsrede:

„Kriegserklärung an Polen!"

Es stellte sich bald heraus, daß der deutsche Angriff bereits um vier Uhr früh begonnen hatte! So war es also doch geschehen. Irgendwie hatte man immer noch gehofft, die Katastrophe könne abgewendet werden. Nun fühlte man sich wie betäubt. Es war für mich so wie bei dem Telegramm, das die Nachricht vom Tod meines Bruders Alexander gebracht hatte: wir standen der unausweichlichen Tatsache ungläubig gegenüber und vermochten deren volle Bedeutung überhaupt nicht aufzunehmen. Wir begriffen aber, daß hier ein großes Verbrechen begangen wurde und daß der Preis dafür hoch sein würde.

Am nächsten Tag berichtete das Radio, daß die gesamte polnische Luftwaffe von den Deutschen vernichtet worden sei. Sonst erfuhr man nicht viel Neues, außer durch einen Brief von Olgas Mann, in dem stand, daß der Vormarsch „über alle Erwartung" schnell voranschreite.

Am Sonntag, dem 3. September, um elf Uhr vormittags, erklärte England Deutschland den Krieg. Das war ein fürchterlicher Schlag, da jeder die unrealistische Hoffnung gehegt hatte, Großbritannien würde vielleicht doch nicht intervenieren.

Man hatte nicht bedacht, daß Hitler das geheiligte britische Wochenende ausnützte. Seine Blitzangriffe auf Nachbarländer fanden stets an Freitagen statt, weil er damit rechnete, daß die englischen Politiker das Wochenende auf dem Land verbrachten und kostbare Zeit verstreichen würde, bevor ein Entschluß gefaßt werden konnte. Seine Kenntnis britischer Reaktionen ging über diese Sonderheit wohl kaum hinaus.

Am nächsten Tag wurden englische Flugzeuge über Holland gesichtet: das erste Anzeichen von Feindseligkeiten an der Westfront. Es hieß, sie seien durch die Flak vertrieben worden. Allerdings lag immer noch keine französische Kriegserklärung vor, und auch die Italiener hielten still. Aus diesem Grund flackerte wieder Hoffnung auf: vielleicht gingen die Verhandlungen hinter den Kulissen weiter? Aber am Donnerstag, dem 5. September, schlossen sich die Franzosen den Engländern an. Drei Tage später, eine Woche nachdem die Invasion begonnen hatte, standen deutsche Truppen vor Warschau!

Am Sonntag, dem 17. September, überschritten die Sowjets die östliche polnische Grenze. Sie hatten gelassen gewartet, bis die Deutschen die schmutzige Arbeit für sie verrichtet hatten. Der deutsche Rundfunk rechtfertigte die Invasion als Notwendigkeit zum Schutz der Weißrussen, einer ethnologischen Gruppe nordwestlich der Ukraine. Dieses arme Volk saß nun in einer Riesenzange zwischen Nazis und Kommunisten.

Am Tag, nachdem die Feindseligkeiten begonnen hatten, rief Manfred Schröder aus Athen an. Er bat, Lori möge sofort zu ihm reisen und ihn an Ort und Stelle heiraten. Olga war in Tränen aufgelöst, denn sie konnte sich nicht entschließen, mitzufahren. Lori dagegen war entzückt wegzukommen und ganz aufgeregt über die Idee der baldigen Heirat. Der deutsche Botschafter in Athen, Prinz Erbach, und seine ungarische Frau waren sehr nette Leute und versicherten Olga, sie würden gut auf ihre Tochter aufpassen.

Da Lori einen Diplomaten heiraten wollte, mußte sie ihre arische Herkunft nachweisen, einen Stammbaum und weiß Gott welche Papiere noch vorlegen. Als schon alles fertig war, sagte man ihr, daß sie infolge einer neuen Verordnung ein spezielles Ausreise-Visum anfordern müsse, um Deutschland verlassen zu dürfen, und das könne der örtliche Bürgermeister ihr nicht geben. Als sie nach Berlin telefonierte, erfuhr sie, daß dieser Stempel beim Umsteigen in Wien zu erhalten sei.

Lori verließ uns schließlich am 12. September um sechs Uhr morgens. Ein tränenreicher Abschied – aber sie war glücklich über ihr neues Leben und sah strahlend aus.

In Rußland wurden im Jahr 1918 Gemälde, Juwelen und Wertsachen zur Sicherheit in Banksafes deponiert, wo sie später von der bankrotten kommunistischen Regierung um so leichter konfisziert werden konnten. Daher gaben wir Olga den Rat, ihre Wertsachen aus der Berliner Bank zu nehmen und sie lieber bei sich aufzubewahren. Ich bot ihr an, sie zu holen. Es sollte für mich die erste der vielen abenteuerlichen und mühseligen Kriegsreisen werden.

Während der langen Fahrt zur Hauptstadt wurde der Zug mehrmals umrangiert, um die Gleise freizugeben für lange Reihen von Güterzügen, die mit beschädigten Lastwägen und zerschossenen Panzern, zerknittert wie dünnstes Stanniol, beladen waren – erster Abfall der Invasion. Flugzeuge kreisten über den größeren Städten wie Breslau und Frankfurt an der Oder; die Bahnhöfe quollen dort über von Uniformierten sowie von rotbemützten Zugführern in schönen, neuen blauen Anzügen mit rotem Besatz. Letztere warteten darauf, nach Polen versetzt zu werden, wo sie an jedem Bahnhof einzeln eingesetzt werden sollten, um die perfekte Organisation des Reiches dort zu vertreten.

Endlich trafen wir in Berlin ein. Es war sofort zu spüren, daß die Stimmung in der Stadt sich sehr verändert hatte, seit ich sie vor wenigen Wochen verlassen hatte. Flakstellungen waren auf vielen öffentlichen Gebäuden und Fabriken postiert. Ein grauer Schleier schien sich über die Stadt gesenkt zu haben. Außer offiziellen Fahrzeugen, Militärwagen und quietschenden, rasselnden Trambahnen gab es wenig Verkehr. Die Leute hasteten die Straßen entlang, unförmige Gepäckstücke schleppend.

Ich sollte mich in Olgas Wohnung niederlassen, aber da die Fenster noch nicht verdunkelt waren, tappte ich in unbeleuchteten Räumen umher; tröstlicherweise gab es einen hoch einzuschätzenden Luxus: das Badewasser lief kochendheiß. Wegen der Kohlerationierung hatten wir in Friedland wochenlang kein warmes Bad nehmen können.

Daß ich wieder da war, sprach sich schnell herum, und mein kurzer Aufenthalt in der Stadt war sofort verplant. Diplomatenautos standen nun hoch im Kurs; die glücklichen Besitzer, sich ihres plötzlichen Privilegs bewußt, bemühten sich rührend, anderen auszuhelfen. Man holte mich zu einem Abendessen ab und brachte mich später über Grunewald wieder nach Hause. Unter einem kalten Vollmond lagen die Straßen ruhig da, verlassen wie nie zuvor.

Das Frühstück mußte ich aussparen, denn meine letzten Lebensmittelkarten gingen am Tage meiner Abreise zu Ende; und ich mochte das Haus nicht aller Vorräte berauben. Der Busverkehr in Berlin war beträchtlich eingeschränkt worden, weshalb ich eine gute Stunde brauchte, um das Hotel Adlon zum Mittagessen zu erreichen. Ich war erleichtert, daß ich meine Gastgeber gleich fand, denn alles war überfüllt: ich sah viele Bekannte, Leute aus dem diplomatischen Corps und aus Regierungskreisen, bunt aufgelockert durch bekannte Schauspieler und die feschesten Damen der Berliner Gesellschaft, die anscheinend immer noch von Party zu Party eilten. Trotz der laut summenden Unterhaltung, dem Klirren der Teller und dem Trappeln der hin und her laufenden Ober empfand ich die Atmosphäre als gespannt und bedrückt; die meisten Gespräche klangen beunruhigend.

Der polnische Feldzug schien hier erschreckenderweise fast unbemerkt vorübergegangen zu sein. Das ganze Interesse konzentrierte sich auf den herannahenden Kampf im Westen. Mir war zumute, als käme ich vom Mond. Meine Jahrgänge reagierten eben anders. Ich hatte den Eindruck, als ob die ältere Generation überwiegend in Zahlen und Recheneinheiten dachte, was auf mich lähmend wirkte. Vielleicht trat diese Betrachtungsweise in Berlin stärker in Erscheinung, wo kommende Schwierigkeiten noch theoretisch behandelt wurden und die Menschen durch Verdrängen der Probleme ins Abstrakte versuchten, ihr früheres Leben fortzusetzen.

Meine Freundin Renate Nostitz, die kürzlich einen Baron Waldthausen geheiratet hatte, war mit mir verabredet. Sie sah reizend und elegant aus: eine kastanienbraune Pagenkopffrisur umrahmte ihr Madonnengesicht mit den regelmäßigen, feinen Zügen und dem geheimnisvollen archaischen Lächeln gotischer Jungfrauen. Ihr Mann war einen Tag nach der Hochzeit eingezogen worden; sie hatte wenig Hoffnung, ihn in naher Zukunft wiederzusehen. Der Chef des Protokolls, der die um ihn stehende Gruppe mannshoch überragte, legte ihr überzeugend dar, daß der Krieg sicher lange dauern würde; einige Tausend Verluste in Polen seien nichts gegen das, was man an der Westfront zu erwarten habe, usw. usw. Der hünenhafte Baron strahlte soviel Bedeutung aus, daß seine dröhnenden Behauptungen Gewicht erhielten und die arme Renate den Tränen nahe brachten.

Wie glücklich wir doch waren, gerade in solcher Zeit die Zukunft nicht zu kennen! Wir konnten nicht wissen, daß Renates Mann bald fallen würde, daß die Verluste, die der Baron vorausgesehen hatte, in die Millionen steigen würden und daß noch unendlich mehr Elend und Leid auf allen Seiten ausbrechen würden, als selbst der ärgste Pessimist damals befürchten konnte.

Die nächsten Stunden verbrachte ich damit, Olgas Schrankkoffer auf den Weg nach Friedland zu bringen. Das war eine zeitraubende und mühselige Beschäftigung: ich mußte Taxis auftreiben, mich dann in dunklen Bahnhöfen zurechtfinden; ein Koffer brach plötzlich auf, als er gewogen wurde, aber schließlich wurde doch alles angenommen, und ich war die Sorge und Verantwortung los. Am nächsten Morgen fuhr ich zur Bank, wo man mir endlich einen großen, eckigen, äußerst schweren schwarzen Kasten aushändigte, der Olgas Juwelen enthielt. Die Rückreise war anstrengend und langwierig. Ich wagte nicht, meine Habe auch nur einen Augenblick allein zu lassen, und traute mich nicht zu schlafen. Völlig erschöpft stieg ich schließlich am falschen Ende des Bahnhofs von Oppeln aus. Ein freundlicher Soldat mußte meine Sachen hinüber zum anderen Bahnsteig tragen, damit ich den Bummelzug in Richtung Lambsdorf erreichen konnte. Ella, Missie und der herzige Hund Sherry empfingen mich freudestrahlend. Es war ihnen gelungen, für diese kurze Strecke ein Auto zu organisieren, auf das die großen Koffer aus Berlin aufgeladen wurden.

Abends nach dem Essen packte Olga ihre „Erbstücke" aus, die wirklich prachtvoll waren. Wir drehten sie voller Bewunderung hin und her und entdeckten in dem Kasten ganze Schichten der schönsten Schmuckstücke, viele davon russischen Ursprungs. Einige von ihnen wurden für Lori auf die Seite gelegt, und Olga bat mich, die russischen Fabergé-Eier wieder aufzufädeln, bevor alles eingepackt und bis auf weiteres verstaut wurde.

Missie und ich absolvierten nun einen Rotkreuzkurs in Friedland, zusammen mit Frauen und Mädchen vom Lande. Der Lehrstoff war mit einem Schuß Rassenkunde und Vererbungslehre gepfeffert. Tabellen bewiesen überzeugend, was für verderbliche Folgen eintreten, wenn ein Verbrecher eine Schwachsinnige oder auch nur eine „Asoziale" (ein äußerst dehnbarer Begriff) heiratet. Das unerwünschte Ergebnis war durch kleine schwarz-weiß gestreifte Figuren dargestellt, die Streifen bedeuteten vorzeitigen Tod; weitere gemusterte Figürchen stellten die Nachkommenschaft von Kriminellen dar. Eine primitive Laterna magica warf dann ein Bild an die Wand, das ein fettleibiges Paar zeigte, das statt von Kindern von einem großen schwarzen Pudel begleitet wurde. Dies sollte die abzulehnende, angeblich von den Reichen geübte Geburtenkontrolle illustrieren. Der Pudel sah jedenfalls wohlgenährt aus und trug sogar eine Schleife am Halsband. Aber mit dem Foto ließ sich wirklich nicht beweisen, daß das dicke Ehepaar nicht elf Kinder zu Hause sitzen hatte! Dann wurden Typen der verschiedenen Rassen projiziert: zuerst der idealisierte nordische Prototyp, kalt, schön, mit hartem stahlblauem Blick, ganz nach dem offiziellen Zeitgeschmack, wie er damals auch in den bildenden Künsten überall wiederzufinden war. Die Berliner gaben solchen Vorstellungen den Spitznamen „Popo mit Schwert".

Die romanischen Varianten der weißen Rasse wurden als Zugeständnis an das Bündnis mit Italien gerade noch hingenommen. Darauf erschienen auf der Leinwand Afrikaner und Asiaten, gefolgt von der traurigen Karikatur des semitischen oder jüdischen Typs, dargestellt im Stile der Nazizeitung „Der Stürmer". Das letzte Lichtbild zeigte ein krummbeiniges, stirnloses Ungeheuer mit buschigen Brauen, Henkelohren, hohen Backenknochen, schrägen Augen und finsterem Blick. Die Klasse stellte Vermutungen an: „Ein Mongole? Ein Mörder?“ Gereizt sagte der Lehrer: „Nein, nein, das ist ein Russe!“

Die Teilnehmerinnen des Kurses sahen verwirrt zu uns herüber. Wir saßen in der ersten Reihe, größer, schlanker und blonder als alle übrigen im Zimmer; Missies klassisches Profil ließ sich sowieso in keine Kategorie einordnen. Zögernd kam die Frage: „Sie sind natürlich skandinavischen Ursprungs?“

„Keineswegs, wir sind seit Generationen von allen Seiten her russischer Abstammung.“ Betretenes Schweigen.

Dieses eine Dia wurde nicht wieder gezeigt. Das war unsere erste Begegnung mit der verbrecherischen Ideologie eines Rosenberg und Konsorten.

Leutnant Bücken kam den langen Weg aus Berlin, um uns zu besuchen, und verbrachte drei Tage seines achttägigen Urlaubs in Friedland. Wir fürchteten, ihn mit der Nachricht von Loris Abreise und Heirat zu enttäuschen, aber er schien Friedland als zweite Heimat zu betrachten und schloß Olga, uns und die Hunde in seine Zuneigung mit ein. Für ihn war der polnische Feldzug kein Spaziergang gewesen; er sprach voll Mitleid über das gequälte Land und die hilflos fliehende Bevölkerung.

„Wir werden bitter dafür bezahlen müssen, denn wir hatten dort nichts verloren“, bemerkte er düster.

Anscheinend hatte er die schwersten Kämpfe erlebt und berichtete, seine beiden besten Freunde seien bei der Belagerung von Kutno gefallen.

Die Verlustlisten – auf polnischer Seite entsetzlich hoch – ließen den Aspekt menschlicher Tragik erst dann wirklich fühlbar werden, wenn ein Freund oder Bekannter darin verzeichnet stand.

Die Post funktionierte wieder und brachte beunruhigende Nachrichten von unserer Familie in Kovno. Aus gutem Grund fürchteten alle den sowjetischen Einmarsch in Litauen, der sie zu einer neuen Emigration zwingen würde, und zwar mit kürzester Vorwarnung. Georgie wurde ein Paß bewilligt: ein böses Zeichen, denn er hatte das wehrfähige Alter erreicht, wo Auslandsreisen gewöhnlich untersagt wurden. Die Ausstellung des Passes bedeutete also, daß die Litauer jede weitere Verantwortung für seine Sicherheit ablehnten. Mama überlegte, mit ihm nach Berlin zu reisen, Papa sollte später nachkommen.

Da sowohl Lebensmittelrationierung als auch Luftangriffe drohten, versuchten wir, sie zu überreden, nach Italien zu übersiedeln, wo Irina alles für ihren Aufenthalt vorbereiten konnte. Wir würden dann von hier aus für Unterstützung sorgen.

Mama schrieb, daß viele Polen nach Litauen flüchteten, um

dem doppelten Angriff der Deutschen von der einen und der Russen von der anderen Seite zu entkommen. Ein Freund und früherer Nachbar in Litauen, Graf Tyszkiewicz, den sie jahrelang nicht gesehen hatten, da die Beziehungen zwischen Polen und Litauen sehr gespannt waren, erreichte Kovno mit seiner Familie. Sie waren von ihren galizischen Besitzungen mit Pferdewagen durch brennende Dörfer geflohen. Er fuhr mit einem Revolver in der einen Hand, die Zügel in der anderen, und erreichte so die Grenze.

Die Radziwills und viele andere wurden nach Rußland verschleppt. Es war, als habe man die Uhr wieder auf das Jahr 1918 zurückgedreht! Niesviez, ihr Zuhause, berühmt wegen seiner prachtvollen Bibliothek, wurde ausgeplündert. Obwohl in solchen Zeiten materielle Werte von zweitrangiger Bedeutung sind, machte einen diese mutwillige Zerstörung doch ganz krank.

Graf von der Schulenburg, der immer eine schützende Hand über mich und Missie hielt und später zum Freund der ganzen Familie wurde, erzählte uns den Vorgang seiner Intervention für die Befreiung der Radziwills.

Er war damals Botschafter in Moskau und erhielt eines Tages ein Telegramm, das lakonisch lautete: „Interessiere mich für Schicksal Fürst Radziwill. Reichsmarschall Göring."

Er sperrte es in seinen Privatsafe und erklärte dem Außenminister Molotow, daß die Reichsregierung die sofortige Auslieferung aller Mitglieder der Familie Radziwill verlange. Molotow erwiderte, er wisse nicht einmal, in welchen Lagern sie sich befänden, worauf Schulenburg ihm antwortete: „Doch, solange sie noch nicht unter Nummern laufen, müßten Sie es wissen."

Peinlichst bemüht – wie Schulenburg uns sagte –, alle Abmachungen mit Deutschland strikt einzuhalten und keinen Vorwand zum Krieg zu geben, wurde auch dieser Forderung nachgekommen; alle Radziwills oder auch ferne Anverwandte wurden zusammengeführt und über die Grenze abgeschoben. (Prinz Edmund Radziwill hatte sich schon auf dem Weg nach Katyn befunden, wo Tausende polnische Offiziere mit Genickschuß von der GPU ermordet werden sollten.) Die Königin von Italien, die auch nach ihnen gefahndet hatte, nahm sie später unter ihren Schutz.

Nach vollzogener Freilassung erreichte den Botschafter eine wütende Anfrage aus Berlin, mit welchem Recht er sich für polnische Staatsbürger einsetze.

Schulenburg berief sich auf Görings Telegramm und fügte trocken hinzu, „man dürfe in diesem Land solche Sachen nicht lange hinausschieben; auch sei ihm nicht klar gewesen, welchen Radziwill der Reichsmarschall meinte . . ."

Uns sagte er: „Natürlich wußte ich genau, daß es sich um Fürst Janusz handelte, bei dem Göring auf der Jagd gewesen war, aber ich habe dieses Telegramm so weit ausgelegt wie nur möglich . . .“

Sowjetische Soldaten besetzten die Kasernen von Wilna. Sie requirierten Betten aus dem Krankenhaus, und um sie freizubekommen, warfen sie die Patienten einfach auf den Fußboden. Dann verlangten sie einen Ambulanzwagen von den Litauern, die dem gefürchteten Nachbarn gefällig sein wollten und sofort einen zur Verfügung stellten samt Fahrer und Pflegerin. Als diese beiden nicht zurückkehrten, wurde den besorgten Litauern auf ihre Anfrage mitgeteilt, daß die Sowjets sie dringend benötigten. Auf den Einwand, der Fahrer sei verheiratet und habe Frau und Kinder zu Hause, kam der Bescheid: er könne ja in Rußland eine neue Frau nehmen und andere Kinder zeugen.

Noch immer wurden die sowjetischen Truppen von Kommissaren kontrolliert und standen den Deutschen äußerst mißtrauisch gegenüber.

Was uns betraf, brach der Krieg gerade im allerungünstigsten Augenblick aus. Wir waren getrennt von unseren Eltern und Georgie, die in Litauen lebten. Unsere ältere Schwester Irina wohnte in Italien, alle unsere Verwandten und die meisten unserer Freunde aus der Kindheit waren über Frankreich, England und die Vereinigten Staaten verstreut.

Bereits wenige Monate nach Alexanders Tod fragten wir uns, ob ihm nicht womöglich Schlimmeres erspart geblieben war. Im Jahr zuvor, als die Welle der Kriegspsychose sich über Europa ausgebreitet hatte, da hatte der Gedanke, an das Sanatorium in Lausanne gefesselt zu sein, ihn schier wahnsinnig gemacht.

Olga wollte uns nicht weglassen, aber das Gefühl, in Friedland an der Peripherie des Geschehens zu leben, wäre uns bald unerträglich geworden. Außerdem lautete das Gebot der Stunde, Geld zu verdienen, denn mit der Schließung der Grenzen blieben wir von jeder finanziellen Unterstützung abgeschnitten. Eine Stellung zu finden, würde in Berlin leichter sein, obwohl wir nicht sicher waren, unter den jetzigen Umständen eine Arbeitserlaubnis zu erhalten. Es war uns auch klar, daß wir alles vermeiden mußten, was uns, sei es in Deutschland, sei es im Ausland, kompromittieren konnte.

Olga bestand darauf, daß wir uns in Berlin in ihrer Wohnung einquartierten, damit wir uns von dort aus umsehen konnten. Sie stellte es so hin, als täten wir ihr damit einen Gefallen, denn es war vorauszusehen, daß unbewohnte Räume beschlagnahmt würden.

4

In Berlin angekommen, richteten wir uns in einem Raum von Olgas großer Wohnung am Olivaer-Platz gemütlich ein. Bald zogen wir in drei winzige Zimmer im Erdgeschoß eines Bürogebäudes am Steinplatz um, das den Vorteil besaß, sehr solide gebaut zu sein. Einige steinerne Bogengänge boten ziemlich sicheren Schutz, falls das Haus bombardiert werden sollte. Dennoch sollte es am Ende des Krieges total zerstört werden; aber bis dahin waren wir wieder ausgezogen.

Der Winter 1939/40 wurde bitter kalt. Es war der erste der vielen schrecklichen Kriegswinter, in denen die Elemente verschworen schienen, das Leben der Menschen noch elender zu machen, als der Krieg allein es vermochte. Das System der Lebensmittelkarten funktionierte gut, und alles, was einem zustand, wurde auch ausgegeben, und sei es nur das wöchentliche Ei. Die Qualität des Essens sank allerdings schlagartig ab, und manche Lücken wurden einfallsreich durch „Ersatzprodukte" geschlossen. Ein umlaufender Witz behauptete, der Krieg werde erst enden, „wenn die Alliierten Rattenfleisch essen, und wir hier Rattenfleischersatz".

Die deutsche Küche konnte man selbst in guten Zeiten selten als phantasievoll oder besonders schmackhaft bezeichnen. Die durch den Krieg bedingten Einschränkungen brachten nun auch noch die wenigen guten Nationalgerichte zum Aussterben, und die zum allgemeinen Verbrauch bestimmten Nahrungsmittel begannen immer verdächtiger auszusehen und zu schmecken. Das Fleisch stammte meistens vom Pferd, aber schließlich ernährten sich viele Franzosen bedenkenlos von Pferdefleisch, und vielleicht war der abstoßend süßliche Geschmack nur eine Frage der Gewöhnung. Schlimm allerdings, daß man sich bald nicht einmal darauf verlassen konnte, ob Hunde-, Katzen- oder Rattenfleisch serviert wurde. Um das Produkt zu tarnen, verarbeitete man es in harte, graue Klumpen; es war in eine klebrige Tunke getaucht, die zwar in der Farbe, niemals aber im Geschmack wechselte. Ein besonders ekelerregendes Gericht auf der Menükarte war der sogenannte „Fischbratklops", weder aus Fisch noch gebraten, aber allerdings ein Klops: ein breiiges Gemisch, dessen undefinierbarer Geschmack nur durch verkochte, zerhackte Weißrüben gemildert wurde: „Kohlrabi bürgerlich". Die Mehlspeise bestand gewöhnlich aus einem künstlerisch geformten Pudding in fröhlichen botanischen Farben, der elastisch auf dem Teller wabbelte. Kartoffeln und Gemüse wurden bald überall angepflanzt: in winzigen Gärten, in Blumentöpfen, selbst in der Badewanne. Man erfand Salat aus Löwenzahn und anderen bisher verkannten

Kräutern, bereitete Spinat aus Nesseln, Kaffee aus Eicheln, bis plötzlich auch Eicheln Mangelware wurden. Auf manchem Balkon erntete man Tabak; Obst schien im Winter völlig verschwunden zu sein; trotz der Freundschaft mit Italien fand man weit und breit keine Orange, während Wein immer noch leicht zu bekommen war – er half über so manches kaum hinunterzuwürgende Hauptgericht hinweg. Oft flüchteten wir uns in eine italienische Trattoria, denn dort gab es – o Wunder! – ausgezeichnete „past' asciutta" und Gemüse. Wir hörten, daß es in manchen besetzten Ländern noch schlimmer war, aber die Zubereitung mußte dort wohl etwas schmackhafter sein.

Textilien, die bald den Spitznamen „deutscher Wald" verdienten, weil Zellulosefasern Baumwolle und Wolle ersetzten, wurden nach einem Punktesystem zugeteilt. Man schwankte beispielsweise zwischen dem Kauf einer Bluse und einer entsprechenden Anzahl von Spültüchern. Hüte fielen nicht unter die Rationierung und boten dem Erfindungsgeist der noch vorhandenen Modeschöpfer freie Bahn. Die Zukunft schien für einen Augenblick weniger freudlos, wenn man zu einem schwarzen Kleid irgendein kunstvoll entworfenes, verschleiertes oder gefedertes Phantasiegebilde schräg über ein Auge setzte.

Abends fiel die Dunkelheit wie ein Leichentuch über die unbeleuchteten Straßen. Taschenlampen, mit einem quietschenden Selbstauflademechanismus ausgerüstet, dienten auch als Warnsignal, wenn jemand mit gedämpften Schritten über den Schnee auf einen zukam. Da jeder Überfall oder Diebstahl strengstens bestraft wurde, war es jedoch ungefährlich, allein im Dunkeln nach Hause zu gehen.

Die Deutschen lassen sich so erlöst in die Arme des Gehorsams sinken wie andere Leute ins Bett. Herrscht einmal der Ordnungswahn, wird jede Improvisation zur Irrlehre, jeder Mitmensch zum Ordnungshüter. So drohte auch jetzt bei der kleinsten Übertretung der strengen Vorschriften irgendein erhobener Zeigefinger, denn jedermann schien über Nacht zum Ersatzpolizisten geworden zu sein und ermahnte einen, wenn der Strahl der Taschenlampe über Kniehöhe hinaus schwankte, wenn die Stufen vor dem Haus nicht schneefrei geschaufelt waren, wenn man aus der Schlange ausscherte, wenn man dies oder jenes tat oder unterließ . . .

Die allgemeine Bestürzung über Hitlers Kriegserklärung wich nun einer Welle der Euphorie nach dem erstaunlichen und blitzartigen Erfolg des polnischen Feldzuges; diese Hochstimmung wurde noch gesteigert durch die passive Haltung der Alliierten im Westen. Dazu kam die Erleichterung bei denjenigen, die das Ganze bis jetzt schmerzlos überstanden und weder Sohn noch Bruder oder Mann verloren hatten. Alles in allem, dachten viele, war es ein aufregendes Abenteuer gewesen, bei dem die militärischen Operationen wie am Schnürchen abliefen.

Andererseits hatte der Überfall auf Polen Befürchtungen wachgerufen, die man durch den Gedanken an vaterländische Pflicht und Disziplin nicht ersticken konnte. Viele hatten die grausame Realität des Krieges aus der Nähe erlebt: zerstörte Städte; Menschen lebendig im Keller begraben, unter Gebäuden verschüttet, die wie Kartenhäuser einstürzten; Flüchtlinge, die durch brennende Dörfer strömten.

Wer so dachte, dessen einziger Wunsch hieß Frieden. Als dieser immer unwahrscheinlicher wurde, machten viele unvernünftigerweise die Alliierten ebenso dafür verantwortlich wie Hitler.

,,Deutschland *muß* diesen Krieg verlieren, sonst erleiden wir ein noch viel schlimmeres Schicksal als die Niederlage", sagte unsere Freundin Helene Biron. Ihre drei Brüder gehörten der Wehrmacht an, und obwohl bereits einige damals die gleiche Meinung vertraten, überraschte es uns doch, sie mit so viel Nachdruck schon damals vorgebracht zu hören. Helene war ein paar Jahre älter als wir und sah die Dinge vielleicht klarer, denn sie hatte viele Freunde in Polen und wußte, was hinter den Kulissen vorging.

,,Die Westmächte hätten Hitler schon letztes Jahr aufhalten sollen. Sie haben nie begriffen, daß die Nazis nicht an die Macht wollten, weil das für das Land gut oder schlecht war, sie wollten ganz einfach die Macht und mobilisierten dabei Deutschlands dunkelste Kräfte", fügte sie hinzu. ,,Die Deutschen neigen dazu, falsche Götter anzubeten. Wenn sie einmal von der Idee besessen sind, eine Mission zu haben, kann sie nichts mehr aufhalten. Die Nazis haben alle Begriffe von Gut und Böse durcheinandergebracht. Sie gebrauchen dieselben Waffen wie die Kommunisten: erst Verleumdung, dann Beschimpfung, dann Ausschaltung und schließlich Mord. Blomberg wurde gezwungen, seine Geliebte zu heiraten, um dann deswegen entlassen zu werden; Fritsch wurde erst beschuldigt, homosexuell zu sein, und dann degradiert. Nun verbreiten sie Lügen über die Juden und die Polen, morgen ist die Kirche dran und dann alle, die ihnen im Weg stehen, besonders Leute wie wir. Goebbels nennt uns ja schon ‚internationales Gesindel'. Bevor wir den Krieg nicht verloren haben, hört das nicht auf."

Wir glaubten ihr, aber es war schon zu spät für uns, in den Westen zu gehen. Der Spruch ,,Mitgefangen, mitgehangen" schien unsere Zukunft treffend zu kennzeichnen.

Unser Status als Weißrussen geriet in den Augen der Nazis langsam ins Zwielicht, aber weil das kürzlich geschlossene Bündnis mit den Sowjets im ganzen Land auf Mißtrauen stieß, kam man uns zu unserer Überraschung im allgemeinen freundlich und mit Verständnis entgegen.

Das Berlin der Kriegszeit war zu einem Hauptanziehungspunkt für viele junge Leute aus den entferntesten Randgebieten des ehemaligen „Heiligen Römischen Reiches Deutscher Nation" geworden, die sich nun wohl oder übel im „Dritten Reich" wiedervereinigt fanden. Bei jeder Gelegenheit stieß man auf österreichische, slawische, italienische, ungarische und sogar französische Namen. Viele von ihnen standen dem Regime so fremd gegenüber wie wir und fühlten sich darin genauso verloren. Vielleicht gab ihnen die Freundschaft zu uns das Gefühl, noch zum abendländischen Kulturkreis zu gehören, der ihrer aller Erbe war und der eine Hauptzielscheibe für Goebbels giftige Hetzreden bildete.

So fanden wir ganz unerwartet überall helfende Hände. Innerhalb gewisser Gruppen herrschte ein Klima vertrauensvoller Verschwiegenheit, das jedem erlaubte, dort frei zu reden, ohne eine Anzeige fürchten zu müssen; das milderte das beklemmende Gefühl der Unterdrückung. Außerdem ist es unmöglich, dauernd mit dem Schrecken zu leben; das Leben geht weiter, was immer auch geschieht.

Ursprünglich beabsichtigten wir, wie Helene beim Roten Kreuz zu arbeiten. Es schien die neutralste Beschäftigung zu sein, die man annehmen konnte, und würde einem ermöglichen, dort, wo es not tat, zu helfen. Ohne Unterschied, zu welchem Land sie auch gehören mochten, dachten wir an die vielen unglückseligen jungen Männer, die sich auf allen Seiten rüsteten, um einander gegenseitig umzubringen.

Eine solche Stellung anzunehmen, war aber nicht so einfach, wie wir es uns vorgestellt hatten, denn wir konnten uns den Luxus unbezahlter Arbeit nicht leisten. Bald würden wir Mama und Georgie nach ihrer Ankunft in Rom unterstützen müssen. Um die Sache noch zu komplizieren, hatten die Nazis das internationale Rote Kreuz nationalisiert und die Organisation zu einem Anhängsel der Wehrmacht herabgewürdigt; das bedeutete Mobilisierung und Versetzung der Mitarbeiter, wohin die Partei es bestimmte. Sollte der Krieg mit Rußland ausbrechen, wovon als Möglichkeit schon gemunkelt wurde, kämen wir in Teufels Küche.

Es stellte jedoch eine große Hilfe für uns dar, zusammen zu sein. Wir konnten füreinander einspringen, und da unsere Stimmen gleich klangen, wurde am Telefon manche schwierige Situation gelöst.

Beruflich waren wir recht unerfahren, besonders was die deutsche Sprache betraf, hatten aber immerhin Kenntnisse in Maschinschreiben und Kurzschrift und beherrschten perfekt einige Fremdsprachen; so gingen wir optimistisch daran, etwas Passendes zu suchen.

Durch den Freund eines Freundes bot man mir eine Stelle in der Informationsabteilung des Auswärtigen Amtes an. Ich sollte am nächsten Tag zu- oder absagen. Trotz vorsichtiger Nachforschungen, was die Arbeit beinhalten würde, erhielt ich nur ausweichende Antworten. Niemand wollte sich mit einer klaren Aussage kompromittieren. Da erinnerte ich mich eines Diplomaten, des Herrn von Breisky, den ich vor kurzem getroffen hatte und den ich vertrauenerweckend fand. Nach intensivem Herumtelefonieren gelang es mir endlich, ihn aufzuspüren. Wir trafen uns spät nach dem Abendessen im Foyer des Hotels Kaiserhof, setzten uns in eine entfernte Ecke und unterhielten uns leise.

Er riet zu äußerster Vorsicht, und die warnenden Ratschläge, die er mir gab, sollten sich später als außerordentlich nützlich erweisen. Zuerst der Vertrag: Russisch als Fremdsprache nicht erwähnen. Die deutsche Haltung den Sowjets gegenüber wurde immer bedrohlicher. Außerdem sollte ich nichts unterschreiben, was mir ermöglichen würde, in „geheime" oder „streng geheime" Dokumente einzusehen. Nur als „vertraulich" gekennzeichnete Papiere seien ungefährlich. Da sowieso alles vertraulich war, hieß das nicht viel. Dann versicherte er mir, daß Haag, der mir die Stelle verschaffen wollte, zuverlässig sei. Der Leiter des Büros, Klatten, sei hingegen ein fürchterlicher Kerl. Es arbeiteten ein paar anständige Leute in derselben Abteilung, aber ich sollte mich vom Ministerium fernhalten, also weit weg von Ribbentrop.

Erst später wurde mir klar, was für einen guten Rat ich erhalten hatte, denn wie sollte ich damals schon wissen, daß in jeder Regierungsstelle ein versteckter Machtkampf in vollem Gange war. Die Tatsache, daß wir frisch und gänzlich unbelastet als junge russische Emigranten nach Berlin geraten und erst kürzlich aus Frankreich gekommen waren, machte uns für diejenigen, die sich bereits gegen das Regime verschworen hatten, weit vertrauenswürdiger, als es eine Durchschnittssekretärin gewesen wäre. Dasselbe galt für junge Mädchen, die den früher privilegierteren Klassen entstammten und die schon von ihrer Erziehung her weniger geneigt schienen, Nazislogans zu verfallen oder zweifelhafte politische Bekanntschaften zu schließen.

Am nächsten Morgen sollte der Vertrag unterzeichnet werden. Haag bereitete einen Entwurf vor. Ich sollte nur Übersetzungen anfertigen, die ausländische Presse lesen und ganz allgemein darüber berichten. Dann traf ich zum ersten Mal den berüchtigten Klatten, den Abteilungsleiter. Er war von mittlerer Größe, hatte hängende Schultern und verkörperte einen durch und durch schlaffen, weichen Typus. Sein infantiles, rosiges Gesicht, schütteres rötliches Haar und blasse Schlitzaugen paßten zum schwammigen Händedruck. „Heil Hitler", rief er bei jeder Gelegenheit, „Heil Hitler!"

Geradezu unverschämt benahm er sich Haag gegenüber, der seinerseits ausgesucht höflich blieb – wenn auch mit verächtlichem Unterton – und mit gedehnter Aussprache mögliche Klippen durch Floskeln überbrückte, wie „Ja, ja, na also, das wäre es wohl . . ."

Meine Arbeit war leicht. Haag, der nicht zu meiner Abteilung gehörte, kam oft vorbei, um nachzuschauen, wie ich vorwärtskam, und gebrauchte dazu Vorwände, wie zum Beispiel daß er eine Zeitung übersetzen oder lesen lassen wolle.

Eines Morgens schloß er vorsichtig die Tür hinter sich zu, hob einen warnenden Finger und näherte sich meinem Tisch. Dann zeigte er mir ein kleines Papier, das er in seiner rechten Hand versteckt hielt: „Heute morgen sind in Ihren Telefonapparat Mikrofone eingebaut worden", stand darauf zu lesen. Ich starrte ihn mit offenem Mund an, während er das Zettelchen in winzige Fetzen zerriß.

Als ich ihn kurz darauf bei einem Botschaftsessen traf, erzählte er mir, daß eine kleine Tüte Bohnenkaffee, die er in die Tasche des Elektrikers hatte gleiten lassen, dem Mann diese nützliche Auskunft herausgelockt habe. Kaffee hatte ja die Wertskalafunktion der früheren Goldwährung übernommen. Selbst in geringsten Mengen verabreicht, brachte er größte Wirkungen hervor. Er stellte Tauschmittel, Rauschgift und allgemeinen Aufputschtrank dar.

Meinen unmittelbaren Chef Möllhausen verabscheute ich spontan vom ersten Tag an. Von levantinischem Aussehen mit olivgrüner Haut, eiförmigem Gesicht unter schwarzen, sich bereits lichtenden Haarsträhnen, hatte der ausweichende Blick seiner feuchten Augen etwas Rattenhaftes, was ganz seinem Wesen entsprach. Beim Gehen schleifte er plattfüßig über den Boden hin, ohne die Knie anzuheben.

Unsere durch die Umstände erzwungene Zusammenarbeit sollte sich nicht als allzu glücklich erweisen, aber meine zuverlässigen Sprachkenntnisse waren offenbar unerläßlich, um seine eigene Stellung abzusichern. Ab und zu reiste er ganz plötzlich ins Ausland, insbesondere nach Frankreich. Wenn er dann seine Koffer, vollgepackt mit Schmuggelware, zurückbrachte, schloß er sich ein und hantierte raschelnd mit seiner Beute im Hinterzimmer.

Da das Büro früher ein Privathaus gewesen war, lag neben seinem Raum ein Badezimmer, und man konnte oft hören, wie er in der noch gebrauchsfähigen Badewanne plantschte. Kohle und Heizung wurden ja auf Staatskosten zur Verfügung gestellt und waren daher im Amt in Hülle und Fülle vorhanden.

Selbst diese Waschungen schienen sein schleimiges Aussehen nicht zu verbessern. Er muß meine Aversion gespürt haben:

„Man merkt, daß Sie nicht genügend an Ihrer Arbeit interessiert sind. Sie leben hier wie ein Vogel im goldenen Käfig."

„Vielleicht ist es ein Käfig, aber auf keinen Fall ein goldener", erwiderte ich unklugerweise.

5

Mit zusammengebundenem Schirm und Stock, uns von weitem zuwinkend, stand Mama, in Dampfwolken gehüllt, auf der Zugsplattform zwischen ihren Habseligkeiten, die sich hügelförmig um sie türmten. Georgie ging auf die Suche nach einem Träger, einem Wägelchen oder beidem.

Wo auch immer sie sich befand, selbst nach einer tagelangen, ermüdenden Reise auf harten Sitzen, verbreitete Mama sofort Vergnügtheit und Zuversicht um sich her. Neben ihr fühlte man sich aufgehoben, in die Höhe gerissen. Sie beanspruchte ihre Umwelt bis zur Erschöpfung, aber sie langweilte oder entmutigte einen nie.

Als sich unsere kleine Prozession ihren Weg durch die drängenden Menschenmassen in Richtung des wartenden Taxis bahnte, schien selbst der düster-eintönige Bahnhof in helleren Farben aufzuleuchten. Wir freuten uns, wieder beisammen zu sein, obwohl der Grund dafür ein trauriger war. Es gab viel zu erzählen, um unsere getrennten Erlebnisse wie lose herabhängende Fäden wieder in ein zusammenhängendes Muster einzuweben.

Als sich die sowjetische Schlinge um Litauen zuzog, hatte Papa beschlossen, Mama und Georgie vorauszuschicken. Sollten sich die Zustände zuspitzen, würde es ihm leichter fallen, allein zu handeln. Mama war von dieser zweiten Emigration ganz unbeeindruckt, so, als ob ein Verhängnis, das sich wiederholt, nur beim ersten Mal wirklich umwerfend wirke.

Um den Tisch vor dem einzigen hohen, verdunkelten Fenster in der großen, altmodischen Küche unserer Wohnung versammelt, stürzten wir uns glücklich in intensive Gespräche.

Trotz des gegenwärtig gespannten Freundschaftsverhältnisses mit Sowjetrußland glaubte Mama immer noch an Hitlers „Antikommunismus" und hielt die Nazis für eine Partei der Rechten. Wir versuchten ihr klarzumachen, wie ähnlich sich die beiden Regime waren, da sie beide ihre Dogmen, mit tönenden Schlagwörtern verbrämt, auf die schlechtesten Instinkte im Menschen gründeten. Wir erzählten ihr von den unheilvollen Gerüchten in Berlin, die man anderswo kaum zu hören bekam, und wie man bereits über die Schulter sehen mußte, bevor man sprach, denn die Gestapo lernte eifrig von ihrem Gegenstück, der GPU.

Ein Augenzeuge hatte uns gerade erzählt, daß Stalin, während Ribbentrop den Vertrag mit Sowjetrußland unterzeichnete, den deutschen Pressefotografen durch entsprechende Gesten dazu aufforderte, eine gemeinsame Aufnahme der beiden Vertreter der jeweiligen Geheimpolizei zu machen. Er habe dann die Ausführung seines Vorschlags mit hinterhältigem Lächeln beobachtet.

Nach einer kürzlich überstandenen Typhuserkrankung war Georgie in die Höhe geschossen und dünner geworden, außerdem waren seine Haare zu einer üppigen Löwenmähne gewachsen. Unsere Lebensmittelmarken konnten auch nicht ausreichen, den Hunger eines in vollem Wachstum befindlichen Jungen zu stillen, der auf einen Sitz ungeheure Mengen verschlang.

Wir waren trotzdem traurig, daß die beiden bald wieder losfuhren, diesmal nach Italien; sie hatten die Absicht, unterwegs Olga in Schlesien aufzusuchen. Wer konnte ahnen, wie lang die Trennung diesmal dauern würde?

Obwohl wir eine Familie von unermüdlichen Schreibern sind, boten häufige, ausführliche Briefe doch keinen wirklichen Ersatz für persönliches Beisammensein. Gelegentliche Andeutungen über politische Vorgänge wurden in diesen Briefen durchsichtig und ziemlich naiv in Bemerkungen über ,,Onkel Joes", ,,Hermanns" oder ,,Tante Marthas" Gesundheit (Stalin, Hitler, Mussolini) camoufliert oder in Anspielungen auf das Wetter gekleidet: ,,Wir fürchten, Ihr müßt Euch auf eine lange Kälteperiode gefaßt machen" (im Mai!).

Sollten wir Ärger mit der Gestapo bekommen, hatten Missie und ich beschlossen, jede an Stelle der anderen hinzugehen, um Zeit zu gewinnen. Zeit wofür und bis wann? Wir wagten nicht, diese Frage zu Ende zu denken.

Ein Mädchen, das in der Zensurbehörde arbeitete und das ich bei einer Party traf, sagte mir, wie interessant sie einen der Briefe von Mama gefunden habe; viele ihr bis dahin unbekannte Tatsachen würden seitdem ihre Geschichtskenntnisse bereichern.

Verärgert über die Taktlosigkeit, sagte ich: ,,Schlimm genug, daß Privatbriefe gelesen werden; man sollte dann nicht auch noch mit Fremden darüber sprechen."

Eines Morgens brachte die Post ein Stück gefaltetes, widerlich gelbliches Papier. Man forderte Missie darin auf, im Gestapo-Hauptquartier in der Prinz-Albrecht-Straße zu erscheinen. Obwohl dieser Adresse noch nicht der grausige Klang anhaftete wie nach dem Attentat vom 20. Juli 1944, fühlten wir uns doch recht unbehaglich.

Ich ging an Missies Stelle zur angegebenen Zeit hin. Als ich das große, lepröse, khakifarbene Gebäude betrat, mußte ich auf einem Zettel die genaue Eintrittszeit eintragen. Ich versuchte, ganz gleichgültig auszusehen, fühlte mich aber bereits zu einer gesichtslosen Nummer herabgewürdigt. Dann ging es eine fahlbraune Treppe hinauf, einen Irrgarten von Gängen entlang, in denen die Schritte hallten und von denen rechts und links viele blanke Türen abgingen, bis ich in einen klinisch kahlen Warteraum gelangte. Schließlich wurde Missies Name aufgerufen.

Hinter dem Tisch eines anonymen Bürozimmers saß ein ausdrucksloser, bebrillter Funktionär. Akten stapelten sich auf seinem Tisch, vor ihm lag ein Ordner, in den er ab und zu hineinsah. Ich versuchte ein feiges, einschmeichelndes Lächeln zu unterdrücken und mich nicht wie ein Kaninchen vor einer Boa constrictor zu fühlen. Ein flüchtiger Blick auf den Tisch klärte alles auf: dort erkannte ich Mamas charakteristische, spitze Handschrift. Das war es also; an der Vorladung waren die Briefe schuld.

Ich gab eine ausführliche Erklärung ab, warum ich an Stelle meiner „bettlägerigen" Schwester, die durch Fieber und Grippe verhindert wäre, gekommen sei. Es folgte ein Katalog von Fragen. „Wer ist das? – Wer ist jener?" Sogar: „Wer ist Hermann?" (Ich meinte still für mich, er hätte das allein erraten können).

Ich erfand einen Verwandten, der im Ausland lebte und vor kurzem erkrankt sei, und fügte hinzu: „Meine Mutter bezieht sich in ihrem Brief auf ihn, denn sie hält uns immer über seinen Gesundheitszustand auf dem laufenden."

Ärgerlich ließ er den Ordner zuschnappen. „Warum vermuten Sie, daß meine Fragen einen Brief Ihrer Mutter betreffen?"

„Sie fragte sich in letzter Zeit, warum ihre Briefe nicht bei uns ankommen, und ich sehe nun, daß ein Brief von ihr auf Ihrem Tisch liegt. Vielleicht könnte ich ihn lesen?"

„Er wird Ihnen durch die Post zugestellt", sagte er unwirsch. Das war alles. Welch eine Erleichterung!

Von Italien aus war es für Mama unmöglich, den Unterschied im „Klima" zwischen Hitlers und Mussolinis Regime zu begreifen. Die Italiener als eingefleischte Individualisten nahmen Reglementierungen nicht einfach hin; sie brachten ihren Widerwillen gegen die deutschen Verbündeten und den Krieg mit einer Offenheit zum Ausdruck, die für uns, die wir unter der Naziherrschaft lebten, unvorstellbar war.

Als es schließlich Frühling wurde, brachte nach oft schlaflosen Nächten der kühle, frisch duftende Morgen neue Lebenskraft und Hoffnung. Fliederbüsche drängten sich durch hohe Gartentore, und Kinder riefen auf dem Schulweg einander zu, während wir durch blühende Kastanienalleen ins Büro hasteten. Die Berliner Drehorgelspieler zogen vom Hinterhof zur nächsten Straßenecke, und die klimpernden Walzermelodien, die aus den buntbemalten Kästen aufstiegen, wurden stets mit einem Pfennigsegen aus vielen Fenstern belohnt.

Oft besuchte ich meine Freundinnen Luisa Welczeck und Louisette Quadt, die in der Nähe arbeiteten. Ihr im Parterre gelegenes Büro grenzte an das ihres unmittelbaren Vorgesetzten, des Karrierediplomaten Josias von Rantzau, und öffnete sich auf einen Garten. Luisa Welczeck kam gerade aus Paris, wo ihr Vater, der dortige deutsche Botschafter, so manche Streitigkeit mit dem Regime hatte ausfechten müssen, wobei er sich nie scheute, seine Meinung offen zu äußern. Die alte Beamtenhierarchie existierte eben noch, obwohl sie schrittweise von der neuen verdrängt wurde.

Man hörte den Tonfall fremder Sprachen in den melodischen Stimmen der Welczecks. Graziös, von blumenhafter Zartheit, war Luisa stets gleich liebenswürdig zu jedermann. Da sie traumhaft schöne Kleider besaß, baten wir sie, uns die Abendtoiletten, die sie im vorigen Winter auf Bällen in Paris getragen hatte, bis ins Detail zu beschreiben. Wir fühlten dabei keinen Neid, denn wo und wann würde man überhaupt jemals wieder so luxuriöse und romantische Schöpfungen zu sehen bekommen?

Eines Tages platzte ich Rantzau gegenüber heraus: „Ich kann diesen Möllhausen nicht mehr länger ertragen!"

„Man muß zugeben, Möllhausen ist Geschmacksache!", lachte Rantzau, und in seinem Lächeln lag Verständnis. Einige Tage später fand ich mich in Rantzaus Abteilung versetzt. Mit Takt, Höflichkeit und beißendem Humor sollte er uns in Zukunft manchmal unauffällig zu Hilfe kommen.

Allmählich wurden wir uns der Doppelbödigkeit und des komplizierten Räderwerks innerhalb dieser Abteilung bewußt. Einer kleinen Gruppe innig vertrauter Freunde, die sich vom Studium oder von diplomatischen Posten her seit langem kannten, war es gelungen, hier zusammenzukommen.

Im oberen Stock saßen Adam von Trott zu Soltz, Alex Werth, der den Spitznamen „Worthy" trug, und Hans Richter, eher Freunde als Kollegen. Neuankömmlinge wurden mit mikroskopischer Sorgfalt überprüft und, wenn sie nicht entsprachen, so weit wie möglich abgeschoben.

Erst war Graf Adelmann der Chef dieser Sektion, ein Diplomat im althergebrachten Sinn, der den Winkelzügen und der Brutalität der Nazipolitik ratlos gegenüberstand. Sein Nachfolger war Rahn, der anfangs ein Opportunist zu sein schien, sich aber bald an die von seinen Mitarbeitern vertretene Gesinnung anpaßte. Er brachte dann sogar den Mut auf, für Trott einzustehen, als es bereits die Schlinge um den Hals bedeutete, ihn auch nur gekannt zu haben.

Später wurde die Lage unangenehmer, als im schnellen Wechsel ein getreuer Parteimann nach dem anderen zum Chef der Abteilung berufen wurde. Wahrscheinlich fühlten die Bonzen instinktiv, daß es da einiges zu „säubern“ gab. Überraschenderweise liefen die Dinge bis zum 20. Juli 1944 trotzdem andersherum, und es war faszinierend zu beobachten, welchen zivilisierenden Einfluß unsere Freunde in wohlgeplanter Zusammenarbeit ausübten. Der Vorgang erinnerte an die Entstehung einer Perle, wenn die Auster den eingedrungenen Fremdkörper Schicht um Schicht einhüllt, bis das störende Schmutzteilchen abgekapselt ist.

Nach und nach ging uns auf, daß die gesamte Arbeit, die in der „Informationsabteilung Kurfürstenstraße“ geleistet wurde, weit davon entfernt war, das zu sein, was sie offiziell vorgab.

In dieser clubartigen Atmosphäre gegenseitigen Vertrauens wurden einige Vorsichtsmaßnahmen ganz selbstverständlich ergriffen: Die Telefonapparate wurden, wenn man sie nicht gerade benützte, zwischen Kissen in einem geschlossenen Schrank abgestellt. Andauernd kam ein Besucherstrom aus anderen Ministerien zu Besprechungen, meistens dieselben Personen, die mit Kaffee und Getränken bewirtet wurden. Alle wichtigen Gespräche fanden aber bei einem kleinen Spaziergang statt.

Unsere Chefs reisten oft in neutrale Länder und brachten uns großzügig französisches Parfüm mit. Jede mögliche Freiheit wurde uns gestattet, solange es nicht zu sehr auffiel. Wir ahnten damals noch nicht, daß sie sich für uns verantwortlich fühlten und besorgt waren, weil sie genau wußten, was bevorstand; so weit wie möglich wollten sie uns schonen. Sie spotteten, wenn wir uns verspätet zum Dienst einfanden: „Sind Sie’s wirklich, oder handelt es sich um eine optische Täuschung?“

Solange die Routinearbeit erledigt wurde, nahmen sie uns nichts übel und schickten uns sogar früher nach Hause, wenn sich die Luftangriffe besonders schlimm anließen. Freunde als Fronturlauber fielen manchmal im Büro ein. Sie freuten sich darüber, daß sie hier die vertraulichen internationalen Nachrichten lesen konnten. Meistens besuchten uns Kavallerieoffiziere, die nun zu Panzereinheiten gehörten, während der ersten Gefechte in der vordersten Linie gestanden waren und daher schon die heißesten Kämpfe miterlebt hatten. Einige von ihnen trugen bereits hohe Tapferkeitsauszeichnungen. Andere figurierten als Generalstabs- oder Verbindungsoffiziere und kannten von innen her die Haltung und Meinung ihrer jeweiligen Generäle bestens.

Unsere Vorgesetzten brachten uns bei, die Ansichten und die Gesinnung eines Gesprächspartners auszuloten, während man sich scheinbar harmlos mit ihm unterhielt und eine prüfende Frage hin und wieder unbemerkt einflocht. Als Test diente auch ein politischer Witz, der zu jener Zeit flüsternd von Mund zu Mund ging.

„Mutter Germania gebar einen Sohn. Die gute Fee, die sich zur Taufe einfand, versprach die Erfüllung dreier Wünsche. Diese waren: das Kind solle erstens ein überzeugter Nazi werden, zweitens klug und drittens ehrlich sein.

Die böse Fee aber, die man bei der Einladung übergangen hatte, sauste auf ihrem Besenstiel herbei und verkündete, daß sie das Geschenk zwar nicht rückgängig machen könne, aber dafür sorgen werde, daß immer nur zwei der drei Wünsche sich gleichzeitig verwirklichten.

So kommt es, daß der Deutsche entweder ein treuer Nazi und gescheit ist – aber nicht ehrlich; oder Nazi und ehrlich – aber nicht gescheit; oder gescheit und ehrlich – aber kein guter Nazi!"

Diese kleine Geschichte sollte sich als äußerst nützlich erweisen, denn nach seiner Reaktion ließ sich jedermann sofort einstufen. Solche „Tests" sind wohl in jedem totalitären Regime anwendbar.

Schrittweise entwickelte sich die Beziehung zu unseren Chefs zu einer freundschaftlichen und vertrauensvollen Verbindung. Unsere Späße und Geschichten brachten sie zum Lachen und bildeten eine willkommene Ablenkung inmitten ihrer schwierigen und gefahrvollen Aufgaben. Die Harmonie in unserer kleinen Gruppe machte vieles erträglicher und färbte auf unsere ganze Umgebung ab. Wenn wir morgens ankamen, mußte uns der Pförtner einlassen und die Zeit stechen. Er war deutschstämmiger Russe und von Beruf Zirkusclown; seine tieftraurigen kleinen Augen blinzelten aus einem braunen, verknitterten Gesicht hervor. Er mochte uns sehr gern, was erklärt, warum immer die uns vorgeschriebene Ankunftszeit eingetragen wurde statt der tatsächlichen.

Auch die Putzfrau war sonnigen Gemüts. Aber eines Tages schluchzte sie leise vor sich hin. Ihr einziger Gefährte, ein liebevoll gehätschelter Kanarienvogel, war in der Nacht eingegangen – vielleicht vom Sirenengeheul tödlich erschreckt. Luisa besorgte ihr sofort einen neuen, und wir hofften, er würde genauso begeistert trillern wie der alte.

Wir befreundeten uns mit den bemitleidenswerten Mädchen, welche die Telefonzentrale bedienten; sie saßen in dem großen Gebäude, in dessen Anbau wir hausten, in fenster- und luftlosen Kammern. Viele litten an Unterernährung, bekamen nie genug Schlaf und mußten von ihren weit entfernt liegenden Wohnungen täglich Kilometer zu Fuß oder in überfüllten Straßenbahnen zurücklegen.

Ein freundlicher Austausch von Mitbringseln fand statt. Wir legten französisches Parfüm, Seife, Strümpfe oder Nagellack auf ihre Tische und erhielten als Gegengeschenk eine Landwurst oder einen Blumenstock – vor allem aber kamen all unsere persönlichen Anrufe ungehindert durch oder wurden mit größter Genauigkeit ausgerichtet. Unser Privatleben begann ja erst nach Büroschluß, weshalb die Abende sorgfältig geplant werden mußten, um die verschiedenen Leute zusammenzubringen, die wir sehen wollten.

Die Mädchen beneideten uns nicht; wir waren ja über Nacht zu einer klassenlosen Gesellschaft geworden, eine Errungenschaft des Nazismus, die den Krieg um Jahre überleben sollte. Der Neid hatte eine neue Richtung eingeschlagen: die Dummen haßten jetzt die Klugen, die Häßlichen die Schönen. Eine negative Elite hatte die Herrschaft usurpiert. Die moralisch Verkommenen, die gescheiterten Existenzen, die Mittelmäßigen kämpften um Stellung, Macht und Überleben um jeden Preis. Sie versuchten die anderen auf ihr eigenes Niveau herunterzuziehen und mißtrauten jeder Überlegenheit. Im Namen des Volkes unterdrückten und tyrannisierten sie dieses selbe Volk. Wie Ratten nagten sie heimlich am Gesetz und setzten an die Stelle des Rechts Verordnungen, die den Menschen die Luft zum Atmen nahmen.

In jenen Jahren machten wir die Erfahrung, daß alle wertvollen menschlichen Qualitäten in sich zusammenbrechen, wenn der Mut, wenn die Zivilcourage fehlt: plötzlich kommen Nächstenliebe, Rücksichtnahme und Treue nicht mehr zur Wirkung, weil ihnen die Grundlage entzogen ist. Die unabhängig Denkenden, die Unbekümmerten, die Ritterlichen schlossen sich dann instinktiv zusammen. Zuerst hofften sie, die Dinge ändern zu können. Als sie erkannten, daß das unmöglich war, nahm die Entscheidung, Hitler trotz des Krieges zu stürzen, konkrete Formen an.

Zuerst einmal war es wichtig, die Reaktion der Alliierten auf diese Pläne richtig einzuschätzen, und zweitens, sie davon abzubringen, auf dem Prinzip der bedingungslosen Kapitulation zu beharren und dieselben Fehler zu machen wie Hitler, der in Rußland überhaupt keine Bedingungen oder Alternativen anbot und dadurch das Volk mit der Regierung wieder zusammenschmolz. Das war die Linie, die Trott vertrat, wenn er, wie so oft, nach Schweden oder in die Schweiz reiste. Es brachte ihn auf, daß die Alliierten eine Art Kreuzzug gegen Deutschland führten und dabei nicht den geringsten Unterschied zwischen Nazis und Nicht-Nazis machen wollten.

Wir ahnten von seinen Schritten zu jener Zeit noch nichts, waren uns aber bewußt, daß die Persönlichkeit Adam Trotts, ganz abgesehen von seinem eindrucksvollen Äußeren, sich von den anderen um ihn herum abhob. Er war ein ungemein vielseitiger Mensch, der die Herausforderung und die tiefere Bedeutung in allen Dingen suchte. Am glücklichsten fühlte er sich, wenn er englisch sprach, so als seien für ihn frohe, helle Erinnerungen mit dieser Sprache verbunden, denn er hatte in England studiert und viele Freunde dort gewonnen. Obwohl er die Sprache perfekt beherrschte, blieb sein Denken im Kern deutsch. Gewöhnlich saß er ungezwungen in seinem Bürosessel, die langen Beine ausgestreckt, und diktierte in gemächlichem Tempo seine Texte. Er konnte aber auch plötzlich zu äußerster Konzentration überwechseln, denn er besaß eine nie ermüdende Fähigkeit zu intensivster Arbeit. Wenn er dann scharfe und treffende Formulierungen suchte, zogen sich seine Brauen zusammen, seine Augen umschatteten sich, sein Gesicht wurde härter. Obgleich seine freie, unbekümmerte Art fälschlich für Arroganz gehalten wurde, fühlte man sich in seiner Gegenwart immer wohl, wenn auch aufgerufen, sein Bestes zu geben. Im Umgang mit Menschen war er geradeheraus; er konnte sehr aufmerksam zuhören, um den Unterton in den Äußerungen seines Gesprächspartners herauszuspüren. Wenn er bei seinen Sondierungen nicht vorwärtskam, stellte er mit freundlicher Stimme ironische Fragen. Seine Vorgesetzten behandelte er mit Herablassung, fürchtete sich auch nie, seine Meinung frei auszusprechen.

Eines Tages lud mich Trott zum Abendessen in sein Haus ein und sagte: „Ich möchte sehr gern Ihre Meinung über einen Freund von mir hören, der auch anwesend sein wird.“

Wir blieben nur zu viert: sein Freund von Haeften, Adam, dessen junge Frau Clarita und ich. Adam, der die Unterhaltung wie immer in die Hand nahm, streifte eine ganze Reihe von Themen.

Als er mich nach Hause fuhr, fragte er: „Nun, was halten Sie von Haeften?“

„Aber was macht es schon aus, was ich von ihm halte? Er ist ein alter Freund von Ihnen. Ein angenehmer und kultivierter Mensch. Wie kann man nach einem ersten Treffen mehr sagen?“

„Ich wüßte gern, welchen Eindruck er macht, wenn man ihm erstmals begegnet.“

Ein wenig verstimmt über seine Hartnäckigkeit, sagte ich schließlich: „Nun gut, ich würde vielleicht nicht gern mit ihm Pferde stehlen; man würde erwischt werden, während man über den Zaun steigt.“

Zu meiner Überraschung war er äußerst verwundert: „Warum sagen Sie das?“

„Ich weiß es nicht genau. Er ist unrealistisch, in seiner Gedankenwelt herrscht zu viel Theorie. So verliert er die Beziehung zur Wirklichkeit.“

Erst viel später begriff ich, warum Adam meine leichthin gesprochenen Worte so ernst genommen hatte. Er spielte damals gerade mit dem Gedanken, Haeften noch enger in seine Pläne einzuweihen. Rein zufällig kam ich der Wahrheit sehr nahe.*

Glücklicherweise gelang es uns endlich, Missie aus ihrer öden Beschäftigung zu befreien. Sie wurde nun bei Trott tätig, und ihre Zusammenarbeit entwickelte sich auch bald zu einer gefestigten Freundschaft. Durch die offene Tür hörte man während des Diktats seine lässig träge, amüsierte Stimme, die freundlich mahnte: „Nach . . . aus, bei, mit, nach, seit, von, zu . . . steht im Deutschen der Dativ!"

Viel später trat plötzlich eine bemerkenswerte Kühle zwischen Trott und Rantzau ein. Man sah sie nicht mehr zusammen. Wir versuchten zu schlichten: „Sie waren so lange Freunde, auch Corpskameraden seit Universitätstagen. Nichts sollte es geben, worüber eine solche Freundschaft auseinanderbricht!"

„Auch alte Freunde können in einem wichtigen Punkt ganz verschiedener Meinung sein", erwiderte Trott trocken und ein wenig betrübt.

Später erfuhren wir, daß die Verschwörergruppe damals zu dem Schluß gelangt war, Hitler müsse getötet werden. Rantzau wollte da nicht mitmachen. Er haßte Hitler zwar, scheute aber vor der Beteiligung an diesem äußersten Schritt zurück.

Nach seiner Heirat mit Louisette Quadt ließ Rantzau sich nach Rumänien versetzen und befand sich daher außer Reichweite, als das Attentat verübt wurde und mißlang. Die Sowjets nahmen ihn später in Bukarest gefangen; in einem GPU-Gefängnis ging er elend zugrunde.

6

„Fall Gelb" lautete der Deckname für den französischen Feldzug. Die Kampagne verlief planmäßig wie ein von der deutschen Armee brillant ausgeführtes militärisches Manöver, und unglücklicherweise bestätigte sie alle Ansprüche Hitlers. Sie hatte knappe sieben Wochen gedauert, vom 10. Mai bis 26. Juni 1940. Was war denn übriggeblieben von der Maginotlinie, von der ruhmreichen französischen Armee, die wir so oft in St.-Germain-en-Laye in ihren „horizont"-blauen Uniformen hatten paradieren sehen? Unsere Loyalitäten waren zwar rein persönlicher Natur, aber Frankreich stellte für uns wirklich „une seconde patrie" – ein zweites Vaterland – dar, und so erfüllte uns das Unglück, das

* Haeften starb heldenhaft nach der Verschwörung des 20. Juli. Er besaß den Mut, Freisler ins Gesicht zu sagen, er würde genau so wieder handeln, wie er es getan habe. Obwohl er der Prototyp des wirklichkeitsfremden Verschwörers war, trug er keine direkte Verantwortung für das Mißlingen des Putsches.

über das Land gekommen war, mit tiefer Trauer. Der einzige tröstliche Gedanke mochte darin bestehen, daß die Blitzkampagne wahrscheinlich auf beiden Seiten weniger Opfer gefordert hatte als ein langer Krieg.

Ein paar Jahre zuvor hatten wir den Sommer im Süden von Frankreich in der Nähe von Pau verbracht. Mama hatte sich dort in lange politische Diskussionen mit unserem freundlichen und schwatzhaften Arzt eingelassen, der das Gespräch oft mit dem sehnsüchtigen Seufzer beendete: „Une petite guerre arrangerait bien les choses." – („Ein kleiner Krieg würde alles ins rechte Lot bringen.")

Seine beiden Söhne, unsere Freunde, waren in dem darauffolgenden „petite guerre" gefallen, der Außenstehenden so unblutig verlaufen zu sein schien.

Ein spanischer Vetter von Paul erzählte uns später, er sei damals an die spanisch-französische Grenze gesandt worden, um die Deutschen zu treffen, und auch General Franco habe beabsichtigt, sie durch hartnäckige Verhandlungen aufzuhalten.

Der Spanier fragte einen deutschen Panzeroffizier: „Wie haben Sie die Nachschubfrage gelöst?"

„Das war überhaupt kein Problem. Wir füllten einfach an allen normalen Tankstellen auf und kauften obendrein Essen in den Läden unterwegs. Das Ganze glich eher einem Ferienausflug."

Spanische Piloten behaupteten später, sie hätten ihre Grenze von Biarritz bis Irun mit Hilfe der Schwimmer leicht ausmachen können: rosa Punkte auf der deutschen Seite, olivbraune auf der ihren.

Für weniger skrupelhafte Nazibonzen gehörte es nun zum guten Ton, nach Paris einkaufen zu fahren. Als Ausgleich wurden dem besetzten Land die zweifelhaften Segnungen der Lebensmittelkarten und der Militärkapellen auf jedem Dorfplatz zuteil. Die Rationierung wurde wie in allen besetzten Ländern strenger gehandhabt als in Deutschland, bis sich nach dem Krieg dieser Zustand drastisch umkehrte.

Ein österreichischer Freund mit einem unbeirrbaren Gefühl für menschliche Qualität beschloß, wir sollten die Bismarcks kennenlernen. Eines Sonntags stiegen er, Missie und ich in die S-Bahn nach Potsdam, um bei ihnen Mittag zu essen.

Als Regierungspräsident von Potsdam war Graf Gottfried von Bismarck der NSDAP bereits in den frühen dreißiger Jahren beigetreten und ein hoher SS-Offizier geworden. Zu dieser Zeit glaubte er, als ein Bismarck, der für den Dienst am Staat ausgebildet und vorbereitet war, könne er mit Hilfe einiger Gleichgesinnter die Partei unter Kontrolle bringen und Hitler veranlassen, die radikalen Elemente in seiner Umgebung auszumerzen.

Um seine „Bewegung" zu legitimieren, behauptete Hitler, er setze die Tradition eines Friedrichs des Großen und des Reichskanzlers Bismarck fort. Tatsächlich hatte er wohl eher beabsichtigt, sich für seine Ziele deren aggressive Unternehmungen als Beispiel zu nehmen. Die Grundregeln ihrer Politik jedoch, die sie als erfahrene Staatsmänner befolgten (wie die Warnung des Eisernen Kanzlers, Deutschland dürfe niemals an zwei Fronten kämpfen), schlug er in den Wind.

König Friedrich II. war eine in die Ferne gerückte geschichtliche Figur, aber der Name Bismarck besaß in Deutschland noch großes Gewicht. Zuerst schien es wirklich, als sei Hitler willens, zu lernen und Ratschläge anzuhören. Ausländische Diplomaten wie der britische Botschafter und Monsieur François-Poncet, der Frankreich vertrat, standen mit ihm auf bestem Fuß; und behandelte er nicht den alten Feldmarschall Hindenburg mit geradezu rührendem Respekt?

Doch alle diese Illusionen sollten bald zunichte gemacht werden. Soweit es die Bismarcks betraf, konnte derer älteste Schwester, Hanna von Bredow, den Augenblick der Ernüchterung genau benennen.

Sie war in hohem Maß unabhängig in ihrem Denken, und gewisse grausame Aspekte der Hitlerschen Demagogie hatten sie von Anfang an abgestoßen. Ihre Brüder stimmten nicht mit ihr überein: „Du mußt ihn kennenlernen, um dir ein Urteil zu bilden. Er verfügt über eine unglaubliche Ausstrahlung, die zum Nutzen der Nation eingesetzt werden muß . . ." Hitler wurde sogar „gesellschaftsfähig", wobei von Papen den Bärenführer spielte. Er hatte ihm beigebracht, wie man sich anzieht und bei gesellschaftlichen Ereignissen benimmt – die galante österreichische Geste, Damen die Hand zu küssen, entwaffnete manche Kritik.

Im Jahre 1933 wurden die Bismarcks zu einem seiner Empfänge geladen. Hitler war umgeben von seinen „Kampfgefährten", von Papen an seiner Seite, und begrüßte die Gäste, die sich in langer Schlange aufgestellt hatten.

Frau Goebbels machte inzwischen höfliche Konversation mit den Damen, die darauf warteten, auch an die Reihe zu kommen.

Prinz Berthold von Baden stand vor den Bismarcks. Obwohl er Hitler aus Instinkt, Überzeugung und Tradition verabscheute, war er gekommen, um die Erlaubnis zu erlangen, Dr. Hahn als Leiter der berühmten Schule in Salem, die sein Vater, Prinz Max, gegründet hatte, zu behalten; seine schüchterne Art täuschte über innere Entschlossenheit hinweg. Er gehörte zu jener klassenlosen „Aristokratie der Feinfühligen, Rücksichtsvollen und Schneidigen", die ihre besondere Kraft aus der Verbundenheit mit ihrem

Boden zogen. Den Nazis blieben sie ebenso unbegreiflich wie jene ihnen.

Jeder Augenblick dieser Unterredung war ihm zuwider, doch Prinz Berthold blieb entschlossen, sie durchzustehen. Unseligerweise gebrauchte er mit Bezug auf Hahn die traditionelle Wendung: ,,Er ist unserem Haus sehr verbunden.“ Das gab Hitler den Vorwand, auf den er gewartet hatte. Die Anwesenden wurden nun Zeugen eines jener öffentlichen unbeherrschten (oder beabsichtigten) Wutanfälle:

,,Jeder scheint seinen Hausjuden zu haben! Das muß jetzt aufhören! Ich dulde keine Ausnahmen!“

Prinz Berthold, bleich vor Zorn und Abscheu, versuchte erst, seinen Standpunkt zu verteidigen, doch als er merkte, wie zwecklos es war, drehte er sich auf dem Absatz um und ging. Von da an unternahm er alles, um seinen Schützling aus dem Land zu bringen und ihm in England neue Möglichkeiten zu schaffen. Dort gründete Hahn die Schule von Gordonstoun.

In der Zwischenzeit erkundigte sich Frau Goebbels lispelnd bei Hanna von Bredow: ,,Gnädige Frau, wo leben Sie?“

,,In Potsdam.“

,,Reizendes Städtchen“, schwärmte sie. ,,Und wie viele Kinder haben Sie?“

,,Neun.“

,,Wie glücklich der Führer sein wird, das zu hören!“

,,Ihm zuliebe habe ich sie ja nicht bekommen“, antwortete Hanna auf ihre schneidende Art.

Nun kam ihr Bruder, Fürst Otto Bismarck, an die Reihe. Er überging, was er gerade gehört hatte, und setzte an zu seiner vorbereiteten kleinen Ansprache: ,,Mein Führer. Es gehen Gerüchte um, daß extreme Elemente in der Partei terroristische Anschläge gegen einen gewissen Teil der Bevölkerung (die Juden) planen. Aus moralischen Gründen wie auch wegen des ungünstigen Widerhalls im Ausland wären solche Ausschreitungen äußerst unangebracht!“ Und mit einer Unerschrockenheit, die man sonst nicht an ihm kannte, vielleicht angestachelt durch Hannas spöttischen Blick, wiederholte er, wobei er sich die Stirn nervös mit dem Taschentuch wischte: ,,. . . äußerst unangebracht!“

Eine Flut von Beschimpfungen brach über ihn herein: ,,Hier glaubt wohl jeder, eine eigene Meinung haben zu müssen . . .“, und weiter ging's in dieser Tonart.

Die Bismarcks gingen bedrückt und tief nachdenklich nach Hause. Otto murmelte vor sich hin: ,,Gräßlich, gräßlich!“

Die Maske sollte bald endgültig fallen, als in der berüchtigten ,,Kristallnacht“ 1938 wie ein warnendes Wetterleuchten vor dem Sturm Gruppen jugendlicher Raufbolde, angeführt von SA-Einheiten in Uniform, jüdische Läden ,,spontan“ zerstörten und ausraubten. Hier und da beteiligten sich ein paar Zuschauer an den Plünderungen, was nur beweist, wie schnell die Menschen zu korrumpieren sind.

Eine Freundin beobachtete, wie ein Haufen von Rowdies ein Schaufenster einwarf und den Inhalt zusammenraffte. Empört wandte sie sich an den nächsten Polizisten:

„Tun Sie doch etwas! Rufen Sie Verstärkung herbei!"

„Junge Frau, schauen Sie weg, genau wie ich. Sehen Sie denn nicht, *wer* die Täter sind?"

Der Druck steigerte sich ganz langsam. Zuerst zwang man die Juden, gelbe Sterne zu tragen. Das taten sie beinahe mit Stolz, oder sie hefteten die Sterne voller Hohn an die Halsbänder ihrer Hunde. Wer mit ihnen befreundet war, trug sie seinerseits als Herausforderung. Die Leute schüttelten mißbilligend den Kopf, als wollten sie einen Alptraum verscheuchen oder einen unliebsamen Gedanken abwehren: „Nein, so was Widerliches!"

Bald verschwanden die „Sterne" aus dem Straßenbild. Man hörte unter der Hand, daß Lastwagen mit unbekanntem Ziel jüdische Mitbürger abtransportierten. „Wohin?" Niemand wußte es. „Man faßt alle zusammen", war zu hören. Einige bekannte Ärzte und Künstler begingen Selbstmord.

„Was geschieht mit ihnen?", fragten die Leute. Es gab nur dunkle Andeutungen, die niemand so recht glauben wollte, bis die Verfolgung jemanden traf, den man kannte.

Ein hoher SS-Funktionär antwortete einem ausländischen Freund von uns, als er direkt gefragt wurde:

„Wenn alle Bürger in einem Land für den Kampf mobilisiert werden, ist es doch nur selbstverständlich, daß man auch politische Gefangene für den Kriegsdienst einspannt."

Daß diese „Mobilisierung" Massenmord bedeutete, war zu jener Zeit selbst mißtrauischen Leuten nicht klar.

Ein junger Offizier der Waffen-SS, der nur den Kampf an der Front kannte, wollte im Jahr 1943 herausfinden, ob die Gerüchte über Massentötungen von Juden auf Wahrheit beruhten. Er glaubte, seine Uniform, sein Ritterkreuz und sein Ausweis seien ausreichend, um das KZ von Dachau besuchen zu können.

Man hielt ihn sofort auf.

„Was suchen Sie denn hier?"

„Ich wollte mich mal umschauen."

„Dann können Sie gleich dableiben."

Er blieb bis zum Ende des Krieges eingesperrt. Trotz der harten Zeit, die er erleiden mußte, war die Internierung in gewisser Weise sein Glück, denn nach der Befreiung durch die Alliierten galt er als Opfer des Nazismus und konnte ohne Behelligung ins Zivilleben zurückkehren.

Obwohl Namen wie Dachau, Auschwitz und Buchenwald während des Krieges oft erwähnt wurden, ahnte die Bevölkerung nichts von den Massenhinrichtungen, die dort stattfanden, bis einige schließlich auf unwiderlegbare Beweise stießen. Das war der Fall, als die deutsche Armee ihren Rückzug durch Rußland begann und einzelne Abteilungen die Gestapo bei der „Arbeit" antrafen.

Die Bismarcks wußten jedenfalls, daß jeder Befehl, der die Juden betraf, unmittelbar von Hitler kam, und daß die Hoffnungen, extremen Entwicklungen in der Partei vorbeugen zu können, für immer gescheitert waren.

Von nun an gebrauchte Gottfried seine hohe Stellung, um Hitler von innen her zu bekämpfen, und bemühte sich, so vielen Opfern des Nationalsozialismus zu helfen, wie er nur konnte.*
Sein Haus in Potsdam bildete einen Mittelpunkt des Widerstandes, und sogar einen der sichersten, bis zum tragischen Ende.

Als man Missie und mich dort aufnahm, waren wir uns dieser Strömung nicht bewußt. Melanie Bismarck war Österreicherin, eine Cousine ihres Mannes, dem sie zutiefst zugetan war. Sie besaß einen logischen, ziemlich nüchternen, geradezu cartesianischen Verstand, möglicherweise eine Erbschaft ihrer französischen Mutter, einer Lois-Chandieu.

Gottfried waren die besten Eigenschaften seiner Familie zuteil geworden. Von hoher Gestalt, hielt er sich etwas gebeugt, seine markanten Züge glichen denen seines Großvaters auf den Lenbach-Porträts. Er sprach auf die abgerissene, scharfe, charakteristische Art der Bismarcks und besaß auch ihren Sinn für Ironie. Am meisten aber nahm seine zurückhaltende, echte Warmherzigkeit für ihn ein.

Von Jugend auf wurde er zum Dienst an der Nation und zur Verantwortung gegenüber seinem Vaterland erzogen. Dieses Gefühl der Verpflichtung gegenüber der Allgemeinheit bildete wohl das stärkste Bindeglied zwischen den Verschwörern, die Hitlers Tod planten. Vielleicht als Gegengewicht zu dieser ernsten Seite seines Wesens, die seinen forschenden, praktischen und gleichzeitig unabhängigen Geist prägte, zeigte er eine Vorliebe für die Gesellschaft junger Menschen. Er hörte mit Interesse auf ihre Meinung und lockte ihre Ansichten durch Fragen, die zuerst harmlose Themen betrafen, aus ihnen heraus.

* In der unvermeidlichen Welle der Vergeltung nach dem Krieg neigten die Alliierten dazu, früh eingetretene Parteimitglieder strenger zu beurteilen, obwohl diese vielleicht beabsichtigt hatten, die Naziführung positiv zu beeinflussen. Abgesehen von jenen, denen die Ehrenmitgliedschaft verliehen worden war – eine „Auszeichnung", die man nur schwer ablehnen konnte –, wurden später eingetretene Parteimitglieder milder behandelt, obwohl sie kaum behaupten konnten, sie wären über die Ziele und Praktiken der Nazis im unklaren gewesen.

Nach diesem ersten Mittagessen kamen wir oft wieder. Er ermunterte uns, Freunde und Bekannte mitzubringen, was wir gern taten. Diese Aufforderung verband er mit der Mahnung, die Vertrauenswürdigkeit der Betreffenden abzuwägen. In der heutigen Zeit sei es zu riskant, mit Menschen umzugehen, deren ,,Ehrenkodex" man nicht kenne, und auf den ließ sich letztlich alles reduzieren. Wir sollten selbst urteilen, nachdem er sich mit ihnen unterhalten hatte; tatsächlich genügten ein paar Worte, wie zufällig ausgesprochen, irgendeine scheinbar unverfängliche Bemerkung, um einen jungen Mann, den wir flüchtig kannten, abzuschreiben. Gottfrieds milde Mahnung: ,,Den seht ihr besser nicht wieder", war gar nicht mehr nötig.

Wir freuten uns, wenn er diejenigen schätzte, die wir besonders gern mochten. Während der folgenden Monate lernten wir den Wert seiner schützenden Hand erst richtig kennen.

Nach der Zerstörung Berlins, als meine Eltern zu mir nach Königswart kamen, nahmen Melanie und Gottfried Missie in Potsdam auf. Das aus Stein gebaute Regierungsgebäude schien beruhigend bombenfest zu sein, und Gottfried meinte, vielleicht böte sein Name noch Schutz, falls sie im Büro in Schwierigkeiten geraten sollte.

Melanie, mit ihrer halbfranzösischen Abstammung, versuchte, einigen ihr anempfohlenen jungen Franzosen, die zur Arbeit herangezogen worden waren, zu helfen. Von 1942 bis Februar 1943 handelte es sich um freiwillige Arbeitskräfte, später wurden sie zwangsweise eingezogen, oft, wenn sie gerade ein Kino verließen, umstellt, aus Zügen herausgeholt oder auf der Straße aufgegriffen.

Selbst für Melanie blieb es schwierig, mit ihnen in Verbindung zu kommen; sie erklärte dann so viele wie möglich zu Vettern, weil es erlaubt war, sich nach Verwandten zu erkundigen. Missie und ich nahmen manchmal sonntags einige dieser jungen Leute mit hinaus nach Potsdam.

Einer von ihnen war der Lyriker Henri de Vendeuvre. Auf unsere Frage: ,,Was machen Sie eigentlich hier?", antwortete er, ,,Sie werden lachen: Ich fege den Boden im Deutschen Verlag!"*

7

An einem Juniabend 1940 wurden Missie und ich zu einem großen halboffiziellen Diner eingeladen. Mehrere Botschafter waren anwesend. Es war eine jener Gesellschaften, bei denen in Kri-

* Er konnte später nach Hause entkommen, aber sein Bruder kam beim Einmarsch der Alliierten in Deutschland auf tragische Weise um.

senmomenten wichtigen Persönlichkeiten Informationen bedeutungsvoll zugeflüstert werden. So auch diesmal. Bereits einige Minuten, nachdem eine solche Nachricht eingetroffen war, verbreitete sie sich in Windeseile: Die Sowjetunion fiel in Litauen ein.

Als der deutsch-russische Pakt 1939 geschlossen wurde, ahnte man schon, daß die baltischen Staaten geopfert werden würden. Wegen der vergleichsweise guten Behandlung, die ihm die litauische Regierung zuteil werden ließ, hatte Papa seine Abreise aufgeschoben, bis die Übernahme durch die Sowjets feststand. Nun gab es keine Illusionen mehr: das hieß für ihn Deportation oder Schlimmeres. Die kommunistische Dampfwalze rollte gnadenlos über jeden hinweg.

Einige einflußreiche Leute aus dem Auswärtigen Amt waren beim Diner anwesend und wurden von Freunden angegangen, die deutsche Gesandtschaft in Kovno zu benachrichtigen, man möge Papa in Schutz nehmen. Sie wurden mit der bezeichnenden Antwort des Protokolls abgespeist: „Dies ist nicht der rechte Augenblick für Sentimentalitäten."

Ein anderer Bekannter, der unter Admiral Canaris für die Abwehr arbeitete, setzte sich diskret mit seinen Vorgesetzten in Verbindung. Er versicherte uns am nächsten Morgen, sie hätten ihre Agenten informiert und versprochen, Papa über die Grenze zu bringen.

Wir warteten einige Tage mit wachsender Unruhe, gequält durch Alpträume von der Lubjanka, dem berüchtigten GPU-Gefängnis. Endlich schrillte das Telefon: „Ihrem Vater geht es gut. Er wird bald bei Ihnen sein."

„Von wo kam der Anruf?"

Das Telefonmädchen antwortete: „Der Teilnehmer wollte nichts mehr sagen. Das Gespräch kam von einer Staatsstelle."

Wir mußten nicht mehr lange warten, bis Papa unsere Wohnung betrat: mager, sonnenverbrannt und verjüngt, makellos korrekt gekleidet wie immer, aber aller irdischen Habseligkeiten bar bis auf einen Rasierapparat in der Tasche und ein winziges Paket, das ein Hemd, Socken und ein antikes grünliches Glas enthielt, das er gegen das Licht halten konnte: eine bezeichnende Auswahl.

Er versicherte uns, es sei befreiend, mit so leichtem Gepäck zu reisen, und bedauerte es beinahe, als seine Garderobe von allen Seiten wieder aufgefüllt wurde. Für seine Bedürfnisse viel zu schnell brauchte er wieder einen Schrank und einen Koffer, um seine Kleidungsstücke unterzubringen.

Er erzählte, daß er einige Tage draußen auf dem Land verbracht habe, und als er dann aus dem Bahnhof von Kovno heraustrat, sei der ganze Platz davor bereits mit sowjetischen Panzern angefüllt gewesen, die sämtliche Straßen in die Stadt blokkierten.

Er versuchte erst gar nicht, seine Wohnung zu erreichen, sondern folgte einem Pfad, der an das Ufer des Njemen führte, um dort an Bord des ersten Schiffes zu gehen, das flußabwärts fuhr. Als der kleine Dampfer abstieß, erschienen sowjetische Soldaten auf dem Landungssteg, um eine Kontrolle einzurichten, doch da tuckerte das Boot schon gemächlich im Strom. Er saß auf Deck und entwarf einen Fluchtplan. Zuerst schien es ihm ratsam, auf seine einstigen Besitzungen zurückzukehren. Sie hießen „Yourburg" (Georgenburg) und „Tauroggen", lagen an der deutschen ostpreußischen Grenze in der Nähe von Tilsit und waren seit 1921 konfisziert.

Wie sie so dahinfuhren, erschien die Landschaft vollkommen friedlich: nirgendwo sowjetische Soldaten zu sehen. Gegen Abend verließ Papa das Schiff und ging zu Fuß weiter, bis er das Haus eines Försters erreichte, der in längst vergangenen Tagen in seinen Diensten gestanden war.

Man hieß ihn sofort willkommen und nahm ihn für die Nacht auf; inzwischen ging sein Gastgeber im Schutz der Dunkelheit die Gegend auskundschaften und Hilfe suchen. Einige Stunden später kehrte er mit zwei Freunden zurück; zusammen entwarfen sie einen Plan. Wie man herausgefunden hatte, wurden die Grenzwachen mittags abgelöst. Kurz vorher hörten sie auf zu patrouillieren und warteten auf die Ablösung. Da sie gerade den neuen Befehl erhalten hatten, auf jede laufende Gestalt zu schießen, war es wohl das beste, langsam hinüberzugehen – wie aus Versehen, wie es beim Zeitunglesen passieren konnte. Man hatte einen geeigneten Platz ausgesucht, der schlecht einzusehen war.

Am nächsten Tag, zur vereinbarten Zeit, gingen die beiden Helfer voraus, legten sich dann flach ausgestreckt ins Gras, jeweils einer auf jeder Seite des ausgewählten Landstreifens. Sie machten einen Pfiff als Zeichen aus, daß die Wachen außer Sicht seien. Der Förster führte Papa vorsichtig zu der vereinbarten Stelle. So schritt er hinaus ins Niemandsland und hielt eine aufgeschlagene Zeitung vor das Gesicht, in die zwei Löcher geschnitten waren, damit er den Weg finden konnte.

Die Sonne stand schon hoch, alles war ruhig; immer noch so tuend, als lese er, wanderte Papa geradewegs nach Deutschland hinein auf ein kleines Dorf mit roten Dächern zu, das am Horizont auftauchte.

Bei der nächsten Polizeistation empfing man ihn mit den Worten: „Wir haben Sie schon erwartet!", und er wurde – auf Staatskosten – in einem Hotel untergebracht. Dieses Verhalten schien ihm völlig unverständlich; doch bald fanden sich zwei freundliche Herren ein, die erleichtert schienen, daß ihm die Überquerung der Grenze gelungen war. Man gab ihm eine Eisenbahnkarte nach Berlin und versprach, uns von seiner bevorstehenden Ankunft zu verständigen. Es handelte sich um Abwehrleute der Organisation Canaris.

Papa war eigentlich ganz stolz, seine Flucht allein geschafft zu haben.

Als er in unsere Wohnung einzog, mußte er sich an unsere Unabhängigkeit erst gewöhnen, er wußte nicht recht, wie er sich verhalten sollte: als strenger Vater oder verständnisvoller Freund. Am Anfang beantwortete er für uns bestimmte Telefonanrufe mit den abweisenden Worten: „Nicht zu Haus" und schnitt so jede weitere Mitteilung ab. Wir erklärten ihm: „Wir führen auch ein Privatleben, und das beginnt nach der Arbeit. Diese Anrufe sind für uns wichtig."

Von nun an versuchte er, uns in allem behilflich zu sein. Er machte das Frühstück, besorgte die Einkäufe und notierte sorgfältig die unzähligen Anrufe, ohne einen Kommentar abzugeben.

Seine olympische Gelassenheit (die unsere Freunde seine „tausendjährige asiatische Ruhe" nannten) wirkte in Bombennächten überaus beruhigend.

Rein zufällig kam uns zu Ohren, daß er seinen Freunden stolz verkündete, er lebe mit seinen Töchtern in einer Art Gemeinschaft, wie Studenten es tun; dadurch fühle er sich wieder jung.

Bald begann er, Französisch- und Englischstunden zu geben. Er sprach ein ganz besonders schönes Russisch, das in subtiler Färbung und Schattierung seine Gedanken wiedergab. In anderen Sprachen fühlte er sich nicht wirklich zu Hause, trotz englischer Nurses und französischer Gouvernanten in Kindertagen.

Wir lachten mit ihm, wenn er mit humorvollem Abscheu von seinem Unterricht erzählte. „Sie sitzen wie Spatzen auf dem Zaun, und ein gräßlicher Kerl fragt unentwegt nach Grammatikregeln. Sie gehen ihn doch gar nichts an, wenn er noch nicht einmal ‚How do you do' sagen kann."

Eine Schülerin vertraute ihm an, sie sei in unerwiderter, leidenschaftlicher Liebe zu einem Ausländer von vornehmem Äußeren entbrannt. Er habe graue Schläfen und sei „trotz des Unglücks, das ihn getroffen", von bemerkenswerter Haltung. „Und er hat ein hängendes Augenlid", unterbrachen wir. „Papa, sie meint dich: sie ist in dich verliebt!"

Er war über diese beunruhigende Schlußfolgerung leicht schockiert.

Abgesehen von den Luftangriffen schränkte das Gefühl der akuten Gefahr, die von allen Seiten her drohte, unser persönliches und geselliges Leben kaum ein. Rückblickend erscheint einem der dauernde Wirbel von Parties und gesellschaftlichen Zusammenkünften fast bizarr. Vielleicht ist der Drang, sich mit anderen zu treffen, zu sprechen, zu lachen, in schwierigen oder gefährlichen Zeiten besonders stark. Unzweifelhaft litten Menschen, die auf dem Land in verhältnismäßiger Sicherheit lebten, an der Isolierung, die sich aus dem Mangel an Nachrichten und Kommunikation ergab. Nebenbei bemerkt: auch Witze wirkten nie wieder so komisch wie während der Unterdrückung durch die Nazis, und nie wieder würde man den gleichen Kitzel der Gefahr spüren, wenn man sie weitererzählte.

Da wir jung waren, wähnten wir uns gegen Tod und Katastrophen gefeit und unverletzbar. Solange mit dem Leben davongekommen zu sein, bedeutete zusätzliche Lebensfreude, beinahe Euphorie.

Es gab in Berlin zu jener Zeit nicht viele ,,internationale" junge Mädchen, und daher waren wir mit einigen anderen sehr ,,gefragt". Nach getaner Tagesarbeit begaben wir uns direkt von unserer Dienststelle zu Abendgesellschaften, die oft durch Bombenalarm unterbrochen oder aber unendlich verlängert wurden. Bevor wir das Büro verließen, zogen wir uns in einem winzigen Waschraum um. Unsere Chefs scherzten, daß die köstlichen Düfte, die dann die Treppe hinaufzogen (Luisas ,,Arpège", Louisettes ,,Je reviens" und mein ,,Moment Suprême"), sie sofort informierten, daß sie an diesem Abend nicht lange mit unserer Mitarbeit rechnen konnten.

Man lud uns zu Mittag- und Abendessen sowie zu Picknicks ein, die von den noch verbliebenen Botschaften gegeben wurden: der italienischen, der chilenischen, der spanischen, der schwedischen, der ungarischen und der schweizerischen. Der Kreis der Gäste war noch großstädtisch bunt, ihnen gehörten auch Künstler und Politiker an, soweit sie sich noch in ausländischen diplomatischen Kreisen bewegten. Man fand sich daher oft neben einem ungewöhnlichen Tischnachbarn placiert.

Einmal saß ein Adjutant Hitlers zwischen Luisa und mir. Der französische Feldzug war gerade zu Ende, und wir bemühten uns, gezielte Fragen möglichst unschuldig anzubringen: ,,Wie ist der Führer denn mit Huntziger (der französische General, der den Waffenstillstand unterzeichnet hatte) zurechtgekommen?"

,,Er war überrascht, wie anständig er und seine Kollegen sich benahmen", erwiderte er. ,,Tatsächlich hat ihn das sogar dazu gebracht, seine Pläne für Frankreich zu revidieren, was ihm jetzt schon leid tut. Aber mit der Zeit kriegen wir das wieder hin." (Unheilverheißende Ankündigung!)

,,Was gefiel dem Führer als Kenner der Architektur in Paris am besten?"

,,Die Oper. Er fand, sie sei das schönste Gebäude, das er je gesehen hat. Und dann natürlich der Eiffelturm."

Wir vermieden es, uns einen bedeutungsvollen Blick zuzuwerfen, fühlten aber eine Art Schaudern in uns aufsteigen.

Die Diplomaten, die wir am häufigsten trafen, waren die Italiener, die zu jeder Zeit durch ihre unverwüstliche Menschlichkeit erfrischend wirkten, und die halbneutralen Spanier, die zäh darauf beharrten, Hitlers Truppen aus ihrem Land herauszuhalten. Viele Italiener nahmen Mussolini das Bündnis übel, das er ihnen aufgezwungen hatte. Sie sprachen darüber ganz offen, um nicht zu sagen, schreiend indiskret, und das machte die Gesellschaften in der italienischen Botschaft so amüsant und gleichzeitig so gefährlich. Unsere Gastgeber konnten auf ihre diplomatische Immunität bauen, wir Gäste nicht.

Eines Abends beschrieb der Botschafter, drastisch bis ins Detail, einen Empfang, den Göring für etwa fünfzig Gäste gegeben hatte. Der „Reichsmarschall" erschien in einem fließenden roten Samtschlafrock, eine Art „Tea-gown", dessen üppiger Nerzbesatz sich über Spitzenvolants öffnete, die in Kaskaden seine breite Brust bedeckten.

Bei einem Sommerpicknick befanden wir uns bei der italienischen Botschaft am Wannsee, als plötzlich eine Schlange offizieller Wagen, von Polizei eskortiert, in einer Staubwolke vorfuhr. Graf Ciano, Mussolinis Schwiegersohn, stieg aus, gefolgt von einem Schwarm seiner Landsleute, mit Band und Orden geschmückt, die in ihren Phantasieuniformen ein grellbuntes, fast revueartiges Bild boten.

Bald darauf gelang es uns, die Flucht zu ergreifen, aber erst, nachdem wir einen Blick in einen halbdunklen Salon geworfen hatten, in dem Ciano und zwei oder drei seiner prächtig bunten, schillernden Satelliten mit Berliner Schönheiten von der schnellen Sorte eng umschlungen tanzten.

8

„Du mußt mir helfen, Paul Metternich zu unterhalten", bat Luisa. „Er ist für drei Urlaubstage hier; außer zur Olympiade war er vorher nie in Berlin."

Sie hatte eine wichtige Verabredung, die sie selbst für einen Freund aus Kindertagen, aus der Zeit, als ihr Vater Botschafter in Madrid war, nicht verschieben konnte.

Es kam uns ungelegen, für das schon verplante Wochenende noch einen Extra-Mann an Bord zu nehmen, aber schließlich trafen wir Paul Metternich nach dem Mittagessen in der Halle des Eden-Hotels, unserem üblichen Treffpunkt. Einige Freunde machten sich gerade zu einem Sommerpicknick nach Kladow auf.

Metternich war zu einem Kurzurlaub aus Frankreich gekommen, wo er mit seinem Kavallerieregiment stationiert war. Er trug Zivil; als gewöhnlicher Soldat, erklärte er uns, müsse er eigentlich immer Uniform tragen, aber der penetrante Pferdegeruch sei einfach nicht zu beseitigen. In einem ungnädigen Augenblick hatte der Unteroffizier seinen Leuten befohlen, ihre Schöpfe bis auf einen borstigen „Hindenburg-Schnitt" abzuscheren. Trotz großzügigen Gebrauchs von Brillantine sträubten sich Pauls Haare, wenn er lachte. Er fühlte sich anscheinend recht wohl in unserer Mitte, obwohl er der einzige Neuankömmling war.

Halb Österreicher, halb Spanier, sprach er so viele Sprachen wie wir, ausgenommen Russisch. Vor zwei Jahren, im Spanischen Bürgerkrieg, hatte er als Freiwilliger mit Vettern und Freunden auf der nationalen Seite gekämpft. Durch diese Erfahrung schien er gereifter, als es seine 23 Jahre erwarten ließen.

Paul und ich nutzten die beiden nächsten Tage bis zum letzten Augenblick; wir trafen uns schließlich zum Frühstück im Sonnenschein vor einem Café auf dem Kurfürstendamm, bevor er zu seinem Regiment und ich ins Büro zurückkehrte.

Von nun an folgte mir ein ständiger Strom kleiner Briefe, die auf Fetzen von Papiertischtüchern, Häuslpapier oder Servietten gekritzelt waren, manchmal auch auf die Rückseite eines Militärbefehls oder auf herausgerissene Schulheftseiten: die Wehrmacht schien an Nachschubmangel von Papier zu leiden.

Seine Notizen enthielten lebhafte Beschreibungen von Erlebnissen an seinem damaligen Standort im Innersten Frankreichs und berichteten unter anderem von Fahrten im Beiwagen eines Motorrades, „mit dem Hintern die Straße schleifend", wenn er die Lebensmittelversorgung für die umliegenden Dörfer organisieren mußte, denn die Wehrmacht kümmerte sich in dieser Zeit um die Verpflegung der Landbevölkerung.

Als er das nächste Mal nach Berlin kam, wußten wir, daß wir uns liebten und so bald wie möglich heiraten würden. Freilich war damals nicht abzusehen, daß wir noch ein ganzes Jahr warten mußten. Da es offensichtlich war, daß dieser Entschluß bei uns feststand, meinte Papa, es sei nun an der Zeit, daß Paul „die Sache mit mir bespricht".

Dieser Brauch erschien uns zwar unzeitgemäß, aber wir wollten seine Gefühle nicht verletzen. Während der Unterredung saß ich draußen auf der Treppe mit der Uhr in der Hand, bereit, das Gespräch zu unterbrechen, sollte es zu lange dauern. Aber sie verstanden sich ausgezeichnet. Paul erzählte mir später, daß er von Papa einen sehr guten Rat bekommen habe: „Man soll sich gegenseitig Raum lassen, sich auf eigene Art zu entwickeln, und nicht versuchen, dem anderen die eigene Persönlichkeit aufzudrängen."

Eines Tages sagte Paul: „Man braucht nur die Landkarte anzuschauen, um zu wissen: der Krieg ist bereits verloren. Je länger er dauert, um so schlimmer wird es für jeden einzelnen. Wie immer er ausgeht, wir werden alles verlieren, genau wie dein Vater damals."

Im August 1940 war der französische Feldzug gerade erst vorüber, dennoch hatte ihn sein unbestechlicher Blick für die Wirklichkeit zu dieser nüchternen Einschätzung der Lage veranlaßt.

Pauls Urgroßvater, dem österreichischen Kanzler Fürst Clemens Lothar Metternich, dessen Porträt von Lawrence unsere französischen Malet-et-Isaac-Geschichtsbücher geziert hatte, war es gelungen, nach der napoleonischen Ära einen dauerhaften Frieden in Europa herbeizuführen. Als Anerkennung seiner Verdienste hatte ihm der österreichische Kaiser den Besitz Johannisberg am Rhein geschenkt.

Die Metternichs stammten ursprünglich von der nahegelegenen Mosel. Als Würdenträger des Heiligen Römischen Reiches bewegten sie sich schrittweise auf Wien zu und tauschten schließlich ihre deutschen Besitzungen gegen die Herrschaft Plass bei Pilsen in der Tschechoslowakei. Der Besitz Königswart in Nordböhmen gehörte jedoch schon seit dem frühen 16. Jahrhundert der Familie.

Als er den möglichen Verlust seiner Heimat auf sich zukommen sah, beschrieb mir Paul Königswart wie aus der Ferne, aber doch mit spürbarer Anhänglichkeit. Plass und Johannisberg besaßen für ihn nicht dieselbe Bedeutung. Obwohl materielle Werte für ihn genausowenig zählten wie für Papa, war er mit seinem Zuhause zutiefst verhaftet.

Paul war dreizehn Jahre alt, als sein Vater starb. Man bat drei Freunde der Familie, sich bis zu seiner Volljährigkeit um die Besitzungen zu kümmern: Fürst Clary um Königswart, Prinz Leopold Lobkowicz um Plass (im tschechischen Teil von Böhmen) und Graf Walter Berchem um Johannisberg.

Alle drei Herren waren von höchster Integrität und für diese selbstlose Aufgabe bestens ausgewählt. Obwohl man kaum drei verschiedenartigere Persönlichkeiten finden konnte, entwickelte sich die Zusammenarbeit zwischen ihnen reibungslos, wahrscheinlich dank des sprichwörtlichen ausgleichenden Charmes meiner Schwiegermutter.

Missie und ich waren mütterlicherseits mit den Clarys entfernt verwandt. Als wir in Deutschland eintrafen, nahmen sie uns als ihre „Nichten" liebevoll auf, obwohl die Cousinage etwa ein Jahrhundert zurücklag. Die ganze Familie wuchs uns sehr ans Herz, die drei Söhne wurden bald unsere engsten Freunde. Während ihres Urlaubes fielen sie in unsere winzige Wohnung zum Frühstück ein, nachdem sie am frühen Morgen, unterwegs zu uns, Brot, Milch und die Post, die auf der Fußmatte vor der Haustür deponiert wurden, eingesammelt hatten.

Fürst Alphy Clary, eine der gewinnendsten Persönlichkeiten nicht nur seiner Generation, sondern einer Epoche, sah blendend aus, war hoch gebildet, einfühlsam und weltläufig. Als leidenschaftlicher Historiker, der auch Genealogie betrieb, freute ihn, ganz abgesehen von seiner Zuneigung für Paul und mich, unsere bevorstehende Heirat, die er für eine „interessante historische Kombination" hielt.

Schließlich, nach Monaten allzukurzer Treffen, gewährte man Paul einen Urlaub, um „seine persönlichen Angelegenheiten in Ordnung zu bringen". Wir fürchteten zwar, das könnte heißen, „im Hinblick auf den kommenden russischen Feldzug", freuten uns jedoch, endlich das Hochzeitsdatum festlegen zu können.

Meine zukünftige Schwiegermutter kehrte aus Spanien zurück, wo sie einige Monate bei ihrer großen Familie, den Santa Cruz, verbracht hatte. Paul nahm mich und Missie nach Königswart mit, um sie zu besuchen.

Wir hatten uns vorher einmal getroffen. Ich meinte damals, daß ein Mittagessen zu zweit für mich und seine Mutter angenehmer wäre. Wir unterhielten uns großartig und heiter, indessen Paul auf der Straße auf und ab ging, viel zu nervös, um selbst essen zu können. Dadurch wurde mir erst bewußt, wie wichtig es ihm war, daß wir beide gut miteinander auskamen. Wie hätte es anders sein können!

Die Heirat meiner Schwiegermutter mit einem Österreicher schien seinerzeit überraschend, denn die jahrhundertealte Verbindung zwischen Österreich und Spanien gehörte ja längst der Geschichte an. Außer einer entfernten Urgroßmutter Waldstein war Isabel, wie ich sie nennen sollte, eine reinblütige Spanierin. Sie sah trotzdem nicht danach aus, denn sie war hochgewachsen, hielt sich auffallend gut und gab sich gleichzeitig zurückhaltend und selbstsicher. Sie wirkte wie eine Romanfigur aus der Jahrhundertwende, obwohl ihre Ansichten sehr gut in unsere Zeit paßten. Hochelegant und soigniert, wurde sie mit Alltagswidrigkeiten stets auf disziplinierte Weise fertig. Sie bildete ein lebendes Beispiel für die Tatsache, daß Schönheit nie anziehender ist, als wenn sie auf einem flüchtigen Spiel des Lichts und dem überraschenden Wechsel des Ausdrucks beruht. Ihr blendendes Aussehen blieb ihr auch bis ins hohe Alter erhalten.

Sie behauptete von sich, sie ließe es nicht zu, daß irgend jemand ihr lästig falle oder sie langweile. Ich sollte noch erfahren, daß sie selbst nie anderen zur Last fiel oder sie langweilte.

Als Gräfin Melanie Zichy-Ferraris, ihre ungarische Schwiegermutter, eines Tages eine ihrer üblichen Szenen machte, sich hysterisch auf dem Boden wälzte und mit Familienschmuck um sich warf, verließ sie ungerührt das Haus, Schwiegermutter und Schmuck auf dem Boden zurücklassend, um sie nie wieder zu sehen. Sie bot Melanie an, einen der Familienwohnsitze für sich auszuwählen, unter der Bedingung, daß ihre Wege sich nicht mehr kreuzten. Das muß für die arme Melanie sehr bitter gewesen sein, denn es beraubte sie einer Möglichkeit, Szenen zu machen und die darauffolgende Versöhnung zu genießen. Sie muß aber auch anziehende Charakterzüge besessen haben, denn in Johannisberg haben viele Bewohner sie in freundlicher Erinnerung bewahrt.

Isabel gab mir den Rat, mich nie mit jemandem zu überwerfen, denn es sei so „ermüdend". Sie selbst mußte einige Male die Hotels wechseln, weil ihre Schwiegermutter, „mühsam" wie immer, es sich in den Kopf gesetzt hatte, dort aufzutauchen, um mit ihr zu streiten.

Zum Erstaunen junger Großneffen war meine immer noch jugendliche Schwiegermutter mit Winston Churchills Mutter und mit Kaiserin Eugenie von Frankreich, geborener Montijo, befreundet gewesen. Diese Verbindung ging weit zurück in ihre Kindheit. Sie hatte Miss Kidd, die englische Nurse der Montijo-Mädchen, übernommen und erinnerte sich noch gut, daß sie prachtvolle aus der Mode gekommene „Worth"-Kleider, die Miss Kidd aus Frankreich zugeschickt wurden, in ihre Einzelteile zerlegte, einen Ärmel hier mit einem Volant da kombinierte, um etwas Tragbares für ihre Nurse daraus zu machen.

In Wien war Isabel eine Sensation. Auf offiziellen Bällen setzte sich oft der alte Kaiser Franz Joseph eine Weile zu ihr, um zu plaudern. „Er war allerliebst", erzählte sie uns.

Jeder fand sie hinreißend, und daß sie so hochgewachsen und gertenschlank war – für Spanien ein Nachteil –, wurde hier als Vorzug geschätzt. Ihr Schmuck und ihre Kleider erregten genausoviel Aufsehen wie ihr völlig natürlicher, fröhlicher und nie versiegender Liebreiz sowie auch ihre Gelassenheit, wobei es als Gebot galt, nie zu tief zu schürfen, nie Gefühlsregungen erkennen zu lassen. Es mangelte ihr dennoch nicht an Mitgefühl, außer wenn ihr jemand lästig wurde; das war *die* Todsünde. Der Betreffende wurde für immer abgeschrieben.

Sie liebte zutiefst ihren zweiten Mann, Ladislas Skrzynski, und da sie seinen Namen nicht aussprechen konnte, wurde er kurzerhand „Tchousko" genannt. Zuletzt polnischer Botschafter beim Vatikan, hatte er seine Karriere im österreichischen Dienst begonnen, wobei einer seiner ersten Posten St. Petersburg war. Er verfolgte die Weltpolitik mit lebhafter Anteilnahme und rief das gleiche Interesse auch in Paul wach. Er muß taktvoll und voller Herzensgüte gewesen sein, denn Paul mochte ihn besonders gern; ich selbst bedauerte, daß ich es um wenige Jahre verpaßt hatte, ihn kennenzulernen; er starb in der Christnacht 1938. Wenigstens blieb es ihm erspart, das unermeßliche Unglück erleben zu müssen, das seine Heimat Polen bald darauf treffen sollte, die schonungslose Vernichtung seiner schönen Hauptstadt sowie den Verlust so vieler guter Freunde.

Meine Schwiegermutter hatte in der Ecke, in der sie im großen Salon von Königswart gewöhnlich saß, eine Canova-Büste von Palmerston aufgestellt, weil er sie an „Tchousko" erinnerte.

Sein Tod verschärfte ihre spanische Abneigung gegen die „weihnachtlichen Stammesbräuche". Sie vermied dieselben, indem sie in eiskalte Hotels an der Riviera flüchtete, schickte mir aber wunderschöne und großzügige Geschenke: „. . . da Du ja an Weihnachten glaubst!"

Als unser Zug in die Nähe von Eger kam, machte Paul Missie und mich auf die Berge aufmerksam, an die wir heranfuhren: „Jetzt sehen wir den Kaiserwald; auf der anderen Seite der niedrigen, bewaldeten Hügelkette liegt Königswart tief unten im Tal."

Die Gegend um Königswart, das Egerland, gehörte ursprünglich zu Bayern, bis ein verschuldeter Pfalzgraf – das benachbarte Frankenland hieß damals Oberpfalz – es an den König von Böhmen verpfändete. Die verschuldete Summe wurde nie wieder aufgebracht, so blieb das Egerland ein Teil von Böhmen und gehörte damit zum Heiligen Römischen Reich unter habsburgischer Herrschaft. Es war seit uralten Zeiten von Sudetendeutschen bevölkert.

Die fleißigen und arbeitsamen Sudetendeutschen hatten ihr Land in ein kleines Paradies verwandelt, mit schönen Städten, kunstvollen Bauten, blühender Forstwirtschaft, Landwirtschaft und Industrie.

Nachdem 1918 die Loslösung von Österreich vollzogen worden war, litten die Sudetendeutschen unter Zwangsmaßnahmen und schlechter Behandlung als Folge des neuen tschechischen Nationalismus. Im Jahr 1938, als Hitlers Parole „Heim ins Reich" sich an alle deutschsprachigen Minderheiten in Nachbarländern wandte, entstand große Unruhe; die Partei traf im Sudetenland anfangs auf Sympathie, nicht weil sie Nazilehren predigte, sondern weil sie Schutz gegen tschechische Übergriffe versprach. Bald schossen die Nazis aber über dieses Ziel hinaus; die Sudetendeutschen sollten nur allzuschnell erfahren, daß sie lediglich als Werkzeug gedient hatten, als Vorwand für die kommende Invasion.

Nun kam ich also zum erstenmal nach Königswart. Ein uralter, eckiger Kasten von Auto wartete auf dem Bahnhof. Es war zum

Holzvergaser umgebaut worden, und ein Gegenstand, der wie ein eiserner Ofen aussah, rauchte und schnaubte hinter unseren Sitzen.

Die Straße führte über einen steilen Berg. In früheren Zeiten lauerten hier Räuber, um die langsam heraufkommenden Kutschen auszuplündern. Daher hieß auch sinnvoll das letzte Dorf vor der Steigung „Gibacht" und das auf der anderen Seite des Berges „Siehdichfür". Zwischen beiden fuhr man mit gezogener Pistole.

Ein Denkmal dankte dem Kanzler Metternich dafür, daß er die Straße erweitern ließ.

Wir holperten staubige Landstraßen entlang, bis wir an der barocken Ökonomie von Königswart vorbeikamen, die hinter einer weiten, mit hohen Baumgruppen bestandenen Rasenfläche lag. Wir fuhren auf das Schloß zu, das in seiner dunkelgrünen Umrahmung wie ein weißes Hufeisen herüberschimmerte.

Isabel, meine zukünftige Schwiegermutter, und Marysia Borkowska, ihre angeheiratete Nichte, winkten uns zu. Der erste Augenblick der Befangenheit war bald überwunden, man führte uns hinein zum Mittagessen.

Nachher besuchten wir draußen auf dem See die kleine Insel meiner Schwiegermutter. Sie war nur über eine schmale Brücke zu erreichen, die durch ein mit einem Vorlegeschloß versehenes Tor versperrt war. Niemand durfte sie überschreiten, der nicht ausdrücklich eingeladen war. Isabel winkte Gästen zwar fröhlich zu, was in keiner Weise bedeutete, daß sie aufgefordert seien, zu ihr zu kommen; daher war es als besondere Auszeichnung zu werten, daß wir gleich hineingebeten wurden.

Vor der Abreise schenkte mir Isabel einen Smaragdring und ein Diamantarmband. Sie hoffe, sagte sie, daß ich Paul die gleichen Gefühle entgegenbringen würde wie sie ihrem zweiten Mann: „Jedesmal lächelte mein Herz, wenn er hereinkam."

Auf dem Rückweg, als der Zug sich Berlin näherte, heulten die Sirenen auf. Schon quietschten die Bremsen, der Zug hielt zögernd an. Tiefflieger! Die Fahrgäste stiegen aus und legten sich flach in die Felder: das Getreide stand so hoch, daß einer den anderen nicht sehen konnte. Man riß alberne Witze: „Vorsicht – der mit der Glatze! Sie glänzt wie ein Spiegel!"

Dennoch war es ein dummes Gefühl, so wehrlos ausgeliefert zu sein wie eine Maus dem Angriff des Falken. Zwischen den Todesvögeln, die zunächst hoch am Himmel erschienen, um dann im Sturzflug anzugreifen, und der eigenen Person gab es überhaupt keinen Schutz, nur leeren Raum. Wie ein riesiger Bienenschwarm brausten die Maschinen über uns hinweg. Sie verschwanden, tauchten wieder auf und verschwanden endlich zwischen den wattigen Wolken, die friedlich über unseren Köpfen vorüberzogen.

Bald war das Krachen von Flak-Geschützen zu hören, Feuerblitze zuckten zwischen den Flugzeugen auf. In etwa zwölf Kilometer Entfernung bildete sich vor unseren Augen ein riesiger, gelbschwarzer Rauchvorhang, der langsam den friedlichen Sommerabend einhüllte und einen Geruch von Rauch und Brand zu uns herüberschickte.

Wir konnten selbst nach der Entwarnung nicht in den Anhalter-Bahnhof einfahren. Berlin hatte schon so nah geschienen, und nun rangierte der Zug hin und her; wir erreichten die Stadt und unsere Wohnung viele Stunden später, erschöpft und staubig. Der Krieg packte uns wieder mit seinen Klauen.

Meine Schwiegermutter und Marysia entschlossen sich bald darauf, von Königswart nach Johannisberg zu ziehen. Während Marysia hin- und herreiste, um alle Einzelheiten zu regeln, nahmen sie als vorübergehendes Absteigquartier ein paar Zimmer im Hotel Steinplatz in Berlin.

Isabel bestand darauf, daß dieser Umzug unsere guten Beziehungen noch weiter festigen solle, denn wir würden uns oft sehen und dennoch völlig unabhängig voneinander bleiben. Sie war entschlossen, es nicht zu ähnlichen Streitereien kommen zu lassen, wie sie solche mit ihrer Schwiegermutter durchgemacht hatte.

Nach dem Tod ihres zweiten Mannes war seine Nichte Marysia zu Isabel gezogen, um ihr Gesellschaft zu leisten. Ohne schön zu sein, ohne Vermögen und auch ohne Glück zu haben, strahlte Marysia Humor und gute Laune aus. Unermüdliche Energie fand sich bei ihr mit gesundem Menschenverstand gepaart. Durch ihre Anteilnahme und ihr Einfühlungsvermögen für andere gewann sie unzählige Freunde, wo immer sie hinkam. Als ihr Onkel, Pauls Stiefvater, starb, hinterließ er ihr seinen Besitz in Polen. So wurde Marysia für eine kurze Zeit, von Weihnachten 1938 bis September 1939, eine verhältnismäßig wohlhabende Gutsbesitzerin. Sie galt damals sogar als gute Skifahrerin, was uns kaum glaubhaft schien, weil sie es ablehnte, ihre üppige Figur zu kontrollieren. Man konnte sich nicht recht vorstellen, wie sie die Hänge von Zakopane hinuntergesaust war.

Sie sollte mir eine liebe und zuverlässige Freundin werden.

Auf einer Station zwischen Johannisberg und Berlin zog die Gestapo eines Tages Marysia plötzlich aus dem Zug, nahm sie fest und verhörte sie, während meine Schwiegermutter über ihr Verschwinden vor Angst verging. Nach achtundvierzig Stunden erschien sie wieder. Da sie wußte, daß ihr Bruder Henri im polnischen Widerstand kämpfte und ihm die Gestapo auf den Fersen war, war sie über ihre Festnahme erst über die Maßen erschrokken. Nach planlosen und scheinbar nichtssagenden Verhören zog man endlich das „Corpus delicti" hervor: es war eine Schallplatte. Marysia, die alles andere als das erwartet hatte, hörte kratzende Geräusche, Räuspern und dann: „Padre nuestro . . ." in einer Art Sing-Sang, dem murmelnde Antworten folgten. Die Sprecher waren meine Schwiegermutter und sie selbst, als sie im Hotel Steinplatz vor dem Schlafengehen den Rosenkranz auf spanisch beteten.

Die Gesichter der Gestapo-Leute wurden lang, als sie erklärte, worum es sich handelte, denn sie hatten sich eingebildet, einer wichtigen Sache, zumindest einer bedeutenden Verschwörung auf der Spur zu sein.

Marysia schien durch die unerfreuliche Erfahrung wenig beeindruckt und lachte darüber: „Gott sei Dank sind sie ziemliche Holzköpfe!" Paul war wegen der Überwachung wütend und erlaubte nicht, daß sie auch nur einen Augenblick länger im Hotel blieben.

Nach dieser Erfahrung bemühte sich Paul um Kontakte zu Admiral Canaris, dem Chef der deutschen Spionageabwehr, um das Leben von Marysias Bruder zu retten. Pauls entfernter Vetter, der spanische Militärattaché Graf Juan Luis Rocamora, war bereit, den Vermittler zu spielen, denn er stand mit dem Admiral auf bestem Fuß.

Bevor die SS unter Heydrich den SD offen in ausländische Angelegenheiten einschleuste und begann, Spionage in fremden Ländern zu betreiben, war die „Abwehr" die einzige Organisation in Deutschland gewesen, die über das Wissen, die Erfahrung und das Personal für eine solche Aufgabe verfügte.

Wie viele andere vaterlandsliebende Deutsche hatte auch Canaris Hitlers nationale Politik anfangs gutgeheißen; er wandte sich erst gegen ihn, als offensichtlich wurde, daß „der Führer" ganz überlegt einen Weltkrieg vorbereitete.

Es gelang der Abwehr, Henri zu warnen, daß die Gestapo seine Aktivitäten im polnischen Untergrund ganz genau kannte, aber er weigerte sich, sein Land zu verlassen. Dann schlich sich die Gestapo an ihn heran.

Marysia hielt sich inzwischen in Wien auf, wo sie mit Isabel im Hotel Bristol wohnte. Eines Morgens sah sie ihren Bruder durch die Verbindungstür eintreten.

„Henri, wie schön! Ist es Paul also doch gelungen, dich herauszubekommen! Aber deine Uniform ist unmöglich: Du mußt dich sofort umziehen!" Als sie sprach, lächelte er und entschwand. Sie erfuhr später, daß er in diesem Augenblick, wo sie meinte, ihn gesehen zu haben, erschossen worden war.

Graf Rocamora und seine Frau gehörten zu unseren besten Freunden in Berlin. Er stellte die Verkörperung von Mut und

Ehrgefühl dar und sah aus, als sei er soeben aus Grecos Bild „Das Begräbnis des Grafen Orgaz" herausgestiegen.

Rocamora war feingliedrig, hatte scharfgeschnittene, ausgeprägte Züge, rabenschwarzes, dichtes Haar und ein tieftrauriges Gesicht, das plötzlich von einem entwaffnenden Lächeln erhellt werden konnte. Seine Schwäche für schöne Frauen wirkte beinahe hilflos, und wenn er an ein abgebrühtes, eiskaltes weibliches Wesen geriet, das nur versuchte, ihn ihrer eigenen „Trophäen-Sammlung" einzuverleiben (von solchen Damen gab es eine ganze Menge in Berlin), ließ ihn sein sonst so sicheres Urteil einfach im Stich. „Douce et féminine", seufzte er dann, von Blindheit geschlagen.

Obwohl wir sehr oft in seinem Haus eingeladen waren, fanden wir erst später heraus, daß einiges darin vorging, von dem wir nichts ahnten.

Seine Freundschaft mit Canaris stammte aus der Zeit des Spanischen Bürgerkrieges. Aber selbst diese Verbindung zum Chef der deutschen Spionageabwehr vermochte nicht ganz ihr gegenseitiges Vertrauen zu erklären. Viele Jahre später, in Madrid, verriet uns Rocamora den wahren Grund. Kurz nach dem Einmarsch in Polen hatte Canaris ihn um Hilfe gebeten. Er sagte Juan Luis damals, daß er bereits der dritte Militärattaché sei, an den er sich wende: bei den anderen war er auf eine Absage gestoßen, weil sie behaupteten, sie könnten nichts unternehmen, ohne ihre Botschafter zu unterrichten. Rocamora versicherte ihm, daß sein Botschafter, Magaz, ein Freund sei und die Situation verstehen werde, wenn er sie ihm später darlege.

Alle Militärattachés, die noch in Berlin Dienst taten, wurden zu Manövern in Polen eingeladen. Canaris bat Rocamora nun, zu einer bestimmten Stunde an einen bestimmten Ort zu fahren, von dort einige Leute mit falschen Papieren mitzunehmen und sie nach Berlin zu bringen. Er solle sie in seiner Wohnung verstekken, bis er weitere Weisungen erhielt.

All das wurde ausgeführt. Seine polnischen Schützlinge entpuppten sich als zur Elite des Landes gehörig, hinter der die Gestapo besonders her war. Zuerst kannte er nicht einmal ihre Namen. Einer von ihnen erkrankte ernstlich. Mit äußerster Vorsicht wurde Canaris benachrichtigt, woraufhin ein vertrauenswürdiger Arzt erschien.

Während der folgenden Wochen waren wir oft in Rocamoras Haus und ahnten nicht, daß dessen hintere Räume voller Flüchtlinge steckten. Schließlich, nachdem gefälschte Pässe besorgt worden waren, brachte man die kleine Gruppe über die Schweizer Grenze.

„Was auch immer Sie von mir verlangen, werde ich ausführen", versprach ihm Canaris nach dieser Aktion.

„Sprachregelungen" zogen regelmäßig ihre schleimige Spur durch alle Ministerien und Regierungsstellen. Diese Anordnungen verrieten immer die zukünftigen Absichten der Partei. Bereits in den Anfangsjahren, als die Nazis ihre Rassentheorien entwickelten, um eine expansionistische Politik zu rechtfertigen, wurden die Russen zu Barbaren erklärt, die einen großen Kontinent nur dünn besiedelten und weiten „Lebensraum" ungenützt ließen.

Als der sowjetisch-deutsche Pakt geschlossen wurde, hörte man wieder russische Musik im Rundfunk, Tolstoi und Dostojewski kamen in Mode. Nun aber durften russische Kultur und Geschichte nicht einmal mehr erwähnt werden. Über die Russen sprach man nur als Untermenschen, die eine Bedrohung für die westliche Kultur darstellten.

All das deutete auf die herannahende Invasion hin.

Paul wollte es nicht glauben, als ich ihm davon erzählte, aber die Gerüchte geisterten schon durch Berlin. In andere Städte drangen sie nicht, denn dort hätte man das Leck, das eine so gefährliche Information durchsickern ließ, leicht entdecken können.

Obwohl wir uns gemäß dem drastischen Umschwung der Nazipolitik an den schnellen Wechsel vom „Übermenschen" zum „Untermenschen" gewöhnt hatten, konnte die Abklassifizierung bedeuten, daß einem deutschen Soldaten die Heirat mit einer Russin verboten würde. Rantzau riet mir daher, so schnell wie möglich, noch vor der Verkündung einer solchen Bestimmung, einen deutschen Paß zu beantragen.

Als ersten Schritt mußte ich zu diesem Zweck im sogenannten „Rassenamt" eine Art rassischer Prüfung ablegen. Missie begleitete mich aus Neugier.

Ein buckliger Zwerg (wie aus der Nibelungensage) führte uns durch die zuständige Abteilung des Rosenbergschen Ministeriums, einem Mittelding zwischen einer Lehranstalt und einem anthropologischen Museum.

Er maß unsere Schädel und dann unsere Körpergröße, wobei er auf einen Stuhl klettern mußte, um das Ergebnis abzulesen. Haar- und Augenfarbe wurden mit Idealmodellen verglichen. Mit wohlwollendem Nicken murmelte er dann vor sich hin: „Skandinavische Prototypen."

Kaum konnten wir uns das Lachen über das Getue dieses Zwergtroglodyten verkneifen. Hatten die Berliner nicht Goebbels den Spitznamen „nachgedunkelter Schrumpfgermane" gegeben?

Trott und Rantzau hörten unseren Bericht mit Bestürzung. Ihr Rat lautete, bald zu heiraten und diesen „bösen Unsinn" zu vergessen.

Trotz allem war es schwierig für uns, die verbrecherischen Folgen dieses Possenspiels, das mit solcher Effizienz aufgezogen wurde, zu durchschauen. Die Nazis wußten, daß eine Lüge, die man oft genug wiederholt, zu einem Axiom wird, zu einer tödlichen Waffe, die den Massenmord an Juden, Zigeunern und jedem, der als „Untermensch" abgestempelt wurde, ermöglichte. Man brauchte nur ein paar Aktenvermerke, ein paar Registerkarten auszutauschen, um das Opfer in die zu vernichtende Kategorie einzureihen.

Eine Legende sagte warnend voraus, daß an dem Tag, an welchem die Grabesruhe Tamerlans in Samarkand gestört würde, größeres Unheil über Osteuropa kommen werde, als er es je verursacht habe. – Der sowjetische Anthropologe, Professor Gerassimow, öffnete Tamerlans Sarg am 22. Juni 1941.

An demselben Tag griff Hitler Rußland an. Man brauchte sich kaum an Bismarcks Warnung vor einem Zweifrontenkrieg zu erinnern, um vorauszusehen, daß dieser Feldzug die Katastrophe über Deutschland und ungeahntes Elend über Rußland bringen mußte.

Die ersten Kämpfe brachten schwere Verluste, besonders bei den Panzertruppen. Die Abstände zwischen den Begräbnissen wurden immer kürzer, und schwarz verschleierte Familienmitglieder erschienen einem bald wie Symbolfiguren der Trauer.

Ronnie Clary fiel zu Beginn des Rußlandfeldzuges am 28. Juli 1941, einen Monat vor seinem 24. Geburtstag. Er wurde im Turm seines Panzers getroffen. Für ihn schmolzen, wie für so viele andere auch, die Stadien des Lebens – Jugend, Reife und Tod – zu einer Gegenwart zusammen. Für unsere Generation riß ein Zeitraffer die drei Daseinsphasen in einen einzigen Moment hinein. Da der Tod jedem so nahe stand, schien er, was uns Jüngere betraf, seine Ungerechtigkeit und seine persönliche Tragik, die hinterbliebene Eltern so schmerzhaft empfanden, eingebüßt zu haben. Dieses Gefühl verlieh uns ein befreiendes Bewußtsein von Zeitlosigkeit, welches dazu führte, daß man das Schicksal und den Krieg leichter hinnahm. Menschen, die in späteren Jahren diesen Erfahrungen nicht ausgesetzt waren, können solche Reaktionen kaum verstehen, denn Jugend, Reife und Tod hatten wieder ihre auf jeden einzelnen abgestimmte unerbittliche Abfolge aufgenommen.

Als Ronnie starb, hinterließ er ein Meer von Trauer. Ich fuhr sofort nach Teplitz, um seine Familie in ihrem Schloß aufzusuchen. Es lag, wie Königswart, in Nordböhmen und hatte einst Kaiser und Könige beherbergt, die von Metternich zu Kongressen zusammengerufen worden waren.

Nach dem Tod ihres ältesten, so vielversprechenden Sohnes sollten die Clarys noch den Jüngsten gegen Ende des Krieges in Jugoslawien verlieren. Marcus, der zweite, überstand lange Jahre der Gefangenschaft in Rußland und blieb am Leben.

9

Am 6. September 1941, einem goldenen Herbsttag, wurden Paul und ich in der kleinen katholischen Kirche im Grunewald, am Rande von Berlin, getraut. Dank der hohen Bäume ringsum war kein einziges Haus zu sehen: man konnte glauben, weit draußen auf dem Land zu sein.

„Ich wünschte, es wäre schon vorbei", gestand ich vorher einer Freundin, Maria Pilar Ojarzabal, der Frau eines spanischen Diplomaten, als die vielen kleinen Schwierigkeiten, die mit einer Hochzeit zusammenhängen, wie ein Wald um uns emporwuchsen.

„Es ist der glücklichste Tag deines Lebens", sagte sie bestimmt, „laß den Dingen ihren Lauf."

So geschah es auch.

In letzter Minute trafen die Familienmitglieder aus Madrid und Rom ein. Vater Schahowskoi, der spätere orthodoxe Erzbischof von San Francisco, der damals unser russischer Priester war, las während der katholischen Zeremonie leise die orthodoxe Messe vor sich hin. Wir umschifften damit eine schwierige Klippe, denn meine Eltern konnten sich nicht damit abfinden, daß die Trauung nur nach katholischem Ritus vor sich gehen sollte.

Die spanische Botschaft, die Paul als einen der Ihren betrachtete, stellte uns ihren Wagen zur Verfügung, während die Rocamoras uns ihr Haus für den anschließenden Empfang anboten. Da keiner von uns in Berlin wohnte, schien es ratsam, nicht in einem Hotel, sondern privat zu feiern. Champagner und Wein wurden aus Johannisberg, Essen aus Königswart geliefert, wo meine Schwiegermutter sich einer längeren Makkaroni-Diät unterzogen hatte, um für uns genügend Wild und Geflügel zusammenzubekommen.

Die von Paul, Missie und mir aufgestellten Einladungslisten ergaben ein reichlich konfuses Bild. Scharen von Freunden fanden sich ein, viele davon kamen unmittelbar von der Ostfront, wohin sie sofort wieder zurückkehrten.

Pauls Urlaub war denkbar kurz, trotzdem rückte der Krieg nun für einen flüchtigen Augenblick in den Hintergrund. Am Ende wurde der Empfang so beschwingt, daß es uns schwerfiel, abzureisen. Als wir am nächsten Morgen in Wien eintrafen, berichtete man uns, daß unsere bedauernswerten Gäste noch einem schweren Bombenangriff ausgesetzt worden waren.

Niedrige Barockhäuser in Schönbrunnergelb mit blaugrünen Holzläden, eingezwängt in wuchernde Gärtchen, Fabrikschlote und häßliche Arbeiterwohnviertel kündigten die Nähe der einstigen Hauptstadt der k. u. k. Monarchie an, die nun zu einer Provinz des nationalsozialistischen Herrschaftsbereiches, der ,,Ostmark", herabgesunken war.

Trotzdem bewahrte sich Wien eine Art schäbiger Eleganz mit operettenhaftem Anstrich. Niedrige, gelbe Gebäude mit feingeschwungenen, schmiedeeisernen Gittern, die sich um enganeinandergepreßte Geranientöpfe bogen, umgaben Innenhöfe, in denen Spalierwände und dichtblättrige Lauben an Strauß und Lanner erinnerten.

Still vor sich hinbröckelnd, waren doch viele Palais zum Teil noch von ihren Besitzern bewohnt, wenn auch die Paradezimmer größtenteils Konsulate oder Modesalons beherbergten.

Wir wanderten zum Stephansdom und fuhren mit einem Fiaker durch die Stadt zur Karlskirche, wo Paul getauft worden war, und weiter zum früheren Metternich-Palais, wo, so hatte der Kanzler behauptet, ,,der Balkan begann".

Das Stadtpalais der Wilczeks in der Herrengasse bildete einen Mittelpunkt des gesellschaftlichen Lebens in Wien, was weder auf Reichtum noch auf Stellung beruhte, sondern auf dem außergewöhnlichen Zauber, den diese Familie ausstrahlte. Ganz abgesehen von ihrem blendenden Aussehen, kamen sie jedem mit Sympathie und echter Herzlichkeit entgegen. Missie und ich kannten sie gut von einigen Besuchen in Berlin, wohin sie den einen oder anderen Verwandten auf seinem Weg zur Front begleitet hatten. Paul war ihnen natürlich sowieso mehr als vertraut.

Unser Gastgeber, Graf Cari, ein Altersgenosse und Freund meiner Schwiegermutter, sah schlank, groß und leicht angeschlagen aus. Er schien nicht nur zu einer anderen Epoche, sondern auch zu einer anderen Gattung zu gehören; auf dem der Familie eigenen Sinn für Komik lag bei ihm ein Schatten von Melancholie. Wie so manchen aus seiner Generation deprimierte es ihn zutiefst, Zeuge des jämmerlichen Schrumpfungsprozesses der k. u. k. Monarchie zum jetzigen Kaulquappen-Staat zu sein, mit dem Wasserkopf Wien, umgeben von ein paar verarmten ländlichen Provinzen.

Die Vielfalt der Volksstämme im alten Österreich spiegelte sich nur mehr in der Mischung verschiedenartigster Aussprachen und fremdartig klingender Familiennamen in der früheren Kaiserstadt wider.

Wo immer wir hinkamen, wirkte der Name Metternich wie eine Zauberformel, eine Erinnerung an glücklichere Tage. Dennoch war Pauls Urgroßvater wohl der einzige bedeutende Staatsmann seiner Zeit, dem seine Landsleute nie ein Denkmal gesetzt haben, als ob nachfolgende Regierungen ihm nicht hätten verzeihen können, daß er ihnen so lange den Weg zur Macht versperrt hatte.

Ich hatte mir vor der Hochzeit nur ein paar allerdings recht hübsche Kleider besorgen können. Wenn wir nun in den leer aussehenden Läden irgend etwas verlangten, zauberte man plötzlich im verborgenen gehortete Schätze hervor: eine seidene Krawatte oder Hemden für Paul, ein Pariser Modellkleid für mich; den Einkauf begleitete ein Schuß Klatsch und Nostalgie. Der Juwelier Paltscho erinnerte sich noch, wie meine Schwiegermutter ihrer Schwägerin, Tante Titi Taxis, einmal ein paar riesige Diamantohrringe geschenkt hatte, „denn sie fand, sie sähen aus wie die Kristalltropfen an einem Kronleuchter", erzählte er, immer noch schockiert, aber nicht ohne Bewunderung für eine solche Mißachtung gediegener Werte.

Wir verbrachten dann ein paar Tage in Dellach am Wörthersee und in Wasserleonburg bei Villach. Unsere kurze Flitterwoche – denn mehr wurde es nicht – unterbrach ein Telegramm mit der Nachricht, daß die große Scheune in Königswart niedergebrannt sei. Wir kehrten sofort dorthin zurück, damit Paul die nötigen Maßnahmen einleiten konnte.

Dort trafen wir meine Schwiegermutter, Marysia und Pauls Cousine Cassy (Casilda Santa Cruz), die zu ihm wie eine Schwester stand. Sie waren alle nach unserer Hochzeit und dem schweren Bombenangriff hierhergekommen. Bald trafen auch noch Freunde und Besucher zum Wochenende ein. Als der letzte uns verließ, schlug Paul, der noch über zwei Tage Urlaub verfügte, vor: „Wie wäre es mit einer Reise nach Prag?"

„Wann?"

„Heute nachmittag."

Das war das erste Zeichen, das mir ankündigte, wir würden unser Leben lang, weit über das Notwendige hinaus, auf Reisen sein.

Von Prag aus kehrten wir nach Berlin zurück. Hier teilte man uns überraschend mit, daß Pauls lang aufgeschobener regulärer Urlaub nun doch noch genehmigt worden sei. Man erlaubte ihm sogar, aus „familiären Gründen" nach Spanien zu fahren. Ich sollte sofort nachkommen, mußte aber einen ganzen Monat lang gegen ein Dickicht von Hindernissen ankämpfen, bevor ich ihm nach Madrid folgen konnte.

Das Flugzeug landete vor einem länglichen Schuppen, mitten auf einer ausgetrockneten Ebene unter wolkenlosem Himmel. Nach einem böigen Flug über den kahlen Rücken des Gebirges erreichte die Maschine den Madrider Flughafen Barajas.

Paul wartete schon auf mich, und als wir in die Stadt fuhren, zeigte er mir voll Stolz seine Welt. Er hatte viele glückliche Ferien bei seinen zahlreichen Verwandten in Spanien verbracht und spürte, daß er hier zu einem zwar lose gefügten, aber im tiefsten eng verbundenen Familienclan gehörte. Seine Liebe zu diesem Land hatte seit dem Bürgerkrieg noch persönlichere und tiefere Wurzeln geschlagen.

1941 war Madrid noch anspruchslos und gemütlich, voll von Gärten und bedeckt von den kühlen, goldgesprenkelten Schatten zahlreicher Alleen. Bis kurz vor dem Krieg wurden in der Morgendämmerung Schaf- und Ziegenherden durch eine der Hauptstraßen, die Calle Alcalà, getrieben und stießen dort manchmal mit den letzten Nachtschwärmern zusammen. Die Via Pecuaria (Viehstraße) durchquerte das Land seit uralten Zeiten und nahm auf Marktflecken und Städte, die auf ihrem Weg emporwuchsen, keine Rücksicht.

Der klapprige, altmodische Wagen mit Spitzenvorhängen am hinteren Fenster und einem Sprechrohr, durch das man dem Chauffeur Weisungen erteilen konnte, fuhr an den ausgebrannten Ruinen des Alba-Palastes auf der Calle Princesa und des Palais der Grafen Toreno vorbei, die an den gerade erst beendeten Krieg gemahnten. Wenn man das unebene Kopfsteinpflaster der lärmenden Calle San Bernardino hinunterholperte, glaubte man, in ein Dorf zu kommen; allerdings in eines, das vor Leben überschäumte.

Um einen Brunnen hatte ein Melonenverkäufer seinen Standplatz etabliert. In eine Decke eingehüllt, kauerte er neben seinem glühenden Kohlenofen, dem Brasero, denn die Morgenluft war frisch. Nachts schlief er auf dem Melonenhügel, und wenn eine diebische Hand versuchte, unter dem schnarchenden Schläfer eine Frucht zu stibitzen, geriet er aus dem Gleichgewicht und rutschte den zusammenfallenden Haufen hinunter, gerade noch rechtzeitig, um dem Räuber einen Stockhieb versetzen zu können.

Auf halbem Weg die Straße hinauf stand der Palast der Santa Cruz, ein klassisches zweistöckiges Gebäude, dessen gepflasterten Eingang zwei dorische Säulen einrahmten. Über ihnen thronte ein Balkon, den der übliche vertrocknete Palmzweig vom letzten Osterfest zierte.

Durch eine kleine Tür zur Rechten gelangte man in das mit dicken Teppichen ausgelegte Haupttreppenhaus, das in den ersten Stock führte. An jedem Absatz standen große Laternen (Farolas). Sie stammten von den Kriegsfregatten, die 1572 unter dem Kommando von Don Alvaro de Bazàn, erstem Marques de Santa Cruz und Großadmiral des jungen Don Juan d'Austria, an der Seeschlacht von Lepanto gegen die Türken teilgenommen hatten.

Pauls Cousine Cassy hatte einmal erklärt: „Keine von uns wird je in diesem Haus heiraten, denn welcher Bräutigam würde den Mut aufbringen, sich an den ‚Farolas' vorbeizuwagen!"

Wenn in den letzten Jahren der Monarchie König Alfons XIII. und die Königin zum Essen gekommen waren, hatte sich ganz oben rechts ein Fenster mit den drängelnden, flüsternden Kindern des Hauses gefüllt. Er hatte gewußt, daß sie dort kiebitzten, und hatte ihnen die Freude gemacht, ihnen im Vorbeigehen freundlich zuzuwinken.

Wenn wir unsere Zimmer erreichen wollten, mußten wir eine Treppe hinaufsteigen, die mit den lebensgroßen Porträts der Carvajal, Ahnen aus Pauls großmütterlicher Verwandtschaft, geschmückt war. Sie steckten in steifen, weißen Krägen und hielten eine Pergamentrolle in der Hand, auf der ihre Ämter stolz verzeichnet standen: „Correo Major de la Indias descubiertas y por descubrir." – („Hauptstatthalter des schon entdeckten und des noch zu entdeckenden Indien.") Die Titulatur erinnerte daran, daß es keinem Conquistador gestattet war, im Namen des Königs zu regieren. Ein königlicher Stellvertreter wurde ihm von der „Madre Patria", Spanien, sofort übers Meer nachgesandt, um den neuen Völkern die heimatliche Gesetzgebung zuteil werden zu lassen.

Wie ein Gegensatz zu diesen strengen Gemälden wirkten die Pastellbilder von Tiepolo in unserem kleinen Salon, der in Sonnenschein gebadet war, denn die Räume gingen auf einen offenen Balkon hinaus, welcher hoch über dem großen Hof schwebte und von wildem Spalierwein beschattet wurde. Diese wunderbare mediterrane Erfindung des Patios schuf Intimität, kühlenden Schatten und Stille, nur ein paar Schritte von schreienden Kindern, gleißender Sonne und dem lärmenden Getümmel der Stadt entfernt; er verwandelte das strenge Stadtpalais in ein gemütliches Landhaus.

Die Familie hatte sich zu unserem Empfang um jede Einzelheit mit liebevoller Fürsorge bemüht. Eine russische Ikone hing über unserem Bett.

Im großen Salon unten warteten alle, um mich zu begrüßen: meine Schwiegermutter, ihre Schwester, Gräfin del Puerto, unzählige Vettern und Cousinen und vor allem Pauls Großmutter, die das Haus, das wie ein Bienenstock wirkte, als liebenswürdigste aller Bienenköniginnen regierte.

Sie war eine leicht gebückte alte Dame, zart nach Maiglöckchen duftend, von elfenbeinfarbiger Blässe, mit durchsichtigen Händen und schneeweißen Locken, die kein Windstoß je aufzuwirbeln gewagt hätte. Trotz ihres kleinen Wuchses flößte sie tiefe Ehrfurcht ein. Allein ihre Enkelsöhne getrauten sich, sie stürmisch zu umarmen, wobei sie dieselben liebkosenden Laute murmelten wie beim Kraulen ihrer Hunde; sie schob sie dann mit geschmeicheltem Lächeln zur Seite. Mit Bedacht vermied sie, was sie nicht hören oder wissen wollte, so, als trete sie leicht an einer Pfütze auf der Straße vorbei. Sich lautstark zu beklagen, erschien ihr eine ähnliche Zumutung anderen gegenüber, wie jemanden warten zu lassen, einen Brief nicht zu beantworten oder eine Bitte abzuschlagen.

Freunde hatten ihr gegenüber geäußert: „Wie traurig für dich, daß dein Lieblingsenkel eine Orthodoxe heiratet." Sie hatte darauf geantwortet: „C'est tout a fait la même chose!" – („Das ist ganz dasselbe.") Ich war gerührt, das zu hören, denn sie konnte wohl in Wahrheit als treue Stütze der katholischen Kirche kaum so denken.

Fast ein Jahrhundert lang war das Palais ihr Zuhause gewesen. Als ihr Mann starb, nahm sie ihren eigenen Titel als Duquesa de San Carlos wieder an. Jahrelang erfüllte sie dann die Pflichten der „Camerera Mayor" am Hofe.

Bis zum Krieg lebten ihre vier Kinder – die älteste, verwitwete Tochter Mariquita (Condesa del Puerto), zwei Söhne, der Marques de Santa Cruz und der Duque de Miranda, und schließlich meine Schwiegermutter – alle mit ihren Familien im gleichen Haus, bequem in den weitläufigen Flügeln des alten Palastes untergebracht.

Wir wurden sofort in den großen Familienkreis aufgenommen. Ein ungeschriebenes Gesetz lautete, sich niemals unaufgefordert in den Privaträumen anderer einzufinden, außer man war ausdrücklich eingeladen; aber man traf sich immer im großen Salon unten, um mit denen zu plaudern, die sich gerade dort aufhielten.

Wir aßen meistens im Hause zu Mittag und waren selten weniger als zehn Personen bei Tisch. Wenn das Gespräch in unerwünschte Bahnen geriet, stellte Großmama irgendeine freundliche, irrelevante Zwischenfrage, worauf man das Thema fallenließ.

Das Leben wurde durch das Bimmeln der Hausglocke geregelt: einmal, wenn ein Brief oder eine Nachricht eintraf, zweimal, wenn ein Besucher angemeldet wurde, und dreimal, wenn die Hausherrin ins Haus trat, selbst wenn sie nur in der Kirche gewesen war oder einen Besuch gemacht hatte. Die „Abuela", wie Pauls Großmutter genannt wurde, achtete so sehr auf Pünktlichkeit, daß ihr Tageslauf auch noch im hohen Alter mit der Genauigkeit eines Uhrwerks ablief und das ganze Haus sich nach dem Glöckchen richten konnte.

Nachmittags kamen alte Damen zu Besuch: oft waren es zwei alternde, unverheiratete Cousinen aus Eybar im Baskenland, von Kopf bis Fuß in Schwarz gekleidet, eine groß, die andere klein, beide mit borstigen Schnurrbärten, ausgestopften Vögeln auf den schwarzen Strohhüten und flachen Schnürschuhen mit hochgebogenen Spitzen. Vor langer Zeit waren sie viel herumgereist und sogar in St. Petersburg gewesen, wo ihr Onkel Botschafter war. Sie sprachen Englisch wie ein britischer Gardeoberst und schlugen sich vor Lachen auf die Schenkel, wenn ein Witz erzählt wurde.

Bei jedem neuen Ankömmling begann der Pekinese nach längerem Knurren ein ohrenbetäubendes Kläffen; er versuchte, die Damen in die nervös wegzuckenden Knöchel zu zwicken und dann im geheimen Sandwiches von der untersten Etage des Kuchentabletts zu verschlingen. Er war ein asthmatisches Tier, dessen Gesundheitszustand Besorgnis erregte; und er wußte genau, daß ihm deswegen vieles verziehen wurde.

Sowohl die Besucher wie die Familie beherrschten mehrere Sprachen, aber sie fielen natürlich gleich ins Spanische zurück, wenn sie sich miteinander unterhielten; daher wünschte ich, die Sprache schnell zu erlernen. Die Vettern lachten über die Sätze, die Großmama mir beibrachte, wie zum Beispiel „tener malas pulgas" (böse Flöhe haben). – „Cela se dit de quelqu'un qui a mauvais caractère" („Das sagt man von jemandem mit cholerischem Charakter"), erklärten sie mir. „Wo hast du das nur aufgeschnappt?"

„Von Großmama. Sie meinte, ich müsse einige idiomatische Wendungen kennen."

Tatsächlich flogen uns viel rauhere Kraftausdrücke von der Straße und den umliegenden Wohnungen durch die Fenster zu.

Wir und unsere jüngeren Vettern führten ein schwungvolles Eigenleben, das an keine Zeit gebunden war. Das Abendessen nahmen wir beinahe immer auswärts ein, aber bevor wir das Haus verließen, verabschiedeten wir uns und bekamen dann die aufmunterndsten Komplimente: „Was für ein hübsches Kleid! Wie gut du aussiehst!" Das gab einem den richtigen Schwung.

Tante Mariquita führte den Haushalt und waltete sanft ihres Amtes über eine Anzahl alter und ältester Dienstboten. Diese gab es, solange man zurückdenken konnte, genauso wie ihre Eltern und Verwandten vor ihnen zeitlebens dagewesen waren. Rufe, kreischendes Schelten, Lieder und tiefes Schnarchen schallten aus dem Innenhof, um den herum sie lebten. Jeder hatte seine unverkennbare Art; die Eigenheiten der Familie ertrugen sie mit derselben nachsichtigen Geduld, die sie ihrerseits auch für sich erwarteten.

Der Haus- und Hofmeister Isidoro saß während des Bürgerkrieges mit vielen Freunden des Hauses zusammen im Gefängnis, wo man jahrelang alles, was man besaß, miteinander teilte. Wenn diese Freunde nun zu Besuch kamen, gab es auf dem Treppenabsatz, wo er sie empfing, große Umarmungen. Isidoro beharrte auf seinen eigenen Ideen über das Protokoll und traf ab und zu, unter großzügiger Mißachtung vorhergegangener Warnungen, eigene Entschlüsse, indem er einen Gast so placierte, wie er es für richtig hielt, und nicht, wie seine Herrin es beabsichtigte. Es hatte keinen Sinn, ihm nachher Vorhaltungen zu machen. Ohne zu reagieren, stand er da wie versteinert.

„Warum antwortest du nicht?"

„Ich möchte den Frieden meiner Seele nicht stören", versetzte er.

Ein anderer alter Diener, Bartolomeo, marschierte in aller Seelenruhe in Cassys Badezimmer hinein, um ihr eine Nachricht zu bringen.

„Aber Bartolomeo, sehen Sie nicht, daß ich im Bad sitze, man kann doch nicht einfach so hereinkommen!"

„Ich habe Sie schon im Bad gesehen, als Sie noch so klein waren", dabei deutete er mit den Händen die Größe eines kleinen Brotlaibes an. „Das kann mich auch jetzt nicht beeindrucken." Sprach's und verließ den Raum langsam mit plattfüßiger Würde. Obwohl Cassy vor Wut platzte, konnte nichts ihn ändern.

Immer, wenn ein Familienmitglied von einer Reise zurückkam, fand eine freudige Begrüßungszeremonie statt. Die Kinder wurden gezeigt und bewundert. Freuden und Sorgen teilte man auf die natürlichste Art der Welt miteinander.

Wenn das Wetter richtig kalt wurde, bliesen eisige Winde von der Sierra – der in der Nähe gelegenen, schneebedeckten Bergkette – die Straße hinunter. Das warme Haus verwandelte sich plötzlich in einen Eiskasten. Vielleicht schlossen die Fenster nicht, wie sie sollten, oder es hätte die alte Heizung überholt werden müssen. Eine gründliche Untersuchung brachte die Ursache des Mißstandes und sein Geheimnis ans Licht. Die Versorgung der Heizung war die Aufgabe Antonios, des Pförtners. Da er jedoch zu träge war, sie selbst zu erledigen, fand er bei dem Kohlenhändler gegenüber einen Mann, der versprach, sich für eine kleine Belohnung darum zu kümmern. Der „Carboneria"-Mann war aber ebenfalls zu faul oder zu beschäftigt und zahlte einem Kind ein paar Peseten, damit es die Arbeit für ihn verrichte. Dieser „niño" oder Laufbursche heizte den Ofen zwar sorgfältig, aber wenn das Wetter zu kalt wurde, erlaubte ihm seine Mutter nicht, auf die Straße zu gehen, und behielt ihn daheim. So fror das ganze Haus, bis er bei wärmerem Wetter wieder seinen Pflichten nachging.

Das alte Auto konnte nur mit einer Kurbel gestartet werden, und als Tante Mariquita und ich eines Tages zum Einkaufen chauffiert wurden, streikte es, wie gewöhnlich. Rot im Gesicht, sprang der elegante, gutaussehende Chauffeur mit einem Namen wie aus einem Shakespeare-Stück aus dem Wagen. Die weißen Handschuhe abstreifend, begann er die Kurbel zu drehen und versuchte dabei die johlenden Gassenbuben um ihn herum zu ignorieren. Plötzlich rutschte ihm das unhandliche Gerät aus den nervösen Händen und schlug ihm schmerzhaft gegen den Knöchel. Er verlor völlig die Beherrschung, gab dem Wagen einen Fußtritt und fluchte laut und ausdrucksvoll.

„Auntie“ setzte ihr Lorgnon auf, lehnte sich aus dem Fenster und sagte mild: „Leandro, vermeiden Sie Obszönitäten!“

Auntie Mariquita wartete gern und behauptete, Wartepausen seien die freien Augenblicke in ihrem geschäftigen Leben: ein Geschenk der Zeit. Zeit zu denken, zu planen, zu beten. Sie konnte nie schön gewesen sein, aber sie besaß den Liebreiz, den große Güte verleiht, und diese Güte war mit einem subtilen, sie selbst nicht ausnehmenden Sinn für Humor gepaart. Als ältere Schwester behandelte sie meine um neun Jahre jüngere, soviel schönere, strahlendere und kapriziösere Schwiegermutter, als müsse sie diese beschützen. Im hohen Alter wurden beide unzertrennlich. Die Tante erzählte mir, daß ihr Eheleben, wenn auch nur kurz, doch sehr glücklich gewesen war. Ihr Mann habe ihr auf dem Sterbebett versichert, er sei ihr nie untreu gewesen.

„Ich hätte ihn darüber nicht ausgefragt, aber es war doch gut, es zu wissen.“

Viele Jahre hatte sie die Erziehung der Infantinnen Beatrice und Cristina überwacht – die beiden liebten sie wie eine zweite Mutter.

Ihre Söhne dienten bei der Marine. Sie standen völlig unter dem Bann ihrer Mutter und verehrten sie sehr. Paul als der Jüngste der Vettern wurde von allen geliebt und verwöhnt; Tante Mariquita behandelte ihn wie einen Sohn. Auch die Santa-Cruz-Kinder wandten sich, wenn Sorgen sie drückten, beinahe mit mehr Vertrauen an sie als an die eigenen Eltern. Ihre Freundlichkeit mir gegenüber hätte nicht liebevoller sein können.

Ihre Meinung hatte großes Gewicht, und wenn einer ihrer geliebten Buben einmal die Grenze dessen überschritt, was sie für zulässig hielt, sagte sie nur: „Kinder aus diesem Haus tun so etwas nicht“, und verließ den Raum. „Das Kind“ zählte zwar über dreißig, aber der Tadel traf mit voller Wucht.

Die Schlüssel von Tunis, Symbol der Übergabe der Stadt an Don Alvaro de Bazàn, wurden in einem mit düsterem rotem Samt ausgeschlagenen Salon auf einem Samtkissen in einer Glasvitrine aufbewahrt. Darüber hingen das Porträt des Ahnherren und seine persönliche „Farola“ von der „Capitana“, der Fregatte des Befehlshabers, sowie die Bilder anderer, streng blickender Ahnen, gemalt von Carreño, Antonio el Moro und Claudio Cuello. Als während des Bürgerkrieges Plünderer in das Haus eindrangen, gaben ihnen diese schweren, unhandlichen Schlüssel ein Rätsel auf. Sicher waren sie dazu bestimmt, eine Schatztruhe zu öffnen! Aber es war weit und breit keine zu finden, und so schleuderten sie den Bund schließlich wütend unter den großen Ofen in der Küche. Das Gebäude wurde dann zum Annex der benachbarten Universität. Bücher und Papiere türmten sich in den Räumen.

Nach Gutdünken riß man die Zwischenwände ein; es war ein Wunder, daß das Haus überhaupt noch stand.

Zur Zeit unseres Besuches brachte man den alten Palast sorgfältig, Zimmer für Zimmer, wieder in Ordnung, denn Geld war knapp. Wir stolperten über hockende Frauen aus der „Real-Fabrica", der berühmten Gobelin-Manufaktur, die von Philipp V. aus Frankreich herübergebracht worden war. Sie saßen und stopften die Löcher in den wunderschönen alten Teppichen, wobei sie Einzelteile mit geschickten Fingern flink aneinandersetzten und während der Arbeit ohne Unterlaß tratschten.

In dem mit rotem Damast tapezierten Goya-Salon konnte man nie ein Feuer anzünden, ohne daß Rauchschwaden aus dem Kamin herausquollen. Um der Sache auf den Grund zu gehen, brach man die Mauer schließlich auf und fand dabei die sterblichen Überreste eines französischen Offiziers aus napoleonischer Zeit, in voller Uniform, mit federgeschmücktem Dreispitz. Die Arbeiter waren keineswegs erstaunt, denn selbst nach dem letzten grausamen Bürgerkrieg blieb Napoleon ein Synonym für Zerstörung und Entsetzen; das „Einmauern" als Bestrafung des Feindes entsprach sowieso einer langen Tradition in der spanischen Geschichte.

In den Tagen Joseph Bonapartes war der Palast der Sitz der französischen Botschaft. Als die französischen Truppen sich zurückzogen, war der Offizier möglicherweise zur Aufsicht dageblieben und dann umgebracht worden.

Zur Zeit der Kaiserin Maria Theresia war ein Ahnherr der Santa Cruz nach Wien gezogen, um dort eine junge Gräfin Waldstein zu heiraten. In einer Schublade fand man das faszinierende Tagebuch seines Freundes und Leibarztes, worin dieser die abenteuerliche Reise in allen Einzelheiten beschrieb, vom Begräbnis der großen Kaiserin bis zum Erklingen des ersten Walzers – „ein merkwürdig wirbelnder Tanz, der durch Luftbewegung den Raum kühlte".

Die junge Marquesa muß an Heimweh gelitten haben, denn die Pastellporträts ihrer zahlreichen von ihr getrennten Geschwister füllten den Salon. An den Wänden standen Vitrinen mit bunt bemaltem Wiener Porzellan.

Das kleine, etwas verhutzelte Dienstmädchen Casilda schlurfte aus dem Bügelzimmer und schwenkte unsere Kleider wie Fahnen am Ende langer Stangen vor sich her. Sie schaute durch die Falten wie ein fröhlicher Spatz aus einem Busch und schimpfte dabei auf die Dackel, die sich um sie herum balgten und auf dem glatten Balkongang ausrutschten.

„Diese armen Kinder" – Esas pobres criaturas – nannte sie uns, obwohl wir sie um zwei Haupteslängen überragten. Sie wußte, was Krieg hieß, und daß wir bald zu dem zurückkehren mußten, was uns „por alli" erwartete. „Dort drüben" war die gängige Bezeichnung für jeden Landstrich jenseits der spanischen Grenze, von Irun bis Sibirien.

Sie pflegte mich hingebungsvoll, als ich mit einer bösen Hepatitis bettlägerig wurde. Um mich aufzuheitern, sang sie Volkslieder und führte mir, leichtfüßig wie ein junges Mädchen, spanische Tänze vor. Sie erzählte dazu Geschichten aus der Vergangenheit und aus Pauls Kindheit – wie sie ihn ins Kino mitnahm, als er noch klein war. „Er bestand darauf, Geld mitzuhaben und selbst zu bezahlen."

In ihrer Familie gehörte sie bereits zur dritten oder vierten Generation, die im Hause Dienst tat, und hatte ihr ganzes Leben im San-Bernardino-Palais verbracht. Sie sei immer sehr glücklich gewesen, sagte sie. Glücklich mit Manolo, ihrem Mann, und glücklich durch die Liebe zur Familie und ihren Kindern.

„Wie viele?" fragte ich.

„Jetzt zwei. Aber ich hatte vierzehn."

„Zwölf sind gestorben! Wie entsetzlich. Arme Casilda!"

„Gott nahm eines und gab ein anderes. Ich hatte gleichzeitig nie mehr als drei. Ein Junge, Jesùs, wurde neunzehn Jahre alt und starb dann, da habe ich viel geweint! Nun bleiben mir zwei wohlgeratene Kinder, und ich bin wieder glücklich."

Als ich vom Krankenbett aufstand, überraschte ich die Familie durch fließendes Spanisch – über Nacht erlernt, glaubten sie. Das Lob hätte eigentlich Casilda gebührt.

Das sprichwörtliche Clandenken der Familie Santa Cruz fand ein Gegengewicht in ihrer Leidenschaft für persönliche Unabhängigkeit, die sich beinahe zur Manie steigerte. Man behandelte die eigenen Belange und die der anderen höchst tolerant, doch in Augenblicken der Krise war der Zusammenhalt unerschütterlich.

Bevor wir abends entweder alle zusammen oder jeder für sich ausgingen, versammelten sich oft die Söhne von Tante Mariquita, Alvaro Urzaiz, der in seiner Marineuniform blendend aussah, sowie sein Bruder Mariano, bald darauf Marineattaché in London, zusammen mit den Santa-Cruz-Mädchen, Casilda und Maria Luisa, zum Drink bei uns.

Maria Luisa Santa Cruz, ein paar Jahre jünger als ich, war musisch, zartgliedrig und etwas träge; wir gingen zusammen einkaufen oder führten die Hunde in der Nähe der verkohlten Trümmer des Alba-Palastes spazieren; dabei besprachen wir ihre Liebesangelegenheiten. Sie war die Schönste der Familie und ähnelte meiner Schwiegermutter. Sollte sie Pitulis Quijano heiraten? Sie konnte sich nicht entscheiden. Paul meinte dazu: „Da du ja seine Medaillen, seine Hemden, seine Strickjacken und seine Kennplakette trägst, kannst du ihn ebensogut auch gleich heiraten!"

Ihre Schwester Casilda, genannt Cassy, steckte voller Ideen und Pläne, die aber nicht die eigene Zukunft betrafen. Mit ihrer außergewöhnlichen Persönlichkeit, ihrem Verstand und ihrem Charme wäre es schade gewesen, wenn sie sich nur mit fader Häuslichkeit begnügt hätte. Auf die Dauer entwickelte sie sich zu einer hervorragenden und beliebten Erscheinung in diplomatischen Kreisen.

Wenn wir nachts heimkamen, wehte ein Hauch von „Jara“-Lavendel und Thymian von der Sierra herüber. Damit man uns das Tor öffnete, klatschten wir in die Hände, um den Galizier Florentino, den Sereno (Nachtwächter), herbeizurufen. Bald hörte man, wie sein fröhlicher Ruf „Voy“ in den leeren Straßen widerhallte. In Decken gewickelt, trottete er watschelnd auf uns zu, schwang dabei seinen Schlüssel und klopfte mit einem langen Stock auf den Boden. Wenn die große Tür sich öffnete, krabbelten harmlose schwarze Käfer, die „Cucarachas“, gemächlich aus dem Weg.

Er war auch nicht abgeneigt, einen letzten Schluck mit seinen angeheiterten, spät heimkehrenden Schützlingen zu nehmen. Eines Nachts rutschte er dabei in der benachbarten Bar Minguez zu Boden, um dort seinen Rausch friedlich auszuschlafen. Pauls Vetter Alvaro, der als Marineoffizier selbst nach durchzechter Nacht fest auf den Füßen stand, übernahm leutselig Mütze, Stock und Schlüsselbund und verrichtete Florentinos Nachtwächter-Pflichten bis zum Tagesanbruch. Als man ihn zum Frühstück holen wollte, fand man ihn in voller Serenobekleidung im Bett liegend; schläfrig murmelte er: „Voy.“

Florentino wurde auch ein Teil unseres fast dörflichen Lebens; er sollte mit unverändert rosig-frischer Gesichtsfarbe und freundlichem Lächeln über vierzig Jahre, zu nächtlicher Stunde die Straße von San Bernardino mit seinem Stock abklopfen.

Obwohl der Zweite Weltkrieg in vollem Gang war und in der Brandspur der deutschen Armeen ungeahntes Leid über die Menschen kam, bestürzte mich doch hier in Madrid zutiefst die Zerstörung und das Elend in diesem armen Land. Vor jedem Hauseingang warteten Bettler, weshalb wir immer Kleingeld griffbereit in der Tasche trugen, um es in ausgestreckte Hände zu legen. Küchen wurden eingerichtet und Mahlzeiten verteilt, meist auf Grund privater Initiative. Nachdem im Bürgerkrieg die Entscheidung gefallen war, schienen die Rachegefühle geschwunden zu sein, als sei die flammende Glut des Hasses für immer mit Asche erstickt worden. Aber nie würde vergessen werden, daß man über Nacht niemandem mehr trauen und nirgends mehr Zuflucht finden konnte.

Da auswärtige Hilfe fehlte, sollte es einige Jahre dauern, bis die

Folgen des Krieges beseitigt werden konnten, bis ein neues Gleichgewicht gefunden wurde. Das Land sehnte sich vor allem nach Frieden. Als Zugeständnis an Hitler, den Franco jeden Wahnsinns für fähig hielt, und als Beweis seines entschlossenen Antikommunismus – ihre einzige Gemeinsamkeit –, sollte demnächst eine Division Freiwilliger an die russische Front geschickt werden.

Als 1936 der Spanische Bürgerkrieg ausbrach, war Paul sofort in Dancharinea bei Irun über die Grenze gefahren. Er suchte seine Vettern auf und meldete sich als Freiwilliger zur beliebigen Verwendung. Man konnte ihn sichtlich gut brauchen; er wurde als Kurier, Verbindungsmann, Fahrer oder Soldat an den verschiedensten Kriegsschauplätzen eingesetzt.

Er war damals gerade erst neunzehn Jahre alt. Nun wollte er mir gern die Stellen zeigen, wo er gewesen war; es gab derer viele, denn immer, wenn die Kampfhandlungen an einem Platz aufhörten, schlug er sich zu einem anderen Vetter oder Freund durch, der sich in Bedrängnis befand.

Den Bericht über seine Erlebnisse beschloß er mit den Worten: „Man kann nicht zwei Dinge auf einmal tun. Die republikanische Regierung gab jedem Mann ein Gewehr, und der war dann so eifrig damit beschäftigt, seine persönlichen Feinde umzulegen, daß ihm gar keine Zeit zum Bekämpfen des militärischen Gegners übrigblieb. Schon aus diesem Grund waren die republikanischen Truppen – außer den trainierten internationalen Brigaden – am Ende den nationalen Kräften unterlegen."

„Nosotros", „Ellos": „Wir" und „Sie" – diese beiden Worte, in Blockbuchstaben auf Bretter gemalt, folgten dem Zick-Zack-Verlauf der Kampflinie vor Madrid, den blutigen Auseinandersetzungen zwischen den „Roten" und den „Nationalen" – wie sie sich selbst nannten – bzw. den „Republikanischen Regierungstruppen" und den „Nationalisten" – wie sie im Ausland genannt wurden. Diese nachträglich eingesetzten Pflöcke markierten die endgültige Front in einem mörderischen Bruderkrieg. Für viele hing die Auswirkung der Spaltung Spaniens auf sie persönlich vom Zufall ab, je nachdem, wie die örtlichen Aufstände verliefen, ob erfolgreich oder nicht; doch für die meisten bedeutete sie einen Schnitt durch die Nation, durch die Provinzen, die gesellschaftlichen Schichten – und sogar durch die Familien.

Bei Pauls Freunden und zahlreichen Verwandten in ganz Spanien bedeutete das Engagement auf der nationalistischen Seite, die damals von General Mola angeführt wurde, einen durch Religion und ethische Gesinnung motivierten selbstverständlichen Beitrag zum Kampf um das Überdauern beider Grundwerte.

Jeder schloß sich diesem Kampf an, auch Mädchen, die oft in vorderster Linie gewagte Einsätze in fliegenden Rotkreuzeinheiten übernahmen. Bald herrschte Mangel sowohl an Verbandszeug wie an Medikamenten, Tragbahren oder Transportmitteln: alles mußte improvisiert werden.

Als Schutt, Hunger und Tränen wie eine Seuche über das Land unter seiner gleichgültigen Sonne hinwegzogen, sollte am Ende die Begeisterung ihrer persönlichen Überzeugung sie doch den Sieg erringen lassen; denn sie glaubten, höhere Werte zu verteidigen.

Als Kind hatte Paul mit den nur wenig älteren Kindern des Königs, mit den Infantinnen und mit Don Juan, dem späteren Grafen von Barcelona, im königlichen Park der „Casa de Campo" gespielt. Nun zeigte er mir hier an Ort und Stelle, Schritt für Schritt, auf welcher Linie die Madrider Front zwei Jahre lang eingefroren blieb und der nationalistische Angriff zum Stehen kam, weil die anmarschierenden Truppen umgekehrt waren, um den Alcazar von Toledo zu befreien. Tito, der damals mit den roten internationalen Brigaden kämpfte, richtete sein Hauptquartier im Golf-Clubhaus von Puerto de Hierro ein.

Wie eine öde Mondlandschaft, unfruchtbar und zernarbt, war das Hügelgelände von Bomben aufgerissen; die Universitätsgebäude, die von König Alfons XIII. inmitten blühender Gärten errichtet worden waren, standen nun ausgebrannt oder zerfallen da.

Wir kletterten über Gräben und Trichter, vorbei an zusammengestürzten, von Granaten zermalmten Häusern. Die Stellungen ließen sich noch genau erkennen, obwohl sie manchmal ineinander übergingen und in die Verteidigungszone des Gegners vorstießen. Die Kampflinie wand sich über unebenen Boden, ohne eine strategische Absicht erkennen zu lassen; sie mochte vielmehr durch persönliche mutige Einsätze rein zufällig hier und dort vorangetrieben worden sein. Wir stolperten über das Strandgut des Krieges: Haufen von Stacheldraht, die in Unterständen herumlagen, verbogene Blechnäpfe, ein zerbrochenes Gewehr oder ein durchschossener Helm, bedeckt von Staub und Erde.

An dieser Front kannte jeder jeden: hier war der und der gefallen, hier hatte man die Verwundeten zusammengetragen und unter Beschuß versorgt, hier war im Morgengrauen ein Vorstoß unternommen worden, und dort hatte man auf der anderen Seite der Straße nach hartem Kampf einen Vorposten aufgestellt. Es war ein Krieg Auge um Auge, Mann gegen Mann, Haus gegen Haus, ein Krieg, dessen wilde Leidenschaften aus den verborgensten Schichten der menschlichen Natur aufstiegen, dort wo der Haß gärt.

Paul kämpfte hier bei Madrid unter den Generälen Varela und Yague während des ersten Winters, als sie die Hauptstadt beinahe eroberten, und dann wieder unter Colonel O'Duffy mit der Irischen Legion. Es faszinierte ihn, den Schauplatz zum ersten Mal von der anderen Seite zu sehen, wo die Gegner gestanden waren.

Während der Kämpfe hatte eines Tages ein einzelnes Auto versucht, aus Madrid auszubrechen und über die Straße, welche die beiden feindlichen Lager teilte, zu entkommen. Es wurde von beiden Seiten unter Feuer genommen. Ein junges Mädchen mit langen, flatternden Haaren saß im Wagen. Sie starb am Steuerrad unter den mörderischen Salven. Das Auto stand die nächsten zwei Jahre allen sichtbar unberührt im Niemandsland. Trotz der vielen Toten in diesem Abschnitt hatte gerade diese eine Begebenheit bei den Kämpfenden einen tiefen Eindruck hinterlassen.

Später wurde der Wagen die Böschung hinuntergestoßen, wir sahen ihn nun als ausgebranntes Wrack unten im steinigen Flußbett liegen.

Als der Bürgerkrieg sich dem Ende zuneigte, fiel Madrid ganz plötzlich, wie eine faule Frucht, in die Hände der Nationalisten.

Es war nicht einfach, einen Wagen zu besorgen, aber schließlich gelang es uns, und wir brachen nach Toledo auf. Außer einigen selbstgebastelten Dreirädern, deren Motor vorher wohl eine Nähmaschine angetrieben hatte, gab es hier kaum Verkehr. Die Straße führte gerade dem Horizont entgegen, gesäumt von Büscheln von Kräutern und Wildblumen, die in leuchtenden Farben und berückender Vielfalt den Weg entlang blühten. Ziegen suchten den Schatten unter verkrüppelten Bäumen, denn die einzelnen Wolken vermochten nie die heißen Sonnenstrahlen abzufangen.

Die Landschaft schien täuschend flach, denn eine Horizontlinie verschmolz mit der nächsten. In Wirklichkeit aber folgte ein Hügel dem anderen, spärlich von scheinbar unbeweglichen Schafen gesprenkelt, die von weitem wie weiße Larven aussahen. Über einem Bergrücken zeichneten sich allmählich die scharfen Umrisse spitzer Kirchtürme ab, die aus einem Gewirr von engverschachtelten roten Dächern in den Himmel emporragten. Aus dem Nichts erschien plötzlich ein Mann auf einem Esel. Ein Maler hätte nicht lange nach einem Motiv zu suchen brauchen: hier bot sich eines neben dem anderen an, in starker Vereinfachung, wie für Anfänger geschaffen.

Natürliche Festung, einstige Hauptstadt, Herz von Kastilien: Toledo, umringt von einer wüstenartigen, ariden Landschaft, ist einer der wenigen Orte, die durch ihre dramatische Schönheit und Ausdruckskraft nie enttäuschen können. Ob man sie als gewittrige Silhouette erblickt, wie Greco sie festhielt, oder wie eine phantastische Monstranz gegen den auflodernden Abendhimmel, immer ist die Stadt trotz der Beengung durch den sie umgebenden Fluß Tajo von großartiger Maßlosigkeit.

Bevor wir sie durch das Haupttor betraten, versuchten wir,

außerhalb Toledos am Flußufer entlangzufahren. Die Brücke, die eine tiefe Schlucht überquerte, in der schäumende Wassermassen gurgelten, war im Krieg in die Luft gejagt worden. Ein paar roh zusammengefügte Bretter ohne Geländer sollten als Notbehelf ausreichen. Ein Straßenarbeiter lud uns mit einer leicht sarkastischen Geste ein, sie zu benutzen. Ein Zögern wäre peinlich gewesen, so fuhren wir los, weder nach rechts noch nach links blikkend, und fühlten uns dabei wie eine Ameise auf einem Grashalm. Unter uns schwankte und knackte die schmale Behelfskonstruktion, doch erreichten wir heil und unter Wahrung unserer Ehre vor den höhnischen Blicken des einzigen Zeugen das andere Ufer.

Die aufstrebenden Türme der Stadt gipfeln in der monumentalen Kathedrale. Heute noch hütet sie stolz die Siegesfahne von Lepanto, die der erste Marques de Santa Cruz nach der Schlacht gegen die Türken 1572 hierhergebracht hatte, den Himmelsmächten zum Dank.

Die gewaltigen Eckpfeiler des Alcazars, der Festung, waren im Bürgerkrieg während der Belagerung durch unterirdische Minen gesprengt worden. Noch ergoß sich der Schutt wie Lava über die umliegenden Häuser.

Paul war 1936 zu den Truppen gestoßen, die sich im Anmarsch auf Toledo befanden, um den Alcazar zu befreien. Nun, fünf Jahre später, als wir in den Trümmern umherwanderten, die nur provisorisch zu Haufen geschichtet waren, beschrieb er mir die wechselvolle Geschichte der Belagerung. Die Leichen, die er im Schwimmbad hatte treiben sehen, waren inzwischen in die umliegenden Ankleidenischen hineingeschoben und darin eingemauert worden. Sonst hatte sich seitdem nicht viel geändert. Trümmerhaufen machten die meisten Zimmer eines halbverfallenen Flügels des weitläufigen Gebäudes unzugänglich, man konnte die Türen nur ein wenig aufdrücken. Die Namen derer, die im Raum dahinter noch unter Schutt und Trümmern lagen, standen unter einem Kreuz, das mit Kalk auf die Türfüllungen gezeichnet war.

Alle Toten wurden später in der Votivkapelle des wiederaufgebauten Alcazar zur letzten Ruhe gebettet.

Um das Einkommen ihrer Familie zu verbessern, hatte Marysia bei einer Frau Räume gemietet und einen Laden aufgemacht.

Eines Tages sah sie ein unrasiertes, hageres, ziemlich finster aussehendes Subjekt in diese Wohnung eintreten. Der Mann blieb eine Zeitlang in einem der privaten Zimmer sitzen, ging fort und kehrte später in kurzen Abständen immer wieder zurück.

„Wer ist das?" wollte Marysia von ihrer Vermieterin wissen.

„Der Mann, der meine drei Söhne umgebracht hat."

Während des Krieges hatten die Truppen der Garnison in Madrid, verstärkt durch Kadetten der Offiziersschule, versucht, den „Roten“ Widerstand zu leisten. Sie wurden kurze Zeit in ihrer Kaserne, dem „Cuartel de la Montaña“ am Westrand der Stadt, belagert und überwältigt. Die blutjungen Rekruten, meistens aus Madrid, manche kaum achtzehn Jahre alt, wurden systematisch und grausam ermordet. Dann holte man die Anverwandten der niedergemetzelten jungen Männer zum Schauplatz des Massakers, um ihnen den entsetzlichen Tod, den ihre Söhne und Brüder erlitten hatten, vor Augen zu führen.

Marysias Vermieterin gehörte auch zu denen, die man zum „Cuartel de la Montaña“ beordert hatte.

Nun, fünf Jahre später, klopfte der Mörder ihrer Söhne noch einmal an ihre Tür. Er war gekommen, ihr zu sagen, daß er mit seiner Schuld nicht leben konnte. Vielleicht könne sie ihm verzeihen?

„Niemals.“

„Aber wenn Sie sich an mich gewöhnen würden, vielleicht wäre es dann möglich?“

Sie dachte über das seltsame Ansinnen nach, war erst im Zweifel, sagte aber schließlich:

„Vielleicht . . . Kommen Sie, wenn Sie wollen.“

Er kam ab und zu vorbei, setzte sich ins Wohnzimmer, las still die Zeitung, eine Tasse Tee neben sich. Eines Tages wandte sie sich an ihn:

„Sie hatten recht. Ich habe mich an Sie gewöhnt und kann Ihnen nun verzeihen. Gehen Sie mit Gott und kommen Sie nie wieder.“

„Gracias, Señora“, antwortete er leise und ging.

„Es ist wahr, ich fühle mich nun viel besser“, meinte die Frau zu Marysia, „man kann mit dem Haß nicht leben.“

Pauls Vetter, Alvaro Urzaiz, war in Algeciras als Chef einer kleinen Schnellbootflottille der spanischen Marine stationiert. Er lud uns ein, ihn zu besuchen, und da wir wußten, daß unsere Zeit in Spanien bald zu Ende ging, freuten wir uns darauf, dieser Einladung Folge zu leisten und auf der Fahrt zu ihm einiges vom Land zu sehen.

Die Straße nach Andalusien führte am „Berg der Engel“ in der Nähe von Madrid vorüber. Das war ein Wallfahrtsort, zu dem so mancher Überlebende des Bürgerkrieges zu Fuß gepilgert war, um ein Gelübde einzulösen. Auch Paul wanderte nun dort hinauf, während ich die dreizehn Meilen in kleinen Abständen im Auto fuhr und dazwischen in einem Buch las, bis er mich wieder einholte.

Eine Reihe von Hindernissen erwartete uns, während wir nach dem Süden reisten. Zur Unverläßlichkeit unseres Motors kam hinzu, daß die Straßen wie mit Nägeln bespickt schienen, geradezu prädestiniert dafür, Reifenpannen hervorzurufen. Stark beschädigt durch die Vernachlässigung im Krieg, konnten sie nur nach und nach instandgesetzt werden. Zwergwüchsige Männer hackten mit Pickeln auf Blöcken von Granit, was so wirkte, als grabe jemand mit einem Zahnstocher im Urgestein. Trotzdem wurden ganz beachtliche Felsbrocken aus den Bergwänden herausgeschlagen und Tunnel vorgetrieben. Eine Straßenverkehrsordnung gab es nicht, wie schon mancher Reisende zu seinem Kummer festgestellt hatte. Die wenigen Unfälle, an denen wir vorbeikamen, waren schwer: die Wagen lagen da, zerknittert wie gebrauchtes Papier.

Ohne Warnschild hörte die Straße plötzlich auf; man mußte einen Umweg durch ein ausgetrocknetes Flußbett oder ein steiniges Feld fahren. Wenn plötzlich ein Brett, das an einem Stock befestigt war, „Peligro" anzeigte, bedeutete das bereits eine drohende Katastrophe.

Als wir nach Süden vordrangen, wechselte die Aussprache der Bevölkerung. Der Klang des Spanischen unterscheidet sich sehr vom ariosen Italienisch: in Madrid ist es tief und vollklingend, die Worte fallen wie Kieselsteine auf ein Blechdach. Im ländlichen Katalonien hört sich eine Unterhaltung wie das näselnde, gedehnte Geschnatter von Enten an. Im Süden, in Cordoba, Granada, Sevilla oder Jerez, sind es heisere Rachenlaute, die in jeweils verschiedenem Tonfall ausgestoßen werden; sie führen allmählich zur weichen, verschwommenen Aussprache Südamerikas hinüber. Die Ortsbezeichnungen klangen nun plötzlich wie die Trompetenstöße islamischer Krieger: Guadalquivir, Alhambra del Monte, Almuñecar.

Als wir gegen Abend auf unseren Bestimmungsort zufuhren, wirkten die Schafherden auf den Bergrücken im Sonnenuntergang wie kleine, silbergesäumte Wattewölkchen, hinter denen die Dunkelheit langsam emporkroch.

Ich erinnerte mich an eine Geschichte, die ich aus einer noch südlicheren Gegend gehört hatte. Erst kürzlich fuhren dort die Marquesa de L. und ihre Mutter im Bus in die nächste Stadt. Wegen häufiger Überfälle wurden die Passagiere zu ihrem Schutz von zwei Wachen begleitet. Im Fall eines solchen „atraco" wäre der jungen und hübschen Marquesa wohl noch Schlimmeres als eine Beraubung zugestoßen. Einer der Begleiter zeigte auf seine Pistole und meinte, sie durch folgende Ankündigung zu beruhigen: „Descuide (machen Sie sich keine Sorgen), Señora Marquesa. Ich werde nicht zulassen, daß Sie lebend in die Hände der Räuber fallen." Sie versuchte einzuwenden: „Tugend ist ja ganz gut und schön, aber . . ." Er bestand darauf: „Descuide, ich habe noch nie danebengeschossen."

In Sevilla wohnten wir bei den Medinacelis, deren Haus von einem vom Kreuzzug heimkehrenden Ahnen genau nach dem Vorbild der angeblichen Sommerresidenz des Pontius Pilatus bei Jerusalem gebaut worden war. Nachdem wir die wunderschöne, vom Krieg unberührte und von jeder Modernisierung verschonte Stadt besichtigt hatten, nahmen uns Freunde mit, um am Guadalquivir Kaviar zu holen. Dem emigrierten Minister für Fischerei unter dem letzten russischen Zaren war es nämlich gelungen, ihn aus dem hier vorkommenden Stör zu gewinnen.

Eines Abends fuhren wir hinaus aufs Land, um zu beobachten, wie die Züchter den Mut junger Kühe prüfen lassen, da die Stiere ihren Charakter offensichtlich von der Mutter erben. Unter einem Himmel, der rosafarben wie das Gefieder von Flamingos leuchtete, bewegte sich über dunklen Stoppelfeldern eine Staubwolke auf uns zu, die allmählich als Viehherde zu erkennen war. Reiter in malerischem Aufzug trieben sie vor sich her, indem sie die Tiere mit ihren langen Stöcken in die Seite stießen. Die kleinen schwarzen Kühe drehten sich entweder zum Angriff um, oder sie wälzten sich im Staub, oder sie ergriffen die Flucht – ihr Verhalten war ebensowenig vorherzusehen wie die Reaktion eines menschlichen Wesens unter entsprechendem Druck.

10

Anfang 1942 lief unsere Zeit in Spanien ab. Paul mußte nach Bad Cannstatt, zum Heimatstandort seines Kavallerieregimentes, zurückkehren, um dort einen Ausbildungslehrgang für Unteroffiziere zu absolvieren. Dann sollte er an die russische Front abkommandiert werden. Schweren Herzens reisten wir aus Spanien ab.

In Paris wollte Paul das Bahnhofsgebäude nicht verlassen. „Ich möchte diese Stadt erst wiedersehen, wenn der Krieg vorbei ist", sagte er. Ich telefonierte meine Verwandten herbei, mit denen wir während unseres langen Aufenthaltes auf dem Bahnsteig auf und ab gingen.

Die wenigen Tage in Berlin huschten im Nu vorüber. Jedes Gespräch kreiste um den Krieg in Rußland und – sotto voce – um die unglaubliche Fehlbeurteilung der Lage durch die Naziführung.

Als meine Eltern hörten, daß Leningrad, ihr geliebtes Petersburg, belagert wurde, waren sie außer sich. Paul beruhigte sie, indem er versicherte, er glaube nicht, daß das deutsche Heer die Stadt einnehmen könne, es fehlten die Kräfte, denn die Front dehne sich endlos von Norden nach Süden; außerdem sei die

Stadt gegen Osten, in Richtung auf den Ladoga-See, offen, so daß die Zivilbevölkerung evakuiert werden könne. Aber Tsarskoje Selo lag genau auf der Frontlinie, und es hieß, daß bereits Granaten im Palast einschlügen. Obwohl Mama und Papa keine Aussicht hatten, jemals dorthin zurückzukehren, wühlte die Verwüstung ihres Landes und ihrer Heimatstadt sie im Innersten auf. Jeder Ort, der in amtlichen Mitteilungen erwähnt wurde, weckte in schmerzlicher Weise alte Erinnerungen.

Die emigrierten Russen – wie meine Eltern – wünschten sich zwar sehnlichst die Ausrottung des Kommunismus, litten aber zutiefst an allem, was Land und Leuten an Leid zugefügt wurde.

Für sie waren die sowjetische Regierung und die GPU „bolschewistisch", während die russische Armee und das Land selbst „russisch" blieben. Es erstaunte sie sehr, wenn diese klare Unterscheidung nicht verstanden wurde.

Sie waren ratlos über Hitlers Dilettantismus und unglaubliche Unkenntnis der russischen Geographie und Geschichte, die unweigerlich zu einer Wiederholung von Napoleons 1812 mißglücktem „Marsch auf Moskau" führen mußte. Es schien ihnen ein Wahnsinn, daß die Chance und die politischen Möglichkeiten, den Krieg gegen Rußland als einen Kreuzzug gegen den Kommunismus zu führen, aus Blindheit und Eigensinn nicht genutzt wurden, nur um die Pläne der Naziführung, den Osten als Lebensraum für das dichtbesiedelte Deutschland zu erschließen, nicht zu gefährden.

Sie sahen daher mit bitterster Enttäuschung, daß Hitler sowohl einen Eroberungs- wie einen Vernichtungsfeldzug unternahm, der sich weniger gegen den Marxismus richtete, als auf die Unterwerfung des russischen Volkes hinzielte.

1812 hatte Napoleon erwartet, daß eine „Nation von Sklaven" ihn als Befreier willkommen heißen würde. War er nicht der Verkünder revolutionärer Parolen, die nunmehr in Gold auf kaiserliche Fahnen gestickt waren? Trotzdem blieb die gesamte Bevölkerung ihrem Zaren und ihrem Vaterland treu: wie auch in früheren Kriegen gab es keinen Verrat.

Jetzt, hundertdreißig Jahre später, schienen viele Russen sogar die Naziherrschaft dem Kommunismus vorzuziehen, was erklärte, daß das deutsche Heer anfangs auf verhältnismäßig schwachen Widerstand traf. Hitler weigerte sich, die richtigen Folgerungen aus diesem anfänglichen Zusammenbruch der russischen Verteidigung zu ziehen, als Tausende von sowjetischen Soldaten sich ergaben und sich sogar teilweise bereit fanden, auf deutscher Seite weiterzukämpfen.

Zur Verzweiflung vieler höherer deutscher Offiziere ließ die Partei eine Unzahl sowjetischer Gefangener in Lagern verhungern. Trotz der strengen Geheimhaltung gingen Gerüchte über

Kannibalismus um. Die Rasseneinstufung von Rosenberg hatte sie ja zu Untermenschen abgestempelt, ihr Aussterben wäre also nur wünschenswert gewesen.

Nach der Meinung meiner Eltern war die niederträchtige Rosenbergsche Institution, die allein in Berlin dreißig Gebäude belegt hatte, mehr als alle anderen Brutstätten von Wahnideen der Nazis ein Krebsschaden, an dem das Regime schließlich zugrunde gehen würde.

Stalin hatte kurz vor dem Krieg das gesamte Oberkommando des Heeres entmachtet und zum größten Teil liquidiert. Er wußte aber, daß Kriege ohne Generäle nicht zu führen sind und daß diese dann in den Blickpunkt des Volkes rücken und damit eine Gefahr für die Partei darstellen. Daher war er, wie uns Schulenburg erzählte, „peinlichst bemüht", den Krieg zu vermeiden.

Als die Invasion trotzdem über Rußland hereinbrach, scheinen die anfänglichen Rückschläge maßlose Verwirrung in die sowjetische Führung gebracht zu haben. Die verhängnisvolle Anwendung von Rosenbergs unmenschlichen Rassen- und „Untermenschen"-Theorien spielte aber Stalin in die Hände. Er stellte nun alle Kominterninteressen für eine Weile zurück und mobilisierte in seiner Not die dem Kommunismus völlig fremden Kräfte der Vaterlandsliebe und der Religion. Die Verteidigung Rußlands wurde zum großen patriotischen Anliegen in der Tradition von 1812.

Das sowjetische Oberkommando hatte gewagt, ihm zu erklären, daß die Soldaten ohne den Segen der Priester nicht kämpfen wollten. Bis dahin hatte Stalin geglaubt, die Religion sei praktisch ausgelöscht. In diesem Punkt irrte er. Seltsamerweise schenkte man der erstaunlichen Tatsache wenig Beachtung, daß Rußland nach einem Vierteljahrhundert religiöser Verfolgung noch immer ein christliches Land war und es weiterhin bleiben sollte.

Nun schloß Stalin als kleines Zugeständnis bis zum Ende des Krieges Frieden mit dem Patriarchat von Moskau.

Das deutsche Heer nannte im Feldzug gegen Rußland, der offiziell den Kodenamen „Unternehmen Barbarossa" trug, die Zeit von 1941–1942 den „Gefrierfleischwinter".

Da Hitler beabsichtigte, die sieggewohnte Wehrmacht in Wiederholung des polnischen Blitzkrieges so schnell wie möglich in Moskauer Winterquartieren unterzubringen, machte er persönlich alle Bestellungen von Winterausrüstung rückgängig und lieferte sein Heer, jämmerlich unvorbereitet, dem ewigen russischen Bundesgenossen „Väterchen Frost" aus.

Unterdessen kam der Angriffskeil der motorisierten deutschen Armee in Sichtweite von Moskau zum Stehen. Die Truppen versanken in einem Morast von Matsch und Schnee und erfroren in hastig zusammengebauten Unterständen. Viel zu spät sammelte man nun an der Heimatfront warme Kleidung und Pelze, von Nerzmänteln bis zu Pelzdecken und Teppichen; oft gingen die Sendungen auf dem Weg verloren, oder es stellte sich bei der Ankunft heraus, daß sie völlig unzureichend waren. Die Soldaten erlitten Erfrierungen und kamen dafür vor das Kriegsgericht, daß sie Erfrierungen hatten. „Selbstverstümmelung", lautete die Anklage.

Der Anfang vom Ende war schon abzusehen.

Hinter dem Vormarsch der deutschen Armee in Rußland wurden in den Wäldern von Katyn, nahe Smolensk, Massengräber von Tausenden ermordeten polnischen Offizieren entdeckt. Dorfbewohner aus der Nachbarschaft hatten den Platz mit Birkenkreuzen gekennzeichnet.

Einem jungen Polen, damals fast noch ein Kind, war es gelungen, auf dem Transport unterwegs zur Schlachtstätte in Katyn zu fliehen. Er erzählte später meinem Bruder, wie er entkam.

In plombierten Zügen wurden polnische Offiziere aus verschiedenen sowjetischen Zwangsarbeitslagern zusammengezogen, um sie, dem Vernichtungsbefehl Stalins entsprechend, nach Katyn zu bringen. Einer dieser Züge hielt an einem abgelegenen kleinen Bahnhof, irgendwo im tiefsten Rußland. Die eingepferchten Gefangenen waren dem Verdursten nahe. Zufällig befand sich neben einem mit Brettern zugeschlagenen Viehwaggon eine Wasserpumpe. Der Junge, noch klein und dünn, wurde durch ein enges Luftloch hinausgeschoben, um an der Pumpe für seine Kameraden Wasser zu holen. Geschützt durch Dampfwolken, die die Sicht nahmen, füllte er jeden Behälter, der ihm herausgereicht wurde: Flaschen, Näpfe, selbst Mützen.

In diesem Augenblick fuhr auf dem Nebengeleise ein Zug in entgegengesetzter Richtung ein, und der Eingebung des Augenblicks folgend, ergriff er die Gelegenheit zur Flucht. Anstatt zu seinen Gefährten zurückzukehren, stieg er flink in den anderen Zug und schlüpfte in ein Abteil, in dem sich eine Frau allein befand. Bald setzte sich der Zug in Bewegung. Auf ihre Frage, woher er käme, erzählte er die Wahrheit: er sei aus dem Todeszug geflohen. Als die Fahrkarten kontrolliert wurden, zahlte sie für ihn und sagte dem Schaffner: „Mein junger Vetter ist soeben zugestiegen."

Sie reisten einige Tage lang nach Süden, wobei sie ihren erstaunlich reichen Proviant mit ihm teilte. In Taschkent holte ihr Mann sie ab, der in voller NKWD-(Staatlicher Geheimpolizei-)-Uniform erschien.

Wahrscheinlich war ihr bis dahin nur undeutlich bewußt gewesen, welche Funktion er ausübte. Angesichts des konkreten Beispiels mit dem Jungen wurde es ihr auf einmal unerträglich, nicht wenigstens hier, in diesem einzigen Fall, helfend einzugreifen.

Sie betrat den Gang, zog die Tür hinter sich zu und erzählte ihrem Mann die Geschichte des jungen Polen: „Er kommt mit uns", sagte sie zum Schluß.

Ihr Mann protestierte heftig: „Bedenke meine Stellung!"

„Er kommt mit uns", wiederholte sie ruhig, „oder ich verlasse dich für immer."

Ihr Mann gab nach. Sie nahmen den Polen mit zu sich. Tagsüber lernte er mit der Frau Russisch. Nachts führte ihn der NKWD-Offizier spazieren. Es sollte einige Wochen dauern, bis falsche Papiere besorgt waren, die es ihrem Schützling ermöglichten, nach Persien zu gelangen und von dort aus wieder zu seinen Landsleuten zu stoßen, die in der polnischen Division des General Anders kämpften.

Der Unteroffizierslehrgang, den Paul in Bad Cannstadt absolvieren mußte, gewährte ihm einen kurzen Aufschub vor dem bevorstehenden Fronteinsatz in Rußland.

Wir wohnten in Stuttgart im Bahnhofshotel, nur ein paar Minuten vom Bahnsteig entfernt, von dem aus Paul jeden Morgen seine Reise nach Cannstadt antreten mußte. Unter uns rumpelten die Züge Tag und Nacht hindurch. Später bildete dieses Areal eine verlockende Zielscheibe für Bombenangriffe.

Im Spanischen Bürgerkrieg war Paul Freiwilliger gewesen. Er war von Natur aus kein passiver Zuschauer, vielmehr war er gewohnt, die Dinge anzugehen und sich selbst Aufgaben zu stellen. Als der Zweite Weltkrieg ausbrach und am 1. Oktober 1939 der Einberufungsbefehl eintraf, kam ein Kneifen für ihn nicht in Frage.

In den internationalen europäischen Familien, die, Generation um Generation, eine lange Erfahrung mit den Wechselfällen des Schicksals erworben hatten, wurden solche Ereignisse wie Wetterstürze behandelt; wenn möglich, schützte man sich vor ihnen, wenn nicht, ertrug man sie, und koste es die Existenz. Wo immer man lebte, selbst bei Wohnsitzen in mehreren Ländern, wichen die männlichen Angehörigen den Forderungen zu kriegerischem Einsatz nicht aus. Außerdem war man zur Zeit bei der Armee vor Übergriffen der Partei noch verhältnismäßig geschützt.

Pauls katholische Erziehung, sein Sinn für Proportion und Angemessenheit der Mittel, erzeugte in ihm eine natürliche Abneigung gegen die Maßlosigkeit, Gemeinheit und Einschüchterungstaktik der Nazis. Er mißtraute allem, was von ihnen ausging, obwohl die extremsten Ausschreitungen erst im Krieg erschrekkend offenbar wurden.

Seine Einberufung nahm Paul daher zunächst mit Gleichmut

hin. Der Spanische Krieg und körperliches Training hatten ihn für die Härten des Militärlebens vorbereitet. Seine frohe Laune und seine Unbefangenheit machten ihn beliebt.

Obwohl allmählich Zwang und Drill bei der deutschen Soldatenausbildung immer unerträglicher wurden, fand er sich am Anfang damit ab.

Der Wecker läutete um fünf Uhr. Paul stand mit einem Satz in der Mitte des Zimmers und zog rasch mit halbgeschlossenen Augen seine Uniform an. Dann stürzte er die Treppen des Hotels hinunter und rannte auf den Bahnsteig, direkt in den wartenden Zug hinein, der um 5.09 Uhr nach Bad Cannstatt abfuhr, wo er als Soldat des Kavallerieregiments Nr. 18, bekannt als die „Cannstätter Reiter", mehr geschliffen als belehrt wurde.

Im Vergleich dazu verlief mein Leben im Augenblick still und ereignislos. Da die Stadt in der Sommerhitze brodelte, flüchtete ich mich in irgendein Schwimmbad und vermied dabei diejenigen Bäder, die das Regiment manchmal benutzte; oder ich folgte dem Rat von Fürstin Margarita Hohenlohe, der Frau von Pauls Regimentskommandeur, einer griechischen Prinzessin, die mir empfahl, mit den Straßenbahnen einfach bis zur Endstation zu fahren, um dann außerhalb der Stadt in der reizvollen Landschaft spazierenzugehen.

Fürst Hohenlohe und seine Frau wurden gute Freunde von uns. Er nannte Paul seinen „Lieblingsrekruten", doch es erschien uns zu jener Zeit taktvoller, zwischen dem Soldaten und dem Kommandeur eine gewisse Distanz zu wahren. So konnten Margarita und ich nur ein paar Augenblicke für eine Plauderei nutzen, wenn wir bei Luftalarm auf Kisten im Keller des Bahnhofshotels saßen. Leider blieben sie und ihr Mann nicht lange in Stuttgart.

Da ich meine Gelbsucht erst kürzlich überstanden hatte und immer noch von schmerzhaften Koliken heimgesucht wurde, mußte ich auch oft ruhen, was mir viel Zeit zum Lesen verschaffte. „Einkaufen" stand nicht auf dem Programm, weil es nichts zu kaufen gab.

Um fünf Uhr nachmittags kehrte Paul zurück, begleitet von einem starken Stallgeruch; er nahm zuerst ein heißes, duftendes Bad (Fichtennadelöl war noch zu beschaffen), danach folgte eine Siesta. Nun konnte das Leben wieder beginnen.

Inzwischen nutzte ich jeden Augenblick, um Pauls Notizen aus dem Unteroffizierskurs aufzuarbeiten und sie dann sauber in ein Schulheft einzutragen. Da die Vorgesetzten seine Handschrift nicht kannten, wurde dieses Heft bei der Abschlußprüfung anstandslos akzeptiert. Die Kameraden, die davon wußten, fanden das sehr komisch und meinten, eigentlich verdiente ich gleichfalls eine Beförderung zum Unteroffizier.

Anschließend pflegten wir zum Abendessen zu gehen und nahmen hin und wieder den einen oder anderen Freund mit. Es gab um Stuttgart herum noch gemütliche, französisch anmutende „Guinguettes", wo ein gutgelaunter Wirt voll Stolz seinen Gästen Spargel und Schinken vorsetzte, eine Spezialität der Gegend, dazu Brezeln und köstlichen Wein. Wir aßen unter grünen Lauben, von schaukelnden Laternen beleuchtet; und Paul erzählte von den Ereignissen des Tages: von der gräßlichen Schinderei, den Schikanen des Feldwebels, der gezielten Schulung zum unbedingten Gehorsam; aber er brachte seine Geschichten so bildlich vor, daß sich die Mühsal des Dienstes in lustige Anekdoten verwandelte.

„Wieder einer von denen", seufzten die andern, als Paul einrückte. Mit „denen" waren ein Ingelheim und drei Vettern Wittgenstein gemeint, die vor ihm in rascher Folge bei derselben Einheit gedient hatten. Sie waren alle nicht auf den Kopf gefallen, unabhängig, auf dem Land aufgewachsen – daher in guter körperlicher Verfassung, an Gestank und Schmutz gewöhnt und im Umgang mit Pferden vertraut. Das Schlimmste aber war, daß sie durch die Schimpfkanonaden des Feldwebels nicht im mindesten zu erschüttern waren. Das Problem bestand nur darin, nicht zu grinsen. Jeden saftigen Ausdruck, jeden farbigen Vergleich prägten sie sich ein, um ihn nachher in perfekter Imitation wiederzugeben.

Schließlich standen sie mit ihren früheren Quälgeistern auf bestem Fuß. Udi Wittgenstein behauptete später, daß ein vergrößertes Foto, das ihn beim Umwenden des Misthaufens darstelle, noch immer einen Ehrenplatz über dem Bett seines Feldwebels einnehme, unmittelbar neben einer bunten Lithografie von Jesus inmitten seiner Schäfchen.

Eines Tages wurde Paul von einem Knirps von Feldwebel vor die angetretene Kompanie gerufen und fürchterlich angebrüllt. Ein Schwall von Beschimpfungen aus dem reichen Vorrat an Flüchen und im ausdrucksvollen Dialekt der schwäbischen Landbevölkerung ging über ihn nieder. Paul, der über den Kopf des Feldwebels hinwegstarrte, versuchte krampfhaft, keine Miene zu verziehen, aber schließlich explodierte er doch in lautes und ansteckendes Gelächter. Auf den Gesichtern der Kompanie hinter ihm breitete sich fröhliches Grinsen aus. Der Feldwebel brach eilig ab und rief ihn zu sich in die Kanzlei.

„Wie kommen Sie dazu, so zu lachen?"

„Stellen Sie sich doch einmal die Szene vor! Ich bin groß und meine Ärmel und Hosenbeine sind zu kurz. Sie sind klein und Ihre Ärmel und Hosenbeine sind zu lang. Sie stehen da und brüllen in das dritte Knopfloch meiner Jacke. Finden Sie nicht, daß wir ziemlich komisch ausgesehen haben?"

Der Feldwebel meinte entwaffnet: „Trotzdem hätten Sie nicht vor allen Leuten lachen dürfen."

Später in Rußland wurden Paul und er Freunde.

Obwohl sehr viel stumpfsinniges Exerzieren im Hof vorgeschrieben war, blieben die Pferde doch die Hauptsache. Sie mußten gestriegelt, gefüttert und herumgeführt werden. Geritten wurden sie nur selten, aber das bedeutete keinen großen Verzicht, denn sie waren ausnahmslos hart im Maul.

Für den Feldzug wurde Paul ein Pferd zugeteilt, das Metternich hieß, weil die Vorgesetzten es verständlicherweise genossen, beim Appell die Meldung zu hören: „Metternich auf Metternich."

Metternich war ein eigensinniges Tier, das jeden üblen Dreh kannte, den sich ein von Rekruten mißhandeltes Pferd zur Selbstverteidigung ausdenken kann: plötzliches Ausschlagen, Scheuern gegen die Wand, Aufblähen, wenn der Sattel angeschnallt wird, und Abwerfen des Reiters während der Parade.

Als Paul damals erfuhr, daß sie am nächsten Tag in den Krieg ziehen würden, versuchte er, seinen Namensvetter auf jede Weise zu besänftigen und zu verwöhnen. Schließlich mußte sich ja einer auf den anderen verlassen können, was immer auch kommen möge. Er gab dem Tier den saftigsten Hafer, wusch es, striegelte und schrubbte es und küßte es zum Schluß auf die Nase.

Jahre tiefen Mißtrauens hatten jedoch den Charakter des Pferdes Metternich verdorben. Es mißverstand die gutgemeinte Geste und reagierte auf die Zärtlichkeit, indem es Paul mitten ins Gesicht biß.

Blind vor Schmerz und Schreck, griff Paul nach der nächsten Mistgabel, versicherte sich in seiner Wut gerade noch, daß er mit dem stumpfen Ende ausholte, und gab dem Tier einen kräftigen Hieb auf die Kruppe. Metternich schlug aus mit der Meisterschaft eines Zirkuspferdes, so fiel die Strafe nur kurz aus. Nach diesem Ereignis blieb bewaffnete Neutralität die einzige Verständigungsgrundlage zwischen Roß und Reiter.

Manchmal gab es sogenannte „Kameradschaftsabende". Die Frauen halfen dann in der Küche, aber mir erlaubten sie nicht, auch nur einen Finger zu rühren, was ich als peinlich empfand, denn ich wollte nicht in die Rolle eines nutzlosen Ornaments abgedrängt werden.

Solange Paul noch nicht zu ihnen gehörte, vermieden wir es, die Offiziere zu treffen, außer wenn einige von ihnen ins Hotel kamen, um mit uns zu Abend zu essen. Sie hatten geglaubt, Paul werde schon weit früher in ihre Reihen aufsteigen, und einer von ihnen, der ihn einmal dabei beobachtet hatte, wie er eine Schubkarre auf den Misthaufen schob, fragte ihn kopfschüttelnd: „Haben Sie denn gar keinen Ehrgeiz?"

Aber Paul wollte keine Verantwortung für eine Sache tragen, mit der er nicht einverstanden war. Andererseits konnte er es gar nicht vermeiden, daß man ihn nach zwei Kriegsjahren in die Offiziersschule steckte; bis dahin schwankte sein Leben beim Militär zwischen Schinderei und Groteske.

Die Bombenangriffe auf Stuttgart nahmen an Heftigkeit zu. Als wir eines Nachts, nach häufigem Alarm unterwegs, in der Stadt ankamen, gerieten wir in ein Trümmerfeld. Der Bahnhof und teilweise auch unser Hotel waren weitgehend in Rauch aufgegangen. Als wir schließlich, über ein Hindernis nach dem anderen steigend, in die zerstörte Lobby hineingingen, kam uns der Hoteldirektor, der nette Herr Loeble, entgegen, führte uns in einen halbwegs erhaltenen Flügel und erklärte fröhlich: „Ihr Zimmer blieb gottlob ganz unversehrt.“ Drinnen war alles bereits gesäubert und abgestaubt; auf dem Tisch standen, wie aus dem Schlaraffenland herbeigezaubert, eine Flasche Champagner auf Eis und eine riesige Platte Austern: eine völlig unverdiente Belohnung für das, was Loeble für eine heldenhafte Rückkehr hielt.

Nun bedeutete jeder Tag in Stuttgart einen Aufschub von vierundzwanzig Stunden vor dem unvermeidlichen Augenblick, da Paul in den siedenden Kessel des Rußlandfeldzugs hinaus mußte. Wir konnten an den Fingern abzählen, wie bald das geschehen würde, denn er beendete gerade die Ausbildung in Cannstatt und sollte bald in die Offiziersschule von Krampnitz eintreten, um den letzten Schliff zu bekommen.

Solange Paul aber noch in Stuttgart stationiert blieb, konnten wir gelegentlich an einem verlängerten Wochenende nach Johannisberg fahren.

Vom Johannisberg, der hoch über das Rheintal ragt, schweift der Blick weit von Mainz bis Bingen über unzählige Dörfer, die sich in weiche Hügelsenken schmiegen. Die Weinberge des Schlosses genießen seit uralten Zeiten Weltruf. Der Überlieferung nach wächst Wein auf diesen Abhängen seit der Zeit der Römer, deren Grenzwall, der Limes, auf dem Kamm des Taunusgebirges hinter dem Johannisberger Schloßwald verlief. Karl der Große residierte auf dem gegenüberliegenden Ufer des Rheins in seiner Pfalz in Ingelheim. Der Sage nach soll er mit mächtigem Finger auf den Berg gewiesen und befohlen haben, dort Wein anzubauen, denn allein auf dessen Hängen schmolz der Schnee vorzeitig.

Gegen Norden durch unwegsame Wälder, das „Gebück“, geschützt und abgeriegelt, aber nach Süden und Westen dem Einfluß westlicher Kultur offen, entwickelten die Einwohner des Rheingaus, die seit Jahrhunderten unter der milden Herrschaft der Kirche als „Freie“ lebten, eine eigene Mentalität. Sie war geprägt von der Harmonie und der Weite der Landschaft, ihrer

Lieblichkeit, von den erdnahen Sorgen um den Wein und den damit verbundenen, zum Nachdenken anregenden Symbolen. Das machte die Rheinländer geistig unabhängig und unzugänglich für Schlagworte und falsche Versprechungen, auch während der Nazizeit.

Für eine kurze Zeitspanne wurde Johannisberg dem napoleonischen Marschall Kellermann, dem Sieger von Valmy, verliehen. Nach 1815 fiel der Besitz der österreichischen Krone zu. Kaiser Franz I. schenkte ihn seinem vertrauten Ratgeber und Freund Metternich als Entschädigung für zerstörte Güter während des Krieges gegen Napoleon und in Anerkennung seiner Verdienste um die Sicherung des europäischen Friedens auf dem Wiener Kongreß im Jahre 1815.

Der Kaiser neigte nicht eben dazu, großzügig Geschenke zu verteilen, so behielt er auch in diesem Fall, was die Österreicher ein „Zipferl" nennen, einen Teil seines Präsentes in Gestalt des „Zehents" zurück. Diese Abgabe hatte *in natura* zu erfolgen, und zwar als Wein, älter als zwölf Jahre, nach tombolaartigem Verfahren ausgelost. So trafen die edelsten Jahrgänge für die kaiserliche Tafel in Wien ein. Die Höfe Europas ließen es sich nicht nehmen, an ihrer Tafel denselben Wein zu kredenzen, und festigten dadurch dessen guten Ruf.

Dem Kanzler schien diese Verpflichtung nur eine kleine Auflage zu sein, denn Johannisberg stellte einen schönen Besitz dar, fast ein „Voluptoire", jedoch keine bedeutende Einnahmequelle. Als die Habsburger 1918 Österreich verlassen mußten, bestätigte Pauls Vater den Zehent. Seine Familie schuldete der Dynastie so viel, daß er sie nicht auch noch dieses letzten Rechtes berauben wollte.

Nach dem Anschluß Österreichs versuchten die Nazis, den Zehent an sich zu ziehen: waren sie nicht die Erben der habsburgischen Hinterlassenschaft? Paul bestand darauf, daß diese Auflage eine rein persönliche Verpflichtung einer Familie einer anderen gegenüber sei. Außerdem wollten die Nazis die Franziskanermönche aus dem Kloster Marienthal, das auf Pauls Gebiet lag, hinauswerfen. Dieser beliebte Wallfahrtsort zog Pilger von nah und fern an, die mit den Priestern die Messe im Freien unter schattigen Kastanienbäumen feierten. Das bildete eine Herausforderung für das Regime, das ja immer wieder antikirchliche Kampagnen inszenierte.

Sie konnten aber weder an die Mönche, noch an den Zehent herankommen, ohne vorher das Privateigentum anzutasten. Für einen solchen Schritt schien es allerdings noch zu früh, denn harte Maßnahmen stoßen im Rheinland immer auf besondere Ablehnung, und Paul war schließlich auch Frontkämpfer, man konnte ihn nicht ohne weiteres enteignen. So beschlossen die Behörden nach versuchtem, aber mißlungenem Vorstoß, ihre Zeit abzuwarten.

In Johannisberg wurde Paul von seinem Domänendirektor Labonte tatkräftig und mutig unterstützt. Nun kam er, uns zu begrüßen, an der Hand seine kleine, langzöpfige Tochter, die schüchtern einen für mich bestimmten Blumenstrauß umklammerte.

Labonte führte seine Abstammung auf Falkner zurück, die von einem Kurfürsten, dem Bischof von Trier, aus der ferner Provence gedungen worden waren. Vielleicht erklärte sich dadurch seine glückliche Mischung aus französischer Verstandesklarheit und Sinn für Maßhalten mit deutscher Redlichkeit.

Unsere Zimmer lagen im Ostflügel, wo uns strahlend das rundliche, apfelbäckige Dienstmädchen Babette empfing. Es stellte sich heraus, daß sie trotz gesetzten Alters eine begeisterte Anhängerin des rheinischen Karnevals war, den sie fortan, mit meinen Hüten verkleidet, besuchte.

Das ganze Rheintal hinunter, auf beiden Seiten des träge dahinfließenden, silbrig glitzernden Flusses, schienen die mit blühenden Obstbäumen wie mit Wolken bedeckten Hügel mit dem blassen Frühlingshimmel zu verschmelzen.

Hoch über dem herrlichen Panorama, das noch unverändert wie auf Stichen aus dem 18. Jahrhundert sich vor uns ausbreitete, frühstückten wir auf dem Balkon im Obergeschoß. Ich sehnte mich nach dem Tag, an dem ich Zeit finden würde, dieses perlfarbige Licht zu malen, das sich von Gold am frühen Morgen zu Lachsrosa wandelte, wenn die Sonne hinter dem Mäuseturm von Bingen versank.

Eine plüschbezogene Wendeltreppe, geschmückt mit englischen Jagddrucken, führte von unseren Zimmern direkt hinunter in einen kleinen Salon, in dem Paul und seine Jugendfreunde zu tanzen pflegten, weil dort der Boden spiegelglatt war. Zwei weitere breite Stufen, und man befand sich in der Halle, deren Wände mit Bambus bedeckt waren; sie öffnete sich zur Terrasse hin. Vor dem Mittagessen saßen wir dort in hohen, exotisch wirkenden Korbstühlen mit Fächerrücken und probierten erlesene Jahrgänge des Johannisbergers, wie den von 1933 und Blaulack 1937.

Es gab keinen Garten. Während Pauls Minderjährigkeit war er aus Gründen der Sparsamkeit durch Rebanlagen ersetzt worden. Jenseits der Tore wucherte wild der kleine Park. Prachtvolle Zedern spendeten willkommenen Schatten und ließen zwischen ihren weitschwingenden Ästen Ausschnitte offen, durch die man einen weiten Blick auf das Flußtal werfen konnte. Das Gras wurde gemäht, die Hecken wurden geschnitten; viel mehr konnte in Kriegszeiten nicht getan werden.

Das Haus aber befand sich immer noch in vollkommener Ordnung; die schönen Möbel aus dem 18. Jahrhundert und dem frühen Empire, für die der Kanzler eine besondere Vorliebe besessen hatte, waren von Pauline Metternich durch Erwerbungen aus den späten sechziger Jahren des vorigen Jahrhunderts ergänzt worden, als ihr Mann Österreichs Botschafter in Paris war. Gepolsterte Sessel in jeder Form und ,,Causeusen" mit einem Blumentopf in der Mitte, bezogen mit gestreifter, ein wenig ausgeblichener indischer Seide, waren auch für unseren Geschmack immer noch reizvoll, wenn man die überflüssigen Quasten und Verzierungen entfernte. Vor allem war man aber von der einmaligen Lage des Hauses angezogen, das in den Wolken zu schweben schien, durchflutet vom Rheingauer Licht in seinem einzigartigen Wechsel.

Am Nachmittag fuhr uns der Kutscher Wendelin, stolz auf seine untadeligen Pferde, hinaus in die Wälder. Im Dorf nannte man ihn ,,der Lord" wegen seines vornehmen Auftretens und seiner gepflegten Erscheinung. Nur zu bald war es an der Zeit, uns zum Bahnhof nach Rüdesheim zu kutschieren; die Hufe der Pferde hallten laut in den leeren Straßen.

Als der Zug am Fuß unseres Hügels entlangfuhr, konnten wir sehen, wie Babette auf dem großen Balkon ein weißes Leinentuch zum Abschied schwenkte. Die Fahrgäste, die hinaufblickten, seufzten: ,,Dort möchte man leben!"

Wir waren uns dieses Glückes bewußt, aber im Augenblick steckten wir in einem überfüllten Zug, wo wir in der ,,Ziehharmonika" zwischen zwei Waggons auf wackeligen Eisenplatten standen. Man konnte sich nirgends stützen, so lehnten wir uns aneinander, wie unsere Pferde im Stall, und dösten abwechselnd durch die lange Reisenacht.

11

Im Sommer 1942 begann Pauls Offizierskursus in Krampnitz, gerade außerhalb Berlins. In der Hauptstadt angekommen, bezogen wir wieder seine frühere Junggesellenwohnung unter dem Dach des Gersdorffschen Hauses in der Woyrschstraße. Missie lebte auch noch dort. Nach den ruhigen Monaten in Stuttgart erfaßte uns bald wieder der Strudel des gesellschaftlichen Lebens, und dabei erfuhren wir, was wirklich vor sich ging.

Seit der Reichstagsrede vom 26. April 1942, in der Hitler das Recht für sich in Anspruch genommen hatte, alles allein zu entscheiden, ohne noch länger durch irgendwelche gesetzlichen Bestimmungen gebunden zu sein, hatte der Rechtsstaat als solcher zu bestehen aufgehört; die Stimmung und die moralische Fäulnis in der Hauptstadt wurden immer schlimmer. „Divide et impera", das Motto des Diktators – obwohl nur die erste Stufe auf dem Wege zum totalen Polizeistaat –, führte vorerst dazu, daß die Wehrmacht, die wichtigsten Ministerien, die alles durchdringende Partei sich mit einer eigenen Pressestelle, Geheimpolizei, ausländischen Beziehungen, politischen Zielsetzungen und sogar eigenen Finanzabteilungen versahen und sich untereinander bekriegten. Uneins waren sie schon deshalb, weil es sich bei den „Kollegen" ja um Rivalen handelte, die in einem anderen Amt dieselbe Tätigkeit ausübten. Die Machtgierigen um Hitler bildeten eigene Imperien. Goebbels bekämpfte Göring, Rosenberg, Ribbentrop und Himmler, während seinerseits Canaris, der Chef der Abwehr, sich gegen alle schlagen mußte.

So wurden zum Beispiel Fahrzeuge und Waffen für die Front unterwegs von der SS oder von Göring für seine Luftwaffe abgezweigt. Was entstand, war ein Durcheinander und ein völliger Mangel an Koordination. Dies mag dem Einmannregime Hitlers recht gewesen sein, bedeutete aber das allmähliche Außerkraftsetzen des gesunden Menschenverstandes, was vernünftige Männer zur Verzweiflung brachte.

Merkwürdigerweise wurde die Wehrkraft dadurch nicht gelähmt, denn in Deutschland scheinen Tüchtigkeit und genaueste Beachtung jeder Einzelheit ein unzerstörbares Eigenleben zu führen.

Mittlerweile sammelten sich immer mehr „Männer guten Willens", trotz strengster Überwachung durch die Nazis. Dies war leichter in der Hauptstadt, wo Empfänge, Picknicks und der weite Spielraum des gesellschaftlichen Lebens viele Möglichkeiten boten, einander unauffällig zu begegnen. Besprechungen wurden abgehalten, die wohl nicht so unschuldig waren, wie sie aussahen, und aus denen dann die konkreten Pläne erwuchsen, die zu der Verschwörung des 20. Juli 1944 führen sollten.

Sogar in der Offiziersschule waren Einstellungen gegen das Regime zu merken, denn viele Wehrmachtseinheiten entwickelten sich zu Zufluchtsorten vor politischer Verfolgung. Wenn die Partei jemanden mit Mißtrauen betrachtete oder schikanierte, blieb dem Betroffenen immer noch der Ausweg, sich zum Fronteinsatz zu melden. Selbst in unserem Büro war das mehrmals vorgekommen. Als unser Freund Hansi Welczeck, der Sohn des Botschafters, aus Madrid zurückkam, wo er Attaché an der Deutschen Botschaft gewesen war, sagte ihm der Personalchef im Auswärtigen Amt, ein Parteimann, er solle lieber untertauchen, indem er in die Wehrmacht eintrete, denn sonst „würde die Partei sich mit ihm beschäftigen".

Die traditionsgebundenen Kavallerieregimenter rekrutierten

ihre Offiziere und Mannschaften meist aus ländlichen Gegenden, wo das Verhältnis der verschiedenen Gesellschaftsschichten zueinander auf einer in Jahrhunderten des Zusammenlebens entstandenen Vertrauensbasis beruhte. Die Offiziere stammten vielfach aus Kreisen, in denen Rechtschaffenheit aus strengen christlichen Grundsätzen erwuchs; diese religiösen „Wegweiser" behielten am längsten ihre Geltung und befähigten zu einer schärferen Unterscheidung von Recht und Unrecht. Patriotismus galt als Verpflichtung dem ganzen Volk gegenüber und nicht als primitive Loyalität gegenüber Hitler, auf die man sich jetzt so oft als moralische Rechtfertigung für unmoralische Handlungen berief.

Daher bildeten die Kavallerieregimenter einen fruchtbaren Boden für Verschwörungen gegen die Nazis, denn junge Offiziere wurden als Adjutanten zu Generälen kommandiert oder erhielten Schlüsselstellungen in Verbindungsstäben der Wehrmacht, wo sie die Stimmung ihrer Vorgesetzten und der Truppe beobachten konnten.

Sie sollten die fliegenden Boten der Verschwörer werden.

Die Partei sah in der Armee nur ein reines Machtinstrument, in ihren Menschen nur Kanonenfutter. Als das Oberkommando Bedenken äußerte, weil infolge der immer weiter ausgedehnten Front besonders schwere Verluste unter den jungen Offizieren zu beklagen waren, antwortete Hitler seelenruhig: „Dazu sind sie ja da!"

Um die Ausfälle immer schneller ersetzen zu können, wurde die Dauer des Schulungskurses für Offiziere von sechs auf zwei Monate verringert. Drakonische Vorschriften hielten die jungen Leute in ihren Krampnitzer Quartieren so gut wie gefangen. Freie Sonntage wurden abgeschafft. Trotzdem brachen eine Anzahl Kursusteilnehmer heimlich über Nacht aus; ihre nächsten Vorgesetzten neigten dazu, dies zu übersehen, solange der Dienst nicht darunter litt. Sie wußten ja, daß ihre Zöglinge für die Front bestimmt waren, um die immer größer werdenden Lücken auszufüllen. Die Überlebenschance war sehr gering, und eine Bestrafung bedeutete die Überweisung in eine „Sondereinheit", was meistens einem Todesurteil gleichkam.

So oft wie möglich entkam Paul in das nahe Berlin: aus einem Fenster kletternd zu einem versteckten Fahrrad hin, von da zur nächsten Bahnstation oder direkt zur Hauptstadt. Im Morgengrauen frühstückten wir noch schnell, und weg war er wieder. Diese Eskapaden wiederholten sich oft, und alles ging so leicht, daß wir das damit verbundene Risiko vergaßen, bis einmal ein naher Freund, ein junger Hatzfeldt, doch erwischt und wegen mehrmaliger nächtlicher Abwesenheit zu einem „Strafbataillon" versetzt wurde. Er fiel wenige Wochen später.

„Schluß mit dem ‚Reklamesterben'", schimpfte Goebbels. Der älteste Sohn des Kronprinzen, ein Enkel Kaiser Wilhelms, war gefallen; die Bevölkerung Potsdams hatte seine Beerdigung spontan fast zu einem Staatsbegräbnis gestaltet.

Die ehemaligen Kavallerieregimenter waren fast alle motorisiert und in Panzereinheiten umgewandelt worden. Weil sie unvermeidlich in den vordersten Linien kämpften und den Angriffen oft als erste ausgesetzt waren, erwarben Offiziere und Mannschaften viele Tapferkeitsauszeichnungen. Aber auch die Verluste fielen entsprechend hoch aus – die Todesanzeigen im „Adelsblatt" häuften sich. Immer wieder wurden die ältesten Söhne großer Familien nach Hause überführt, um in der Gruft des väterlichen Schlosses beigesetzt zu werden. Und immer wieder wurde dies Anlaß zu örtlichen Teilnahmekundgebungen, die auch als Anti-Nazi-Demonstrationen verstanden werden konnten.

Hitler hegte die Absicht, namhafte Vertreter des Adels nach dem Krieg zu enteignen und von jeglicher Einflußnahme im Land auszuschalten, was sicher schwieriger sein würde, wenn es sich um Personen handelte, die als Helden angesehen wurden.

Es kam daher ein Erlaß heraus, demzufolge „unverläßliche Elemente" aus der Wehrmacht zu entlassen seien. Betroffen waren vor allem die Söhne einst regierender Häuser. Später traf es auch die reichsunmittelbaren Fürsten, besonders, wenn sie nicht deutsche Mütter oder Gattinnen hatten, was ja oft der Fall war. Der Befehl wurde halb scherzhaft der „Prinzen-Erlaß" genannt. Für viele kam er zu spät, um sie zu retten, aber seine Wirkung war gerade das Gegenteil von dem, was bezweckt worden war. Die Überlebenden kehrten in die Heimat zurück, um in kritischen Momenten dort an wichtigen Stellen zu wirken. Sie waren allerdings entrüstet über die Diskriminierung, und die meisten wären viel lieber bei der Wehrmacht geblieben, als zu Hause von der Partei schikaniert zu werden.

Eines Abends, als Paul von Krampnitz zurückkam, teilte er mir mit tonloser Stimme mit, daß er nach Rußland zu einer Radfahrerkompanie versetzt worden sei.

Infolge der ungeheuren Verluste in der Infanterie wurden Kavallerieoffiziere neu gebildeten Regimentern zugeteilt. Die Lebenserwartung betrug nicht viel mehr als drei Wochen, da weder die Truppe noch die Offiziere für diese Art Kriegsführung geschult waren.

Aus unerfindlichem Grund mußte Paul sich zuerst in Cannstatt melden. Ohne ihm etwas davon zu sagen, lief ich am nächsten Morgen zu Rantzaus Büro und erbat seinen Rat. Er ging im Zimmer auf und ab, um nachzudenken, dann gab er mir einen Zettel für einen seiner Freunde in der Personalabteilung des Armee-Hauptquartiers in der Bendlerstraße mit. Das Gebäude galt, was Sicherheitsvorkehrungen anlangte, als das „Allerheiligste". Mein Mut sank auf den Nullpunkt, als ich das Formular unterschrieb, auf dem der genaue Zeitpunkt meines Eintritts vermerkt wurde. Während ich wartete, wurde mir die Ungeheuerlichkeit meines Vorgehens bewußt, aber nun gab es kein Zurück mehr.

Nach einiger Zeit wurde ich zuvorkommend von einem jungen Mann empfangen, der nicht dem Typ entsprach, der auf jemanden wie Paul neidisch sein oder ihm Böses wünschen würde, wie das später bei unserem Marienbader Kreisleiter der Fall sein sollte.

„Was kann ich für Sie tun?" fragte er verbindlich. Zögernd erklärte ich ihm, daß wir eben erst geheiratet hätten und daß mein Mann für einen Einsatz bestimmt sei, der mich voraussichtlich bald zur Witwe machen würde. Auch entspräche diese Verwendung in keiner Weise seiner Schulung und seinen Fähigkeiten. Könnte da nicht etwas getan werden?

Er sah mich verwundert an und meinte: „Ich weiß nicht, ob Ihnen klar ist, daß Sie die erste Ehefrau sind, die hergekommen ist, um eine Versetzung ihres Mannes zu erbitten."

„Ich hatte kaum erwartet, auch nur angehört zu werden, wollte es aber doch wenigstens versuchen", sagte ich, betrübt hinzufügend, daß mein Mann natürlich nichts von meinem Vorhaben wüßte.

Jetzt lächelte er und sagte, daß er in Pauls Papiere Einsicht nehmen wolle: Das Ergebnis würde ich dann erfahren.

Nachmittags reisten wir nach Bad Cannstatt ab. Es vergingen einige Tage, da kam ein Ferngespräch, für mich persönlich bestimmt.

„Ihr Mann ist als Verbindungsoffizier zur Spanischen Division versetzt worden – eine Lebensversicherung ist es zu meinem Bedauern allerdings auch nicht. Sind Sie damit einverstanden?"

„Diese Verwendung liegt ihm ja soviel eher", sagte ich dankbar und beschloß, nicht wieder Schicksal zu spielen.

Ich habe später nie erfahren, was aus meinem Freund im Armee-Hauptquartier geworden ist, und konnte nur hoffen, daß er dem Massenmord nach dem 20. Juli 1944 entgangen war, bei dem so viele ihr Leben lassen mußten. Es war niemand mehr da, den ich hätte fragen können.

Aber nun konnte nichts mehr die Tatsache ändern, daß Paul an die russische Front mußte. Die uns geschenkte kurze Galgenfrist war abgelaufen, ein Ende des Krieges war nicht abzusehen.

Die letzten Tage vergingen blitzschnell; wir machten einen kurzen Besuch in Königswart; dann begleitete ich Paul wieder nach Berlin, wo wir Abschied nahmen. Auf dem Rückweg zu unserer Wohnung, wo Missie auf mich wartete, verirrte ich mich völlig; erst viel später wurde mir klar, daß ich nicht bemerkt hatte, wohin ich ging; Menschen und Straßen lösten sich wie in einem Nebel auf. Es war tiefe Nacht, als ich endlich mein Ziel erreichte.

Ich kehrte nach Böhmen zurück, diesmal allein. Offiziell war es nun meine Aufgabe, an Pauls Stelle die Verwaltung seines Besitzes zu übernehmen. Das war mit vielem Herumreisen verbunden und befreite mich davon, zum Einsatz in einer Munitionsfabrik oder zu einer ähnlichen Tätigkeit verpflichtet zu werden.

Das stundenlange Sitzen oder Stehen in verdunkelten Zügen führte oft zu den seltsamsten Gesprächen, sogar zu recht vertraulichen Mitteilungen zwischen ganz fremden Menschen, die einander nie wiedersehen würden. Jede Erwähnung von Politik wurde natürlich sorgfältig vermieden.

Der Zug führte mich nach Süden. Mir gegenüber saß ein junger Soldat, der mir Schokolade und Zigaretten anbot, während ich meine Butterbrote mit ihm teilte. Bald begann er, von seinen Kriegserlebnissen zu erzählen, und beschrieb sein Entsetzen über den französischen Rückzug. Von Paris bis Bordeaux waren die Straßen verstopft durch die Kolonnen der flüchtenden Bevölkerung, unentwirrbar mit Einheiten der ebenfalls flüchtenden französischen Armee vermengt. Die verfolgenden Panzer zermalmten alles, was ihnen im Wege stand.

Er war an einem steckengebliebenen, mit Heu beladenen Bauernwagen vorbeigekommen. Hoch oben lagen drei kleine Kinder, ihre blonden Haare flatterten im Wind. Im Augenblick des Vorbeifahrens sah er, daß sie alle drei tot waren. Er kam nicht von dem Anblick los: „Drei so kleine Würmer, ganz allein in dem Durcheinander. Ich kann das nie vergessen."

Jetzt war er nach Polen versetzt. Voller Teilnahme sagte ich: „. . . aber das muß ja dort noch ärger sein."

„O nein", antwortete er, „die Franzosen, die sind wie wir, aber die Polen, das ist doch ganz was anderes." Er meinte damit „Untermenschen"; er konnte wohl nicht mehr unabhängig denken – der hitlerischen Propaganda kritiklos verfallen.

12

Wenn ich an den Krieg zurückdenke, kommt es mir vor, wie wenn immer Winter gewesen wäre, oder Finsternis, Schneematsch, Schmutz und Kälte, wo immer man sich hinwendete. Man unternahm endlose Reisen von gähnenden tunnelähnlichen dunklen Bahnhöfen, deren eisernes Dachgitterwerk von zerbrochenen Glasscheiben durchlöchert war. Stehengebliebene oder zertrümmerte Uhren, keine Träger, keine Wägelchen mit Eßwaren oder Reiseartikeln, keine Verkaufsstände mit Büchern oder Zeitungen. Sogar die Abbildungen vom „Kohlenklau", einer koboldhaften Gestalt, die mit listiger Grimasse einen Sack wegschleppte, hingen zerrissen von den Mauern, seit langem nicht mehr erneuert.

Die traurigen, entwurzelten Scharen, die sich auf den Bahnsteigen drängten, wurden zu gesichtslosen Wesen, zu einem dunklen menschlichen Haufen, der sich durch eine Schneise im Plakatwald von Schlagworten hindurchschob, die einem in großen, wie mit Blut gemalten Buchstaben überall entgegenschrien: „Räder rollen für den Sieg!" – „Führer befiehl: wir folgen!"

Dann setzte plötzlich der verzweifelte Sturm auf den Zug ein. War man drinnen, saß man in verdunkelten, überfüllten Abteilen und konnte kaum in die schwarze Nacht hinausschauen.

Mit ihrem ewig vor Hunger knurrenden Magen, von stets nagender Sorge erfüllt, waren die Menschen allmählich abgestumpft. Jedoch brachen plötzlich Aggressionen hervor wie Luftblasen, die die Oberfläche eines Teiches erreichen und platzen. Wie konnte man auch ruhig der Tatsache ins Auge sehen, daß alle Not und alles Leid umsonst sei?

Aber wenn ich an Königswart während der Kriegsjahre denke, leuchtet das Haus in der Sonne. Selbst im Winter, wenn der Schnee das Land, die Bäume und die fernen Wälder verschleierte, war es von einem hellen Licht durchstrahlt wie aus einer anderen Welt.

Die Monate vergingen, während ich auf Paul oder auf Nachrichten von ihm wartete. Durch die langen Stunden der Einsamkeit wurde das stumme Haus nach und nach für mich lebendig, so, als wenn man nur seine stille Harmonie zu erfassen brauche, um es warm und freundlich zu finden.

Es gab auch sehr viel zu tun. Im Haus selbst kümmerte sich der Haushofmeister Kurt Taubert genauestens um alle Einzelheiten, zusammen mit seiner Frau Lisette, der Tochter eines Marienbader Apothekers, und unterstützt von den Haushaltshilfen, die zufällig gerade zur Verfügung standen.

Kurt war Kammerdiener von Pauls Vater gewesen, der in seinen Armen starb. Lisette war als Kammerjungfer von Pauls Tante, der Gräfin Maria Puerto, mit dieser in aller Welt herumgereist, wenn sie die spanische königliche Familie begleitete.

Einem Haus wie Königswart vorzustehen, war wie das Leiten einer Kombination von Palast, Museum und Hotel – für Lisette, eine äußerst tüchtige Beschließerin mit den Eigenschaften eines Generalstabsoffiziers, genau die richtige Aufgabe. Sie regierte mit eiserner Hand, aber da wir ja zusammenarbeiteten, wurden wir bald zu befreundeten Verbündeten.

Trotz des sehr verminderten Personals wurde alles sorgfältig weitergeführt; unsere Zimmer wurden möglichst so gehalten wie gewohnt, so gut es eben in Kriegsjahren ging. Die neue Wohnung für meine Schwiegermutter enthielt die Einrichtung, die sie seit Jahren um sich gehabt hatte, damit sie sich ganz zu Hause fühlte, wenn sie uns besuchen kam. Die Inventare mußten umgeschrieben werden, Bilder umgehängt. In Anpassung an die veränderten Verhältnisse bedachten wir die verschiedensten Möglichkeiten im voraus, um für jede neue Anforderung gerüstet zu sein. Als erstes zogen wir eine Einquartierung von Flüchtlingen aus zerbombten Städten in Betracht; dann wurden für eventuelle Lazarette große Vorräte an Medikamenten und Verbandsstoff angeschafft, die wir im früheren Dienereßzimmer unterbrachten.

Offiziell war ich Pauls Vertreterin für alle drei Besitzungen, was häufiges Reisen notwendig machte. Ich mußte ständige Verbindung mit den Verwaltern halten, um den sich häufenden Schwierigkeiten zu begegnen und den dort Ansässigen mit Rat und Hilfe beizustehen. Außer im sogenannten „Protektorat" Böhmen und Mähren würden ja bald sämtliche erwachsenen Männer dienstverpflichtet sein.

Die gesamte Wohltätigkeit oder Sozialhilfe lag in den Händen der Behörden, die es darauf anlegten, uns Privaten jede Einflußnahme, wo immer nur möglich, zu beschneiden. So mußte man sogar in dieser Beziehung vorsichtig vorgehen und sich auf rein persönliche Kontakte beschränken.

Während Kurt mich bei den Mahlzeiten bediente, erzählte er mir, was sich auf dem Besitz so tat, über die Familie, über die Vergangenheit und vor allem über Paul, den er liebte, als wäre er sein eigener Sohn. Er berichtete über Pauls Kinderstreiche und wie jeder Wunsch ihm sofort erfüllt wurde, sei es ein Ponywagen, sei es ein Auto, denn sein Vater konnte ihm nichts verweigern. Deshalb schickte ihn seine Mutter in ein Schweizer Internat, als er erst acht Jahre alt war – sie fürchtete, daß diese Verwöhnung seinen Charakter verderben würde; aber Kurt meinte dazu treuherzig: „Das wäre nie der Fall gewesen!"

Jetzt beschäftigte er sich, vielleicht mehr als notwendig, mit Pauls Sachen, die er liebevoll in Ordnung hielt, wobei er hin und wieder seufzte: „Wenn ihm nur nichts passiert!"

Öffnete man Pauls großen Schrank, so duftete es nach Leder, Tweed und „Knize 10". Fotos aus der Schulzeit zeigten fröhliche Gruppen mit einem Fußball, einer Eishockeyscheibe, mit Tennisschlägern. Auf Regalen türmten sich Trophäen, Medaillen und Pokale. Eine Mütze mit Quaste aus dem Spanischen Bürgerkrieg hing neben einigen Geweihen; die Jagd war für Paul nur ein Zugeständnis an einen Brauch, daher fand man in seinem Zimmer auch keine waidmännischen Bücher, wie: „Rotes Herz unter grünem Janker", ,,Der siebte Schuß" oder ,,Pirschend gegen den Wind", in deren beruhigender Lektüre unsere böhmischen Nachbarn in Zeiten der Not Trost suchten.

Auf dem großen Toilettentisch lagen noch verschiedene Gegenstände, die Pauls Großvater und Vater benutzt hatten. Ihre Jagdloden und brokatenen Hausmäntel wurden ganz selbstverständlich von den folgenden Generationen getragen.

Obwohl Paul sein ganzes Leben hindurch von schönen Dingen umgeben gewesen war, blieben seine persönlichen Bedürfnisse von spartanischer Einfachheit. Die enge, dunkelgrüne Liegestatt war hart und abgenützt. In einer Ecke stand ein schwerer, eichener Betstuhl, auf dem ein Kindergebetbuch lag. Es begann mit dem Satz: ,,Gib mir Kraft, den Tod anzunehmen, in was immer für einer Gestalt er mich trifft." Ein merkwürdiges Gebet für einen kleinen Buben, aber wie bedeutungsvoll in jenen Tagen!

Alle diese Dinge in dem Haus, das das Seine war, zeigten mir eine Seite seines Wesens, die ich an ihm nicht kannte, und brachte ihn mir noch näher.

Kurt schichtete einen Stoß Fotografien junger Mädchen zusammen. ,,Sollten ‚wir' sie nicht besser in ein Album einkleben?" meinte er taktvoll.

Die lange Reihe der Gästezimmer war in dem Stil eingerichtet, der in Paris gefiel, als der Kanzler Anfang des 19. Jahrhunderts dort als Botschafter lebte. Bedruckte englische Baumwollstoffe, charakteristisch verschieden tickende Uhren, Pastellporträts oder Stiche an den Wänden erhöhten ihren Reiz. Ging man an den Badezimmern vorbei bis an das Ende des langen Korridors, so erreichte man schließlich ein großes, sonniges Eckzimmer, welches das ,,Königszimmer" genannt wurde.

König Alfons XIII., von Kindheit an mit meiner Schwiegermutter befreundet, reiste, nachdem er Spanien hatte verlassen müssen, jeden Sommer nach Königswart. Alle im Hause liebten und achteten ihn; er war auch noch durchaus imstande, an den Streichen jugendlicher Gäste teilzunehmen und die Canova-Statuen mit Lippenstift zu bemalen. Meine Schwiegermutter fand das gar nicht komisch, und als der König bat: ,,Nicht böse sein, Isabel", antwortete sie streng: ,,Sie sind alt genug, um es besser zu wissen!"

Aber solche heiteren Intermezzi erlebte er nur selten. Kurz vor dem Krieg sah ich ihn in Lausanne, wo er durch seine freundliche Frage nach der Gesundheit meines Bruders sofort mein Herz gewann. Als König geboren, denn sein Vater war vor seiner Geburt gestorben, besaß er das einfache, natürliche Wesen, das seiner ganzen Familie eigen ist. Neben seiner angeborenen Würde und Rücksicht für andere bezeugte er Mut und Geschick bei vielen

Gelegenheiten. Es schien wie ein Hohn des Schicksals, daß jemand, der zum Regieren so geeignet war, gezwungen wurde, den Thron zu verlassen.

Die Ereignisse in Spanien verfolgte er mit leidenschaftlichem Interesse; natürlich strömten spanische und fremde Gäste nach Königswart, wenn er sich dort aufhielt.

Nach dem unerwarteten Tod von Don Carlos, der das Familienoberhaupt des carlistischen Zweiges der spanischen Dynastie gewesen war, erschien dessen Gattin, die Herzogin von Madrid, um die Nachricht Alfons XIII. persönlich zu überbringen. Der König ging die Treppe hinunter, um sie zu begrüßen; im Hof fand die Bewillkommnung in besonders herzlicher Weise statt, denn Don Carlos hatte alle seine Titel der Hauptlinie der bourbonischen Dynastie zurückgegeben. Diese Begegnung schien die carlistische Trennung und den daraus entstehenden Zwist um die Erbfolge zu beenden.

Aber der aufregendste Besuch fand Anfang August 1936 statt, gleich nach dem Ausbruch des Bürgerkrieges in Spanien. General Mola, der damals zu den bedeutendsten Heerführern der Nationalisten zählte, hatte Luca de Tena in dringender Mission ausgeschickt, um Flugzeuge zu beschaffen. König Alfons schien der einzige Mensch zu sein, der ihre Lieferung aus Italien erreichen konnte. Als bekannt wurde, daß er in Königswart sei, erzwangen Luca de Tena und Victor Urrutia eine Notlandung von Urrutias Privatflugzeug in der Nähe von Pilsen. Sie wurden sofort verhaftet und erst nach langen Verhandlungen wieder freigelassen. Nachdem sie endlich Königswart erreicht hatten, dauerten ihre Gespräche mit dem König die ganze Nacht, denn sie waren die ersten Spanier, die er seit dem Beginn des Krieges sah. Sie drängten ihn, mit ihnen zurückzukehren. Der König fand den Zeitpunkt ungünstig und lehnte mit Bedauern ab. Aber er setzte sich unverzüglich mit Rom in Verbindung, und die Flugzeuge befanden sich bereits am nächsten Tag unterwegs nach Spanien.

Früher schon waren zahlreiche berühmte Persönlichkeiten nach Königswart gekommen, viele von Marienbad, wo sie zur Kur weilten und das nur zehn Kilometer entfernt lag.

Wenn wir jetzt Gäste empfingen, schüttelten Kurt und Lisette den Kopf, weil so vieles zu einer richtigen Unterbringung fehlte; sie gaben sich aber die größte Mühe, das Manko möglichst wettzumachen.

Eine tätige Unterstützung erhielten sie in gewisser Hinsicht durch eine altehrwürdige Einrichtung, die meine Schwiegermutter die „Weibs" nannte; das waren willige Putzfrauen aus dem Dorf, unbestimmten Alters und Berufs. In den harten Zeiten kamen ihnen Nebeneinkünfte gelegen, noch mehr aber die anderen Vergünstigungen: Milch, soviel sie wollten, Holz für ihre Öfen, auch Hilfe, wenn es sich um „behördliche" Angelegenheiten handelte, denn die Obrigkeit ging mit der Bevölkerung sehr hart um, außer wenn es sich um aktive Mitglieder der Partei handelte.

Bedächtig und achtsam versorgte Kurt seine Bienenstöcke und den kleinen Küchengarten, in dem er auch seinen eigenen Tabak zog; daneben betreute er den ihm anvertrauten Teil des Hauses. Sein unterirdischer Krieg mit dem Sekretär Thanhofer fand infolge ihrer gegenseitigen Anschuldigungen, die sie allerdings in höflichste Formen kleideten, nie ein Ende. Beide betrachteten es als ihre Pflicht, uns vor dem diebischen Vorgehen des anderen zu beschützen. In Wahrheit waren sie gewissenhaft und fast krankhaft ehrlich: alles wurde genau notiert, eingeteilt und abgelegt.

Thanhofer kam fast nie in das Obergeschoß herauf, so bildete der Treppenabsatz die unsichtbare Grenze ihrer Einflußbereiche.

Ähnliche Dramen spielten sich auch zwischen Kurt und Lisette ab, die an sich in größter Eintracht lebten; nur wenn sie für uns einpacken sollten, ging der Streit los: Wem gehört der Koffer? Wem der Kissenbezug? Sie sahen sich wütend an, zischten einander böse Worte entgegen. Man mischte sich am besten nicht hinein.

Thanhofer hantierte hinter gigantischen Aktenbündeln, ein eifersüchtiger Hüter dessen, was er „Usus" (Gewohnheit) nannte und worauf er sich in höflicher Bestimmtheit bezog, wenn ich mit irgendeiner neuen Idee zu ihm kam.

Daß der Sekretär der Familie aufs innigste ergeben war, stand außer Zweifel, für ihn war seine Treue eine Quelle der Würde und des Stolzes. Er hütete das Museum und die Sammlungen und schrieb Antworten in geschraubtem Kanzleideutsch mit kunstvollen Buchstaben auf ebenso gespreizt verfaßte Anzeigen von Geburten, Heiraten oder Todesfällen in anderen „fürstlichen" Häusern. Wahrscheinlich warf niemand auf diese archaischen Dokumente einen Blick, außer dem Hofsekretär, der sie entgegennahm.

Wenn Thanhofer an Paul schrieb, waren seine Briefe in den gleichen verschnörkelten Buchstaben abgefaßt, als Zeichen größter Hochachtung; sie endeten mit einem Satz, der an „Ich wälze mich in dem von Euer Durchlaucht hinterlassenen Staub" erinnerte. Paul meinte lachend, daß man ihn einmal im Park auf einem Baum aufgehängt finden würde, mit einer Aufschrift um den Hals: „Der Herrschaft zuliebe." Wie nahe sollte dieser Scherz der Wirklichkeit kommen!

Schon früher, als die Metternichs hauptsächlich noch am Rhein lebten, war Königswart in enger Verbindung mit seinen Eigentümern gewesen; mit der Zeit wurde es dann zu ihrem bevorzugten Landsitz.

Pauls Urgroßvater, der Kanzler Fürst Clemens Lothar Metternich, hatte das Gebäude um 1800 gemäß seinem unfehlbar guten Geschmack zu einem anziehenden Landhaus im Stil der Jahrhundertwende umgebaut. Mit der Zeit wuchs alles zu einem Ganzen zusammen; das im Park stehende Haus schien mit der Landschaft zu verschmelzen. Es war alles sorgfältig geplant, jedoch mit einem Schuß von Spontaneität, als ob es zufällig sei. Das Gleichgewicht war so vollkommen, daß das Schlagen eines Baumes oder das Umhängen eines Bildes einen wohlüberlegten Entschluß voraussetzte.

Das hufeisenförmige Haus umgab einen weiten, mit blühenden Sträuchern gesäumten Hof, der einen in drei Stufen aufsteigenden Brunnen umschloß. Auf der Frontseite führte eine große abfallende Rasenfläche zum Teich hinunter. Der Südflügel enthielt die Gästezimmer, deren Fenster auf den Garten bis zum Tennisplatz blickten. Alle sogenannten „Paradezimmer" lagen im ersten Stock, zu beiden Seiten des großen Mittelsaals, mit breiten Balkonen auf der Vorder- und Rückseite des Hauses. Der Saal war trotz seiner Größe – die Canova-Statuen wurden dadurch entsprechend zu Dekorationsstücken reduziert – so gemütlich eingerichtet, daß man ihn viel benützte. Riesige Blumensträuße belebten ihn die wechselnden Jahreszeiten hindurch.

Das getäfelte Eßzimmer daneben führte zur Kapelle und zum Museum mit der großen Bibliothek des Kanzlers und seinen faszinierenden Sammlungen. Sein Sohn hatte Alexander Dumas' Schreibtisch hinzuerworben, weiters einen unveröffentlichten Roman, der in schmalen Streifen um einen Stab gerollt war. Die äußere Hülle wurde dann lackiert. Das Ganze stellte ein Geduldspiel dar – sogar in jenem gemächlichen Jahrhundert, in welchem das Pferd noch kaum von der Eisenbahn überholt worden war.

Aufeinanderfolgende Generationen gaben Gegenstände, die ihnen nicht mehr gefielen, ins Museum und holten sich von dort Möbelstücke oder sonstiges Inventar, das ihrem jeweiligen Geschmack entsprach.

Im Oratorium der Kapelle hingen drei Bilder von Bernhard Strigel. Ich war vor Kriegsschluß im Begriff, sie fortzuschicken, um sie in Sicherheit zu bringen, als mein Vater auf mir recht unwillkommene Weise bemerkte, es bringe Unglück, einer Kirche gewidmete Kunstgegenstände wegzunehmen. Da ich das Schicksal nicht herausfordern wollte, hängte ich sie mit Bedauern wieder an ihren Platz.

An Feiertagen legte der alte Schloßgeistliche ein Meßgewand an, das aus der Galauniform angefertigt war, die der Kanzler für das Lawrence-Porträt getragen hatte.

Das Zimmer, das wir am meisten benützten, lag im südwestlichen Eck und wurde der „rote Salon" genannt. Das entzückende, lebensgroße Ender-Bild von Antoinette Leykam, der zweiten

Frau des Kanzlers, hing über dem Kamin. Meine Schwiegermutter hatte mir den zinnoberroten Schal und die Spangen des goldenen Gürtels geschenkt, die auf dem Bild zu sehen waren. Alle Salons schlossen sich in einer Richtung an diesen Raum an und alle Schlafzimmer nach meinem kleinen Schreibzimmer in der anderen. So konnte das Haus der Zahl der Anwesenden entsprechend angepaßt werden, und man fühlte sich nie von seiner Größe überwältigt.

1911 wurde das Wiener Palais verkauft. Die ganze Bibliothek, die Täfelungen, Parkette und Beleuchtungskörper wurden nach Königswart gebracht, wo man sie zum Teil in das Zimmer neben dem Ecksalon einbaute. Es entstand ein bezaubernder Raum, und wenn Paul und ich allein waren, nahmen wir oft unsere Mahlzeiten dort ein, an kleinen Tischen vor dem Kamin sitzend, in dem an kühlen Abenden ein wohliges Feuer brannte. Durch Druck auf einen versteckten Mechanismus neben dem Kaminsims öffnete sich eine geheime Tür im hohen Bücherregal, durch die man direkt auf den Treppenabsatz gelangen konnte.

Meine französische Erziehung hatte mich stark gegen den Kanzler Metternich eingenommen. Als ich dann inmitten seiner persönlichen Besitztümer, seiner Sammlungen und seines schriftlichen Nachlasses lebte, änderte sich diese Meinung von Grund auf.

Metternichs Persönlichkeit muß völlig unverständlich für engstirnige Historiker des 19. Jahrhunderts gewesen sein, deren Urteil durch das Aufkommen von Nationalismus und Liberalismus geprägt wurde. Seinerseits legte er nicht viel Wert auf ihre Ansichten, die er für eine vorübergehende Zeiterscheinung hielt. Der Kanzler pflegte zu sagen, er wäre zu früh oder zu spät geboren, um von ihnen verstanden zu werden. So leicht, wie solche Leute dachten, war es nun doch nicht gewesen, dem europäischen Kontinent fast ein Menschenalter lang den Frieden zu bewahren.

Wie so viele Staatsmänner seiner Zeit, behandelte Metternich wichtige Angelegenheiten mit scheinbarer Leichtfertigkeit und widmete gesellschaftlichen Aufgaben wie der Veranstaltung eines Balles übertriebene Aufmerksamkeit. Er hegte ein tiefes Mißtrauen gegen abstrakte politische Theorien und betrachtete ein organisches Wachstum als die Basis jeder dauerhaften Entwicklung. Er behauptete auch, daß zwei elementare Tatsachen nur zu oft von Politikern übersehen würden: Geschichte und Geographie. Seine Familie stammte aus dem Moselland, aber der seit Generationen währende Dienst in hohen Kirchenämtern und für den Kaiser des Heiligen Römischen Reiches hatte sie zu einem umfassenderen Verständnis der europäischen Politik geführt, als es für Untertanen kleinerer Fürstentümer gemeinhin typisch war.

Er empfand einen tiefen Widerwillen gegen die immer wieder auftretende deutsche Leidenschaft für „klare Situationen", die zu katastrophalen „Endlösungen" führte: zu Rücksichtslosigkeit bei den Mächtigen und zu verächtlicher Unterwürfigkeit bei den Machtlosen. Seine Fähigkeit, andere gegen ihren Willen zu überzeugen, mochte wohl zeitweise Unmut geweckt haben, denn er sagte voll Stolz, daß er nie aufgab, „ehe er nicht die Wiederholung seiner eigenen Worte aus dem Mund des Gegners gehört hätte".

Obwohl seine weitblickenden Anschauungen von 1815 im Jahre 1848 überholt waren, blieb Metternich immer konsequent, verlor er nie sein Ziel aus den Augen: die ehemalige habsburgische Macht an der Spitze des deutschen Kaiserreichs durch den Einfluß Österreichs im Deutschen Bund zu ersetzen, als Gegengewicht zu Preußen. Er betrachtete dieses Gleichgewicht als die Grundlage des Friedens in Europa.

Anders als manche seiner Zeitgenossen, die bei modernen Historikern viel mehr Verständnis finden, brach er weder seine Treue, noch nahm er Bestechungen an.

Seine Geduld und Arbeitsfreude müssen ebenso überwältigend gewesen sein wie die Reichweite und Vielfalt seiner Interessen. Das Museum enthielt eine Bibliothek von dreißigtausend prachtvoll gebundenen Bänden, viele mit Anmerkungen seiner Hand versehen und jedes nur denkbare Gebiet betreffend, einschließlich Naturkunde, Geschichte und Archäologie. Dort befanden sich auch die Sammlungen von Stichen, Medaillen, Münzen, Waffen sowie verschiedenartigste Kuriositäten, von Marie Antoinettes Ring und Gebetbuch über Madame Talliens winzigen Schuh bis zu einem drei Meter langen Frauenhaar. Die Kaiserin Marie Louise, Napoleons zweite Gattin, hatte nach dem Tod ihres Sohnes, des Herzogs von Reichstadt, einige Andenken an den Kanzler geschickt: den Stock des Verstorbenen, sein Waschbecken, einen Ring.

Metternich muß jede Gelegenheit zum Schreiben ergriffen haben, und da er sich gern mit schönen Gegenständen umgab, waren die Schreibtische in jedem Zimmer ebenso verschieden wie schön. Sie schienen jeder Stimmung angepaßt – von spindelbeinigen Damen-„secrétaires" zu dem doppelseitigen Schreibtisch in der kleinen Bibliothek, an dem er und sein Sekretär lange Stunden mit der Erledigung von Berichten verbrachten.

Er wollte alles um sich herum geordnet wissen; im Archiv fanden sich viele Zettel und Memoranda, die sich auf jede kleinste Einzelheit der Verwaltung seiner Güter, auf das Pflanzen von Bäumen und die Etiketten der Weinflaschen bezogen, die aber auch Anordnungen für die Einrichtung der Zimmer seiner Kinder und ihre Tagesprogramme enthielten. In Schubladen und Schränken fand ich vergessene Andenken, Tagebücher und Briefe. Da war ein Brief an seine Frau vom März 1814 aus Dijon – einer Station auf seinem Weg nach Paris bei der Verfolgung des geschlagenen Napoleon –, in dem er ein Kleidchen mit „dazupassendem Pantalettchen" (Höschen) beschreibt, das er eben kopieren lassen und seiner dreijährigen Tochter Léontine durch Kurier nach Hause senden würde. Ich entdeckte zwei in Leder gebundene Hefte mit kindlicher Schrift von dieser selben, inzwischen schon zum Teenager herangewachsenen Leontine beschrieben. In diesen Aufzeichnungen erscheint der „Kutscher Europas" als zärtlicher Vater, der sich viel in Gesellschaft seiner Kinder aufhielt, selbst in entscheidenden Momenten der europäischen Geschichte. Seine erste Frau war einige Jahre vorher gestorben, und als seine einsame kleine Tochter über die Abreise ihrer besten Freundin traurig war, fand er Zeit, mit ihr auszugehen und ihr ein Geschenk zu kaufen.

Der Schriftsteller Varnhagen sagte einmal über den Kanzler: „Seine Gegenwart breitete Wohlbehagen aus." So empfanden wir es ein Jahrhundert später noch immer.

Während ich lesend auf dem Sofa in der Bibliothek lag, wurde die warme Stille kaum durch das Ticken alter Uhren gestört, die von Zeit zu Zeit ihr Glockenspiel mit einem surrenden Seufzer einleiteten, noch durch den Scottie, der auf dem glatten Parkett ausrutschte, wenn er nach einer Fliege schnappte.

In der Welt draußen lauerte „El Coloso", der Riese der Panik, wie auf Goyas Bild, um alles in einer wirbelnden schwarzen Wolke davonzutragen, aber hier blieb das Leben noch ein Weilchen heiter, die Zeit stand still. Genießerisch erfreute man sich der Möglichkeit, in Ruhe nachzudenken, sich in den weitläufigen Räumen zu bewegen, ihren zart-muffigen Geruch wahrzunehmen: eine Mischung von gebohnerten Fußböden, staubigen alten Büchern in Ledereinbänden, mit einem Schuß Lavendel und frischen Rosen dazu.

Ich bemühte mich so liebevoll um alles, daß ich mich vom Haus anerkannt fühlte, zu einem Teil dessen geworden, was gewesen war, wie auch mit seinem zukünftigen Schicksal unabwendbar verbunden.

In den Zustand nagender Sorge, in dem ich fast ständig lebte, brachte das Telegramm mit der Nachricht, daß Paul nach monatelanger Abwesenheit auf Urlaub kommen würde, eine unbeschreibliche Erleichterung.

Da er wahrscheinlich, wie es schon oft geschehen war, keine Zeit haben würde, nach Königswart zu kommen, nahm ich den ersten Zug nach Berlin.

Oft folgte diesem Aufbruch stundenlanges Stehen im Gang des

übervollen Waggons; bestenfalls konnte ich auf der Kante eines Handkoffers sitzen, hungrig und voller Angst, daß ein Luftangriff den Zug aufhalten und uns um Augenblicke des ohnehin schon so kurzen Urlaubs bringen könnte. Wie in einem bösen Traum fürchtete ich, wir könnten in der Vorstadt steckenbleiben, ich mußte zur nächsten Tramstation laufen, um schließlich am Ziel zu erfahren, daß Paul, der mich seinerseits suchte, wieder verschwunden sei. So würden weitere kurze, goldene Stunden unwiderruflich dahinschwinden.

Aber auch viele glückliche Treffen beschlossen solche schwierige Reisen, wenn Paul mich lachend in seine Arme schloß und sagte, daß er mich nur deswegen in dem dunklen Bahnhof gefunden habe, weil über dem feuchten Geruch von Ruß, Dampf und drängenden Menschen ein Hauch von „Moment-Suprême"-Parfüm ihm entgegenwehte.

Wir eilten dann in die Woyrschstraße, machten uns schnell in der kleinen Wohnung zurecht und gingen auswärts essen. Spät in der Nacht wanderten wir durch die leeren Straßen wieder nach Hause. Paul kannte viele Wiener Lieder und solche aus dem Spanischen Bürgerkrieg. Wenn er sie in seinem hellen Bariton sang, klangen sie wie ein Versprechen sonniger Tage, eines endlich friedlichen Landes, wo die Menschen so selbstverständlich singen, wie sie atmen.

Nur allzu schnell mußte er auf seinen Posten zurück, als Verbindungsoffizier zwischen dem deutschen Oberkommando und der spanischen „Blauen Division". Sie lag im Schützengraben vor Leningrad, wo die Kämpfe noch wüteten. Viele der Offiziere waren Paul noch vom Spanischen Bürgerkrieg her bekannt. Wenn ich ihn und einige dieser Kameraden vor ihrer Abreise nach Rußland verabschiedete, war es, als verließe ich ihn bei seiner Familie, unterwegs zu spannenden Abenteuern. Die Männer lachten und scherzten miteinander mit unbekümmertem Gleichmut, wiewohl wir alle wußten, daß die endlose Front nicht zu halten und ein russischer Durchbruch seit Monaten fällig war.

Mama war zu mir nach Böhmen gezogen. Die Luftangriffe auf die großen Städte verstärkten sich; auch riet man ihr, sich möglichst weit von der Berliner Gestapo-Zentrale entfernt zu halten.

„Man muß lernen, seine Freunde richtig auszusuchen!" erinnerte Rantzau eines Morgens, indem er Missie die Abschrift einer Anzeige gegen Mama zeigte, unterschrieben vom Gatten ihrer Jugendfreundin Olga, bei der wir zu Beginn des Krieges in Schlesien gelebt hatten. „Ihre prorussischen Ansichten", so hieß es darin, „stehen nicht im Einklang mit den Grundsätzen des Führers . . ." (wahr genug an sich!) „Und so betrachte ich es als meine Pflicht, dies der Partei zur Kenntnis zu bringen." Rantzau fügte hinzu: „Unsere Kopie werden wir verbrennen, aber die andere ist in den Händen der Gestapo. Sollte Ihre Mutter je um ein Visum ansuchen oder sonstwie auffallen, wird das Schriftstück gleich herausgefischt."

Mama war tief betroffen; abgesehen von dem scheußlichen Gefühl des Verrats, wurde nun ihre Hoffnung, bald zu Georgie nach Paris fahren zu können, zunichte gemacht. 1939, damals in Schlesien, schien Olgas Mann ein bequemer Materialist ohne klares Wertbewußtsein. Wie schlau waren doch die Nazis, Leute wie ihn als Mitverbrecher zu gewinnen; die Betreffenden konnten dann nicht mehr zurück. Er war zu gescheit, um diesen Zusammenhang, der ihn immer tiefer hinabriß, nicht zu begreifen, und so mußte man ihn eigentlich bedauern.

In Königswart litt Mama darunter, untätig zu sein. Durch die Vermittlung neutraler Freunde begann sie einen Briefwechsel, der sich über die ganze Welt erstreckte. Ihr Hauptbestreben bestand darin, mit prominenten Russen im Ausland in Verbindung zu treten, im Bemühen, für die verhungernden Sowjet-Gefangenen Nahrungsmittel zu beschaffen, da sie keine Rot-Kreuz-Pakete erhielten.

Es gelang ihr, unter anderen den in Rußland geborenen Flugingenieur Igor Sikorsky zu erreichen und mit seiner Hilfe eine ganze Schiffsladung Lebensmittel zu organisieren, die von Buenos Aires abgeschickt werden sollte. General von Hase, der Militärgouverneur von Berlin – er wurde später ein Opfer des 20. Juli –, versuchte sich einzuschalten, damit die Sendung an ihren Bestimmungsort gelange, doch die Partei bekam Wind von dem Vorhaben und vereitelte es rasch.

Aber Mama ließ nicht locker und wandte sich jetzt an ihren alten Freund, Marschall Mannerheim, den späteren Präsidenten Finnlands, der ein Regimentskamerad ihres Bruders gewesen war. Er hatte sich immer zur Freundschaft mit Rußland, wenn auch nicht mit den Sowjets, bekannt. Seitdem diese Finnland angegriffen hatten, wurde er unfreiwillig zu einem Verbündeten Deutschlands. Er nahm sofort die Schiffsladung für sein Land an und sandte Mama einen liebenswürdigen und von ihr hoch in Ehren gehaltenen Brief, in dem er garantierte, daß die Nahrungsmittel an sowjetische Gefangene in Finnland ausgehändigt würden, was später auch seine Bestätigung erfuhr.

Bei seiner Ankunft zu einem kurzen Urlaub von der nordöstlichen Leningrader Front sagte uns Paul nebenbei: „Emiliano bringt mein Gepäck."

Tatsächlich, wenige Tage später wurde unser Königswarter Leben durch die Anwesenheit Emiliano Zarate Zamoranos bereichert. Halb Soldat, halb Vagabund, mit zerrauftem, nach allen

Seiten in die Höhe stehendem Haar, stapfte er mühsam die Auffahrt entlang, die Reste von Pauls Handkoffer schleppend, die er kreuzweise mit seinem Hemd zusammengebunden hatte, um ein völliges Auseinanderfallen des Gepäckstückes zu verhindern.

Am Ende des Bürgerkrieges in Spanien wurde er verhaftet, weil er eine Zeitbombe bei sich trug, mit der er vermutlich irgendein ungesichertes Angriffsziel in die Luft sprengen sollte. Er konnte weder lesen, noch schreiben, noch zusammenhängend denken, sollte möglicherweise selber mit seiner Bombe hochgehen. Er wurde nun vor die pricklige Wahl gestellt, ob er lieber gleich erschossen werden oder zur spanischen „Blauen Division" als „Freiwilliger" einrücken wollte. Er wählte letzteres, doch konnten dort seine Landsleute nichts mit ihm anfangen: merkwürdigerweise findet der Beruf des „gedungenen Mörders" kein Betätigungsfeld in Kriegszeiten; auch stellte sich heraus, daß Emiliano außerstande war, sich irgendeiner Disziplin anzupassen.

Aus einem unbekannten Grund zeigte er Paul gegenüber eine geradezu hündische Ergebenheit und nahm nur von ihm Befehle an. Als Paul nach Hause fuhr, sagten daher seine spanischen Kameraden: „Nimm ihn mit, uns nützt er nichts."

Einen zerknitterten Zettel mit der Königswarter Adresse schwingend, knuffte und puffte Zarate sich von Lastwagen zu überfüllten Zügen mit der Erklärung durch: „Platz machen für den Kurier der spanischen Botschaft!"

Überraschenderweise wurde diese Behauptung von allen hingenommen.

Für Paul entwickelte er sich zu einer Art Hofnarr. Eines Tages schickte ihn Paul auf 24-Stunden-Urlaub nach Berlin. Als Zarate zurückkam, zeigte er uns stolz einen SS-Ring und eine Uhr, beide mit dem infamen Totenkopf gezeichnet, und beteuerte, dies seien Abschiedsgeschenke seiner Freundin. Er hatte Verbindung zu einem blühenden schwarzen Markt aufgespürt, von dessen Existenz wir keine Ahnung hatten, und behauptete, dort alles beschaffen zu können, von Radioapparaten bis zu Feuerwaffen. Daß wir nicht auf seine Vorschläge eingingen, enttäuschte ihn tief.

Wenn wir in den Wald fuhren, saß er oben auf dem Bock. Einmal fragte ihn Paul: „Emiliano, wenn die Roten in Spanien zurückkommen, würdest du mich umbringen?"

„Señor, niemals!"

„Und meine Frau?"

Ein kurzes Zögern: „Auch nicht!"

„Und den Kutscher?"

„No lo sé." (Bin nicht so sicher.)

Als Paul wieder nach Rußland zurückkehrte, lag Zarate vor Verdrossenheit den ganzen Tag rücklings auf dem vorderen Rasen. Nachts versuchte er, das Hausmädchen zu vergewaltigen. So schickten wir ihn wieder nach Spanien, wo es Paul gelang, ihn neuerdings im Heer unterzubringen. Eine Zeitlang ging alles gut, dann wurde er als „unverwendbar“ entlassen.

In späteren Jahren, jedesmal wenn Paul in Madrid ankam, stand am nächsten Tag Emiliano, wie von einem telepathischen Instinkt hingeführt, vor dem großen Haustor, wo er auf den freundschaftlichen Schlag auf die Schulter, auf Kleidungsstücke und das Trinkgeld wartete.

Arbeit wollte er aber nicht.

13

Mit dem Fortgang des Krieges wurde fast jeder halbwegs gesunde Deutsche zur Wehrmacht eingezogen, doch die Äcker mußten weiter bestellt, die Ernten eingebracht, das Vieh gefüttert und die Bäume gefällt werden. Um die Abberufenen zu ersetzen, wurden Gruppen von französischen und russischen Kriegsgefangenen eingesetzt. So auch in Königswart.

Einem strengen Befehl zufolge mußten die Russen nachts eingesperrt und von einem ältlichen Soldaten bewacht werden. Wir bestanden aber darauf, daß ihnen ein Sprecher zugebilligt werde, der zu uns kommen und ihre Probleme vortragen oder um Benötigtes bitten könnte. Wir waren entsetzt, als wir später durch die französischen Gefangenen erfuhren, daß als Sprecher der einzige politische Kommissar, zudem ein brutaler Kerl, gewählt worden war. Hatte der deutsche Soldat die Türe für die Nacht erst einmal verschlossen, war es ihm völlig gleichgültig, was drinnen geschah.

Offiziell war es uns nicht erlaubt, mit den russischen Gefangenen allein zu sprechen. So warteten meine Eltern oder ich, bis der Soldat verschwand, um mit ihnen während ihrer Arbeiten im Hof oder auf den Feldern zu reden. Anfangs schienen sie eingeschüchtert und verschreckt. Es gelang uns dann, den Soldaten durch einen gutmütigen alten Trottel zu ersetzen, der uns half, einigermaßen normale Bedingungen herzustellen. Die Gefangenen faßten Vertrauen, als sie merkten, daß wir uns ernstlich um sie bemühten, und selber aus einem Polizeistaat kommend, begriffen sie auch die Schwierigkeiten, denen wir im Verkehr mit den Behörden begegneten; so entstand allmählich ein freundschaftliches Verhältnis.

Einer von ihnen war in einem der schrecklichen Hungerlager gewesen, in welche die ersten sowjetischen Gefangenen gebracht wurden; er erzählte mir, wie er einmal eine ganze Nacht lang seinen toten Bruder hoch über seinem Kopf gehalten habe, damit er nicht von seinen vor Hunger rasenden Kameraden gefressen wurde.

Der Viehknecht Iwan stand oft bei der Küchentür herum unter dem Vorwand, daß er die Milch bringe. Er hatte entdeckt, daß Paul sehr freigebig mit Schnaps war, als Heilmittel gegen Verkühlungen oder was immer sonst. So räusperte er sich auffällig, sobald er uns sah, grinste über sein volles, rundes Gesicht mit der Kartoffelnase, die so typisch für viele russische Bauern ist. Schnaps war auch immer vorrätig.

Einen von ihnen fragte ich wieder einmal:

„Was kann ich für euch tun?"

„Es geht uns ja ganz anständig, und tun kann man nichts für uns. Gefangen sein ist ein trauriges Los, alles andere ist nicht so wichtig." Ein anderer fügte seufzend hinzu: „Ich sorge mich um Frau und Kinder. Wer gibt ihnen zu essen, jetzt, wo ich fort bin?"

„Wieviel Kinder haben Sie?"

„Vier, und alle noch klein. Wenn sie auch meine Frau wegholen, was soll aus ihnen werden?" („Sie" bedeutete immer das Sowjet-Regime.)

Es schien unfaßbar, daß Stalin keine Gefangenenpost erlaubte. Kriegsgefangene anderer Nationalität konnten von zu Hause wenigstens Nachrichten erhalten.

„Wann sind Sie aus Rußland fort?" fragten sie mich.

„Ah, dann können Sie uns verstehen", seufzten sie und betrachteten uns ohne Groll. Wir waren frühe Opfer der Revolution, für welche sie sich nicht verantwortlich fühlten.

„Werden ‚sie' uns erlauben, nach dem Krieg heimzukehren?" (Wieder meinten sie das Stalin-Regime.)

„Aber sicher! Es ist doch nicht eure Schuld, daß ihr Gefangene seid", versetzte ich.

Doch sie zweifelten daran, und mit Recht, wie es sich dann zeigte; wie konnte man auch damals ahnen, daß sie nach Kriegsende als Verräter behandelt und zu Hunderttausenden in die gefürchteten Arbeitslager verschickt werden würden!

Es war herzzerreißend für uns, zu wissen, wie wenig wir tun konnten, obwohl die Wehrmacht mit der Zeit und trotz heftigen Widerstandes der Partei eine anständige Behandlung für die Sowjet-Gefangenen erreichte. In manchen Divisionen bildeten sie, wie es hieß, fast 15 Prozent des Personals hinter der Front. Es gab Einheiten aus Armeniern, Aserbeidschanern, Georgiern, Nordkaukasiern, Turkestanern und Wolga-Tataren, abgesehen von den Kosaken, die aus antikommunistischer Überzeugung unter General von Pannwitz in Jugoslawien auf deutscher Seite kämpften.

Die Abzeichen auf den Uniformen der Gefangenen waren so

verschieden und schufen ein so verwirrendes Bild, daß ein aus seinem Lager entkommener englischer Offizier in voller Adjustierung friedlich und ohne aufzufallen in einem Erste-Klasse-Abteil durch ganz Deutschland reisen konnte, bevor seine Erscheinung Aufmerksamkeit erregte.

Während diejenigen Kriegsgefangenen, die als Landarbeiter verwendet wurden, unter halbwegs normalen Bedingungen lebten, hatten solche, die in staatlichen Unternehmungen arbeiteten, weiter schwer zu leiden, insbesondere in den später von Speer geführten Organisationen.

Die Franzosen wurden den örtlichen Arbeitskräften gleichgestellt. Sie durften sich nicht über eine bestimmte Distanz hinaus entfernen oder gar in ihre Heimat zurückkehren, konnten sich aber in der näheren Umgebung frei bewegen und abends zusammenkommen. Sie waren immer bestens unterrichtet, teils durch ein „unterirdisches" Nachrichtensystem, teils durch versteckte Radioapparate. Sie fürchteten sich vor den Russen, die ihnen ihre bessere Stellung verübelten; tatsächlich sah man öfters Franzosen, wie sie Russen zur Arbeit führten, pfeifend und ein Stöckchen schwingend, die Mütze fesch übers Ohr gestülpt.

Sie waren meist ein vollwertiger Ersatz für die abwesenden Bauern. In gleicher Weise empfundene Schwierigkeiten machten sie zu unseren Verbündeten gegen den immer mehr zunehmenden Druck der Nazibehörden.

Einer „unserer" Franzosen entpuppte sich als „tapissier de son état" (Tapezierer von Beruf), der für die besten Pariser Geschäfte gearbeitet hatte. Während er bei uns einen Sessel überzog, streichelte er liebevoll das glänzende Holz und murmelte: „Ça fait plaisir, de voir de belles choses." – („Es macht Freude, schöne Sachen zu sehen.")

„P'tit Louis" stammte aus Béziers. Ehe er als Zwangsarbeiter geholt wurde, hatte er eine auffallende, zu sehr aufgeputzte örtliche Schönheit (so wenigstens sah sie auf dem Foto aus, das er mir zeigte) geheiratet. Sie hätte jedem Gatten zu schaffen gemacht, auch wenn sie beisammen gewesen wären. Jetzt, durch seine erzwungene Abwesenheit, wurde der arme P'tit Louis von Eifersucht und Verzweiflung schwer bedrängt. Er brachte mir seine Briefe an sie, die ich so schnell wie möglich weiterleitete. Er wäre gar zu gern geflüchtet, aber die Strafen fielen sehr hart aus, wenn man erwischt wurde. Einem seiner Kameraden war die Flucht allerdings geglückt; er hatte einen Kranz auf einem Friedhof gestohlen, einen Zylinder aufgesetzt und war auf seinem Fahrrad bis nach Hause gekommen – eine Strecke von etwa 2000 Kilometern –, ohne aufgehalten zu werden, denn jeder glaubte, er sei zu einem Begräbnis ins nächste Dorf unterwegs. Freilich ließ sich solch ein Streich nicht so leicht wiederholen.

Mein Vetter Jim Wiazemski war voller Stolz französischer Kavallerieoffizier geworden. Das bedeutete für ihn auch die endgültige Aufnahme in das Land, in welches er als kleiner Junge gekommen und das zu verteidigen er mit Begeisterung bereit war.

Aber es bot sich keine Gelegenheit zu Heldentaten; er wurde während des dreiwöchigen Feldzuges durch Frankreich mit dem größten Teil seines Regiments nördlich von Beauvais umzingelt und gefangengenommen.

Es dauerte eine Weile, ehe wir erfuhren, daß er in ein Offizierslager bei Dresden gebracht worden war.

General von Hase verschaffte alle notwendigen Papiere und Genehmigungen, die es gestatteten, daß Mama und ich ihn abwechselnd besuchen konnten. Die Reise von Königswart war lang und auch mühsam, denn das Lager befand sich abseits der Hauptstraße.

Eine letzte Kurve, und man sah die Anlage: zwei Vierecke, von niederen Häusern eingefaßt, umgeben von kleinen Gärten, dicht gedrängt im Schatten eines Hügels. Die Schornsteine rauchten. Ein Mann mit Militärstiefeln und in Hemdsärmeln wanderte mit einem Eimer herum, andere jäteten in den Gärtchen: ein trügerisch friedliches Bild.

Beim Näherkommen merkte man an ihren verschossenen Mützen, daß es russische oder französische Gefangene waren; auch, daß das ganze Lager ein doppelter Stacheldrahtzaun einschloß. Bewaffnete Posten standen in den hohen Wachtürmen.

Ich zeigte meinen Paß am Eingang vor, der Schlagbaum wurde aufgehoben, ich trat in eine reinliche, kleine Kanzlei. Der ältliche Lagerkommandant, der einen Zwicker trug, entpuppte sich als Arzt.

Während Jim geholt wurde, bat er mich vertraulich, meinem Vetter klarzumachen, daß die milde Behandlung, die er noch aufrechterhalten konnte, nur der Tatsache zu verdanken sei, daß noch kein Gefangener geflohen war. Sollte dies geschehen, so würde er die Verantwortung dafür tragen und versetzt werden, während die wieder eingefangenen Flüchtlinge nicht mehr der militärischen Gerichtsbarkeit unterstehen würden. (Wir wußten alle, was das hieß.) Auch würden dann die Bedingungen für alle von Grund auf geändert werden. Jim besaß einen gewissen Einfluß und wurde auch als Dolmetscher für die Russen herangezogen. ,,Letzteren würde es am schlimmsten ergehen", fügte der Lagerkommandant mit Bedauern hinzu; ohne es zu erwähnen, dachten wir beide an das Grauen der Hungerlager.

Endlich erschien Jim! Sein besorgtes, mageres Gesicht mit den leicht abstehenden Ohren leuchtete in freudigem Erstaunen auf, als er mich sah. Der menschenfreundliche Arzt überließ uns seine Kanzlei für das Essen, zu dem ich allerlei Gutes mitgebracht hatte, und sagte, daß wir auch außerhalb des Lagers spazierengehen dürften, wenn wir dazu Lust verspürten.

Der arme Jim lechzte nach Neuigkeiten. Ich erzählte ihm alles, was ich wußte, aber am Ende stellte sich heraus, daß er ohnehin voll informiert war, denn die Gefangenen hatten Stück für Stück einen Radioapparat gebaut, der jede Nacht neu zusammengestellt wurde.

Er war sprachlos über meinen Besuch und darüber, daß dieser sich wiederholen würde, aber er war noch viel erstaunter, daß Paul diese Fahrt billigte und ihm Champagner und Zigaretten schickte. Das gab ihm eine erste Ahnung von den verschiedenen unterschwelligen Strömungen in Deutschland. Er dachte natürlich an Flucht, aber ich gab mir alle Mühe, die Andeutungen des Lagerkommandanten weiterzugeben. Er verstand sie allerdings anders als gemeint und dachte, es könnte uns Königswarter durch seine Flucht kompromittieren, weshalb er versprach, einstweilen nichts zu unternehmen.

Er hielt mich auf Armeslänge von sich entfernt, um mein hübsches Kleid und meine Frisur genau zu betrachten. „Richten sich Frauen jetzt so her? Ich muß dich von allen Seiten anschauen."

Seine Frage beleuchtete grell die Situation. Wie unnatürlich war es doch, daß ich, seine Cousine, frei kommen und gehen konnte, während er Jahre hindurch hier festsaß!

Wir verzehrten den mitgebrachten Proviant in der kleinen Kanzlei und redeten, als ob nie genug Zeit sein würde, alles zu besprechen. Seine zerschlissene Uniform war geflickt, aber blitzsauber, die Achselstücke neu gemacht, die kecke, französische Offiziersmütze in tadellosem Zustand. Das war das Verdienst seiner russischen Mitgefangenen, mit denen er auf bestem Fuß stand. Sie nannten ihn erst „Towarisch Kniaz" (Genosse Fürst) und bald darauf „Iwan Wladimirowitsch", stolz auf die historische Bedeutung seines Namens „Wiazemski" und „Worontzow". Sein Urgroßvater war der berühmte Vizekönig des Kaukasus gewesen, dessen Palast „Alupka" auf der Krim in früheren Zeiten Jim als Erbe zugefallen wäre.

Wir schwätzten vergnügt während unseres Spaziergangs auf der Landstraße nach dem Mittagessen und wunderten uns über die völlige Gleichgültigkeit einer Abteilung deutscher Soldaten bei unserem Anblick; sie marschierten ungerührt vorbei, begleitet vom Klang ihres stampfenden Gleichschritts und gröhlendem Gesang.

Ehe ich Jim verließ, bat ich ihn, den guten Arzt zu beschützen, wenn das Blatt sich einmal wenden sollte. Hätte er geahnt, wie lange er noch zu warten habe, hätte er seinen heiteren Gleichmut kaum bewahren können. Er wußte seine Jugendjahre vergeudet, aber die Unterstützung, die er seinen französischen und russi-

Vorhergehende Seite: Tatiana und Paul Fürst Metternich heute, in ihrem wiederaufgebauten Heim, dem Schloß Johannisberg. *Oben:* Tatiana nach der Flucht aus Rußland. *Unten:* Die Eltern: Lydia („Dilka"), 20 Jahre alt, und ein späteres Bild von Fürst Ilarion Sergejewitsch Wassiltschikow

Oben: Tatianas Geburtshaus in der Fontanka 7 in Petrograd.
Unten: Alupka bei Jalta auf der Krim. Der Palast des Fürsten Woronzoff.

Die Brüder von Tatianas Mutter,
Dimitri, Adischka und Boris Wiazemski als Schüler

Die Großmutter, Fürstin Maria Nikolajewna Wassiltschikow,
mit ihrer Tochter Sonja in Hoftracht, 1913

Linke Seite: Die Geschwister Missie, Irina, Alexander und *(rechts)* Tatiana.
Links: Missie und Tatiana *(unten)* in Königswart, Sommer 1942.

Tatiana, 1943 in Wien

Paul Metternich, 1943

Tatiana und Paul in Königswart, 1942

Missie in Kitzbühel, 1942, mit dem „Fliegeras“ Prinz Heinrich Sayn-Wittgenstein

Oben: Königswart in Böhmen, Schloßfassade
Unten: Königswart, Salon

Oben: Schloß Königswart, die Bibliothek
Unten: Schloß Plass in Böhmen, nach einem alten Stich

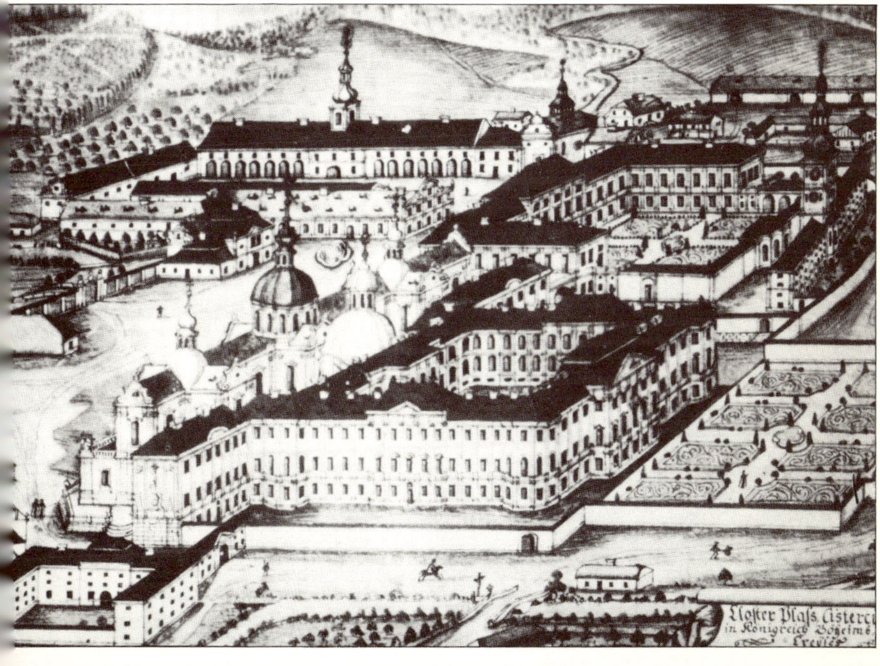

Oben: Tatianas Aquarellskizze von ihrem 600-km-Treck von Königswart nach Johannisberg im Mai 1945.

Flugaufnahme: Johannisberg nach dem Wiederaufbau *(unten)*

Oben: Johannisberg brennt. Aufnahme vom westlichen Rheinufer nach dem Bombenangriff vom August 1942

Tatiana Metternich. Porträt von Molly Bishop

schen Kameraden geben konnte, war unschätzbar, damals mehr noch als nach dem Krieg, wo er in internationalen Hilfsorganisationen arbeitete. Vielleicht war die Zeit der Gefangenschaft doch nicht so verloren, wie es ihm schien!

In einem anderen Gefangenenlager saß ein Mitglied des französischen Zweigs der berühmten Finanz-Dynastie, Baron Elie de Rothschild. Er wurde als französischer Offizier interniert, blieb aber all die Jahre hindurch von der Überweisung in ein Vernichtungslager bedroht. Um sich die Zeit zu vertreiben, lernte er von seinem Mitgefangenen Jascha Stalin Russisch.

Hitler wollte die Freilassung des letzteren aushandeln, wenn auch nicht aus menschenfreundlichen Gründen. Stalin verwahrte sich aber dagegen, irgend etwas mit seinem Sohn zu tun zu haben. Da dieser für die Nazis keinen Tauschwert mehr besaß, verschwand er spurlos.

Rothschild überlebte glücklicherweise den Krieg.

14

Jedesmal, wenn Paul auf Urlaub nach Hause kam, fuhren wir nach Plass hinüber. Es stellte die größte der drei Besitzungen dar, lag in nächster Nähe von Pilsen und war Anfang des vorigen Jahrhunderts vom Kanzler gekauft worden. Die Fahrt dorthin dauerte etwa drei Stunden. Der mit Holzgas betriebene Wagen rumpelte die Straße entlang, hustend und prustend, mit bescheidenem Erfolg, denn mehr als dreißig Stundenkilometer waren nicht herauszuholen.

Plass lag in einem breiten Tal. Zu dem barocken, ursprünglich als Zisterzienserkloster entworfenen Gebäude der weitläufigen Anlage wurden später noch weitere An- und Überbauten hinzugefügt, so daß diese kleinen Zusätze an den langen Flügeln wie Muscheln an einem Schiffsrumpf klebten.

Pauls Tante Titi, die Schwester seines Vaters, lebte hier zurückgezogen in ihrer eigenen Wohnung. In ihrer Jugend war sie eine der besten unter den Viererzug-Fahrerinnen und Jägerinnen ihrer Generation gewesen; Fotos zeigten sie beim Schlittschuhlaufen, in einem eleganten, knöchelfreien Kleid, wie sie ihrem Kavalier einen verführerischen Seitenblick über den kokett hochgehaltenen Muff zuwarf. Damals mußte sie recht kapriziös und sehr schlank gewesen sein, doch jetzt hatte sie alle Rücksichten auf ihre Taille aufgegeben und sich den Tafelfreuden zugewendet. Das kam uns sehr zugute, denn jede Speise war sorgfältig ausgedacht, ausprobiert und verbessert; vom Radieschen bis zur feinsten Gänseleber war alles ein Produkt der Plasser Gehöfte.

Abgesehen vom Essen, interessierten sie literarische Neuerscheinungen in Deutsch und Französisch; sie bevorzugte pikante Romane sowie Bücher über indische Liebeskunst (die sie enttäuschten, weil die saftigsten Einzelheiten in Griechisch wiedergegeben waren). Sie spielte auch gern Tischtennis mit dem örtlichen Zahnarzt und sprang noch immer leichtfüßig nach dem Ball; ihre lebhaften blauen Augen blinzelten unter den Stirnfransen des Ponyschnitts ihrer Frisur hervor, die Farbe ihrer Haare war wohl nur in der Botanik wiederzufinden.

Ihr kokettes Benehmen erinnerte an eine Frau aus der Zeit des Jugendstils: gespitzte Lippen, schiefe Kopfhaltung, flatternde Augenlider, mit einer langen Perlenschnur tändelnd, ihres Charmes gewiß.

Obwohl Tante Titi es mit der Moral nicht so genau nahm, hielt sie dennoch auf deren Vorschriften – namentlich bei anderen –, vielleicht, weil die Übertretung sonst nicht so vergnüglich gewesen wäre. Wenn sie von ihren früheren Bewunderern sprach, seufzte sie schmachtend; aus dem Klang ihrer Stimme konnte man heraushören, was man wollte.

Ich gewann den Eindruck, sie meinte, daß wir jungen Frauen unsere Möglichkeiten nicht genügend ausnützten. Das Leben auf dem Lande floß einförmig dahin: ein wenig Abwechslung, ein bißchen Skandal gäbe eine gute Würze. Paul war natürlich durch den Krieg nur begrenzt frei, aber mich konnte sie nicht verstehen. Vermutlich wird sie gemeint haben, daß ich noch zu verliebt sei, um mich nach anderen umzusehen.

Man konnte wirklich seinen Spaß mit ihr haben, obwohl Paul immer fürchtete, daß sie um mehr Geld und weitere Vergünstigungen bitten könnte, wohl wissend, daß er zu großzügig sei, um ihr etwas abzuschlagen.

Meine Schwiegermutter warnte, ich solle mich nie in Plass „einsperren" lassen, wie es ihr geschehen war. Sie hatte mehrere Jahre dort verbracht, abgeschnitten von der Welt, in einer Zeit, in der es nur Pferdewagen gab, jeden Augenblick ihres Daseins hassend. Mit der Zeit wurde die Hauptverwaltung des Besitzes nach Königswart verlegt; man fuhr nur mehr für Jagden nach Plass oder zu kurzen Besichtigungen.

Königswart und Johannisberg waren so verführerisch schön, jedes in seiner Art, daß Plass daneben abfiel. Und doch hatte es seinen eigenen Reiz wie das Sich-Vergraben in einem gemütlichen Kaninchenbau, wo nichts Ärgerliches die Ruhe des Gemütes stören konnte – das heißt, man hoffte dies wenigstens, bis dort bei Kriegsende die Hölle losbrach.

An Sonntagen gesellte sich Paul im aprikosen- und pflaumenfarbigen Trikot zur örtlichen Fußballmannschaft, wie er es auch auf den anderen Gütern tat, um an den Wettkämpfen mit den

Nachbardörfern teilzunehmen. Für mich brachte man einen Stuhl, von dem aus ich das Spiel verfolgte; ich mußte aber auf dem schlammigen Boden aufpassen, nicht mitsamt dem Sitz umzufallen.

Die Macht des Naziregimes, in den Städten anonym und allgegenwärtig, war auf unseren drei Besitzungen in verschiedenem Ausmaß zu spüren, ebenso wie unser Verhältnis zur Bevölkerung nicht überall das gleiche war.

In Johannisberg waren wir etwas größere Weinbauern inmitten vieler kleinerer; unsere Interessen glichen sich, so übernahmen wir eben ganz einfach etwas mehr Verantwortung. Es gab uns gegenüber keine unangebrachte Unterwürfigkeit. Viele Jahre später rührte es uns sehr, als der Bürgermeister in einer Ansprache an Paul sagte, daß wir die Visitenkarte für die Johannisberger seien, wenn diese auf Reisen gingen. In der Nazizeit veränderte sich in unserem Verhältnis zu den Einwohnern nichts.

In Königswart benahmen sich die Dorf- und Hofleute untertäniger. Sie zeigten Anhänglichkeit an die Familie und weinten bitterlich bei jeder Abreise. Es wurde viel für die einzelnen getan: Kinder hatte man zu den besten Ärzten geschickt, Häuser waren gebaut, Hilfe war geleistet worden, wenn sich ein Mißgeschick ereignete. Aber als die Nazis an die Macht kamen, bekundete die Bevölkerung einen übergroßen Eifer, die neue Obrigkeit anzuerkennen. Man konnte jetzt nur mehr wenigen trauen, mitunter selbst solchen nicht, die seit langen Jahren in unserem Dienst standen.

In Plass hingegen betrachtete man die Nazis als den gemeinsamen Feind, die erste Loyalität gehörte uns. Nie kam uns der Gedanke, daß unsere Plasser Leute bei Kriegsende zu leiden haben würden, hatten sie doch nichts mit dem Regime zu tun. Sie waren alle Tschechen und seit Generationen mit der Familie verbunden. Und doch mußten sie am Schluß Schlimmeres als alle anderen erdulden.

Die Verantwortung für die Sicherheit des Archivs wog schwer. Im großen Kapitelsaal in Plass, unter der hochstrebenden bemalten Decke, türmten sich numerierte und schön geordnete Holzkisten die Wände entlang. Sie enthielten die Familien- und auch Staatspapiere, wie das zur Zeit des Kanzlers üblich war.

Richard Metternich, sein Sohn, hatte fleißig gearbeitet, um alles zu ordnen und zu klassifizieren. Sehnsüchtig betrachtete ich die vielen Schachteln voller Privatbriefe, in der Hoffnung, daß ich sie eines Tages würde lesen können. Da fanden sich Metternichs Briefe an und von Napoleon, seine Korrespondenz mit Wilhelmine Sagan, mit seinen Botschaftern sowie allen damaligen maßgeblichen Persönlichkeiten.

Im Testament des Kanzlers stand sein klar geäußerter Wunsch, daß sein Urenkel der erste sein solle, der etwas von dem privaten schriftlichen Nachlaß veröffentlichen dürfe, und Paul beabsichtigte, dies nach dem Krieg zu tun.

Es schien auch möglich, nach einigen Verhandlungen das gesamte Archiv dem Staatsarchiv in Wien zu übergeben. So fing man in Plass an, sich auf den Transport vorzubereiten, die Kisten zu verstärken und noch besser zu versiegeln.

Inmitten der Arbeiten kam ein ominöser Brief der Protektorats-Regierung in Prag mit der Androhung radikaler Maßnahmen, falls wir uns nicht an das Verbot eines Abtransports der Papiere hielten, denn „das Archiv ist ein Teil des kulturellen Erbes des Protektorats". Was übrigens nicht stimmte.

Viel später erfuhren wir, daß ein Wiener Nazi-Beamter uns völlig grundlos angezeigt hatte, denn diese Papiere bildeten doch gewiß einen Teil des österreichischen Kulturguts. Dieser Mann erhängte sich am Ende des Krieges, doch der Schaden war geschehen. Die Grenzen waren hermetisch geschlossen und die Papiere vielleicht für immer für Österreich verloren.

Nach langem Überlegen kamen wir zu einem anderen Entschluß. Ein Keller unter der Brauerei wurde gesäubert, gegen Wassereinbruch abgedichtet und zur Aufnahme der Kisten vorbereitet, die heimlich eine nach der anderen hingebracht und in richtiger Ordnung geschichtet wurden. Luftzufuhr und eine beständige Temperatur waren gesichert; so konnte der Eingang versiegelt, und, wie wir hofften, das verborgene Archiv einstweilen vergessen werden.

In Plass lag es nahe, nach Prag zu fahren, wo man Arzt und Zahnarzt besuchen, allerhand einkaufen, sich ein Kleid oder einen Mantel machen lassen und Freunde sehen konnte. Prag wirkte verhältnismäßig friedlich, es schien sich darauf eingerichtet zu haben, auf den Kriegsausgang zu warten, und wurde zum Treffpunkt für benachbarte Grundbesitzer. Die Gestapo, trotz ihrer Geschäftigkeit, machte sich hier nach außen weniger bemerkbar als anderswo.

Wir versammelten uns rund um Fässer mit Salzgurken in einem am Hradschin gelegenen winzigen Laden, der einem Juden gehörte; ein Bekannter hatte ihn vor der Nazi-Verfolgung gerettet, indem er ihn als seinen illegitimen Sohn erklärte. Sein knappes Entkommen beunruhigte ihn weiter nicht. Er organisierte auch einen erfolgreichen schwarzen Markt; durch ihn konnte man alle kleineren Bedarfsartikel des täglichen Lebens besorgen. Er konnte alles verschaffen: einen Jagdanzug, von einem ausgezeichneten tschechischen Schneider gemacht (und die tschechischen Schneider waren in der ganzen österreichisch-ungarischen Monarchie berühmt), aber auch eine Speckseite oder eine Flasche Tokajer.

Ein anderer Ort, wo man sich treffen konnte, war das Atelier des Malers Kossuth, bei dem ich es übrigens nie zu mehr als zwei Sitzungen für ein Porträt gebracht habe.

(Fast 25 Jahre später, während des Prager Frühlings 1968, bekamen wir zu unserem größten Erstaunen das halbfertige Bild. Wir fanden gerade noch Zeit, den freundlichen Absender zu bezahlen, ehe die Grenze wieder zu war.)

Auf dem Lande, bei unseren böhmischen Nachbarn, die in schönen Häusern, umringt von herrlichen Parkanlagen, lebten, gab es prachtvolle Bibliotheken. Ich hatte viel Zeit zum Lesen und verschlang französische Romane und Memoiren, von denen viele längst vergriffen waren. In den Regalen fanden sich alte Ausgaben der „Revue des Deux Mondes", in denen gelegentlich auch berühmte Kriminalfälle und deren psychologische sowie auch politische Verwicklungen in wundervoll verschnörkeltem Französisch beschrieben waren.

Die Tschechen wurden nicht eingezogen, so daß die Hausleute alle noch da waren. Wie auch bei uns in Königswart gehörten sie eigentlich zur Familie. Da wurde eines Tages erzählt, daß in der Nachbarschaft ein treuer alter Diener seinen Herrn aufgeregt mit der Mitteilung weckte: „Wir gratulieren, Herr Graf. Krieg ist aus. Der Kukril hat sich aufgehängt. Hier, . . . steht in Zeitung!"

Auf der Titelseite des vorgezeigten „Völkischen Beobachters" stand in großen Buchstaben: „Churchill verfängt sich in eigener Schlinge." Der Diener weinte, als man ihm die Schlagzeile erklärte.

15

Als die Luftangriffe anfingen, lernte man, damit zu leben. Die Leute scherzten miteinander, wenn sie ihre schlaftrunkenen Kinder in gut vorbereitete, sogar gemütliche Keller hinunterbrachten. Dort gab es Kinderbettchen, Wandschirme, Lampen zum Lesen. Bald nachdem man sich niedergelassen hatte, setzte das Dröhnen der Flugmotoren ein, schon knatterte die Flak los, begleitet vom dumpfen Einschlag der Bomben.

Bei Diplomatenessen, die anfangs immer noch stattfanden, scheuchte der Hauswart die Gäste nicht in den Keller. Wenn der Angriff nicht zu nahe herankam, blickte man durchs Fenster, um das geisterhafte Feuerwerk anzuschauen, das den gesamten Himmel in ein farbenprächtiges Kaleidoskop verwandelte.

Unterbinden ließ sich ein Angriff nicht, denn nach und nach brachen die angreifenden Flugzeuge durch jede Abwehr. Brennende Phosphorstäbe regneten herab. Sie waren nicht zu löschen, und ihre Spritzer hinterließen schwelende Brandwunden.

Zwischen den Anflügen entstanden manchmal lange Pausen, in denen man dahindöste, im Unterbewußtsein dem nächsten Angriff entgegenwartend.

Während der Bombardements konnte man kleine Buben in den Kellern hören, die mit weitaufgerissenen Augen in blassen Gesichtern aufgeregt riefen: „Acht komma acht! Zehn komma fünf!" – sie bestimmten interessiert und meist richtig das Kaliber der Geschosse. Der Tod hatte für sie noch keine Bedeutung.

Ein besonderes Erlebnis nach einem schweren Angriff war jedesmal das Wiederauftauchen in eine veränderte Umwelt. Man stieg aus dem Keller und kam auf eine neue, entstellte Bühne. Wir machten die Erfahrung, daß unerklärlicherweise Eckhäuser und Innenhöfe bei Luftangriffen am gefährdetsten waren. Runde Türbogen stürzten zuallerletzt ein.

Die Bombardierungen, die sich allmählich steigerten, waren Ursache merkwürdiger Szenen und Erlebnisse: Eine Frau, die aus dem fünften Stock fiel, landete unversehrt auf der Straße, immer noch im Bett liegend, wenn auch mit Staub bedeckt.

Ein über Berlin heruntergeschossener amerikanischer Luftpilot kroch in den nächsten Luftschutzkeller und setzte sich etwas unsicher am Ende einer vollbesetzten Bank nieder. „Es wird noch fürchterlich", sagte er entschuldigend zu den überraschten Berlinern um ihn herum. Dann verteilte er seine eiserne Ration unter den Anwesenden: Zigaretten, Schokolade, Cognac, Eipulver, Peanutbutter, Kaugummi – alles längst nicht mehr genossene Delikatessen. „Es herrschte Weihnachtsstimmung", stellte rügend ein offizieller Bericht über das Vorkommnis fest und empfahl, etwas zu unternehmen, um solche „unzeitgemäßen Verbrüderungen" zu unterbinden.

Kam der Luftangriff am Sonntag, blieben die Kirchen meist voll; durch die Nähe des Todes verinnerlichten sich die Gebete zu einem wahren Gespräch mit der Ewigkeit.

Unsere zahlreichen Reisen wurden immer gefährlicher, da Welle auf Welle feindlicher Bomber über die Städte hinwegzog, die tödliche Ladung genau im selben Augenblick über jenen Flächen abwerfend, die jedem Geschwader im voraus zugewiesen worden waren. Die Bomben waren oft miteinander verkoppelt, um ihre Wirksamkeit zu erhöhen, oder sie hingen an Fallschirmen, um sich durch langsames Hinabsinken nicht zu tief in die Erde einzubohren. Sie kamen mit einem heulenden, bellenden Ton, den man nicht verwechseln konnte. „Teppich-Wurf" nannte es der Sender der Alliierten.

Für uns gehetztes Wild gab es kein Mittel dagegen, man konnte sich nur instinktiv unter der niederen Kellerdecke ducken oder unter einer Bank verkriechen – als ob das einen Schutz geboten hätte! Besonders wenn eine Leitung mit brühheißem Wasser über unseren Köpfen hinwegführte und die Gefahr bestand, daß sie platzte.

Schließlich, nach vielen argen, sehr argen und noch ärgeren Luftangriffen kam der Moment für die, wie es schien, endgültige Zerstörung Berlins. Es war der 22. November 1943.

Es begann wie immer, aber die warnenden Stimmen im Radio klangen drängender: „Zahlreiche Geschwader, Hunderte von Bombern nähern sich der Hauptstadt." Wie ein tödliches Brausen kam es heran: ein Teppich nach dem anderen rauschte herunter, pfeifende Treffer, zusammenhängende Bomben, die Flakgeschütze ununterbrochen knallend, eigene Kampfflieger über der Stadt kreisend im Versuch, die feindlichen Formationen aufzubrechen. Das Krachen und Donnern der Geschütze war von dumpfen, unheildrohenden Aufschlägen begleitet, die die Hausmauern erschütterten und Staubwolken in den Kellern aufwirbelten. Das Licht ging aus. In dem alles durchdringenden Lärm vermeinten die Menschen, mit dem Kopf in einem Eimer zu stekken, auf den mit einer Keule getrommelt wird.

Papa und Missie überstanden diese Höllennacht in Berlin, das nach dem Angriff als Hauptstadt zu bestehen aufhörte. Alles brannte; der durch das Feuer hervorgerufene Wind wurde zum Sturm, dessen Heulen den Lärm der Flak und der Explosionen übertönte. Ein Funkenregen wirbelte von Haus zu Haus. Als die Bomberwelle zurückflutete, stürzten Papa und Missie zum Dach und begossen von dort das Haus, von zwei Studenten unterstützt, die zu ihrer abendlichen Russischstunde gekommen waren; Eimer um Eimer wurde hinaufgezogen.

Die Bewohner der Nachbarhäuser taten dasselbe, die Gefahr nicht achtend, von Ruß geschwärzt, versengt, erschöpft, zugleich aber von dem Gefühl erfüllt, daß sie endlich für etwas kämpften, für das der Kampf berechtigt war.

Die allgemeine Heimsuchung machte auch vor den Tieren nicht halt. Die Giftschlangen im nahen Berliner Zoo waren schon vorher getötet worden; die Elefanten überlebten diese Nacht nicht; ein Krokodil watschelte über alle Hindernisse hinweg bis zur kühlen Spree; ein Löwe schlich in den ersten Unterstand, den er nahe vom Hotel Eden in der brennenden Budapester Straße finden konnte. Dort sah ihn einer unserer Freunde, der aus einem eingestürzten Keller herauskroch; das Tier kauerte in einer Ecke, zu verschreckt, um ihn zu bedrohen.

Am nächsten Morgen blieb die Sonne durch die Staubwolken verdunkelt, die noch immer von zusammenstürzenden Häusern aufstiegen. Mit Kreide wurden kurze, fatale Nachrichten auf die Türen gekritzelt: „Alle anderen tot. Wir sind bei Oma. Fritz und Ulla . . ." Die Menschen suchten einander, Mund und Nase mit Tüchern geschützt, um atmen zu können.

Es stank nach Rauch, ausströmendem Gas und Tod. Aber die Post wurde befördert, auch wenn man sie aus einem verbeulten Kasten, der schief an einer ausgehöhlten Wand hing, herausholen mußte.

In einer der vorbeihuschenden, vermummten Gestalten erkannte Missie eine Freundin, Irene Albert, deren nun völlig zerstörtes Haus im Tiergarten wir oft aufgesucht hatten. Ihre Mutter war trotz ihrer sanft dahinwelkenden Art eine nicht unterzukriegende Amerikanerin, deren Mann die Albert-Werke bei Wiesbaden besaß. Die Alberts hatten einen LKW aufgestöbert, der zwar aus Berlin wegfahren wollte, aber ohne Ahnung wohin. Klugerweise schlug ihnen Missie Königswart vor, denn wir würden ja sicher ausgebombte Berliner aufnehmen müssen, und Bekannte schienen daher um so mehr willkommen.

Wenige Tage später, mit keinem anderen Gepäck als der Kleidung, die sie trugen, quetschten sich Mrs. Albert, Irene, Papa und Missie in den vollbeladenen LKW und verließen die Stadt. Doch ehe sie das Trümmerfeld, das einmal Berlin gewesen war, hinter sich gelassen hatten, heulten schon wieder die Sirenen. Es blieb ihnen kaum Zeit, sich im nächsten Unterstand einen Platz zu sichern, als abermals das Inferno losbrach. In einer Pause, in der die angreifenden Wellen sich neu formierten, rief Mrs. Albert über den vollen Keller hinweg ihrer Tochter auf englisch zu: „Liebling, wir sind Zeugen der größten Katastrophe der modernen Welt geworden, ich hätte das unter keinen Umständen versäumen wollen!"

Missie und Papa bereiteten sich vor, zusammen mit den Alberts gelyncht zu werden, da ging das Krachen draußen von neuem los, diesmal eine willkommene Ablenkung.

Die Flüchtlingswelle ergoß sich über die entferntesten Gegenden. Nach jeder erreichbaren Behausung drängend, wogten graue Scharen auf und ab, ihre Habseligkeiten hinter sich herschleppend, wie Ameisen, die der Fuß eines Riesen aufgescheucht hat: niemand fand Zeit, sich zu fürchten oder Vorwürfe herauszuschreien. Getrieben durch den Urinstinkt der Selbsterhaltung, dachte jeder nur ans Überleben.

Über dreihundert Städte sollten versinken wie rasch schmelzende Kerzen; vergoldete Kirchturmspitzen verwandelten sich zu einem chaotischen Haufen emporragender, hohler Zähne, der alles durchdringende Staub verschleierte kaum ihre abstoßende Nacktheit. Bahnen und sonstige Verkehrsverbindungen wurden jedoch in Rekordzeit wiederhergestellt.

Dagegen schienen die Naturgewalten gütig und mild; die ärgsten Sommergewitter wirkten geradezu beruhigend. Man schlief unbekümmert, trotz krachender Donnerschläge; Blitze kamen uns vor wie das Streicheln einer Vogelfeder, denn man wußte sich vor den Fliegern sicher.

In Königswart brachten wir im Untergeschoß und in den Turmzimmern Familien von Frauen und Kindern unter. Wir versuchten, ihnen behilflich zu sein, aber es war trotzdem unmöglich, für so viele Menschen normale Bedingungen zu schaffen. Frisches Gemüse, Eier und Milch konnten ihnen geliefert werden. Die Kinder fügten sich rasch in den schönen Kindergarten und das dörfliche Schulleben ein. In dem harten und gesunden böhmischen Klima blühten sie auf; im Sommer konnten sie schwimmen und Beeren sammeln, im Winter Schlittschuh laufen und rodeln, sie genossen alle Freuden des Landlebens, während ihre Mütter tiefstes Mitleid erregten.

Diese entwurzelten, verarmten Frauen, durch Monate und Jahre von ihren Männern getrennt, mit nach vielen schlaflosen Nächten in Bombenkellern zerrütteten Nerven, stritten oft aus nichtigen Gründen. Bald wurde es meine Hauptbeschäftigung, als Friedensstifterin zu wirken.

Ich meinte, daß Salomons Aufgabe leichter war als die meine!

Mit beharrlicher Böswilligkeit fuhr der Marienbader Kreisleiter fort, alles in seiner Macht Stehende zu tun, um Paul trotz gewährtem Urlaub daran zu hindern, nach Hause zu kommen. Er bemühte sich nicht nur, unser Leben in jeder Weise zu erschweren, sondern auch das der Leute, die seiner Gewalt unterstanden. Als Vertreter der Partei war er auch allen Zivilbehörden vorgesetzt.

Eines Morgens kam unser Forstmeister, Herr Dobner, und berichtete, daß sich ein tragischer Unfall ereignet habe: ein Flugzeug war über unseren Wäldern abgestürzt, Brand und Zerstörung hinter sich herziehend. Beide Flieger waren tot. Sie stammten aus einem benachbarten Dorf und hatten ein Geburtstagsgeschenk für die Mutter des Piloten über deren Haus abwerfen wollen. Sie mußten wohl zu tief angeflogen sein oder beim Aufsteigen über den Kaiserwald eine Fehlberechnung gemacht haben.

Herr Dobner brachte die Eltern mit, die mich baten, beim Kreisleiter zu intervenieren, denn, jeden Vorwand zur Schikane benutzend, hatte er ein christliches Begräbnis für die Verunglückten verboten. Sollten die Familien darauf bestehen, so würde er den Piloten als für den Absturz verantwortlich erklären und alle militärischen Ehrungen untersagen.

Ich war gern bereit, um etwas zu bitten, das uns nicht betraf, und fuhr nach Marienbad. Der Kreisleiter war wütend, daß man mich eingeschaltet hatte, und weigerte sich, nachzugeben.

„Warum machen Sie das?“ fragte ich ihn. „Das bringt einem kein Glück.“

Daraufhin gebärdete er sich wie wahnsinnig, die Augen quollen aus dem verzerrten Gesicht, als ob er ein Gespenst sähe – oder plötzlich sich selber.

„Ich habe Ihnen nichts zu sagen. Gehen Sie", schrie er, „gehen Sie fort!"

Aber wir konnten uns noch an höhere Stellen in der Wehrmacht wenden, und ein christliches Begräbnis wurde bewilligt, „um keine Unruhe unter der Bevölkerung zu verursachen", wie es ausgedrückt wurde, denn in dieser Beziehung verhielten sich sogar die Nazis noch vorsichtig.

Während die bedauernswerten Flüchtlinge wie Symbole einer düster-ungewissen Zukunft dahinvegetierten, erinnerte unser Leben immer mehr an vergangene Zeiten. In den langen Wartepausen zwischen Pauls seltenen Urlauben kehrten wir zu einer Lebensweise zurück, als sei der Kalender umgedreht. Ins Ausland konnte man nicht fahren, so ersetzten die wechselnden Jahreszeiten unsere Reisen von ehedem.

Das Tauwetter im Frühjahr brachte glucksenden Schlamm, reißende Bäche, die an weißen Tupfen von Maiglöckchen vorbeiströmten, sowie emsige Tätigkeit: bauen und ausbessern, säen und pflanzen; dazu häufige Besuche in den Höfen, um die Küken, Ferkel und Kälber zu zählen.

Kam der Sommer, so mußte die Ernte vor den Herbsttagen hereingebracht werden. Rote Vogelbeeren zeigten nur allzubald einen neuen, strengen Winter an.

Kurz vor Weihnachten wurden die Schleusen der Teiche geöffnet: wir kamen in eine Breughel-Landschaft, in der Karpfen und Forellen in großen Netzen zur Verteilung und zum Verkauf gesammelt wurden. Die kleineren Fische goß man dann wie flüssiges Silber in die sich rasch auffüllenden Weiher zurück.

Der Schnee verwischte Umrisse und dämpfte Geräusche, wenn die Kinder mit ihren bunten Jacken und Mützen rodelten und Schlittschuh liefen und einem Schneebälle durch die Luft entgegenflogen.

Der wiederkehrende Rhythmus der Jahreszeiten schien, besonders auf dem Lande, die Menschen geistig gesund zu erhalten: ein Gegengewicht zum allseits um sich greifenden Wahnsinn.

Selbst die Benützung des mit Gas betriebenen Autos wurde immer mehr eingeschränkt. Man zog daher die alten Pferdewagen aus Scheunen und Schuppen wieder heraus, setzte sie instand und verwendete sie als hauptsächliches Transportmittel.

Der Kutscher Christ – der Name ist im Egerland häufig – übernahm voll Stolz seine früheren Pflichten, wenn auch sein schwarzer Rock und der runde Hut stark ins Grünliche hinüberspielten. Trotz eifrigstem Putzen von Geschirren und Wagenpolstern haftete allem ein leiser Modergeruch an. Die Federungen waren im Lauf der Jahre weich geworden; so schaukelten wir wie in einer bequemen Wiege dahin.

Wenn ich allein ausfuhr, benutzte ich einen hohen Jagdwagen. Die Pferde waren zwar aus Mangel an richtigem Futter nicht recht ausgewachsen, doch waren sie kräftig und gesund und trabten schnell.

Der Wagen wartete auf der hohen sandigen Straße, und wir suchten eine geheimgehaltene Stelle auf, zu welcher Pauls Vater ihn öfters geführt hatte; dort gab es, im dichten Gebüsch verborgen, eine kleine sprudelnde Quelle, deren Wasser eine merkwürdige Beschaffenheit aufwies: Mäuse und anderes Kleingetier, die aus der Quelle tranken, blieben tot an ihrem Rand liegen. Das Wasser wurde untersucht und ein Gehalt an Radium festgestellt; Paul hegte die Absicht, der Sache noch gründlich nachzugehen.

Im Winter wurde der schwarze Schlitten hervorgeholt. Seine Sitzpolster waren mit dunkelgrünem Stoff überzogen; trotz seines Alters machten ihn seine schön geschwungenen Kufen zu einem eleganten Gefährt. Warm verpackt in mit Schaffell gefütterten Säcken, denen die Motten freilich etwas zugesetzt hatten, glitten wir rasch über den weichen Schnee; in der frischen Luft klingelten die Schellen fröhlich, wenn die Pferde die Köpfe aufwarfen.

Wie durch ein Wunder bekam Paul einen längeren Urlaub, „um die Ernte einzubringen" und sich um seine Belange zu kümmern, die ja auch die der Allgemeinheit waren, denn die Landwirtschaft hatte an Bedeutung gewonnen. Seine Ankunft flößte allem neues Leben ein.

Missie und Sigi Welczeck waren, wie schon öfters, gekommen, um mir Gesellschaft zu leisten. Paul fand uns blaß, abgemagert und bedrückt. Sofort ergriff er energische Maßnahmen: vor dem Frühstück wurde geschwommen, dann stellte er uns in einer Reihe auf und ließ uns gymnastische Übungen machen: diese wurden Anlaß zu wahren Lachstürmen, sicherlich die wirksamste aller Kuren.

Wir mußten auch lachen beim Anblick, den Paul uns abends bot: nach dem Bad saß er bequem in einem Armstuhl, die Glieder wohlig ausgestreckt, während Kurt sich um ihn bemühte und ihn wie eine Puppe ankleidete, wobei er ihm gleichzeitig die letzten Neuigkeiten mitteilte. Dieses Bild stand in krassem Gegensatz zu dem Paul, den wir kannten, abgehärtet nach hartem Sporttraining in der Schulzeit und in den Kriegsjahren. Aber es war eine gemütliche und friedliche Szene. Wir wollten sie nicht dabei stören.

Während der Belagerung von Petersburg fand Paul in dem ausgebrannten Palast von Pawlowsk ein Fotoalbum, das er meinen Eltern mitbrachte für den Fall, daß ihnen der Besitzer bekannt sei. Als handle es sich um Treibgut von einem gestrandeten

Schiff, betrachteten sie es genau und identifizierten viele, denn das Album enthielt Bilder von ihnen bekannten Offizieren. Sie vermuteten, es habe einem der ermordeten Söhne des Großfürsten Konstantin, namens Igor, gehört, mit dem sie eng befreundet gewesen waren. Er kam 1918 ums Leben, zusammen mit der Schwester der Zarin und vielen anderen Mitgliedern seiner Familie, die in einen stillgelegten Schacht bei Alapaiewsk in Sibirien hinabgestürzt wurden.

Das Album konnte später seinem Bruder Gabriel nach Paris geschickt werden. Es war die einzige „Kriegsbeute", die Paul nach acht Jahren im Feld mitbrachte, in der Annahme, daß meine Eltern wissen würden, wem man es zurückgeben konnte.

Auf die Nachricht hin, daß Paul zu Hause sei, kamen Scharen von Freunden über das Wochenende zu Besuch; sie reisten oft von Wien oder Berlin zu uns an. In einer Zeit der Dunkelheit, Sorge und des zunehmenden staatlichen Drucks, der alle Individualität zu ersticken drohte, ergriff man jede Möglichkeit zu Frohsinn und Scherz – und wäre es auch das letzte Mal.

Auf dem Land stammten alle Nahrungsmittel aus eigener Erzeugung; es gab infolgedessen keine große Abwechslung, doch übertraf ihre Qualität bei weitem diejenige der Lebensmittel in der Stadt. Im Frühherbst bildete das „Schwammerlsuchen" Missies Leidenschaft. In regendichter Kleidung kroch sie, von Kurt begleitet, durchs Unterholz, die Gesichter der beiden glühten von fanatischem Eifer. Jeder Fund wurde mit Entzücken begrüßt, indes wir uns freuten, ihre Beute zum Abendessen zu verzehren, in vollstem Vertrauen darauf, daß Kurt die giftigen schon erkennen würde.

Wir befolgten Papas Rat, keine Alkoholvorräte am Ende des Krieges im Haus zu behalten, denn das könne eine Aufmunterung zum Plündern geben. So begannen wir den verhältnismäßig kleinen Königswarter Keller zu leeren. Er enthielt aber ausgezeichnete Weine, die wir nacheinander probierten; sie wären sonst nur bei besonders feierlichen Anlässen auf den Tisch gekommen.

Wir lernten recht viel über Weine, so zum Beispiel, daß 1901 eine Altersgrenze für Johannisberger sei, außer, er könne filtriert und neu verkorkt werden; daß roter Wein sich länger hielt; Champagner nicht länger als 25 Jahre.

Abends hörten wir Musik, spielten Karten oder Billard im ausgemalten Zimmer, das zur Halle führte, oder vergnügten uns mit kindlichen Gesellschaftsspielen.

Die Anwesenheit Irene Alberts und ihrer Mutter erwies sich als ein Segen; sie waren angenehme, diskrete und selbständige Gäste, die meinen Eltern während der langen Wintermonate und unserer häufigen Abwesenheit Gesellschaft leisteten.

Noch ehe er erwachsen war, wurde bereits von Paul als dem Sohn des Hauses erwartet, daß er für die zahlreichen Gäste Jagden unter der fachmännischen Leitung des Forstmeisters veranstaltete. Gewissenhaft begleitete er Dobner durch die Reviere, obwohl das häufig den Verzicht auf ein lustiges Fußballspiel mit der Dorfjugend bedeutete. Er brachte es aber nie zu waidmännischer Begeisterung, erst recht nicht nach seinen Kriegserfahrungen.

Andererseits brachte er es nicht übers Herz, Dobner zu enttäuschen, den er achtete und dem er vertraute, und so war es mehr, um diesem eine Freude zu machen, daß er während seines Urlaubs im Juli auf Rehböcke pirschen ging und im Oktober Hirsche schoß.

Bei diesen Gängen besprachen die beiden mit leiser Stimme Pläne für die Zukunft und inspizierten die natürlichen Verjüngungen des Waldes. Die Stümpfe alter Bäume ließ man stehen und verwendete sie als Salzlecken. Um das Wild am Verbeißen von Sprößlingen zu hindern, wurden diese mit einer bitteren Flüssigkeit überpinselt.

An einem der letzten Urlaubstage gingen Paul und ich eines Abends mit Dobner hinaus. In der Tiefe des Waldes, in den sorgsam gepflegten Baumschulen herrschte heilige Stille. An einem Ende der umzäunten Anlage stand ein rohgezimmertes Holzhäuschen mit einer Bank unter dem kleinen Vordach. Ein Hirschgeweih war über der Tür angenagelt, über dem Dach ragte ein Kamin empor, aus zwei Eimern ohne Boden behelfsmäßig gebastelt, wie auf einer Illustration von Grimms Märchen. Solche Häuschen boten Schutz bei plötzlichen Regengüssen oder bei Schneefällen.

Schweigend näherten wir uns dem Ziel. Windstöße lösten einen Schauer von Blättern aus, die wie gewichtslose Goldmünzen herabschwebten. Einzelne rot verfärbte kanadische Eichen leuchteten unter den wie durch einen Zauber zu bernsteinfarbenen Federn verwandelten Lärchen. Von letzten herbstlichen Sonnenstrahlen durchlichtet, schien der Wald zuweilen zu schweben.

Behutsam mieden wir die am Wege liegenden trockenen Zweige, bis wir den Hochstand erreichten. Dann kam das lange Warten und scharfe Horchen. Schneisen liefen zwischen den Bäumen den Abhang hinunter und legten den Blick über einem purpurnen Meer von Fingerhut frei. Die in der bläulichen Ferne untergehende Sonne war von hohen Baumstämmen eingerahmt. Uns prickelte die Nase von dem beißenden Rauch des verlöschenden Köhlerfeuers, vermischt mit dem nußartigen Geruch frisch geschnittenen Fichtenholzes und modernder Blätter.

Die Wälder wurden still nach dem windigen Tag. Ein Hund bellte in der Ferne. Jedes Rascheln ließ uns auffahren, aber meist war es nur ein Vogel, der in den Büschen herumhüpfte. Auf einsamem Raubgang schlich eine Katze vorbei.

Plötzlich stand unser Sechzehnender zwischen den Bäumen am Rand der Lichtung. Er sah so herrlich aus, daß Paul einen Augenblick zu lange zögerte, ehe er losdrückte. Mit einem Satz war der Hirsch im krachenden Unterholz verschwunden.

Paul fluchte leise, da tauchte der Hirsch wieder auf. Ein sorgfältiges Zielen – der zweite Schuß traf.

„Das bringt Pech", sagte er betrübt und wurde auch nicht froher, als ihm Dobner stolz den Bruch mit dem üblichen „Waidmannsheil" überreichte.

Zwei Tage später verließ uns Paul, um das Elend und den Jammer des Rückzugs aus Rußland mitzumachen.

Dritter Teil
DER ZUSAMMENBRUCH

1

Als meine Eltern über die Zerstörungen in Rußland und das grenzenlose Leiden der Bevölkerung als Folge der deutschen Eroberung ganz verzweifelt waren, versuchte Paul, ihnen mit einer wahren Geschichte wieder Mut zu machen. Die rein physische Widerstandskraft des russischen Volkes sei unvorstellbar, sagte er. So wurde ein sowjetischer Soldat gefangengenommen, als er den deutschen Truppen entgegenrannte; er hatte einen Bauchschuß und preßte, vorwärtsstolpernd, seine Eingeweide mit beiden Händen zurück. Der Feldarzt nähte alles ordentlich wieder zusammen, ohne an das Überleben seines Patienten zu glauben. Aber ein paar Wochen später sägte der Mann wieder kräftig Holz, gesund wie ein Stier.

Vielen erschien die Birke als Symbol der russischen Lebenskraft: man konnte sie fällen, in Stücke schneiden, Häuser und Möbel daraus zimmern. Aber wenn der Frühling wiederkehrte, keimten grüne Sprossen aus Wänden, Stühlen und Balken. Nichts konnte ihren Lebensdrang zerstören.

Trotz der scharfen Zensur wußte nun jedermann über die verzweifelte Lage der Sechsten Armee, die Stalingrad belagerte, Bescheid. Nichts, weder die flotte Militärmusik, die aus dem Radio ertönte, noch die triumphierende Herausforderung in Hitlers kreischenden Reden, kein Siegesgeschrei konnte den Todeskampf einer noch intakten Armee übertönen, die vom Führer der Vernichtung preisgegeben war, weil er den Rückzug verbot.

Unser Freund Teddy Behr, einer der letzten, die noch aus Stalingrad herauskamen, erzählte uns folgendes: Als die Einkesselung schon drei Monate dauerte, wurde, kurz bevor sie völlig abgeschnitten waren, Ritterkreuzträger Hauptmann Behr von General Paulus, dem Befehlshaber der Sechsten Armee, die in der Falle saß, zu Hitlers Hauptquartier in Ostpreußen beordert. Er flog am Abend des 2. Januar 1943 mit einer der letzten Maschinen, die vom Behelfsflugplatz Pitomnik starteten. (Dieser wurde zum letzten Mal am 13. morgens beflogen. Dann benützte man den Behelfsflugplatz Gumrak für wenige Stunden an drei Tagen.) Alle Mitreisenden in dem HE-111-Bomber waren schwer verwundet, so daß Behr sich genierte, mit heiler Haut unter ihnen zu sein, denn nach einer Verwundung in Afrika war er im Generalstab tätig. Sein Entschluß reifte, alles in seiner Macht Stehende zu tun, um Hitler über die wahre Lage zu unterrichten und ihn zu veranlassen, den ersehnten Entsatz anzuordnen, denn die Eingeschlossenen glaubten kaum mehr an die Möglichkeit eines Rückzuges.

Die Landung auf der kurzen Bahn war genauso halsbrecherisch wie der Start im Stalingrader Kessel; jeder glaubte, das Ende sei gekommen, als die Maschine in eine Umzäunung am Ende der Landebahn krachte, daß die Trümmer nur so durch die Gegend flogen.

Behr wurde direkt zum Führer gebracht, der ihn, von seinem Generalstab umgeben, empfing und selbst sofort eine lange Rede über die Situation in Stalingrad vor schweigend zuhörenden Generälen begann. Keiner widersprach. Behr indessen stand in wachsender Verzweiflung da und wartete auf seine Chance. Er sollte gerade entlassen werden, ohne ein Wort vorgebracht zu haben, als er schnell rief: „Ich bin zur Berichterstattung herbeordert, darf ich jetzt sprechen?"

Keitel drohte mit erhobenem Finger, während Hitler ihn verwundert ansah, und Behr entledigte sich seines Auftrages, indem er einen in alle Einzelheiten gehenden Bericht erstattete. Immer wieder wurde er von einigen Generälen unterbrochen, die versuchten, ihn zu widerlegen. Keiner wollte zuhören und die harten Tatsachen wahrhaben, die er vor ihnen ausbreitete.

Behr begriff, daß er überhaupt keinen Eindruck machte, und jede Hoffnung aufgebend wünschte er sich zurück nach Stalingrad, um das Schicksal seiner Kameraden zu teilen.

Als er alle möglichen Landestreifen für seinen Rückflug aufsuchte, erfuhr er, daß für Hauptmann Behr jede Flugmöglichkeit auf Befehl von General Schmundt, Adjutant des Führers, gesperrt war; man wollte die Armee in Stalingrad nicht wissen lassen, daß Hitler sie bereits aufgegeben hatte.

Diese Unterredung fand am 12. Januar 1943 in der Wolfsschanze statt. Am nächsten Tag wurde Goebbels hinbestellt, um zu besprechen, wie die Nachricht über die bevorstehende Niederlage dem Volk beizubringen sei. Am 3. Februar 1943 kapitulierte die Sechste Armee.

Eine Welle des Entsetzens und der Verzweiflung brach über Deutschland herein. Auf der Suche nach einer Ablenkung verfiel Hitler auf den Plan, alle Frauen für vorrangige Kriegszwecke einzuziehen. Das sollte die Bevölkerung vom Nachdenken über das ferne Stalingrad ablenken. Einige Monate später kamen Postsäcke mit den Briefen der in Stalingrad Gefangenen in Berlin an und wurden im Hauptquartier im Büro von General Olbricht in der Bendlerstraße deponiert. Aber Hitler befahl die Vernichtung der Briefe, damit keine Einzelheiten über die Niederlage die Heimat erreichten.

Loremarie Schönburg, die Nachricht von einem ihrer in Stalingrad vermißten Brüder zu erhalten suchte, bat Olbricht, die Säcke durchsehen zu dürfen. Er schlug es ab. Was sie nicht wußte und erst später erfuhr, war, daß Olbricht als einer der Verschwörer vorsichtig operieren mußte und seine hohe Stellung nicht aufs Spiel setzten durfte: ein weiteres Risiko konnte er nicht eingehen. Die Säcke wurden weggebracht und, wie vom Führer befohlen, verbrannt. Bemerkenswerterweise kamen zur gleichen Zeit anonyme Briefe aus der Sowjetunion, die den Angehörigen Gefangennahme oder Tod deutscher Soldaten meldeten.

Kurz vor dem Angriff auf Rußland suchte das sowjetische Rote Kreuz über Schweden Kontakte zur deutschen Schwesterorganisation: man wollte Abmachungen über das Schicksal der Gefangenen im Falle eines Krieges treffen. Prompt verbot Hitler jede Fühlungnahme. Beide Institutionen, die versuchten, ein Mindestmaß an Humanität trotz der Unmenschlichkeit ihrer so ähnlichen Regime walten zu lassen, blieben machtlos.

In einer eisigen Winternacht des Jahres 1943 befanden wir uns in Berlin oder in dem, was von Berlin noch übrig war, und wieder einmal mußten Paul und ich voneinander Abschied nehmen. Nach dem Essen gingen wir den kurzen Weg zur Nollendorfer U-Bahn-Station. Wie ein schwarzer Rachen gähnte uns ihr Eingang im dunklen Schatten der breiten Straße zwischen zerbombten, hohlen Häusern entgegen. Zerfetzte Bäume ragten in den fahlen Himmel, von wiederholten Bombeneinschlägen wie mit einer riesigen Sichel verstümmelt.

Im Dunkeln umarmte ich Pauls rauhen Wehrmachtsmantel, dabei gegen Koppel, Degen und Feldflasche stoßend, und mußte doch lachen, denn es war, als ob ich einen Eisenwarenladen umklammern würde. Aber im trüben Licht blickten seine Augen ernst.

Die Nordfront, zu der er sich begab, brach zusammen. Er reiste in ein Niemandsland und wußte nicht einmal, wo er seine Truppe suchen sollte. Es war wieder einer der gefürchteten, tief in die Seele schneidenden Abschiede, vielleicht für immer; eine Trennung, die um so bitterer war, als man nicht einmal die moralische Rechtfertigung hatte, für eine gerechte, ehrenhafte Sache zu kämpfen.

Im Zugabteil waren während meiner langen Heimreise nach Königswart die grauen Gesichter der Mitreisenden im blauen Licht der einzigen, von Ruß verschmierten Glühbirne kaum erkennbar. Wir sahen alle aus, als ob wir unter Wasser treiben würden. Durch einen Schlitz im verdunkelten Fenster schimmerten silbern die Pfützen auf den Feldern im Mondlicht. Gegen Morgen lagen die Äcker grauweiß bereift vom Tau; Häuser und Bäume tauchten im Morgennebel hervor, Früchten gleich saßen Krähen auf den kahlen Ästen der Pappeln, die die Teiche säumten.

Vor meinen Fenstern in Königswart wiegten sich nachts die hohen Baumwipfel im winterlichen Sturm und schienen den Mond von Wolkenschwaden freizufegen. Ringsum verschneite Wälder und Wiesen, vor grimmiger Kälte starr. Ich dachte an Paul, draußen im Freien dem mörderischen sibirischen Wind und Frost ausgeliefert. Er hatte mir erzählt, wie russische Soldaten ohne Fallschirm hinter den deutschen Linien aus tieffliegenden Flugzeugen in den Schnee absprangen. Einige starben oder wurden verletzt; die Überlebenden schlugen sich zu den Partisanen, die in den Wäldern kämpften. Regimenter russischer Frauen, in die gleichen Uniformen wie die Männer gepreßt, wurden in die Schlacht geworfen und kämpften mit verzweifeltem Mut. Buben und alte Männer kamen beim Angriff zu Zehntausenden um; sie waren praktisch ohne Waffen, denn auf vier Mann entfiel ein Gewehr. Vielleicht wurden die Deutschen durch diese menschlichen Walzen demoralisiert, aber um welchen Preis!

Wenn die Russen schon so rücksichtslos mit ihren eigenen Landsleuten umgingen, was würde wohl dem besiegten Feind widerfahren, als Vergeltung für den Überfall auf ihr Land und die Greueltaten, die die Nazis hinter der Kampflinie in Rußland verübt hatten!

Immer noch ohne Nachricht von Paul, stieg die Angst in mir auf wie eine schwarze Flut. Mitten in der Nacht machte ich mich daran, ein Telefongespräch zu einem Freund herzustellen, der Verbindungsoffizier vom Auswärtigen Amt zum Führerhauptquartier in Ostpreußen war. Für einen Ernstfall hatte man mir die Codenamen aller Zwischenstationen gegeben, und nun reihte ich sie hintereinander auf: „Erica ... Berta ... Anita ...“ So versuchte ich die ganze Nacht, durchzukommen. Am Morgen erreichte ich ihn schließlich; eine freundliche, beruhigende Stimme sagte:

„Ja, ich verstehe Ihre Sorge . . .“

Mir wurde kalt ums Herz, denn das hieß, daß die Front, wie befürchtet, zurückrollte. Mein Gewährsmann versicherte, er würde mit mir in Verbindung bleiben.

Missie, die an ihre Dienststelle im Auswärtigen Amt zurückgekehrt war, versuchte ihrerseits, etwas zu erfahren. Ein höherer Abwehroffizier, den sie traf, brachte eine schlimme Nachricht: Paul sei verwundet oder schwer krank. Genaueres wußte er nicht, verwies aber noch darauf, daß es bis dahin im Verbindungsstab keine Verluste gegeben habe.

Das Auswärtige Amt war teilweise nach Krummhübel evakuiert worden, einem kleinen Ort in den Bergen südlich von Dresden. Von da an drängte es mich nur noch, zu Missie zu gelangen. Es würde einfacher sein, Nachrichten über die offiziellen Kanäle zu erhalten, als allein, weitab von allen, in der Nacht darauf zu warten.

Dann folgte eine der üblichen schrecklichen Zugreisen, bei der ich einen tonnenschweren Koffer schleppen mußte. Der Zug hielt sporadisch, um drohenden Luftangriffen zu entgehen, und fuhr stockend wieder an, wenn in der Ferne die Entwarnung ertönte. Das endlose Warten auf abgelegenen Bahnhöfen war nur zu überstehen mit einer Tasse heißer, dunkler Flüssigkeit, die als Kaffee galt. Mittlerweile stellte das Gebräu Ersatz vom Ersatz dar, allgemein „Muckefuck“ genannt.

Im Abteil saß ich neben einem untersetzten Jungen; sein Gesicht wirkte schon alt und zerknittert, war aber von einem fröhlichen, zähneblitzenden Grinsen erhellt. Er kam aus Köln und sollte hier in der Nähe ein paar Wochen Urlaub verbringen. Seit Jahren war er nicht mehr zur Schule gegangen. Er gehörte zu einer Gruppe gleichaltriger Buben, die eingeteilt waren, Verschüttete aus zerbombten Kellern auszugraben und von ihrer Habe aufzusammeln, was noch zu finden war. Obwohl der Trupp grundsätzlich alles ablieferte, gestand der Junge, daß sie immer genügend Zigaretten oder versteckte Lebensmittel hatten, vor allem Schokolade. Von beidem bot er mir an. Seine ungeschminkte Erzählung trug er in einem singenden Kölner Dialekt vor.

„Wie alt bist du denn?“ fragte ich ihn.

„Fünfzehn.“

„Und wie sieht Köln jetzt aus?“

„Nicht viel davon übrig. Wir sagen in Köln: Wenn sie das nächste Mal kommen, müssen sie schon selber Häuser zum Zerstören mitbringen“, erwiderte er munter.

„Und nach dem Krieg, was möchtest du da tun?“

„Durch die ganze Welt will ich wandern.“

Ein echt deutscher Traum!

Hitler kannte dieses Streben ins Weite und nutzte es, als er seine Soldaten in das mörderische Elend des Krieges führte. Zum Reiseziel bot er ihnen die Welt; die Kosten trug der Staat; welch berauschende Droge aus abenteuerlichem Eroberungsdrang und ungehemmter Wanderlust, angeheizt mit klingenden Schlagwörtern! So sah es am Anfang aus, als die Feldzüge noch leicht vonstatten gingen. Viele sahen damals nicht voraus, wie hoch der Preis sein würde, den sie am Ende bezahlen mußten.

Missie holte mich auf dem Bahnhof in Krummhübel ab. Der friedliche, abgelegene kleine Skiort war überlaufen von evakuierten Beamten des Auswärtigen Amtes, die hier wie parasitische graue Pilze aus einem fremden Klima wucherten. Sie fühlten sich wie im Urlaub, fern von Bomben und dem bohrenden Blick der Gestapo, beide so allgegenwärtig in Berlin. Es stellte sich bald heraus, daß Graf von der Schulenburg, der letzte deutsche Botschafter in Moskau, für mich bereits einen Passierschein nach Riga besorgt hatte, sollte Paul, dem es angeblich bedenklich schlecht ging, jemals in das dortige riesige Militärlazarett eingeliefert werden.

„Was fehlt ihm denn? Ist er verwundet?"

„Schwer zu sagen. Es heißt, er sei kampfunfähig. Die Armee befindet sich in vollem Rückzug", fügte Schulenburg hinzu.

Nach einigen Tagen erfuhren wir, daß Paul auf „schnellstem Wege" nach Riga gebracht werden sollte. Da aber die Front noch schneller als erwartet zusammenbrach, warnte mich Schulenburg nachdrücklich vor dem Versuch, zu ihm zu fahren. Die Verwundeten würden vor allen anderen ins Hinterland verbracht, die Zivilbevölkerung müßte dann selbst zusehen, wie sie weiterkam; ich bliebe dort ganz unvermeidlich hängen.

Schließlich erfuhren wir, daß Paul in Riga sei und man ihn aufgegeben hätte. Schulenburg versuchte mich zu trösten. Er argumentierte, daß kein Arzt sich in dieser Weise äußern würde, wenn es der Wahrheit entspräche. Vielmehr könne es bedeuten, daß er als ernster Fall unter den ersten evakuiert würde.

Ganz unverhofft kam die Nachricht durch: „Metternich außer Gefahr, Rücktransport, sobald er reisefähig ist."

Natürlich wollte ich immer noch so schnell wie möglich zu ihm gelangen. Man riet mir jedoch so sehr davon ab, daß ich zu zögern begann und schließlich meinen Plan aufgab. Ich kehrte nach Königswart zurück.

Nach einer Weile brachte die Post kurze Briefe von ihm, in ungelenker, kaum lesbarer Schrift. Aus den Tagen des Wartens wurden Wochen. Endlich erfuhr ich, daß sich Paul auf dem Heimweg befand. Gegen alle Vorschriften nahm ich den alten Holzvergaser, der nur für Fahrten in die Nachbarschaft und nach Plass benutzt werden durfte, um ihn in Karlsbad abzuholen. Ignaz chauffierte das Fahrzeug langsam, von übelriechenden Gasausdünstungen und ohrenbetäubendem Motorgetöse begleitet.

Wie zögernd stieg Paul aus dem Zug, auf einen Stock gestützt, das Gesicht aschgrau mit hervorstehenden bläulichen Schläfenadern, fast unkenntlich hager und ausgezehrt! Wo war der braungebrannte, federnd schreitende Athlet geblieben, der sich vor nur wenigen Monaten von mir verabschiedet hatte?

Aber in diesem Augenblick zählte das alles nicht. Mit einem Seufzer der Dankbarkeit ließen wir uns auf der harten Rückbank des ramponierten alten Autos nieder, als wäre es mit Daunen gepolstert, und schon befanden wir uns auf dem Heimweg zu unserem herrlichen, noch unberührten Königswart.

Paul konnte zunächst überhaupt nicht begreifen, wie ich auf dem laufenden sein konnte über das, was mit ihm geschehen war. Wochenlang von jeder Verbindung abgeschnitten, hatte er geglaubt, daß nicht nur er, sondern die ganze Front verloren sei.

Damals, beim Abschied in Berlin, war die Nacht regnerisch und warm. Als er sich Rußland näherte und immer wieder umsteigen mußte, ging sein ganzes Gepäck verloren. Schließlich langte er im Hauptquartier an, immer noch in seinem dünnen Regenmantel. Da er sowieso zur Front unterwegs war, beauftragte ihn ein Offizier namens Helldorf, dem Obersten X., der weiter vorne einen Abschnitt befehligte, auszurichten, er möge sich auf den Rückzug vorbereiten, da diesbezügliche Befehle schon eingetroffen seien.

Als Paul die Front erreichte, befand sich der betreffende Abschnitt in totaler Auflösung. Die deutschen Linien waren an vielen Stellen durchbrochen, und der völlig überforderte Oberst hatte mehrere schlaflose Nächte hinter sich. Pauls Meldung versetzte ihn in mörderische Wut. Er brüllte gleich los: „Ich werde Sie erschießen lassen, wegen Sabotage und Zersetzung der Wehrkraft in einem Augenblick wie diesem!"

Schließlich gelang es Paul, ihn zu bewegen, das Hauptquartier anzurufen. Wie das Schicksal so spielt: es gab dort noch einen anderen Offizier namens Helldorf, und dieser behauptete, nichts von einem Rückzugsbefehl zu wissen. Der tobende Oberst wies Paul an, sitzen zu bleiben, wo er war. Sobald sich Zeit für ein Kriegsgericht fände, würde er „sich um ihn kümmern".

Die Nacht schleppte sich hin. Fröstelnd und von der langen Reise erschöpft, glaubte Paul bald selber, daß dieser Wahnsinnige seine tödliche Drohung in die Tat umsetzen würde.

Im Morgengrauen kam dann der Rückzugsbefehl durch. Der Oberst sagte schlicht: „Entschuldigen Sie."

Immer noch auf der Suche nach seinem Verbindungsstab, wurde Paul dann bei Tag und Nacht, wo er sich gerade befand, in eisigem Graupelregen und schneidendem Wind zum Kampf eingesetzt. Endlich fand er die Spanische Division am Wolchow-Fluß, wo sie südöstlich der Stadt Leningrad ihren Standort noch immer behauptete.

Er hatte bereits hohes Fieber. Der Feldarzt, den man trotz der Kämpfe nicht ohne Mühe heranholte, stellte beiderseitige Lungenentzündung fest und gab ihm eine Sulfonamidspritze.

Von allen Seiten wurde die Stellung beschossen. Als die Sowjets in das Dorf drangen, trugen Freunde Paul noch voll bekleidet hinaus und legten ihn in Decken eingewickelt in einen Kübelwagen. Der Fahrer erhielt die Weisung, jedes Risiko einzugehen, um die einkreisenden feindlichen Linien zu durchbrechen und zu den deutschen Truppen zu stoßen. Der war selber heilfroh, herauszukommen, und holpernd über Stock und Stein, ständig unter Beschuß, schaffte er das Stück nach Luga. Dort bekam Paul weitere Sulfonamidspritzen, die ihm ein Arzt im Vorbeigehen, denn sie waren alle überlastet, verabreichte.

Inzwischen gesellte sich zu der Lungenentzündung eine doppelte Zwerchfellentzündung, und da die Schmerzen fast unerträglich wurden, gab man ihm noch eine Morphiumspritze dazu. Die meiste Zeit bewußtlos, lag er auf einem Strohsack inmitten unübersehbarer Reihen von Verwundeten. Eine gewisse Zahl von ihnen sollte in den Westen transportiert werden, aber die Auswahl schien völlig willkürlich getroffen zu werden: manche wurden dazu bestimmt, andere wieder nicht. Sollten am Ende nur die nach Hause gebracht werden, die Überlebenschancen hatten?

Unterwegs in den Zügen, die langsam und stockend zurückfuhren, starben aber noch viele, als sie auf dem schwankenden Boden der Waggons dicht nebeneinanderlagen. Ein Zug folgte unmittelbar auf den anderen, damit die Partisanen die Gleise nicht sprengen konnten. Aber vier bewaffnete Wachen pro Zug reichten nicht, um den Transport zu sichern. In der Nacht krochen Saboteure zwischen die Schienen und legten Minen: Die darauffolgende Explosion zerriß die lastende Stille der schneebedeckten Landschaft. Während die Gleise repariert wurden, hob man die Überlebenden in einen anderen Waggon, und weiter ging es für eine Weile. So fuhr und hielt die langhingezogene, kettenähnliche Prozession, mit endlosen Zwischenpausen, bis weit, weit entfernt, vielleicht in Pskow, der vorderste Zug des Geleits sich wieder in Bewegung setzte und man ein wenig vorankam.

Am meisten zu leiden hatten die Verwundeten mit einem Kopf- oder Bauchschuß. In den meisten Fällen kam noch Lungenentzündung dazu. Morgens wurden die in der vorhergehenden Nacht Verstorbenen in ihre Militärdecken gehüllt und dicht neben den Gleisen in den Schnee gebettet. Niemand wagte, sich vom Zug zu entfernen.

Zu essen gab es nichts. Um zu trinken, schmolzen die Leichtverwundeten Schnee in einer Blechkanne und verteilten das Wasser unter denen, die sich nicht selber versorgen konnten. Nach vielen Tagen erreichte der Transport Riga.

Die Ärzte in dem großen Militärkrankenhaus in Riga stellten bei Paul ein Lungenabszeß fest und befanden, er sei für eine Operation zu schwach. Schließlich, als jede Hilfe vergeblich schien, legte man ihn in einen abgesonderten Raum zum Sterben.

Die Offiziere der nun auch in vollem Rückzug begriffenen Spanischen Division hatten inzwischen erfahren, daß Paul in Riga lag. Sie waren von der Front nach Spanien zurückbeordert, aber einer von ihnen, Mariano Calviño, setzte sich ab, um ihn zu besuchen.

Er war gewöhnt, Schreckliches zu sehen, aber das eingefallene, bärtige, hohläugige Gesicht seines Freundes, dazu die Auskunft der Ärzte, daß es keine Hoffnung mehr gäbe, brachten Mariano völlig aus der Fassung. Er griff nach seiner Feldflasche, die mit spanischem Cognac gefüllt war, hob Paul mit einem Arm in die Höhe und schüttete ihm den Inhalt eines Glases in die Kehle. Den Rest trank er selber aus, „um ihm darüber hinwegzuhelfen, so jung zu sterben, und mich zu trösten, einen guten Freund zu verlieren", wie er mir später erzählte.

Sie wechselten noch einige Worte, dann ging Mariano wieder, in dem festen Glauben, ihn niemals wiederzusehen. Aber auf den vielen Cognac hin begann Paul zu würgen und zu husten. Eine Schwester eilte herbei, um ihm zu helfen; er spie den ganzen Eiter aus, ein Glas voll. Seine Temperatur fiel von über 40 Grad, wo sie seit Tagen gestanden war, auf unter 36.

Die Ärzte versammelten sich um sein Bett, um ihn als medizinisches Wunder zu bestaunen. Er wurde mit allem gefüttert, was aufzutreiben war, und begann sich langsam zu erholen. Bei seinem ersten Ausgang war er allerding noch so schwach, daß er aus einer Straßenbahn herausfiel. Die Tetanusspritze, die er daraufhin erhielt, warf ihn wieder erheblich zurück.

Jetzt waren wir endlich wieder beisammen und reisten beide nach Wien, um eine medizinische Kapazität aufzusuchen. Der Professor vertrat die Ansicht, daß Paul mit seinen geschwächten Lungen unweigerlich Schwindsucht bekommen müßte. Er empfahl ihm Gebirgsluft, so viel und so oft wie möglich „nach dem Krieg". Wie es jetzt mit ihm stand, erklärte er ihn jedenfalls für Monate als frontuntauglich. Trotz seiner zerrütteten Gesundheit empfanden wir dieses Verdikt schon als Gnade!

Dann allerdings versuchte unser NS-Kreisleiter sich einzumischen, in der Absicht, Pauls Heimkehr zu verhindern, selbst wenn er an seiner Stelle jemand anderen als Betriebsleiter vom Kriegsdienst freistellen müßte. Es gelang ihm zwar nicht, Paul wieder an die Front zu bringen, aber er hielt ihn in den entscheidenden Monaten von zu Hause fern.

Wir hörten bald, daß die Spanische Division wieder in die Heimat zurückgekehrt sei. Die meisten fuhren mit dem Zug direkt von Tallinn in Estland bis nach Spanien durch.

Kurz vor ihrer Abreise wurde die schöne kleine Stadt arg zerbombt. Am Tag darauf erschien beim Stab ein wunderhübsches Mädchen, aufgelöst in Tränen, und flehte die spanischen Verbindungsoffiziere an, sie mitzunehmen. Ihre Eltern seien in der vorherigen Nacht umgekommen, und ihre letzte Hoffnung wäre, ihren „Novio“ (Verlobten) zu finden, einen spanischen Offizier, der schon vor einiger Zeit wieder nach Hause gereist sei.

Die Offiziere waren von der Verlobung nicht so ganz überzeugt („Novio“ bedeutet in Spanien nichts unbedingt Bindendes), aber zurücklassen wollten sie das Mädchen auch wieder nicht. Sie gingen miteinander zu Rate. Man beschloß, sie in eine Uniform zu stecken, und setzte ihr dazu die rote Kappe der „Requeté“ aus Navarra auf den schönen Kopf, weil sie ihr so gut stand. Sodann wurde ihr voll Bedauern das lange blonde Haar abgeschnitten. Schließlich entschieden sie, daß das Mädchen das Schlafabteil im Zug mit dem Padre teilen sollte – es wäre dann seine Sache, wie er seine Gelübde beachten und der Versuchung widerstehen würde; was die Offiziere des Stabes selber anginge, könnten sie nicht die Hand ins Feuer legen . . .

In Irun, an der spanischen Grenze angekommen, stolz darauf, ihren blinden Passagier durchgebracht zu haben, entdeckten sie, daß die spanischen Soldaten erfolgreich mindestens zwanzig Mädchen herausgeschmuggelt hatten!

Der Verlobte wurde gefunden, bald läuteten die Hochzeitsglocken, und als Trauzeugen fungierte der gesamte Verbindungsstab der Division.

2

Bevor ich die tragische Verschwörung vom 20. Juli 1944 gegen Hitler erwähne, möchte ich ausdrücklich bemerken, daß es sich im folgenden um eine rein persönliche Darstellung handelt, insofern wir selbst mit dem Ereignis in Berührung kamen. Es wird nicht der Anspruch erhoben, ein Geschehen in seinem Gesamtablauf zu schildern oder zu deuten, mit dem sich viel kompetentere Zeitgenossen schon auseinandergesetzt haben.

„Ich möchte dir etwas anvertrauen . . . Ach, lieber nicht . . .“, sagte Missie, während sie an einem Herbsttag im Jahr 1943 unruhig in meinem Zimmer auf und ab ging.

„Jetzt setz dich endlich hin und sag schon: um was handelt es sich?“

„Man plant einen Staatsstreich gegen Hitler. Offensichtlich ist es für die Verschwörer wichtig, die Stimmung in der oberen Führungsschicht der Wehrmacht diesbezüglich zu erforschen. Um das herauszufinden, sollen vertrauenswürdige Stabsoffiziere in Schlüsselpositionen eingeschleust werden. Es gibt Gerüchte, daß Pauls Name gefallen ist und man an ihn herantreten wird. Wenn es schiefgeht, bedeutet es das Ende für alle, die in das Komplott verwickelt sind. Ich meine, du sollst es wissen."

Diese Pläne wurden anscheinend im geheimen in einem ständig wachsenden Kreis von Freunden erörtert.

„Mit wem hat dieser Kreis Verbindung aufgenommen?" fragte ich.

„Es scheinen verschiedene Gruppen zu sein, aber wesentlich ist für sie, die Armee auf ihre Seite zu bekommen. Natürlich weiß ich alles bisher nur vom Hörensagen, hier ein Wort, da eine Andeutung . . ."

Dann kam Paul herein, und nach einigem Zögern erzählten wir es ihm. Er lachte los: „Schaut nicht drein, als ob ihr ein Gespenst gesehen hättet! Über dieses Thema spricht man seit vielen Monaten."

„Du weißt es also auch?"

„Aber natürlich. Wir kennen keine Einzelheiten, aber es wird versucht, sie auszuarbeiten."

„Machst du da etwa mit?" fragten wir ihn. Er antwortete ausweichend:

„Im Augenblick werden Informationen über die Einstellung der obersten Heeresführung benötigt. Mehr können wir an der Front nicht für die Verschwörung tun."

Ohne Frage hätte das Volk in der Zeit der militärischen Erfolge am Kriegsanfang ein solches Vorhaben niemals unterstützt. Später erfuhren wir, daß dennoch ein Anschlag nach dem anderen auch in den ersten Kriegsjahren versucht worden war. Keiner sollte gelingen.

Das Bestreben der Beteiligten war es, eine Art Schattenregierung zu bilden, damit die Alliierten einen Diskussionspartner in einem künftigen Deutschland fänden. Wie wir heute wissen, hatte damals der sowjetische Spion Philby in London einen weitreichenden Einfluß auf alle Entscheidungen, die Deutschland betrafen. Zurückblickend ist es nicht unwahrscheinlich anzunehmen, daß er die Versuche des deutschen Widerstandes, Friedensbedingungen im feindlichen Ausland auszuhandeln, zum Scheitern brachte.

Im Verlauf der Monate wurden unsere Reisen von Berlin nach Königswart immer abenteuerlicher. An einem Wochenende erschien Missie und sah aus, als ob man sie durch einen Kohlensack gezogen hätte. Der Zug war unterwegs bombardiert worden, und die Reisenden waren unter die Waggons in Deckung gekrochen. Missies Abteil befand sich gleich hinter der Lokomotive. Ihr blondes Haar war voll Ruß, das Gesicht verschmiert, sie war den Tränen nahe. Ein heißes Bad, Shampoo und vierzehn Stunden Schlaf brachten sie wieder auf die Beine. Vor ihrer Abreise fuhren wir noch einmal durch den Wald über bemooste Wege; dabei erzählte sie Paul und mir:

„Es kann jeden Augenblick passieren. Die Verschwörer glauben nicht mehr, daß es ihnen gelingen wird, das Land hinter sich zu bringen. Die Alliierten lehnen außer der bedingungslosen Kapitulation alles ab, und das zwingt viele Generäle, die bisher gezaudert haben, loyal hinter Hitler zu stehen. ‚Sie' sind jetzt so verzweifelt, daß sie losschlagen, gleichgültig, was die Folgen sind; wenn auch nur um zu beweisen, daß es noch Leute gibt, die nicht hinnehmen können, was vor sich geht."

Missies Bericht beunruhigte uns tief.

Heinrich Wittgenstein, das Nachtflieger-As, einer unserer engsten Freunde, wurde nach dreiundachtzig siegreichen Kämpfen im Frühjahr 1944 abgeschossen.

Im Jahr 1943 bekam er die Mitteilung, daß ihm der Führer das Eichenlaub zu seinem Ritterkreuz persönlich überreichen wolle. Kurz davor fragte er einige von uns, ob er nicht die Gelegenheit ergreifen und Hitler niederschießen solle. Wir erstarrten vor Entsetzen, aber er erwiderte ganz ernsthaft:

„Ich bin unverheiratet, habe keine Kinder, bin auch nicht unabkömmlich. Er empfängt mich persönlich. Wer von uns wird jemals so nahe an ihn herankommen?"

Als er dann heil und ohne seinen Vorsatz ausgeführt zu haben zurückkehrte, berichtete er, man habe ihm vor der Audienz seine Pistole abgenommen. Unlogischerweise war er über diese entehrende Maßnahme empört.

Hitler schien einen untrüglichen Instinkt für drohende Gefahren zu besitzen. Diese Vorahnungen schützten ihn wirkungsvoller als die Polizei, die niemals etwas herausfand. Deswegen schien es auch jetzt kaum wahrscheinlich, daß es gelingen würde, ihn umzubringen. Dennoch gab es keinen anderen Weg, das Regime zu stürzen, vor allem wegen des gewichtigen „Treueids", den die Wehrmacht auf den Führer persönlich leistete.

Die überaus große Bedeutung, die diesem Treueid, den jeder Soldat abgelegt hatte, beigemessen wurde, schien widersinnig, wenn zu gleicher Zeit von der Reichsführung Treuebekenntnisse und Bündnisse so leicht vom Tisch gefegt wurden. Für gläubige Christen, für die die Treue zu Gott Vorrang gegenüber einem erzwungenen Eid zu Hitler besaß, wog er vielleicht nicht so schwer. Dennoch, auch für sie blieb er ein Hindernis, das ihre Entschlußkraft lähmte, wenn es um die direkte Tat ging.

Bildeten wir es uns nur ein, oder lag tatsächlich in dieser Zeit ein Gefühl der unerträglichen Spannung in der Luft? Wir waren ganz krank davon, schlenderten ratlos im Park umher, und am

Abend lief Paul unaufhörlich im Zimmer auf und ab, zu aufgewühlt und zu unruhig, um auf einem Fleck zu bleiben.

„Die Verschwörer wissen nicht, wie man eine Revolution macht", grübelte er. „Sie sind viel zu anständig dafür und auch zu pedantisch. Über alles fertigen sie Aufzeichnungen an. Sollten sie in Bedrängnis geraten, so verstehen sie nicht zu improvisieren. Bei ihren Planungen werden sie an alles gedacht haben, sogar an die Liste der zukünftigen Minister, aber das Wichtigste dabei übersehen haben, nämlich wie sie Hitler aus dem Weg schaffen ..."

Am Donnerstag, dem 20. Juli 1944, schlug dann der Blitz mit der Rundfunkmeldung ein:

„Es ist ein Anschlag auf das Leben des Führers verübt worden . . . eine Handvoll gewissenloser Offiziere . . ."

Das Attentat hatte also stattgefunden, aber mit einen Fehlschlag geendet!

Die Nachrichten brachten noch die Meldung, daß Hitler am Abend selber zum Volk sprechen werde. Das löschte den letzten Hoffnungsschimmer aus, es könnte womöglich sein Tod verheimlicht werden.

Für eine Weile stand die Welt um uns still. Wir sprachen leise und wie atemlos miteinander, als ob im Nebenzimmer ein Toter aufgebahrt läge.

Das Wetter blieb prachtvoll, die Sonne strahlte heiß vom blauen Himmel, im völligen Gegensatz zu den dunklen Wolken in unseren Gemütern. Es war nicht schwer, sich vorzustellen, was nun bevorstand: die Flutwelle der Vergeltung, die über alle hinwegschlagen würde; über die Freunde, über die Freunde der Freunde der unmittelbar Beteiligten, über die geistige und moralische Elite Deutschlands.

Die Erschütterung meiner Eltern bei der überraschenden Nachricht wuchs, als ihnen klar wurde, wie viele aus unserem Bekanntenkreis in das Attentat verstrickt waren. Am allermeisten empörte es sie, daß Missie in den gefährlichen Plan hineingezogen worden war. Das war zwar die unvermeidliche Folge der Solidarität mit denjenigen, die uns von Kriegsbeginn an beschützt hatten, aber den Eltern schien das jetzt ein zu hoher Preis dafür zu sein. Missie befand sich noch immer in Berlin, und es gelang uns nicht, mit ihr direkt in Verbindung zu treten.

Ein paar Tage später bekamen wir eine Postkarte. Wir trauten unseren Augen nicht, denn in der bekannten Handschrift von Albert Eltz (natürlich ohne Unterschrift) stand in Englisch darin zu lesen: „Schauerlich, diese einmalige Gelegenheit verpaßt zu haben, aber es war zu erwarten, daß sie es verpatzen." Dann folgte weiter auf deutsch zur Irreführung der Zensur: „Jetzt liegt unser Schicksal fest in den Händen Heinrich Himmlers, während wir dem Endsieg entgegenschreiten . . ."

Tatsächlich schien diese Botschaft wachsamen Blicken entgangen zu sein; aber ich versteckte und verbrannte jetzt eine Unmenge von Briefen, Papieren, Tagebüchern und Adressen.

Nach dem Mißlingen des Anschlages stieg die Spannung, nicht zu wissen, was eigentlich geschehen war, ins Unerträgliche. Als Paul ankündigte, er müsse nach Prag fahren, wuchs bei mir der arge Verdacht, er reise auf diesem Umweg nach Berlin.

Statt seiner Pistole nahm er einen Stock mit Elfenbeingriff mit. Es schien eine frivole Ergänzung seiner Uniform, aber er bestand aus reinem Stahl, getarnt durch ein Weidengeflecht, und konnte einen Ochsen fällen. Das gab Paul das Gefühl, nicht völlig schutzlos zu sein.

In Berlin angekommen, denn das war, wie ich vermutet hatte, sein Ziel gewesen, ging er sofort zum Adlon, in der Hoffnung, dort Bekannte zu treffen. Ohne Näheres über die Lage zu wissen, wagte er es nicht, irgend jemanden zu Hause aufzusuchen.

In der Halle hatte man vom Steinboden alle Teppiche weggeräumt. Im leeren Raum standen verstreut kleine, runde Marmortische. An einem davon saß Giorgio Cini. Allein.

Giorgio war ein paar Monate zuvor nach Deutschland gekommen, um zu versuchen, seinen Vater aus dem Konzentrationslager Dachau herauszukaufen. Die SS hatte den Industriellen und Millionär Graf Cini in Norditalien verhaftet, gleich nach der Landung der Alliierten im südlichen Teil des Landes. Giorgio sah blendend aus, besaß Charme und Gewandtheit, war obendrein vom Reichtum verwöhnt, in einer Zeit, da man sich nicht scheute, in vollen Zügen die damit verbundenen Vorteile zu genießen. Er ließ jetzt alles stehen und liegen, um seinem Vater zu Hilfe zu eilen. Zuerst zog er sich für einige Wochen zurück, um ein brauchbares Deutsch zu lernen. In Berlin angelangt, besorgt über den Gesundheitszustand seines Vaters, bot er sich als Ersatz und Bürge für ihn in Dachau an. Diese selbstlose, tapfere Geste wurde zurückgewiesen.

In der Zwischenzeit hatte er sich über die innersten Verflechtungen der NS-Korruptionswirtschaft informiert. Er hatte aus guten Gründen damit gerechnet, bald mit seinem Vorhaben Erfolg zu haben, jetzt aber, durch den Fehlschlag des Attentats, waren alle seine Pläne wieder in Frage gestellt.*

* Einige Jahre später in Rom erzählte uns Giorgio, daß er die Befreiung seines Vaters erreicht habe, indem er diamantene Armbänder und andere Juwelen über den Tisch schob, während er mit den Nazis verhandelte. „Nicht einmal *unter* dem Tisch", sagte er. „Schamlos steckten sie alles ein. Da ich das Land wieder verließ, konnten sie sicher sein, daß ich sie nicht in Verlegenheit bringen würde."

Kurz danach kam Giorgio bei einem Flugzeugunglück um. Zu seinem Andenken errichtete sein Vater in Venedig die beachtenswerte „San-Giorgio-Stiftung" auf der Insel gleichen Namens.

Paul schlüpfte auf den leeren Platz neben ihm, als ob sie hier verabredet wären. Sie bestellten sich ein Frühstück, zur damaligen Zeit keine sehr ausgiebige Mahlzeit, und tauschten flüsternd einen Namen nach dem anderen aus: Die Antwort lautete eintönig:

„Verhaftet!"

„Gottfried Bismarck?"

„Verhaftet!"

Das hatte Paul zwar erwartet, aber die Bestätigung erregte ihn so sehr, daß er seinen Stock fallen ließ. Laut krachend fiel er auf den Steinboden, so daß die anderen Gäste von ihren Sesseln aufsprangen. Hier in der Hotelhalle, wo es immer von Gestapospitzeln wimmelte, die Aufmerksamkeit auf sich zu lenken, war nicht gerade wünschenswert. Aber zwei junge Männer beim Frühstück schienen doch nicht von vornherein Verdacht zu erwecken.

Dann kam Otto Bismarck herein, erschöpft und verstört. Er setzte sich zu Paul und Giorgio und berichtete leise, daß er es sich überlege, zu Himmler zu gehen, um sich für seinen Bruder einzusetzen.

„Wenn du nicht sofort gehst, ist es ohnehin zu spät", meinte Giorgio trocken.

„Ja, ja, natürlich. Gräßlich!" sagte der arme Otto. Aber er ging hin, das mußte man zu seiner Ehre sagen. Es war kein leichter Entschluß, sich für einen Verdächtigen einzusetzen, selbst wenn es sich um ein Mitglied der eigenen Familie handelte.

„Wenn du in einer Stunde nicht wieder zurück bist, wissen wir, daß man auch dich verhaftet hat", waren Giorgios nicht unbedingt ermutigende Abschiedsworte. Dennoch gab es eine schwache Hoffnung, daß die Gestapo weniger über die Aktivitäten Gottfrieds wußte als wir. Himmler konnte es nicht gerade passen, wenn auch in der SS, zu der Gottfried ursprünglich gehörte, nachgeforscht und möglicherweise festgestellt würde, daß ohne sein Wissen einige seiner Mitarbeiter in die Verschwörung verwickelt waren oder die Meldung darüber zurückhielten, bis sich herausgestellt hatte, welche Seite gewann. Nebenbei war der Name Bismarck immer noch geachtet in Deutschland.

Gerade als sie gehen wollten, kam eine Bekannte in die Hotelhalle und rief unverantwortlich laut:

„Paul, du lebst noch!"

Er hätte sie vor Zorn ohrfeigen können.

Dann ging er Missie suchen. Das Büro lag still wie ein Friedhof da. Die Verhaftungen hatten bereits Trott und Haeften erfaßt. Der jüngere von Haeften war mit Oberst Graf Claus von Stauffenberg und einigen anderen kurzerhand im Hof des OKH in der Bendlerstraße erschossen worden.

Missie hatte schon mehrere Male das Gefängnis besucht, um

Neues zu erfahren. Entsetzt darüber, wie sehr sie in alles verstrickt war, überredete Paul sie, sofort mit ihm zu kommen und unterzutauchen. Sie beschlossen, keine Zeit zu verlieren, und fuhren nach Potsdam, um ihre Sachen zu holen. Sie hatte sie im sogenannten Regierungsamtssitz von Gottfried, wo sie in der letzten Zeit wohnte, gelassen. Schon bei der ersten Haltestelle der S-Bahn mußten sie aussteigen, denn es wurde ihr vor Aufregung übel, und Paul hielt voll Mitleid ihren Kopf.

„Nur Courage, junge Frau", meinte ein freundlicher Soldat, der wahrscheinlich annahm, daß sie jung verheiratet waren und ihr aus einem ganz natürlichen Grund schlecht geworden war.

Die Verhältnisse waren nach dem Attentat bereits derart unwirklich geworden, daß das unmittelbare Grauen langsam verebbte. Man hatte auch so viel mit den kleinen Plackereien des Alltags zu tun, daß kaum mehr Zeit blieb, auf die Gefahren zu achten, die einen bedrohten.

Schließlich verließen die beiden die verpestete Berliner Umgebung. Mit unbeschreiblicher Erleichterung empfing ich sie in Königswart. Zum ersten Male hörte ich endlich alle Einzelheiten über die Verschwörung und ihren tragischen Fehlschlag.

Trott und Stauffenberg hatten sich verhältnismäßig spät kennengelernt. Ihre Übereinstimmung in jeder Frage wurde durch eine unmittelbare und tiefe Freundschaft gefestigt. Stauffenbergs Verantwortungsgefühl für das Vaterland brachte ihn zu der Überzeugung, daß es ohne Hitlers Tod keine Lösung gab. Für einen gläubigen Katholiken muß das eine bedrückende Erkenntnis gewesen sein. Er soll eine seltene Mischung aus einem Intellektuellen und einem Tatmenschen verkörpert haben. Seine überragende Persönlichkeit und seine Überzeugungskraft ließen ihn zum Bindeglied der verschiedenen Gruppen und Meinungen innerhalb der Verschwörung werden. Leider konzentrierte er dadurch in der entscheidenden Phase zu viele Funktionen in seiner Person.

Es stellte sich heraus, daß am Ende er der einzige war, der in der Lage war das Attentat durchzuführen. Als glänzender Offizier und Stabschef der Reserve hatte er zu jeder Zeit alleinigen Zugang zu Hitler. So kam es notgedrungen dazu, daß er zugleich der Leitende und der Ausführende der Aktion wurde. Schon zweimal hatte er sich vorgenommen, Hitler zu töten, und jedesmal war etwas dazwischengekommen.

Am 20. Juli saß Missie im Büro, als Gottfried Bismarck vorbeikam und ihr und Loremarie Schönburg, seiner Cousine, empfahl, sobald wie möglich nach Potsdam zu ihm und Melanie zurückzukommen. Weiteres wollte er nicht verraten, aber er schien seltsam erregt.

Kurz danach hörten sie, daß ein Anschlag auf Hitlers Leben

stattgefunden habe, bei dem Hitler umgekommen sei. Sie führten beide einen Freudentanz auf und liefen hinaus. Unterwegs riefen sie noch dem Portier zu, sie hätten Geschäftliches zu erledigen.

In Potsdam erfuhren sie, daß Oberst Graf Stauffenberg während einer Konferenz im Hauptquartier in Ostpreußen die Bombe in einer Aktentasche zu Hitlers Füßen deponiert hatte. (Schießen konnte er nicht, denn er hatte die rechte Hand und einige Finger der linken im Afrikafeldzug verloren.) Draußen wartete er so lange, bis er die Explosion vernahm und feststellen konnte, wie der Führer blutüberströmt auf einer Bahre herausgetragen wurde.

Als treibende Kraft der Verschwörung und als ihr Katalysator war seine Anwesenheit in Berlin unentbehrlich. Im OKH in der Bendlerstraße angekommen, fand er Gottfried, Trott und viele andere, die auf ihn warteten. Abends um sechs sollte eine Meldung über die Bildung einer neuen Regierung durchgegeben werden: Goerdeler, ehemaliger Leipziger Bürgermeister, ein Wirtschaftsfachmann mit sozialistischem Hintergrund, als Kanzler; Botschafter von Hassel als Außenminister, Trott als Staatssekretär . . .

Durch ein unbegreifliches Versäumnis hatten die Verschwörer weder die Verbindung zu Hitlers Hauptquartier abgeschnitten, noch gelang es ihnen, die Rundfunkstation in Berlin zu besetzen.

Inzwischen war die gesamte Offiziersschule aus Krampnitz mit ihren Panzern in Berlin aufgefahren. Dort standen sie unentschlossen Einheiten der SS gegenüber. Noch war kein Schuß gefallen.

Der Lauf der Ereignisse begann sich aber gegen die Verschwörer zu wenden, obwohl Gottfried immer noch nicht die Hoffnung aufgab, daß es gelingen würde, den Nazis die Macht zu entreißen.

Unser Freund, General von Hase, auch ein Mitglied der Verschwörer, setzte jedoch gutgläubig sein volles Vertrauen in den Gehorsam seines Untergebenen Major Remer, Kommandant des Berliner Wachbataillons, ohne vorher dessen politische Einstellung geprüft zu haben. Keinen Augenblick hatte man daran gedacht, daß Remer zu Goebbels eilen könnte, um sich Hases Befehl, die Regierungsgebäude abzuriegeln, bestätigen zu lassen. Und genau das tat er!

Darauf telefonierte Goebbels in Remers Gegenwart mit Hitler und übertrug sofort die militärische Befehlsgewalt in Berlin von General von Hase auf Major Remer.

Goebbels selber blieb noch eine Weile im unklaren über den Ausgang der Ereignisse. Später erfuhr man, daß er vor dem Verlassen seines Büros zwei Tabletten Zyankali einsteckte.

Dann erfolgte die offizielle Ankündigung, daß Hitler doch

überlebt habe und jetzt mit den Verschwörern abrechnen würde. Was das hieß, wußte jeder.

In der Bendlerstraße hatte der Erzopportunist General Fromm, Kommandeur der Reserve, seine Freunde und Verbündeten verraten. Er griff gegen die Verschwörer durch: Graf Stauffenberg wurde, als er aus dem Büro lief, erst verwundet und dann erschossen, zusammen mit seinem Adjutanten von Haeften, dem jüngeren Bruder von Missies Chef, sowie auch General Olbricht und Oberst Mertz von Quirnheim. General Beck beging Selbstmord. Er war Stabschef der Armee gewesen und nach der Sudetenkrise 1938 zurückgetreten, weil er von Hitlers Kriegsabsichten überzeugt war.

In dieser Nacht sprach Hitler über den Rundfunk. Wer ihn hörte, war wie gelähmt. Im Morgengrauen kehrten die Krampnitzer Panzer in ihr Lager zurück, ohne daß ein Schuß gefallen war.

In Frankreich und Wien setzte die Übernahme durch die Wehrmacht wie geplant ein. General von Stülpnagel, Oberkommandierender in Frankreich, war bereit, sich gegen Hitler zu erheben. General von Kluge, der Oberkommandeur aller deutscher Truppen im Westen, beabsichtigte, dasselbe zu tun, sofern alles gut ablaufen würde. Diese vorsichtige Überlegung entsprang keiner Feigheit, sondern der Verantwortung seinen Untergebenen gegenüber. Daß für Hitler schon Zögern Verrat bedeutete, hatte er nicht erwogen. Als man ihn verhaften wollte, beging Kluge Selbstmord.

General Rommel, der „Wüstenfuchs", der sich zuletzt noch der Verschwörung angeschlossen hatte, starb am Tag seiner Verhaftung unter seltsamen Umständen. Nichtsdestoweniger bekam er ein Staatsbegräbnis. Er war im Volk zu beliebt, um einfach verscharrt zu werden.

Wie in einer griechischen Tragödie spielte jeder seine Rolle bis zum tödlichen Ende durch.

Um die Nation von dieser großen Krise abzulenken, wurde der uneingeschränkte, der totale Krieg verkündet. Die Nazis hofften, jede Regung im Untergrund dadurch abzuwürgen, daß die gesamte Bevölkerung zu äußerster Anstrengung aktiviert wurde.

Gottfried Bismarck wurde um zwei Uhr früh auf seinem Landsitz in der Nähe von Stettin verhaftet. Der Befehl kam aus Berlin, aber die örtliche Polizei war noch rücksichtsvoll und höflich: sie erlaubte ihm, sich von seiner Familie zu verabschieden. Das gab ihm die Gelegenheit, seiner Cousine Loremarie letzte Anweisungen zuzuflüstern: sie solle die beiden Kartons mit den Bomben, von denen nur zwei beim Anschlag auf Hitler gebraucht worden waren, forttragen und verstecken! (Stauffenberg war gestört worden, als er die zweite Bombe in der Toilette der Wolfsschanze zünden wollte, weil jemand eintrat; deswegen konnte nur eine explodieren.)

Gottfried wurde abgeführt, aber fürs erste wurde kein anderes Mitglied der Familie belästigt. Loremarie lief durch die Hintertür, um den Milchzug vom Dorfbahnhof Rheinfeld zu erwischen, der sie nach Berlin und Potsdam bringen konnte. Sie erreichte das Regierungsgebäude etwa um sieben Uhr morgens und wurde von der nichtsahnenden Köchin hereingelassen. Sie fand zwei Kartons in der Größe von Schuhschachteln im Keller versteckt. Die übriggebliebenen Bomben lagen darin, voneinander abgeteilt wie ,,Christbaumkugeln", wie sie es später beschrieb. Sie wogen so schwer wie Blei.

Die Fahrräder, die Missie und sie benützten, standen noch unten im Flur. Sie lud eine der Schachteln in den kleinen Korb, der an der Lenkstange befestigt war, und radelte in Richtung des Parks von Sanssouci, in der unbestimmten Absicht, sie dort in einem Teich zu versenken. In ihrer Hast und atemlosen Aufregung übersah sie eine Kreuzung und kollidierte mit einem Bäckerjungen auf seinem Dreirad. Im Fallen warf sie sich über den Karton, weil sie glaubte, daß die Ladung explodieren würde, und lieber mit ihr in die Luft gehen wollte.

Die beiden entwirrten sich wieder, wobei der Junge freundlich versuchte, ihr den Karton aufzuheben. In Todesangst riß sie ihm das Paket aus der Hand: ,,Danke, das kann ich schon selbst", rief sie und gab vor, es sei leicht wie eine Feder. Mit angespannten Muskeln hob sie die Schachtel zurück in das Körbchen. Die beiden entschuldigten sich gegenseitig, und fort war sie wieder.

Mit letztem Mut und in größter Eile fuhr sie weiter zum Zierteich zu Füßen der Stufen, die zur Terrasse des Schlosses von Sanssouci führen. Im Absteigen schleuderte sie die Schachtel ins Wasser. Unglücklicherweise fiel sie zu nahe am Ufer ins Seichte, so daß eine Ecke des Kartons aus dem Wasser ragte, auffallend und ominös wie die Flosse eines Haies.

Loremarie fand einen langen Ast, schob und drückte so lange damit, bis der Karton schließlich ganz unter der Oberfläche verschwand. Beim Aufblicken gefror ihr das Blut in den Adern, denn auf der anderen Seite des Teiches stand ein Mann, der sie beobachtete. Stand er schon lange da? Unmöglich, es zu wissen.

Sie schwang sich wieder auf ihr Fahrrad, fuhr in wildem Zick-Zack durch die kleinen Straßen Potsdams, um eventuelle Verfolger abzuschütteln, und erreichte schließlich den Amtssitz der Regierung.

Blieb der zweite Karton, doch den Mut, ihn herauszuschaffen, brachte sie nicht mehr auf. Im Hof unten befand sich ein winziger Garten. Sie versuchte, mit einer nicht eben sehr brauchbaren Kohlenschaufel dort ein Versteck zu graben. Es war Juli, das

Wasser rar und der Boden hart wie Stein. In ihrer Verzweiflung holte sie die Köchin zu Hilfe, zusammen hackten und schürften und gruben sie unter einem kleinen Baum ein Loch. Der Karton verschwand darin, alle Spuren wurden verwischt und beseitigt. Dann fuhr sie weg, nachdem sie die Köchin zum Schweigen verpflichtet hatte.

Eine halbe Stunde später betrat die Gestapo das Haus und versiegelte alle Akten Gottfrieds einschließlich seines Safes. Dann durchsuchten sie das Amtsgebäude. Wären die Kartons gefunden worden, hätte nichts Gottfried retten können. Vielleicht sind die Bomben noch immer dort, wo Loremarie sie versteckt hat.

Wir waren entschlossen, Missie von Berlin fernzuhalten. In der Zwischenzeit waren etliche Unternehmungen angelaufen, um einige der Gefangenen zu retten. Es wurde entscheidend, ja lebenswichtig, herauszufinden, wann die Verschwörer vor Gericht gestellt werden würden. Für eine Befreiung war dies theoretisch der einzig mögliche Zeitpunkt, weil sie dann von einem Ort zum anderen gebracht werden mußten und der Transport die günstigste Chance für eine Rettungsaktion bot. Peter Bielenberg, ein Freund von Adam Trott, hatte einen Plan zur Befreiung der Gefangenen entworfen, aber auch er wurde bald verhaftet. Graf Helldorfs Sohn war zu Goebbels gegangen, um für seinen Vater, der Chef der Berliner Polizei gewesen war, eine Gnadenfrist zu erbitten. Goebbels lehnte ab, ihn zu empfangen, und nahm sich nicht einmal die Mühe, dem jungen Mann mitzuteilen, daß sein Vater schon gehenkt war.

Einigen Freunden gelang es, den Gerichtsverhandlungen beizuwohnen, wobei sie tapfer der Gefahr einer Verhaftung trotzten, aber die Reihen derer, die helfen konnten, lichteten sich immer mehr.

Gottfried Bismarcks Frau, Melanie Hoyos, sowie ihr Bruder und ihre Schwester wurden verhaftet und stundenlang von der Gestapo verhört. Melanie erlitt eine Fehlgeburt, die sie derart schwächte, daß sie ohnmächtig wurde und sich beim Fallen den Kiefer brach. Später erzählten die Hoyos uns, daß in ihrem Fall die Dummheit der Polizei sich als große Hilfe erwies. Man mußte nur reden, immerfort reden und sich für Stunden über harmlose Nichtigkeiten auslassen. Bis dann die kritischen Fragen an die Reihe kamen, waren Tage vergangen und ihre Verhörer mittlerweile reichlich verwirrt.

Wir waren voll der Bewunderung für ihren Mut und ihr Gottvertrauen, auch für ihre Fähigkeit, endlose Geschichten aus ihrem Lebenslauf überzeugend abzuspulen.

Loremarie hatte einmal einen hohen SS-Offizier kennengelernt und besuchte ihn jetzt öfters in seinem Büro. Bei leichtem Geplauder und spielerischem Flirten gelang es ihr, aus ihm Informationen herauszuholen, wann und wo die Verhandlungen stattfinden würden und wer aller angeklagt sei.

Plötzlich fiel unerwartet Gottfrieds Name. Loremarie sprang überrascht vom Stuhl auf, wobei sie den Rosenkranz fallen ließ, den sie während dieser heiklen Treffen immer in ihrer Hand umklammert hielt.

„Es ist Ihnen etwas hinuntergefallen!" Der SS-Offizier konnte ihn schneller aufheben als sie. Weiß im Gesicht, blickte er sie an, denn blitzschnell hatte er begriffen, daß nicht Zuneigung zu ihm sie hergeführt hatte. Im Gegenteil, für sie mußte es wie eine Begegnung mit dem Bösen gewesen sein. Darum der Rosenkranz. Unfähig, noch etwas zu sagen oder zu denken, nahm sie ihn aus seiner Hand und rannte aus dem Zimmer, um nie wiederzukommen. Jeden Tag wartete sie auf eine Denunziation, aber zu ihrer Überraschung nahm er keine Rache.

Nachbarn und Freunde, begierig auf Neuigkeiten, kamen uns öfters in Königswart besuchen. Darunter waren einige Offizierskameraden von Paul, die ihre Verwundung oder Krankheit in den nahegelegenen Bädern Karlsbad und Marienbad auskurierten. Mehrfach, wenn ich ihre Regenmäntel aufhob, um sie auf einen Tisch zu legen, fühlte ich Pistolen in den Taschen, und das Herz blieb mir stehen, denn normalerweise trugen sie keine Waffen.

Um vorgewarnt zu sein und ein wenig Zeit zu gewinnen, bat ich Kurt, jedem Gast, der mit dem Auto ankam, zu sagen, daß wir nicht zu Hause seien, und mich dann zu unterrichten: Jeder Wagen konnte jetzt die Gestapo bringen.

Die Männer gingen ruhelos auf und ab, redeten aufgeregt über ihre bedrohten Freunde und grämten sich zutiefst darüber, daß sie ihnen nicht helfen konnten.

Ich blieb indessen im oberen Stockwerk. Von dort konnte ich den weiten Hof überblicken und jedes ankommende Auto sehen.

Eines Nachmittags erstarrte ich vor Entsetzen, als ein großer schwarzer Wagen durchs Hauptportal hereinrollte. Offensichtlich war er auch noch mit Benzin betrieben.

Unten öffnete sich die Haustür, und ich konne Kurts besorgtes Gesicht sehen, als er höflich sagte: „Es ist niemand da . . ." Doch aus dem Auto stieg ein junges Mädchen im bunten Sommerkleid, mit langem, blondem Haar, das ihr über den Rücken fiel. Es war Reni, die Schwester von Sigi Welczeck; sie war allein. Ich lief hinunter, um sie zu begrüßen. „Wie konntest du uns nur eine solche Angst einjagen?"

Ahnungslos, was geschehen war, hatte sie nie etwas von der Verschwörung gehört und wollte nur ihre Schwester und ihren Schwager, die bei uns wohnten, besuchen. Ein kroatischer Freund hatte ihr seinen Dienstwagen geliehen. Ihr Besuch löste die Spannung und lenkte die Männer für eine Zeitlang von ihren Sorgen ab.

Der englische Sender nannte unbegreiflicherweise die Namen möglicher Verdächtiger, die noch nicht in den Kreis der Schuldigen einbezogen waren, als ob die Alliierten den Untergang der Feinde Hitlers beschleunigen wollten. Eine Million Reichsmark wurden über die deutschen Sender als Belohnung für Informationen geboten, wo Goerdeler, einer der Anführer der Verschwörung, sich versteckt halten könnte. Zuerst beruhigte es uns zu hören, daß es ihm gelungen sei, seinen Verfolgern zu entrinnen, aber bald meldete sich ein gräßliches Weib, das ihn verriet und das Kopfgeld verlangte.

Wir versuchten zu planen, was zu tun sei, falls ein verfolgter Freund bei uns Zuflucht suchen würde. Zunächst ließ sich immer behaupten, einer meiner Verwandten befände sich auf der Flucht vor der anrückenden Sowjetarmee im Osten. Aber was würde man später vorbringen können?

Missie entdeckte, daß sie erstmals seit Kriegsbeginn keine Angst mehr vor Fliegerangriffen verspüre. Vor dem 20. Juli war ihre Panik von Mal zu Mal gewachsen. Anscheinend kann man sich nicht vor zwei Dingen auf einmal fürchten.

Einer der erstaunlichsten Umstände des Anschlags vom 20. Juli war, daß so viele Leute, darunter nicht nur Verschwiegene, Bescheid wußten und dennoch die Polizei nie davon Wind bekam. Sie schien nur im dunkeln zu tappen. Aber während der nächsten Monate, praktisch bis Kriegsende, griff die Gestapo schon auf den leisesten Hinweis jeden auf, dessen sie habhaft werden konnte. Ein Fragezeichen hinter dem Namen im Notizbuch eines Verschwörers reichte oft für eine Verhaftung aus; ein Ausrufezeichen kam einem Todesurteil gleich. Manche Verschwörer, die sich besonders verdächtig gemacht hatten, versuchten nicht einmal zu fliehen, so als ob im Ausmaß ihrer unheilvollen Verstrickung ihre Initiative gelähmt worden sei. Doch viele schienen zu empfinden, daß ihre Aktion mehr Bedeutung und größeren Einfluß erhalten würde, wenn sie dafür starben. Mit der Hoffnung hatten sie jegliche Furcht, vielleicht aber auch jeden Lebenswillen verloren. Der mörderischen Vergeltung konnten zum Teil Offiziere an der Front entkommen sowie diejenigen, die das Glück hatten, auf keiner Liste vermerkt zu sein. In einigen Fällen vernachlässigte die Gestapo eine Spur, in anderen verfolgte sie sie so eifrig wie Bluthunde.

So im Fall des Verfolgten X:

Nach peinlich genauen Untersuchungen entdeckten sie, daß seine Kinderschwester vor vielen Jahren einen bayrischen Bauern geheiratet hatte. Mehrere Gestapoleute fuhren zu diesem Einödhof, hoch in den Bergen, konnten aber selbst nach gründlicher

Durchsuchung niemanden finden. Gerade als einer der Schergen wieder vom Dachboden des weitläufigen Bauernhauses herabsteigen wollte, drehte er sich zu einem letzten prüfenden Blick um: aus dem Heu stieg in der kalten Winterluft eine kleine Dunstwolke auf. Dort hatte sich der Gejagte verborgen, nachdem er vor der Ankunft der Polizei gewarnt worden war. Sein Atem verriet ihn.

Graf Hardenberg von Neuhardenberg, mit dem Stauffenberg und Haeften ihr letztes Wochenende verbracht hatten, versuchte, als er hörte, daß man Goerdeler unter Drogen gesetzt und er zuviel geredet habe, Selbstmord zu begehen, bevor er verhaftet wurde. Dies entsprach in keiner Weise seiner Überzeugung als Christ und Mann von Mut, aber er fürchtete, andere zu verraten. Schwer verwundet brachte man ihn in das KZ Sachsenhausen; aber wie durch ein Wunder überlebte er seine Verletzungen und den Krieg.

Die Mehrzahl der Angeklagten, sogar der Botschafter Graf von der Schulenburg, unser alter Freund, und von Hassel, der von den Verschwörern mit der Bildung einer künftigen Regierung betraut worden war, mußten dann ein Los erleiden, das gewöhnlichen Kriminellen in zivilisierten Ländern längst erspart wurde: man hängte sie in einem Keller an einem Metzgerhaken auf.

„Es ist ein Attentat auf den Führer verübt worden", verkündeten Gestapobeamte in Wien, als sie in das Büro von Graf Walter Berchem, einem einstigen Vormund Pauls, eintraten. Klatschbasen behaupteten, daß er in seiner gewohnten Art geantwortet hätte: „Hab' ich schon längst gewußt!" Worauf sie unvermeidlich erwidern mußten: „Dann kommen Sie gleich mal mit."

Tatsache war, daß er von der Verschwörung keine Ahnung gehabt hatte und im Zusammenhang mit seinem hochverdächtigen Chef, Oberst von Marogna-Redwitz, verhaftet wurde. Sie sperrten ihn im selben Hotel Metropol, dem Wiener Gestapo-Hauptquartier, ein, in dem Schuschnigg eine Weile gefangengehalten worden war.

Paul war zu Hause auf Fronturlaub und beschloß, Berchem zu besuchen. Er dachte, das würde ihn aufheitern und ermutigen, denn jener hatte ihm stets unwandelbare Freundschaft erwiesen. Paul machte sich in voller Kriegsbemalung auf den Weg und bemühte sich, so auszusehen, als ob es die natürlichste Sache von der Welt wäre, einen Freund, der des Hochverrats angeklagt war, im Hauptquartier der Gestapo zu besuchen. Nach kurzer Verhandlung führte ihn ein überraschend höflicher Polizist der regulären Polizei, die jetzt oft zu ihrem Unwillen mit der Gestapo in einen Topf geworfen wurde, in den zweiten Stock. Dort fand er Berchem in einem kahlen Zimmer.

Man ließ sie allein, aber Walter machte ihm nervöse Zeichen, nicht zu reden, und verkündete dann laut, daß sie ganz offen sprechen könnten – all das wegen der versteckten Mikrofone. Paul versuchte herauszufinden, was er wirklich für ihn tun könnte, aber Berchem war zu gehemmt, um sich genauer auszudrükken. Allerdings äußerte er, daß es bei Luftangriffen besonders schlimm sei, weil man die Gefangenen in ihren Räumen einsperrte und ihnen nicht erlaubte, im Keller Deckung zu suchen. Pauls Besuch hatte ihn außerordentlich gerührt, so hatte sich der Gang gelohnt. Berchem sollte einer von denen sein, die durch das Kriegsende gerettet wurden.

In einem verzweifelten Versuch, Offizieren, die beim Anschlag des 20. Juli verdächtigt und eingekerkert worden waren, zur Flucht zu verhelfen, brachte Ursula v. H. zwei Säcke mit Nahrungsmitteln und Zivilkleidung zur Festung Küstrin. Sie hatte erfahren, daß einer der diensthabenden SS-Offiziere von anständiger Gesinnung sei. Sein Aussehen wurde ihr beschrieben. Sie ließ die Säcke in einem Gasthaus zurück und versteckte sich in Sichtweite des Haupteingangs, bis sie sah, daß der betreffende Offizier zum Dienst erschien. Dann redete sie ihn an und erzählte ihm, sie sei mit einem der Gefangenen verlobt, den sie ein letztes Mal sehen wollte. Er meinte, er selber zöge es vor, nichts mit der Sache zu tun zu haben, verwies sie aber an einen Soldaten, der durch einen glücklichen Zufall in derselben Nacht am Nebeneingang Wachdienst versah; der könnte „überredet" werden, sie hineinzulassen.

Sie wartete, bis die Nacht hereinbrach, und fand dann den Soldaten, der sich tatsächlich durch ein großzügiges Angebot von Kaffee und Zigaretten „überreden" ließ. Er half ihr sogar, die Säcke zu holen.

Ihr Freund traute seinen Augen nicht, als er sie mitten in der Festung erblickte. Nachdem sie alle Neuigkeiten ausgetauscht hatten, fragten die anderen Gefangenen, ob sie ihnen erlauben würde, „sie anzuschauen", denn sie hätten durch Monate hindurch keine Frau und noch weniger eine so hübsche gesehen.

Sie setzte sich auf einen Stuhl vor einer offenen Zellentür, und alle Gefangenen kamen den Gang entlang, hielten einer nach dem anderen an, um sie anzulächeln und sich zu verbeugen. Sie kam sich reichlich dumm vor, freute sich aber, sie ein wenig froher machen zu können. Sie blieb in der Festung, bis drei Nächte später derselbe Soldat wieder Dienst machte und sie verstohlen hinausgeleitete.

Aus irgendwelchen Gründen wurde die Verurteilung der meisten Offiziere verschoben, und dank der Zivilkleidung, die von der Besucherin eingeschmuggelt worden war, entkamen die Männer in den Westen, als der Krieg zu Ende ging.

Als politisches Ziel erstrebten die Verschwörer eine Demokratie, die auf christlichen Grundsätzen basierte. Ihr unmittelbarer Antrieb aber war es, gegen die Unmoral der Nazis und ihre Verneinung menschlicher Würde und Rechte Widerstand zu leisten.

Viele der neuernannten hohen Generäle verdankten ihre Karriere Hitler und richteten daher oft ihre Fahne nach dem Wind. Der eigentliche Mittelpunkt der Verschwörung lag deshalb bei den Offizieren der Traditionsregimenter, besonders der motorisierten Kavallerie, deren Widerstand gegen das Regime auf christlicher Ethik und dem Ehrenkodex des Adels beruhte. Aber je weiter die Verhaftungen gingen, desto mehr wurde deutlich, daß die Verschwörung Deutsche aller Schichten und politischen Meinungen umfaßte, darunter auch einige abtrünnige Parteimitglieder. Trotzdem besaß nur das Militär Zugang zu Hitler und war daher allein in der Lage, einen Staatsstreich zu organisieren, obwohl die Leidenschaft zu Ordnungsprinzipien und zum Detail den Umsturz scheitern ließ, wo Improvisation vielleicht noch alles gerettet hätte.

In Zeiten einer moralischen Krise erreicht man einen Punkt, an dem endlich nichts anderes übrigbleibt, als Farbe zu bekennen, ohne Rücksicht auf persönliche Folgen. Nach dem 20. Juli konnte man beobachten, wie unter dem Druck der Verbrecherherrschaft der Nazis alle Verschwommenheit in ethischen Fragen wich und eine extreme Polarisierung einsetzte. Diejenigen, die noch eine letzte Hoffnung auf einen Kompromiß mit den Alliierten genährt hatten, sahen diese endgültig schwinden und zogen es vor zu sterben, als noch weiter mit der Lüge zu leben.

Während der Gerichtsverhandlung brüllte der Nazi-Präsident des Volksgerichtshofs, Freisler, den Grafen Schwerin an: „Wie konnten Sie Ihre Hand gegen Ihren Führer erheben?“ Worauf der unselige junge Mann noch die Kraft zu der Antwort fand: „Allein diese unzähligen Morde sind Grund genug . . .“, bevor er zum Schweigen gebracht wurde.

Zwischen den wahnsinnigen oder skrupellosen Naziführern und jenen, die um jeden Preis zum Widerstand bereit waren, stand die große amorphe Masse, unfähig sich zu entscheiden, in einer Art Rattenfängertrance von Hitler dem tausendjährigen Reich entgegengeführt. Sie war jeder persönlichen Verantwortung enthoben, der Mühe, zu überlegen und aus den Überlegungen Schlüsse zu ziehen. Zu jener Zeit war ein Crescendo erreicht, in dem alles und jedes vom Volk verlangt werden konnte; seine Hauptbeschäftigung blieb es, den irdischen Besitz zu schützen, gegen alle Wahrscheinlichkeit zu überleben und zu glauben, daß das ganze Elend und die Opfer nicht vergeblich gewesen seien.

„Der Führer wird schon wissen, was er tut“ war alles, was sie sagten. Aber seit dem Attentat war für manche diese feste Überzeugung Treibsand unter ihren Füßen geworden. Wer trug dann die Schuld an dem Zusammenbruch ihrer Welt? Jeder, dessen Namen man laut genug ausrief: „Die Clique reaktionärer Offiziere! Bischof Galen! Die Juden! Internationales Gesindel!" Die Masse des Volkes, sie selber, nie.

In den ersten Wochen nach der Verschwörung vom 20. Juli war es schwierig, die öffentliche Meinung zu ergründen. Es überraschte uns sehr zu sehen, wie einheitlich das Land als Ganzes weiterhin blieb. Dennoch gab es nicht viel Symphatie für das Regime: der Anschlag auf Hitlers Leben schien die Leute kaum zu berühren. Nur in Berlin reagierten die bleichen, hungernden, erschöpften Einwohner mit: „Es ist zum . . ."

In der Wehrmacht scheint dieselbe ins Schicksal ergebene Gleichgültigkeit vorgeherrscht zu haben. Ein Vetter Pauls aber, Graf Clemens Kageneck, der ein dezimiertes Panzerregiment kommandierte, berichtete uns, daß die Enttäuschung über den mißlungenen Anschlag riesengroß gewesen sei, nicht nur unter den Offizieren – fast alle ehemalige Kavalleristen –, sondern auch bei der Mannschaft, die ja den Preis für Hitlers „Genius" als oberster Feldherr zu zahlen hatte. „Besser wäre ein Ende mit Schrecken gewesen, als ein Schrecken ohne Ende", meinten sie.

Als die kämpfende Armee schrittweise aus Rußland zurückweichen mußte, stießen die Truppen immer wieder auf die SS, die Kriegsgerichte aufstellte, um auf dem Rückzug befindliche Landser wegen Feigheit vor dem Feind abzuurteilen. Der Haß und das Mißtrauen gegen die Partei und dann auch gegen Hitler selbst erreichte einen Grad, wo viele meinten, daß nur sein Tod ihren Leiden ein Ende bringen würde.

Diese Ansicht war auch in der Luftwaffe verbreitet, die sich von Göring verraten fühlte. Außerdem war sie nahe der Heimat stationiert und besser über die Zustände im Hinterland informiert, was nicht eben der Loyalität zur Partei diente.

Andererseits lebte und focht die Marine, vor allem deren U-Boot-Einheiten, wie unter einem Glassturz, abgeschnitten von jedem Einfluß von außen oder von bedrückenden Neuigkeiten. Diese Isolierung schien der Grund für ihre unverbrüchliche Ergebenheit gegenüber dem Regime zu sein.

Wahrscheinlich wird es niemals zu klären sein, ob Hitlers Tod so entscheidend für das Gelingen des Umsturzes gewesen wäre, wie die Verschwörer es annahmen; ob sein Regime mit der gelungenen Besetzung Berlins wie ein Kartenhaus zusammengefallen wäre, wenn Remer, der Kommandant des Berliner Wachbataillons, auf ihrer Seite geblieben wäre oder sich zumindest neutral verhalten hätte.

War das Attentat den Preis wert gewesen?

Nach dem Anschlag wurden Tausende hingerichtet. Allein

zweihundert Männer hängte man im Keller des Gefängnisses von Plötzensee an Metzgerhaken auf und fügte ihren Frauen und Kindern, die unter falschen Namen irgendwo verstreut lebten, unsagbares Leid zu. Während der Monate, die dem 20. Juli folgten, starben durch das Kriegsgeschehen und den Zusammenbruch mehr Menschen, Zivilisten einbezogen, als in sämtlichen fünf Kriegsjahren zuvor. Dennoch war es der Widerstand weniger einzelner gegen das Grundübel der Unterdrückung durch die Nazis und den Mord als Institution, der in späteren Jahren in der Erinnerung herausragte, wohingegen der Tod von Millionen im Nebel der Geschichte verschwand.

Viele Jahre nach dem Kriege besuchte ich auf einer Reise durch Polen den alten Fürsten Janusz Radziwill in der winzigen Arbeiterwohnung in Warschau, die ihm zugewiesen worden war. Vor dem Krieg war er in Rußland wie in Deutschland eine hochangesehene Persönlichkeit gewesen und wurde oft als „ungekrönter König Polens" bezeichnet. Dank der damaligen Intervention des Botschafters Graf von der Schulenburg wurde er 1940 aus dem Lubjanka-Gefängnis in Moskau entlassen, wo er nach der sowjetischen Besetzung Polens eingekerkert worden war. Er kehrte in sein Land zurück, wurde aber prompt von der Gestapo wieder verhaftet; schließlich fand er sich im Prinz-Albrecht-Gefängnis in Berlin, zusammen mit einer Anzahl von Leuten, die in den Anschlag vom 20. Juli verstrickt waren. Davon erzählte er mir, indem er hinzufügte:

„Vor 1914 diente ich in der kaiserlich preußischen Armee. Nach allem, was meinem Land widerfuhr, dachte ich, keinem Deutschen jemals wieder die Hand reichen zu können. Im Berliner Gefängnis aber lernte ich eine Gruppe von Menschen aus allen Schichten kennen, die geistig und moralisch auf so hoher Ebene standen, wie ich sie selbst zu meiner Zeit als preußischer Gardeoffizier selten erlebt habe. Nur wenige von ihnen überlebten, aber sie haben mich mit Deutschland versöhnt."

Bis dahin war es Missie gelungen, dem suchenden Auge der Gestapo zu entkommen. Das konnte sich unversehens ändern, weshalb es für sie lebenswichtig war, Berlin zu verlassen. Dank einem ärztlichen Attest erhielt sie die offizielle Genehmigung für die Ausreise und fuhr nach Krummhübel, um ihre Papiere abzuholen. Blankenhorn, einer der Freunde Trotts, verabredete sich mit ihr auf einer Bank in einem öffentlichen Park, denn sie hatten sich seit dem Attentat nicht mehr gesehen. Eine Zeitlang saßen die beiden Rücken an Rücken und lasen Zeitung, erst dann wagten sie, einander alles Neue zu erzählen.

Wir meinten, daß Missie in einer großen Stadt wie Wien leichter der Aufmerksamkeit der Partei entgehen könnte. Dazu hoffte man damals, Österreich würde nach dem Krieg bevorzugt behandelt werden, obwohl, wenn man bedachte, daß Hitler schließlich Österreicher war, diese Hoffnung eine ungerechtfertigte Anmaßung sein mochte. Außer Zweifel stand, daß Missie niemals in Königswart bleiben durfte. Welche Gefahr die anrückende Sowjetarmee auch immer bringen würde, Sanitätsdienst in Wien schien für den Augenblick die beste Lösung zu sein. Außerdem konnte man annehmen, daß die Spitäler bei einer Evakuierung bevorzugt wurden.

Sita Wrede, an deren Parties wir zu Anfang des Krieges oft teilgenommen hatten, arbeitete dort als Schwester in einem großen Militärlazarett; sie versuchte, Missie beim Pflegepersonal unterzubringen. Aber ihr Name stand anscheinend doch auf einer Gestapoliste. Im Augenblick nämlich, als er erwähnt wurde, kam der Befehl, sie habe sich sofort als Ambulanzschwester an die Ostfront zu begeben. Die Front aber war am Zusammenbrechen, es gab nicht einmal eine genaue Anweisung, wohin sie gehen sollte, und der Befehl war so abgefaßt, als sei sie zu einem Strafbataillon beordert.

Außer sich rannte Sita zum Chefarzt, zog ein Foto von Missie hervor und fragte ihn:

„Was halten Sie von diesem Mädchen?"

„Entzückend!" meinte der Doktor anerkennend.

„Sie ist ebenso charmant wie schön! Und die soll in die Hände der Sowjets fallen! Herr Doktor, Sie müssen etwas unternehmen."

„Aber wir haben nicht eine einzige freie Stelle hier."

„Sie schreibt perfekt Schreibmaschine, setzen Sie sie ins Empfangsbüro, dann wird sich schon etwas finden."

Anscheinend besaß er Humor, denn er nahm eine Feder und kritzelte über den Befehl: „Zur Arbeit hier bis auf weiteres unabkömmlich."

Jubelnd verkündete Sita, daß ihr Eingreifen Missies Leben gerettet habe, und sie mochte vielleicht damit im Recht sein. Die Stelle war kein Honiglecken, denn während der nächsten Monate verschlimmerten sich die Luftangriffe auf Wien in dramatischer Weise.

Noch gelang es uns, Missie einmal zu besuchen, um zu erfahren, wie es ihr ging. Erst teilte sie eine Wohnung mit einer Freundin, Antoinette Croy, deren Mann in Jugoslawien kämpfte. Als die Angriffe ärger wurden, floh Antoinette aufs Land und Missie zog ins Hotel Bristol. Recht und schlecht ging das Leben weiter, man traf sich mit Freunden zum Essen oder saß zusammen im Keller. Kameradschaft und Solidarität ließen alles leichter ertragen.

Am 3. März 1945 brannte die Oper aus, der Jockeyclub mitten

in der Stadt wurde zerstört. Ungefähr dreihundert Menschen kamen in seinem Luftschutzbunker um. Er galt als absolut sicher gegen jeden Angriff und war deswegen überfüllt. Als man sich in den nächsten Tagen zu den Opfern hinuntergrub, wurde der Gestank so überwältigend, daß die Leute einen weiten Umweg um den Trümmerhaufen machten.

Die Anhänglichkeit der Wiener für ihre Stadt ist derart persönlich, daß sie über die Luftangriffe so beleidigt waren, als ob jemand ungebeten in ihr Schlafzimmer eingedrungen wäre.

Bei Missies Lazarett befand sich ein Luftschutzkeller in einem nahen Tunnel, in das sich der größte Teil des Personals und die nicht gehbehinderten Patienten flüchteten. Ein glücklicher Zufall ergab, daß Missie in der Nacht, in der der Tunnel einen direkten Treffer bekam, im Hauptgebäude geblieben war. Die Verwundeten, die unter der Erde Schutz gesucht hatten, wurden getötet oder auf Tragen in einem schrecklichen Zustand zurückgebracht. Im Stadtzentrum begegnete man Lastwagen voll Säcken mit Leichen aus zerbombten Kellern.

In der Zwischenzeit rückte die Rote Armee jeden Tag näher an die Stadt heran. Gerüchte über Mord, Plünderungen und Vergewaltigungen in Budapest wurden von den Flüchtlingen bestätigt, die über die Grenze in die Rattenfalle, zu der Wien geworden war, strömten. Immer noch kam kein Befehl zur Evakuierung. Wir waren alle halb wahnsinnig vor Sorge um Missie, besonders als die Telefonverbindungen ausfielen, als ob Drähte und Kabel von allen Seiten mit einer riesigen Schere abgezwickt würden.

Das Ende rückte unerbittlich heran.

3

Von Königswart aus konnten wir das ferne Gebell der Flakgeschütze von Nürnberg hören und den darauffolgenden dumpfen Einschlag der Bomben. Ein Leuchten wie von Elmsfeuer flackerte am abendlichen Himmel auf.

Paul wurde unversehens zu dem berühmten Reiterregiment 17 in Bamberg versetzt. Es war das Regiment, dem Stauffenberg angehört hatte, ein Sammelbecken des Widerstands gegen die Nazis. Das klang ermunternd für uns, obwohl dort nach der Hinrichtung von Stauffenberg und so vieler seiner Kameraden eine gedämpfte Stimmung herrschen mußte.

Der Ritterkreuzträger Freiherr Erne von Cramm war der neuernannte Kommandeur des Regiments. (Als er in Rußland eingekesselt war, wurde ihm per Telefon der Rückzug verboten. Er antwortete kurz, daß er Befehle nur an Ort und Stelle entgegennehme. Nach hartem Kampf gelang es ihm, sich mit der Mehrzahl seiner Leute durchzuschlagen. Zwischen den Alternativen Kriegsgericht oder Belohnung entschied man sich für das Ritterkreuz.)

Die Freiherren von Cramm sind patriotische Hannoveraner, Preußenhasser und Monarchisten. Acht Brüder wurden in einem imposanten Schloß von einer Schar von Hauslehrern erzogen, wobei Tennis und Reiten einen Bestandteil des Lehrplanes ausmachten. Fern von jeder fremden Beeinflussung wuchsen sie heran und stellten ungefähr alles dar, was die Nazis verabscheuten. Erne erkannte nur seine eigenen Grundsätze an und behandelte Bestimmungen, die auch nur entfernt seine Maximen bedrohten, mit großzügiger Verachtung. Der aggressive Ausdruck seines vorstoßenden Kinns wurde aber durch gütige, abwägende, zutrauliche Augen im Gleichgewicht gehalten. Er legte größten Wert auf ein untadeliges Äußeres, was besonders oft bei denen der Fall zu sein scheint, die im Schmutz gesteckt und Entbehrungen überstanden haben.

Sein Bruder Gottfried, das Tennis-As, war öfters als Bote der Verschwörer in neutralen Ländern unterwegs. Erne seinerseits hatte sich für einen Anschlag auf Hitler zur Verfügung gestellt, worauf Stauffenberg ihm erwiderte, hundertfünfzig Personen, zum größten Teil Kavallerieoffziere, hätten sich bereits freiwillig für diese Aufgabe gemeldet. Wie viele andere kam auch Erne dem Führer nie nahe genug, um ein solches Vorhaben überhaupt durchführen zu können.

Von Verwundungen genesen, waren er, sein ganzer Stab sowie die Mehrzahl der Mannschaft kampfunfähig, genauso wie Paul. Da Paul sowieso nicht nach Hause durfte, schien diese Versetzung trotz der desolaten Umstände noch verhältnismäßig angenehm zu sein. Der Dienst bestand darin, Rekruten für die Front auszubilden, was allen völlig unrealistisch vorkam, da der Krieg unweigerlich seinem Ende entgegenging.

Paul fuhr los, und ich sollte ihm bald folgen. Zum erstenmal machte ich mich ohne Bedenken auf den Weg. Der Winter 1944 kündigte sich an, frühe Nebel verfingen sich wie Rauchschwaden in den flachen Tälern, als der Pferdewagen mich nach Eger brachte.

Der Zug traf mit beträchtlicher Verspätung ein, aber ich fand noch einen Platz weit an seinem Ende. Ein hübsches junges Mädchen, in Loden gekleidet, schob sich langsam durch den vollgepackten Gang in meine Nähe, in einer Art Suche nach Solidarität. Sie schien, nicht anders als ich selber, die Anpöbelung der Mitreisenden zu erwarten. Tatsächlich konnten die Leute es kaum mehr ertragen, wenn jemand so aussah, als ginge es ihm noch halbwegs gut. Man fühlte sich nur dann vor unangenehmen Bemerkungen geschützt, wenn sich ein Uniformierter in der Nähe befand. Die endlose, aufreibende Zermürbung schien an dieser giftigen Gereiztheit schuld zu sein, denn echtes Leid und wirkliche Gefahr macht gütig und selbstlos.

In Nürnberg heulten die Sirenen los. Die Reisenden stürzten aus dem Zug, um in den nächsten Luftschutzkeller zu laufen, der sich unglücklicherweise unter dem Bahnhof befand. Er war schon voll Menschen, es gab keine Sitzmöglichkeit; so standen die Leute dicht aneinandergepreßt, während ein Krachen nach dem anderen über unseren Häuptern ertönte. Staubwolken stiegen zur Decke auf, wenn eine Bombe in der Nähe einschlug. Die Kinder weinten, aber die Erwachsenen waren meistens wie versteinert und zuckten nur leicht zusammen, wenn die Einschläge im unmittelbaren Umkreis erfolgten.

Nach einer langen Pause kam das eintönige Signal der Entwarnung. Die Menge ergoß sich wieder auf die Bahnsteige und brauste wie eine Flutwelle dem hereinfahrenden, bereits vollgestopften Zug entgegen. Die Leute stürmten die Wagen, indem sie übereinanderkletterten und durch die Fenster stiegen. Ein junger Offizier auf Krücken, begleitet von seinem Burschen, wurde fast unter den Zug gedrückt.

Ich hielt Ausschau nach Paul, der mich in Nürnberg abholen wollte, weshalb ich zunächst gar nicht versuchte, mich durchzukämpfen. Er war aber nirgends zu sehen. So gab ich die Suche auf, in der Hoffnung, den nächsten Zug zu erwischen und allein nach Bamberg zu kommen. Da heulten die Sirenen abermals, und wieder mußten wir in den Luftschutzkeller. Es wurde immer schlimmer, als neue Wellen von angreifenden Flugzeugen heranflogen.

Dieser Teufelstanz dauerte die ganze Nacht: hinauf in den immer mehr zusammengeschlagenen Bahnhof, hinunter in den Keller. Von Paul nicht die geringste Spur.

Um fünf Uhr früh gelang es mir, zu dem Büro des Bahnhofsvorstandes durchzudringen. Seine rote Mütze war verstaubt, sein Gesicht grau, aber er war immer noch höflich und dienstbeflissen.

„Gibt es irgendwo einen Waggon, der eventuell nach Bamberg fahren wird?" fragte ich ihn.

Er beauftragte einen Beamten, mich zu begleiten. Wir stiegen über Schutt und Schotter, über Bahnsteige, die von Menschen wimmelten. Auf einem fernen Gleis stand ein intakter Waggon. Der Beamte sperrte die Tür auf.

„Sie müssen aber drin bleiben, wenn wieder ein Angriff kommt", warnte er.

Mir war alles egal. Im eiskalten Abteil, zusammengerollt in einer Ecke der harten Bank, schlief ich sofort ein und merkte kaum, wie einige andere Reisende, meinem Beispiel folgend, in den einsamen Waggon hineinkrochen.

Einige Stunden später setzten wir uns mit einem Ruck in Bewegung, man fuhr uns auf ein Hauptgleis und koppelte uns mit einem zusätzlichen Stoß an einen Zug. Es war ein fabelhaftes Gefühl: wir waren wirklich unterwegs nach Bamberg!

Ich ließ meinen Koffer auf dem Bahnhof und ging zu Fuß zum Hotel. Paul war soeben dort angekommen, nachdem er die ganze Nacht auf dem Bahnhof von Nürnberg vergeblich nach mir gefahndet und dieselben Luftangriffe mitgemacht hatte wie ich. Am Ende hatte er die Suche aufgegeben, in der Hoffnung, ich würde meinen Weg nach Bamberg auch allein finden. Er mußte sofort zum Dienst antreten. Wir hatten kaum Zeit, zu baden und einen Augenblick auszuruhen.

Ich verschlief den ganzen Tag; am Abend fanden wir uns mit Erne und seinem Adjutanten, einem Herrn von Braun, zusammen. Ein unwirkliches Leben fing damit an. Die Atmosphäre in Bamberg war ungemein bedrückend. Jeder Mensch, dem wir begegneten, war entweder verwandt oder befreundet mit der Stauffenberg-Gruppe. Seit dem Mißlingen des Anschlags schwärte ihr Haß auf die Nazis, genährt durch ohnmächtige Wut über die erlittene Niederlage, wie eine eiternde Wunde. Tag für Tag lieferte eine Denunziation oder ein Hinweis neue Opfer in die Klauen der Gestapo.

Ein „NSFO" (Nationalsozialistischer Führungsoffizier) wurde dem Regimentsstab zugeteilt, um Erne und seine höchst verdächtigen Bamberger Reiter zu bespitzeln. Er war das Gegenstück zum sowjetischen Kommissar und erhielt von der Mannschaft sofort den Spitznamen „Politruk". Der Umgang mit Pferden war ihm fremd. Der Verlockung, ihn deswegen aufzuziehen und bloßzustellen, konnte Erne nicht widerstehen, wobei ihm zustatten kam, daß Reiten immerhin ein wichtiger Bestandteil des Exerzierens in einem Kavallerieregiment blieb.

Der Kommandeur war in der Folgezeit oft auf dem Reitplatz zu erblicken, wo er scharfe Befehle herausdonnerte und gleichzeitig mit Mühe ein Grinsen verbarg, wenn der verhaßte „NSFO" über ein Hindernis nach dem anderen fiel. Erne spielte dabei wie unbeteiligt mit seiner Reitpeitsche und blieb ebenso unanfechtbar korrekt wie eisig beleidigend.

Der „NSFO" wartete seine Stunde ab, aber wir hofften, daß der Krieg zu Ende gehen würde, bevor er zurückschlagen konnte.

Morgens unternahm ich lange Spaziergänge durch die schöne, noch unberührte Stadt und ihre Umgebung. Kleine Kapellen, mit Barockstatuen geschmückt, standen an den Wegkreuzungen, aber der berühmte Bamberger Reiter im Dom war in Säcke gehüllt und nicht zu sehen.

Abends trafen wir uns alle wieder in unserem Hotel und fuhren dann hinaus in einem uralten Pferdewagen, der Erne zur Verfügung stand, um in einem Gasthaus bescheiden zu essen. Die Nachrichten waren erschreckend, und die Sorge um viele Freunde erfüllte unsere Gedanken und alle unsere Gespräche.

Zu dieser Zeit erhielt ich von Melanie Bismarck, Gottfrieds Frau, eine Botschaft, die aus dem Gefängnis herausgeschmuggelt worden war, denn Frauen und oft auch die Kinder der Verdächtigen befanden sich ebenfalls in Gewahrsam. Sippenhaft nannte man das. Sie bat mich, durch Obergruppenführer M. über Gottfried, der sich in Flossenburg, Konzentrationslager Nr. . . . , Baracke Nr. . . . usw. befand, Erkundigungen einzuziehen.

Da die Familie Hoyos bis dahin eine bewundernswerte Gelassenheit an den Tag gelegt und jede ihrer Handlungen wohl durchdacht hatte, nahm ich an, daß Obergruppenführer M. erfahren sollte, wo Gottfried sich befand. In Nürnberg war M. nicht zu erreichen, aber es wurde mir gesagt, daß man ihn von meinem Anruf unterrichten würde.

Zwei Tage später gegen Abend, als wir uns zur Ruhe gelegt hatten, läutete das Telefon; mit besorgter Stimme sagte der Hotelportier: „Ich warne Sie. Es kommt jemand zu Ihnen hinauf. Er war nicht aufzuhalten."

Das klang ominös, aber bevor wir auch nur darüber nachdenken konnten, klopfte es schon an der Zimmertür.

„Aufmachen! Geheime Staatspolizei."

Paul und ich zogen uns eiligst an, und schon stand er im Zimmer: ein dicklicher Mann mittleren Alters, mit kleinen forschenden Augen und einem unnachahmlichen, topfähnlichen Hut auf dem Kopf. (Alle geheimen Staatspolizisten, ob Nazis oder Kommunisten, sind sofort an ihrer auffallend scheußlichen Kopfbedeckung zu erkennen.)

Als könnten wir noch an seinem Beruf zweifeln, wendete er den Rockaufschlag, um uns sein Abzeichen zu zeigen. Er schien allein gekommen zu sein.

„Sie haben Obergruppenführer M. angerufen?" (Es klang mehr wie eine Bestätigung als eine Frage.)

„Jawohl, ich handelte im Auftrag meiner Freundin Gräfin Melanie Bismarck."

„Weiß Ihr Mann davon?"

„Ja. Aber er hat damit nichts zu tun", versetzte ich schnell, aus Angst, Paul könnte mir ins Wort fallen.

„Ich bin von Obergruppenführer M., der sich im Führerhauptquartier befindet, beauftragt, zu fragen, ob es sich um etwas Dringendes handelt. In diesem Fall würde er zurückkommen."

„Was verstehen Sie unter ‚dringend'?" fragte ich ihn.

„Falls Sie ihn dringend brauchen", wiederholte er. Ich atmete erleichtert auf. Also war Obergruppenführer M. freundlich gesinnt, wie wir es gehofft hatten. Ich sagte dem Mann, daß die Anfrage mit uns unmittelbar nichts zu tun habe, und gab sie an ihn weiter, genau wie ich sie erhalten hatte. Er versprach, mit der Antwort wiederzukommen, was er auch kurz nachher tat. Die Antwort lautete, daß es Gottfried „gut" gehe und daß man ihm Pakete schicken könne. Diesen Bescheid gab ich an seine Frau weiter.

Trotz vieler Monate in Konzentrationslagern, wo er auch Übles zu erdulden hatte, überlebte Gottfried wie durch ein Wunder. Er kehrte nach dem Krieg zu seiner Familie zurück. Paul und ich trafen ihn mit Melanie nur noch einmal wieder. Ich wollte ihn so gern fragen, wer M. wirklich gewesen war, aber niemand hatte Lust, über diese schreckliche Zeit noch viel zu reden.*

Es war schwer festzustellen, was die Hoteldirektion über derartige Besuche dachte, aber es waren ja schon so viele hier verhaftet worden. Vielleicht sympathisierten sie mit uns? Auf jeden Fall blieben sie genauso freundlich wie zuvor, auch als das Unwetter, das sich über Ernes Kopf zusammenzog, niederging. Das geschah für uns alle allerdings etwas zu früh.

Die Nazis führten eine Reihe von neuen Festtagen ein, vor allem um dadurch die christlichen Feiertage zu ersetzen. Sie klangen nach Walhalla und fanden beim Volk wenig Widerhall, besonders in katholischen Provinzen und Städten wie Bamberg.

Als Kommandeur des Heimatregiments mußte Erne eine Ansprache über die „Sonnwendfeier", die Weihnachten ersetzen sollte, halten. Unter viel Gelächter komponierte er, von Braun und Paul unterstützt, eine gepfefferte Rede.

Als der große Tag anbrach, versammelten sich alle lokalen Bonzen auf den Tribünen, das Regiment trat vollständig an, umgeben von Stadtbewohnern und anderen Zuschauern. Erne stand in einem Halbkreis wehender Fahnen und erhob seine rauhe Stimme, die weiter trug als irgendein Lautsprecher.

„ . . . als Frontkämpfer habe ich den Krieg in vorderster Linie

* Melanie, in ihrer großzügigen Art, kümmerte sich nach dem Krieg um verhaftete SS-Offiziere. Sie meinte, daß niemand sich um diese Leute annehmen würde und daß es höchste Zeit sei, mit jeder Art von Repressalien und Racheakten Schluß zu machen, durch die wir nur allzuviel gelitten hatten.

Einige Jahre später befanden sich Gottfried und sie von Hamburg unterwegs nach Süden. Kurz bevor sie bei uns eintreffen sollten, verunglückten sie tödlich mit ihrem Wagen.

erlebt." Er spielte dabei wie zufällig mit seinem Ritterkreuz, und ein Auge auf seine aufgestellten Leute werfend, fügte er hinzu: „Ich sehe hier eine ansehnliche Zahl von Frontorden ..." (Ein Hieb auf die anwesenden Nazis, die den Krieg in ihren Büros verbrachten.) ... „Wir haben uns hier versammelt, um die Sonnwendfeier zu begehen, aber ich muß zugeben, daß weder ich noch irgendein Frontkämpfer in diesen Reihen je von diesem Fest gehört hat. An der Front kennt der Soldat nur das schöne, christliche Weihnachtsfest, ewiges Symbol des Friedens und der Hoffnung für alle Christen und Inspiration und Trost für den Soldaten ..."

Unter den anwesenden Nazifunktionären entstand eisiges Schweigen. Wenn sie noch so langsam dachten, war es den Parteibonzen auch ohne den donnernden Applaus der militärischen und zivilen Zuhörer klar, daß hier nicht alles nach ihrem Wunsch verlief.

Die Staatswalze brauchte Zeit, um in Aktion zu treten, weshalb wir schon dachten, daß diese Rede unter dem Druck weltwichtiger Ereignisse unbemerkt bleiben oder vergessen werden würde.

Unterdessen wurde vom Regimentsstab verlangt, einen Delegierten zu einem dreitägigen politischen Indoktrinationskurs auf eine Nazi-Ordensburg zu entsenden. Meistens fanden solche Kurse in mittelalterlichen Burgen statt, was der „wotanesken" Denkweise der Partei entsprach.

Erne sagte zu Paul: „Als Kommandeur kann ich selbst die Einladung ablehnen. Braun ist schon dabeigewesen; also bist du dran."

So geschah es. Die Auserwählten saßen in Reihen in einem Klassenzimmer, und Paul nützte die Gelegenheit, einmal „Mein Kampf" gründlich durchzulesen. „Besser, sich zu merken, was Hitler geschrieben hat, als diesen Idioten bei der Wiederholung zuzuhören", meinte er.

Inzwischen trug der Lehrer vor, wer die schlimmsten Feinde Deutschlands seien, nämlich der Bischof Graf Galen, dessen zündende Hirtenbriefe von Hand zu Hand durch das ganze Land gingen, der österreichische Kanzler Metternich, der die verhaßte traditionelle Regierungsform unter der habsburgischen Herrschaft repräsentierte, und letztlich natürlich die Juden, deren Verfolgung die Unterdrückung jeder schutzlosen Minorität rechtfertigte.

Mit dem Buch auf seinem Tisch, aufgeschlagen bei der Bemerkung, daß Krieg an zwei Fronten zu vermeiden sei, markierte Paul den alliierten Vorstoß mit dicker roter Tinte auf einer Landkarte.

„Ihr Name!" brüllte der gereizte Lehrer.

„Metternich.“ (Am liebsten hätte Paul hinzugefügt: halb Galen und halb Jude.)

Wir hatten gerade noch Zeit, unser Weihnachtsessen 1944 in Königswart mit meinen Eltern und Erne in der Küche einzunehmen. Der Tisch wurde dort hinter einem roten, samtenen Wandschirm aufgestellt, weil das Speisezimmer nicht mehr zu heizen war. Es war eine Notmaßnahme, die zu gemischten Gefühlen Anlaß gab, aber nichts vermochte die Freude an diesem Abend zu dämpfen.

Paul und Erne kehrten ohne mich nach Bamberg zurück, denn ich mußte schnell für eine ärztliche Behandlung nach Prag, wo allein noch Dentisten und Ärzte praktizierten. Es sollte nur eine kurze Trennung sein, denn die Reise nach Prag dauerte normalerweise vier Stunden.

Als ich auf dem Sofa im Krankenhaus lag und die Visite abwartete, heulte gleichzeitig die Sirene los und die Bombe schlug ein; Fenster und Tür flogen aus dem Rahmen und trafen sich in der Mitte meines Zimmers, um dann um mich herum zu zerfallen. Ich stürzte, Schuhe und Tasche in der Hand, auf den Gang, der voll mit Schutt und Glassplittern war. Die Krankenschwestern trugen frisch operierte Patienten aus den Zimmern. Ich unterdrückte mit Mühe das Gefühl, daß meine Füße allein weiterlaufen wollten, und half, die Leute in den Keller zu tragen. Der Luftschutzraum füllte sich zusehends mit Bandagierten und Kranken: das Spital hatte einen direkten Treffer abgekriegt. Es war alles genauso schnell vorbei, wie es gekommen war; ich glaube, trotz öfteren Alarms war es das einzige Mal, daß Prag bombardiert wurde.

Meine drei Nächte im Hotel Alcron verbrachte ich im Keller, und jedesmal hockte ich auf einer Kiste neben dem bekannten Wiener Schauspieler Neugebauer. Er erzählte mir die schönsten Geschichten über seine zwar abenteuerliche, aber fröhliche Rückkehr aus der Gefangenschaft in Rußland nach dem Ersten Weltkrieg, wo er sich als Kinderschwester, Koch und wer weiß was noch alles auf seinem Weg durch Sibirien durchgeschlagen hatte. Zur Zeit spielte er einen Polizeiinspektor in einem Kriminalstück und hielt es psychologisch für richtig, dem verdächtigen Mörder in väterlich-verständnisvoller Weise entgegenzutreten. Eines Tages stellte sich ein hoher Gestapobeamter bei ihm ein, der ihm zu seiner inneren Entrüstung anerkennend sagte:

„Das war eine gute Masche, dem Mann auf diese Weise etwas herauszulocken. Ich gedenke sie selber anzuwenden.“

„Können Sie sich das vorstellen“, sagte Neugebauer bitter. „Alles paßt ihnen in den Kram. Ich werde diese Rolle nie wieder spielen!“

4

Bei meiner Rückkehr nach Königswart kam ein Telefonanruf von Paul durch. Der ganze Stab war in Bamberg nach einer Art Kriegsgericht auseinandergerissen worden. Er befand sich mit von Braun auf dem Wege nach Ludwigslust in Mecklenburg, während Erne nach Jugoslawien versetzt war.

Gerade als sie Bamberg verließen, fand ein verheerender Luftangriff statt. Paul kroch unter einen Marmortisch am Bahnhofsplatz, und als er wieder aufsah, schienen der Bahnhof verschwunden und die Häuser ringsherum wie weggeblasen, während ein Munitionszug, der auf einem Nebengleis abgestellt war, unentwegt wie ein mörderisches Feuerwerk explodierte.

Wieder auf den Füßen, jagten Paul und die übriggebliebenen Soldaten hinüber zu den Trümmern, um die Menschen aus ihren Häusern auszugraben. Paul schwang sich eine kleine, besinnungslose Gestalt über seine Schulter; er war noch nicht vom Schutt heruntergestiegen, als kindliche Fäuste auf seinen Rücken trommelten und ein Stimmchen sich hören ließ: „Herr Leutnant, Herr Leutnant, waren das große Bomber?"

„Die allergrößten", antwortete er, indem er den kleinen Kerl auf seine Füße stellte und ihm den Staub abklopfte.

„Da liegt noch mein Bruder." Tatsächlich, eingeklemmt zwischen zwei Steinbrocken wie in einem Sarg lag ein zweites Kind. Sie holten es schnell heraus, und Hand in Hand liefen die beiden ihre Mutter suchen, die in die Stadt einkaufen gegangen war.

Aber nun mußte Paul versuchen, sich nach Ludwigslust durchzuschlagen – ein gefährliches Vorhaben, denn der Ort lag weit im Norden. Das Kriegsende war bereits abzusehen, da die Russen so viel schneller vorankamen als die unbegreiflich langsamen Alliierten im Westen. Sollte Paul in sowjetische Gefangenschaft geraten, wäre es, um ihm helfen zu können, wichtig zu wissen, welcher Armeeverband ihn in Gewahrsam hielt.

Ich beschloß, ihm nachzufahren. Um sich von mir zu verabschieden, kamen die Eltern in den Schloßhof, wo der Pferdewagen schon wartete. Für sie war es schwierig und nervenaufreibend, untätig im Hintergrund bleiben zu müssen, während wir in Gefahren hineingerieten, wo immer wir uns befanden.

Papas Hände zitterten, als er mir sein kleines Schutzengel-Ikon umhängte, das er stets bei sich trug, aber beide, er und Mama, verbargen wie immer ihre tiefsten Gefühle. Im Frühjahr 1945 raste die Zeit mit tödlicher Geschwindigkeit dahin, und es schien zweifelhaft, ob Paul oder ich je wieder nach Königswart zurückfinden würden.

Tausendfünfhunderteinundsiebzig Minuten verspätet, langsam im Nebel feste Umrisse annehmend, rumpelte und puffte der Zug von Nürnberg nach Berlin in den Bahnhof von Eger ein.

„Achtung! Achtung! Vom Bahnsteig zurücktreten!" Ein kochendes Menschengewoge, meistens Kinder und Frauen, stürzte sich dem Zug entgegen, um einen Platz zu erkämpfen. Eingemummt in die letzten warmen Kleidungsstücke, die sie noch besaßen, umhüllt von Dampfschwaden, waren sie im Laufen behindert von Kartons oder verbeulten Koffern, die oft nur mit Bindfaden verschnürt waren. Ungekämmt, schmutzig, verzweifelt, zankten sie ruppig miteinander. Dies war das sechste Kriegsjahr, das sie durchlebten. Keiner unter ihnen, der nicht einen Bruder, einen Mann oder Bräutigam verloren hatte, oft ein Kind und fast immer alles, was sie besessen hatten. Nur die armseligen Bündel, die sie herumschleppten, waren ihnen geblieben.

Es war der dritte, der vierte oder vielleicht sechste Zug, den sie zu erwischen versuchten, irgendeinen Zug, der nach Norden fahren würde. Es gab zwingende Gründe für die Reise: ein Kind aus einer zerbombten Stadt wegzubringen; einen Angehörigen zu treffen, der von der Front auf Urlaub kam; etwas Wichtiges zu holen oder von seinem Besitz noch etwas zu retten vor dem allerletzten Schlag. Manche versuchten, wieder zu ihrer Heimatstätte zurückzufinden in dem Gefühl, „ich will zu Hause sein, dort bin ich geborgen", als ob ihre eigenen Wände ihnen mehr Schutz bieten könnten.

Viele begleitete Tag und Nacht die nagende Qual, daß seit Wochen und Monaten keine Nachricht von der Front eintraf. War man zu Hause, würde der heimkehrende Soldat wenigstens wissen, wo seine Leute zu finden seien. Wenige hatten noch Raum für andere Regungen als für den kämpferischen Instinkt der Selbsterhaltung. Und nun kam endlich der langersehnte Zug in aufwallendem Dampf zum Stehen. Ein lauter Pfiff:

„Zurücktreten – zuuurück!"

Ein tiefer Seufzer, dann ging ein Raunen über die Menschen auf dem Bahnsteig, aber alles war überfüllt wie immer, und da drängten noch Hunderte, die mitwollten.

„Hier, nimm ihren Koffer. Kommen Sie mit uns, wir werden das gleich haben. Nicht in die Passagierabteile, nach hinten in die Viehwaggons."

Ich wurde mitgeschoben von einer schubsenden, drängenden Gruppe von sehr jungen Burschen, die unkenntliche, nicht zusammenpassende Uniformen trugen. Klare, zackige Befehle kamen von einem kaum älteren Unteroffizier: „Fünf vorne, fünf hinten, nehmt sie in die Mitte!"

Im Nu zogen sie mich hoch. Wir waren drin, und schon setzte sich der Zug in Bewegung. Allmählich fanden wir uns zurecht.

Ich saß auf meinem hochkant gestellten kleinen Koffer, gegen die Seite des Waggons gelehnt. Meine Begleiter streckten sich mit ihrem Gepäck im Stroh aus.

„Der Viehwagen ist sicherer gegen Luftangriffe. Er ist aus Stahl, keine Fenster, nur eine Schiebetür", erklärte der Chef.

„Also gut gegen Bomben?"

„Nein, gegen Maschinengewehre. Für die alliierten Flieger ist das Beschießen der Züge ein Sport."

„Wo fahrt ihr hin?" fragte ich.

Der Unteroffizier erklärte mir, seine Abteilung bestehe aus Jungen, die für irgendein Vergehen, gewöhnlich unerlaubtes Entfernen von der Truppe, strafversetzt worden waren, und nun würde man sie an der vordersten Front einsetzen.

„Mein Befehl lautet: Bring diese Burschen nach Berlin, drücke ihnen eine Panzerfaust in die Hand und wirf sie gegen die Russen, die auf Berlin marschieren. Die Jungens haben den Feind noch nie gesehen. Sie besitzen nicht die geringste Ausbildung. Kindermord, reiner Kindermord ist das!"

Diese offenen Worte machten uns sofort zu Freunden.

Stunden später plötzliches Kreischen der Bremsen, jeder fiel über den anderen. Wir öffneten die Schiebetür und sahen Felder um uns. Schon ertönte das Geheul von Sirenen, das Geratter der Geschütze und das dumpfe Einschlagen von Bomben in nächster Nähe. Einige Mitreisende stiegen aus, aber die meisten blieben sitzen aus Angst, ihre Plätze zu verlieren; sie waren zu müde, um noch einmal den Kampf darum zu beginnen.

Dann rollten wir langsam in Richtung der Stadt Hof weiter.

„Alles aussteigen", hieß es. Der Bahnhof war in Kniehöhe wie abrasiert und rauchte in der grauschwelenden Art, wie Gebäude und Gegenstände im schwindenden Tageslicht zu brennen pflegen.

Nach einer kurzen Rücksprache mit dem staubbedeckten Bahnhofsvorstand, der noch seine rote Kappe trug, nahm mein neuer Freund die Sache in die Hand.

„Alles raus! Du trägst ihren Koffer. Kehrt – marsch!" Ich trottete hinter ihnen her in Richtung eines stark angeschlagenen Gasthofs. Ein Flügel davon stand noch. Die Jungen halfen aufkehren, besorgten Wasser und eine flache Emailschüssel. Sie wuschen und rasierten sich – obwohl es noch nicht viel zu rasieren gab –, schoben dann ein paar Tische zusammen und holten Essen aus ihren Brotbeuteln hervor. Die Fotos ihrer Freundinnen wurden vor den Blechtellern aufgestellt. Ich trug mit Schinken und kostbarem Schweineschmalz zur Mahlzeit bei. Niemand sprach, man vernahm nur das Geräusch des Kauens. Dann wurden vier Stühle hinter dem Tisch zusammengestellt, auf die ich mich legen konnte. Die übrigen streckten sich auf dem Fußboden aus.

Wecker wurden gestellt, und kurz darauf ertönte lautes Schnarchen.

In jenen Tagen hatten alle gelernt, sofort einzuschlafen, in jeder Stellung und zu jeder Zeit.

Blechernes Weckergerassel erklang. Wir standen auf, einem grauen Morgen entgegen.

Die Schienen waren über Nacht repariert worden; wir kletterten wieder in unseren Viehwaggon und ratterten weiter, drei Tage und drei Nächte, über eine Strecke, die der Zug normalerweise in sechs oder acht Stunden zurückgelegt hätte. Endlich, endlich erreichten wir Berlin, den Anhalter Bahnhof.

Wie hatte sich die Stadt verändert! Als ich Berlin das letztemal sah, waren bereits ganze Viertel zerstört worden. Aber jetzt stand überhaupt nichts mehr. Statt Häusern Leere, Luft und Licht. Die Riesenfläche schien geschrumpft zu sein. Viele Quadratkilometer noch stehender Häuserskelette waren nun aus Sicherheitsgründen gesprengt worden, und die früheren Straßen wanden sich durch Berge von Schutt und Asche. Eine Mondlandschaft nannten es die Leute. Aber es blieb keine Zeit, über das Schicksal von Häusern und Städten nachzudenken: alle Sorge galt den Menschen.

Wir verließen den Zug und tauchten in die wartende Menge. Wohin zogen nun meine Reisegefährten von hier? Wir trennten uns in großer Herzlichkeit in dem Bewußtsein, daß wir uns nie wiedersehen würden. Um uns herum fand ein allgemeines Abschiednehmen statt, als die Menschen von einer trostlosen, zertrümmerten Stadt zur nächsten reisten.

Wellen der Entmutigung liefen über mich hinweg, als ich auf dem Bahnsteig auf meinem Koffer saß und versuchte, den nächsten Schritt zu planen.

„Was machen Sie denn hier?“

Über mich gebeugt, graumeliert, das Monokel im Auge, hochelegant in seiner Stabsuniform, stand Baron Üxküll, ein Bekannter von Diplomatenempfängen in einem anderen Berlin.

„Ich weiß es selber nicht genau.“

„Kommen Sie, ich helfe Ihnen.“

Sein Fahrer – er hatte noch einen Fahrer! – griff nach meinem Handkoffer, und wir fuhren zum Hotel Adlon. Nur ein Stockwerk existierte noch, eingefaßt in einer Art Bauchbinde von Mauerwerk. Der imposante Portier im Eingang trug noch seine prächtige Uniform, wenn sie auch rußbefleckt und hier und dort zerschlissen war. Man hatte das Gefühl, er wäre durch alle Luftangriffe hindurch auf seinem Posten gestanden und würde folgerichtig erst am Ende mit der endgültigen Zerstörung des Hotels untergehen.

Präzise und sachverständig sagte Baron Üxküll: „Während Sie sich waschen und frühstücken, werde ich Ihrem Mann Ihre Ankunft in Ludwigslust telefonisch avisieren, so daß er Sie treffen kann. Dann setze ich Sie in den Zug nach Ludwigslust."

Im Waschraum tropfte ein Gerinnsel von Wasser in ein gesprungenes Becken. Die Seife war spröde, sandig und graugelb. Woraus konnte sie wohl gemacht sein? Es liefen Gerüchte um, zur Seifenherstellung würde menschliches Fett verwendet. Kaum zu glauben, aber die Nazis waren ja zu allem fähig!

Der Spiegel war angesplittert. Ich versuchte mein Haar zu kämmen, und als ich mein Gesicht erblickte, übermüdet und grau, rüttelte mich das auf, mich zusammenzureißen. Wieder zur dunklen Halle zurückgekehrt, wurde mir vom Portier schwacher Tee gebracht, von ihm selber in einem Kesselchen aufgewärmt. Es war kein echter Tee, und er war auch nicht sehr warm, aber der Mann gab sich Mühe, hilfreich zu sein, und zauberte sogar einen Zwieback hervor, der trocken auf dem Teller zerbröckelte.

Als ich in der Halle wartend saß, dachte ich daran, wie es einstmals hier ausgesehen hatte – es kam mir vor, als wäre seitdem ein Zeitalter und nicht nur eine Spanne von sechs Jahren vergangen. Schimmernd in vergoldetem Marmor, in geschmackloser Pracht, prunkte das Foyer, als Albert Eltz und ich in der Julinacht des Jahres 1939 nach dem Abendessen beim französischen Botschafter dort erschienen und die Führung der übermächtigen Partei an uns vorbeistolzierte: Hitler, Göring, Goebbels und all die anderen Bonzen. Und jene Reihen von hochgewachsenen, robotergleichen SS-Männern; wie viele von ihnen mochten schon unter dem russischen Schnee begraben liegen?

Seit jenen Tagen des Jahres 1939 war die große Halle des Adlon vom geschäftigen Treiben der selbstgefälligen Funktionäre erfüllt, die vom Machtrausch ergriffen waren, ein „tausendjähriges Reich" zu gründen. Aber trotz ihrer Gegenwart und der immer anwesenden Gestapo blieb dieser Raum ein bequemer Treffpunkt auch für Andersgesinnte, und so waren Paul und Georgio Cini nach dem Mißlingen des Anschlags vom 20. Juli vor kaum acht Monaten hier beisammengesessen. Sogar das schien Jahrzehnte zurückzuliegen. Die Halle war seitdem noch mehr demoliert: die Fenster mit Pappe oder Holz vernagelt, der Stuck abgebröckelt, durch die Ritzen rann der Staub, während der ganze Bau unerbittlich seiner Vernichtung entgegenging.

Das Hotel Bristol befand sich etwas weiter die „Linden" hinunter. Obwohl längst zerstört, waren die Trümmer erst kürzlich aufgeschichtet und beseitigt worden. Als die verkohlten Haufen durchsucht und Eisen und Holz sortiert wurden, kamen die Aufräumer ganz zufällig zu dem Safe, der in die Wand von Goerdelers Zimmer eingelassen war. Als Bürgermeister von Königsberg und dann von Leipzig (und als einer der Anführer der Verschwörung) pflegte er im Hotel Bristol zu wohnen. Die Gestapo brach das Safe auf und fand viele nur leicht versengte Papiere, darunter Listen über Listen mit Namen!

Die Zahl der wegen des 20. Juli Hingerichteten wollte kein Ende nehmen. Die zunehmende Systematisierung der Greuel übte bereits eine eigenmächtige Gewaltherrschaft aus, wie eine verrückt gewordene Maschine. Es schien ein Traum, einmal unter einer Regierung leben zu dürfen, welche die Zehn Gebote als Basis ihres Handelns anerkennen würde. Man sagte, daß Hitler die Todeskämpfe seiner Opfer filmen ließ, um sich an dem Anblick zu ergötzen. Bei der Vorführung hätten einige der anwesenden Offiziere den Mut besessen, aufzustehen und hinauszugehen.

Baron von Üxküll kam bald zurück. Er hatte alles Notwendige getan, um Pauls Regiment zu verständigen, und nun fuhren wir zum Lehrter Bahnhof, um für mich einen Zug zu ergattern, der nach Norden fuhr. Der Mythos, der von der Regierung aufrechterhalten wurde, daß nur eine Handvoll Offiziere in das Komplott gegen Hitler verwickelt gewesen seien, schien es jenen mit hohen Chargen zu ermöglichen, sich ziemlich frei und offen zu bewegen, solange sie noch nicht unter Verdacht standen.

Eine Fahrt durch leere Straßen, vorbei an Haufen von Geröll und Ruinen, die sich wie gewaltige Stalagmite erhoben, brachte uns schließlich zum Bahnhof. Das wimmelnde Durcheinander erschien ärger als sonst. Der Zug, den ich nehmen sollte, war eingelaufen, auf der einen Seite von Einschüssen aus Maschinengewehren feindlicher Tiefflieger völlig durchbohrt. Blutende, noch nicht verbundene Verwundete wurden auf Tragbahren herausgeschleppt. Ambulanzwagen mit heulenden Sirenen fuhren in rasendem Tempo einer nach dem anderen auf den Bahnhof zu. Hastende Gestalten mit verängstigten Gesichtern liefen an uns vorüber. Schon wurden Wassereimer durch die am ärgsten mit Blut durchtränkten Abteile geschüttet.

„Sie können hier unmöglich einsteigen", meinte Baron Üxküll entsetzt. Aber ich dachte: selbst die Alliierten werden es zu aufwendig finden, dieselbe Strecke ein zweitesmal in so kurzem Abstand zu beschießen. So ist dieser Zug wahrscheinlich sicherer als irgendein anderer.

Wir fanden ganz am Ende einen verhältnismäßig intakten leeren Waggon. Ich kletterte hinein, und der Zug fuhr fast sofort ab. Das erstemal während des ganzen Krieges saß ich allein in einem Abteil.

Ludwigslust. Der Bahnhof war wie ein zusammengestürztes Kartenhaus, hier und da rauchten noch die Bretterhaufen; es schien, als wäre die Katastrophe erst diese Nacht über ihn gekommen. Zwischen den Trümmern ragte eine hohe Gestalt empor. Mit seinem gelben, mit Pferdeköpfen bedruckten, seidenen Halstuch, das dem enganliegenden Kavalleristenmantel etwas Unkriegerisches verlieh, stand Paul unbekümmert da, als käme er von einem anderen Planeten. Welch ein beglückender Anblick! Alles war vergessen, für eine Weile hielten wir uns wieder für unverwundbar.

Die Offiziere waren in einem rachitisch anmutenden, trübseligen Hotel mitten in dieser zerschlagenen Kleinstadt untergebracht. Es schien so „groggy" wie ein angeschlagener Boxer, bevor er zu Boden geht, aber wie durch ein Wunder stand es immer noch, wenn auch auf wackligen Füßen. Durch die dünnen Zwischenwände konnte man alles und jedes hören, was in sämtlichen anderen Räumen zur selben Zeit vor sich ging.

Nach dem Abendessen saßen wir in dem verräucherten Hinterzimmer und spielten mit einigen Kameraden von Paul Karten.

Eine Art Sichtung der menschlichen Umgebung fand dauernd statt. Ein Wort hier, eine Bemerkung da, und man wußte sofort, wem zu trauen war und wem nicht. Ob jemand schwieg oder eine verächtliche Bemerkung zum 20. Juli machte, genügte, um zu erkennen, welchen Standort er einnahm.

Die Nachrichten über das, was wirklich geschah, kamen wie angeflogen. Die Flüchtlinge brachten sie mit, Augenzeugen berichteten, und die Meldungen sprangen wie elektrische Funken von Mensch zu Mensch. Keine Zensur konnte sie aufhalten. Wir erfuhren, daß mörderische Kämpfe um Danzig getobt hatten, wo die rückflutende Armee versuchte, die Evakuierung der Zivilbevölkerung gegen Angriffe zu schützen. Das abscheuliche Wetter vermehrte die Kette der Leiden; der Umschwung von bitterster Kälte zu Tauwetter innerhalb einer einzigen Nacht hatte zur Folge, daß Tausende von Menschen, die in behelfsmäßigen Fahrzeugen über Flüsse und Seen die baltische Küste entlang vor den Russen flohen, in die Fluten gerissen wurden und darin versanken.

Ein Dampfer, der Flüchtlinge transportierte – möglicherweise ein KdF-Schiff –, wurde kurz vor Danzig durch sowjetische Unterseeboote versenkt. Es ging mit Tausenden von Menschen, in der Mehrzahl Frauen und Kinder, unter.

Die sowjetische Armee rückte in schnellem Tempo vor; jetzt war Stettin fast eingeschlossen und erhielt daher von der Propaganda den stolzen Namen „Festung", was in keiner Weise besagte, daß die Stadt verteidigungsfähig war.

Alliierte Flieger flogen zu Hunderten über Ludwigslust im Anflug auf Berlin. Wir wurden immer wieder durch Sirenen gewarnt, aber die Luftschutzbunker waren überfüllt und obendrein unsicher.

Dann kam die erschreckende Nachricht, daß Paul plötzlich nach Stettin versetzt werden sollte, das kurz vor der Einkreisung stand. Das hieß, er würde mit Sicherheit in sowjetische Hände fallen, sollte er bei der Einnahme der besiegten Stadt überhaupt noch am Leben sein. Nach so vielen Trennungen, von denen jede ein Abschied für immer sein konnte, schien diese die schlimmste zu sein. „Ich werde ihn nie wiedersehen", diese Worte wiederholten sich wie Hammerschläge in meinem Bewußtsein.

Der kommandierende General von Stettin hieß Hörnlein, ein Nazi, wie ich zu meinem Entsetzen hörte. Ich flehte Paul an, möglichst *nicht* mit ihm gut auszukommen, damit Hörnlein nicht in die Versuchung käme, ihn in seinen Stab aufzunehmen.

Paul ging hinunter, und ich stand am Fenster und sah ihm lange nach, wie er die Straße hinabschritt.

Erschlagen, fröstelnd und hungrig versuchte ich, die Stunden wegzuschlafen. Nachts legten Pauls Kameraden kleine Päckchen mit Wurst und Brot auf die Matte vor meiner Tür. Sie wußten, daß wir keine Lebensmittel erhielten, weil wir Leute vom Lande als „Selbstversorger" eingestuft wurden; auch wenn wir uns Hunderte von Kilometern von unserer Landwirtschaft entfernten, blieb das so. Das bedeutete: keine Butter-, Eier-, Fleisch- und Brotkarten. Da blieb nicht viel für die Versorgung übrig; man konnte höchstens in Restaurants die eklige „Grütze" essen, eine Art Hühner- oder Schweinefutter, das einzige markenfreie Gericht auf der Speisekarte. Aber die Leute um mich zischten wütend, wenn ich das ungenießbare Essen stehenließ. Ich wurde hier in Ludwigslust sowieso angepöbelt, selbst ohne jegliche Schminke, ohne Nagellack oder alles sonstwie „Volksaufreizende" – ein Schlagwort von Goebbels, als ob die Aufstachelung zum Neid vom allgemeinen Elend ablenken könnte.

Verzweiflung überkam mich, jede Initiative lähmend. In den darauffolgenden Tagen brachte ich kaum die Kraft auf, mich anzuziehen, bevor ich wieder erschöpft auf das Bett zurückfiel.

Eines Tages klopfte es an meine Tür. Ich lag zusammengerollt angezogen unter der Daunendecke, um mich zu wärmen, als drei unbekannte junge Frauen eintraten. Es waren Thyra Mecklenburg, ihre Schwester und ihre Schwägerin. Irgend jemand hatte von irgendwoher telefoniert, um ihnen zu sagen, daß wir uns in Ludwigslust befanden, und ob sie nach uns schauen würden.

Sie nahmen mich sofort mit, ich sollte fortan bei ihnen in dem riesigen Mecklenburgischen Schloß am Stadtrand wohnen. Was für starke, dicke Mauern, und draußen herrliche Wälder zum Spazierengehen! Falls das Unwahrscheinliche eintreten und Paul doch zurückkehren sollte, hinterließen wir überall Nachricht über meinen Verbleib: beim Regiment, bei seinen Kameraden und im klapprigen, modrigen Hotel.

Ich entschied mich, das Ende des Krieges hier oben im Norden abzuwarten. Die Güte und liebenswürdige Gastfreundschaft meiner neuen Freunde erleichterten mir den Entschluß und milderten meine unterschwellige, nagende Sorge. Der grausige Winter löste langsam seinen eisigen Griff; wir lagen oft auf dem Dach in der Sonne, im Schutz der gewaltigen Schornsteine des Schlosses, und beobachteten die alliierten Flugzeuge, die zu ihren nunmehr täglichen Angriffen auf Berlin über uns hinflogen und den Himmel wie mit einem pockenartigen Ausschlag überzogen.

Ich machte lange Spaziergänge mit dem alten Großherzog von Mecklenburg, dessen russische Mutter, Großfürstin Anastasia Michailowna, eine Jugendfreundin meiner Großmutter Wiazemski war. Er erzählte mir russische Geschichten aus der alten Zeit, schien aber blind gegenüber der Handlungsweise der Nazis in der Jetztzeit zu sein. Dazu mochte beigetragen haben, daß seine Ahnen noch nie in die Lage gekommen waren, unter einer kriminellen Regierung zu leben oder dienen zu müssen. Für ihn war Hitler rechtmäßig an die Macht gelangt, und weil der Kaiser nicht mehr da war, diente man treu der jeweiligen Obrigkeit. Es gehörte auch zum Pflichtbewußtsein seiner Familie, „dabei zu sein". Daß Verbrecher an die Macht gekommen waren, schien ihnen nie bewußt geworden zu sein; so wurde weder das verbotene Abhören von Alliierten-Nachrichten im Haus zugelassen, noch überhaupt Politik oder Regierung kritisiert. „Das Vaterland war in Not, und jeder hatte dafür einzustehen."

Die Großherzogin war eine geborene Prinzessin von Hannover; sie sprach, wie viele in ihrer Familie, stockend und schluckend, aus Verlegenheit und echtem Bemühen, verbindlich zu sein. Sie war in Gmunden in Österreich erzogen worden und liebte es, von den Bergen zu erzählen, die sie oft bestiegen hatte. Beim Gehen spreizte sie die Füße nach außen wie eine Ente, einen Fuß nach links, einen nach rechts aufsetzend, in der fünften Ballettposition und dem althergebrachten Bergsteigerstil der früheren Zeit.

Bei Tagesanbruch marschierten Abteilungen von fremden Rekruten am Schloßplatz vorbei. Mit munteren, fröhlichen Stimmen sangen sie czardasähnliche, fremdartige, aufregend und unmilitärisch klingende Kriegslieder aus ihrer fernen Heimat Ungarn und Rumänien; „Huszan ezred, Huszan ezred, jaj de sok van . . ."

Sie waren, wie so viele andere junge Menschen aus besetzten Gebieten, eingezogen worden, um eine ihnen fremde Sache zu verteidigen, endlos weit von zu Hause weg. Würden sie je ihren Weg zurückfinden?

Als sich die Tage dahinschleppten, schwand meine Hoffnung um Paul immer mehr. Krank vor Kummer begann ich im stillen zu planen, wen ich aufsuchen könnte, sollte er die Eroberung Stettins überleben und in russische Gefangenschaft geraten. Vielleicht würde es möglich sein, während des ersten Siegestaumels der Alliierten durch freundschaftliche Beziehungen etwas zu erreichen, so wie es damals Schulenburg gelungen war, die Radziwills zu befreien. Doch ich wußte nur zu gut, wie eitel die Hoffnung dann wäre, Paul noch lebend anzutreffen.

Aber eines Morgens, als ich mich aus dem Fenster hinauslehnte, bot sich mir ein erstaunlicher Anblick: ein Pferd wurde direkt unter mir am Pfosten neben dem Hauptportal angebunden, als wäre es im Stall. Eine schlanke Figur in Offiziersuniform beugte sich nieder, um den Riemen festzuknoten, warf dann die Steigbügel über den Sattel, streckte sich und schaute herauf . . .

Einen Herzschlag lang traute ich meinen Augen nicht und meinte zu träumen. Meine Stimme versagte, und ich krächzte nur: „Paul?"

Er lächelte und winkte mir zu, als sei es die normalste Sache der Welt, daß er dastand, als käme er vom Morgenritt pünktlich zum Frühstück zurück.

In einem Satz flog ich die Treppen hinunter. Die gesamte herzogliche Familie war gerade auf dem Weg zum Eßzimmer. Paul mußte vorgestellt werden. Wir setzten uns dann an die gegenüberliegenden Enden des langen Tisches.

Sie freuten sich natürlich für mich, aber die Tatsache, daß er wie durch ein Wunder aus Stettin zurückgekehrt war, wurde kaum kommentiert; es war für sie nur ein Vorkommnis mehr im Zusammenhang mit dem allgemeinen Zusammenbruch an der Front.

Für sie hatte die Welt nicht plötzlich die Farbe gewechselt.

Paul hatte sich, wie ich es befürchtete, bestens mit dem Haudegen von Nazi-Kommandeur in Stettin vertragen, der ihn eines Tages fragte: „Sie sind doch der Besitzer von Schloß Johannisberg? Dann wollen wir doch mal versuchen, ein Paar Flaschen von Ihrem Wein in dieser Stadt aufzutreiben!" Das gelang auch, und sie tranken zusammen bis in die Nacht hinein. Am Ende sprachen sie vollkommen offen über den bereits verlorenen Krieg.

„Warum kämpfen Sie denn weiter?" fragte ihn Paul, wie immer zu sehr von sich losgelöst, um sich zu verstellen.

„Es ist zu spät für mich, noch umzukehren", sagte General Hörnlein schlicht. „Ich schulde meine Karriere dem Führer. Für Sie ist es etwas anderes. Warum sollen Sie ausgerechnet hier noch sterben? Ich werde Sie morgen zurückschicken. – Sowieso", fügte er trocken hinzu, „kann ich mir kaum den Luxus leisten, einen Fürsten Metternich in meinem Stab zu haben." Damit bezog er sich auf die Säuberungsaktionen, die seit dem 20. Juli vorigen Jahres in vollem Umfang weiterliefen.

Später erfuhren wir zu unserer Erleichterung, daß es diesem anständigen Mann gelungen war, sich in den Westen durchzukämpfen.

Paul zog ebenfalls in das Schloß ein und meldete sich jeden Morgen bei seinem in Ludwigslust beheimateten Regiment, denn er war nach wie vor wegen seiner kranken Lunge nicht fronteinsatzfähig. Es wurde Ostern; der Herzog schenkte mir ein russisches Osterei aus Emaille und Gold, das seiner Mutter gehört hatte. Er fügte hinzu: ,,Tragen Sie es zur Erinnerung an mich in glücklicheren Tagen.‘‘

Das Schloß stand am Rand der angeschlagenen kleinen Stadt, auf der einen Seite durch hohe Bäume abgeschirmt, die jetzt anfingen, junge Blätter zu treiben. Vor dem Eingang auf der anderen Seite breitete sich ein offener Platz aus, wo früher wahrscheinlich Truppenparaden in Miniatur stattgefunden hatten. An ihrer Stelle ergoß sich jetzt über den Schloßplatz ein nichtendenwollender Strom armseliger Flüchtlinge aus Pommern und Ostpreußen. Ackerwagen, von schmächtigen, abgemagerten Pferden mühsam gezogen und hochbeladen mit Habseligkeiten, alten Leuten und Kindern, wurden von Frauen gelenkt, deren Männer noch an der Front kämpften, gefallen oder vermißt waren.

Als die Ludwigsluster diese traurige Prozession an ihren Türen vorbeiziehen sahen, schien es ihnen undenkbar, daß ihnen dasselbe Schicksal bestimmt sein könnte und daß auch sie in wenigen Tagen aus ihren gemütlichen Häusern in eine ungewisse, trostlose Zukunft ausziehen würden. Wir versuchten unsere Gastgeber zu überreden, ihre Wertsachen in den Westen zu verlagern, solange noch Zeit dazu sei, denn der Zusammenbruch an der Front war unaufhaltsam.

,,Aber Berlin wird doch offensichtlich in die Hände der westlichen Alliierten fallen‘‘, protestierten sie flüsternd, weil man selbst jetzt noch nicht laut am Endsieg zu zweifeln wagte. Sie lebten so fernab von der Wirklichkeit, blieben so gutgläubig. Berichte über Konzentrationslager schienen nie an den leeren Schilderhäuschen am Schloßeingang vorbei bis zu ihnen durchgedrungen zu sein.

Wir begannen wieder zu hoffen, als Kolonnen von weißen Rotkreuzwagen aus Schweden, die ,,Engels-Kolonnen‘‘ oder die ,,weißen Mäuse‘‘ genannt, den Schloßhof überquerten. Sie kamen zuerst nur den Skandinaviern in den Konzentrationslagern zu Hilfe, aber wir trösteten uns mit dem Gedanken, daß sie auch bald in der Lage sein würden, anderen zu helfen. Es war jedenfalls das erste Zeichen einer hilfreichen Hand von draußen.

Annemarie Bismarck, Ottos schwedische Frau, erschien eines Tages mit einem dieser Rotkreuzwagen und parkte direkt vor dem Hauptportal. Sie glich einer Narzisse und entzückte mit dem Sing-Sang ihres schwedischen Akzents. In einem anmutigen Hofknicks versank sie vor unseren Gastgebern und erzählte dann ganz unverblümt und sachlich über die Zustände in den Lagern . . .

Entsetzen in den Augen der Zuhörer. Diese plötzliche unausweichbare Konfrontation mit der grauenhaften Wirklichkeit würde sie, so hofften wir, doch aufrütteln und zu schnelleren Entschlüssen bewegen, was sie selber betraf. Sie schienen gar nicht zu spüren, in welcher Spannung wir waren, bereit, sofort loszuziehen.

Eines Morgens wachten wir beide mit Fieber und geschwollenem Hals auf. Der in Eile herbeigerufene Arzt stellte Diphtherie fest und gab uns eine unangenehme Spritze. Paul erhob sich mit Mühe, um sich bei seiner Truppe krankzumelden.

Binnen einer Stunde war er wieder da, ein völlig unerwartetes Dokument in seiner Hand schwingend: seine Entlassung aus dem Heer durch Führerbefehl.

Von diesem Augenblick an, trotz glühenden Fiebers und körperlicher Schwäche, vergaßen wir unsere Krankheit. Als Demütigung gemeint, kam dieser Befehl für uns wie ein Gottesgeschenk. Er bildete einen Nachtrag zu Hitlers „Prinzenerlaß", eine Maßnahme gegen das, was Goebbels „Reklamesterben" nannte. Er war nicht früh genug gekommen, um Paul den Rußland-Feldzug zu ersparen, aber doch beizeiten, um ihn vor der Kriegsgefangenschaft zu bewahren. Damit der Befehl gültig würde, mußte er von Pauls Wehrkreis bestätigt werden, und der befand sich in Eger, der Kreisstadt von Königswart.

Die Zeit wurde knapp, denn die Sowjets näherten sich von Osten her, die Alliierten von Westen, und wir mußten, um nach Hause zu gelangen, ganz Deutschland durchqueren, von Norden nach Süden.

Ungeachtet des hohen Fiebers sprang ich aus dem Bett und packte unsere wenigen Sachen im Nu. Wir wagten nicht, unsere Gastgeber zu umarmen, aus Angst, sie anzustecken, aber wir winkten zum Abschied zutiefst dankerfüllt und riefen ihnen noch letzte Mahnungen zu, sich abzusetzen, solange es noch möglich schien.

In eine Staubwolke gehüllt, verschwanden wir mit dem kleinen Pferdewagen in Richtung Bahnhof. Als wir den Schloßhof überquerten, ließen wir eine noch immer unentschlossene, verstörte kleine Gruppe unter dem Torbogen des Mecklenburgischen Schlosses zurück.

Unsere Warnung war umsonst. Als die Sowjets einmarschierten, plünderten sie das Schloß, und der zweite Sohn des Hauses, der zurückgeblieben war, wurde von ihnen für drei Jahre in ein Zwangsarbeitslager verschleppt.

Ohne einen Fahrplan zu befragen, stiegen wir in den ersten Zug, der durch Ludwigslust nach Berlin fuhr. Wie immer dröhnte über unseren Köpfen das Gebrumm einfliegender Flugzeuge, doch uns beherrschte nur ein Gedanke: wir fahren nach Hause.

In Berlin wurde der Zug von einer Heeresstreife nach Deserteuren durchkämmt. Sie konnten bei uns nichts Verdächtiges an dem Befehl finden, sich nach Eger zu begeben, aber dafür bestanden sie auf einmal darauf, daß es mir verboten sei, als Zivilistin mit Soldaten zu reisen; deswegen mußten wir uns trennen, obwohl alle Züge gleichermaßen mit Soldaten und Zivilisten überfüllt waren; man durfte anscheinend nur nicht zusammengehören.

Der letzte Rat von Paul lautete: „Warte auf mich in Prag. Ich werde mit dem Nachtzug nachkommen."

So reiste ich wieder einmal allein, wie immer eingekeilt zwischen Reisenden, die in den vollen Abteilen fast übereinander saßen. Endlose Stunden vergingen, während wir ruckweise die Strecke nach Süden fuhren, immer wieder haltend, langsam weiterfahrend, begleitet vom Aufheulen der Sirenen, das aus einiger Entfernung zu uns drang.

Plötzlich herrschte im ganzen Zug tödliche Stille: wir fuhren in Dresden ein.

Jeder hatte gehört, daß Dresden vor kurzem grausamst zerbombt worden war. Im Schneckentempo kroch unser Zug durch die total zerstörte Stadt, deren sämtliche Straßenzüge und Plätze wie von einer Lawine weggefegt waren. Alle drängten an die Fenster und standen schweigend vor Entsetzen, die Gesichter naß von Tränen, als sie fassungslos auf den Leichnam Dresdens starrten. Kein einziges Haus war in dieser herrlichen Stadt, diesem unersetzlichen europäischen Juwel, stehengeblieben, nichts als formlose, riesige Erdhügel in einer Wüste von Schutt und Trümmern. Hie und da ragten Stahlgerippe wie drohende Krallen in den bleiernen Himmel, ein letzter Rest der wundervollen Kirchtürme, die der Stadt das unvergleichliche Profil gegeben hatten.

Tausende von Flüchtlingen auf ihrem Treck aus dem Osten befanden sich bei dem Großangriff in Dresden. Jetzt war keine lebende Seele zu sehen; überall türmten sich verdächtig aussehende Haufen: waren es Wagen, Pferde, Leichen?

Es hieß, zweihunderttausend Menschen hätten hier in zwei Nächten den Tod gefunden.

Wir brauchten ungefähr eine halbe Stunde, um langsam an dieser Vision apokalyptischer Zerstörung vorbeizurollen; nichts schien mehr intakt zu sein außer den erhöhten Eisenbahngleisen, die uns trugen. Angeblich dienten Luftangriffe vor allem dazu, den Verkehr zu behindern. Der Krieg war sowieso entschieden und fast vorbei. Welchen Nutzen konnten Luftangriffe haben, wenn sie nicht einmal den Zugsverkehr unterbrechen konnten?

Kein Lachen, kein Wort war zu hören, als wir uns weiter in

Richtung Prag bewegten. Eine bleischwere, verzweifelte Ermattung drückte auf alle.

In Prag gelang es mir, im Hotel Alcron unterzukommen, wo wir schon früher immer abgestiegen waren. Es schien das allerletzte noch verfügbare Quartier zu sein, wo man ein heißes Bad nehmen konnte. Ich zog nur Jacke und Rock aus und sank noch halb angezogen ins heiße Wasser, denn alles, was ich anhatte, schien mir unerträglich schmutzig zu sein. Dann fiel ich ins Bett, doch hatte ich einen solchen Grad von Übermüdung erreicht, daß ich gleichsam über den Schlaf hinweg war und die ganze Nacht im Halbbewußtsein nur dankbar die kühle Glätte der Leintücher verspürte.

Als der Morgen kam, versuchte ich, Missie in Wien anzurufen, denn ich machte mir große Sorgen, ob es ihr gelingen würde, die Stadt zu verlassen, bevor die Sowjets einmarschierten. Es hieß, die Luftangriffe auf Wien hätten sich in letzter Zeit immer mehr gesteigert, und obwohl es Missie an Mut nicht fehlte, hatten die vielen Bombardierungen in Berlin doch ihre Nerven zusehends strapaziert.

Hätte sie nur früher Wien verlassen; doch mochte ein unerklärliches Gefühl sie dort zurückhalten. Obwohl wir nämlich sehnlichst wünschten, daß der Krieg bald zu Ende sein möge, war in uns eine Art Begierde, ja Sucht entstanden, uns an die Stellen der größten Gefahr zu begeben, hautnah mit ihr zu leben, so daß die Vorstellung, fernab vom eigentlichen Geschehen und seinem Verhängnis in Sicherheit zu sein, fast unerträglich war. Wahrscheinlich litten Kriegsgefangene am schwersten unter diesem Gefühl.

„Gespräche nach Wien kommen nicht durch", sagte eine gleichgültige Stimme in der Leitung.

Ich gab das Telefonieren auf und rannte wieder zum Bahnhof. Zwar kamen Züge aus dem Norden an, aber unter den Passagieren war kein Paul zu sehen. Stundenlang wartete ich auf die einfahrenden Züge, denn die Eisenbahnlinie sollte bald von der heranrückenden sowjetischen Armee unterbrochen werden. Dann kam noch ein allerletzter Zug, der nach Wien ging. Ich versuchte, einem Reisenden eine Nachricht an Missie mitzugeben.

Und endlich war es wirklich Paul, der sich mühsam einen Weg durch die Menge bahnte, zu erschöpft, um zu reden. Aber bald hatte das heiße Bad und die trügerisch friedliche Atmosphäre der heilen Stadt uns vorübergehend wieder aufgemuntert. Aber in den Restaurants, in den Straßenbahnen, auf den Straßen blätterte jeder in russischen Wörterbüchern: ein ominöses Zeichen, denn im Westen lasen die Leute englische. Trotzdem gab es hier in Prag noch keine Zeichen von Feindseligkeiten, obwohl Paul nach wie vor seine Kavallerieuniform trug. Die Einheimischen schauten zwar zu ihm hinüber, aber dann wandten sie die Blicke wieder ab, wie ein Symptom, daß ihr Weg in die Zukunft ein anderer sein würde als der unsrige. Darüber hinaus spürte man keine weitere Animosität.

Es graute einem nur, an den Augenblick des schonungslosen Erwachens dieses Landes zu denken.

5

Auf dem Pilsener Bahnhof holte uns der Holzgaswagen ab, um uns die 30 Kilometer lange Strecke nach Plass zu fahren, wo Paul unseren Leuten die letzten Anweisungen geben wollte. Sie sollten, sagten wir ihnen, vor allen Dingen erst nach Königswart kommen, um dort zu versuchen, ihre Kollegen aus dem Egerland zu schützen.

Auf beiden Besitzungen kannten alle einander gut aus früherer Zusammenarbeit. Wir fürchteten, daß im deutschsprachigen Gebiet des Sudetenlandes nach Kriegsende mancherlei passieren könnte, während unsere tschechischen Angestellten, die seit Generationen vom Vater zum Sohn im Dienst der Familie standen und nie etwas mit den Nazis zu tun gehabt hatten, vielleicht den anderen zur Seite stehen könnten. Hierin irrten wir uns sehr, denn es kam alles ganz anders.

Von Plass fuhren wir nach Königswart und sahen, daß meine Eltern nicht nach Baden-Baden abgereist waren, wie wir gehofft hatten. Obwohl sie dort in Sicherheit gewesen wären, hatten sie sich nicht dazu entschließen können, aus Angst, die Verbindung mit uns zu verlieren. Zuallererst holte Paul seine Entlassungspapiere aus Eger, um wieder Zivilist zu sein.

Wir fanden das Schloß von einer SS-Einheit besetzt und mußten uns mit ihrem ungewöhnlichen Troß herumschlagen, der aus Türmen von Gepäck – meist Beutegut – bestand, ihren Freundinnen, beschlagnahmten Fahrzeugen und Unmengen von Munition und Gewehren. Erstaunlicherweise waren unsere Räume unberührt, dafür hatten sie einen Granatwerfer auf dem Rasen vor dem Haus und eine Haubitze im Hof aufgestellt.

Ich versuchte, mit dem kommandierenden Offizier zu verhandeln: „Das Haus ist voller Flüchtlinge, alles Frauen und Kinder. Man kann es unmöglich verteidigen; aber wenn Sie Ihre Geschütze dort lassen, wird es ganz sicher zerstört."

Seine lakonische Antwort lautete: „Andere haben auch ihre Häuser verloren, jetzt sind eben Sie dran."

Es war besser für Paul, sich nicht mit diesen Leuten einzulassen, denn sie waren sowieso nicht zu beeinflussen.

Nachts brachen sie in die Kapelle ein und stahlen alle Kerzen. Während des Tages gingen die SS-Leute auf die Suche nach weißen Fahnen, die zur Übergabe bereitgehalten wurden. Wo immer sie eine vorfanden, erschossen sie kurzerhand den Hausbesitzer. Bis auf die Zähne bewaffnet, benahmen sie sich wie im Feindesland.

Die Amerikaner unter General Patton hatten Eger noch nicht erreicht. Wir konnten den Donner der Geschütze klar vernehmen, und nachts erleuchteten die Explosionen den ganzen Horizont wie ein prachtvolles Feuerwerk. Paul und ich gingen immer wieder hinaus und spähten nach Eger hinüber, um festzustellen, ob sich die Armee näherte. Aber nein! Sie blieben, wo sie waren, immer in derselben Entfernung, obwohl nirgends mehr Widerstand zu verspüren war.

Inzwischen marschierten die Sowjets vor und besetzten eine Stadt nach der anderen. Von Verteidigung war keine Rede mehr, es schien auch keine geplant zu sein. Man hörte von Greueltaten in Karlsbad, von vergewaltigten Frauen und geplünderten Häusern. Wir hatten Mama mit den Alberts nach Marienbad geschickt, in der Hoffnung, daß eine als offen erklärte Stadt sicherer wäre, aber nun beschlossen wir doch, sie wieder zurückzuholen.

Papas Rat befolgend, deponierten wir die letzten alkoholischen Getränke, die sich noch im Haus befanden, bahnlagernd in Marienbad. Wenn alles einigermaßen gut vorbeigegangen war, konnten wir sie jederzeit von dort wieder zurückholen; wenn alles schiefging, konnten sie dort wenig schaden.

Russische Ostern kamen heran, viel später als das katholische Osterfest. Die kleine Kirche in Marienbad sah aus wie ein vergoldetes Spielzeug. Ich hatte insofern Glück, als immer, wo ich auch wohnte, eine russische Kirche in der Nähe zu finden war. Verwundete russische Soldaten aus der Wlassow-Armee bildeten den Chor, dessen schwellender Gesang die Kirche erfüllte.* Das flakkernde Kerzenlicht, das sich in den Ikonen spiegelte, die Inbrunst, mit der sie sangen, vergeistigte ihre jungen Bauerngesichter.

Es schien mir unfaßbar, sie dort stehen zu sehen, sauber und diszipliniert, die Köpfe andächtig geneigt, während gleichzeitig ihre Landsleute Ost- und Mitteleuropa mit Raub, Mord und Zerstörung wie mit einer Sintflut überschwemmten.

* Wlassow war jener Sowjetgeneral, der sich bereit erklärt hatte, eine Armee aus russischen Kriegsgefangenen unter der Bedingung zu bilden, daß sie unter seinem Kommando blieben und nicht gegen Rußland eingesetzt würden. Vielleicht hoffte er, sie durch diesen Schritt vor Hunger und Tod in den fürchterlichen Nazilagern zu bewahren.

Sie alle waren noch sehr jung und meistens schwer verwundet, mit einem oder mehreren amputierten Gliedern, viele von ihnen in Rollstühlen sitzend, andere gestützt auf Krücken, Stöcke oder auf einen Kameraden. Sie sangen engelhaft, selbst die schwierigsten Osterhymnen. Nach dreißigjähriger antireligiöser Indoktrination beherrschten sie den Messedienst noch perfekt. Der weißbärtige Priester, alt, hager und zittrig, eingehüllt in eine Wolke von Weihrauch, zelebrierte unter Verbeugungen die Messe vor dem Altar.

Bei der Beichte empfand ich es als Erleichterung, einmal laut aussprechen zu können: „Ich habe immer mehr Angst, von Tag zu Tag, und fürchte mich vor alledem, was noch über uns kommt. Verzweiflung ist eine Sünde, aber ich habe kein Vertrauen mehr, daß sich die Dinge zum Guten wenden. Ich habe die ganze Zeit Angst, und es ist immer schlimmer geworden seit dem 20. Juli . . . Vor allem bange ich um die anderen, um die, welche ich liebe, und um alle, die uns nahe sind.“

Der Pope widersprach mir nicht, strich mir über den Kopf und sagte, als ich kniete: „Wir wollen gemeinsam beten. Wir müssen stets, in jedem Augenblick, bereit sein zu sterben; und auch, was noch schlimmer ist als der Tod, hilflos zusehen zu müssen, wie Entsetzliches den liebsten Menschen um uns herum widerfährt.“

Wenn wir diese böse Zeit überstehen, dachte ich, werden wir künftig jedes neue Lebensjahr als ein Geschenk Gottes zu würdigen wissen.

Nach und nach gaben mir die tiefen, dröhnenden Gesänge und die orthodoxen Gebete wieder Hoffnung und Energie zurück.

Es war uns bewußt, daß sich die Amerikaner von der einen und die Sowjets von der anderen Seite näherten. Ein Entkommen, einen Ausweg gab es für uns nicht. Königswart war zwischen beiden Armeen eingeklemmt, und wir konnten nur beten, daß die Amerikaner, die so hoffnungslos langsam vorrückten, uns zuerst erreichten. Die Wartezeit, die wir mit der SS unter einem Dach verbringen mußten, zog sich tagelang hin.

Außerhalb unseres engsten Freundeskreises konnte man fast niemandem mehr trauen. Einer unserer Mitarbeiter, mit dem wir bis zuletzt offen reden konnten, war Labonte, der Domänendirektor von Johannisberg. Alle Türen vorsichtig schließend, um nicht einmal von Kurt gehört zu werden, lauschten wir Nacht für Nacht dem streng verbotenen Auslandsender.

Endlich – endlich am 30. April wurde Hitlers Tod bekanntgegeben. Der glorreiche Untergang war erreicht, aber wie wenig glorreich spielte er sich in Wirklichkeit ab! Der allmächtige Führer und seine Geliebte hatten sich vergiftet oder erschossen, um den Folgen der zahllosen, sorgfältig geplanten Verbrechen zu entgehen. Ihre Leichen wurden dann mit Benzin übergossen und verbrannt. Goebbels brachte alle seine unschuldigen Kinder um und war Hitlers feigem Beispiel gefolgt.

Nachdem sie die Welt in Brand gesteckt hatten, traten nun die Hauptübeltäter ab, das verwüstete, geschundene Deutschland sich selbst überlassend.

Unterdessen zermalmten die Sowjets Berlin mit eiserner Faust. Wir hörten, daß die verzweifelten Einwohner, wie Ratten gejagt, sich in den Ruinen und Untergrundbahnhöfen zu retten versuchten. Aber dann rissen Bomben die Hauptwasserrohre auf, die überfüllten Tunnels wurden überflutet, und abermals kamen Tausende um. Die Vergewaltigungen und das Morden hatten ein apokalyptisches Ausmaß erreicht.

Für meine Eltern war dieses barbarische Wüten unbegreiflich, denn 1815, als die russischen Armeen in Paris einmarschiert waren und auf den Champs-Elysées kampierten, ergingen sich die gaffenden Einwohner unbehelligt zwischen den Kosakenzelten. Sicher gab es auch damals gelegentliche Übergriffe, aber niemals kam es in den früheren Feldzügen zu einem solchen Ausmaß an ungestrafter Brutalität.

Wir waren nach wie vor um das Schicksal von Wien tief besorgt, das am 13. April in russische Hände gefallen war. Viele unserer Freunde mußten dort von den Sowjets überrannt worden sein, unter ihnen auch Missie. Wir saßen wie auf Kohlen und suchten Genaueres zu erfahren.

Wie sah es inzwischen im Westen aus?

Am 7. März überschritten die Amerikaner den Rhein bei Remagen, was bedeutete, daß Johannisberg und die Leute dort sicherer waren, als wenn der Hauptkeil des Angriffs über Mainz vorgestoßen wäre, wie es ursprünglich geplant gewesen sein soll. Waren die Amerikaner einmal durchgebrochen, so war anzunehmen, daß die Lage der Bevölkerung nicht gar so schlimm sein würde. So erwies sich Pauls Rat an Labonte, sich gegen eine Evakuierung von Johannisberg zu stellen, doch als richtig.

Eine unserer Hauptsorgen war nun, aus den einmaligen Sammlungen im Königswarter Museum zu retten, was zu retten beziehungsweise zu verlagern war, sollte der Sturm über uns hinwegziehen. Die eigene Vergangenheit auf diese Weise zu liquidieren, schien uns in der Tat eine undankbare Aufgabe zu sein. Als Treuhänder unschätzbarer Werte überkam uns ein lähmendes Gefühl von Unzulänglichkeit, wohl wissend, daß jede Entscheidung wahrscheinlich die falsche sein würde.

Nachträglich versteckten wir das Gästebuch, das Generationen überdauert hatte und in dem viele kompromittierende Namen eingetragen waren, wie solche von Teilnehmern am Komplott gegen Hitler, an das wohl niemand zur Zeit erinnert werden wollte.

Jetzt, da unsere Lebensweise gefährdet war, begriffen wir erst, welche Quelle innerer Kraft es darstellte, das aus den Tiefen der Zeit Überkommene allen Umständen zum Trotz fortzuführen, zu bewahren, was sich wirklich lohnte, und das Fortbestehen einer kulturellen Tradition gegen den unerbittlichen Druck unserer wahllos nivellierenden Zeit zu verteidigen.

Eine der Flüchtlingsfrauen, die im Erdgeschoß seit über zwei Jahren wohnte und deren Haus und kleines Geschäft in Hamburg zerstört worden waren, hatte mir vor einigen Wochen ihr Herz ausgeschüttet. Sie war die Mutter von zwei kleinen Kindern und hatte seit Monaten nichts von ihrem Mann an der russischen Front gehört. Ihre fünfzehnjährige Tochter befand sich in einem Jugendlager in Ostpreußen.

„Sie ist glücklich dort, es gibt keine Luftangriffe, aber ich habe so lange nichts von ihr gehört . . . Es ist eine weite Fahrt, und vielleicht erlaubt man ihr nicht, wegzureisen . . . Ich werde schreiben und fragen."

Wiederholt hatte ich versucht, sie zu überreden, alles liegen und stehen zu lassen und ihr Kind abzuholen. Ich konnte ihr unmöglich sagen, daß der Krieg bereits verloren und allergrößte Eile geboten war.

Sie war unfähig, einen Entschluß zu fassen; gewohnt, Befehle gehorsam zu befolgen, war sie ratlos, als es keine mehr gab. Jetzt war es zu spät. Sie war krank vor Sorge. Hätte sie früher auf mich gehört! Selbst an meinen Worten zweifelnd, versuchte ich sie zu trösten: „Vielleicht ist das Jugendlager evakuiert worden, bevor die Sowjets einmarschierten."

Zwei junge Ukrainerinnen erschienen eines Morgens bei mir: Sie hätten gehört, ich sei Russin, und wären einen weiten Weg zu Fuß gegangen, um mich zu finden. Beide waren von der zurückflutenden deutschen Armee mitgeführt und unterwegs immer wieder zur Arbeit eingezogen worden. Sie kamen aus demselben Dorf, pummelig und rotbäckig, mit blitzblauen Augen und strohblonden Zöpfen. Treuherzig schauten sie mich an . . .

„Wie kann ich euch helfen?"

„Wir möchten nur mit Ihnen reden", sagten sie schlicht. Ich gab ihnen Essen und Geld und fügte hinzu: „Wir werden wahrscheinlich auch bald von hier weggehen müssen."

Ungläubig schauten sie sich in dem schönen Zimmer um. Ich konnte sie nicht bei mir behalten, solange die örtlichen Behörden noch funktionierten und das Haus von der SS besetzt war.

Später habe ich zutiefst bereut, nicht mehr für die Mädchen getan zu haben. Wenn ich eine Möglichkeit gesehen hätte, sie zu verstecken, hätten sie vielleicht mit uns fliehen können, denn ich wage mir nicht auszumalen, was aus ihnen wohl geworden ist, wenn sie ihren Landsleuten in die Hände fielen.

Als ich in späteren Jahren für das Rote Kreuz arbeitete, spornte mich die Erinnerung an die beiden an, so weit wie nur immer möglich Flüchtlingen und Schutzlosen zu Hilfe zu kommen.

Die SS verschwand plötzlich über Nacht in südlicher Richtung. Wir erwachten morgens und fanden das Haus leer. Sie hatten den Granatwerfer mitgenommen sowie auch unsere besten Arbeitspferde, die sie vor das Geschütz spannten. Da die russischen Gefangenen die Gefahr erkannten, welche die zurückgelassene Haubitze bedeutete, zogen sie sie aus dem Schloßhof und warfen sie in einen Graben.

Eine erwartungsvolle Ruhe senkte sich über Königswart. Aber nicht für lange, denn auf einmal gab es eine gewaltige Detonation! Kurt stürzte herbei, aus seiner gewöhnlichen Ruhe aufgerüttelt: „Es ist der Granatwerfer“, rief er, „die SS schießt jetzt auf uns.“

Die russischen und französischen Kriegsgefangenen rannten panikartig in den Park, wo sich ein Splittergraben unter einem Hügel befand, der früher als Eiskeller gedient hatte. Da das Schloß nicht unterkellert war, gingen wir ins Erdgeschoß hinunter und stellten uns unter die Gewölbebögen des Korridors, denn es hatte sich erwiesen, daß die Bögen als letzte einstürzen, wenn Häuser einen Volltreffer bekommen.

Wieder ein dumpfer Einschlag, diesmal links vom Haus. Kurt, Veteran des Krieges 1914, sagte beruhigend: „Jetzt kommt noch der letzte Schuß. Sie hatten nur drei Granaten, ich habe selber nachgezählt!“

In Pauls „Wehranleitung“ für den Unteroffizierkurs stand wörtlich: „Ein Schuß rechts, ein Schuß links, und der letzte ins Ziel.“ Somit waren jetzt wir dran.

Prompt kam er, mit heulendem Laut. Aber sie zielten zum Glück etwas zu hoch und trafen nur den Hauptschornstein, der in hohem Bogen wie ein Komet davonflog, Ziegelbrocken hinter sich verstreuend.

Kurze Zeit später galoppierte einer unserer Franzosen mit den guten Arbeitspferden in den Hof, selig, daß er sie zurückerobert hatte.

„Ich konnte ihnen doch unmöglich meine Tiere lassen.“ Wir erfuhren erst jetzt, daß die SS ihn mitgeschleppt hatte.

Gegen Abend marschierte eine ramponierte Abteilung der Luftwaffe in ausgeblichenen und zerknitterten Uniformen die Allee herauf. Mit ausgesuchter Höflichkeit bat der Anführer um Unterkunft, und dann belegten sie die SS-Quartiere auf dem Hof und im Haus.

Aber welch ein Unterschied zu ihren Vorgängern! Nachdem sich die Offiziere überzeugt hatten, daß ihre Männer gut untergebracht waren, putzten sie sich einigermaßen zurecht und machten uns von ihren nahegelegenen Zimmern einen Besuch. Sie waren alle hochdekorierte Fliegerasse mit Ritterkreuz und sogar auch mit dem sogenannten „Spinat mit Besteck", dem Eichenlaub mit Schwertern. Sie hatten keinen Tropfen Sprit mehr für ihre Flugzeuge auftreiben können und waren nun schon seit Wochen zu Fuß unterwegs. Jetzt sollten sie vermutlich die Nachhut der sich zurückziehenden SS bilden.

Alles, was wir noch zu essen hatten, teilten wir mit ihnen, auch den rapid dahinschwindenden Napoleon-Cognac; am Ende wurde es ein fröhlicher Abend. Am nächsten Morgen mußten sie weiterziehen, da die Amerikaner sich plötzlich in Bewegung setzten.

„Auf Wiedersehen! Nach dem Krieg treffen wir uns vielleicht auf der Messe in Chikago", rief uns Hauptmann Graf Schweinitz zu, als sie davonzogen, denn er behauptete scherzhaft, sie seien zu nichts anderem als zum Kunstfliegen ausgebildet. Sie hinterließen uns zwei kleine Traktoren, die sie sorgsam in der großen Scheune unter dem Heu versteckten, für den Fall, daß wir Hals über Kopf fliehen müßten. Die SS hingegen stahl zuletzt noch unseren spanischen Botschaftswagen, den wir all die Jahre hindurch für den Notfall gehütet hatten.

Aus unbekannter Richtung traf im Marienbader Bahnhof ein einsamer Waggon ein, vollbeladen mit neugeborenen Babies, eingewickelt in ihren Bettchen. Sie lagen dicht nebeneinander, nur gekennzeichnet durch kleine Bändchen mit Nummern um ihre winzigen Handgelenke.

Der nächste Waggon, der wahrscheinlich das für sie verantwortliche Pflegepersonal transportierte, war entweder versehentlich abgehängt oder zerbombt worden.

Nie würde man es erfahren.

Die Babies kamen nun schnellstens in ein Militärlazarett, aber Namen und Herkunft waren nicht mehr festzustellen. Viele starben, bevor man ihnen helfen konnte.

Welch gespenstische Ausgeburt der Zeiten, dieser Kinderzug – ein ergreifendes Symbol aller irdischen Vergänglichkeit!

Wir liefen durch Haus und Hof, um noch letzte Anweisungen zu geben. Dann senkte sich eine unheimliche Ruhe über die ganze Gegend, als hielten alle den Atem an.

Erschöpft gingen wir endlich schlafen.

6

Bei Sonnenaufgang klopfte es an unserer Schlafzimmertür. Es war Kurt. „Durchlaucht, die Amerikaner sind im Park", kündigte er freundlich an, als ob er einen Gast anmeldete.

Wir sprangen aus den Betten, kleideten uns im Gehen an und stürzten hinaus.

„Auf welcher Seite des Hauses?" rief Paul.

„Sie sind schon im Schloßhof."

Wir rannten zum Korridor und spähten vorsichtig durch die geschlossenen Läden des Eckfensters des Flügels, in dem wir wohnten.

Es war ein zauberhaft duftender Frühlingsmorgen; der Tau verdunstete in der ersten Sonnenwärme, die Welt sah frisch gewaschen und strahlend aus. Der Hof war von Rhododendron umgeben, hinter dessen kräftigen, widerstandsfähigen Büschen ein Weg rund um das Schloß lief. Wir befanden uns genau in dem Winkel, wo dieser Weg zur Hauptfassade abbog. Direkt unter uns kroch eine lange Reihe von amerikanischen Soldaten heran, einer hinter dem anderen, alle schwer bewaffnet. Das Gewehr im Anschlag, in Tarnuniformen, die Helme mit einem Netz überzogen, in dem Blätter und Zweige staken, halb hockend, in gleichmäßig wippendem Schritt pirschten sie den schmalen Pfad am Flügel entlang. Wir hatten die Flüchtlinge, die im Erdgeschoß untergebracht waren, gewarnt, weder Türen noch Fenster aufzumachen, bis alles vorüber war. Aber die Neugier war stärker.

Vor unserem Eckfenster an der gegenüberliegenden Seite des Mitteltraktes führte eine große Doppeltür zum Museumsflügel. Zentimeter um Zentimeter ging sie langsam knarrend auf; in den geöffneten Spalt schoben sich Kinder übereinander, die vorsichtig hinausspähten. Die Kleinsten, daumenlutschend, unten; über ihnen, die Hälse neugierig reckend, die jeweils Größeren; blonde Zöpfe, blauäugige Lockenköpfe, karierte Schürzchen, Lederhosen, so stemmten sie sich gegen die große Tür, bis sie weiter und weiter aufging.

Als die heranschleichenden Soldaten mit lautlosem Sprungschritt in geübtem Vorstoß und auf alles gefaßt um die Ecke bogen, fanden sie sich plötzlich einer Pyramide von Kindern mit weit aufgerissenen Mündern gegenüber. Welche Ernüchterung!

Lautes Hämmern an unserer großen Eingangstür hallte zu uns herauf. Kurt öffnete höflich, während wir oben an der Treppe warteten und die Truppe, immer noch als Vegetation verkleidet, von einem Offizier angeführt in die untere Halle einzog. Sie fegten über Kurt und auch über uns hinweg.

Innerhalb von Sekunden gehörte uns das Haus nicht mehr.

Wir gingen mit ihnen durch die Räume, öffneten Türen, beantworteten Fragen und erklärten ihnen die Einteilung der Zimmer und die ganze Topographie des Schlosses. Bald standen wir mit ihnen auf fast freundschaftlichem Fuß und besprachen gemeinsam die Möglichkeiten ihrer Unterbringung. Sie belegten die restlichen Gästezimmer im oberen Stock, die unsere Luftwaffenfreunde soeben aufgegeben hatten, überließen uns die übrigen und stimmten sogar zu, die Latrinen hinter dem Tennisplatz außer Sicht- und Geruchsweite graben zu lassen.

Der Ton war korrekt und höflich. Sie entfalteten sofort eine große Aktivität und schwirrten bald emsig wie Bienen um Park und Hof herum.

Sie waren außerordentlich überrascht über das Maß an Erleichterung, das die Bevölkerung über ihre Anwesenheit bezeugte. Sowjetrussen stellten für sie noch Alliierte und gute Freunde dar, und sie konnten weder die Welle der Panik, die durch die Nachrichten von Vergewaltigungen und Mord in Karlsbad und anderen Städten ausgelöst worden war, begreifen, noch wollten sie die Berichte darüber glauben, bis sie bald durch Tatsachen eines Besseren belehrt wurden.

Als die Struktur des nationalsozialistischen Staates um uns herum zusammenbrach, fiel uns die Rolle des Vermittlers zwischen unserer Umgebung und der neuen Obrigkeit zu, denn wir wurden sofort mit Bitten und Anfragen aller Art überschüttet.

Die Amerikaner waren erstaunt über unsere freundlichen Beziehungen zu den Franzosen und Russen, die uns als Kriegsgefangene zur Arbeit auf dem Hof und in der Landwirtschaft zugeteilt waren.

„Sklavenarbeit betreiben Sie hier", sagte mir ein Offizier höhnisch, als ich neue Anweisungen für die Gefangenen bei ihm einholte.

„Die Leute haben mich gebeten, sie bei Ihnen zu vertreten", entgegnete ich kühl.

Kein einziger Amerikaner beherrschte auch nur ein Wort irgendeiner Sprache außer seiner eigenen, so blieb ihnen keine andere Wahl, als meine Mittlerrolle hinzunehmen. Die Franzosen und Russen umringten mich ängstlich und vertrauensvoll. Ich ermahnte die Russen, unbedingt die Anweisungen der Amerikaner zu befolgen, ihre Gesuche würde ich dem kommandierenden Offizier weiterleiten. Wir befürchteten nämlich, daß die russischen Gefangenen losschlagen würden, wenn man sie nicht beizeiten zurückhielt. Anderenorts hatten sie schon aufbegehrt, teilweise auch, um sich bei ihrer eigenen anrückenden Armee vorweisbare Verdienste zu verschaffen.

Die Franzosen hegten hingegen nur einen einzigen Wunsch: so schnell wie möglich nach Hause zu kommen, vor allem aber nicht über Rußland, denn es lief unter ihnen ein Gerücht um, daß sie über Odessa evakuiert werden sollten. Warum gerade Odessa, verstand keiner.

Zu ihrer Bestürzung erfuhren sie nun, daß ihre Repatriierung bis auf weiteres nicht vorgesehen war. Weder gab es Befehle, die sie betrafen, noch existierten Pläne für ihre Rückführung.

Ich bat um Erlaubnis, Mama aus Marienbad zurückholen zu dürfen. Papa war täglich den zehn Kilometer langen Weg dorthin zu Fuß gegangen. Mir wurde sofort ein Passierschein ausgestellt. Es war dies das erstemal, daß wir einen Blick auf ein magisches Stück Papier warfen, auf dem in großen Buchstaben stand:

„TO WHOM IT MAY CONCERN" – WEN ES AUCH ANGEHEN MAG –, von jetzt an eine wirkliche Sesam-öffne-dich-Zauberformel, die fortan von größtem Einfluß auf unser Leben sein sollte.

Am Nachmittag fuhr der Kutscher in seiner abgewetzten Livree vor, um mich abzuholen. Er hatte den größeren, offenen Landauer ausgewählt, und so rollten wir in bescheidener Pracht davon.

Die anwesenden Amerikaner stellten sich vollzählig um Haus und Park und säumten jetzt beide Seiten des Schloßhofes, um diese Ausfahrt zu fotografieren. Sie lagen ausgestreckt auf dem Boden, knieten, standen oder balancierten auf dem Springbrunnen, knipsten dabei eifrig und riefen begeistert:

„Es ist wie in Hollywood!"

Als einziges Allzweckbeförderungsmittel nahmen wir unsererseits dieses ziemlich schäbige Vehikel als selbstverständlich hin, ohne es jemals als Luxusgegenstand betrachtet zu haben.

Mein schottischer Terrier begleitete mich, kuschelig warm, die Ohren spitzend. Es war der erste ruhige Augenblick seit langem; eine Pause, um klare Gedanken zu fassen und sich mit so vielem auseinanderzusetzen. Wie nach einer schlimmen Krankheit fühlte ich mich ein wenig betäubt, mit leicht schwindligem Kopf.

Vielleicht war das Schlimmste vorüber, da die Amerikaner sich hier niederließen und die russische Armee aufgehalten zu sein schien, wenn auch in unmittelbarer Nähe. Das Haus war gerettet, und niemand war zu Schaden gekommen. Als „V.E.Day" – Tag des Sieges in Europa – bezeichneten die Amerikaner den Tag der deutschen Kapitulation, aber was bedeutete dieses Datum für uns? Die Antwort darauf fiel schwer.

Es war auch eine Zeit, in der Frauen allein handeln mußten, da die Alliierten von vornherein jeden Mann verdächtigten. Nur Frauen konnten mit den sich widersprechenden Bestimmungen der Besatzung fertigwerden sowie das Beheben endloser Schwierigkeiten auf sich nehmen, während die Männer im Hintergrund bleiben mußten. Durch diesen Tausch der Rollen wurde ein fundamentales Gleichgewicht gestört und eine ungute Lage für beide Teile geschaffen.

Seit dem 20. Juli war die Mehrzahl unserer Freunde entweder verhaftet oder auf der Flucht. Wir wären ja auch bald an der Reihe gewesen. Zum Ende des Krieges fanden wir uns von Feinden umgeben, wohin wir uns auch wendeten.

Im offenen Wagen hinter dem Rücken des Kutschers sitzend, überkam mich vor Trauer und Erleichterung sowie auch vor physischer Schwäche eine Welle der Entmutigung, denn es schien alles mehr gewesen zu sein, als zu verkraften war.

Aber der Frühling war über Nacht ausgebrochen. Die federleichten Lärchenzweige puderten die Wälder mit einem sanftgrünen Staub, klebrige Kastanienknospen brachen auf und streckten ihre ersten krausen Blätter wie Säuglingsfinger aus Daunenhandschuhen hervor, während Vögel geschäftig im Unterholz zwitscherten. Der letzte grausame Kriegswinter war endgültig abgeschüttelt, und ich erholte mich allmählich, während der Wagen durch tiefe Rillen und Löcher rumpelte, die der Frost als Narben zurückgelassen hatte. Dann versanken die Räder in weichen, feuchten Kissen von Moos und Kiefernnadeln. Wir tauchten aus dem hohen Wald hervor, kamen in Wiesen, die unter trockenen, zottigen Grasklumpen grünten, und fuhren in schnellem Trab die sandige Straße nach Marienbad hinab.

Die Stadt quoll von amerikanischen Soldaten über, die dem Wagen verwundert nachstarrten, als wir auf unserem Weg zum Hauptquartier an ihnen vorbeikamen. Wir brauchten nicht zu fragen, wo es sich befand, denn bunte Schilder (wie zu einem Volksfest) führten uns direkt dorthin.

Der kommandierende Offizier war ein Hauptmann Mullin. Höflich, aber bestimmt bat ich um eine Unterredung, um dann recht unruhig zu warten, bis er mich empfangen konnte.

Es war dasselbe Büro, in dem ich vor einem Jahr den Kreisleiter aufgesucht hatte, als die beiden Luftwaffenpiloten ihre Maschine gegen unseren Berg geflogen hatten und dort zerschellt waren. Der Mann hatte sich vor ein paar Tagen in unserem Wald erhängt.

Die Tür ging auf: „Captain Mullin wird Sie empfangen.“ Ein jungenhaft aussehender gefälliger, ganz unmartialischer Mann saß hinter dem Schreibtisch. „Sie sind Russin? Kennen Sie zufällig Dolly Obolenski?“

Sie und ich waren tatsächlich eng befreundet, als wir zwölf Jahre alt waren. Dann jedoch trennte uns der Atlantik und der Krieg. Doch nun schien es mir, als streckte sie mir, schon halb vergessen, eine Hand zur Hilfe entgegen.

Die offizielle Unterredung ging über in freundschaftliche Unterhaltung, die viele Themen berührte, auch das „Warum“ und

„Wofür“ des Krieges, das jedem Amerikaner so unbegreiflich erschien. Dann besprachen wir die spezifischen Schwierigkeiten dieser so problematischen, umstrittenen Gegend; schließlich unsere persönliche Lage.

Er gab mir einen Passierschein, mit dem ich ungehindert zwischen Marienbad und Königswart kommen und gehen konnte. Aber nicht für Paul! Kein Mann im wehrpflichtigen Alter durfte sich frei bewegen; im Besatzungsjargon hieß das: „Eingefroren, wo man sich gerade befindet.“

„Für wie lange?“ wollte ich erfahren.

Da vertraute er mir ein Geheimnis an: Er traf sich am Nachmittag mit einer Sowjet-Abordnung in der Nähe von Marienbad, um die endgültigen Grenzen zwischen ihren besetzten Gebieten zu besprechen und festzulegen.

„Wo steht jetzt die russische Armee?“

„Zehn Kilometer vor der Stadt.“

Ich erstarrte vor Schreck.

„Kommen Sie morgen wieder“, forderte er mich auf, „dann werde ich Ihnen alles ganz offen sagen. Ich habe weißrussische Emigrantenfreunde und bin mir im klaren darüber, was die Nähe der Sowjets für Sie bedeutet. Ich bin kein aktiver Soldat, sondern Rechtsanwalt. Ich habe so vieles auf meine Kappe genommen, daß es auf eine weitere Überschreitung meiner Befugnisse nicht mehr ankommt.“

Dann fuhr ich weiter, um Mama aus ihrem Hotel zu holen. Sie war gesprächig und aufgeregt, während ich nachdenklich und verstört blieb. Von unbeugsamem Mut, obwohl tiefbesorgt um uns, war sie nach allem, was sie durchgemacht hatte, von materiellen Erwägungen weniger belastet, als ich es in meiner damaligen Lage zwangsweise sein mußte.

Königswart lag vor uns ausgebreitet inmitten von Rasen, Bäumen und friedlichen Weiden mit grasendem Vieh, ein fremd anmutender Rahmen für die dort anwesenden amerikanischen Soldaten. Überall hingen „OFF-LIMITS“-Schilder. Wachen waren an jeder Ecke postiert; sie standen aber nicht, sondern hockten, halb sitzend, auf ihren Helmen wie auf Nachttöpfen und waren von einer Schar Kinder umringt, die mit Süßigkeiten oder Kaugummi reichlich beschenkt wurden. Andere Soldaten schleppten große Mengen von schneeweißem Brot durch die Flure, köstliche Küchendüfte verbreitend. Die Offiziere, wie aus dem Ei gepellt, in frisch gebügelten rosa Hemden zu moosgrünen Uniformen, gaben lässig Anweisungen. Das Zackig-Martialische lag ihnen nicht, und es wurde auch nicht gebrüllt; trotzdem herrschte eine vorbildliche Disziplin. Pattons Armee befand sich in bester Verfassung, nachdem sie Europa durchquert hatte. Wären sie nur ein bißchen früher gekommen und hätten Berlin und Prag eingenommen! Irgendeine geheime Abmachung muß sie zurückgehalten haben. Wir fühlten uns wie betrogen.

Und nun diese ominösen Andeutungen von Hauptmann Mullin! Meine Information teilte ich nur Paul mit, um nicht zu Hause jedermann nervös zu machen, denn in Königswart fing man gerade wieder an zu leben und zu lächeln.

Ganz plötzlich waren wir zum Ausflugsziel der US-Armee geworden und fanden uns ständig von Offizieren und Soldaten bestürmt, die das Haus und das Museum besichtigen wollten. Ein riesenhafter Texaner sah sich die Waffensammlung staunend an und kommentierte: „Diese Schwerter und Messer haben viel Blut rinnen lassen!"

Er schien dabei zu übersehen, wieviel mehr Blut in diesem Krieg mit Hilfe ganz anderer Waffen geflossen war!

Es folgten turbulente Tage. Man ließ uns keine Minute Ruhe zum Nachdenken oder auch nur zum Hinsetzen. Irene Albert, die mit ihrer Mutter nach Marienbad geflohen war, kam uns ebenfalls wieder besuchen und war selig, zwischen ihren „Boys" zu sein, wie sie die Amerikaner nannte. Ihre Loyalität war natürlich eindeutig, und so wollte sie nun auch an der Feier ihres „V.E. Day" teilnehmen. Die US-Offiziere luden sogar uns herzlich dazu ein, aber Paul lehnte höflich ab und schickte statt dessen etwas Champagner.

Ich ging zu den Flüchtlingsfrauen und warnte sie, sie sollten ihre Türen gut abschließen, denn ein Trinkgelage der Soldaten stehe bevor, wobei einiges zu erwarten sei.

Nach unserem Abendessen schauten US-Offiziere bei uns herein. Sie wollten mit uns plaudern und versuchen, Verschiedenes zu verstehen: „Warum erst ein so erbitterter Kampf, und dann dieses freundliche Willkommen? Warum der Judenhaß? Wie konnte die Bevölkerung nichts von den Konzentrationslagern gewußt haben?" Fragen über Fragen.

Lange, nachdem sie uns verlassen hatten, gellten plötzlich Schreie durch das Haus, gefolgt von hastigen Schritten.

Kurt stürzte ins Zimmer: „Sie haben die Türen zu den Frauen aufgebrochen", keuchte er.

Ich rannte hinunter zu einer kleinen Verbindungstüre, die nur wir gebrauchten, schloß sie auf und lief in Richtung des Lärms. Im Zimmer stand eine Frau, von einem baumlangen US-Soldaten an die Wand gepreßt. Er war in unmißverständlicher Absicht aufgeknöpft und sternhagelbesoffen. Heulende Kinder und wimmernde Frauen füllten den Raum. Erschrocken, aber voller Wut, packte ich ihn mit aller Kraft an der Schulter und schrie ihn an: „Wie wagen Sie es, hier einzudringen! Machen Sie, daß Sie hinauskommen!"

Mit glasigem Blick wandte er sich, auf unsicheren Beinen stehend, zu mir um:

„O. K., Ma'am, ich geh' ja schon. Ich hab's nicht bös gemeint, ich geh' ja schon."

Und er ging wirklich!

Seine so plötzliche Kapitulation verblüffte uns, aber es war gut zu wissen, daß ein Amerikaner, selbst in betrunkenem Zustand, auf den scharfen Ton einer Frauenstimme hört, was bei keiner anderen Nation so leicht der Fall wäre, fürchte ich.

„Wer hat hier aufgemacht?" wollte ich wissen. Natürlich dieselbe Frau, die dann in Bedrängnis geriet.

Am nächsten Tag fuhr ich wieder nach Marienbad. Hauptmann Mullin sagte mir, daß die Russen in drei Tagen hier alles übernehmen würden, während die Tschechen die Grenzen sicherten. Bestürzt fragte ich: „Und Ihre Truppen?"

„Wir verlassen dieses Gebiet. Und mein Rat an Sie ist: Fahren Sie los, solange es noch geht, und nicht in diesem Wagen, diesem ‚Buggy', er ist viel zu auffallend. Ich werde Ihnen Passierscheine geben für alle Ihre Angehörigen, außer für Ihren Mann. Ich brauche ja nicht zu wissen, daß er hier ist, aber er muß weg! Die Russen werden alle Offiziere der Nordarmee wegen der Belagerung Leningrads und die der Sechsten Armee wegen Stalingrad als Kriminelle behandeln. Seine Entlassungspapiere, so gültig sie auch für uns sind, bedeuten ihnen wahrscheinlich gar nichts!"

Gab es für Paul überhaupt keine Alternative? Hauptmann Mullin dachte noch einmal nach und machte dann einen Vorschlag:

„Ich könnte ihn in Uniform über die Grenze nach Nürnberg abschieben. Dort soll ein Gericht gegen Kriegsverbrecher stattfinden. Er wird vielleicht eingesperrt, aber es dürfte für ihn leicht sein nachzuweisen, daß er unschuldig ist. Ich kann ihn unter Garantie sicher über die Grenze schaffen."

Während ich noch diesen Vorschlag überlegte, den ich mit Paul erwägen würde, fragte ich Mullin, ob er auch den Wlassow-Leuten erlauben würde, zu fliehen.

„Wie soll ich sie identifizieren?"

„Ich werde Ihnen den russischen Priester schicken, er kennt sie alle", drängte ich, während ich intensiv nachdachte, wen ich ihm noch empfehlen müßte.

Er erklärte sich ferner dazu bereit, die Verwundeten aus den Marienbader Lazaretten mit über die Grenze zu nehmen, vor allem die Offiziere, die sich in größerer Gefahr befanden als die Mannschaft.

Mullin hielt alle seine Versprechungen, aber er konnte nicht wissen, daß die Wlassow-Soldaten wieder zusammengetrieben und den Sowjets in Lienz ausgeliefert werden würden. Mit den Kosaken-Divisionen und Tausenden anderen wurden sie dann wahllos hingemetzelt. Damals konnte man noch nicht ahnen, daß alle russischen Kriegsgefangenen dasselbe Los erwartete wie die deutschen Offiziere, nämlich fünf, zehn oder zwanzig Jahre Zwangsarbeit in sibirischen Lagern.

Die Nachricht, die ich zurückbrachte, schlug in Königswart wie eine Bombe ein. Papa, der nun zum drittenmal in seinem Leben vor einer Vertreibung stand, verlor auch jetzt nicht seine stoische Gelassenheit. Er beruhigte mich, indem er schlicht sagte: „Tatsachen muß man akzeptieren. Es ist immer falsch, an materiellen Dingen zu haften. Man soll sich von seinem Besitz sofort lösen können."

Von Paul, der sich wie immer in kritischen Situationen fabelhaft bewährte, kamen kurze, klare Anweisungen. Es stand noch offen, ob er uns begleiten oder den zweiten „sicheren" Vorschlag von Hauptmann Mullin befolgen sollte, der ihm auf jeden Fall eine russische Gefangenschaft ersparen würde.

Die Franzosen hörten, daß wir unseren Abzug vorbereiteten, und ließen uns wissen, daß sie uns gerne begleiten würden, weil es selbst für sie zu gefährlich wäre, allein loszugehen. Auf ihrem Weg nach Hause waren schon einige ihrer französischen Kameraden von heimkehrenden Ostarbeitern überfallen und ermordet worden.

Ich ging hinunter, um mit den Tauberts zu sprechen und auch ihre Abreise zu organisieren, stieß jedoch auf Ablehnung und hysterisches Toben. Sie zeigten mir Zyankali-Kapseln (wahrscheinlich von ihrem jämmerlichen Schwiegersohn, dem Apotheker, besorgt), die sie sofort schlucken wollten. Ich verlor völlig den Kopf, lief hinauf, um Paul zu holen, der so grenzenlos wütend wurde, wie ich es nur wenige Male bei ihm erlebt habe. Ich hörte ihn donnern: „Wenn *ich* alles verlassen kann, können Sie es auch. Ich habe weder Lust noch Zeit, Sie hier zu beerdigen. Sie packen jetzt und verlassen Königswart um sieben Uhr früh mit Pferd und Wagen. Wir sprechen uns erst wieder, wenn wir alle in Johannisberg eingetroffen sind."

Es blieben uns nur wenige Stunden bis zur Abreise, und wir hatten noch unendlich viel zu tun. Letzte Anweisungen mußten gegeben werden. Die Gruppe der sieben Franzosen sollte die kräftigsten Arbeitspferde für den Treck aussuchen und die anderen zum Gebrauch unserer Leute zurücklassen. Dann sollten sie mit einem Leiterwagen in den Wald hinausfahren, wo sie uns am nächsten Morgen kurz nach sieben Uhr zu erwarten hatten. Die Ausgangssperre, das ,,Curfew", hinderte uns daran, früher loszufahren. Als Proviant nahmen wir Brot und große Speckseiten mit sowie Mengen von Futter für die Pferde und als ,,Sonderration" einige letzte Flaschen des Napoleon-Cognacs, in einem Eimer verstaut. Wir verteilten verschiedene Geldbeträge an alle und nahmen selber die letzten Tausendmarkscheine aus dem Safe.

,,Wieviel Gepäck kann noch mitgehen?" fragte ich Paul.

,,Jeder nur einen Handkoffer", antwortete er bestimmt. ,,Womöglich werden wir auch den unterwegs wegwerfen müssen."

Ich dachte traurig an den zweiten, den ich mit den schönsten Sachen fertiggepackt hatte, aber es blieb keine Zeit zum Aussortieren.

Paul und Papa steckten Pistolen ein. Ich brachte meinen Schmuck in einem ledernen Beutel unter, den ich unter meine Khakibluse band. Die Bluse entdeckte ich in einem Fach, in dem Safarikleidung aufbewahrt wurde: Großwildjagd in Afrika! Wie fern das lag . . . Jetzt waren wir die Beute . . . !

Was sollte ich anziehen? Einen grauen Flanellrock und Pauls Offiziersstiefel, die im Vorjahr für mich umgearbeitet worden waren; außerdem nahm ich einen dunkelblauen Trainingsanzug aus dem Rotkreuzbestand mit, der im Ballsaal untergebracht war. Nachts könnte er unterwegs von Nutzen sein, dachte ich.

Meine Abendkleider ließ ich ohne Bedauern im Schrank hängen, denn wann sollte ich sie je wieder tragen? Aber ich fühlte einen Stich im Herzen, als ich meine Bücherreihen entlangblickte; sie enthielten besondere Lieblinge. Ich erinnerte mich in diesem Augenblick daran, daß der russische Poet Puschkin, als er im Sterben lag, auf seine Bücher gezeigt und geseufzt hatte:

,,Adieu, meine Freunde."

Ich nahm nur das Tagebuch Léontines mit, der kleinen Tochter des Kanzlers, das ich gerade las, sowie einen englischen Roman, um die langen Stunden, die vor uns lagen, zu füllen.

Was rettet man aus einem Haus wie Königswart, das angefüllt ist mit den schönsten und wertvollsten Sachen wie sonst kaum ein Museum? Vor allem, wenn man es zu Fuß verläßt und nicht einmal sicher ist, heil über die Grenze zu kommen. Wie gut verstand ich jetzt dieselbe Verlegenheit meiner Eltern, als sie seinerzeit gezwungen waren, aus Rußland zu fliehen. Als Wichtigstes und erstes kamen Nahrungsmittel, dann Kleidung, und zuletzt die schönen Dinge, die in einer ins Chaos gestürzten Welt nichts mehr bedeuteten. Später würde man sie dann in umgekehrter Folge vermissen.

Das Museum im Nordflügel befand sich noch in völliger Ordnung. Wenn wir an seinem Bestand nicht rüttelten, würden die

Nachfolger vielleicht seine Unantastbarkeit respektieren. Ich zögerte aber beim Anblick der Spazierstöcke mit den zum Teil juwelenbesetzten Griffen. Es waren welche darunter, die Napoleon und dem Herzog von Reichstadt, dem unglücklichen „Aiglon", gehört hatten, andere Alexander Dumas und Metternich.

„Wir nehmen nur mit, was wir tragen können", beharrte Paul. Die Stöcke blieben in ihrem Gestell. So ließen wir auch die Münzensammlung zurück, die herrlichen Kameen; es schien uns barbarisch, eine oder zwei aus der wohlgeordneten Vitrine herauszunehmen. Ich nahm nur den Ring der Königin Marie Antoinette, der aus dem Fürst Kaunitzschen Nachlaß stammte, sowie die Uhr Metternichs mit. Paul schenkte mir einen schwarzen Email-Ring mit einer Inschrift aus Brillanten: „Je te bénis" – ich segne Dich –, vielleicht würde er uns Glück bringen.

Zutiefst hoffend, daß die beiden wundervollen Bibliotheken des Hauses nicht zerstört oder geplündert würden, steckte ich noch die Perle der Sammlung, ein altes illustriertes Manuskript, in meine Umhängetasche. Es war mit handgemalten Miniaturen ausgestattet, und im inneren Einband befand sich ein Brief Metternichs in seiner eleganten, fließenden Handschrift. Darin beschrieb er die abenteuerlichen Irrfahrten des kostbaren Bandes während der Napoleonischen Kriege: wie er aus dem brennenden Koblenz den Rhein hinauf nach Mainz gebracht wurde, um dann mit anderen wertvollen Gegenständen in offenen Pferdewagen unter Feindbeschuß weitergeleitet zu werden, bis alles endlich Königswart erreichte. Jetzt unternahm er dieselbe Reise – vielleicht mit gleichem Glück – in umgekehrter Richtung, diesmal in Linoleum eingewickelt, unter Stroh im Wagen versteckt.

Es war tröstlich zu wissen, daß der Kanzler für unsere Probleme Verständnis hätte, denn wir waren Opfer derselben Übel, gegen die er damals verbissen kämpfte.

Gegen Abend kamen einige amerikanische Generäle zu Besuch. Verglichen mit ihren deutschen Gegnern waren sie überraschend jung, aber sonst ihnen nicht unähnlich: korrekt, höflich, Fachleute in ihrem Beruf und doch erstaunlich naiv.

Wir hatten nicht viel Zeit, ihre Illusionen über „Onkel Joe Stalin" zu zerstören, die Nachrichten jedoch von den Vorgängen hinter der russischen Front stimmten sie nachdenklich. Sieben Tage zuvor, am 5. Mai, hatten die tschechischen „Rotgardisten" (wer mochten sie sein?) einen Aufruf mit der Überschrift „Tod allen Deutschen" verteilt. Als noch Gefahr bestand, verhielten sie sich leiser als Mäuschen . . .

Wir wußten, wie leicht alles, was wir diesen Amerikanern erzählten, falsch ausgelegt werden konnte. Es war jedoch überaus wichtig, ihnen deutlichzumachen, welche Abgründe menschlichen Leidens dank ihrer Unkenntnis der Dinge sich unter ihren unschuldigen Füßen auftaten. Wir versuchten ihnen, ohne zu übertreiben, damit sie uns nicht für voreingenommen hielten, die gefährdete und so komplizierte Lage unseres Landstriches vor Augen zu führen. Leichthin plaudernd, mußten wir daher wie zufällig die Probleme streifen, während wir darauf brannten, ihnen die volle Wahrheit in so kurzer Zeit wie möglich aufzudecken.

Gleichzeitig nagte an uns die Verantwortung, letzte Vorkehrungen vor unserer geplanten Flucht zu treffen, und die zahlreichen damit verbundenen Sorgen quälten und bedrängten uns.

Für diese Offiziere sowie für ihre Soldaten stellten wir nichts anderes dar als eine Touristen-Attraktion am Ende einer längeren Reise, während für uns diese kurze Pause den Anfang vom Ende bedeuten konnte: Im Geiste gingen wir aneinander vorbei.

Nichtsdestoweniger erreichten wir viel Nützliches, als wir wertvolle Stunden damit verbrachten, die Militärs durch das Haus zu führen. Die Flüchtlingsfrauen mit ihren Kindern, die noch im Erdgeschoß wohnten, sollten sofort in Richtung ihrer wenn auch zerstörten Heimatstädte nach Westdeutschland evakuiert werden. Was Königswart betraf, so würde das Schloß mit „OFF-LIMITS"-Schildern versehen und als Museum von jeder Einquartierung befreit und unter Schutz gestellt werden. So lange wie möglich sollte es in amerikanischer Hand bleiben. Obwohl wir diesbezüglich tiefe Zweifel hegten, bestand doch die Möglichkeit, daß auch die Sowjets diese Verfügungen respektieren würden, falls sie kämen.

Die Nacht brach herein, und Paul hatte sich noch nicht entschieden, welche der beiden Fluchtmöglichkeiten er ergreifen sollte. Im Fall Nürnberg mußte er seine Uniform noch einmal hervorholen, obwohl ihm die Vorstellung, sie wieder anzuziehen, sehr zuwider war.

Das elektrische Licht funktionierte schon seit Tagen nicht mehr. Mit Kerzen und Streichhölzern bewaffnet, gingen wir bis zum anderen Ende des Hauses zu dem Schrank, in dem wir die Uniform versteckt hatten. Eine kleine, unsichtbare Tür führte uns in Kurts Reich. Auf hohen Regalen, die bis zur Decke reichten, in riesigen ausgepolsterten Schränken, die hinter der Täfelung die ganze Länge des Eßzimmers einnahmen, wurde das Silber Generationen hindurch aufbewahrt. Die seit Jahren nicht mehr benützten Gala-Tafelaufsätze aus Goldbronze standen auf langen Tischen an der Wand. Es waren große Spiegel, von Bronzegittern eingefaßt, sowie Figuren und Leuchter aus dem berühmten „Thomire"-Bankettservice, einem Geschenk der Stadt Paris an den Kanzler im Jahre 1815.

Hier lag Pauls Kavallerieuniform auf dem obersten Bord verborgen. Als wir nun im schwachen Kerzenlicht daran zerrten, rutschte das Bündel heraus und fiel mit Koppel und Degen auf einen der Spiegel, der krachend in tausend Stücke zersplitterte wie ein explodierender Stern. Die Kerze erlosch.

Das Schicksal hatte für uns entschieden: daraus konnte nur Unglück folgen! Wir suchten nach den Streichhölzern und machten Licht. Die Uniform wanderte zurück auf das Regal, so hoch wir nur hinaufreichen konnten. Es war keine Zeit mehr, die Glassplitter wegzuräumen, aber immerhin hatten wir eine Antwort auf unser Dilemma erhalten. Jetzt reiste Paul mit uns!

Bei jedem Schritt zurück durch das schlafende Haus fühlten wir: das ist das letzte Mal. Wir verlassen nun das schummrige und so freundliche Haus mit seinen herrlichen Düften und Gerüchen, seinen vielen Geheimnissen, seiner intimen Wärme. Nie wieder kommen wir hierher zurück!

Obwohl innerlich ausgehöhlt und erschöpft, hatten wir noch so viel zu tun, so entsetzlich viel zu bedenken. Vor allem mußten wir unseren Leuten zur Flucht verhelfen.

Mit einer Kerze in der Hand, meine Schreibmaschine beleuchtend, diktierte mir Paul nacheinander Anweisungen für jeden einzelnen: für Dobner, den Forstmeister, für Pfreimer, den Chauffeur, für Tauberts und den Verwalter Hübner sowie für die vielen anderen. Zusätzlich legten wir ihnen eine persönliche Empfehlung bei, um ihnen auf ihrem Weg zu helfen, in Nachahmung der amerikanischen Ausweise, die es mir ermöglicht hatten, unbehelligt an allen US-Kontrollen zwischen Königswart und Marienbad vorbeizukommen.

Ich tippte sie schön ordentlich auf demselben Schulheftpapier, wie es die Amerikaner benutzten.

„TO WHOM IT MAY CONCERN“

„Herr soundso stand seit . . . Jahren in meinen Diensten. Ich verbürge mich für ihn und seine Familie und ersuche hiemit jedermann, sie ungehindert von Königswart zu meinem Besitz in Johannisberg am Rhein ziehen zu lassen.“ Unterzeichnet: Fürst Metternich.

Dann drückten wir das große Siegel vom Wiener Kongreß darauf, das der Kanzler so oft benützt hatte.

Trotz der traurigen Stunde mußten wir lachen, denn wir waren sicher, der alte Herr hätte die Verwendung, die wir für dieses Siegel fanden, gutgeheißen.

Endlich sanken wir in unsere Betten, denn es blieben uns nur wenige Stunden Schlaf. Aber ich kam nicht zur Ruhe, von der Vorstellung gequält, Paul oder mein Vater würden in sowjetische Hände geraten. Handelten wir überhaupt richtig? Es war eine so große Verantwortung, das Haus und die Leute sich selbst zu überlassen. Aber sie würden nicht annähernd in so großer Gefahr schweben wie Papa und Paul; ich konnte nicht die Ermordungen nach der Russischen Revolution vergessen, die bis auf diesen Tag andauerten.

Damals in Rußland hatten viele erkannt, daß sie, indem sie geistige Werte und Loyalitäten verteidigten, die sie und ihre Vorfahren mehr als das Leben schätzten, damit ihre eigene Lebensberechtigung bestätigten. Meine Eltern fühlten das um so mehr, als sie immerhin zum drittenmal flüchteten. Doch unsere Lage war jetzt eine ganz andere. Wir wurden wie von einer Flut hin- und hergeschoben. Wenn man uns gefangennahm, dann war es die Folge unserer Anhänglichkeit zu Königswart, also zu Dingen, nicht zu Prinzipien. Den Gewalten, die über unseren Köpfen zusammenprallten, schuldeten wir keine Treue und kein Opfer.

Schließlich schlief ich doch noch ein und träumte bald von einem undurchdringlichen Gebüsch um uns herum: nie würden wir über die Grenze kommen! Und dann, als wir verzweifelt nach einer Lücke suchten, um durchzuschlüpfen, öffnete sich eine Schneise in der Hecke, sauber ausgeschnitten, die Brombeerzweige wie Weizenhalme nach der Ernte zusammengebunden, und eine lange, sandige goldene Straße streckte sich vor uns aus, eingezäunt von aufrechtstehenden Lanzen; hinter den Lanzen war niemand zu sehen.

So wachte ich dennoch erfrischt auf, entschlossen, allem entgegenzutreten, was auch kommen möge, und ging, Mama zu wekken und alle auf die Beine zu bringen.

Papa hatte die ganze Nacht damit verbracht, Wache zu halten, denn ohne daß wir es wußten, war ein Befehl ergangen, alle Männer zu registrieren, und er hatte befürchtet, sie würden kommen, um Paul zu holen. Vor Tagesanbruch hatte er uns nicht damit beunruhigen wollen.

Durch die hohe, geöffnete Balkontür flutete die Morgensonne in Mamas Zimmer herein. Ich hatte einst selbst dort gewohnt, als ich das erste Mal mit Missie und Paul nach Königswart kam. Rosafarbene, englische Baumwollvorhänge mit weißen Mustern, rosa Sessel und Sofas, ein dunkelrosa Teppich mit Flecken, die von verwöhnten, nie ganz stubenreinen Hunden stammten, ein weißer Kachelofen und ein in der Sonne plötzlich aufleuchtendes Messingbett machten es zum schönsten Gästezimmer.

„Schau, ein Bild ist heruntergefallen", machte mich Mama aufmerksam. Das gravierte Porträt eines englischen Staatsmannes aus dem 19. Jahrhundert war von der Wand gefallen. Glassplitter bedeckten den Fußboden.

Lisette hatte mir einstmals erzählt, daß es den Tod eines Familienmitgliedes bedeute, wenn im Haus ein Bild von der Wand fiel, selbst wenn das Sterben im Ausland stattfand. Sie empfand das Vorkommnis als eine Beileidsbezeugung des Hauses. Ich hatte daraufhin nach und nach in jedem Zimmer die Bilder mit neuen Kordeln und Haken versehen lassen. Eine weißgestrichene Eisenschiene, die rings um die Zimmer direkt unter der Decke verlief und an der die Bilder hingen, genügte allen Belastungen. In der Zeit, da Paul sich in Rußland und Missie in Berlin befanden, wollte ich keinem solchen Omen begegnen.

Die Kordel des zerschellten Bildes war durch den Ring gerutscht, der doppelte Knoten glatt aufgegangen. Der Vorfall zog mein Herz zusammen. Vielleicht aber trauerte nur das alte Haus, die Familie nach Hunderten von Jahren wegziehen zu sehen.

Mama, die noch im Bett lag, sagte: ,,Ihr müßt ohne mich gehen, ich habe es mir überlegt. Ich bleibe hier und hüte das Haus.“

Ich rannte zu Paul. ,,Mama will nicht mitkommen.“

Paul setzte sich auf den Bettrand, ließ die Umhängetasche von seiner Schulter gleiten und sagte ganz ruhig: ,,Dann bleibe ich auch hier. Ich möchte nicht meine Schwiegermutter allein in einem Haus zurücklassen, um es zu retten!“

Eindringlich, mit meiner ganzen Überzeugungskraft versuchte ich sie umzustimmen. Ich verstand ihre Motive, denn sie meinte es gut. Aber da gab es keine andere Wahl.

,,Mama, du mußt in einer halben Stunde fertig sein. Kein Haus ist es wert, daß Papa und Paul vor dem Hauptportal aufgehängt werden. Ohne dich gehen sie nicht . . .“

Endlich begann sie sich anzuziehen, während ich noch die letzten Sachen holte.

Bevor wir unsere Zimmer verließen, machten wir sorgfältig unser großes Bett; wir wollten nicht die ersten sein, die Königswart auflösten.

Andere mochten damit beginnen. Wir nicht.

4. Teil

ENDE UND NEUBEGINN

1

Wir verließen das Haus durch eine kleine Seitentür links vom Schloßhof. Gerade als wir sie abschlossen, schlug es sieben Uhr, das Ende des „Curfew". Ich hob den Schlüssel noch lange auf, bis er für uns keine Bedeutung mehr besaß und ein abgelegter Schlüssel mehr wurde wie andere auch.

Wir gingen getrennt auf den Park zu, um uns bei der Statue der Diana zu treffen. Als ich ankam, wartete Paul schon auf dem Weg, halb verdeckt von einem Fliederstrauch. Wir warfen einen letzten Blick zurück auf das Haus, das durch die herabhängenden Trauerweidenzweige über unseren Köpfen weiß zu uns herüberleuchtete.

Wir hielten uns links vom See; ein geheimnisvoller blauer Schimmer spiegelte sich am Rand des Wassers: die Iris blühten früh in diesem Jahr.

Das Sommerhäuschen meiner Schwiegermutter auf der Insel, unsere Zuflucht vor lästigen Touristen, stand unberührt und einladend da, Enten schwammen friedlich am Ufer entlang. Jetzt kam der steile Aufstieg zum Kamm, zur offenen, holzgeschnitzten St.-Anthonius-Kapelle mit ihren rührend naiven Votivbildchen, die etwas schief über dem Eingang hingen. Sie stellten unter anderem dar: ein Kind, das vor dem Ertrinken oder vor einem Feuer gerettet wurde; einen Reiter, vor einem gefährlichen Sturz bewahrt; einen Bauern, vor Blitzschlag im schweren Gewitter geschützt. Die Gefahr bestand immer in Naturkatastrophen, nicht in von Menschen verursachtem Unheil. Was würden *wir* wohl dort hinhängen, wenn wir jemals hierher zurückkehrten?

Der Weg verlief wieder abwärts zu einem anderen See, dem Sandteich, in dem wir gern geschwommen waren. Von einem durchströmenden Bach gespeist, blieb er stets glasklar.

Als wir die Schotterstraße erreichten, erwarteten uns schon Mama und Papa. Sie hatten einen anderen Weg gewählt, um nicht aufzufallen. Ein Stückchen weiter, von den weitausschwingenden Zweigen eines großen Baumes geschützt, harrten unsere Franzosen, dicht an den Wagen gedrängt. Sie spähten ängstlich in unsere

Richtung. Wir waren nicht sicher, sie an der verabredeten Stelle zu finden, denn wem konnte man heute schon trauen? Aber da standen unsere Verbündeten in der Not, eine kleine, handfeste, zuversichtliche Truppe. Sie hatten eine französische Fahne auf dem Wagen gehißt, behelfsmäßig aus roten, weißen und blauen Fetzen zusammengeheftet. Alles war bereit.

Sie grüßten ernst, die Hand an der Mütze, respektvoll mitfühlend, was dieser Auszug für uns bedeutete: „Guten Morgen, Herr Fürst, guten Morgen, Frau Fürstin", mit der Anrede betonend, daß sich nichts in unserem gegenseitigen Verhältnis geändert hatte.

„Guten Morgen, Louis, guten Morgen, René", und los ging es. Wir marschierten erst zu Fuß, auch um die nervliche Anspannung abzubauen. Schweigend. Es war ein schöner Morgen, prikkelnd kühl, aber die schnell wärmende Sonne ließ den Tau von Feldern und Sträuchern aufdampfen. Als wir so einherschritten, merkte ich, wie die Angst allmählich von mir wich, als wäre sie ein Fieberanfall gewesen. Jetzt, wo die gefürchtete Flucht da war, verwandelte sie sich in ein Abenteuer. Immerhin saßen wir nicht mehr eingeklemmt in der Falle, die Initiative lag wieder in unserer Hand; vor allem waren wir beisammen. In Zeiten wie diesen verlor jeglicher Besitz an Wichtigkeit. Der Schmerz des Abschieds und die Endgültigkeit des Verzichts würden sich erst später einstellen.

Auf Paul wirkte das Weggehen schlimmer. Ich wußte, daß er es lange vermeiden würde, Königswart zu erwähnen.

Um die Gedanken abzuschalten, wendete ich mich Nebensächlichkeiten zu: ein Hase auf Absprung, bereit, bei Gefahr sofort vom Feld zu flüchten. Maiglöckchen in einer Senke nahe dem Bach blühend. Anemonen wie Schnee aufblitzend unter den zartgrünen Buchen im Wald, in den wir hineinfuhren.

Niemand war weit und breit zu sehen. Wir wollten uns in unseren eigenen Wäldern so lange wie möglich aufhalten. Paul kannte hier jeden Winkel: während der Sudetenkrise von 1938 hatte er mit seinen Leuten dort gezeltet.

Die Pferde zogen tapfer und der Wagen fuhr langsam knarrend bergauf. Als die Straße wieder abfiel, löste René hastig die eiserne Bremse, und die braven Pferde fielen in einen leichten Trab. Er sprach mit ihnen im Egerländer Dialekt. In Frankreich, erklärte er uns, gebrauchten sie andere Worte. Ich dachte, sie reagierten überhaupt nur auf den Ton einer Stimme, aber nein: „Es ist die Sprache als solche, die sie verstehen", behauptete er. „Mes bêtes" (meine Tiere), fügte er liebevoll hinzu. Am Wegrand standen ordentlich aufgestapelte, sauber numerierte Raummeter Schichtholz. Dobner würde vor sich hinmurmeln: „Die Lärchenholzknüppel gehören zuerst weg, bevor die Käfer an sie herankommen."

Plötzlich zerrte Sherry, der Scottie, stürmisch an der Leine; uns durchzuckte es. Da war ein Rascheln und Brechen von Zweigen, ein galoppierendes Trappeln zu hören: Rehe wechselten über den Weg, um eilig im Gehölz zu verschwinden. Falscher Alarm. Wir atmeten erleichtert auf. Gegen Mittag passierten wir die Grenze. Als Kind hatte sich Paul hier mit einem Fuß auf jede Seite der Markierung gestellt und stolz gerufen: „Seht, ich steh' in zwei Ländern gleichzeitig: in der Tschechoslowakei und in Deutschland."

Er ging jetzt nach vorne, mit Louis an seiner Seite, um die Lage zu erkunden. Wir warteten auf sein Zeichen, indessen die großen, honigfarbenen Pferde mit ihren Schweifen die Fliegen verscheuchten.

Keine Grenzposten bis jetzt! Alles ging gut. Ohne Zwischenfälle schritten wir nach Bayern hinüber.

Bald hörten wir, daß nur wenige Stunden später bewaffnete tschechische Soldaten erschienen, um alle Straßen zu sperren; sie besetzten dann die Grenze, die Posten auf Schußweite auseinander.

Louis kletterte einen Hügel hinauf, um den Horizont abzusuchen. Seine Kameraden neckten ihn: „Siehst du von dort oben vielleicht die Kathedrale von Béziers?" Das war seine Heimatstadt, weit im Süden Frankreichs

Unsere Begleiter fühlten sich jetzt entspannt und erleichtert. Das Ärgste schien vorüber, aber wir hatten noch eine Strecke von sechshundert Kilometern zu bewältigen, bevor wir Johannisberg erreichten.

Paul legte unsere Route mit Hilfe eines Vorkriegs-Atlasses fest, der sich großspurig „Europa-Touring" nannte. Es schien ratsam, die Städte zu umgehen, denn dort würde man auf amerikanische Posten und Kontrollen stoßen.

Hauptmann Mullin hatte mir gesagt, daß Thüringen oder Franken den Sowjets zugestanden worden sei als Gegenleistung dafür, daß den Alliierten erlaubt würde, in Berlin einzumarschieren (als wenn sie nicht ohne sowjetische Genehmigung hinkommen könnten!). Natürlich wurden die Bewohner des verschacherten Landes nicht beizeiten gewarnt, und das trotz des Niedermetzelns von Zivilisten in Ostpreußen und Schlesien, wo Frauen und Mädchen vergewaltigt und zu Tode gequält und kleine Kinder so erbarmungslos umgebracht worden waren, als wären sie Karnickel, während die Männer erschossen oder nach Rußland verschleppt wurden.

Mullin war sich nicht sicher, welches der beiden Gebiete in Frage kam, aber bei unserer begrenzten Geschwindigkeit schien es besser, so wachsam wie möglich zu sein, um sofort von einer Provinz zur anderen hinüberzugelangen. Da alles, was er angekündigt hatte, eintraf – obwohl uns diese neue Konzession als unbegreiflicher Wahnsinn vorkam –, glaubten wir ihm bedingungslos und beschlossen, der gestrichelten Trennungslinie zwischen den gefährdeten Gebieten auf der Karte zu folgen.

In unserem Atlas blätternd, fand ich eine kleingedruckte Bemerkung: „Wenn man allein durch Albanien reist, empfiehlt es sich, einen Führer mitzunehmen . . .“ Glückliche Tage, nur sieben Jahre her! Wohin konnte man heute überhaupt noch allein oder sogar mit Führer reisen und noch in Sicherheit sein . . .?

Unser langer, flacher Leiterwagen lief auf dicken Gummirädern, die als Federung wirkten. Das Heu für die Pferde verdeckte diskret unser bescheidenes Gepäck. René hatte die alte Plüschwagendecke geschickt über eine Art Bank ausgebreitet, auf der wir ganz bequem saßen, solange die Pferde nicht gerade bergauf zogen. Ein Wassereimer war unter unseren Füßen verstaut: er beherbergte die letzten Cognacflaschen, die lustig klirrten, wenn wir bergab fuhren. Hinten war der Wagen wie ein hohes Bett aufgebaut, die Planken grob zusammengenagelt und mit unseren Taschen und Mappen behängt. Mamas heller Teint vertrug keine Sonne, so spannte sie im offenen Gelände ihren pflaumenfarbenen Regenschirm als Schutz auf. Allmählich glichen wir einem Familienausflug.

Zwischen reimlosen Versen kleiner Lieder, die er unzusammenhängend vor sich hinsummte, erzählte mir René, daß seine Landsleute sich in Königswart unter ihren russischen Mitgefangenen sehr unbehaglich gefühlt hatten. Als der Krieg zu Ende ging, nahmen die sowjetischen Gefangenen denselben Mann zum Wortführer, den sie schon vor Jahren als Vertreter gewählt hatten. Es stellte sich nun heraus, daß er ein politischer Kommissar war, vor dem sie alle zitterten. Zuletzt drohte er unseren Freunden, daß er, wenn die Zeit käme, genau wüßte, wie er mit ihnen umgehen würde. Allein die Tatsache, daß die Franzosen nachts nicht eingeschlossen wurden, sondern sich in einem gewissen Umkreis frei bewegen durften, hatte viel Eifersucht verursacht. Ich fragte auch seine Kameraden, warum sie uns ihre Befürchtungen nicht längst anvertraut hatten. Vielleicht wäre es uns möglich gewesen, die anderen Gefangenen von diesem Mann zu befreien.

„Die Russen gaben ihre Angst nie zu. Man konnte ihnen sowieso nicht trauen, sie waren viel zu eingeschüchtert“, sagten sie.

Vorsichtig vermieden wir die Hauptstraßen, denn die Amerikaner befanden sich in Bewegung und hätten uns nur aufgehalten oder von der Straße abgedrängt, wenn wir ihnen begegnet wären.

Wieder kamen wir in den Wald; die Sonne schien durch die noch lichten Bäume, Vögel raschelten in den Büschen, ein ferner Kuckuck rief. Es war fast unheimlich friedlich, so daß unsere Wachsamkeit etwas nachließ, selbst knackende Zweige konnten uns nicht mehr erschrecken. Waren wir nicht überhaupt schon in der amerikanischen Zone?

Aber plötzlich sahen wir uns von herbeieilenden Gestalten umringt, die von allen Seiten aus dem Gebüsch auftauchten. Sie trugen gestreifte Anzüge und waren bewaffnet. Paul und Papa griffen nach ihren Pistolen, und wir alle rückten etwas zusammen.

In gebrochenem Deutsch, mit ihren abgesägten Gewehren herumfuchtelnd, fragten sie:

„Wer?"

„Alles Franzosen", antworteten unsere Begleiter.

„Er??" Die am Wegrand Stehenden zielten auf Paul, der zwischen den anderen auffiel.

„Franzose", wiederholten sie ängstlich. „Alles Franzosen! Frankreich! Wir kehren zurück nach Frankreich, wir haben nichts."

Und sie wendeten ihre Taschen nach außen, um ihren Behauptungen Nachdruck zu verleihen.

„Vive la France!" rief einer der Gestreiften und ließ sein Gewehr sinken. Die anderen folgten zögernd seinem Beispiel und machten unserem Wagen Platz. Sie standen und starrten uns eine Weile nach, als seien sie noch geteilter Meinung, ob sie uns ziehen lassen oder doch über uns herfallen sollten.

Verwundert wiederholten unsere Freunde immer wieder: „Habt ihr's gehört? Sie riefen: Es lebe Frankreich. Ah, ça, mais alors . . . Na , immerhin, eigentlich waren sie ganz vernünftig."

Als der Wagen knirschend und ächzend den Sandweg weiterfuhr und wir nun wachsamer nach links und rechts spähten, erblickten wir erneut Gestalten mit geschorenen Köpfen, die hinter Büschen lauerten oder von Dickicht zu Dickicht krochen, kaum verdeckt von den jungen Blättern im Unterholz. Wahrscheinlich kamen sie aus Konzentrationslagern und versuchten, sich in den Osten durchzuschlagen. Da aber in den Lagern politische Gefangene mit den Kriminellen zusammengesperrt waren, konnte sich auch mordlustiges Gesindel unter ihnen befinden. Unsere Franzosen erzählten wieder, daß Verbrecher einigen ihrer Kameraden auf ihrem Zug nach Hause aufgelauert und ihnen Eheringe und armselige Kleidungsstücke geraubt hatten. Zwei der Überfallenen, die versucht hatten, sich zu wehren, waren sofort erschlagen worden.

„Sie haben in den Lagern nur Gewalt und Greuel kennengelernt; deshalb ist es besser, man geht in solchen Zeiten nicht allein."

Jetzt kamen wir aus dem Wald in offenes Gelände. Die Straße führte geradeaus zu einem weit entfernten Dorf, das sich eng um seine Kirche schmiegte, die wie eine brütende Henne zwischen den Ziegeldächern saß.

Kurz vor der Dorfeinfahrt glitzerten Militärfahrzeuge und Uniformen in der Sonne. Wir näherten uns dem ersten US-Kontrollpunkt. Paul kletterte auf den Wagen, um neben seinen untersetzten Begleitern nicht so groß zu erscheinen. Gegen das Stroh gelehnt, tat er, als ob er schliefe. Der gummikauende Posten inspizierte lässig unsere Papiere. Diese erwähnten nur meine Eltern und mich. Er drehte sie nach allen Seiten um, bis ein Offizier aus der kleinen Hütte am Straßenrand erschien und auf Paul zeigte. Unsere Eskorte, die wie er keine Papiere vorweisen konnte, wiederholte laut:

„Alles Franzosen."

Wir hatten sie nicht darum gebeten, dies zu behaupten, aber es stand uns jetzt nicht an, ihnen zu widersprechen.

„Wohin wollen Sie?" fragte die Wache. Ich nannte den nächsten Ort; er schien das hinzunehmen. Wir konnten es kaum selber glauben, daß wir uns vorgenommen hatten, ganz Deutschland zu durchqueren. Der Offizier verschwand in der Hütte mit unseren Pässen. Während wir dort standen, öffnete Paul ein Auge und fragte auf englisch: „Worauf warten wir noch?"

Er bekam einen warnenden Stoß von mir, aber der gummikauende Soldat, der in nächster Nähe stand, schenkte uns nicht die geringste Beachtung. So weit es ihn anging, bildeten wir einen Teil der Landschaft. Jetzt kamen unsere Papiere wieder zurück, ordnungsgemäß abgestempelt. Wir wurden mit einer Handbewegung und dem trockenen Hinweis entlassen, das „Curfew" nicht zu überschreiten. Nach wie vor durften wir uns nur zwischen sieben Uhr früh und sieben Uhr abends auf den Straßen befinden.

Als sich der Nachmittag abkühlte, wurde es Zeit, sich nach einem Nachtquartier umzusehen. Pauls polnischer Stiefvater, der Botschafter in Rom war, pflegte uns zu sagen, daß von allen großen internationalen Organisationen die katholische Kirche die zuverlässigste sei. Das sollte sich auch jetzt erweisen, als wir das nächste Dorf erreichten und direkt auf die Kirche zufuhren, um nach dem Priester zu fragen.

Paul ging in das Pfarrhaus hinein, begann ein freundliches Gespräch, und bald darauf wurden wir dem reichsten Bauernhof des Dorfes zugewiesen. Der Pfarrer kam sogar selber mit, um die Bauersfrau zu bitten, uns aufzunehmen und uns eine heiße Suppe zu kochen. Paul versprach, für alles zu bezahlen. Es fand sich sogar ein kleiner Raum im Hinterhaus für Mama.

René versorgte die Pferde im Stall mit Futter. Wir waren den ganzen Tag zu unruhig, zu angespannt gewesen, um ans Essen zu denken. Jetzt verspürten wir einen wahren Heißhunger, als wir uns mit der Bäuerin und ihren Kindern an den hölzernen, sauber gedeckten Tisch setzten. Die Suppe schmeckte köstlich; Käse und herrliches, knusperiges Bauernbrot ergänzten das Mahl. Es gab sogar Bier!

Unsere Gastgeberin war eine stämmige, wackere Frau mit kräftigen, von der Arbeit rauhen Händen. Sie schien den Hof mit Hilfe ihrer ältesten Tochter und einer alten Frau zu bewirtschaften, die mit Eimern voll schäumender, frischer Milch hereinhinkte. Ihr Mann war seit mehreren Monaten als vermißt gemeldet. „Ihre" Franzosen, die ihr geholfen hatten, waren bereits in die Heimat zurückgekehrt. „Gute, zuverlässige Leute", sagte sie. Für uns war sie voller Sympathie.

„Sie sind geflohen? Einfach so? Und Sie hatten auch einen Hof! Und Kühe natürlich! Wie viele? . . . Und die haben Sie auch zurücklassen müssen? Nein, so was . .!" Das zurückgebliebene Vieh schockierte sie mehr als irgend etwas anderes. In jeder Lebensstellung scheint es eine Grundwährung zu geben. Für sie waren es Kühe! Ich erinnerte mich, wie jemand einmal äußerte, daß seine Frau ihre Ausgaben nur nach dem Wert eines Elisabeth-Arden-Cremetopfs bemessen konnte (die Ehe war nicht von Dauer). Reichtum nach Kühen zu bewerten, schien doch eine durchaus logische Berechnungsmethode, und als sie ihren Kopf über die Ungeheuerlichkeit des Viehverlusts schüttelte, begannen auch wir unsere Vermögensbegriffe umzustellen und dachten schon: Wie wohlhabend muß ein Mann sein, der drei Kühe besitzt.

Nach reichlichem Mahl gingen wir alle zu einer großen Scheune hinüber, die sich in einiger Entfernung vom Hof befand. Dort war trockenes, duftendes Heu aufgehäuft. Paul, Papa, der Hund und ich installierten uns in einer Ecke, unsere Franzosen in einer anderen. Wir breiteten unsere Wagendecken aus und bauten uns ein gemütliches Lager. Unter dem Schutz einer um die Schultern gelegten Decke zog ich den Trainingsanzug an, der aus den Rotkreuzbeständen stammte. Er umschloß fest Hand- und Fußgelenke; ich hoffte, das würde während des Schlafes den Vorstoß jedes krabbelnden Ungeziefers abwehren. Khakibluse und Flanellrock hängte ich an einem vorspringenden Holzpflock auf. Meine Vorbereitungen glichen einem Umkleidemanöver an einem bevölkerten Badestrand. Die Männer lösten nur ihre Krawatten und ließen sich hinfallen, wo sie sich gerade befanden.

Zu müde, um über irgend etwas nachzudenken, sanken wir zusammengerollt in tiefen Schlaf; der Hund lag dicht an uns herangekuschelt.

Am nächsten Morgen, im Frühdämmern, krähten die Hähne. Wir rappelten uns mühsam hoch; unsere Begleiter gähnten, streckten und kratzten sich . . . Bald fingen sie an zu scherzen. Sie waren es ja gewohnt, bei Sonnenaufgang aufzustehen.

Der Tag versprach wieder sonnig und wolkenlos zu werden,

obwohl wir – die Knie naß vom feuchten Gras – noch in der kühlen Brise fröstelten, als wir das Feld vor dem Haus durchstreiften. Zum Glück war doch der lange Winter überwunden, der sich so grausam für Tausende von Ostflüchtlingen erwiesen hatte, die vor Kälte auf der Flucht umkamen oder zu spät aufgebrochen waren, um der heranrückenden sowjetischen Armee zu entkommen.

Mama nahm die Dinge so sportlich wie möglich, sie organisierte sich eine kleine Schüssel mit heißem Wasser und wusch sich mit mir zusammen in einem zugigen Schuppen. Wir entwickelten dabei eine Art progressiver Waschtechnik; es war dürftig, aber erfrischend.

Die Männer unternahmen dasselbe unter einem eisigen Pumpenstrahl im Hof, spritzten um sich und lachten.

Inzwischen bereitete uns die Bäuerin ein Frühstück. Ein riesiger Topf Gerstenkaffee, schäumende Milch, frische Butter und sogar Honig standen auf dem Tisch: ein Festschmaus stand uns bevor. In den Städten hatte man solche Fülle schon seit Jahren nicht mehr erlebt.

Dann führte Paul eine längere Unterredung mit René:

„Wie weit können wir jeden Tag fahren?" erkundigte er sich.

„Ungefähr vierzig Kilometer, und das nur eine Zeitlang, dann müßten die Pferde rasten."

Es schlug sieben Uhr, als wir uns auf den Weg machten. Paul schritt voran, einen Franzosen an jeder Seite. Sherry trottete ihm dicht auf den Fersen nach.

„P'tit Louis" machte sich wieder Sorgen um seine Frau, mit der er nur ein paar Wochen nach der Hochzeit im fernen Béziers zusammengelebt hatte. Er hatte mir die Fotografie dieser üppigen Schönen gezeigt. „Macht nichts, wenn sie dir durchgebrannt ist, du wirst schon eine andere finden. Männer sind rar in dieser Zeit", trösteten ihn seine Kameraden.

Albert kam aus Roquefort, der Heimat des weltberühmten Käses. Er führte eine lange technische Diskussion mit Paul über die verschiedenen Qualitäten und die Art der Herstellung. Das Produkt wird wie Wein im Keller gelagert, und Albert beschrieb jede Etappe der Herstellung mit eigenen, nur dafür geltenden Ausdrücken. Es gibt also auch einen Käsejargon.

Mein besonderer Freund, der Tapezierer aus Paris, seufzte voller Mitgefühl, als er neben dem Wagen ging. „Die schönen Sachen im Château! Ob sie alles kaputtschlagen werden?" fragte er kopfschüttelnd bei der Vorstellung einer solchen durchaus wahrscheinlichen, mutwilligen Zerstörung auch der Früchte seiner Arbeit im Haus.

Papa sah infolge der Spannung trotz der nächtlichen Ruhe

wachsbleich aus. Sein Herz war nicht in bester Verfassung, und unsere gegenwärtige Lage erinnerte ihn wieder an seine Flucht aus Rußland und Litauen. Um ihn etwas aufzuheitern, scherzten wir mit ihm über sein Los:

„Diese Art zu reisen scheint in deinem Fall nicht nur eine Gewohnheit, sondern eine Sucht zu werden!"

Aber in Wirklichkeit blieben wir traurig und niedergeschlagen. Es würde Zeit brauchen, bis wir dieses erdrückende Gefühl des Vertriebenseins würden abschütteln können.

Auf der Höhe einer ansteigenden Straße sahen wir uns plötzlich einem Traktor gegenüber, vollbeladen mit Männern und Frauen in undefinierbarer Bekleidung. Einige hatten gestreifte Anzüge mit Nummern auf dem Rücken. Sie saßen und lagen auf Bergen von Gepäck: außer Koffern und Taschen ragten eine Nähmaschine und eine Lampe aus dem Gewirr. Die Leute schwenkten den Traktor quer über die Straße und hielten an, um den Weg zu sperren. Dann grüßten sie mit erhobener Faust nach kommunistischer Art. Aber als wir näher kamen, entdeckten sie plötzlich die französische Fahne, was sie veranlaßte, ihren Wagen auf die Seite zu lenken, ohne uns weiter zu belästigen. Vielleicht waren wir auch zu viele für sie, aber einen Augenblick lang hatte unser Herz gestockt.

Sie bildeten nur die Vorhut einer Welle, die nach Osten strebte. Wahrscheinlich stammten viele dieser Leute aus osteuropäischen Ländern und befanden sich auf dem Weg in ihre Heimat. Die Russen unter ihnen wußten allerdings nicht, daß sie zu Hause keine Gnade finden würden, selbst wenn sie gegen ihren Willen nach Deutschland zur Arbeit verschleppt worden waren. Die sogenannten „Capos", die das Terrorregime in den Lagern durchsetzten, hatten ihrerseits guten Grund, sich aus dem Staub zu machen, so daß es bei solchen Begegnungen unmöglich war, im voraus zu wissen, mit wem man es zu tun bekam.

Als wir unsere Reise fortsetzten, trafen wir diese nach Osten ziehenden Gruppen immer häufiger. Manche von ihnen waren total betrunken, sogar zu früher Stunde, und winkten johlend mit ihren Schnapsflaschen. Als sie die französische Flagge sahen, ließen sie uns aber in Ruhe. Unsere Franzosen wurden durch diese Rücksichtnahme ermutigt, denn sie vermittelte ihnen das Gefühl, wieder geachtete Bürger zu sein.

In den Wäldern wurden wir wiederholt einzelner Gestalten gewahr, die durch das Dickicht schlichen, als ob sie uns nachpirschten – ein unheimliches Gefühl. Wir blieben dann nah beieinander und hielten nur im offenen Gelände an. Es war nicht möglich, unsere Geschwindigkeit zu beschleunigen, obwohl wir am liebsten den Wagen selbst mitgeschoben hätten, um auf diese Weise schneller einen sicheren Rastplatz zu erreichen.

Die Sonne schien immer heißer; endlich erblickten wir eine Baumgruppe mitten auf einem weiten Feld. Ein gewundener Pfad führte uns zum ersehnten Schatten. Hier streckten wir uns zu einer längeren Siesta aus.

Am Abend verdankten wir es wiederum dem Dorfpfarrer, daß wir halbwegs bequem untergebracht wurden: Papa und Mama in einem sauberen Raum, Paul, ich und die Franzosen dieses Mal auf einem Heuboden. Der Heuaufzug öffnete sich auf die umliegenden Felder und ließ Luft und Licht herein.

Wir waren gerührt über die Diskretion und die rücksichtsvolle Höflichkeit unserer Begleiter, denn zu keiner Zeit hatte sich ihr freundschaftlich-respektvoller Ton geändert, trotz des radikalen Umschwungs unserer Schicksale. Jeden Morgen kamen sie zu Paul, um seine Anordnungen entgegenzunehmen. Beim Essen oder Schlafen zogen sie sich unauffällig zurück. Als ihre Lebensfreude im Lauf der Zeit langsam zurückkehrte, denn sie fühlten sich nun doch auf dem Weg nach Hause, wurden ihre Witze etwas gewagter, aber der Erzähler bekam dann einen Schubs in die Rippen mit einem warnenden Seitenblick zu mir hinüber: „Vorsicht! Madame!“, und schon hielten sie sich selbst wieder im Zaum, während ich so tat, als hätte ich nichts gehört, ihren Takt ebenso schätzend wie den Spaß.

Plötzlich, eines Tages, stießen wir auf der bisher leeren Landstraße auf eine Welle von westwärts flutenden Flüchtlingen. Zuerst hier und dort hochbeladene Wagen, dann ein Strom von Fußgängern: junge Frauen, die Kinderwagen mit Babies schoben, kleine Kinder, auf den Handgriffen sitzend; Handwagen, Fahrräder, die kleine Karren zogen, vollbeladen mit Gepäck. Zwischen ihnen kamen immer wieder Gruppen von bandagierten und humpelnden Soldaten, manchmal auf Krücken gestützt, als wären sie aus den Krankenhäusern wie Würfel aus dem Becher hinausgeschüttelt worden. Manche ruhten eine Weile auf unserem Wagen aus, als wir neben ihnen herzogen. Ein junger Bursche sah unter seinem blutigen Verband so elend aus, als ob er gleich in Ohnmacht fallen würde. Ein Schluck Cognac belebte ihn; er erzählte uns, daß die Sowjets Thüringen besetzt hätten. Tausende von Menschen seien ohne Vorwarnung einfach überrannt worden. Die Flüchtlinge, die wir hier sahen, lebten nahe der Grenze und waren größtenteils nur mit dem, was sie auf dem Leibe trugen, aus ihren Häusern geflohen. Jeder, der nur igendwie gehen konnte, auch die Schwerverwundeten, raffte sich auf und marschierte los. „Irgendwie geht es doch“, sagten sie hoffnungsvoll.

Aber sie hatten auch von den Massenmorden in Ostpreußen und Schlesien gehört, und der junge Soldat erzählte uns, daß die Leichen dort die Flüsse herunterschwammen wie Treibholz.

Nach diesen Berichten über den russischen Vormarsch wendeten wir uns sofort südwärts und beschleunigten unser langsames Vorrücken. Keine Zeit für eine Rastpause heute.

Ich dachte wehmütig an das blitzende Fahrrad, das ich in Pauls großem Kleiderschrank versteckt hatte, aus Angst, es könnte unterwegs Neid erregen. Als wir nun gingen und gingen, kam mir das als fühlbarster Mangel vor, so als wären uns Merkurs Flügel von den Füßen abgeschnitten worden. Aber Paul erinnerte mich: „Was hätten wir mit nur einem Fahrrad angefangen?"

„Ich hätte auch gerne einen Fotoapparat, Malzeug und eine Schreibmaschine . . .", seufzte ich.

„Das kriegst du alles wieder", sagte er beruhigend.

Bald wurde unser Tempo wieder gemächlicher. Hunderte von zerbeulten, umgestürzten oder verlassenen Fahrzeugen lagen selbst auf den abgelegensten Landstraßen verstreut wie Kadaver von Riesenkäfern in einem Alptraum von Insektenschlachten. Die Gegend war unterschiedlich mitgenommen; einige Landstriche waren fast unberührt geblieben, gleich daneben sah man totale Verwüstung durch Bomben oder Artilleriebeschuß.

Wir überquerten eine Bahnlinie, deren Schienen sich durch einen dichten Nadelwald schlängelten. Still und verlassen stand dort ein Güterzug. Als wir näherkamen, sahen wir, daß er an mehreren Stellen aus den Gleisen gesprungen war. Der Länge nach, über die geborstenen Waggons hinweg, lag eine riesige Rakete von einem Typ, den wir vorher nie gesehen hatten. Das Monstrum war stellenweise ausgerenkt und in mehrere Stücke gebrochen; die hochglänzenden Teile blitzten in der Mittagssonne durch die Baumstämme. Auf einer Unzahl von Rädern ruhend, glich das Ungeheuer einem im Kampf erschlagenen Drachen. War es ein Exemplar der lang versprochenen „Wunderwaffe"?

Auf dem Weg zum nächsten Dorf baumelten seltsame Gestalten an den Bäumen. Vogelscheuchen? Erhängte? Die SS zögerte nicht, Todesurteile in dieser Weise zu vollstrecken, wenn sie bei jemandem eine weiße Fahne fand. Wir kamen nicht nahe genug heran, um die rätselhaften Objekte genauer betrachten zu können. Das Dörfchen lag völlig verlassen und zerstört bis auf einige Schornsteine, die aus dem Schutt wie Stümpfe eines gefällten Waldes anklagend in den Himmel ragten.

Wir erreichten den protestantischen Teil von Franken. Den Dörfern fehlte der charakteristische Zug, wenn in ihrer Mitte keine Kirche wie ein Ausrufungszeichen stand.

Auf Quartiersuche für die kommende Nacht stießen wir zum erstenmal auf einen ruppigen, unwirschen Burschen, der sich weigerte, irgend etwas zu verkaufen oder uns zu beherbergen. Paul sagte ihm trocken: „Die Männer hier sind keine Kriegsgefangenen mehr; sie könnten sich nehmen, was sie wollen. Seien Sie froh, um Erlaubnis gefragt und bezahlt zu werden."

Wir hatten unsere Franzosen gebeten, nichts zu „organisieren", doch siehe da, eines Tages schleppte Louis eine fette erdrosselte Gans herbei. Mißbilligend hob Paul die Augenbrauen . . . „Aber Herr Fürst, wir haben sie nur ein bißchen tiefer in den Straßengraben gestoßen, sie hat nicht gelitten . . ." Wie genossen sie es, als sie ihre Beute beim nächsten Haltepunkt über einem offenen Feuer braten konnten!

In der Nähe von Pommersfelden, dem prachtvollen Barockschloß des Grafen Schönborn, hörten wir, daß sich General Patton dort einquartiert habe. Wir ließen daher die Absicht fallen, den Hausherrn zu besuchen, und zogen eine größere Schleife in Richtung Süden.

Der Frühling war hier viel weiter vorgeschritten. Die blühenden Büsche und Bäume verdeckten mildernd die schartigen Umrisse der Bombenschäden. Mamas touristische Passion erwachte beim Anblick der wenigen verschonten Städtchen: „Schau, was für bezaubernde Springbrunnen, welch schöne Kirchen! Hätten wir doch Zeit, sie zu besichtigen!"

„Mama", warnte ich, „Paul explodiert, wenn du ihm das nur vorschlägst."

Wir mieden die Hauptstraßen nicht mehr, mußten aber immer wieder anhalten, um Kolonnen von amerikanischen Truppen vorbeizulassen; motorisierte Divisionen mit übergroßen Panzern, endlose Schlangen von Jeeps, Lastwagen, vollbeladen mit Soldaten. Letztere schienen keinen Schritt zu Fuß zu gehen, sogar die Straßen überquerten sie im Wagen. Ihre jungen Gesichter waren noch glatt und von frischer Farbe, ihre Uniformen makellos; in ihren nagelneuen Fahrzeugen schienen sie Europa gleichsam in einer Parade durchquert zu haben, auf der Suche nach einem unsichtbaren Feind, stolze Wegbereiter der Freiheit.

Das Land, in das sie vorstießen, wartete fast dankbar, beinahe demütig darauf, endlich von dieser Übermacht des Westens überrannt zu werden.

Die Sieger fuhren achtlos an uns vorbei, aber wenn sie halten mußten, entstand sofort ein menschlicher Kontakt. Zigarettenstangen wurden grinsend, aber vergeblich als Tauschobjekte für den Scottie angeboten, der wirklich unwiderstehlich aussah mit seinem viereckigen, schwarzen Schnäuzchen, gespitzten Ohren, schnuppernder Nase, „Männchen" sitzend, während er eine Vorderpfote zum höchst unzeitgemäßen „Deutschen Gruß" emporhob.

Stunde für Stunde brannte die Sonne unbarmherzig auf uns nieder, und plötzlich fiel ich ohne Vorwarnung vom Wagen. Es war eine tiefe Ohnmacht: Sonnenstich! Man trug mich in ein angrenzendes Feld, der Wagen folgte, und alle warteten geduldig im Schatten einer Hagedornhecke, bis ich wieder aus den Abgründen meiner Bewußtlosigkeit emportauchte. Aus ihrer Tasche fischte Mama eine letzte „Pyramidon"-Tablette heraus, und spitze Nadeln hörten allmählich auf, sich mir durch den Schädel zu bohren.

Wir kehrten in dem nächstliegenden Gut ein, da das „Curfew" bereits begann. Die Besitzer schienen ratlos, wie sie so viele Menschen unterbringen sollten, schafften aber schließlich Matratzen herbei, und dann kamen wir doch alle zur Ruhe.

Als wir am nächsten Morgen abfuhren, nahm ich von den Gutsleuten dankbar einen alten bäuerlichen Strohhut entgegen, um meinen brummenden Kopf zu schützen.

Je dichter die Gegend bevölkert war, desto schwieriger wurde es, Unterkunft und Essen zu finden, denn alle dafür in Frage kommenden Möglichkeiten waren bereits von Flüchtlingen oder Ausgebombten aus den Städten voll ausgenutzt. Daher nahm unsere Reise allmählich den Charakter einer Besuchstournee an, indem wir von jetzt ab versuchten, bei Freunden unterzukommen, solange ihre Wohnsitze ungefähr auf unserem Treckkurs nach Westen lagen. Das Bewußtsein, dort willkommen zu sein, entschädigte uns für die unvermeidlichen Umwege. Langenburg, der nächsten Etappe, näherten wir uns mit der wachsenden Ungewißheit, ob es von der US-Armee besetzt oder zerbombt sei.

„Dieser gottverdammte Schuppen, obwohl wir so was in Amerika nicht haben . . .", fluchte ein schwerbetrunkener amerikanischer GI mit der Faust drohend, als er von der MP, der Military Police, aus dem Schloßhof an dem „OFF-LIMITS"-Schild vorbeibefördert wurde.

In Wirklichkeit trägt Langenburg die Bezeichnung „Schloß" wahrhaft zu Recht, zumal wenn man bedenkt, daß kleinere deutsche Herrenhäuser und Landgüter sich nur allzuoft „Schloß" zu nennen pflegen. Langenburg ist eine vollständig erhaltene Burg aus dem Mittelalter, mit Wassergraben und Zinnen; in früheren Jahrhunderten hatte sie die ganze Gegend – heute noch das „Hohenloher Land" genannt – beherrscht. Hoch oben auf einer Bergkuppe liegend, konnte man sie nur über eine Zugbrücke vom Ort her erreichen. Dieser, malerisch gelegen und unbeschädigt, quoll über von amerikanischen Truppen.

Wir wurden vom Hausherrn, der Pauls Kommandeur in Cannstatt gewesen war, herzlich willkommen geheißen. Seine Frau Margarita, eine markante Persönlichkeit, begegnete dem Auf und Ab ihres eigenen und unseres vergangenen und jetzigen Schicksals unbeschwert und mit erdgebundenem Humor. Unser Gastgeber war einige Monate vorher aus demselben Grund wie Paul aus der

Wehrmacht entlassen worden. Ein Schwager war gefallen, der andere, Prinz Berthold von Baden, schwer verwundet. Margaritas Bruder wiederum, Prinz Philip, diente in der britischen Marine, und gerade begannen Verwandte aus dem Ausland, mit ihnen Verbindung aufzunehmen.

Es fand sich ein Zimmer für Mama und Papa. Paul und ich kamen im Ankleidezimmer des Hausherrn unter, während unsere Begleiter in bequemen Unterkünften der Hofgebäude einquartiert wurden. Hier konnten wir ein paar Tage bleiben und den Pferden eine Ruhepause gönnen.

Ich war gesundheitlich noch recht angeschlagen, aber die Geborgenheit und Ruhe sowie das erste warme Bad und erstmals saubere Leintücher, seit wir Königswart verlassen hatten, vor allem jedoch die uns so geistesverwandte und sympathische Gesellschaft der Gastgeber brachten mich schnell wieder auf die Beine.

Jetzt konnten wir planen, wie wir meine Eltern nach Baden-Baden schicken würden, denn schon vor einem Jahr hatte ich Zimmer in der dortigen Nachbarschaft für sie reserviert. Glücklicherweise traf gerade der zukünftige Erfinder und Hersteller von „UHU-Leim“ und „Badedas“ ein, zweier Produkte, die sein Unternehmen zur Weltfirma heraufführen und ihn später zu Reichtum bringen sollten. Er kam auf dem Weg nach Baden mit einem Lastwagen durch Langenburg und versprach, Mama und Papa schnellstens an ihr Ziel zu geleiten.

Es war kein leichter Abschied, denn nach überwundenen Gefahren gingen wir jetzt einer unsicheren Zukunft entgegen, aber ich beruhigte beide, es wäre nicht für lange. Sowie ich in Johannisberg Fuß gefaßt hätte, käme ich sie besuchen, und dann würden wir weiterplanen.

Als ich eines Morgens mit Margarita und ihren Zwillingen spazieren ging, ließ sie plötzlich den Kinderwagen los, stürzte auf einen Jeep zu und flog dem amerikanischen Offizier, der ihn steuerte, in die Arme. Es war ein Jugendfreund: Paul Chavchavadze, der kam, um nachzuforschen, wie es ihr und Friedel ergangen sei. Die Spontaneität der so herzlichen Begrüßung ließ sowohl die anwesenden GIs wie auch die Einheimischen mit offenem Mund dastehen.

Halb Russe, halb Georgier, mit dem sprühenden Temperament eines Südkaukasiers, nahm er die Abendunterhaltung ganz in seine Hand. Kriegserlebnisse, witzige Imitationen, Zigeunerlieder sprudelten nur so aus ihm hervor. Dann verfiel er jäh in tiefe Nachdenklichkeit, die Russen so unverhofft befällt und die sie genauso schnell wieder verläßt. Der rapide Wechsel von kindlicher Fröhlichkeit zu der Besonnenheit eines alten Weisen mochte seine Zuhörer verwirren.

Für mich war es, als träfe ich einen Bruder.

Nur die Besatzungsmächte verfügten über normale Verbindungsmöglichkeiten, für uns jedoch würde es monatelang weder Telefon noch Züge noch Post geben. Neuigkeiten flogen von Mund zu Mund so wie vorher, und jeder hatte über unwahrscheinliche Abenteuer zu berichten.

So brachten wir Nachricht über die letzten Ereignisse aus unserer Gegend, waren jedoch begierig zu wissen, wie man im Westen das Kriegsende überstanden hatte. Mit der Weiterreise eilte es uns gar nicht so sehr, wir gedachten des spanischen Sprichworts: „Lieber mit bekannten guten Dingen leben, als bessere suchen, die noch keiner kennt."

Aber unsere Franzosen saßen in einer Reihe auf dem Brückengeländer wie Krähen auf der Stange und drängelten ständig:

„Quand ça qu'on part?" – („Wann geht es weiter?") Angespornt durch diese „Vox populi", konnten wir nun nicht mehr länger zögern. Der Hausherr gab uns einen Brief an seinen Schloßkastellan in Weikersheim mit, einem Renaissanceschloß aus dem 16. Jahrhundert, am Rand der gleichnamigen kleinen Stadt gelegen.

Wir kamen abends um sieben Uhr dort an, zu unserer „Aschenbrödelzeit". Das gewaltige Gebäude glich eher einem Museum als einem Herrensitz. In der Vorkriegszeit (und bald darauf wieder) wurde es von unzähligen Touristengruppen besucht, die in Filzpantoffeln an den geöffneten Türen vorbeischlurften, um hinter einer abgrenzenden, dicken roten Kordel einen Blick in die Zimmer werfen zu dürfen. Das Schloß beherbergte eine imposante Sammlung von Rüstungen, Waffen, Porzellan und Möbeln aus der Zeit seiner Entstehung. Der Rittersaal mit seiner phantastischen Zusammenstellung von Fresken und Stuck in fröhlichsten Farben sowie lebensgroßen Hirschen, die auf Säulen aus Pseudomarmor thronten, glich einer monumentalen Geburtstagstorte für Kinder.

Das Paradebett im ersten Stock wurde für uns mit seidenweichen Bettüchern bespannt, darauf hochgetürmte Kopfpolster mit weißen Spitzenvolants. Aber ein Artilleriebeschuß hatte das Fenster herausgeblasen, und an seiner Stelle klaffte ein riesiges Loch; Staub und Scherben waren auf das ordentlichste beseitigt. Das Wetter war warm. Als wir in dem großen Bett unter seinem samtüberzogenen, geschwungenen Baldachin lagen, schauten wir an verblichenen, karmesinroten seidenen Bettbehängen vorbei auf mondbeschienene Felder hinaus.

Die Franzosen schliefen auf Matratzen in der Waffenkammer. Tief beeindruckt von ihrer Umgebung, wagten sie nur zu flüstern, als befürchteten sie, die Geister abgeschiedener Hohenloher Ahnen heraufzubeschwören.

Am nächsten Tag fuhren wir weiter nach Bronnbach zu den

Löwensteins, die in Böhmen unsere Nachbarn gewesen waren und hier auf ihrem Sommersitz wohnten.

Fürstin Carolina Löwenstein war eine geborene Italienerin. Glücklich, einen kleinen Plausch führen zu können, und dankbar für ein wenig leichtfertigen Klatsch in diesen so überaus ernsten Zeiten, hatte sie mich öfters in Königswart besucht. Als ich sie ein Jahr zuvor in Bronnbach sah, war ein völliger gesellschaftlicher Stillstand eingetreten. Schuld daran war der Ausfall jeglicher Beförderungsmittel. Um diesem Mißstand abzuhelfen, benützten wir den Löwensteinschen Bierwagen, um weiter entfernte Nachbarn aufzusuchen, die oft mehr als überrascht waren, wenn sie uns flaschenklirrend vorfahren sahen. Tatsächlich lieferten wir Bierkisten an unterwegs liegenden Kneipen ab. Fürst Carl war leicht schockiert, als er davon erfuhr.

Unsere Geschicke hatten sich seitdem nicht viel verbessert. Carolina lief uns entgegen, um uns zu begrüßen, von sechs reizenden Kindern umgeben. Sie hatte lange nichts von ihrem Mann gehört und war darüber außer sich; sein letzter Brief war aus Königsberg gekommen, wohl einem der schlechtesten Plätze, um das Kriegsende zu erleben. Nichts nahm sie wichtig, verzehrt von dem verzweifelten Warten auf Nachricht. Das ließ mich dankbar erkennen, welches Glück es für mich bedeutete, Paul bei mir zu wissen, und welch ein Wunder für ihn, diesem Hexenkessel entronnen zu sein.

Bronnbach ist eine Abtei mit weitausgreifenden Gebäuden. Wie überall, war sie vollgestopft mit Flüchtlingen aus den zerbombten Städten. Es war daher nicht leicht, für uns Platz zu schaffen, aber irgendwie ging es doch, und nach der Abendsuppe, denn mehr gab es auch dort nicht, sangen die Mädels und spielten für uns auf ihrer Ziehharmonika. Der einzige Bub mußte sich einen Weg durch einen „Wald" von fünf Schwestern bahnen, eine hübscher als die andere.

Wir reisten mit einem Empfehlungsschreiben für die nächste Unterkunft weiter und freuten uns später zu hören, daß kurz danach Carl völlig überraschend nach Bronnbach zurückkehrte.

Auf unserem Weg mainabwärts kamen wir an einem weiteren Löwensteinschen Schloß vorbei, an Kleinheubach. Es war traurig zu sehen, wie es verfiel; aus fast jedem Fenster ragte ein Ofenrohr, und über die schöne, hellgelbe Barockfassade ringelten sich Rußschwaden hoch wie schwarze Würmer.

Carolina erzählte uns, daß die Parkettfußböden an Stelle von Holz verheizt würden. Unter größten Schwierigkeiten, Nazi-Funktionären zum Trotz, war es ihr gelungen, einige der schönsten Möbelstücke doch abtransportieren zu lassen, bevor auch sie der Verheizung preisgegeben wurden.

Ein Regenguß überschüttete uns, als wir den Main abwärts trabten. Es war das erste Unwetter seit unserer Abfahrt. Wir krochen unter die rauhe Plane, das Wasser lief uns den Rücken hinunter, und alles wurde feucht und klamm. Als wir abends mit dem Brief von Carolina bei ihrer Nachbarin eintrafen, bildeten wir wirklich eine jammervolle Gruppe. Ohne Empfehlung hätte sie uns wahrscheinlich gar nicht eingelassen.

Als Paul vom Wagen sprang, blieb er mit seiner einzigen grauen Flanellhose an einem Nagel hängen – mit katastrophalen Folgen. Unsere Hausfrau konnte ihm aber eine Hose ihres kürzlich im Krieg gefallenen Ehemanns schenken, obwohl ihr diese Geste sicher schmerzlich war.

Von nun an gab es keine Schlösser mehr, auch keine Scheunen. Die Bevölkerung in dieser überfüllten Gegend am unteren Main war erschöpft von den Luftangriffen und von der Sorge um die fehlenden Männer; sie war verärgert über die stets wachsenden Forderungen der bei ihr einquartierten Ausgebombten, entmutigt über den Zerfall ihrer Häuser, sofern diese überhaupt noch standen, und ausgehungert obendrein. Wir waren nirgends mehr willkommen. Die Landbevölkerung hatte gehofft, mit Kriegsschluß endgültig von den Flüchtlingen befreit zu sein; unsere Ankunft war ein Vorzeichen, daß eine noch viel größere Flut von Vertriebenen aus dem Osten auf sie zukam.

Obwohl zahlreiche Trecks noch während des Krieges beständig ihre Dörfer durchzogen hatten, konnten die Leute nicht wissen, daß die gesamte Bevölkerung der sudetendeutschen Gebiete und Nordböhmens als nächste aus der Heimat vertrieben und nach dem Westen abgeschoben werden würde.

Der Umstand, daß dies eine schicksalshafte Folge der verhängnisvollen Umgruppierung von Völkern war, die Hitler im Namen der germanischen Überlegenheit verfügte, würde die ihnen auferlegte Last nicht mildern helfen.

Den Franzosen gegenüber war keine Ablehnung zu verspüren. Sie hatten in so mannigfacher Art die abwesenden deutschen Männer ersetzt, daß jedes nationale Vorurteil sowohl auf der einen wie auf der anderen Seite gewichen war. Unsere Begleiter wendeten den Ausdruck „Boches“ nur für einen bestimmten Typ von Deutschen an, aber nicht mehr für Deutsche schlechthin.

Auf dem Lande arbeiteten die französischen Gefangenen in verhältnismäßiger Freiheit und entwickelten sich dabei zu Verbündeten der Bevölkerung, gegen den zunehmenden Druck der Partei. In den Ostgebieten nahmen sie oft ihre Arbeitgeber in Schutz; sie fuhren Frauen und Kinder Hunderte von Kilometern auf Traktoren und Wagen in den Westen, um sie vor den Sowjets in Sicherheit zu bringen.

Man konnte nur hoffen, daß diese neue Verständigung die

jahrhundertealte Rivalität und den Haß zwischen den beiden benachbarten Völkern auslöschen würde.

Abends standen wir herum, während Paul nach Übernachtungsmöglichkeiten suchte. Die Quartiere verschlimmerten sich zusehends. Unseren Tiefpunkt erreichten wir in einem armseligen Dorf vor Langen, das gottlob nicht mehr weit von unserem Ziel entfernt lag. Das offene Feld oder Strohscheunen waren mir jederzeit lieber. Wir fühlten uns steif, dumpf im Kopf und unausgeruht, als wir am nächsten Morgen aufbrachen.

Der Tag wurde über alle Maßen heiß. Es war kein Schatten im offenen Land zu finden, keine Quelle, kein Brunnen, um Wasser schöpfen zu können. Als wir eine sandige Straße entlanggingen, entdeckten wir, daß sie von Kirschbäumen gesäumt war. Paul stellte sich auf den Wagen, „Jean-Marie le Breton" kletterte ihm auf die Schultern, und frische, saftige Kirschen prasselten auf uns herunter wie Manna vom Himmel, um unseren Durst zu löschen.

Auf der letzten geraden Strecke der Landstraße wurden wir von einem kleinen Handgepäck-Transportkarren überholt, wie er so fern von einem Bahnhof noch nie gesichtet worden war. Das staatseigene Fahrzeug war hoch beladen mit Bündeln, und vorne auf der Plattform stand ein Mann, der mit dem Fuß das Pedal drückte. Freundliches Grinsen wurde ausgetauscht.

„Der kommt von weit her, der da!" bemerkten ironisch unsere französischen Freunde.

Margarita Hohenlohes Ratschläge befolgend, bogen wir bald nach links ab, ein Wald nahm uns auf.

Als die Bäume sich lichteten, standen wir vor dem bekannten „OFF-LIMITS"-Zeichen: „Schloß Wolfsgarten – Betreten verboten", hieß es auf dem Schild.

Wir lenkten in die gewundene Allee des kühlschattigen Parkes ein, vor uns lag die rote Ziegelmauer, die Garten und Hof umschloß.

2

Wolfsgarten, nicht weit von der Residenz in Darmstadt gelegen, war früher nur ein Sommersitz und Jagdschloß der regierenden Großherzöge von Hessen. Der jetzige Besitzer, Prinz Ludwig, jüngster Sohn des 1918 abgesetzten letzten Großherzogs, heiratete eine Engländerin: Margaret Geddes, von ihren Freunden „Peg" genannt. Hitlers „Prinzenerlaß", durch den auch er aus der Wehrmacht ausschied, hat Ludwig wahrscheinlich das Leben gerettet.

Die Stadt Darmstadt und das hessische Schloß in seiner Mitte mit seinen wertvollen Sammlungen wurden kurz vor Ende des

Krieges total vernichtet. Seitdem lebte die Familie in Wolfsgarten, das in dichten Wäldern versteckt, abseits der Hauptverkehrswege lag. Dieses Landhaus war nach „menschlichen" Maßstäben konzipiert, wirkte entsprechend gemütlich und zeichnete sich durch Harmonie und Eleganz aus.

Die früheren Remisen – jetzigen Garagen – rahmten einen viereckigen Garten ein. An einem Ende des Innenhofs stand das sogenannte große Haus, ein kleines Palais aus dem 18. Jahrhundert. Zwei Reihen einstöckiger roter Sandsteinhäuser mit blau schimmernden Schieferdächern an jeder Längsseite führten zu der großen Scheune mit Uhrturm und Taubenschlag, die das weite Rasenviereck abschloß. Eine blühende Rosenlaube stand über einem Brunnen mitten auf dem Rasen, der in hors-d'oeuvre-artige Teile zugeschnitten war und gestützte Bäume umsäumte; weiße Pfauentauben stolzierten in ihrem Schatten.

Als wir müde die letzten Schritte zurücklegten, kam uns ein Duft von frisch gemähtem Gras entgegen, von Rosen und von Frieden.

Heinrich von Hessen, Prinz Ludwigs Neffe, malte zu dieser Zeit ein symbolisches Bild von Wolfsgarten: eine blühende Insel schwamm auf einem eisigen Fluß inmitten einer verödeten Winterlandschaft, die von brennenden Städten und rauchenden Ruinen übersät war.

Wir selbst schienen ein Symbol von Verwüstung zu sein: von Völkerwanderung, Invasion und Asche; Boten aus einer anderen Welt, die gleich hinter den Schloßgittern begann. Wir brachten auch die ersten Nachrichten aus dem Osten.

Unsere Ankunft rief eine kleine Sensation hervor, an die man sich viele Jahre später noch erinnerte: „Es war wie in einem Wildwestfilm", sagten die Leute.

Wir müssen ein sonderbares Bild geboten haben: mager, braungebrannt, die Haare durch die Sonne gebleicht, angezogen wie zu einer tropischen Expedition. Unsere französische Garde umringte den gummibereiften Wagen, auf dem sich Stroh und Heu hoch über dem Eimer mit der letzten Cognacflasche häuften. Die fuchsfarbenen Zugpferde waren gut gestriegelt und gefüttert, ihre üppigen, hellen Schweife wedelten gemächlich, als René mit ihnen stolz bis an den Eingang heranfuhr.

Wir wurden aufs herzlichste willkommen geheißen und sofort in den Zauberkreis der liebevollen und energischen Fürsorge unserer Gastgeberin Peg aufgenommen.

Aber man spürte auch eine unterschwellige Traurigkeit hinter der gelassenen Schönheit von Wolfsgarten. Im November 1938 hatte Prinz Ludwig („Lu") seine ganze Familie verloren, als das Flugzeug, das sie nach England brachte, in der Nähe von Ostende im Nebel einen Fabrikschornstein streifte. Dabei starben sein bester Freund, Baron Riedesel, seine Mutter, sein geliebter ältester Bruder Don mit seiner bezaubernden Frau Cécile, Prinzessin von Griechenland, und ihre beiden kleinen Söhne, die allesamt auf dem Weg zu seiner, Lus Hochzeit waren.

Nach Wolfsgarten zurückgekehrt, adoptierten Lu und Peg das dritte Kind seines Bruders, die kleine Johanna, aber zwei Jahre später starb auch sie – an Meningitis –, als ob ihre Familie sie zu sich gerufen hätte . . .

Paul, als Tatmensch mit viel Humor und Intuition, erinnerte Lu an seinen Bruder Don, sein zwar völlig anderes, aber ihn ergänzendes „Ich". Stundenlang gingen die beiden zusammen im Park spazieren, in Gespräche vertieft, denn es gab unendlich viele Gedanken auszutauschen und Geschehenes zu begreifen.

Wolfsgarten war auch das Zuhause der letzten Kaiserin von Rußland, Alexandra Fjodorowna, und ihrer Schwester Elisabeth Fjodorowna, die beide während der Russischen Revolution ermordet wurden.

Obwohl die ferne Vergangenheit mit ihrer Poesie und Traurigkeit das heutige Wolfsgarten zu durchdringen und zu beherrschen schien, wehte hier zugleich ein Geist, welcher der Gegenwart und ihren Problemen zugewandt war.

Der Krieg war eine Tragödie für Peg wie für uns alle. Aber trotz ihrer englischen Nationalität – oder gerade deswegen – wurde sie mit Freundschaft und Sympathie nicht nur von der zur Hälfte ausländischen Verwandtschaft ihres Mannes aufgenommen, sondern auch von seinen deutschen Freunden und Kameraden. Niemand sollte jetzt vergeblich ihre Hilfe erbitten.

Nach Jahren fühlten wir uns wieder in Kontakt mit dem Westen. Täglich trafen von dort Nachrichten und Besucher ein; letztere kamen vor allem aus England im Auftrag von Pegs Brüdern und Lus königlichen Vettern; sie strömten in ununterbrochener Reihenfolge nach Wolfsgarten. Dieser einsetzende Normalisierungsprozeß wurde durch überraschende Übergriffe aus dem Entnazifizierungsbereich gestört.

Hilferufe kamen aus Kronberg, wo die Amerikaner über Nacht das Schloß in einer besonders drastischen Weise besetzten, wie es sonst nicht ihre Art war. Die gesamte Familie: die alte Landgräfin von Hessen, Schwester des letzten Kaisers und Enkelin der Königin Viktoria, ihre Schwiegertochter Sophia, Prinzessin von Griechenland („Tiny"), mit ihren fünf Kindern und vier Neffen wurden ohne Vorwarnung auf die Straße gesetzt und mußten in der völlig überfüllten kleinen Stadt ein Nachtquartier finden.

Am Ende gelang es Tiny, alle unterzubringen. Sie selbst fand Zuflucht im Gartenpavillon, in dem ein kleines Sofa stand. Sie verbarrikadierte die Tür mit der Lehne eines Stuhls, die sie unter die Klinke schob. Mitten in der Nacht wurde sie von einem Geräusch herannahender Schritte geweckt; eine schluchzende Gestalt warf sich gegen ihre Tür. Es war ihr Neffe, der sechzehnjährige Heinrich, der gerade im Rundfunk die grauenvolle Nachricht erfahren hatte, daß seine Mutter, Prinzessin Mafalda von Italien, in Buchenwald unter tragischsten Umständen ums Leben gekommen war. Sie hatten jegliche Verbindung mit ihr seit Monaten verloren.

Am nächsten Morgen kam Tiny mit weiteren Kindern in Wolfsgarten an. Dann ging sie mit ihrem Neffen Moritz, der achtzehn Jahre alt war, zum Dienstältesten der Besatzungstruppe, um Einzelheiten über den Tod ihrer Schwägerin zu erfahren. Der verbohrte Mann brüllte jedoch Moritz mit „Ihr verdammten Nazis!" an.

Tiny fiel ihm ins Wort: „Wie können Sie es wagen, das zu sagen! Verstehen Sie denn nicht, daß es seine Mutter ist, die in einem Nazi-Konzentrationslager umgekommen ist!"

Ratlos, was man mit Moritz jetzt anfangen könnte, beschloß Lu, ihn in der Landwirtschaft des nahegelegenen Gutes Kranichstein einzusetzen, wo harte Arbeit ihm vielleicht über den tragischen Tod seiner Mutter hinweghelfen würde.

Der nächste Zuwachs in Wolfsgarten war ein kleiner kraushaariger Bub in einem Anzug, der ihn unzulänglich als gelbliches Landschaftspartikel tarnte. Er kam die Auffahrt herauf, seinen Rucksack müde nachschleppend. Es stellte sich heraus, daß er der Sohn von Lus gefallenem Kommandeur war. Seine ganze Familie war im Osten verschollen. Nur undeutlich erinnerte er sich des Namens von Lu, den der Vater oft erwähnt hatte. Die Partei hatte ihn und andere Halbwüchsige seines Alters mit Panzerfäusten ausgerüstet und gegen Sowjetpanzer eingesetzt. Er hatte jede Art von Greuel gesehen, bis es ihm gelungen war, in den Westen auszureißen. Er mußte ungefähr fünfzehn Jahre alt sein, schien aber jünger, sofern man seinen wissenden, verstörten Blick übersah.

Ein Bett war schnell für ihn gefunden, und bald wurde er ein Teil von Wolfsgarten, wie wir alle es waren. Es entstanden Zweifel, ob er mit uns oder mit den Kindern essen sollte. Das salomonische Urteil lautete dann, daß er das Mittagessen mit den Kindern einnehmen würde und das Abendessen mit uns, damit er sich in beiden Alterssphären wieder zurechtfand.

Er saß schweigend in unserer Mitte, aber allmählich verlor sich der ängstliche, starre Ausdruck seiner Augen, und bald hörten wir ihn mit den anderen lachen. (Lange nachher flüchteten einige Mitglieder seiner Familie in den Westen, und er konnte sich ihnen anschließen.)

Einige Tage später tuckerte ein Traktor die Allee herauf. Zwei Wagen waren angehängt, mit einem Durcheinander von Habseligkeiten beladen. Hunde, mehrere Pferde und eine Anzahl von Kindern gingen nebenher. Eine energisch aussehende Frau in Männerhosen saß am Steuer. Ihr Mann war in Rußland verschollen; sie hatte ihre Familie allein den langen Weg von ihrem Gut in Ostpreußen bis hierher gefahren.

Niemand wurde abgewiesen, auch sie nicht, obwohl es keinen zwingenden Grund für sie gab, gerade diesen Teil von Westdeutschland aufzusuchen. Sie wollte nach Übersee emigrieren und meinte, über die amerikanische Zone wäre das leichter zu bewerkstelligen. Sie hoffte, unser Hausherr würde ihr dabei helfen, was er natürlich auch tat.

Ihr ältester Bub war kaum fünfzehn, sehr still, unglaublich hart arbeitend, aber stumpfsinnig. Er hörte auf den seltenen, Rilkeschen Namen „Malte". Wir fragten uns, ob er schwer geschockt sei oder zum Denken unfähig. Seine Mutter war so tüchtig und zugleich so humorlos, daß wir uns wie welke Veilchen neben ihr vorkamen, sogar die tatenfrohe Peg.

Als ein Treck nach dem anderen eintraf, zauberte Peg mit guter Laune und fester Hand Ordnung aus dem Chaos. Sie bestand auf einer sinnvollen Aufteilung der Aufgaben und versuchte, uns zum Kartoffelschälen, Geleeeinmachen oder Unkrautjäten einzufangen, aber wir entschlüpften ihr in den heißen Nachmittagsstunden. Ihr Verdruß über unser Versagen war jedoch immer schnell verflogen, liebevolle Vergebung und aufsprühender Humor tilgten die aufkeimende Ungeduld.

Irgend jemand seufzte: „Hoffentlich gibt es eine gute Ernte!" Worauf Paul ausrief: „Ach, gäbe es doch Felder über Felder von saftigen, schön durchgebratenen Châteaubriands."

Die Cousine des Hausherrn, Tiny, deren Mann, Prinz Christoph von Hessen, zwei Jahre zuvor gefallen war, war Herz und Seele der ganzen Gesellschaft. In Frankreich erzogen, hatte sie sich, genau wie ich, eine beachtliche Menge verschiedenartiger Wissensbrocken angeeignet, wie es das französische „Baccalauréat" mit sich bringt. Wir stellten fest, daß es zwar einen Humus bildet, dem vieles entsprießen mochte, aber auf die harten Tatsachen, mit denen wir konfrontiert wurden, hatte es uns herzlich wenig vorbereitet. Unser gemeinsames erworbenes Wissen blieb jedoch eine Art Geheimsprache zwischen uns, und daran hatten wir großen Spaß.

Für die hessische Familie waren die Einkunftsquellen fast versiegt, während ihre Verpflichtungen in umgekehrter Proportion zunahmen.

Nun erschienen plötzlich zwei Herren im Auftrag einer bekannten amerikanischen Bildergalerie, um ein astronomisches Angebot für die weltberühmte „Holbein-Madonna" zu unterbreiten, die sich seit Jahrhunderten im Besitz des Hauses befand.

Das Bild war vor der anrückenden sowjetischen Armee von einem hessischen Gut in Schlesien nach Westen abtransportiert worden. Es entging der Vernichtung von Dresden wie durch ein Wunder, kam aber unterwegs noch unter Artilleriebeschuß. In Wolfsgarten wurde es unter Pegs Bett geschoben und immer wieder hervorgezogen, um bewundert zu werden. Kurz vor Kriegsende, als in der Nähe Bomben fielen, stürzten die Hausbewohner zum Luftschutzkeller. In der Dunkelheit stolperte Peg über den Holbein, der noch mitten im Zimmer lag, und dachte, sie wäre durch das Bild getreten. Als das Licht wieder anging, stellte sie mit grenzenloser Erleichterung fest, daß sie mit ihrem spitzem Absatz nur die Verpackung durchgetreten hatte. Die Madonna war unversehrt geblieben.

Als Lu nicht anbiß, boten die transatlantischen Versucher die Kaufsumme in Devisen an: „Stellen Sie sich vor, was Sie alles mit dem Geld anfangen könnten", beschworen sie ihn. Lu, der immer betrübter wurde, je höher der angebotene Preis stieg, war plötzlich wie verwandelt und sagte mit verklärter Miene:

„Jetzt weiß ich, was ich mit dem Geld machen würde!" In freudiger Erwartung blickten in die Besucher an.

„Ich würde damit den Holbein kaufen."

(Später wurde das Bild in die Schweiz ausgeborgt, im Austausch gegen kostenlose Ferien von Berliner Kindern. Heute bildet das Gemälde den Stolz des wiederaufgebauten Darmstädter Schloßmuseums.)

Es schien Tiny und mir höchste Zeit, daß wir uns wieder um Kleider kümmerten, denn unsere Garderobe war bis auf ein kaum faßbares Minimum zusammengeschrumpft. Wir organisierten zwei Fahrräder in leidlich brauchbarem Zustand, mit denen wir nach Frankfurt radelten, das etwa dreißig Kilometer von Wolfsgarten entfernt ist. Tiny erinnerte sich an eine kleine Schneiderin dort, und wir machten uns optimistisch auf den Weg.

Obwohl wir an Verwüstungen gewöhnt waren, bot Frankfurt doch einen besonders deprimierenden Anblick: da ragte kaum ein Haus höher als eine Etage, neben fensterlosen, klaffenden Ruinen. Der heiße Wind blies uns Schutt, Staub und wehende Papierfetzen in die Augen. Die Schneiderin war unauffindbar, ihr Haus ein einziger Trümmerhaufen.

Weit und breit gab es nichts zu essen, und als ein heftiges Sommergewitter über uns hereinbrach, konnten wir uns auch nirgends unterstellen. Es blieb nichts anderes übrig, als schleunigst umzukehren, und so radelten wir entmutigt in strömendem Regen die Autobahn zurück.

Kolonnen von Militärfahrzeugen, mit farbigen Truppen bemannt, rollten an uns vorbei. Sie riefen und winkten uns zu und boten uns Geschenke an. Ein grinsender Fahrer versuchte, uns mit einer Ledertasche und einem Paar Schuhen zu verlocken.

Langsam ließ der Sturm nach; durchnäßt bis auf die Haut erreichten wir die Straße nach Wolfsgarten, wo wir nebeneinander fahren konnten.

Mit tiefstem Widerwillen bemerkte Tiny nach diesem abscheulichen Tag und all den ekelhaften Ereignissen der letzten Jahre, anspielend auf Miltons „Lost Paradise": „Das dritte Reich hat uns ein ‚Fools Purgatory' (ein Narren-Fegefeuer) beschert!" Sie kennzeichnete damit das Irrwitzige der vergangenen Zeit, das immer noch zu spüren war, und traf genau den Nagel auf den Kopf.

Viele Jahre später fuhren Paul und ich dieselbe Strecke in seinem glitzernden Porsche; viele Menschen säumten die Straße, die von äußerst höflichen Polizeibeamten abgesperrt war. Als wir unseren Passierschein vorzeigten, grüßten sie freundlich und wiesen uns in die so bekannte Einfahrt von Wolfsgarten ein.

Ein Diner im engsten Kreis wurde für die Königin von England und ihren Gemahl gegeben. Sie befanden sich auf einem offiziellen Besuch in Deutschland. Am Tor hörte jegliches Protokoll auf. Wir versammelten uns, wie so oft zuvor, in dem schönen großen Saal, um dann in dem mit spanischem Leder bespannten roten Salon zu speisen. Den Tisch bedeckte ein Wald von Maiglöckchen, die im Licht der Kerzen aufleuchteten. Unser Gastgeber meinte mit gewohntem Feingefühl, daß, so schön auch sein Porzellan und Silber sein mögen, nichts dergleichen die Königin beeindrucken könne. Er zog es deshalb vor, mit schlichten Frühlingsblumen einer reizenden Frau zu huldigen.

Welch ein Kontrast, dachten Tiny und ich, zu unserer regennassen Radfahrt nach Frankfurt im Jahre 1945!

Aus Kronberg erfuhr man, daß das Schloß-Safe aufgebrochen und der gesamte Familienschmuck des Landgrafen von Hessen gestohlen worden sei. Die neuen Bewohner schnitten auch die Teppiche, die ihnen zu groß schienen, in kleinere Stücke auf, um die Schlafzimmer damit auszulegen . . .

Pegs Bruder, ein englischer Offizier, schob eines Tages geistesabwesend seine Armeepistole zwischen die Hemden in einer Kommode in Lus Ankleidezimmer. Er wollte sie außer Reichweite der vielen ein- und ausgehenden Kinder wissen. Dann reiste er ab, ohne wieder daran zu denken.

Am nächsten Tag erschien ohne jegliche Vorwarnung ein Jeep, um Lu irrtümlich zu verhaften, wie schon oft zuvor. Peg lief in sein Ankleidezimmer, um Wäsche für ihn zu holen, und war zu Tode erschrocken, die Pistole vorzufinden, denn es stand Todesstrafe auf unerlaubtem Waffenbesitz, erst recht, wenn es sich um alliierte Waffen handelte. Schnell schloß sie die Schublade und atmete erleichtert auf, als die US-Militärpolizei abfuhr, ohne das Haus zu durchsuchen.

Wir hatten so sehr gehofft, die alliierte Besatzung würde uns endgültig von der Gesetzlosigkeit, wie sie unter dem Naziregime geherrscht hatte, befreien, daß Akte der Willkür uns um so mehr überraschten. Die unübersehbare Zahl von Kriegsgefangenen in alliierter Hand erschwerte den Siegern allerdings die Unterscheidung zwischen Nazi und Nichtnazi. Viel hing dann vom guten Willen der jeweiligen Zivil- oder Militärbehörde und von ihrer personellen Besetzung ab, so wie wir es selber mit Captain Mullin in Marienbad erfahren hatten.

Die Tage in Wolfsgarten flogen dahin. Obwohl wir uns gesundheitlich noch recht angeschlagen fühlten, wurden die Franzosen wieder ungeduldig. Es war Zeit, zu unserer letzten Etappe nach Johannisberg aufzubrechen.

Wir gingen langsam den gewundenen Weg aus dem Park hinaus und betraten die lange, gerade Straße nach Mörfelden. Daß wir Wolfsgarten verlassen mußten, erinnerte uns daran, daß unsere eigene Welt wie Blätter im Herbst von uns abgefallen war, in einem schwindelerregenden Verlust von Häusern, Koffern, Kleidern und Wertsachen. Im Augenblick schien der Besitz ebenso unwichtig, wie er es dereinst an der Schwelle des Todes sein würde. Es hatte keinen Sinn, darüber zu klagen. Unsere Sorgen galten damals noch anderen Dingen, denn wir bangten zutiefst um Missie und viele andere Freunde; schließlich gingen wir selbst einer völlig unsicheren Zukunft entgegen.

Trotzdem, als wir an diesem kühlen, durchsichtig leuchtenden Junimorgen losschritten, waren wir uns bewußt, wie schön es war zu leben, beisammen zu sein, bei gutem Wetter zu trecken und Freunde zu finden, die uns wenigstens den letzten Teil unserer Reise erleichterten.

Am Wegrand lag ein Karton mit der Aufschrift „CARE“. Wir hielten an, um ihn näher zu inspizieren. Es war das erste Mal, daß wir eine solche Packung sahen; sie schien von einem Lastwagen heruntergefallen zu sein. Als wir das Paket aufbrachen, entdeckten wir darin Eipulver, Erdnußbutter, Pulverkaffee, Schokolade, Käse, Kekse: lauter leckere, lang vergessene Herrlichkeiten; es war wie ein unerwartetes Weihnachtsgeschenk. Wir knabberten erst an dem einen, dann an dem anderen Stück und teilten alles mit unseren französischen Freunden.

(Später hörten wir, daß diese CARE-Pakete in großzügigster Weise von den Alliierten an die hungernde Zivilbevölkerung in Europa verteilt wurden.)

Alle Brücken waren gesprengt, so überquerten wir den Main bei Mainz-Kastel auf einem hinfälligen Kahn, der behelfsmäßig als Fähre diente und auf dem Pferde und Wagen sogar querstehend kaum Platz fanden. Mit dem Rücken zum Wasser, ganz am Rand stehend, hielt Paul die Köpfe der Pferde, während die Franzosen sich wie eine Traube an den Wagen hingen, um ihn zu sichern. Langsam stießen wir vom Ufer ab, gerieten aber mitten im Fluß in eine starke Strömung, die unseren Kahn mit zunehmender Geschwindigkeit herumwirbelte: er begann sich auf eine Seite zu legen. Die Pferde gerieten aus dem Gleichgewicht und traten einen Schritt nach vorn, wobei Paul fast über Bord ging. Von allen Seiten hievten und zogen die Franzosen, dabei bemüht, die Pferde nicht weiter zu beunruhigen. Allmählich erlangte Paul die Vertikale wieder.

Wir atmeten erleichtert auf, als unsere Barke das rechte Mainufer erreichte. Jetzt kam der spannende Moment, ob es gelingen würde, Pferde und Wagen über eine wacklige, improvisierte Rampe an Land zu bringen. Unter dem Gewicht unserer Karawane versanken die losen Bretter zwar im Schlamm, aber letzten Endes kamen wir doch den steilen Hang hinauf.

Die leere Straße in Richtung Biebrich war voll Narben und tiefen Löchern, als sei sie von einem Dinosaurier zertrampelt worden. Entlang des Weges hatte sich schwarzer Staub und Ruß wie ein Schleier über Ruinen und Pflanzen gelegt. Die Sonne brannte unbarmherzig, kein Schatten bot uns Schutz; der heiße Asphalt begann zu schmelzen und glühte unter den Füßen. Gegen Mittag beschlossen wir, unter einem schütteren Fliederstrauch zu rasten, der tapfer zwischen den ausgebrannten „Kalle"- und „Albert"-Fabriken blühte.

Als wir dann zum Rhein einbogen, dankbar, das zerstörte Biebrich hinter uns zu lassen, wehte uns eine kühle Brise entgegen; die Dörfer, die sich wie ein Rosenkranz den Fluß entlangzogen, sahen zwar schäbig und angeschlagen aus, waren aber doch unversehrt. Als letzte Ortschaft kam Winkel, dann führte die Straße steil zum Johannisberg hinauf.

Wir stiegen in der Abenddämmerung den dunkelnden Hügel hinan. Die letzten Strahlen der sinkenden Sonne schienen durch das Gerippe des zerbombten Schlosses, das sich wie ein gezackter Scherenschnitt gegen den flammenden Himmel abhob. Die leeren Fensterhöhlen leuchteten rot und gold, als ob ein Geisterfest dort stattfinden würde, einen Augenblick lang über die Häßlichkeit der Zerstörung hinwegtäuschend.

Wir nahmen die Kurve vor dem Haus Mumm, das von

schlampig aussehenden amerikanischen Soldaten überquoll. Ganz anders als die GIs, denen wir bis jetzt begegnet waren, schienen sie eine wilde Horde zu sein. Ihre durcheinander geparkten Fahrzeuge stauten sich vor dem Eingang, zerbrochenes Geschirr und Möbelreste lagen auf der Straße verstreut.

Jetzt kam die Wendung nach links. Als wir in die Allee einbogen, die zu unserem Haus führte, erlosch das letzte auflodernde Tageslicht, Johannisberg ragte vor uns auf, dunkel, still und leblos.

3

Schloß Johannisberg wurde am 13. August 1942 vernichtet. Ich war allein in Königswart, als das in nüchternem Stil gehaltene Telegramm von Domänedirektor Labonte eintraf. Darin hieß es lakonisch:

„Schloß und Ökonomiegebäude durch Fliegerangriff vollständig zerstört, Personen kamen nicht ums Leben."

Darauf folgte ein zweites Telegramm von meiner Schwiegermutter:

„Wir sind gesund bei Mumm."

Kurz darauf rief Paul an. Man hatte ihm für die Besichtigung des Schadens einen Tag Urlaub gewährt. Als er im Rüdesheimer Bahnhof ankam, gab es kein Vehikel mehr, das ihn hätte abholen können; so stieg er zu Fuß die noch mit einem Dunst von Rauch und Staub verhängten Weinberge hinauf. Fetzen von Fuchspelzdecken, angefertigt aus selbsterlegten Tieren, kamen ihm entgegengeflogen; erst dann erblickte er das Skelett des Hauses. Er hörte bald, wie es zur Katastrophe gekommen war.

Trotz Vollalarms wegen eines drohenden Angriffes auf Mainz und des Geheuls der Sirenen von Dorf zu Dorf, rechnete niemand mit einem Abstecher der Bomber nach dem Johannisberg. Aber als die sogenannten „Weihnachtsbäume" herunterschwebten und den ganzen Berg hell aufleuchten ließen, stürzte die Beschließerin, Fräulein Allinger, in den Ostflügel, um meine Schwiegermutter und ihre Nichte Marysia zu wecken: Es war allgemein bekannt, daß diese Beleuchtungspracht einen sofortigen Angriff ankündigte.

Meine Schwiegermutter griff nach ihren auf dem Nachtkästchen bereitliegenden Wertsachen und nach ihrem Dackel. Dann lief sie mit Marysia durch den Ballsaal im ersten Stock zur Treppe: hinter ihnen schlugen schon Bomben in ihre Zimmer ein. Sie erreichten den Kiosk, der im westlichen Winkel der Terrasse stand, aber der Kellermeister Allinger hatte bereits die große Kellertür aufgeschlossen und winkte ihnen, schnellstens zu kommen.

Die Schlafröcke hochraffend, denn es prasselte ein Hagel von brennenden Phosphorstöcken um sie her, liefen sie ihm entgegen. Aus den Rauchschwaden tauchten von allen Seiten Gestalten auf, um in den Keller zu taumeln, denn schon stand der gesamte Gebäudekomplex in einem tosenden Meer von Flammen und ringsum detonierenden Bomben.

Im hochgewölbten Keller erlosch das Licht. Durch die Erschütterung der Explosionen erhoben sich dichte Staubwolken vom Boden, und es entstand ein Lärm, als ob man unter einer von Expreßzügen befahrenen Eisenbahnunterführung stünde. Den Schutzsuchenden schienen viele Stunden zu vergehen, bis sie wieder hinauskriechen konnten. Als das untere Stockwerk schon lichterloh brannte, kam die Feuerwehr aus den umliegenden Dörfern, denn auch für sie war Johannisberg das Aushängeschild der Gegend. Die Leute liefen nun um die Wette und holten alles, was noch zu retten war, aus den brennenden Gebäuden: Bilder wurden von der Wand abgenommen, Silber, Porzellan und Wäsche aus den Fenstern gereicht. Für die Bergung der Möbel blieb kaum mehr Zeit, denn das Feuer ließ sich nicht löschen.

Als der Morgen kam, standen nur noch die Mauern im schwelenden Rauch. Glücklicherweise hatten unsere Hofleute zuallererst die Tür aufgebrochen, die zu den Kriegsgefangenen führte. Sie waren zu Arbeiten in der Landwirtschaft zugeteilt und wurden nachts von ihren Militärwachen eingesperrt. Die Geräte und Maschinen waren ausgebrannt, alle Kühe waren verendet. Wendelin, der Kutscher, hatte die Pferde aus dem Stall geholt, schwang sich auf seinen geliebten Fuchs und ritt, die anderen im wilden Galopp vor sich herpeitschend, die hohe Ulmenallee hinunter, von einem Dutzend tieffliegender Maschinen beschossen. Unversehrt erreichte er das offene Feld.

Im ungefähr sechs Kilometer entfernten Rüdesheimer Krankenhaus wurde in jener Nacht ein Johannisberger Mädchen vom Arzt gerufen: „Wenn Sie von Ihrer Heimat Abschied nehmen wollen, kommen Sie zum Fenster." Zu ihrem Entsetzen sah sie, daß das ganze Johannisberg wie eine Fackel in Flammen stand. Riesige Rauchschwaden stiegen in den klaren Nachthimmel.

In Bingen, auf der anderen Rheinseite, liefen die Einwohner zum Flußufer hinunter und weinten, als sie den fernen Berg brennen sahen, der meilenweit die Gegend beleuchtete.

In diesem Augenblick der Vernichtung schien das Schloß seine Bezeichnung „Wahrzeichen des Rheingaus" nochmals zu bestätigen. Wie schon so oft im Laufe seiner turbulenten Geschichte, war das Schicksal Johannisbergs wieder eng mit der Stadt Mainz verknüpft, deren gleichzeitige Zerstörung am östlichen Himmel einen widernatürlichen Sonnenuntergang auf der entgegengesetzten Seite des Kompasses vortäuschte.

Meine Schwiegermutter und Marysia flüchteten tags darauf zu den Nachbarn in die Villa Mumm, ein schönes Haus im Empirestil, das ganz nah an unseren Park grenzte. Am nächsten Morgen erschien der Dorfschuhmacher mit den Schuhen, die bei ihm in Reparatur waren; dadurch befreite er die Damen aus großer Bedrängnis, denn ordentliche Schuhe waren damals nicht zu beschaffen. Mehr als alles vermißte meine Schwiegermutter ihre Fotografien, und ich bemühte mich später, so viele wie möglich wieder zusammenzubekommen, wobei mir der Fotograf in Königswart behilflich war.

Dann reisten beide nach Spanien, um erst nach dem Krieg nach Deutschland zurückzukehren.

Viel später ließ man den Schutt aus dem Ostflügel des Schlosses sieben; es kamen einige Gold- und Silbergegenstände zum Vorschein, die wieder ausgebeult wurden; allein ein Porzellanhund war unversehrt geblieben. Ich fühlte mich bei der Suche wie einer der Ausgräber Pompejis, der nach Jahrhunderten in der Asche früherer Wohnstätten wühlt.

Kurz nach dem Luftangriff auf den Johannisberg befand ich mich in Wien und besuchte Professor Srbik, den bekannten Autor der gewissenhaftesten Metternich-Biographie. Ich wollte mich bei ihm erkundigen, welche Archive wohl im Hause verbrannt seien. Die Tagebücher der dritten Frau des Kanzlers, Melanie, geborene Gräfin Zichy-Ferraris, die mir zugeschickt werden sollten, waren wegen der vielen Luftangriffe im Westen zurückgehalten und im Schloß mit zerstört worden. Srbiks Reaktion auf meinen Schrekkensbericht lautete:

„Johannisberg zerstört? Welche Frivolität!"

Er sah das Geschehen von der Warte der Weltgeschichte aus.

Als wir am 5. Juni 1945 in unseren verwüsteten Hof einfuhren, kamen die Menschen von allen Seiten herbeigelaufen, um uns zu begrüßen.

„Endlich sind Sie da", riefen sie freudig.

Kurt, Lisette und Thanhofer waren mit einem vom Pferd Irma gezogenen Wagen den langen Weg aus Königswart hierher gekommen. Die Tochter der Tauberts, Ilse, hatte trotz ihrer kranken Hüfte den Kinderwagen mit dem Baby sämtliche 600 Kilometer weit geschoben.

Seitdem sie mühsam die letzte Steigung zurückgelegt hatten und in Johannisberg eingetroffen waren, warteten alle in wachsender Sorge auf uns.

Nun hörten wir, daß die „To whom it may concern"- („Wen es angeht") bzw. „Laissez-passer"-Scheine, die wir für unsere Leute in der letzten Nacht in Königswart in Nachahmung der amerikanischen Passierscheine ausgestellt hatten, wie ein Zauber gewirkt hatten: sie kamen durch alle Kontrollen der US-Armee, ohne auch nur einmal aufgehalten zu werden.

„Das Kanzlersiegel imponierte sehr", sagten sie stolz.

Wegen der Zerstörung des Schlosses blieb uns in den verschont gebliebenen Nebengebäuden oder wiedererrichteten Bauten eine Einquartierung amerikanischer Truppen erspart. Dank der energischen Intervention unseres Domänedirektors Labonte war die Bevölkerung des Rheingaus nicht auf die Straßen hinausgeworfen worden, wie es die Nazis, kurz bevor die deutsche Front an der Remagenbrücke durchbrochen wurde, durchsetzen wollten. Auf dem gegenüberliegenden Ufer des Rheins hatte ein SS-Kommando den Bürgermeister von Ingelheim kurzerhand aufgeknüpft, weil er versucht hatte, sich dem sinnlosen Evakuierungsbefehl zu widersetzen. Wer diese mutige Haltung einnahm, lief höchstes Risiko.

Bald konnten wir veranlassen, daß unsere französischen Begleiter auf Lastwagen in ihre Heimat gebracht wurden. Obwohl sie froh waren, fortzukommen, trennten wir uns in gedrückter Stimmung, wohl wissend, daß ein Wiedersehen unwahrscheinlich war.

Aber viele Jahre später machte ein Freund von uns eine Kur in der Bretagne in dem Thalassotherapieinstitut, das ein früheres Radfahrer-As, Bobet, betrieb. „Kennen Sie einen Fürsten Metternich?" fragte ihn überraschend sein Masseur, während er munter weiterknetete. Es stellte sich heraus, daß er unserer damaligen Eskorte angehört hatte und an den gemeinsamen Treck leicht wehmütig zurückdachte.

Inzwischen installierten wir uns in den neuaufgebauten Kavalierhäusern an der Einfahrt des Schloßhofes. Bis ins innerste Mark erschöpft, vermochten wir während der nächsten Wochen überhaupt nichts anderes zu tun, als endlos zu schlafen. Jetzt wurde uns wieder bewußt, daß wir in Ludwigslust an Diphtherie erkrankt waren und nach der hastig verabreichten Impfung und trotz vieler Tage hohen Fiebers von unserem Zustand keine Notiz genommen hatten. In der Tat ging es uns gesundheitlich gar nicht gut; Pauls Lunge schmerzte bei der kleinsten Anstrengung, und einige Jahre sollten vergehen, bis wir unser normales Gewicht und die gewohnte Kraft wiedererlangten.

Ich besorgte mir mit Mühe einen Kinderfarbkasten und malte nun kleine Bilder von unserem Treck. Der erste Teil meines Kriegstagebuchs war seinerzeit meiner Mutter nach Italien zugeschickt worden. Der zweite ging mir in den letzten Wirren verloren, einige Hefte durch Luftangriffe, andere blieben unterwegs irgendwo liegen, zuletzt auch in Königswart. Im Austausch gegen Wein konnte ich ein paar Schulhefte und einen Bleistift erwerben und machte mich in den langen Sommermonaten daran, wieder vieles zu notieren. Da das Archiv in Böhmen geblieben war, schien es mir an der Zeit, mit der Familienchronik wieder anzufangen.

Wie nach einem großen Sturm an den Strand geworfene Schiffbrüchige, so waren wir auf diesem zerschundenen Stück Erde, das wenigstens uns gehörte, angekommen. Auf dem zerschlagenen und verarmten Besitz blieb so viel zu tun, und es waren auch so viele Menschen da, um die man sich kümmern mußte, daß wir uns auch hier bald wieder „zu Hause" fühlten.

4

Glücklicherweise hatte Missie mit einigen Freunden einen der letzten Züge, welche die belagerte Stadt verließen, benützen können. Sie wurde dann in Gmunden am Traunsee dem dortigen Krankenhaus zugeteilt. Wir planten daher, nach Österreich zu fahren, um sie dort herauszuholen, sobald wir eine Beförderungsmöglichkeit gefunden hatten. Sie faßte zur selben Zeit den Entschluß, uns in Deutschland zu suchen. Als sie im Herbst nach unzähligen Abenteuern Johannisberg erreichte, waren wir ihr gerade entgegengefahren. Die deutsch-österreichische Grenze, die wir mit den größten Schwierigkeiten überschritten hatten, war bis auf weiteres hermetisch abgeschlossen, und weder sie noch wir konnten zurück. Das gab wieder eine schlimme Enttäuschung.

Während sich Missie in Johannisberg von ihren Strapazen erholte, sollte sie ihren zukünftigen Mann treffen.

Endlich bekamen wir Nachricht von Irina aus Rom und hörten dann, daß Georgie die letzten Kriegsmonate in Paris verbracht hatte, wo die Übergabe der Stadt für ihn nicht ohne Gefahren verlaufen war. Bald konnte ich meine Eltern in Ebersteinburg in Baden-Baden aufsuchen, wo sie halbwegs gut untergebracht waren, aber recht wenig zu essen bekamen.

Nach und nach, in kleinen Gruppen, stießen unsere Königswarter zu uns. Einige konnte man auf dem Johannisberger Besitz beschäftigen, für andere suchten wir anderswo Arbeit. Als letzter kam Forstmeister Dobner mit seiner tschechischen Frau und seinem achtzehnjährigen Sohn an. Der zweite Sohn war bei der Belagerung von Königsberg verschollen; die arme Frau Dobner weinte, wenn sie ihn nur erwähnte. Zu ihrem großen Schmerz um den Sohn kam der Kummer um die Vertreibung aus der Heimat. Obwohl mittellos, freute sich Dobner, wieder bei uns zu sein, und machte sich gleich mit dem ihm eigenen ruhigen Fleiß daran, den kleinen Johannisberger Wald in Ordnung zu bringen. Unterdessen markierte ich, mit einem großen Eimer weißer Farbe bewaffnet, die Bäume, die im Park gefällt werden sollten, und plante mit ihm das Ausschlagen weiter Ausblicke zum Rhein. Ganz verwahrlost, voll zerstörter Kriegsfahrzeuge, war der Park halb Dschungel, halb Müllhalde geworden.

Dobner berichtete, daß wir Königswart nicht eine Minute zu früh verlassen hatten, denn kurz nach unserem Weggang fragten schon zweifelhaft aussehende tschechische Funktionäre nach uns. Die disziplinierte und rücksichtsvolle US-Truppe, die zuerst das Schloß unter ihren Schutz gestellt hatte, wurde bald von anderen Amerikanern abgelöst, die das Haus als Vergnügungszentrum benützten. Mädchen aus dem Dorf zogen Missies und meine Kleider für ihre Parties an und schleppten vollgepackte Koffer nach Hause ab.

„Es war ein Jammer, ansehen zu müssen, wie sie sich gegen das schöne Schloß versündigten", fügte Dobner hinzu.

Eine Massenevakuierung der gesamten Provinz wurde in Gang gesetzt. Über vier Millionen Sudetendeutsche sollten aus Böhmen vertrieben werden, mit vier Pfund Gepäck pro Kopf. Sie hinterließen Häuser, Dörfer und Städte, die sie gebaut und seit Jahrhunderten bewohnt hatten. So schwer sie ihr Schicksal auch traf, am Ende waren sie fast erleichtert, aus dem Hexenkessel herauszukommen.

Wir hatten gehofft, daß unsere Leute im tschechischen Plass den Königswartern zu Hilfe eilen würden. Sie kamen gar nicht dazu, denn alles nahm eine völlig unvorhergesehene Wendung. Die sowjetischen Soldaten, als Befreier erwartet und begrüßt, gaben sich dort einer Orgie der Plünderung hin: alle Möbel des Schlosses, die Papiere und Bücher wurden aus den Fenstern geworfen. Nur das Archiv fanden sie nicht.

Einige Jahre nach diesen Ereignissen erinnerte sich ein junger Dorfbewohner, daß in seiner Kindheit ein Keller unter der Brauerei umgebaut worden war, um Kostbares darin zu hüten. Man brach das Versteck auf und fand das gesamte Archiv darin, die großen Kisten in bester Ordnung aufgetürmt, genau so, wie wir es verlassen hatten. Die Papiere wurden von den tschechischen Behörden nach Pilsen gebracht und schließlich dem Staatsarchiv in Prag einverleibt, wo sie von verantwortungsbewußten Beamten in Obhut genommen wurden.

In der Nachhut der Sowjettruppe zogen tschechische „Rotgardisten", von denen man bis dahin nie etwas gehört hatte, aus dem benachbarten Pilsen in Plass ein und ermordeten den Direktor der Domäne sowie den Braumeister, obwohl beide Tschechen waren, die nie irgendeine Beziehung zu den Nazis unterhalten hatten. Ihre Familien wurden in der schändlichsten Weise behandelt und dann über die Grenze nach Deutschland abgeschoben – ein Land, das für sie die Fremde, „das Reich“ und keinesfalls ihre Heimat war.

Einer der letzten überlebenden Brüder von Loremarie Schönburg (fünf andere waren im Krieg gefallen) befand sich mit einer schweren Verwundung in einem Militärlazarett in Prag. Er und seine Kameraden wurden von denselben „Rotgardisten“ einige Wochen nach Kriegsende in ihren Hospitalbetten ermordet.

„Eichkatzlschweif“ und „Spinnradlspule“, zwei harmlose, aber im Wiener Dialekt schwer auszusprechende Wörter, auf ein Stück Papier gekritzelt, sollten über Leben und Tod von vielen Tausenden von Kriegsgefangenen entscheiden, die die sowjetische Armee in der Tschechoslowakei eingekesselt hatte.

Zwei Sträflinge aus Ottakring (einem Arbeiterbezirk von Wien), soeben durch die anrückenden Russen aus dem Gefängnis befreit, lümmelten um einen wackligen Tisch, der am Rande eines sumpfigen, von Stacheldraht umsäumten Feldes aufgestellt war, das behelfsmäßig als Gefangenenlager diente. Die beiden waren flankiert von GPU-Offizieren, die unbewegt und kaltäugig das Treiben ihrer sogenannten „sozialnahen“ Freunde beaufsichtigten. Als die Kriegsgefangenen am Tisch vorbeidefilierten, mußten sie die beiden Wörter laut vorlesen. Die österreichischen Soldaten, die sie ohne weiteres im Wiener Dialekt aussprechen konnten, durften nach Hause. Ihre Offiziere bekamen drei Jahre Straflager in Südrußland, wo viele, die nicht durch das Cassino-Sumpffieber bereits immunisiert worden waren, an Malaria starben. Aber für die Deutschen gab es keinen Pardon, und sie fand man heraus, weil sie die fatalen Wörter nie richtig aussprechen konnten. Die beiden improvisierten Richter, biersaufend, schlugen sich auf die Schenkel vor Freude, wenn sie sogar einen Hauch von bayrischer Aussprache entdeckten. Den Ungarn sowie den Italienern, Elsässern oder Rumänen war dasselbe Los beschieden: mit den Deutschen schickte man sie einem langsamen Tod in sibirischen Lagern entgegen.

Als Folge einer geheimen Abmachung zwischen den westlichen Alliierten und Stalin wurden die verwundeten Wlassow-Soldaten, die US-Captain Mullin aus Marienbad evakuiert hatte, sowie alle anderen, die man in den westlichen Zonen auftreiben konnte, den sowjetischen Behörden ausgeliefert.

Ganze Kosaken-„Stanitzas“ (Stämme), seit 1918 leidenschaftlich antikommunistisch geblieben und daher bereit, sich auf deutsche Seite zu schlagen, hatten, wenn auch nicht gegen ihr eigenes Land, so doch in Jugoslawien gekämpft. Nun wurden sie mit ihren Frauen, Kindern und Popen, zusammen mit zufällig aufgegriffenen weiß-russischen Emigranten, die seit 1918 im Ausland lebten, zu Hunderttausenden mit Gewalt von den Alliierten nach Rußland repatriiert. Viele begingen Selbstmord, indem sie sich aus dem Zug warfen oder sich die Adern an den Fensterscheiben aufschnitten, denn sie vermuteten mit Recht, daß sie bei ihrer Ankunft systematisch umgebracht oder in die Vernichtungslager verschickt würden.

Es war ernüchternd zu sehen, wie sogar die sprichwörtliche angelsächsische Achtung vor dem Leben und der Würde jedes einzelnen mißachtet wurde, wenn es um ihre nationalen Interessen ging. Szenen von entsetzlicher Verzweiflung und Massenselbstmord wurden mit Absicht ignoriert. General Pannwitz, der Kommandeur der Kosaken, entschied sich freiwillig, das Schicksal seiner Leute zu teilen, und begleitete sie nach Rußland, wo man ihn aufhängte.

Der regierende Fürst von Liechtenstein war der einzige unter den selbständigen Staatsoberhäuptern des Westens, der sich weigerte, diese unmenschliche Abmachung zu erfüllen, obwohl er persönlich durch seine Besitzungen in der sowjetischen Zone und in Wien russischen Gegenmaßnahmen ausgesetzt war. Kein Russe sollte aus seinem Land ausgeliefert werden. Viele Hunderte von ihnen wanderten nach Südamerika aus, eine kleine Zahl wünschte nach Hause zurückzukehren, und von denen hörte man nie wieder ein Wort.

Nach ihrer Vertreibung aus Teplitz im Nordosten der Tschechoslowakei, einige Wochen, nachdem wir die Grenze überschritten hatten, erreichten Pauls ehemaliger Vormund Fürst Alfons Clary und seine Frau, eine geborene Gräfin Eltz aus Eltville im Rheingau, den Westen und wurden von ihrem Vetter, Fürst Löwenstein, in Bronnbach an der Tauber aufgenommen.

Bald kamen sie auch uns in Johannisberg besuchen. Ich wußte, daß sie zu Fuß ihre Heimat verlassen hatten, und versuchte, Kleidung für sie zu beschaffen, aber als ich Alphy erblickte, schlank und hochelegant wie immer in einem perfekt sitzenden englischen Anzug, mit auf Hochglanz polierten „Lobb"-Schuhen, konnte ich gar nicht wagen, ihm abgetragene Sachen anzubieten, wenn auch der Anzug, den er trug, sein einziger war.

Hocherfreut, sie wiederzusehen, waren wir auch erpicht auf Nachrichten aus Böhmen, denn wir hatten erfahren, daß viele Nachbarn vor ihrer geplanten Flucht von den Sowjets überrollt wurden, wobei ein randalierender sowjetischer Soldat kurzerhand Graf Preysing erschoß. Die Gräfin und ihr kleiner Sohn konnten sich vor ihnen retten, indem sie aus dem Fenster sprangen und in den Park flüchteten.

Als die Russen die Clarys abführten, drückten diese eine kleine Wildledertasche, die den Familienschmuck enthielt, mit einer hastig hingekritzelten Adresse einem unbekannten, gerade danebenstehenden französischen Kriegsgefangenen in die Hand. Sie kamen nicht einmal dazu, nach seinem Namen zu fragen, denn schon schob man sie weiter.

„Stell dir vor, er hat sie bei meiner Schwester, der Gräfin Baillet-Latour, in Brüssel abgeliefert und blieb nicht einmal lange genug, um seinen Namen zu nennen."

„Und was geschah mit euch?" fragte ich Alphy.

„Am Anfang, als die Russen kamen, war es nicht gerade angenehm. Sie wurden sehr ruppig, besonders nach unserer Festnahme, als sie versuchten, ein Mädel aus der verhafteten Gruppe wegzuschleppen, und Lidi sich dazwischenstellte. Ein besoffener Soldat schlug sie, und Blut rann ihr über das Gesicht. Sie schrie ihn aber so an, daß er zurückwich, bevor ich intervenieren konnte." – „Ich war wütend, und es wirkte!" bestätigte Lidi.

Mit ihrem Adlerprofil, stahlgrauem Haar, hoher Stirn über großen, tiefsitzenden blauen Augen, besaß Lidi die unerschütterliche Standhaftigkeit ihres Geschlechts, das sich durch die Jahrhunderte aus einander befehdenden, in ihrem Märchenschloß nahe der Mosel verschanzten Burgrittern zu aufgeklärten Magnaten des Heiligen Römischen Reiches entwickelt hatte.

„Aber dann", fügte Alphy hinzu, „passierte nach dem Zwischenfall ein Wunder: Lidi und das Mädchen sprangen aus dem kleinen Fenster wie Nijinski in dem Ballett ‚Spectre de la Rose'. Auf einmal waren sie wie weggezaubert, und die Soldaten stierten verdutzt auf das leere Viereck der Fensteröffnung, während in der Ferne zwei kleine Gestalten schnell davonliefen."

„Und was geschah nachher?" fragten wir.

„Nachher mußten wir tagelang zu Fuß marschieren, bei schönem Wetter, obwohl vielleicht etwas zu warm. Dann zwangen uns die Aufseher, in den Feldern zu arbeiten, was Lidi eigentlich gar nicht so sehr störte, denn da ließen sie uns in Frieden; aber ich war von Natur aus nie Gärtner und neigte dazu, die falschen Gräser auszuzupfen. Es gab nichts zu essen, und abends stöberten wir in den Mülleimern herum."

„Aber Alphy", rief ich entsetzt, „was konnte man dort nur finden?" Ich erinnerte mich an den kleinen silbernen Notizblock neben seinem Teller in Teplitz, auf dem er während des Essens unauffällig Bemerkungen zur späteren Weitergabe an die Köchin notierte.

Sein noch schönes Gesicht hellte sich vor Lachen auf, als er schnell sagte:

„O nein, meine Liebe, es war nicht so schlimm. Man fand dort oft köstliche kleine Stückchen Kohl.“ Schmunzelnd fügte Lidi hinzu:

„Ich habe mich eigentlich noch nie so wohl gefühlt wie damals!“

Wir waren stolz auf sie beide.

Der nie versiegende Strom von Besuchern auf dem Johannisberg wurde immer bunter, als Verwandte von mir in jeder erdenklichen alliierten Uniform vorbeikamen, um sich zu vergewissern, ob wir noch lebten.

Der erste, der erschien, war mein Vetter Jim Wiazemski; er kam direkt aus dem Kriegsgefangenenlager bei Dresden, wo Mama und ich ihn oft besucht hatten. Er rettete den netten Lagerkommandanten vor der anrückenden sowjetischen Armee, indem er ihn kurzerhand in den Westen mitnahm. Von Freunden umgeben, geschniegelt in seiner neuen französischen Uniform, verfügte er stolz über Jeeps und andere kriegerische Requisiten, die abzulegen Paul so froh gewesen war. Er strahlte, wenn auch noch hager und blaß, in seiner neuen Befreierrolle nach fünf Jahren des ungeduldigen Wartens. Bald sollte er Claire Mauriac, die Tochter des Schriftstellers, heiraten. Auf ausdrückliche Bitte einiger höherer sowjetischer Offiziere, die mit ihm interniert gewesen waren, ernannte man ihn zum Verbindungsoffizier zwischen Franzosen und Russen in Berlin. Seine früheren Mitgefangenen kamen anfangs oft ihn und seine junge Frau besuchen. Aber dann verschwanden sie, einer nach dem anderen, ohne Abschied zu nehmen. Zu seinem Entsetzen stellte Jim bald fest, daß die Gewaltherrschaft Stalins auch seine eigenen Kriegshelden nicht verschonte.

Es vergingen einige Tage, als Kurt mir eines Morgens zuflüsterte: „Unten sind amerikanische Admiräle. Die Herren behaupten, sie wären Onkel der Frau Fürstin.“ Nichts konnte seinen perfekten Stil erschüttern.

Die Besucher waren ein ferner Onkel von mir, Fürst Ghergi Scherbatow-Stroganow, in der Uniform eines amerikanischen Marineoffiziers, begleitet von zwei US-Admirälen. Er kam, um zu erfahren, wie es mir ergangen war, und um mir vor allem von der Jalta-Konferenz zu erzählen, die vier Monate vorher, im Februar, stattgefunden hatte und bei der er zugegen gewesen war.

In Jalta fand er sich plötzlich in demselben Worontzow-Palais von Alupka wieder, wo wir als Kinder mit unseren Vettern gespielt hatten. Er zählte damals gegen zwanzig Jahre und erinnerte sich gut, wie er uns als kleine Bündel auf den Steinlöwen, welche die zum Meer hinabführenden Terrassen flankierten, festhalten mußte, damit Mama die rituellen Fotos von uns aufnehmen konnte. Etwa ein Vierteljahrhundert später stand er in den bekannten Räumen hinter dem Stuhl des US-Marinevertreters und blickte über den Tisch auf Stalin.

Die fehlenden Möbel waren in Eile wieder herbeigeschafft worden, und alles war notdürftig für die englische Delegation in Ordnung gebracht. Das Palais schien bewohnt zu sein, ungefähr so, wie er sich noch daran erinnerte, was in ihm das Gefühl erweckte, sein eigenes Gespenst zu sein.

Womöglich auf demselben seidenen grünen Sofa, auf dem ich als kleines Kind mehrmals geschlafen hatte, saßen die gewaltigen Weltveränderer.

Die Konferenz fand in der früheren Kaiservilla von Liwadia statt; im Worontzow-Palais wurden einige Nebengespräche und Empfänge abgehalten.

„Wie kam Roosevelt mit Stalin aus?" wollte ich wissen.

„Er war von ihm wie hypnotisiert. Er dachte ihn für sich zu gewinnen, indem er in allem nachgab. Europa wurde zerteilt, wie man einen Kuchen aufschneidet. Die drei Mächtigen spielten auf der Karte mit Streichhölzern herum. Es war zum Gruseln. Die Sowjets waren höchst erstaunt, so viel einheimsen zu können, denn sie waren auf hartes Verhandeln gefaßt und nun bekamen sie alles für nichts."

„Warum hat nicht Patton Berlin eingenommen?" drängte ich weiter.

„Weil in Jalta beschlossen wurde, daß die Sowjets dort zuerst einmarschieren."

„Aber warum ihnen dann Thüringen nachwerfen?"

„Als Gegenleistung dafür, daß die westlichen Alliierten ihrerseits nach Berlin kommen durften."

Es klang so, als spielten unwissende, verantwortungslose Kinder mit Murmeln, und bei jedem Wurf wurden Millionen von Menschen mit gebundenen Händen dem sowjetischen Kommunismus verschachert, nur um „Onkel Joe" bei Laune zu halten.

„Aber Churchill? Der wußte doch, was solche Abmachungen bedeuten."

Scherbatow meinte: „In der damaligen Lage besaß seine Stimme kein Gewicht mehr. Außerdem waren Klima und Verlauf der Konferenz längst vorbestimmt und unterlagen ‚Einflüssen', wie sie nur bei höchsten Gipfeltreffen entstehen. Die Auslieferung von Polen sowie von Ost- und Mitteleuropa an die Sowjets war der verlangte Preis für eine Einigung."

Bald nach diesem Gespräch traf ich in unserem Gelände auf einen hohen englischen Luftwaffenoffizier, einen Marschall sogar, der mit seinem Stöckchen im Schutt der Schloßruine stocherte.

„Wer hat das getan?“ fragte er, das Stöckchen im Kreis herumschwingend.
„Sie waren es!“
„Wann?“
„Am 13. August 1942. In derselben Nacht, als Mainz zerstört wurde.“
„Dann muß es allerdings ein militärisches Ziel gewesen sein.“
Ich versetzte trocken: „Wenn Sie meine Schwiegermutter als militärisches Ziel betrachten, mögen Sie Recht haben. Es hat aber keinen Sinn, jetzt über das Geschehene zu sprechen; ich kann nur hoffen, daß Ihnen der Angriff teuer zu stehen kam.“
Wir trennten uns kühl; aber zu unserer Überraschung kam er immer wieder, um mehr über den Vorfall zu erfahren.
Es stellte sich heraus, daß er selber die Angriffe auf Mainz befohlen hatte, und er behauptete nun, daß Johannisberg nie inbegriffen war. Er schien entschlossen, der Sache nachzugehen, aber wir sagten ihm, es würde jetzt niemandem mehr nützen. Vielleicht wollte der damalige Geschwaderführer am nächsten Tag auf eine Party, oder seine Heirat stand bevor, und nun sollte er ausgerechnet in jener Nacht durch die Abwehr von Mainz fliegen. Als ungefährliches Ziel wählte er dann Johannisberg.

Die letzten Monate des Krieges schienen mehr Verluste gebracht zu haben als alle Jahre zuvor. Die Listen der Gefallenen und Verschollenen verlängerten sich ohne Ende. Um so mehr freute man sich über die Rückkehr jedes einzelnen.
Als der Stab des Kavallerieregiments in Bamberg aufgelöst wurde und Paul sich auf dem Weg nach Ludwigslust in Mecklenburg befand, wurde sein Kommandeur Erne von Cramm zu einem Kavalleriecorps nach Ungarn abkommandiert, bei dem jeder Kompanieführer, wie auch Erne selbst, strafversetzt war. An der Front kämpfte man kaum mehr. Als der Krieg zu Ende war, wollte das Corps sich den Engländern, die inzwischen die österreichische Grenze erreicht hatten, ergeben. Sie sollten aber der sowjetischen Armee auf der anderen Seite ausgeliefert werden. Es gelang Erne, seinen Oberkommandierenden davon zu überzeugen, daß er nicht nachgeben dürfe, und riet ihm, den Engländern mit einem Angriff zu drohen, falls sie das komplette Corps nicht in ihr Gebiet hineinließen. Die Engländer dachten, Verrückte vor sich zu haben; die eigene Lust zum Kämpfen war ihnen längst vergangen, so gaben sie nach, und die 50.000 Mann marschierten mit voller Kriegsausrüstung durch ihre Linien. Dann erst wurden die schweren Waffen abgegeben. Unterwegs fanden sogar einige freundschaftliche Wettbewerbe in „Concours Hippiques“ (Springreiten) statt. Die Deutschen setzten sich dann nach Pforzheim ab, wo sie hingehörten. Die Stadt hatte bereits seit Wochen

die Hoffnung aufgegeben, ihre Männer wiederzusehen, und war nun ganz von Sinnen: Man überschüttete die Heimkehrer mit Blumen, als sie hinter ihrer spielenden Kapelle, frisch gestriegelt, diszipliniert wie auf einer Parade einritten. Die Amerikaner stürzten auf die Straße und blieben bei dem Anblick fassungslos stehen: „Who won the war?" riefen sie am Ende humorvoll.

Erst jetzt wurde demobilisiert, wie es seinerzeit die Engländer bei der Übergabe zugesagt hatten. Amerikanische Offiziere versuchten, Erne dazu zu bewegen, ihnen sein Ritterkreuz als Erinnerungsstück zu überlassen. „Souvenir, also for me", sagte er stolz und durfte seine Auszeichnung dann behalten. Er fuhr nach Hause im eigenen Wagen mit einigen Kameraden aus Ostdeutschland, die keine Heimat mehr hatten, und besorgte Stellungen für sie alle.

Paul wollte nicht an den Verlust von Königswart denken, aber seitdem vermied er es instinktiv, in irgendeinem Land Wurzeln zu schlagen. Der Verlust seines Zuhause hatte ihm doch eine tiefere Wunde zugefügt, als er sich selbst eingestehen wollte.

Ich meinerseits träumte noch oft von Königswart; es schien mir, daß ich wieder durch die Räume ging und das spezifische Knarren jeder Tür hörte, so wie damals, als ich verzweifelt Pläne schmiedete, mit dem erdrückenden Gefühl, es wäre doch alles vergeblich.

Lisette kam oft, um an meiner Schulter zu weinen, denn sie und Kurt trauerten um ihre verlorene Habe, insbesondere um ihre Federbetten, die all die Jahre hindurch mit dem Flaum eigener Gänse gefüllt worden waren. Sie fühlten sich ohne diese wärmende Hülle schutzlos preisgegeben. Aber vor allem beweinten sie ihre vergebliche Mühe um das schöne Haus.

Mit hingebungsvoller Sorgfalt machten sie sich jetzt daran, Pauls einzige Flanellhose, Hemd und Krawatte sowie meinen Rock und mein Safarihemd zu flicken, zu bürsten und zu bügeln. Eine Nachbarin schenkte mir Cretonne-Vorhänge, und so wurde ich stolze Besitzerin eines Sommerkleides.

Die Hauptsorge bildeten Nahrungsmittel; wie sollte man sie aus dem Boden stampfen? In allen Blumenbeeten wurden Kartoffeln und Gemüse gepflanzt, und die Pferde und Leiterwagen aus Königswart wurden zur Arbeit in den Weinbergen eingesetzt.

Für Verschönerungen standen vorerst weder Zeit noch Mittel zur Verfügung. Die Dorfbewohner gingen auf der Terrasse vor der Schloßruine spazieren und schoben ihre Kinderwagen an den zerschlagenen Vasen des Geländers vorbei.

„Das war einmal ein Paradies", seufzte der alte Gärtner wehmütig, als er in der Gluthitze die Kartoffeln auf der Kirchenseite hackte.

„Das wird es auch wieder werden", erwiderte ich ihm fest, aber er schüttelte nur ungläubig den Kopf.

Vor allem mußte man den notleidenden Dorfbewohnern zu Hilfe kommen. Zentrale Küchen schossen in jedem Ort aus dem Boden, und wir bemühten uns, die unsrigen mit Milch und Gemüse zu beliefern. Sonntags in der Kirche kippte aber immer wieder der eine oder andere mit einem dumpfen Schlag vor Hunger um. Er wurde dann hinausgetragen, um sich an der frischen Luft zu erholen, als ob das eine ganz normale Sache wäre.

Pläne zum Wiederaufbau des Schlosses wurden vorerst zurückgestellt, denn zuallererst mußten Unterkünfte für alle Angestellten geschaffen sowie der Hof und die Büroräume hergerichtet werden.

Wieder fiel uns die Rolle zu, zwischen Besatzungsmacht und unseren Dorfnachbarn zu vermitteln; wieder wendeten sich die Einheimischen an uns, um Rat und Hilfe zu holen. Mit der Zeit sollten sie uns „ihre Visitenkarte" nennen.

Umgekehrt nahm unsere Umgebung auch aktives und persönliches Interesse an all unseren Vorhaben.

Um den fachlichen Erfahrungsaustausch angesichts des Ausfalls jeglicher Nachrichtenübermittlung zu gewährleisten und um so bald wie möglich die Winzer des Ortes und interessierte Weinfreunde zusammenzufassen und Fragen des Weinbaus auf lokaler, regionaler und nationaler Ebene zu besprechen, wurde eine Vereinigung gegründet, die mit der Zeit als die „Johannisberger Weinkritik" bekannt werden sollte.

Kurz darauf wurde den Mitarbeitern eine Beteiligung an dem Ertrag der Schloß-Domäne gewährt.

Johannisberg war mit einem Priester von höchst originellem Charakter gesegnet. Es war ein Glück, daß dieser Mann im Namen Gottes wirkte, denn sonst hätte er vielleicht einen eindrucksvollen Gauleiter abgegeben.

Ein unbezwinglicher Eifer trieb ihn an, die zerschlagene Basilika, die zugleich Dorfkirche war, wieder aufzubauen. Aber seine Methoden waren höchst eigenwillig. Er wollte die Fundamente der neuen Kirche auf ihr ursprüngliches Niveau zurückverlegen und fing an, die Gebeine der Mönche, die unter den Steinfliesen des Hauptschiffs beigesetzt waren, hervorzuscharren. Über einen wüsten Haufen von Schädeln und Skelettresten stolpernd, rief Paul wütend:

„Was werden die Amerikaner denken, wenn es hier aussieht wie in Buchenwald? Ich verlange, daß Sie alle Gebeine sofort wieder beisetzen, und zwar auf christliche Weise."

„Wenn sie jetzt noch nicht im Himmel sind, kommen sie sowieso nicht hinein", gab er unverdrossen zurück. Aber ausnahmsweise folgte er Pauls Rat.

Mit bewundernswerter Findigkeit besorgte er sich dann zahlreiche Verzeichnisse von katholischen Kirchen in England und in den Vereinigten Staaten und bombardierte sie mit Bettelpostkarten, jeweils fünf Mark erbittend. Es fand sich darin die Andeutung, daß auch eine größere Summe willkommen wäre.

„Schließlich sind es ‚ihre' Leute gewesen, die unsere Kirche zerstörten. Nicht, daß ich diesen Umstand ausdrücklich betone, doch sei es erwähnt."

Trafen die fünf Mark nicht ein, so schickte er seinerseits einen Betrag an die Adresse, deren Beitrag ausblieb, mit dem Bemerken, daß er zutiefst bedauere, auf diese Weise erfahren zu müssen, daß sie zu arm seien, um zu helfen.

„Das soll sie aufrütteln", meinte er verschmitzt.

Auch wir trugen zum Wiederaufbau manches bei; aber durch seine Emsigkeit und persönliche Initiative bekam der Pfarrer nach und nach tatsächlich beträchtliche Gelder zusammen, mit denen er die Baurechnungen bezahlte, so daß in wenigen Jahren die Kirche in alter Pracht wiedererstand.

Ein sogenannter „Aufnehmer" (Putzlappen), eingerahmt in Gold, sollte eines Tages zwischen einem Picasso und einem Mondrian im Haus eines wohlhabenden Textilunternehmers hängen. Letzterer erzählte mir, wie das Tuch zum Grundstein seines Vermögens wurde.

Nach Kriegsende war er von Rußland zu Fuß nach Hause zurückgekehrt. Als er an unermeßlichen Gebirgen von Schutt und Staub vorbeiwanderte, kam über ihn die Erleuchtung, daß die deutsche Hausfrau vor allem etwas brauchen würde, mit dem sie den „ganzen Mist" aufräumen konnte. Mit einer halbintakten Maschine, die in einer Scheune neben seiner zerbombten Fabrik behelfsmäßig aufgestellt wurde, arbeiteten er und seine Familie Tag und Nacht an der Verwirklichung seiner Idee. Ein Strom von „Aufnehmern" ergoß sich über das Land.

Die Hausfrauen gingen dann heldenhaft ans Werk. Verraten in ihrem Glauben an Hitler und, da ihre Männer meistens gefallen oder verschollen waren, gezwungen, allein Entscheidungen zu treffen und mit Katastrophen fertigzuwerden, waren sie jetzt, mit dem „Aufnehmer" ausgerüstet, von dem Ur-Instinkt besessen, ein Heim aufzubauen, wo immer sie sich auch befanden. Statt Motorenlärm und Hupen hörte man in den Dörfern nur das Scheppern von Eimern, Schrubben und Bürsten. Diese Putzorgie schien in manchen Fällen auch den Nachgeschmack eines beschämenden Liebesverhältnisses wegspülen zu wollen. Nicht von ungefähr war Hitler durch eine Vielzahl von Frauenstimmen an die Macht gekommen.

Nach dem Zusammenbruch fühlte jeder Mensch ein zwingendes Bedürfnis, einen Drang zu einfachem, erdnahem Handeln: die Hungernden zu ernähren, die Kranken zu pflegen, Pflanzen in die Erde zu setzen, Häuser zu bauen. Somit wurden die Grundsteine zu neuem Leben gelegt. Was irgendwie zu reparieren war, wurde zusammengeflickt, einzelne Teile wurden ausgetauscht, Wände hochgezogen, fehlende Möbel vom Dorfschreiner hergestellt. Dieses Treiben wurde nach und nach zu einem faszinierendem Spiel der Improvisation und Einbildungskraft.

Einige Monate vor dem Kriegsende schickten wir eine Ladung Möbel und Bilder aus Königswart nach Baden-Baden. Der alliierte Rundfunk hatte uns noch während der Feindseligkeiten mitgeteilt, daß dieser Kurort für das Oberkommando der französischen Streitkräfte bestimmt sei; man konnte daher annehmen, daß er von Luftangriffen verschont bliebe.

Der erste Transport erreichte Baden-Baden ohne Zwischenfall, aber kaum hatte der Marienbader Kreisleiter davon Wind bekommen, donnerte schon das Verbot hinterdrein, die Verlagerung unserer Sachen fortzuführen: Wir schienen durch diese Maßnahme „einen Zweifel am Endsieg" zu bekunden.

Nun erklärte die französische Behörde, daß alle Gegenstände französischen Ursprungs zurück nach Frankreich gebracht werden müßten. Zu gegebener Zeit könne man dann immer noch nachweisen, daß es sich um rechtmäßig erworbenen Privatbesitz handle. In unserem Fall wäre es unmöglich gewesen, diesen Beweis anzutreten, da sämtliche Unterlagen und Archive in der Tschechoslowakei geblieben waren. Viele unserer Sachen waren tatsächlich französischer Herkunft, entweder von Kanzler Metternich erworben, als er Botschafter bei Napoleon war, oder Geschenke der Städte Paris und Brüssel nach dem Frieden von 1815.

Diese Zusammenhänge und Hintergründe zu begreifen, hätte den Kanzleiangestellten, der über unsere Eigentumsrechte mit einem Federstrich zu verfügen hatte, unweigerlich überfordert. Wir nahmen ihm die Entscheidung ab und schritten selbst zur Tat.

Wie es immer der Fall ist, wenn eine wirtschaftliche und administrative Leere entsteht, blühte aus dem Chaos jede Art von Schwarzhandel empor. Durch eine reichliche Spende von Wein angespornt, willigten einige dubiose Figuren ein, unsere Sachen unter dem Schutz einer mondlosen Nacht aus Baden-Baden über die Zonengrenze zu schmuggeln. Sie versuchten jedoch, uns zu betrügen, und verschwanden mit der gesamten Ladung.

Viele Wochen später gelang es uns, ihnen auf die Spur zu kommen, und zwar durch einen ihrer Kollegen, der Österreicher war. Diesen plagte das Gewissen, einen Landsmann hineingelegt zu haben. Er erzählte uns, daß der Hauptübeltäter zur Zeit im Gefängnis von Frankfurt sitze. Ich suchte ihn dort auf und setzte ihm durch das Gitter auseinander, daß seine jetzige peinliche Lage sich noch verschlimmern würde, wenn er uns nicht alles sofort aushändigte, und zwar zum ausgemachten Preis. Angesichts der Mißlichkeit seiner Situation blieb ihm nichts anderes übrig, als nachzugeben, und so traf endlich der Transport in Johannisberg nahezu unversehrt ein.

Irma, der Rappen aus Königswart, vor einen zusammengeflickten Wagen gespannt, dessen Teile in einer Johannisberger Scheune untergebracht waren, diente uns als Hauptbeförderungsmittel. Aber Irma konnte sich nie an das donnernde Getöse der vorbeifahrenden amerikanischen Panzerdivisionen gewöhnen. Ich hielt die Zügel, während Paul das Pferd mit aller Kraft an der Trense packte und es daran hinderte, sich wiehernd hochzubäumen, bis diese stählernen Ungeheuer vorbeigedonnert waren.

Obwohl es keinen Zivilverkehr und keine Verkehrspolizei gab, versuchten deutsche „Ersatzpolizisten" unter alliierter Aufsicht, sich durchzusetzen. Eines Tages wurden wir an einer Kreuzung von einem dieser freiwilligen Ordnungshüter angehalten:

„Sie müssen sofort . . ." – er kam nicht weiter.

„Ich *muß* überhaupt nichts mehr", schrie Paul voller Wut, seinen durch Jahre verdrängten Gefühlen freien Lauf lassend. Wir trabten weiter, während der Ersatzgendarm verdutzt am Straßenrand stehenblieb.

Es liefen Gerüchte um, daß die Besatzungsmächte nicht nur Wagners Musik und Opern verbieten wollten, sondern ernstlich in Erwägung zogen, Westdeutschland in eine Agrarzone zu verwandeln, was dem Vorhaben gleichkam, einen Fisch zu einem Landspaziergang zwingen zu wollen. Klügerer Rat setzte sich allmählich durch, und diese und ähnliche „Morgenthau-artigen" Ideen wurden fallengelassen.

Zu seiner Zeit hatte Metternich, ob Kriege gewonnen oder verloren wurden, die Wiederherstellung und Erhaltung Frankreichs zur Grundlage seiner Politik gemacht. Abgesehen von seiner persönlichen Zuneigung für dieses Land, sah er deutlich, daß Europa ohne Frankreich nie zu einem lebensfähigen Gleichgewicht der Mächte finden würde. Es scheint, daß in der Geschichte eine gewisse Symmetrie der Ereignisse immer wieder eintritt, denn jetzt, als die Alliierten vor der verheerenden Realität der totalen Zerstörung Deutschlands standen, mußten auch sie an die Beseitigung des eingetretenen Vakuums denken.

Die Amerikaner waren die ersten, die ihre vorgeplante Politik aufgaben. Sowohl durch private Initiative wie auch mit offizieller Unterstützung gingen sie mit allen Kräften daran, den niedergeworfenen Gegner wieder aufzurichten.

Die Franzosen fühlten sich nicht danach und sahen sich auch außerstande, Geschenke zu verteilen, aber ihre Kenntnisse europäischer nachbarlicher Verhältnisse bewogen sie allmählich dazu, in der von ihnen besetzten Zone wenigstens die persönlichen Beziehungen, besonders auf höherer Ebene, zu pflegen und auf eine freundschaftliche Basis zu stellen.

Die Engländer hingegen konnten durch lange Jahre den Schock nicht verwinden, den ihnen die schweren Luftangriffe der Deutschen versetzt hatten. Die viel schlimmeren Ergebnisse ihrer eigenen Vergeltungsangriffe betrachteten sie daher mit kühlem Gleichmut. Ihre schonungslose „Demontage-Politik", die die deutsche Industrie lähmen sollte, wirkte sich bekanntlich schädlich gegen sie selber aus, da nun jede deutsche Fabrik und jede Unternehmung alles von Grund auf neu beschaffen und ausrüsten mußte, was der deutschen Wirtschaft in Kürze einen bedeutenden Vorsprung vor ihren altmodischen Rivalen verschaffte.

Was konnte anderseits mehr von Fairneß und Hochherzigkeit zeugen als eine Inschrift, die ich später in einer Kapelle der Oxforder Universität sah:

„Den deutschen Studenten an diesem College, die nach Hause zurückkehrten, um für ihr Vaterland zu kämpfen und zu sterben."

Schrittweise normalisierten sich die Beziehungen zwischen der englischen Besatzung und der Bevölkerung, wenn auch langsamer als in der amerikanischen Zone, die diesbezüglich als eine Art Paradies angesehen wurde.

In den drei westlichen Besatzungszonen wurde, vielleicht unbeabsichtigt, eine Pause für einen schöpferischen Neubeginn geschaffen. In der von den Sowjets besetzten Zone indessen setzte sich der ideologische Zwang mit andern Vorzeichen fort, jeden Aufschwung lähmend. Die Eroberer waren selbst verarmt, so wurden die schon verwüsteten deutschen Provinzen ratzekahl gefressen, während die gleiche glanzlose Schäbigkeit, die stets ihre Herrschaft begleitete, sich wie ein Pilz über alles ausbreitete.

Ehemalige Lebensader des Westens, strömte nun der Rhein – wie schon mehrmals in den vergangenen Jahrhunderten nach Krieg und Umbruch – während der folgenden Monate ohne jeden Stromverkehr vorbei an gesprengten Brücken, ausgebrannten Städten und einer Reihe mittelalterlicher Burgen. Sie waren in Sichtweite voneinander erbaut, um vor dem herannahenden Feind zu warnen, in Zeiten, wo die Katastrophen sich wenigstens in einem erträglichen Ausmaß zum Menschen verhielten.

Es gab noch immer keine Post, kein Telefon, keine Autos und keine Züge, auch kein Geld und keine Waren in den Läden. Trotzdem, oder gerade deswegen, fühlte man sich befreit von der

Tyrannei der Dinge. Über Nacht war jedes Guthaben auf Null zusammengeschmolzen, und alle fingen vom gleichen Stand von vorne wieder an. Es konnte nicht so bleiben. Nach einer längeren Pause, in der man gleichsam für den neuen Anlauf tief Luft holte, ließen ungleiche Fähigkeiten, Energien und Naturtalente die Unterschiede zwischen den Menschen wieder hervortreten.

Da infolge der Kriegswirren die Leute vielfach in ländliche Wohnsitze verschlagen worden waren und Kulturzentren nicht mehr existierten, ergab es sich, daß manches Dorf einen berühmten Künstler oder Fachmann beherbergte, sei er Arzt, Schriftsteller, Musiker oder Maler. Nun saßen sie herum, entwurzelt, mit viel Zeit zur Verfügung und von jeder Verpflichtung befreit. Dieser Zustand führte zu regem Gedankenaustausch und zu einem Aufblühen der Talente auf jedem Gebiet. Bücher wurden geschrieben, Bühnenstücke entstanden; Theater sprossen an den unwahrscheinlichsten Plätzen hervor, Hauskonzerte versammelten weltbekannte Künstler in entlegenen Landhäusern.

Abgesehen von einer gewissen Rücksichtnahme auf die Besatzungsmächte fühlte sich jeder Mensch frei zu sagen, zu tun oder zu lassen, was ihm paßte.

Allmählich ging der schöne Sommer in einen goldenen Herbst über. Die Landbevölkerung mühte sich, die Ernte einzufahren. Im Frühjahr hatte man weder Felder noch Weinberge bestellen können, jetzt fehlten Maschinen und Pressen. Trotzdem gelang es, auf Schloß Johannisberg 80 Halbstück besten Weines zu ernten und einzukellern. Der 1945er sollte mit der Zeit genauso denkwürdig werden wie das Jahr, in dem er gewachsen war.

Wir seufzten bei der Vorstellung, was alles noch zu tun blieb, bis Johannisberg wieder lebensfähig war. Erst später begriffen wir, wie glücklich wir darüber sein durften, zu denen zu gehören, die bauen konnten, und nicht zu denen, die zerstörten.

Was uns persönlich betraf, so schien der rapide Umschwung von glanzvollen Lebensumständen und Weite des Wirkens zu Entbehrung und Einschränkung so unvermeidlich in unserer Zeit, daß der Wechsel einem nicht viel antun konnte. Trotz unserer Erschöpfung waren wir unsagbar erleichtert darüber, endlich von Lüge, Verrat und Terror befreit zu sein. Es war, als ob die Nazis einen ansteckenden Tod um sich verbreitet hätten und man erst jetzt wieder Lebenshoffnung schöpfen konnte.

Diese befreiende Erfahrung gab mir Hoffnung für Rußland. Vielleicht würden auch meine Landsleute eines Tages denselben Weg zur Genesung finden und auch sie geheilt werden wie von einer verheerenden Seuche.

REISE NACH ÖSTERREICH

HERBST 1945

Gegen eine entsprechende Menge Wein tauschten wir eines der beiden Autos ein, die den Krieg hindurch in einem Schuppen in Wolfsgarten aufgebockt standen. Es war ein blaues Opel-Super-Six-Kabriolett, Baujahr 1938, innen mit grauem Leder bezogen. Der weitere Einsatz von Wein, Kartoffeln und Obst ermöglichte es ferner, Reifen, Motorblock sowie Zulassungspapiere zu beschaffen. Das Gepäck stellte kein Problem dar, denn alle unsere Habseligkeiten fanden in einem kleinen Koffer Platz. Wieder einen eigenen Wagen zu besitzen, erschien uns ein Höhepunkt des Glücks, ein Symbol der Freiheit. Endlich konnten wir nach Österreich aufbrechen, um Missie zu suchen und unsere Papiere in Ordnung zu bringen.

Wir beabsichtigten, in ein paar Wochen zurückzukehren, doch es sollte zwei Jahre dauern, bevor wir Johannisberg wiedersahen.

Schon kurz nach Wiesbaden hielt uns eine Straßenkontrolle auf. US-Soldaten winkten eine lange Reihe von Autos von der Hauptstraße herunter. Die Fahrer drängelten sich in einem Büro mitten in einem nahegelegenen Dorf. Sie sahen beunruhigt und schuldbewußt drein, denn die meisten benützten US-Army-Benzin. Davon abgesehen: Wer konnte sich schon angesichts der dauernd wechselnden Verordnungen und Fragebogen über jeden Verdacht erhaben fühlen? Wir waren auf alle erdenklichen Schikanen gefaßt, von Verhaftung bis Konfiszierung des Autos. Der diensthabende Offizier, an den wir uns auf englisch wandten, ließ sich zu der Erklärung herab: „Stellen Sie sich zu den anderen. Eine Kuh ist gestohlen worden!"

Paul erblaßte vor Wut und platzte heraus: „Um das gleich klarzustellen: Mir ist eine Menge zuzutrauen, aber eine Kuh stehle ich nicht!"

Er ging zum Wagen zurück, rangierte ihn aus der Reihe und startete mit voller Geschwindigkeit, während die Wachen uns mit offenem Mund nachstarrten, ohne weiter zu reagieren.

Wir vermieden die Autobahn, weil sie von den Fahrzeugen der Besatzungsarmee benutzt wurde. Unser Status blieb heikel, wir waren uns der Gültigkeit unserer Autopapiere nicht völlig sicher, und es wurde uns unbehaglich, wenn wir an den käsigen Geruch des US-Benzins in unserem Tank dachten, das jedoch vorsichtshalber durch Lagen von Holzkohle gefiltert worden war, um die rosa Farbe zum Verschwinden zu bringen. Doch sollte uns nichts die gute Stimmung nehmen, schließlich kam es uns wie ein Wunder vor, am Leben zu sein, gekräftigt durch Monate der Ruhe. Der schöne Sommer verwandelte sich allmählich in einen goldenen Herbst, und das erstemal seit Jahren reisten wir wieder zum Vergnügen, ganz benommen von der Geschwindigkeit unseres Fortkommens auf leeren Straßen.

Sechs Monate, also eine Ewigkeit zuvor, hatten wir in Bamberg ein paar Koffer einem von Pauls Kameraden anvertraut, der zum Ammersee, wo er beheimatet war, zurückkehrte. Sie enthielten wunderschön gemalte Interieurs, die der zweiten Frau des Kanzlers im Jahre 1826 gewidmet worden waren – wir hatten sie in meinem Königswarter Schlafzimmer aus dem Rahmen genommen –, außerdem einige wenige kostbare Einzelstücke und ein paar Kleider. Wir hofften, die Sachen auf dem Weg abholen zu können, denn bald würde der Winter hereinbrechen. Die übliche Enttäuschung erwartete uns: die Sachen befanden sich nicht mehr bei Pauls Freund, sie waren ihm auf dem Weg verlorengegangen oder gestohlen worden.

Wir umgingen München, das trotz der ungeheuren Zerstörung von amerikanischen Truppen überschwemmt war, und Garmisch, das nun ein Erholungszentrum für die US-Armee abgab. Das Herannahen dieses „Paradieses" wurde durch ein Schild angekündigt: „Boy, it's coming to you!" – („Junge, es kommt auf Dich zu!") Beim Verlassen der Stadt erblickte man ein Plakat mit dem mitleidigen Kommentar: „Brother, you've had it" – („Bruder, Du hast es gehabt!")

Am Ammersee fanden wir Freunde, die genau wie wir darauf hofften, nach Österreich einreisen zu können. Wir blieben ein paar Tage bei ihnen, um zu erkunden, wie die Grenze am besten zu überqueren sei. Offiziell blieb sie für Einheimische hermetisch geschlossen. Eines Morgens machten wir uns auf, um unser Glück zu versuchen, und erreichten auf einem Umweg die kaum befahrene Salzburger Autobahn. Der friedliche Geruch von Heu, Mist und Herbstfeuern durchzog die unberührte Landschaft, während wir uns den immer höher werdenden Bergen näherten.

An der österreichischen Grenze versuchte ein CIC-Mann Paul dazu zu bringen, ein Papier zu unterschreiben, worin er ein für allemal entschied, ob seine Interessen auf der deutschen oder der österreichischen Seite der Grenze lägen. In jedem Fall hätte er damit darauf verzichtet, im Nachbarland irgend etwas zu besitzen oder dorthin zurückzukehren. Um diesem Ansinnen zu entgehen, versuchten wir, die Landesgrenze an zwei anderen Stellen zu passieren; unser CIC-Mann hatte aber seine Kollegen vor unserem Vorhaben gewarnt: sie ließen uns nirgends durch.

Die Nacht zog herauf. Keine Chance, ein Zimmer zu finden, denn jeder verfügbare Wohnraum war mit Besatzungstruppen oder Flüchtlingen voll belegt. Kein Essen war aufzutreiben – aber das hatten wir erwartet. Auf der Suche nach einem Unterschlupf erkletterte unser Auto keuchend einen Berg nach dem anderen. Bald war es zu dunkel, um die Hand vor Augen zu sehen. Hoch oben auf einer Alm brach Paul schließlich das Tor einer großen, dunklen, schrägsitzenden Bretterscheune auf. Wir schoben den Wagen hinein, breiteten eine Decke über das aufgehäufte Heu und rollten uns zum Schlafen zusammen. Sherry, unser unentbehrlicher Begleiter, kuschelte sich wärmend an uns.

Kein Laut durchbrach die schöne luftige Stille, außer dem Glockenbimmeln grasender Kühe und dem gelegentlichen Blöken eines Schafes weit unten am Berg.

Am Morgen kehrten wir zur sogenannten Zivilisation ins Tal zurück, um entmutigt unser Vorhaben aufzugeben. Die bleierne Stimmung löste sich jedoch, als wir unterwegs einen kleinen, eiskalten, glasklaren See entdeckten, der den porzellanblauen Himmel und den seine Ufer säumenden Kranz dunkler Tannen als Bild in sich gesammelt hatte. Wir ließen uns in die gespiegelte Miniaturlandschaft dankbar hineingleiten.

Am Ammersee angelangt, erzählte uns ein zu Besuch weilender US-General, daß er am nächsten Tag nach Linz reisen müsse; falls wir uns ihm anschlössen, kämen wir sicher unbelästigt durch. Unsere Freunde bekamen sogar einen ordentlichen Passierschein für den Wagen. Ein weiter Umweg brachte uns nach Braunau, Hitlers Geburtsort – der letzte Flecken, den wir beabsichtigt hätten, touristisch aufzusuchen. Der General, der zu der dort stationierten Division fuhr, zeigte in unsere Richtung: „Diese Personen gehören alle zu mir", ließ er lässig fallen. Es wirkte wie ein Zauber: die US-Wachen grüßten, und wir waren drüben in Österreich.

Strobl war das erste Ziel unserer Reise, weil wir gehört hatten, daß Missie dort sei. Wie überall quoll alles über von Flüchtlingen (darunter viele Freunde), diesmal aus Wien. Bald erhielten wir die mehr als enttäuschende Nachricht, daß Missie in Richtung Johannisberg aufgebrochen war, um zu uns zu stoßen. Als Rotkreuzschwester hatte sie einen Zug heimkehrender Kinder begleitet. Sie mußte die Grenze um die Zeit überschritten haben, als wir hierherfuhren. Ihre Flucht vor der Sowjetarmee in Wien hatte sich mehr als abenteuerlich gestaltet, wie wir nun hörten. Da wir keine Papiere besaßen, konnten wir nicht einfach zurückfahren, aber im Vergleich zu dem Unglück, das so viele um uns getroffen hatte, schämte ich mich, über irgend etwas zu klagen.

Obwohl eines der größeren Häuser teilweise von hohen US-Offizieren besetzt war, machte man ein kleines Zimmer für uns frei. Das Frühstück nahmen wir unten mit unseren Gastgebern ein. Unsere Lage war prekär: ohne Papiere erhielten wir keine Lebensmittelkarten. Nur Kartoffeln blieben markenfrei, aber auch die gab es nicht in unbeschränkter Menge. Paul suchte am Abend die abgeernteten Felder ab, wir brieten die paar liegengebliebenen Kartoffeln und tranken dazu schwachen Tee. Kein Zucker, keine Milch, keine Butter. Jeder „Gast" am gemeinsamen Tisch aß sein eigenes Essen, während wir versuchten, die amerikanischen Köstlichkeiten zu übersehen, die vor uns ausgebreitet lagen, und lässig höflich ablehnten, wenn irgendein Krumen zögernd angeboten wurde.

St. Martin lag nicht weit entfernt. Dorthin waren die weißen Hengste der Spanischen Reitschule evakuiert worden, während sich die Stuten und die Fohlen in Hostau in der Tschechoslowakei befanden. Man hörte nur, daß der Leiter der Schule, Oberst Podhajsky, ein Mann von großen Fähigkeiten und unglaublicher Energie, General Patton dazu gebracht hatte, St. Martin zu besuchen. Zu seiner Ehre wurde eine Vorführung veranstaltet, die ihn begeisterte. Als er hörte, die Reitschule sei zum Untergang verurteilt, wenn die Stuten und die Fohlen nicht wieder herangeschafft werden konnten, schickte General Patton ein paar Panzer über die Grenze und ließ das ganze Gestüt zuerst nach Schwarzenberg in Bayern eskortieren – trotz des Wutgeschreis der Tschechen, die allerdings kaum in der Lage waren, überzeugend zu protestieren. Von dort kamen die Pferde nach Österreich, wohin sie rechtens gehörten. Diese Geste löste in Österreich eine Welle echter Sympathie den Amerikanern gegenüber aus.

Viele Jahre später besuchte uns in Johannisberg derselbe Captain Mullin, der Kommandeur in Marienbad gewesen war, als wir Königswart verließen. Er erzählte uns von seinem darauffolgenden Kommando in Nordbayern und meinte, daß er sich bei den Bauern dort vermutlich unbeliebt gemacht habe. Man hatte ihm nach dem Verlassen der Tschechoslowakei 15.000 deutsche Kriegsgefangene unterstellt. Die US-Fronttruppen verfügten nicht über zusätzliche Rationen; es schien ihm unmöglich, eine solche Menschenmenge zu ernähren. Schließlich suchte er sich ein paar energisch aussehende, hochdekorierte Offiziere heraus, stellte ihnen zwei Jeeps zur Verfügung, drückte ihnen dazu einige „To whom it may concern"-Scheine in die Hand und schärfte ihnen ein, loszugehen und vor allem zu vergessen, daß sie ihn je gesehen hatten. Sie fuhren kreuz und quer durch die Gegend und entdeckten bald, daß die örtlichen Bauern sich eindrucksvolle Vorräte angelegt hatten: „Schinken hingen in ihren Scheunen, dicht wie Maiskolben."

Die Notlage der Lagerinsassen war behoben, bis drei Wochen später ausreichende US-Vorräte eintrafen. „Aber es braucht keine drei Wochen, bis 15.000 Mann an Hunger sterben", fügte Mullin trocken hinzu.

Eines Nachmittags, als ich von einem Spaziergang zurückkam, der mich an leeren Bootsschuppen und an von Petunien gleichsam tropfenden holzgeschnitzten Balkons vorbeigeführt hatte, fand ich Paul, wachsbleich auf seinem Bett ausgestreckt. Der Scottie lag auf dem Vorleger neben ihm und sah so bleich aus, wie ein Hund aussehen kann, wenn er seit Monaten keinen guten Knochen mehr bekommen hat. Es war ganz klar, daß wir sofort drastische Maßnahmen ergreifen mußten, um endlich unsere Papiere in Ordnung zu bringen, und das konnte nur in Salzburg geschehen. Als wir am nächsten Morgen durch frühere Erholungsorte, die nun von Flüchtlingen überschwemmt waren, dorthin fuhren, versuchten wir die Wellen von Hunger zu verdrängen, die uns überkamen.

Jedenfalls war es immer eine Freude, nach Salzburg zu kommen. Die Festung, die barocken Palais und Kirchen zu Füßen des die Salzach überragenden Mönchsbergs, und das ganze rosa und gelbe Mosaik der Stadt schienen durch den Krieg kaum angekratzt, wenn auch vielleicht ein wenig ramponiert. Die Bomber hatten die Stadt verschont; vielleicht weckten die berühmten Festspiele freundliche Erinnerungen bei den Alliierten. Jedermann, Mozart, Hofmannsthal und die unbekümmerte österreichische Gastfreundschaft hatten möglicherweise eine Saite zum Klingen gebracht, die Erbarmen hieß.

Die Stadt sprudelte über von Amerikanern, aber diesmal brauchten wir ja österreichische Ausweise, und so wanderte ich mit Geduld und Ausdauer von einer Amtsstelle zur anderen, bis ich schließlich auf einen ältlichen Hofrat traf, der zwar in untergeordneter Position tätig war, in diesem Fall jedoch eine Schlüsselstellung bekleidete. Sein Büro atmete die Gemütlichkeit eines vielbenutzten Schreibzimmers: Bücher, ein abgeschabter lederner Armsessel, Akten, die sich unter einem grünen Lampenschirm auftürmten. Leise sprechend, höflich, konziliant, mit einem Kneifer auf der Nase und einem gestutzten weißen Schnurrbart, war er der Inbegriff des vor dem Ersten Weltkrieg berühmten k. und k. Beamten. Staatsdienern wie ihm war es so lange gelungen, das ungefüge Reich zusammenzuhalten.

„Fürst Metternich wünscht in Österreich zu wohnen? Aber

selbstverständlich!" Und er zauberte alles hervor: Lebensmittelkarten, Aufenthaltserlaubnis, österreichische Identitätskarten. Dann kam die forschende Frage: „Besitzen Sie ein Auto?" Ich gab es zögernd zu. „Dann brauchen Sie eine Nummer und Benzin. Für den Anfang nehmen Sie einmal dies. Wir werden aber einen Antrag für eine zusätzliche Zuteilung stellen, denn Fürst Metternich wird sicher nach Wien fahren wollen!" Ich war der guten Märchenfee in Verkleidung begegnet, und unsere Existenzfrage, oder vielmehr das Problem, überhaupt existieren zu dürfen, war vorerst gelöst.

Paul wartete draußen auf mich, aber als kalte Dusche für allzu optimistische Hoffnungen wurden wir mit der Unmöglichkeit konfrontiert, in Salzburg einen Platz zum Übernachten zu finden: die Wohnungen aller Bekannten waren vollgestopft bis zum Bersten. Die Nähe eines riesigen Lagers am Stadtrand wollten wir möglichst vermeiden, denn viele Bekannte wurden dort noch festgehalten, bis sie beweisen konnten, wo sie herkamen und was sie während des Krieges getan oder unterlassen hatten. So galt es zum Beispiel als abscheuliches Verbrechen, als Offizier bei den kosakischen Freiwilligen in Jugoslawien gekämpft zu haben – was so vielen Österreichern zugestoßen war. Vergeblich versuchten wir, uns für einen Freund einzusetzen, den man für einen ausgebildeten Spion hielt, weil er außer Englisch, Französisch und Deutsch drei Balkansprachen beherrschte. Die Verschnörkelungen der Nationalitäten im früheren Österreich-Ungarn war selbst für gutwillige Sicherheitsoffiziere nur schwer zu durchschauen; dazu kam, daß viele CIC-Beamten Emigranten waren, die ihren Rachegefühlen gegenüber den Daheimgebliebenen gern freien Lauf ließen.

Schließlich parkten wir den Wagen bescheiden im Hinterhof des Hauses der Clarys, die entfernt mit „unseren" Clarys verwandt waren. Es wäre zwar weit besser gewesen, ihn unter Dach abzustellen, aber wir wollten niemanden mit der Bitte um einen sowieso nicht verfügbaren Platz belästigen. So versuchten wir, uns hinten im Auto zusammenzurollen und zu schlafen, aber der Herbst zog heran; es wurde kalt, und selbst Sherrys warmes Fell nützte nichts mehr; wir fröstelten die ganze Nacht hindurch. Am nächsten Morgen entdeckten uns die Clarys und luden uns zu einem guten Frühstück ein. Mundi, der Sohn des Hauses, erholte sich gerade von einer Verwundung: in Frankreich hatte seine Abteilung sich den Engländern ergeben. Diese mußten weiterziehen, so stellten sie einfach ihre Kriegsgefangenen an die Wand und erschossen sie, wobei Mundi überlebte. (Wir waren beinahe erleichtert zu hören, daß solche Dinge hie und da auch auf alliierter Seite vorgekommen waren, wenn auch nie auf höchsten Befehl wie unter Hitler.)

Dann kehrten wir wieder nach Strobl zurück und fühlten uns endlich wieder glorreich unabhängig.

Die Hauptstraße, die durch jedes dieser Dörfchen führte, hatte sich zu einem ähnlich fröhlichen Treffpunkt entwickelt wie ein Corso am Mittelmeer. Als wir ankamen, begrüßten uns Geza und Ali P., die gekommen waren, um nach uns zu suchen. Sie waren über Budapest aus Kroatien geflohen und wohnten nun in einer hölzernen Villa in der Nähe von Gmunden, wo sie ihre beiden kleinen Buben zurückgelassen hatten. Wir beschlossen, gemeinsame Sache zu machen und alles, was wir hatten, zu teilen, bis wir endlich nach Wien fahren und unsere Zukunft neu organisieren konnten.

Paul und ich zwängten uns in das spitzgiebelige Schlafzimmer auf dem Dachboden ihres winzigen Häuschens, das auf einem Hügel hoch über dem Traunsee kauerte und einen weiten Ausblick von Gmunden bis Ebensee bot.

An den Türen stand in Kreidebuchstaben, dem Brauch gemäß, „19 C. M. B. 45" zu Ehren der Heiligen Drei Könige, auf die man trotz der letzten entsetzlichen Weihnachten nicht vergessen hatte.

Mit ausgesprochenem Vergnügen an den damit verbundenen abenteuerlichen Schachzügen tauchte Geza nun in den Strudel der einander widersprechenden Verordnungen und Schwarzmarktmöglichkeiten ein. Paul und er durchstöberten auch die weitere Umgebung nach lebensnotwendigen Dingen, unterstützt durch die Gerüchteküche der kroatischen und ungarischen Flüchtlinge, Gezas Landsleuten. Ali war eine der fröhlichen und musikalischen Wilczek-Schwestern aus Wien. Sie und ich kümmerten uns um das Haus und die Kinder, besuchten unsere Nachbarn und empfingen einen nicht enden wollenden Strom von Gästen, die manchmal in Reihen auf dem Boden im Salon übernachten mußten. Wir maßen uns im Bügeln der Hemden unserer Ehemänner, beide höchst unerfahren, aber durch andauernde Übung schließlich gewandter. Nach und nach erwarben wir einige der landesüblichen Kleidungsstücke: ein Dirndl mit Silberknöpfen, dazu weiße Kniestrümpfe, und Lodenanzüge für die Männer. Ich fabrizierte Negerpuppen für die kleinen Buben und Tiere, die kein Zoo je gesehen hat, während Ali ihre Flickarbeit besorgte; nur wenn die Männer abwesend waren, erlaubten wir uns den Luxus, den Verlust unseres Zuhause zu beklagen. Abwechselnd beschrieben wir ein Zimmer nach dem anderen, unsere zurückgebliebenen Hochzeitsgeschenke sowie die Blumen und die Bäume, die wir noch im letzten Jahr gepflanzt hatten. Wenn wir die Liste einmal durchgegangen waren, fühlten wir uns wieder erleichtert; die Männer dagegen wünschten an all das, was hinter ihnen lag, nicht mehr zu rühren.

Oft hörte man Banden staatenloser Flüchtlinge in der Ferne herumballern, aber eines Nachts knallten plötzlich Schüsse um das Haus herum. Der verdächtige Lärm und das Geräusch von Schritten kamen näher – Ali und ich waren allein. Wir löschten sofort alle Lichter und riefen den nächsten US-Offiziers-Club in Gmunden an, um Hilfe zu erbitten. Ali erinnerte sich noch später, daß ich hastig geflüstert hatte: „Paß auf, daß du im toten Winkel stehst, damit sie nicht auf dich zielen können", denn das Telefon befand sich neben der verglasten Haustür. Diese Vorstellung reizte plötzlich ihr Gefühl für Komik, und sie bekam einen Lachanfall über den „toten Winkel"; die Nachricht kam Gott sei Dank trotzdem durch, und kurz darauf rollte ein MP-Jeep die Auffahrt herauf.

Paul und Geza waren nach Salzburg gefahren, um dort einer zwielichtigen Gestalt namens Zifferer ein ganzes Kalb abzukaufen. Zifferer betrachtete sich selbst als ehrlichen Geschäftsmann, der in einer gelähmten Wirtschaft ein Vakuum zu überbrücken suchte. Er wäre ernstlich beleidigt gewesen, wenn man ihn als Hehler bezeichnet hätte, obwohl er in jeden Schwarzmarkthandel ringsum verwickelt war. Von schlaksigem Wuchs, trug er einen buschigen schwarzen Schnurrbart, der ihm unter der Nase wie Moos wucherte. Seine wenig einnehmende Frau oder Freundin steckte mit ihm zu jeder Zeit voll angezogen im Bett, ob wegen der Kälte oder aus anderen Gründen blieb ungeklärt. Das unvermeidliche Eindringen in Zifferers Privatleben war sicherlich nicht nach jedermanns Geschmack, aber es blieb einem gar nichts anderes übrig, denn das Schlafzimmer schien seine Hochburg zu sein: die Vorräte wurden hier aufbewahrt, und alle Verhandlungen fanden im Umkreis seines riesigen zerwühlten Bettes statt.

Das Kalb war Paul und Geza zugesagt und sogar geschlachtet worden, denn die beiden weigerten sich, das selbst zu tun. Nun hatten sie unser Haus in der Frühe verlassen, um es abzuholen.

Plötzlich klopfte es an der Tür, und zwei Männer – einer groß, einer klein – standen im Salon. Sie klappten die Aufschläge ihrer Mäntel um: „Polizei", stellten sie sich vor.

Dieses Wort wirkte beunruhigend, obwohl es nicht mehr den Schrecken hervorrief wie noch kurze Zeit vorher. Wir versuchten so gelassen wie möglich dreinzusehen, boten ihnen Sessel, Schnaps und Zigaretten an und fragten, welchem Umstand wir ihren Besuch verdankten.

„Wir suchen einen Verbrecher namens Metternich." Nach einer bedeutungsvollen Pause fügte der ältere hinzu: „Wir wissen, daß es nicht Ihr Mann ist." (Das war angenehm zu hören!) . . . „Aber wir hätten gern ein paar Einzelheiten und wollten ihn bitten, heute das Haus nicht zu verlassen, weil überall im Salzkammergut und in Oberösterreich Straßensperren errichtet wurden, um den Gesuchten zu erwischen. Wir möchten jede Verwechslung vermeiden."

Ich suchte Fotos von Paul und seinen Paß heraus. Sie betrachteten alles mit Interesse. „Eine erstaunliche Ähnlichkeit. Auch dieselben Daten: 1917 in Wien geboren." Ich holte tief Luft.

„Wie groß ist Ihr Mann?"

„Eins neunzig."

„Aha, da hätten wir's. Unserer ist viel kleiner: eins siebzig."

Wir hofften inständig, daß Paul und Geza mit ihrem Kalb alle Kontrollen umgehen würden. Bevor sie gingen, fragten wir die beiden Polizisten noch nach Einzelheiten über den „Verbrecher".

Es war anscheinend ein Soldat, der am Kriegsende in Pilsen stationiert gewesen war. Als er in der Nähe von Königswart über die Grenze floh, hörte er durch Zufall, daß auch wir auf der Flucht waren. Von da an war er unseren Spuren gefolgt und hatte den ganzen Weg über gestohlen, betrogen und Geld geliehen. Er muß in der Nähe herumgelungert sein, als wir in Johannisberg waren, und unseren nächsten Schritt belauert haben; dann folgte er uns nach Österreich. Hier gab er sich wieder für Paul aus, erhielt sogar eine Art Pension von der örtlichen Verwaltung und begann neuerlich eine vielversprechende Karriere als Dieb und Betrüger. Er hatte die Stempel der Militärverwaltung gefälscht und war nun sogar bewaffnet.

Wir lebten selbst am Rande der Gesetze und Verordnungen, wobei wir an uns selbst erfahren hatten, wie der Name Metternich in Österreich wirkte. Tatsächlich üben bekannte Namen eine besondere Anziehungskraft auf Betrüger aus. Die Hessens wurden von angeblichen Verwandten verfolgt. In London gab es einen falschen Wiazemski, und die Familie meiner Mutter war kaum erbaut zu hören, daß eine GPU-Agentin in Sowjetrußland sich Prinzessin Wiazemski nannte.

Wir kamen vergleichsweise noch gut weg, weil Pauls Doppelgänger sehr bald ein Bein gestellt wurde; trotzdem war es beunruhigend festzustellen, wie leicht ein Gangster diese überregulierten und daher beinahe gesetzlosen Zeiten für sich nutzen konnte.

Zu unserer Erleichterung kehrten Paul und Geza bald darauf heim und schleppten ein Kalb herein. Sie waren auf Schleichwegen gegangen und hatten keine einzige Kontrolle angetroffen. Mit Axt, Säge, Messern und in völliger Unkenntnis der Anatomie des Tieres machten sie sich im Keller an die Arbeit, während wir versuchten, den üblichen Schwarm von Gästen zu unterhalten und durch lebhafte Geräusche die heraufdringenden Geräusche des Hackens und Sägens zu übertönen. Nur ein paar Vertraute durften durchs Treppengeländer hinunterschauen und wurden bei dem Anblick, der sich ihnen bot, von äußerster Fröhlichkeit ergriffen. Wir hatten Schnitzel und Côtes de Veau verlangt, aber das Endergebnis war eine Riesenmenge zerhacktes Fleisch, das nur zu Gulasch taugte.

„Nicht ein einziges Schnitzel", seufzten wir, aber bald stellte sich das als Vorteil heraus, denn die Nachricht, daß wir mehr als genug zu essen hatten, verbreitete sich in Windeseile, und ungarische, tschechische, jugoslawische und österreichische Freunde gaben sich die Klinke in die Hand; es war sehr viel leichter, einen Topf Gulasch auf dem Herd heiß zu halten, als ein Menü zu improvisieren. Selbst Sherry bekam allmählich wieder die rundliche Form und das glänzende Fell eines wohlgenährten Scottie.

Im kleinen Theater von Gmunden wurden erstklassige Bühnenstücke inszeniert, aufgeführt von geflohenen Burgtheater-Schauspielern, die in der Nachbarschaft um den See herum wohnten. Als wir uns mit einigen von ihnen anfreundeten, hörten wir, daß auch sie – wie mein Freund Neugebauer in Prag – unter Nazischikanen gelitten hatten.

Baron Jeszensky hielt für eine Anzahl ungarischer Flüchtlinge offenes Haus in Schloß Kammer am Attersee. Obwohl gehemmt durch Flucht und plötzliche Armut – viele hatten die Grenze in Kleidern überschritten, die sie immer noch trugen –, gelang es ihnen, die sprichwörtliche Fröhlichkeit des Budapester Nachtlebens wiederaufleben zu lassen. Irgendwo stöberte man Zigeunermusik auf, der man dann lauschte, mit einem, wie sie es selbst nannten, „Emigrantengesicht" – einer Miene, auf der sich Sehnsucht und rührselige Verzückung spiegelten. Voller Charme, aber unfähig praktisch zu denken, ritterlich und fürchterlich unvernünftig, teilten die Ungarn in großzügigster Weise ihr letztes Stück Brot mit ihren Landsleuten; aber nach einem Essen wurden zum Beispiel dem Ober die Manschettenknöpfe, die sie gerade trugen, als Trinkgeld hinterlassen. Wie den Spaniern schien ihnen die „geste gratuit" im Augenblick wichtiger als die Überlegung, was der nächste Tag bringen würde. Trotzdem half ihnen der starke Zusammenhalt untereinander, in einer oft feindlichen Welt wieder Fuß zu fassen.

Wie verschiedenartig all die früheren k. und k. Völker doch waren! Und dennoch hatten sie alle in einer anpassungsfähigen Struktur der Monarchie ihren Platz gefunden. Die Österreicher, die in Mitteleuropa an einer Schlüsselstelle sitzen, sind aus Tradition und Wesensanlage tolerant, liebenswürdig, immer bereit, zu verhandeln und Kompromisse zu schließen – außer unverständlicherweise 1914, und das sollte zur Katastrophe führen. Sie verstehen es, geduldig zu warten, bis die Zeit reif ist, und vielleicht waren sie gerade durch ihren Mangel an leidenschaftlichem

Engagement dazu geschaffen, in Europa die Friedensstifter zu sein.

Extreme nationalistische Strömungen schufen ein verzerrtes Bild der Sorgfalt, mit der Österreich die unglaublich vielfältigen Möglichkeiten des Zusammenstoßes zwischen den in der Monarchie vereinigten Völkern umging. Geduld, Taktgefühl und Lässigkeit – „Die Türken sind auch wieder weggezogen . . ." – kamen ihnen nun bei den Verhandlungen mit den Russen zugute, die sie schrittweise und unauffällig zu zähmen sich anschickten.

Das Entsetzen, das der Einmarsch der Sowjetarmee hervorgerufen hatte, war abgeklungen. Mit ihrer angeborenen Begabung für Diplomatie gelang es den Österreichern, ihre Unterdrücker richtig anzupacken, ob sie nun betrunken waren oder nüchtern. Obwohl noch gelegentlich Plünderungen und Raub vorkamen, brachten so unerwartete Ernennungen wie die des Herzogs von Hohenberg zum Bürgermeister von Amstetten doch ein gewisses Maß an Beruhigung. Er war der Sohn des 1914 in Sarajevo ermordeten Erzherzogs Franz Ferdinand und erst kürzlich aus einem Konzentrationslager befreit worden.

Als wir uns in Richtung Wien aufmachten, warnte man uns. Übelgelaunte oder betrunkene sowjetische Grenzposten pflegten nach Lust oder Laune den Reisenden die Papiere zu zerreißen oder sie zu behalten. Wir versteckten daher unsere kostbaren Identitätskarten sowie die Autozulassung und hielten nur deren Fotokopien für die Kontrollen bereit. Das Wetter schlug zu beißender Kälte um, und Ali und ich kuschelten uns fröstelnd trotz zwiebelähnlich übereinandergeschichteter Kleider auf den Rücksitz des ungeheizten Wagens, den Hund Sherry zwischen uns geklemmt. Wir versuchten, so unauffällig wie möglich auszusehen; als wir uns dem russischen Grenzposten in Enns näherten, flüsterte Ali nervös unseren Männern zu: „Wenn es zum Schlimmsten kommt, bitte wegschauen!", denn Beanstandungen pflegten zu sofortiger Gewaltanwendung zu führen. Eigentlich erwarteten wir an einer Grenzstelle, die täglich von mehreren alliierten Fahrzeugen passiert wurde, kaum das „Schlimmste", aber wir kamen immerhin alle aus verdächtigen Gegenden: aus Jugoslawien, Tschechoslowakei, ich war in Rußland geboren und Paul hatte dort gekämpft: es gab keinen Grund, sich allzu sicher zu fühlen.

Die Männer wurden barsch herausgerufen und in eine kleine Holzbaracke am Straßenrand befohlen. Eine bewaffnete Schildwache marschierte um das Auto herum, spähte durch die trüben Scheiben, breit grinsend beim Anblick Sherrys: „Passagir!" sagte er freundlich.

Nach langer Wartezeit kehrten Paul und Geza in Begleitung eines lautstark gestikulierenden russischen Soldaten zurück. Ich übersetzte leise: „Er möchte wissen, wie schnell das Auto fährt!" Wir hatten beschlossen, daß es besser sei, nicht zu zeigen, daß ich Russisch spreche, denn das würde entweder überschwengliche Freude oder Verdächtigung zur Folge haben. Immerhin war es nützlich zu verstehen, was sie meinten, da selbst die harmloseste Frage, so grob herausgebrüllt, sich anhörte, als solle jemand sofort an die Wand gestellt werden. Der Durchschnittssoldat hegte eine kindliche Begeisterung für jede mechanische Vorrichtung, von der Spieldose über die Uhr bis zum Auto, und war jederzeit bereit, einen unter dem fadenscheinigsten Vorwand von einem solchen Gegenstand zu befreien. Andererseits ließen sie sich durch das freundliche Angebot von Schnaps oder Zigaretten leicht ablenken.

Unsere Freunde wandten sich oft an mich um eine Erklärung über das Verhalten der russischen Soldaten, aber ich stand genauso verdutzt vor ihrem Benehmen wie alle anderen, denn ich kannte meine früheren Landsleute ja auch nicht in der Masse. Die sowjetischen Kriegsgefangenen, die jungen Männer, die in der Kirche von Marienbad gesungen hatten, die beiden ukrainischen Mädchen, die nur, weil sie gehört hatten, ich sei Russin, Kilometer marschiert waren, um mich zu treffen, die Kosaken, die von ihren österreichischen Offizieren so geliebt wurden – sie alle waren warmherzige, einfache, erdgebundene Leute, aber nicht brutal und roh. Nun standen wir zum ersten Mal einer Art „Massenmensch" gegenüber. Waren es die Armee oder die Auswüchse des Krieges, die diesen primitiven, völlig unberechenbaren Neandertal-Typus hervorgebracht hatten? Wellington hatte einmal gesagt, daß es keine schlechten Soldaten gebe, nur schlechte Offiziere. Stalin hatte kurz vor dem Krieg eine große Anzahl Führungskräfte der Armee beseitigt, dazu kamen die Verluste im letzten Krieg, so erfolgte ein Zusammenbruch der Disziplin wie auch der moralischen Führung. Es war unmöglich, abzuschätzen, welche Wendung die Begegnung mit einem Russen nehmen würde. Ein jedes Zusammentreffen mit einem sowjetischen Soldaten glich der Zähmung eines von Natur aus möglicherweise gefährlichen, aber im Grunde nicht böswillig veranlagten wilden Bären. Wenn sie betrunken waren, empfahl es sich, einen weiten Bogen um sie zu machen.

Ein amerikanischer Offizier, der ehemals Österreicher war, befand sich in einem schnittigen Tourenwagen auf dem Weg nach Wien. Bald bemerkte er, daß ein sowjetisches Militärfahrzeug ihm folgte. Er drückte auf das Gaspedal, weil er auf dieser verlassenen Landstraße, die mitten durch die sowjetische Besatzungszone führte, ungern zum Stehen kam. Der Wagen hinter ihm blieb ihm auf den Fersen, während der Fahrer wilde Zeichen machte, um ihn zum Anhalten zu bewegen. Als er schließlich das Zentrum Wiens erreichte, mußte unser Freund an einer Verkehrsampel halten. Sein Verfolger überholte ihn, und heraus sprang ein Sowjetoffizier, der fröhlich eine Flasche Schnaps schwenkte: er wollte nur auf das herrliche Rennen anstoßen, das sie einander geliefert hatten.

Als wir unsererseits auf die Hauptstadt zufuhren, waren wir erleichtert, auf einen amerikanischen Militärwagen zu stoßen, in dessen Kielwasser wir uns dann auf dem Weg durch die traurige und leblose Winterlandschaft, die in einen bleiernen Himmel überging, hielten. Das Land schien durch Krieg und Besatzung wie betäubt. Metternich hatte gesagt, der Balkan beginne im Garten hinter seinem Haus. Damals schien er in Enns anzufangen.

Schließlich erreichten wir die zerschundene und in Trümmern liegende Stadt und fuhren direkt ins Wilczek-Palais in der Herrengasse, nahe der Hofburg.

Die große Haustür wurde von dem angestammten alten Portier aufgestoßen, der beim Anblick von Ali über das ganze Gesicht strahlte und hinter uns hastig wieder verriegelte. Unser Auto schien im Hof sicher zu stehen. Nur ein Appartement stand der Familie noch zur Verfügung, und Alis Onkel, Graf Cari, der während der ganzen Belagerung in Wien geblieben war, bewohnte es. Er machte uns Platz, und wir quetschten uns in die Räume, die früher die Kinderzimmer des alten Familienpalais gewesen waren. Weil die Temperatur nachts weit unter den Gefrierpunkt sank, schlief man besser voll angezogen. Heizung gab es keine außer einem kleinen Ofen im Bad und einem in der Küche, der bald den Mittelpunkt gesellschaftlicher Ereignisse bildete. Durch ein paar Flaschen Wein aus den eifersüchtig gehüteten Restbeständen des Familienkellers, die Ali dem Pförtner entlockte, gestalteten sich diese Zusammenkünfte bald fröhlicher. Alis Bruder hatte einen beinahe tödlichen Schuß durch den Hals überlebt; diese Verwundung hatte ihn wenigstens davor bewahrt, während der letzten mörderischen Monate an die Front zurückkehren zu müssen. Er war nun dabei, wieder eine Verbindung zu dem verwüsteten Familienbesitz in der Nähe von Wien herzustellen. Sein Schwager, Ferdinand Traun, stieß bald zu uns in die Herrengasse. Er versuchte, für seine Frau und seine sechs Kinder, die in langweiliger Sicherheit auf irgendeinem Berggipfel über das Kriegsende hinaus ausharrten, eine Zukunft aufzubauen.

Die Nachricht, daß wir angekommen waren, verbreitete sich rasch. In Kürze waren wir in Verbindung mit einer Anzahl von Freunden und Bekannten, die alle versuchten, im Treibsand des Wien von 1945 wieder festen Fuß zu fassen. Zu ihnen zählten auch Künstler und Musiker wie Herbert von Karajan, die während des Krieges keine andere Wahl gehabt hatten, als sich in ihrem Fach zu betätigen, daher zur „Truppenbetreuung" herhalten mußten. Nun fanden sie sich deshalb „kompromittiert". Die Alliierten waren jedoch den Einwohnern viel freundlicher gesinnt als auf der deutschen Seite, denn ihre Politik Österreich gegenüber stand unter der Überschrift „Befreiung".

Wir trafen uns in kleinen Gruppen überall im ersten Bezirk, denn wir fühlten uns hier sicherer als in den Vororten der Stadt.

Wien war in vier Besatzungszonen aufgeteilt worden: eine russische, eine amerikanische, eine englische und eine französische, während das Zentrum, die „Innere Stadt", gemeinsames Gebiet blieb und von allen vier Mächten besetzt war, von denen jeden Monat eine andere den Vorsitz führte. Ein Jeep der Militärpolizei, in dem wie als Symbol ein Russe, ein Amerikaner, ein Engländer und ein Franzose saßen, kurvte dauernd durch die Stadt. Auch die großen Hotels wurden unter den Vieren verteilt: Grand Hotel und Imperial für die Sowjets, das Bristol für die Amerikaner und das Sacher für die Engländer. Die Franzosen standen weniger im Blickpunkt.

Es war noch zu früh, sich in die ländliche Umgebung der Stadt zu wagen, die völlig in sowjetischer Hand lag, obwohl ein paar unternehmungslustige Freunde es trotzdem hie und da versuchten, um nach Nahrungsmitteln zu forschen oder um festzustellen, was die Invasion (die „Befreiung", wie es offiziell hieß) überstanden hatte. Endlich hörten wir aus erster Hand, was während und seit der Belagerung alles geschehen war.

Wir selber waren während des Krieges häufig nach Wien gereist, wo wir mehrere alliierte Luftangriffe durchmachten.

Eine Bombe war dabei in den Keller des Liechtensteinpalais hinter dem Burgtheater eingeschlagen und hatte alle, die dort Schutz gesucht hatten, getötet. Konstantin Liechtensteins kleine Tochter, die noch kurz vorher auf dem Schoß ihrer Mutter gesessen war, lief ihm entgegen, als er mit seinem Vater im Gespräch unter dem gewölbten Eingang stand. Sie sollten als einzige überleben.

Einige Zeit später zerbarst ein alliiertes Flugzeug auf dem Dach desselben Gebäudes, wobei das barocke Treppenhaus und der Hof schwer getroffen wurden. Der Pilot klammerte sich an die Dachrinne: obwohl man ihm sofort zu Hilfe eilte, war er nicht mehr rechtzeitig zu erreichen.

Jeder, der einmal in ein solches brennendes Haus stürzte, um Menschen oder Gegenstände zu retten, sagte nachher, daß der erste Augenblick instinktiven Zurückscheuens sehr bald durch die seltsame Anziehungskraft der Gefahr überwunden wird, durch den unwiderstehlichen Antrieb, zu sehen, wie weit man selbst zu gehen bereit ist. Trotzdem fiel es einem schwer, fremde Schubladen und Schränke aufzubrechen, selbst mit der Absicht, die Habe eines anderen in Sicherheit zu bringen.

Die Angriffe wurden immer mörderischer, zerstörten ohne Unterschied Krankenhäuser, denkmalschutzwürdige Gebäude und Kirchen, wobei Hunderte in der Falle ihres Luftschutzbunkers gefangen wurden, wie es beim Jockey-Club im Zentrum der Stadt geschah.

Die Wiener Katakomben bilden bekanntlich ein weitläufiges, unterirdisches Labyrinth, das schon während der Türkenbelagerungen im 16. und 17. Jahrhundert von großem Nutzen war. Nun waren die Gänge wieder untereinander verbunden und als Luftschutzkeller benützt worden, so konnten sich viele Menschen von einem brennenden Haus in das nächste, das noch stand, retten.

Hier in den Gewölben bewahrte man auch Vorräte auf. Als die sowjetischen Soldaten in die Stadt eindrangen, fanden sie in den Katakomben riesige Weinlager. Ohne geringste Schwierigkeiten konnten sie durch die Keller in alle Häuser gelangen und, zum größten Teil sinnlos betrunken, die Frauen überfallen. Es war unmöglich, sie abzuwehren.

Die fassungslose Bevölkerung floh oder versteckte sich, wenn sie nicht auf brutalste Weise gezwungen wurde, sich zu unterwerfen. Das Vorgehen war ganz einfach: die ersten zwei oder drei Frauen, die Widerstand leisteten, wurden erschossen, „um den Weg freizubekommen". Mädchen rieben sich die Gesichter mit Nesseln ein oder flüchteten an die unwahrscheinlichsten Plätze. Die Besitzerin eines Schirmgeschäftes erzählte mir, sie und ihre Tochter hätten sich 48 Stunden lang auf dem Boden eines Telefonhäuschens versteckt. Bald wußte man, daß Frauen jeden Alters gefährdet waren, denn anscheinend hegten Sowjetsoldaten den Aberglauben, alte Frauen brächten Schutz gegen Kugeln.

Neben all den grauenhaften Ereignissen gab es natürlich auch eine Menge komischer Geschichten:

Das Faktotum der Wilczeks, Frau Herzinger, ein typischer Nestroy-Charakter, erzählte mit Genuß, wie ein „Bürscherl" versucht habe, sie anzugehen, sie ihn aber mit einem Nudelwalker verscheucht und dabei laut gekreischt habe: „Geh ma, geh ma! Scham di, könntst mei Sohn sein." Daraufhin habe er eilig den Rückzug angetreten.

Eine Gruppe von Freunden wurde mit vorgehaltenen Gewehren in einem Wiener Palais festgehalten; einem ältlichen Mädchen mit „Pogesicht" befahl ein Russe, mit ihm hinauszukommen. Die anderen harrten ihrer Rückkehr, dabei betend, daß sie die Stunde der Prüfung überstehen möge, bis sich die Tür endlich öffnete und eine „strahlende Schönheit" hereinkam. Als Beantwortung der dringlichen Fragen sagte sie nebenbei: „Er hat mir nur von seiner Heimat erzählt." Damit mußten sie sich zufriedengeben.

Nach ein paar Tagen setzte sich eine Art Abwehrsystem durch. Die Wiener faßten Mut und fingen an, sich der Überfälle betrunkener Soldaten durch eine Art Buschtelefon mit durchdringenden Schreien zu erwehren. Ein Russe brauchte bloß aufzutauchen, und jede Frau im Haus kreischte los. Das nächste Haus nahm das sofort auf, die Rufe gellten weiter die Straße hinunter, und bald darauf erfolgte der Einsatz der Militärpolizei.

Der berühmte Gynäkologe Professor Knaus, der von Prag nach Wien gezogen war, erzählte mir, daß nach dieser ersten Vergewaltigungswelle die Kliniken und Krankenhäuser von Wien unter Umgehung der sonst geltenden Bestimmungen ihre Tore öffneten und alle Frauen, die Grund dazu hatten, aufforderten, ohne Personalangabe und unentgeltlich zur Untersuchung zu erscheinen. Es sei ein jammervoller Anblick gewesen: endlose Schlangen, Frauen jeden Standes, manche in fürchterlichem Zustand. „Wenigstens waren damals kaum Männer in der Stadt", fügte er hinzu, „nicht wie in Budapest . . ."

Viele ältere Leute starben vor Hunger oder durch Vernachlässigung, wenn sie niemanden hatten, der sich um sie kümmerte. Der tragische Tod unseres Freundes, des Botschafters Graf Mensdorff, war keine Ausnahme.

Manche Leute wurden plötzlich auf der Straße aufgegriffen und zur Zwangsarbeit eingezogen oder gar nach Sibirien abtransportiert: es war unvorhersehbar, wen es erwischen würde. Eine Wache nahm einfach eine Person fest, und dann war es schon zu spät, zu entkommen. Weinende Frauen liefen nebenher und boten Schmuck und Schnaps an, um ihren Mann oder Sohn freizukaufen. Oft ließ der jeweilige Soldat sein Opfer wirklich gehen, aber nur, um an der nächsten Ecke einen anderen Passanten aufzugreifen, damit sein Soll erfüllt blieb. Ein Freund, der vor dem Krieg ein äußerst verfeinertes Leben geführt hatte, wurde gezwungen, einen schweren Sack zu schleppen, aber es gelang ihm, heimlich ein kleines Loch darin zu vergrößern und im Gehen einen Großteil des im Sack enthaltenen Zuckers herausrieseln zu lassen. Er fand sowieso, diese Tätigkeit sei weitaus weniger lästig als die Handhabung einer Panzerfaust während der Belagerung: „Dieses abscheuliche Gerät!"

Den durchschnittlichen sowjetischen Soldaten und sogar vielen Offizieren waren offensichtlich die einfachsten sanitären Einrichtungen fremd. Im WC-Absatz wurde Butter gekühlt, oder Glasscherben wurden darin aufgehäuft, als drohe Gefahr aus der Öffnung. Statt dessen entdeckte man kleine, in Zeitungspapier gewickelte Pakete, in Schränken gestapelt, erst durch den Gestank.

Trotzdem galt es als schwerstwiegende Beleidigung, ,,ne kulturni" genannt zu werden.

Draußen auf dem Land war das Schicksal von ,,Zerstörung" oder ,,Verschonung" eine Sache des reinen Zufalls.

Einer von Graf Clams Ahnen erdiente hohe russische Orden, die nun in einer Glasvitrine zur Schau gestellt wurden. Er zeigte sie dem Sowjetoffizier, der als erster das Haus betrat. Daraufhin wurde sofort Befehl erteilt, jede Plünderung zu unterlassen; er selbst und alles, was ihm gehörte, wurden mit größtem Respekt behandelt.

In einem anderen Haus schleppten die sowjetischen Soldaten mit großer Mühe den Eiskasten und den Flügel bis hinauf aufs Dach und ließen sie, glücklich über den Krach, auf der Terrasse zerschellen. Dann drehten sie alle Hähne auf und setzten das ganze Gebäude unter Wasser. Das alles hörte sich an wie die Taten der ,,bösen Mäuse" in Beatrix Potters Kindergeschichten, nur in viel größerem und verhängnisvollerem Maßstab.

Alice Hoyos gelang es, sich bei den russischen Truppen, die um und in Schloß Schwertberg stationiert waren, durch unerschütterliche Autorität durchzusetzen, obwohl ihre Schönheit und Jugend in diesem Fall eigentlich ein Nachteil für sie waren. Als einer der Sowjetoffiziere ihre jüngere Schwester ins Kino einlud, schickte sie sie sofort weg: ,,Er hätte nie auf diesen Gedanken kommen dürfen; sie war zu jung, um mit der Situation fertigzuwerden", erklärte sie uns. Man hätte ihn nachher nicht mehr auf Distanz halten können.

Auf dem Friedhof von Heiligenkreuz wurde Mary Vetseras Grab aufgebrochen. An dem Leichnam hingen noch Fetzen des berühmten ,,grünen Reisekleides". Als man die traurigen sterblichen Überreste wieder bestattete, stellte sich heraus, daß der Schädel *oben* ein großes Loch hatte und nicht in der Schläfe, wie es eigentlich nach der offiziellen Mayerling-Version hätte sein müssen.

Beim Einmarsch der Sowjettruppen in Böhmen hofften die tschechischen Landbesitzer, irgendwie die Besatzungszeit zu überstehen, um dann, wenn eine gesetzmäßige Regierung wieder im Amt wäre, sich mit ihr zu verständigen. Diese Vorstellung erwies sich von Anfang an als Irrtum. Chaotische Zustände, Plünderungen und gezielte Willkür bereiteten den Weg für die kommunistische Machtübernahme, die wie gewöhnlich die rücksichtslose Ausschaltung jedes möglichen Gegners einschloß. Trotz früherer Erfahrungen wurden am Anfang viele davon überrascht, daß sie dasselbe Schicksal traf wie die Sudetendeutschen. Verspätet ergriffen sie die Flucht.

Stephanie Harrach, die auf Nachrichten von ihrem Mann wartete, blieb so lange, bis man sie aus ihrem Schloß hinauswarf. Die Plünderung befand sich schon in vollem Gange, als sie noch ein paar letzte Sachen zusammenpackte. Gleichzeitig zerrten sie und ein Sowjetsoldat an derselben Vase, die sie als Erinnerungsstück unbedingt behalten wollte. Als sie ihm den Gegenstand aus der Hand riß, stolperte sie über den Teppich, den man gerade unter ihren Füßen wegzog und zusammenrollte. Ihre Schwiegermutter protestierte empört: „Was? Nach Wien im Sommer?“, und nahm daraufhin nur einen Handkoffer voll weißer Glacéhandschuhe mit, einen Schatz, den sie den ganzen Krieg hindurch gehütet hatte.

Erst kurz danach erfuhr Stephanie, daß ihr Mann in dem französischen Kriegsgefangenenlager bei Bad Kreuznach gegenüber von Johannisberg umgekommen war.

In Jugoslawien schaukelte gegen Ende des Krieges die Front vor und zurück wie Flutwellen: alle Männer von der einen oder anderen Seite waren eingezogen, so befand sich manche Frau auf dem Land allein und ohne jeden Schutz. Maria S. führte während der Abwesenheit ihres Vaters und Bruders den Besitz. Nachts schlief niemand im Haus außer ihr und einer alten Beschließerin. Eines Nachts fuhr sie aus dem Schlaf hoch. Der Schein eines offenen Kaminfeuers flackerte an den Wänden des hohen Raumes. Durch die Behänge des Baldachinbettes sah sie eine hockende Gestalt vor dem Kamin kauern. Der Mann zerrte an einem unter den Arm gepreßten unförmigen Gegenstand und warf immer wieder etwas ins Feuer, als rupfe er ein Huhn. Zuerst vor Schreck erstarrt, ließ sie sich dann leise aus dem Bett gleiten, um mit einem Satz durch die offene Schlafzimmertür zu entkommen. Nirgendwo brannte Licht, dennoch lief sie unbeirrt durch das dunkle Treppenhaus hinunter und zur Haustür hinaus. Schritte jagten hinter ihr her. Im Park versteckte sie sich in den Büschen, während ein beängstigend aussehendes Subjekt nach ihr herumsuchte. Erst gegen Morgen kam Hilfe, als ein paar Hofarbeiter eintrafen.

Es stellte sich heraus, daß ein nahe gelegenes Irrenhaus von zurückflutenden Truppen überrannt worden war – die Insassen suchten das Weite. Ein wahnsinniger Mörder war ins Schloß eingebrochen und hatte die Haushälterin umgebracht. Als er neben dem Feuer hockte, hielt er ihren vom Rumpf getrennten Kopf in den Händen und riß Haarbüschel aus, die er in die Flammen warf.

Ebenfalls in Jugoslawien wurde eine Gruppe österreichischer und deutscher Kriegsgefangener im Gänsemarsch durch den Wald auf einen Steinbruch zu geführt, dem sie alle erschossen werden sollten. Als sich der Pfad an einem Dickicht entlangschlängelte, fühlte der letzte von ihnen plötzlich einen Griff, der ihn ins Gebüsch zog. Ein zerlumpter Bengel preßte ihm die Hand auf den Mund, um jeden Laut zu ersticken. Hand in Hand robbten sie dann den Abhang hinunter, während im nahe liegenden Steinbruch schon die Schüsse krachten. Mehrere Tage versteckten sich die beiden in Höhlen und Scheunen, der Bub suchte nach Essen, während sein Begleiter innerlich das Gelübde ablegte, sein Leben verlassenen Kindern zu widmen, falls er diese schreckliche Lage überlebe.

Er sollte der Gründer der großartigen SOS-Kinderdörfer werden, mit denen eine neues Konzept von Waisenheimen geschaffen wurde.

Beim Zusammenbruch schien es Ungarn und besonders Budapest am allerschlimmsten getroffen zu haben. Ohne Möglichkeit zu entkommen, waren die Bewohner wie in einer Mausefalle gefangen.

Kurz vor Kriegsende rückte Graf Plettenberg, der eine deutsche Panzereinheit auf dem Rückzug durch Ungarn befehligte, in einem Landschloß ein, das voll von dem Hause befreundeten Flüchtlingen steckte. Um die Insassen ein wenig aufzuheitern, fand am Abend trotz des Dröhnens der Artillerie an der herannahenden Front eine Tanzerei statt. Graf Plettenberg kehrte am nächsten Morgen an die nahe Front zurück, wo man noch versuchte, die vorrückenden Sowjets aufzuhalten; er bat aber seine Freunde, sofort nach Österreich aufzubrechen. Anstatt sich daran zu halten, ritt sein Gastgeber sogar noch hinaus, um von einem kleinen Unterholz aus das Scharmützel zu beobachten. Die Nachhutoperation war erfolgreich genug, um dem Leben für ein paar Tage seinen gewohnten Gang zu ermöglichen, Plettenberg wußte jedoch, daß der Hauptangriff unmittelbar drohte. Seine Warnungen blieben trotzdem unbeachtet. Die deutsche Panzereinheit zog sich zur Grenze zurück, aber Graf Plettenberg schlüpfte von dort aus noch einmal durch die russischen Linien zurück, um nach seinen Freunden zu forschen. Er fand sie alle erschossen im Schloßhof liegend. Es schien, als sei die ganze Gesellschaft jener durchtanzten Nacht dort aufgereiht. Er erfuhr, daß sie schließlich doch versucht hatten, die österreichische Grenze zu erreichen, aber nicht durchgekommen waren. Als sie wieder nach Hause zurückkehrten, liefen sie den gnadenlosen Sowjets in die Hände.

Die Sowjetführung betrachtete anscheinend diesen Ausbruch von Plünderung, Vergewaltigung und Mord als Teil einer normalen Kriegführung: als verdiente Demütigung der Besiegten und gerechte Vergeltung für die Grausamkeiten der SS in Rußland. Wo diesbezüglich kein Befehl vorlag, kamen solche Ausschreitungen auch nicht in so hohem Ausmaß zustande.

Österreich gegenüber empfanden die Russen ihre Haltung noch als mild; kam die Rede auf Berlin, antworteten sie mit einem wütenden Brummen und der Geste einer geballten Faust, die etwas zu Brei zermalmt.

Doch heißt das russische Wort für Mensch „Tchelowek" – „Geist (gebunden in die) Zeit". Trotz aller Exzesse schien es hin und wieder, als leuchte in den dunklen Geschichten von Gewalt und Bosheit zumindest ein Funke christlicher Sittengesetze auf.

Da gab es die Geschichte von dem ungarischen Grundbesitzer, der auf seinem Landgut verhaftet wurde. Bei der Durchsuchung fiel ihm ein Rosenkranz aus der Tasche. Der diensthabende Sowjetoffizier raunte: „Den übernehme ich", packte ihn in sein Auto, und während seine Soldaten das Haus nach Herzenslust plünderten, fuhr er mit ihm zu einem nahe gelegenen Wald. Dort hielt der Offizier dem Ungarn eine Pistole an die Schläfe und sagte rauh: „Schwöre, daß du nicht an Gott glaubst, oder ich schieße!" Der Gefangene, der sich für verloren hielt, erwiderte: „Ich kann es nicht, denn ich glaube an Ihn." Zu seinem Erstaunen steckte der Russe die Pistole ein: „Geh! Ich wollte feststellen, ob einer heute noch für Gott sterben kann."

Eine Studentin hatte während des Krieges einem ausgehungerten russischen Kriegsgefangenen, der unter dem wachsamen Blick seines Wärters Schnee schippte, ihr Jausenbrot geschenkt. Der Krieg ging zu Ende, und sie kehrte nach Hause in ihre Wohnung zurück, die in der sowjetisch besetzten Zone lag. Eines Tages, als sie mit ihrer Mutter einkaufen ging, schritt ein russischer Soldat vorbei, drehte auf dem Absatz um und sprach sie an. Einen Augenblick konnte sie sich nicht vorstellen, was er wollte, aber dann wies er auf sie: „Du! Du warst es, mir Brot gegeben!"

Am nächsten Tag kam er sie besuchen, brachte eine Menge Lebensmittel mit und zeigte ein kleines Kreuz, das er um den Hals trug. „Aber Kommandanten nix sagen, sonst . . ." – er machte eine ausdrucksvolle Geste, die zeigte, daß man ihm sonst den Hals abschneiden würde.

Soweit es uns betraf, blieben unsere Kontakte zur sowjetischen Besatzungsarmee sporadisch. Aus unserer Froschperspektive kam sie uns eher grotesk als tragisch vor.

Alliierte Bekannte durften Österreicher in beschlagnahmte Restaurants einladen oder gelegentlich auch einführen. Eines Abends näherte sich einem Tisch ein bulliger, völlig betrunkener Sowjetoffizier, die ganze Brust mit Orden bedeckt. Schwankend forderte er die dort sitzende Dame zum Tanzen auf. Mit einem verschreckten Blick lehnte sie ab und zeigte dabei entschuldigend auf ihren genauso nervös dreinschauenden österreichischen Begleiter. Mit einem Fluch torkelte der Offizier nach vorn, ergriff eine auf dem Tisch stehende Champagnerflasche und schwang sie hoch über seinem Kopf. Bleich, aber entschlossen, erhob sich der Kavalier, aber man kam ihm zuvor. Es war zufällig der ,,amerikanische" Monat; einer der beiden US-Militärpolizisten, die den Eingang flankierten, schlenderte gemächlich heran, unterwegs streifte er die steifen, weißen Stulpenhandschuhe ab. Mit einer Pranke setzte er das Kinn des Sowjetoffiziers in den passenden Winkel, holte mit der anderen aus, um ihn mit einem einwandfrei gezielten K. o.-Hieb in die Arme seines kaugummikauenden Kollegen zu befördern. Mit unerschütterlicher Ruhe zogen die beiden die träge Masse zu dem vor der Tür wartenden Jeep. In einem Bogen, reifenquietschend, fuhren sie davon, um ihre Last wie einen Sack im sowjetischen Hauptquartier abzuliefern.

Wieder suchte uns einer der eisigen, beißenden ,,Kriegswinter" heim; wir sahen ihm ohne Winterkleidung entgegen. Peter Habig, Chef der wohlbekannten Firma, bot sich an, das Kostüm und den Mantel, die er mir vor zwei Jahren gemacht hatte und die, wie so vieles andere, verlorengegangen waren, nochmals anzufertigen. Zu den Anproben mußte ich in die Werkstatt tief in die sowjetische Zone wandern. Eines Abends betraten zwei Sowjetoffiziere den hinteren Raum; sie drängten sich zwischen mich und den Spiegel, um Filzhüte zu probieren, die, weil sie den Kopfteil nicht einbeulten, wie gestürzte Puddings aussahen. Der Schneider und ich taumelten einen Schritt zurück, aber sie hatten keine bösen Absichten.

Die Nacht brach früh herein, ich hatte übersehen, wie spät es geworden war; als ich die durch eine ferne, verschmierte Solitärbirne schwach beleuchtete Treppe hinunterlief, stiegen drei sowjetische Soldaten auf ihrem Weg nach oben an mir vorbei. Eindeutige Bemerkungen auf russisch ließen keinen Zweifel über ihre Absichten; sie drehten um und polterten hinter mir her, aber ich stürzte auf die Straße, bevor sie die Haustür erreichen konnten.

Wir wurden daraufhin vorsichtiger, besonders während des ,,sowjetischen" Monats im ersten Bezirk.

Eines Nachts mußten wir jedoch wie gejagtes Wild fliehen. ,,Dawai! Dawai", des Plünderers Schrei, erschallte auf einmal in den leeren Straßen, als wir spät nachts die Augustinerstraße entlanggingen. Paul packte mich beim Ellbogen, und wir liefen um unser Leben – oder zumindest um unsere Mäntel!

Brüllend stürzten sowjetische Soldaten aus ihrem Versteck hinter dem Denkmal auf dem Josefsplatz hervor, wo sie auf geeignete Beute gelauert hatten. Sie fuchtelten mit ihren Maschinenpistolen herum und trabten schwerfüßig hinter uns her: durch den dunklen Torbogen, unter dem, lang war es her, seidig schimmernde, in Purpur und gold geschirrte Lippizaner-Schimmel von ihren Ställen hinüber zur Hofburg geführt wurden; wir rannten weiter, über den Michaelerplatz, in die Herrengasse hinein. Der alte Portier hatte auf uns gewartet. Als er das Geschrei und das Trappeln laufender Füße in der verkehrslosen, wie gelähmten Stadt widerhallen hörte, öffnete er sofort die Tür. Wir schlüpften durch und warfen uns alle drei keuchend dagegen. Die schwere Querstange fiel schon in die Verriegelung, als ein paar Sekunden später unsere Verfolger gegen das Tor hämmerten.

Am Tag allerdings begegnete man auf Schritt und Tritt russischen Soldaten, ohne sich weiter darüber Gedanken zu machen.

Als käme er direkt aus Sibirien, trieb uns der eisige Ostwind einzelne Schneeflocken ins Gesicht, als wir eines Morgens in die Herrengasse hinaustraten; das Thermometer zeigte zehn Grad unter Null. Vor der Haustür parkte ein offener Lastwagen. Statt mit Ziegeln oder Steinen war er hoch mit Telephonapparaten beladen, deren abgerissene Kabel wie spärliche, zerzauste Haare drahtig in die Luft ragten. Auf diesem eindrucksvollen Haufen lag schnarchend ein junger russischer Soldat. Den Mund weit offen, rotbäckig unter der über ein Auge heruntergezogenen Mütze, der Kälte gegenüber völlig unempfindlich, schlief er gemütlich, spreizbeinig ausgestreckt, wie in einem Federbett.

Einst kaiserliche Hauptstadt, befand sich Wien nun in erbarmungswürdigem Zustand: geplünderte Häuser, lose Schindeln, abblätternder Anstrich, zerbrochene, notdürftig mit Pappkarton vermachte Fensterscheiben, klappernde Läden, defekte Rohrleitungen, verbogene Gitter, die schief zwischen gähnenden Löchern und Haufen von Schutt hingen. Es gab kein einziges Gebäude, das nicht dringend reparaturbedürftig war. Man konnte noch einige seltsame, wie auch wunderbar treffende Namen aus den angeschlagenen Buchstaben über manchem Toreingang entziffern: „Zahnarzt Jammer", „Pfandleihanstalt Ehrenfest", „Wäscherei Habsburg", „Macalka- und Peinlich-Dachpappen", Betriebe, die bald eines blühenden Geschäfts sicher sein konnten. Das hohe Dach des durch Beschuß ausgebrannten Stephansdoms war eingestürzt, nun verkaufte man Postkarten, auf denen das vielfarbige Mosaik der Dachziegel abgebildet war; jeder Farbziegel war mit einer Nummer versehen. Für eine bescheidene Spende stiftete man einen persönlich ausgesuchten Ziegel – eine zweckmäßige und zufriedenstellende Maßnahme für alle Teile. Die Wiener konnten die Zerstörung ihres Doms nicht überwinden. Als ein alliierter Luftwaffenpilot sich nach dem Weg zur Kirche erkundigte, erhielt er die schroffe Antwort: „Wenn Sie den Steffel aus der Luft ohne Hilfe finden konnten, werden Sie auch wohl allein zu Fuß hinfinden."

Trotz unserer Bemühungen gelang es uns nicht, einigen noch grundlos eingesperrten Freunden zu Hilfe zu kommen, wie etwa im Fall von Stephanies Bruder, der in einem US-Lager festgehalten wurde. Man konnte unmöglich herausfinden, wer für dieses verhängnisvolle Mißverständnis verantwortlich war. Vor allem machten ihn seine mitteleuropäischen Sprachkenntnisse verdächtig, als sei dieses Wissen nur mit einer Spezialausbildung für Spione zu erklären. Viele Monate sollten vergehen, bis er endlich freigelassen wurde.

Bei den damit verbundenen Widrigkeiten verwelkte hin und wieder sogar der so unerschütterliche Humor der Wilczeks; sie erzählten dann die Geschichte von dem Psychiater, der einem unheilbaren Fall von Depression gegenüberstand. „Gehen Sie in den Zirkus", riet er seinem Patienten, „der Clown Mattei ist der einzige, der Sie aufheitern kann!" Darauf erwiderte trübselig der arme Mann: „Für mich gibt es keine Hilfe, denn ich bin ja selbst der Clown Mattei!"

Wenn sie erschöpft von irgendeiner vergeblichen Unternehmung heimkehrten, murmelte oft einer von ihnen vor sich hin: „Für mich gibt es keine Hilfe . . ."

Paul hoffte, in den österreichischen diplomatischen Dienst eintreten zu können. Diese Absicht wurde zunächst von vielen Seiten unterstützt. Bald stellte sich aber heraus, daß der Augenblick ungünstig war: für einen Metternich hatte die Verwaltung eines von den Sowjets besetzten Landes keinen Platz. Wir stürzten uns dann in endlose „Demarchen", um ein gültiges Reisedokument sowie die dazugehörigen Visa aufzutreiben, die jeweils einzeln von jeder Besatzungsmacht nacheinander zugestanden werden mußten. Da noch keine Pässe ausgegeben wurden, tilgte man einfach den Satz: „Nicht für Auslandsreisen" aus unseren österreichischen Identitätskarten und fügte ein Bündel leere Seiten hinzu. Das sollte einmal ein eindrucksvolles und ehrfurchteinflößendes Dokument werden, bunt mit unzähligen Stempeln, denn nach acht Kriegsjahren, davon zwei in Spanien, konnte kein Hindernis Paul vom Reisen abhalten.

Zunächst einmal wateten wir aber durch einen Sumpf von Fragebogen.

Unter all den Plagen, unter denen Menschen zu leiden haben, gehören die Fragebogen zu den lästigsten. Unsere englische Erziehung hatte uns beigebracht, jede persönliche Frage als eine unerträgliche Zudringlichkeit zu betrachten, aber solche Ansichten schienen in eine andere Welt zu gehören.

Nun versuchten neugierig forschende Fragen jeden Winkel des

Privatlebens zu durchleuchten. Es hatte schon unter den Nazis begonnen; unter der alliierten Besatzung erreichte diese Manie die Wucht einer Lawine. Listen mit bohrenden Fragen regneten auf jeden nieder: ob man blondes oder braunes Haar hatte, gereist oder nicht gereist war. Und „wie lange", „wo" und „warum" haben Sie sich während der letzten zehn oder zwanzig Jahre da und dort aufgehalten, „mit genauer Angabe des Wohnsitzes"!

„Ich reiste aus Neugier, zum Vergnügen." Nein, das würden sie nie durchgehen lassen. Solche Begriffe waren ein Luxus. Wie sollte man in diesem zerstörten, verwüsteten Europa, in dem Wellen von Flüchtlingen von einem Land ins andere gespült wurden, auf einer Zeile erklären, warum man fünf Staatsbürgerschaften oder eigentlich fünf Pässe besessen hatte, aber womöglich keine Geburtsurkunde? Man mußte sich entschuldigen, überhaupt zu existieren, und vor allem, überlebt zu haben. Irgendein kleiner Angestellter konnte mit einem Federstrich entscheiden, ob eine Person in das eine oder andere Land gehörte, in dieser oder jener Zone zu leben hatte. Die Antworten zu improvisieren, war die einzige Möglichkeit, aber wie sollte man sich erinnern, was man das letzte Mal geschrieben hatte? Wie man die Fragebogen auch beantwortete, ein Schuldgefühl blieb zurück.

Bald wurde gemunkelt, daß die Amtsstellen diese Antworten in eine Maschine einspeisten, den Namen angaben, auf einen Knopf drückten – und alle begangenen Kriegsverbrechen sprangen hervor. Wenn man das Pech hatte, Schmidt oder Müller zu heißen, ergaben sich ungeahnte Möglichkeiten der Verwechslung – auch wir hatten ja einen falschen Metternich auf unseren Fersen.

Die Amerikaner hielten die Franzosen für sträflich voreingenommen, weil sie einen Menschen immer noch nach seinem Aussehen, seinen Umgangsformen oder nach Empfehlungen beurteilten. Doch auf lange Sicht erwies sich diese Handhabe als zuverlässiger als der Computer.

Es war die Aufgabe der Frauen, eine Dienststelle nach der anderen abzuklappern, denn die Männer wollten gegen eine Ablehnung nicht anrennen.

Wir bekamen Einladungen, die auch unsere Männer einschlossen, was bei der katastrophalen Ernährungslage nicht zu verschmähen war. Bei einer Party im englischen Club stammte das ganze Essen aus dem berühmten Café Demel, zu dem Einheimische keinen Zutritt hatten. Als wir nach einem lukullischen Essen heimgehen wollten, führte man uns in die Garderobe, wo sich Tische unter imposanten Haufen von Demelpastetchen bogen. Ali und ich zögerten nur kurz, dann füllten wir uns die Taschen. Ein Militärjeep sollte uns nach Hause bringen. Krampfhaft hielten wir unsere Mäntel fest, um beim Einsteigen nicht verräterisches

Gebäck um unsere Füße zu streuen. Die nächsten Tage bekamen die Männer jeweils ein Pastetchen zum Frühstück, eine kräftespendende Abwechslung, da unsere normale Kost aus schwachem Tee und gebackenen Kartoffeln bestand. Brot, dünn mit Butter beschmiert, rief bereits eine Art Rausch hervor. Selten tauchte Hackfleisch oder ein Stück Wurst auf, das beim Antiquar an der Ecke im Tausch gegen eine Handvoll Kaffee „organisiert“ wurde.

Um einige Devisen für unsere geplante Spanienreise zu verschaffen, wanderte eine Kassette Silberbesteck, die wir in Wien wiederfanden, nach Ungarn. Sie landete bei Käthe von Nagy, einer bekannten ungarischen Schauspielerin, die zur Zeit bei einem Sowjetmarschall in hoher Gunst stand. Der Handel lief durch viele Hände, für uns schauten schließlich nur einige wenige englische Fünfpfundnoten heraus. Es war uns klar, daß man uns betrogen hatte, aber mit leeren Taschen konnten wir nicht über die Grenze kommen. Ungarische Freunde tauschten laufend Silbergeschirr und Juwelen gegen Schinken oder Schmalz, wertvolle Briefmarkensammlungen wurden für einen Pappenstiel verschachert: niemand schien sich sonderlich darüber aufzuregen.

Um die Karlskirche herum, in der Paul einst getauft worden war, spielte sich inzwischen der schwarze Markt ganz öffentlich ab. Alles war hier zu bekommen, man mußte nur ein wachsames Auge auf die Militärpolizei jeder Couleur haben. Sowjetische Soldaten und Offiziere boten die Beute aus Plünderungen an und erschienen gespickt mit Uhren vom Handgelenk bis zum Ellbogen; Bauern brachten vom Land eingeschmuggelte Lebensmittel; Telefonkabel, Glühbirnen, Wasserhähne wurden angeboten – alles, was in einer geplünderten Stadt abgeschraubt oder herausgebrochen werden konnte, aber der Tausch erfüllte seinen Zweck und ermöglichte vielen, den kalten Hungerwinter zu überleben.

In diesem Klima gediehen auch Verbrechen: Medikamente, besonders das neue, kostbare Penicillin, wurden verdünnt und gemischt – mit tödlichen Folgen. Pässe, Geld und Diebsgut, Schätze aus geplünderten Museen gingen hier von Hand zu Hand, wobei manches zweifelhafte Geschäft in kürzester Zeit zum Abschluß kam.

Nach und nach wuchs die Spannung zwischen den Alliierten. Die Kluft zwischen der amerikanischen und der sowjetischen Lebensart in benachbarten Quartieren stach zu sehr ins Auge, um von „appeasement“-Illusionen, wie sie seit Jalta geschürt wurden, verwischt zu werden. Zumindest hier wußte jeder, daß die „repatriierten“ Kosaken, Wlassow-Freiwilligen und sowjetischen Kriegsgefangenen von Erschießungskommandos in Empfang genommen oder nach Sibirien verschleppt wurden. Stalins eiserne

Hand zerschmetterte alle, die sie erreichen konnte. Spionage und Gegenspionage, illegale Grenzüberschreitungen und Entführungen spielten sich knapp am Rande unseres Alltagslebens ab.

Da die Verwaltung des Landes völlig in den Händen der bald nicht mehr so einigen Alliierten lag, lebten wir in einem Niemandsland zwischen Pflicht und Gesetzlosigkeit, losgelöst von jedem Eigentumsbegriff und jeder staatsbürgerlichen Verantwortung. In diesem Zustand entwickelte man einen Hang zu ungezogenen Streichen, wie Kinder, wenn der Lehrer nicht hinschaut.

Einem unternehmungslustigen Freund war es gelungen, den Code der alliierten Militärtelefonate aufzuschlüsseln, und es wurde zu einem beliebten Zeitvertreib, ihn illegal anzuwenden. Das gab einem das Gefühl, von der Außenwelt nicht ganz so abgeschnitten zu sein. Mit einer Litanei von Zauberworten: „Antonia . . . Blackbird . . . Peanut“ bestellten wir eine Krawatte in London oder hielten einen Plausch mit Verwandten in Rom oder Paris. Nach Deutschland oder Spanien durchzukommen gelang uns aber nicht. Vor zwei Jahren hatte ich einmal, genauso illegal, versucht, mit Paul im tiefsten Rußland Verbindung aufzunehmen. Es war gut, daran zu denken, zu welch weit weniger unschuldigen Zwecken diese Kette von Bezeichnungen, die an Mädchen und Frühling gemahnten, auf beiden Seiten während des Krieges gebraucht und vielleicht mißbraucht wurde.

Und doch, trotz des herrschenden Mangels, der persönlichen materiellen Verluste, der traurigen Nachrichten von allen Seiten, trotz der Verordnungen und Fragebogen, die uns aufgezwungen wurden, ohne Schutz gegen Mißbrauch zu gewähren, schien die allgemeine Stimmung völlig unberechtigterweise sorglos. Ein starkes Gefühl brüderlicher Verbundenheit unter uns allen sowie die echte Freude über das Auftauchen von Freunden, die man geglaubt hatte, nie mehr zu sehen, aber vor allem der Auftrieb wiederbeginnenden Lebens, nachdem man so lange in unmittelbarer Nähe des Todes gelebt hatte, beschwingte uns unsagbar. Vielleicht spielte auch das leichte Schwindelgefühl dauernden Hungers dabei eine Rolle. Abenteuer, die einem das Blut zum Stocken brachten, wurden wie Witze erzählt – oft war man später versucht zu sagen: „Es war schauerlich, aber ungemein lustig!“

Nach dem amerikanischen und englischen Passierschein hatten wir uns schließlich sogar den sowjetischen erkämpft. Die Franzosen allerdings stellten ihr Visum nur in ihrer Zone, nämlich in Tirol, aus. Wir mußten also unsere Pläne wieder umwerfen, aber immerhin wurde der Winter immer strenger, und Tirol war eine angenehmere Gegend, um seinem eisigen Zugriff zu widerstehen.

An der US-Zonengrenze in Linz besprühte ein GI lässig alle

mit DDT, zum Verdruß der selbstbewußten, sauberen österreichischen Bürger, die in einer Schlange standen und sich dabei wie Vieh vorkamen.

Weder Einseifen noch Bürsten hatte gegen die Läuse, die unser Scottie sich beim Besuch einer Freundin niederen Standes geholt hatte, etwas ausrichten können. Dankbar hob ich ihn nun auf, um ihm einen kräftigen Strahl dieses bislang unbekannten Zauberpulvers zukommen zu lassen. Es wurde uns sogar eine kleine, gut abgewogene Tüte des Puders mitgegeben; man riß Witze, und wir bekamen das übliche Angebot, den Hund gegen eine beliebige Anzahl von Zigaretten auszutauschen.

In Gmunden, wo wir Weihnachten verbringen wollten, erreichten uns endlich Nachrichten von Missie, die uns in Kitzbühel treffen wollte: sie hatte sich überraschend mit einem amerikanischen Offizier verlobt – eine verwirrende Neuigkeit! Peter Harnden, unser zukünftiger Schwager, kam mit gemeinsamen Freunden nach Johannisberg – dort fand er Missie vor. Architekt von Beruf und aus Berufung, bedeutete ihm die Uniform nicht mehr als eine zeitweilige Verkleidung. Seine Großzügigkeit, sein nie versagender guter Wille und seine mitreißende Vitalität sollten ihm überall, wo er hinkam, Freunde gewinnen. In dem Gasthof bei Kitzbühel, in dem wir schließlich Zimmer gefunden hatten, betätigte er sich damit, Tischbeine abzusägen, in dem hoffnungslos ungemütlichen Wohnzimmer über dem Kuhstall Matratzen an die Wand zu legen und alles mit Armeedecken auszuschlagen; er holte Kerzen, Eipulver, Erdnußbutter und Cognac hervor, während wir ihn verdutzt beobachteten.

Missie und ich schliefen in dem einzigen Schlafzimmer auf Matratzen auf dem Boden; Peter hatte gegen die festungsgleichen, hohen Bettgestelle Einspruch eingelegt. Endlich konnten wir die Lücke so vieler unerzählter Abenteuer und spannender Erlebnisse schließen.

Wir verheirateten die beiden in der Kitzbüheler Kirche, mit russischem Chor, Kronen, Priester; alles hatten wir aus umliegenden Flüchtlingslagern herbeigezaubert – wie Kaninchen aus einem Hut.

Das Hochzeitsfest bot eine bunte Gästezusammenstellung: französische Offiziere mit ihren Frauen, Johnny Herwarth (der zukünftige deutsche Botschafter in London) und seine Frau, die Freunde von Peter waren, und unser alter Onkel Serge Isakow mit seiner Familie, die gerade erst Polen verlassen hatten. Das Ganze schien ein wirklichkeitsfremdes Beginnen und legte doch den Grundstein zu einer großen Familie und vielen glücklichen Jahren. Die beiden fuhren in einem BMW-Sportwagen los, den Peter aus dem Rhein gezogen hatte, denn es war sein Stolz, nie etwas requiriert zu haben.

Der Schnee begann zu schmelzen, Bäche und Flüsse führten gurgelnd Hochwasser; junge Leute saßen zitherspielend in hübschen Dirndln und Lederhosen vor ihren Holzhäusern; die Fensterkästen barsten vor Blumen, die kaum Licht in die niedrigen Zirbelstuben hineinließen. Wir konnten nur mehr hoch oben in den Bergen schilaufen und warteten, bis endlich unser französischer Passierschein eintraf.

In einem Ausbruch wilder Ungezügeltheit verzehrten wir unsere ganze Monatsration in drei Tagen: das eine Ei pro Kopf, das Viertelpfund Butter und das Stückchen Wurst, und verschenkten die getrockneten Erbsen, das Brot und das Hafermehl. Im letzten Augenblick brach das Auto zusammen, und nachdem wir den nötigen Ersatzteil gegen meine Dirndlbluse eingetauscht hatten, waren wir endlich auf dem Weg!

Als wir die österreichische Grenze bei Feldkirch überschritten, begehrte der wachhabende Zöllner den Inhalt meiner Handtasche zu sehen. Auf Reisen trug ich meinen Schmuck in einem roten Lederbeutel, der früher „Reisepantoffeln" enthielt, verpackt. Nun wurde der Beutel auf einem Samttablett ausgeleert. In dem dunklen Zimmer fummelte der Beamte in den funkelnden Steinen herum. Er zog eine Krawattennadel heraus, deren diamantenbesetzter Kopf einen winzigen Hahn darstellte. Er hielt sie ins trübe Licht und fragte: „Wohl Gold?" Sprachlos hatte ich ihm zugeschaut, ich konnte nur murmeln: „Vielleicht . . ." – „Na ja, nehmen Sie es halt wieder mit", meinte er freundlich und scharrte den glitzernden Haufen wieder zusammen. Wir waren einfach angezogen, und er hielt die Juwelen für Tand und protzigen Karnevalsschmuck. Verspätet erinnerte ich mich daran, daß in einem der Fragebogen stand: „Keine Wertgegenstände!" Im Geiste hatte ich von meinem Schmuck bereits Abschied genommen.

Der offen zur Schau gestellte Wohlstand in Liechtenstein machte einen ganz schwindlig! Die Straßen waren so sauber, daß man darauf hätte schlafen können, die Häuser und Autos erschienen unberührt wie Spielzeuge frisch aus der Schachtel; die Läden quollen von Uhren über, nerzfarbene Kühe weideten friedlich auf salatgrünen Wiesen; wohlgenährte Landesbewohner mit glatten Gesichtern hoben mißbilligend die Brauen, wenn sie ungebetene Eindringlinge wahrnahmen, und brachten einen wie durch Hypnose dazu, die besten Manieren hervorzukehren.

Sofort fühlten wir uns wieder als gesetzestreue Bürger.

Für ein paar Tage wohnten wir bei den Liechtensteins in ihrer Märchenburg Vaduz, ein Schloß voll der unglaublichsten Schätze. Unsere Gastgeber hatten Wien verlassen, nachdem zwei Jahre zuvor Bomben ihr Palais getroffen hatten. Man nahm uns voller

Wärme auf, denn Joseph nutzte seine Stellung als Haupt dieses Zwergstaates, um so vielen seiner Verwandten und Freunde zu helfen, wie nur möglich. Gina, eine geborene Wilczek, verfügte über all den Charme und die Ausstrahlung ihrer Familie; sie war nun natürlich neugierig auf Nachrichten aus ihrer Verwandtschaft.

In Zürich wohnten wir für eine Nacht im Hotel Baur au Lac. Man gab uns die Royal-Suite mit einem riesigen Salon, ein ebenfalls riesiger Strauß Blumen schmückte den Tisch, in dessen Schatten ein voller Obstkorb stand – nicht nur die allmonatliche Orange.

Wir wagten kaum an die Kosten zu denken. Als wir in die Bank gingen, um unsere kostbaren Fünfpfundnoten aus Budapest zu wechseln, erklärte uns der Bankbeamte kalt: „Die sind gefälscht.“ Unsere tiefe Bestürzung wirkte echt auf ihn, und er erklärte uns dann, daß die Nazis fremde Währungen gefälscht hatten, und zwar in großem Ausmaß; sogar ihre Spione wurden damit bezahlt.

Als wir durch Frankreich fuhren, konnten wir wegen Geldmangel nirgends essen, und so erreichten wir schließlich die spanische Grenze. Der Grenzbeamte sammelte unsere seltsam aussehenden Dokumente ein und verschwand für eine Weile in seinem Häuschen: Sie hatten noch nie etwas Ähnliches gesehen und konnten die Verantwortung nicht übernehmen, uns einreisen zu lassen. Aber wir hatten Frankreich verlassen und konnten nicht mit einem Transit-Visum dorthin zurückkehren. Es war zu spät, nach Madrid zu telefonieren, und außerdem hätten spanische Telefone sogar ein Wettrennen gegen kongolesische Buschtrommeln verloren. „Demora“ (Verzögerung) lautete die immer wiederkehrende, mit einer vagen Geste vorgetragene Erklärung.

Wir fühlten uns wie ein Läufer, den man in letzter Minute an einer Schnur zurückzieht, denn überall hatten wir Schwierigkeiten erwartet, nur nicht hier.

Am nächsten Morgen aber, nach einer elenden Nacht in einer „fonda“, kam unser Anruf nach Madrid durch. Das ganze Grenzgebäude schwirrte von übermäßigen Entschuldigungen; man winkte uns freundlich auf den Weg.

Epilog

WIEDERSEHEN MIT KÖNIGSWART UND PLASS 1964

Ich hätte es vorgezogen, nie mehr nach Königswart zurückzukehren. Aber Paul hatte das Gefühl, er müsse noch einmal hinfahren, um sich ein für allemal vom Heimweh zu befreien.

Wir hielten es für das beste, ausgeruht, in optimistischer Stimmung, die tschechoslowakische Grenze am Morgen zu überqueren, so übernachteten wir im nahe liegenden Markt-Redwitz.

Wir befanden uns allein an der Grenze, trotzdem mußte Paul endlos in einem kleinen Verschlag warten, bis die Papiere geprüft waren und ein Visum für einen Tag bewilligt wurde. Als er einwandte, er wünsche zwei Tage zu bleiben, erhielt er die Antwort: „In Ordnung, es gilt auch für zwei Tage." Auf dem Visum selbst wollten die Grenzbeamten aber nichts vermerken. Wahrscheinlich bezweckten sie damit, einen jederzeit ins Unrecht setzen zu können, falls ihnen danach war.

Während Paul sich noch in der Grenzstation aufhielt, trat ein Mann an das Auto heran. Er bat darum, mitgenommen zu werden, aber ich wehrte ab: wir führen nicht direkt nach Prag.

„Ich bin nicht in Eile und könnte Ihnen die Gegend zeigen."

„Danke, wir kennen uns hier aus."

„Ich würde Sie nicht stören."

„Wir möchten lieber allein sein", sagte ich schließlich entschieden. Als ich beim Wegfahren zurückschaute, sah ich, wie er geradewegs in die Grenzstation zurückging. Er war, wie ich vermutet hatte, keiner der üblichen Anhalter.

Wir fühlten uns nach so vielen Jahren ganz benommen von dem ersten Wiedersehen mit der geliebten Landschaft. Von der Hauptstraße abbiegend, ging es in Richtung Sandau, dessen Veränderung uns erschreckte: unbewohnte, leere Häuser, an denen nichts repariert war, Fensterläden, die lose in zerbrochenen Angeln hingen, klaffende Löcher in den Dächern.

Nun lag alles still und verlassen in der warmen Junisonne da. Die goldgelben Landstraßen hatten sich in grauschwarze verwandelt, bedeckt mit Kohlenstaub, der von weit her stammte.

Wir fuhren an dem am Bach gelegenen Felsbrocken vorbei, wo immer die ersten Maiglöckchen sprossen, überquerten die Eisenbahngeleise und rollten langsam durch das Gutsgelände: jedes Gebäude war baufällig.

Es ging um die letzte Ecke: vor uns lag das Haus.

Im Gegensatz zu allem, was wir auf dem Weg gesehen hatten, war es immerhin frisch gestrichen, wenn auch in einem gleichförmig gelblichen Ton. Alle Kletterpflanzen hatte man entfernt, und auch die Rhododendronbüsche, die ich mit soviel Mühe gepflanzt hatte. Die beiden großen, am Ende eines jeden Flügels in die Wand eingelassenen Marmormedaillons von Thorwaldsen fehlten.

Unverständlicherweise parkten Militärfahrzeuge nahe am Eingang außerhalb des Tors. Wir ließen unseren Wagen auch dort und betraten den großen Hof. Eine Gruppe magerer, blasser junger Mädchen in knappen, verblichenen Bikinis und junge Männer in karierten Hemden lungerten herum; sie hatten die Gesichter der warmen Junisonne zugewandt, einige balancierten auf den Hinterbeinen vergoldeter Salonsessel, deren Zugehörigkeit zu bestimmten Möbeletablissements ich sofort erkannte. Niemand nahm die geringste Notiz von uns.

Wir schlossen uns einer Ansammlung von Touristen an, die vor dem Haupteingang herumstanden: „Sie müssen Karten kaufen. Die Führerin kommt gleich." Das Kartenbüro hatte man in eine Nische eingebaut, von der aus man auf der rechten Seite der unteren Halle in die Küche gelangte. In der Halle stand nun Metternichs Staatskarosse, arg mitgenommen und ramponiert. Zu „unserer Zeit" war sie in untadeligem Zustand gewesen, aber wir hatten schon gehört, daß sich Angehörige der US-Army 1945 nach unserer Abfahrt damit amüsiert hatten, in der Kutsche umherzufahren. Später hatte sie Flüchtlingskindern als Spielplatz gedient und wurde auch hier und da für proletarische Hochzeiten benützt, bis man sie schließlich als „Ausstellungsstück A" wieder zu Ehren brachte.

Ich versuchte auf dem Treppchen, das von der offenen Tür der Karosse zum Boden führte, einen neuen Film in meine Kamera einzulegen, aber meine Hände zitterten, und die heruntergefallene Filmrolle blieb unauffindbar.

Dann ging es mit den anderen die breiten Stufen hinauf. Wir fühlten uns wie unsere eigenen Gespenster, die gekommen waren, um in dem schönen alten Haus herumzuspuken. Hier schien sich nichts verändert zu haben: die alten Bilder schauten auf uns herab, die Alabastervase stand noch in ihrer Nische, der damals schon schäbige grüne Teppich sah noch etwas fadenscheiniger aus; der Mahagoni-Briefkasten oben an der Treppe fehlte, und natürlich waren auch die Mäntel und Spazierstöcke verschwunden, die auf dem danebenstehenden Tisch gelegen waren.

Wir wandten uns brav in der Schlange dem Gästeflügel zu. Noch immer hing der Gang voller Trophäen – Geweihe und Keilerwaffen, die auf kleinen Brettchen angebracht und genau mit Namen und Datum bezeichnet waren. Darunter hing die traditionelle Serie von Ridingerstichen, die Absonderlichkeiten der Natur zeigen: eine stattliche Reihe ausgefallener, bemooster Geweihe, einen weißen Hirsch mit der Bemerkung „aus dero hoher Hand erlegt", was ihn einem königlichen Gast als Jagdbeute zuschrieb.

Man trieb uns durch die grün gepolsterte Tür in mein Ankleidezimmer. Es war völlig leer: das gesamte französische Empiremobiliar hatte sich in Luft aufgelöst; nur der bronzene Leuchter hing noch. Auch mein Schreibzimmer, eine Tür weiter, war ausgeräumt und sah aus, als sei es eingeschrumpft. Wohin hatte man wohl meine Papiere und Bücher gebracht? Ich erinnerte mich, wie Fritzi Fürstenberg einmal das Gefühl beschrieben hatte, das einen überkam, wenn man an seine persönlichen Dinge dachte, bis hin zu der als Schulbub zusammengetragenen Schmetterlingssammlung, mit der sich nun gedankenlose, feindlich gesinnte, gesichtslose Menschen beschäftigten: „Es ist, als schneide man einem den Magen auf und sehe hinein."

Während wir in den roten Ecksalon weiterzogen, unterhielten Paul und ich uns leise. Die Führerin, eine schon ältere Frau, deren graues Haar zu einem festen Knoten gewunden war und die wegen der anwesenden DDR-Touristen Deutsch sprach, plapperte weiter. Immer wieder schaute sie in unsere Richtung und sagte dann plötzlich: „Wenn Sie Bilder der letzten Besitzer sehen wollen, hier sind sie!"

Hinter einem Sofa zog sie Porträts hervor, die ein Wiener Künstler kurz vor unserer Hochzeit gemalt hatte. Ich hatte sie absichtlich nicht mitgenommen, in der Hoffnung, eine Spur von uns hier zurückzulassen.

Mit schüchternem Lächeln sah sie uns an und fügte hinzu: „Sie sehen, ich habe Sie gleich erkannt!"

Später fragte ich sie: „Wenn die Bilder nicht aufgehängt werden, könnten wir sie dann zurückbekommen?" (Das war natürlich nicht möglich, verlangte aber eine Erklärung.)

„Ich habe sie nur weggelegt, weil die Leute Unschönes über Sie sagten, unwahre Dinge."

Das war allerdings anders. Einer unserer Freunde, der Rennfahrer Louis Chiron, erzählte uns nach seinem Besuch in Königswart, daß die Touristen mit Geschwätz über die „frühere Ausbeutung durch diese kapitalistischen Reaktionäre" vollgestopft würden, woraufhin einige gelacht hatten: „Die sehen aber gar nicht so aus!" Louis hatte sie sofort darin bestärkt: „Alles Unsinn, ich kenne sie gut." Kurz darauf erzählte uns ein Bekannter aus dem Osten, daß er in der Tschechoslowakei gewesen sei und darum gebeten habe, Königswart besichtigen zu dürfen. Der Führer haspelte pflichtgemäß seine Litanei über die „Blutsauger des Volkes" herunter, an die er wahrscheinlich selbst nicht recht glaubte, die er aber angesichts dieses Besuchers für besonders angebracht hielt.

Unser Bekannter hob majestätisch die Hand: „Halt! Ich kenne den Besitzer persönlich. Ich kenne ihn gut. Alles Lügen!" (Er genoß die umwerfende Wirkung dieser Feststellung auf die umherstehenden unterwürfigen tschechischen Kommunisten.)

Unsere Führerin meinte nun scherzhaft: „Ich weiß alles über Sie! Ich habe nämlich all Ihre Briefe gelesen!"

Ich antwortete nur trocken: „Ich wüßte selbst kaum noch, welche Briefe wirklich an mich gerichtet waren und welche nicht, weil man mir damals so viele aus Sicherheitsgründen zur Aufbewahrung anvertraut hat." (Die meisten waren an Freundinnen gerichtete Liebesbriefe, die als Anrede irgendeinen liebevollen Kosenamen aufwiesen – man mußte wohl ein verzerrtes Bild von meinem Konsum an Verehrern gewinnen, wenn man sie alle mir zuschrieb.)

Sie nahm mich allerdings beiseite und flüsterte versöhnlich: „Wir wissen auch aus Ihren Briefen, daß Ihr Mann kein Nazi war, was immer ‚man' auch behaupten mag." (Trotzdem wiederholten sie jahrelang diese falschen Behauptungen, bis Paul einen offiziellen Protestbrief schrieb, der eine gewisse Wirkung ausübte.)

Von nun an sprach sie nur mehr zu uns, auf eine wohlmeinende, aber etwas unbeholfene Art. Die anderen Touristen starrten uns verdutzt an, verstanden nichts und schlurften eifrig in ihren hinderlichen Filzpantoffeln weiter, als müßten sie den Gegenwert ihres Eintrittsgeldes hereinholen. Wir sahen uns inzwischen um und registrierten alles, was in den Räumen fehlte. Wir hatten viele Berichte erhalten, aus denen man stückweise die Geschichte der Plünderungen rekonstruieren konnte.

Während der ersten Nachkriegsjahre unter amerikanischer Schirmherrschaft war das Haus halbwegs ungeschoren davongekommen, abgesehen von der Verteilung meiner Kleidung und der Hauswäsche unter den Freundinnen der diensthabenden US-Soldaten. Der US-Botschafter Steinhardt stellte die Ordnung wieder her und ließ eine neue Inventarliste aufstellen.

Als die Tschechen die Verwaltung übernahmen, wurde der Safe in Pauls Zimmer von zwei eigens zu diesem Zweck aus Pilsen herbeigeholten Einbrechern geöffnet, aber wir hatten nichts Wertvolles darin zurückgelassen.

Zu jener Zeit fällte man den großen Baum, der vor dem See stand, um Brennholz daraus zu machen, und ließ die zur Insel führende Brücke einfallen.

Wir hatten nun Metternichs Arbeitszimmer erreicht, das nicht so leicht auszuräumen war. Noch immer standen raumhohe, volle Bücherkästen hier, aber viele schöne Möbelstücke waren verschwunden: der Kartenständer, die Aktenkästen und sogar ein Schreibtisch. Nirgendwo lagen Teppiche. Im grünen Salon rief ich überrascht aus: „Aber das hat nie ins Haus gehört!"

Man hatte einen Satz schwervergoldeter Empiresessel, die an das Inventar eines altmodischen Zahnarztwartezimmers erinnerten, mitten in dem Raum aufgestellt. Metternich hätte nie etwas so Häßliches um sich geduldet.

„Wir sammeln alles, was ‚in die Zeit' gehört", lautete die Antwort.

Was sollte in diesem Zusammenhang „die Zeit" heißen, konnte man sich fragen. Der Kanzler lebte sehr lange. Obwohl er das Haus umbaute, gab es hier doch vieles von Bedeutung, sowohl für die Familie als auch für die europäische Geschichte, das vor und nach seiner Zeit hierherkam; ganz abgesehen von dem Charme all der nicht unbedingt „kostbaren" Gegenstände, die eine Generation nach der anderen zusammengetragen hatte. Wir hatten herausbekommen, daß nun ständig Diebstähle vorkamen: Funktionäre transportierten die Teppiche ab, die mittelalterlichen Tapisserien aus dem roten Salon oder kleinere Gegenstände, die ihnen ins Auge gefallen waren. Wahrscheinlich lautete die offizielle Entschuldigung: „Gehört nicht in ‚die Zeit'." Die dehnbare Rechtfertigung, die darin bestand, hier und da ein Jahrzehnt wegzuschnipseln, deckte höchst willkürliche Maßnahmen mit einem bürokratischen Mäntelchen zu. Niemand würde wagen zu widersprechen. Nicht ohne Grund hatte Dubček das vorherige Regime der Korruption beschuldigt.

Nach dem unveränderten Billardzimmer kam der im Mittelpunkt gelegene große Salon, dessen große Fenster beidseitig auf Balkons hinausgingen, auf denen wir manchmal im Sommer gesessen waren. Er war völlig leer, außer den Canova-Statuen und ein paar Bildern. Wo waren wohl die eingelegten italienischen Marmorkonsolen, die chinesischen Truhen, der Schreibtisch, der große Teppich – all das, was auf erst jüngst von Freunden hier aufgenommenen Fotos noch zu sehen gewesen war?

Aber das riesige Porträt Nikolaus I. von Rußland hing noch an seinem Platz.

„Es ist kein hervorragendes Kunstwerk", bemängelte die Führerin.

Ich stimmte ihr zu: „Man hat es nie dafür gehalten."

„Aber wie konnte Zar Nikolaus Metternich ein so schlechtes Gemälde schicken?"

„Vielleicht stand ihm zu jener Zeit kein besserer Porträtist zur Verfügung", sagte ich noch versöhnlich.

„Trotzdem ist es überraschend, daß der Zar von Rußland dem Kanzler von Österreich ein so minderwertiges Porträt schenkte!"

Verärgert sagte ich schließlich: „Wenn es sowohl dem Zaren Nikolaus wie dem Kanzler Metternich gut genug war, sollten Sie sich auch damit zufriedengeben." Ein idiotisches, kafkawürdiges Gespräch.

Paul bemerkte nachher mit seiner üblichen Objektivität: „Es lohnt sich nicht, sich darüber zu ärgern. Sie meinen es nicht böse. Wenigstens versuchen sie, so gut es geht, das Haus in Ordnung zu halten."

Im Speisezimmer mit den in die Täfelung eingelassenen Porträts rheinischer Kurfürsten hatte man einige Stücke des bronzenen „Thomire"-Tafelaufsatzes, den Metternich von der Stadt Brüssel als Geschenk erhalten hatte, zur Schau gestellt. Ich hatte damals versucht, ihn nach Johannisberg zu schaffen, wurde aber von den örtlichen Nazibehörden daran gehindert; einiges schien also noch hier zu sein.

Die dahinterliegenden Räume waren vollgestopft mit seltsamen chinesischen Vasen, die man auf mit Samt drapierte Stufen gestellt hatte wie in einem Schaufenster: keine davon gehörte uns – oder besser; ‚hatte' uns einmal gehört.

Das Museum schien mehr oder weniger in Ordnung; die berühmte Bibliothek allerdings war so umfassend, daß man unmöglich auf einen Blick feststellen konnte, ob sie unversehrt geblieben war. Man hatte uns erzählt, daß Pergamentrollen bei strömendem Regen ohne jeden Schutz über eine Gleitbahn in einen offenen Lastwagen befördert worden waren.

Die Kapelle stand vollgestopft mit Möbelstücken: einige gehörten ins Haus, andere nach Johannisberg, von wo sie nach der Zerstörung 1942 hierher verlagert worden waren.

Bevor wir fortfuhren, bat ich die Führerin, uns unsere Schlafzimmer zu zeigen, was sie netterweise tat: alles schien noch unverändert, wenn auch staubbedeckt und ausgeblichen. Ins Badezimmer durften wir keinen Blick werfen; wir hörten später, daß man aus sämtlichen Badezimmern alle Armaturen, sogar die Kacheln und die elektrischen Leitungen, herausgerissen hatte. So willkürlich diese Maßnahme auch schien, so war es vielleicht doch gut, das Haus unbewohnbar zu machen und dadurch als Kunstschatz zu bestätigen, denn Königswart gilt noch immer als eines der bestgehaltenen „Staatsmuseen" in der Tschechoslowakei.

Als wir die Straße, die vom Haus wegführt, langsam hinunterfuhren, schauten wir uns um und sahen, daß man vor der zum Park hin gelegenen Fassade ein Leintuch auf den ungemähten Rasen gebreitet hatte. Die Mädchen, die vorher noch im Hof gesessen waren, tanzten darauf herum. Sie drehten anscheinend einen Film und waren in den Gastzimmern am Ende des Flügels, den wir besichtigt hatten, untergebracht. Die Militärfahrzeuge, die wir beim Ankommen bemerkt hatten, besorgten den Transport der Kameras und der weiteren Ausrüstung.

Die fremdartige Szene, die sich vor uns abspielte, unterstrich das Unwirkliche des ganzes Besuches.

Einige Jahre später erfuhren wir, daß ein Aufseher in der Küche Selbstmord begangen hatte, indem er sich mit einem aus dem Museum entwendeten Gewehr Metternichs erschoß. Das erfüllte uns irgendwie mit Trauer, denn das Haus war nie vorher von Haß oder Verzweiflung berührt worden.

Die Führerin in Königswart hatte uns „sotto voce" erzählt, daß unser alter tschechischer Gärtner sich sehr freuen würde, uns wiederzusehen. Wir fuhren also zu seinem kleinen Haus am Dorfrand und luden ihn zum Mittagessen im Gasthof ein. Mit Tränen in den Augen ergriff er Pauls Hand und erklärte mit einer stolzen Geste, die das bescheidene Hinterzimmer umfaßte, in dem wir saßen: „Gehört auch Seiner Durchlaucht!" Er erzählte uns, daß sein Sohn ausgewandert sei, er fühle sich aber zu alt, um fortzuziehen . . .

Es täuschte uns kurz über den endgültigen Bruch mit der Vergangenheit hinweg.

Wir fühlten uns allerdings seelisch sehr mitgenommen, als wir weiter durch die Wälder fuhren. Sie breiteten sich unverändert vor uns aus, nur über die Bäume rechts und links der neuerdings schwarzen Straße hatte fliegender Staub einen grauen Schleier geworfen.

Die Landschaft war so prachtvoll wie früher. Wir streiften Pilsen und erreichten schnell Plass, Pauls tschechischen Besitz.

Es bedrückte uns, an die tschechische Machtübernahme in diesem Gebiet zu denken. Nun lag ein Leichentuch von Schäbigkeit über dem Ganzen. Das Dach des Konvents wirkte wie zusammengestückelt, weil man es mit einzelnen neuen Ziegeln ausgebessert hatte. Wir hatten das große Deckengemälde in der Halle der Prälatur während des Krieges restaurieren lassen, und Touristen konnten es nun für ein bescheidenes Eintrittsgeld besichtigen. Man hatte das ganze Gebäude in kleine Wohnungen aufgeteilt; hier und da ragte ein rauchendes Ofenrohr aus dem Fenster.

Zu unserer Überraschung fanden wir die Barockkirche und die Metternichsche Familiengruft frisch gestrichen und in bestem Zustand vor.

In Königswart hatten wir zu hören bekommen: „Der Kanzler hat offensichtlich auch seine illegitimen Kinder ins Familienmausoleum von Plass legen lassen."

„Wen zum Beispiel?"

„Graf Roger Altenburg."

„Er war Victor Metternichs Sohn, und sein Großvater, der Kanzler, behandelte ihn immer wie ein Mitglied der Familie."

„Eine sehr interessante neue Version."

„Keine neue Version, sondern die Wahrheit. Wir wissen es genau", betonte ich.

Der leicht glasige Blick blieb unüberzeugt; ich verstand plötzlich, wie schnell geschichtliche Tatsachen verdreht werden, wenn jeder Historiker darauf besteht, seine eigene „neue Version" zu entdecken.

Wir fuhren und gingen umher, aber nicht lange. Alles war uns hier noch fremder geworden als in Königswart; das lag auch an dem Wachstum des Dorfes, das nun viele frühere Einwohner von Pilsen beherbergte.

Einige Monate später machten unser Forstmeister Dobner und seine tschechische Frau auf unseren Rat hin einen Besuch in Königswart und Plass. Wir hatten ihn darauf vorbereitet, daß ein solches Wiedersehen schmerzlich sei, daß man sich aber nachher befreit fühle.

Dobner war 1945 zu Fuß geflohen und kehrte nun als wohlhabender Herr in seinem eigenen Auto zurück; er sah um Jahrzehnte jünger aus als seine tschechischen Altersgenossen.

Traurig meinte er, er bedauere, nicht einige Hütten, die wir damals nicht mehr benutzt hatten, niedergerissen zu haben, denn man hatte Leute, die früher auf dem Besitz gearbeitet hatten, hier untergebracht, ohne vorher die geringsten Reparaturen durchführen zu lassen. Wenn jemand das Pensionsalter erreichte, wurde er abgeschoben wie nutzloser Abfall.

Paul hatte recht gehabt: Das alles noch einmal zu sehen, war, als schlösse man endgültig ein Buch.

Register

LE PLAN VERMEIL

RÉGIS DEBRAY

LE PLAN VERMEIL

Modeste proposition

nrf

GALLIMARD

Mes remerciements
à Élisabeth Azoulay
et à Jean-Didier Urbain,
qui éclairent nos ultimes ténèbres.

La vieillesse en Europe est une idée neuve, et le déclin de l'esprit prospectif dans nos pays a de quoi inquiéter. Quand le long terme disparaît sous l'urgence, le civisme aussi, sous le despotisme douceâtre des bons sentiments.

Aussi m'avez-vous confié, Monsieur le directeur, en accord avec le Conseil économique et social, la redoutable tâche de s'arracher aux émotions du jour pour réfléchir aux moyens de prévenir les naufrages qui nous guettent. Il me revient que ce n'est pas seulement au vu de ma date de naissance ni d'un certain penchant à défendre les causes perdues – les seules dignes d'un gentleman –, mais parce qu'un philosophe de formation est plus à même qu'un autre, sociologue ou historien, de prendre sur la partie le point de vue du tout, et sur le présent, celui de l'avenir. Vous m'avez suggéré de faire mon devoir en n'obéissant qu'à la droite raison, sur la foi des statistiques disponibles et en l'état du dossier, sans céder au vain désir de plaire dont nous ne connaissons que trop les lendemains d'amertume. J'espère ne pas décevoir votre attente sur ce dernier point, conscient qu'il faut parfois, à court terme, désespérer Neuilly et Billancourt pour déblayer les chemins d'une croissance soutenue et bénéfique aux deux.

Vous avez la haute mission d'éclairer le choix gouvernemental trop souvent myope et accommodant, inhibé qu'il est par la routine, le premier mouvement et la défense des droits acquis. Ma tâche est certes plus facile : esquisser une voie d'accès un peu raide (sans condamner a priori des pentes apparemment plus douces) vers la société du libre choix que nous appelons de nos vœux, où chacun pourra vivre, travailler et mourir comme il l'entend, mais dont aucune approche, sachons-le bien, ne sera indolore. Quelle part de sacrifices accepterons-nous ? Il reviendra à nos responsables européens, dans la politique sociale de la vieillesse que je recommande à votre attention, de faire le partage entre le souhaitable et le possible.

C'est un lieu commun qu'un bon visionnaire ne fait pas un bon gestionnaire, et vice versa. N'étant ni l'un ni l'autre, je ne m'exposerai pas à ce tourniquet classique. Il suffit au bonheur d'un citoyen parmi d'autres d'apporter sa pierre à la construction collective de l'avenir, au grand dam des préjugés, intérêts et convenances que toute sagesse anticipatrice ne peut manquer de bousculer.

I. LES PROBLÈMES

Quatre-vingt-deux ans pour les femmes, soixante-quatorze pour les hommes. Jusqu'où notre société poussera-t-elle l'inconscience médicale, l'irresponsabilité économique ? Notre gouvernement n'arrêtera pas la course au précipice des fiscalités lourdes sans remédier *d'abord* au vieillissement accéléré de la population, dont le poids intolérable interdit un quelconque retour aux grands équilibres comme à un dynamisme social perdu. Comment « faire reculer la misère et les maltraitances » si la mort dans le même temps continue de s'éloigner, si le taux de croissance des inactifs âgés continue d'être le double de celui des actifs, si les dizaines de centenaires qu'abritait la France de 1950 seront des centaines de milliers en 2050 ? C'est le tonneau des Danaïdes. Réforme de l'assurance maladie, réexamen des montants compensatoires, renflouement des caisses de retraite, allongement de la durée des cotisations, carnet de santé informatisé : le manège des bricolages à la petite semaine escamote le vrai défi, amortir un choc démographique imminent. Étiré, le temps de vivre accroît les déficits et influe négativement sur les perspectives d'assainissement budgétaire. La clé de la reprise en est aussi le verrou car c'est un tabou. Si le suffrage universel ne contraignait la classe politique à un puéril mélange de bonne volonté et de mauvaise foi, il y a longtemps que nos concitoyens sauraient que la cote d'alerte est atteinte.

Quelques chiffres : l'espérance de vie à la naissance s'accroît d'un an tous les cinq ans. De seize ans pour les hommes et de vingt et un ans pour les femmes de soixante ans, en 1970, elle devrait atteindre, en 2020, vingt-trois et vingt-huit ans respectivement. Actuellement fixé à cent six ans, l'âge limite des tables de mortalité pour les assurances vie pourrait passer à cent trente ou cent cinquante ans dans quelques décennies. Les prévisionnistes calculent qu'en 2020 les plus de soixante ans seront plus nombreux en France que les moins de vingt ans. En Europe, le continent qui compte la plus forte proportion de personnes âgées, vieillard est synonyme de retraité. Alors qu'un vieux sur dix, chez nous, s'il avait la chance d'être cheminot, instituteur ou postier, touchait une pension en 1900 – le reste devant soit prévoir et économiser, pour les industrieux, soit se confier à la charité publique, pour les loqueteux et indigents –, il n'est plus aujourd'hui de salarié qui n'ait droit à une pension, alors même que la durée de la retraite a doublé depuis cinquante ans. On sait par ailleurs que les dépenses de santé croissent avec l'âge. Un tiers des prescriptions médicales concerne les 10 % les plus âgés de la population, catégorie où l'on consomme en moyenne huit médicaments par jour. Les projets de couverture médicale universelle prêtent un bien grand esprit de sacrifice aux futurs contribuables, tant s'accroît le hiatus, en ce domaine plus qu'en d'autres, entre consommation et revenu disponible. L'État ne peut pas tout, moins encore avec un progrès annuel de 1,5 % du PIB, et nos capacités hospitalières ont leurs limites.

Avec la valorisation des « activités sociales et solidaires » l'admission à la retraite correspond, de surcroît, chez la plupart à un regain d'activités non seulement sportives (pêche, golf, footing, canotage, etc.), mais bénévoles, voire humanitaires. Bien loin de se tenir en retrait, les nouveaux retraités guettent toutes les failles du secteur marchand (éméritat, postes honorifiques dans les Associations, Fondations, ONG, etc.) pour revenir sans vergogne, et parfois incognito, dans la vie active – sympathique tricherie (les « emplois vieux »), mais dont les nouveaux venus sur le marché du travail seraient en droit de se plaindre.

Autant, en période de croissance forte, les vieux peuvent représenter un potentiel de consommation intéressant, grâce notamment aux systèmes d'aide et de protection, autant, quand la croissance ne dépasse pas un poussif 2 %, ils signifient retard au décollage, dette publique aggravée (déjà proche du milliard d'euros), perte de contrôle des dépenses, frein au développement technologique et à l'innovation, et au final baisse du niveau de vie. Peu s'en est fallu que l'entretien des personnes dépendantes ne coûte un jour férié à tout un chacun. Consentir un effort financier chaque fois accru pour une population dont l'utilité sociale diminue de jour en jour ne va pas de soi. Ni procréateur ni créateur de richesses, moins le sujet âgé est utile à la société, plus il lui coûte. Certes, il épargne : les plus de cinquante ans possèdent 60 % du patrimoine et 66 % des actifs financiers. Mais là où le fils de paysan héritait à trente ans, d'un lopin et d'un magot, la réception de l'héritage se fait désormais autour de la soixantaine. Toute la machine de transmission patrimoniale est grippée par l'étirement des séquences amont, sans compter les exaspérations légitimes que ce retard à la jouissance suscite chez les ayants droit. Ceux qui ont ne redistribuent pas ; ceux qui n'ont pas amputent les montants à redistribuer. Les rentiers, trop bien pourvus, font monter au-delà du raisonnable les prix de l'immobilier dans les centres-villes (engorgés par celles et ceux qu'angoisse l'incapacité à conduire une voiture, à gravir des escaliers, où il faut supporter l'isolement et l'éloignement des lieux de soin), contribuant ainsi à la pénurie de logements sociaux. Les insolvables, trop assistés, concourent à l'augmentation des prélèvements obligatoires, fatale au moral des ménages. Une rotation plus rapide des consommateurs substituerait à cette spirale descendante l'enchaînement vertueux propice à un redémarrage de la croissance. Il a été calculé qu'un point de moins (ou de mieux) dans l'accroissement des inactifs âgés entraînerait une baisse de 0,9 % dans le taux de prélèvement obligatoire, outre-mer comprise, avec un surplus cumulé de 6,7 % sur une période de cinq ans. La baisse de l'impôt sur le revenu passerait dès lors de l'état de promesse perpétuelle à celui de bienfait actuel, et les gouvernants qui pourraient se prévaloir d'un tel bilan seraient sûrs de leur reconduction.

On n'imputera pas aux seuls progrès de la médecine les catastrophes de la longévité, ce qui serait aussi simpliste que d'expliquer la dénatalité par la contraception. Si l'on ne peut tenir quitte l'Assistance publique de ses triomphes sur les maladies vénériennes et la tuberculose, ni exonérer de toute responsabilité les campagnes antitabac et antialcool, bien d'autres variables sont à prendre en compte. Si les performances du septuagénaire d'aujourd'hui sont meilleures qu'il y a vingt ans, si l'on ne trouve plus de place dans les Universités du troisième âge (comme dans les clubs de golf, les croisières et les Rotary), ce n'est pas seulement dû au fait que les maladies se soignent mieux, mais aussi à l'alimentation, à la généralisation du frigidaire, aux vacances, aux antibiotiques, au footing, aux pièces détachées et au niveau d'éducation. Les risques de survie – les compagnies d'assurances et les caisses de la Sécu sont payées pour le savoir – ne se calculent pas d'après des modèles simples, et la gériatrie n'est pas par hasard la médecine de la complexité. Et même s'il y a lieu de craindre du clonage thérapeutique un nouveau bond dans l'espérance de vie à la naissance, et donc dans la demande insatiable de soins et le dégraissage des entreprises sous la pression des fonds de pension dits, par convention, américains, nul ne peut ni ne doit arrêter le libre essor de la recherche en biotechnologie. L'avenir, à cet égard, n'a rien de radieux. Raison de plus pour que, en dehors de tout racolage électoraliste, les pouvoirs publics affrontent les temps longs, en concentrant les efforts sur la variable élastique, la seule qui offre une marge de manœuvre : la durée moyenne de vie dans nos sociétés. En s'affranchissant des idées du passé, et en prévenant les goulots d'étranglement. Voire une nouvelle guerre des sexes à front renversé : les centenaires hommes sont encore huit fois moins nombreux que les femmes.

En démocratie, réquisitionner la moitié productive de la population pour assurer la veille sanitaire de l'autre est impraticable. Il serait irréaliste d'exiger de ceux qui débutent dans la vie de nourrir, laver, habiller et soigner ceux qui s'obstinent à ne pas la quitter (tout en se plaignant d'y rester). Et il serait tout autant illusoire, vu la situation du CAC 40, de prétendre professionnaliser l'administration de la déchéance. Le bon sens et les contraintes budgétaires interdisent de démultiplier à l'infini les personnels spécialisés (médecins, infirmières, aides-soignantes, auxiliaires de santé, équipes d'unités de soins palliatifs, etc.), en rallongeant l'interminable engrenage des extinctions différées (ce douloureux défilé de tests, examens, traitements, régimes, hospitalisations et interventions auquel sont soumis nos non-réadaptables). Il incombera demain à l'État garant du Bien Commun de compenser par des mesures d'ajustement structurel l'*hubris* d'un Prométhée médical glissant au Faust gaspilleur qui, en violant la sagesse immémoriale de la nature, met en péril l'avenir de notre système économique et d'une solidarité nationale enfin viable. *Stakes are high.* La TVA du buraliste ou le dédommagement du viticulteur languedocien après la grêle ne feront pas ici modèle. Sur la question « vieillesse », où il convient de distinguer l'accessoire de l'essentiel, et la compassion du management, se joue l'avenir d'un modèle de société qui fait l'honneur de l'Occident. Toute reculade serait forfaiture. Pour méritoire qu'elle soit, la gestion conjoncturelle de la nuisance n'est plus à la hauteur. On ne peut nier qu'un effort sérieux ait été réalisé à l'occasion d'une canicule épisodique (août 2003) : quinze mille morts en deux semaines – cinq fois plus que le World Trade Center en 2001 et dix fois plus que la grande Terreur de 1793 –, ce n'est pas négligeable, mais ne nous cachons pas que ces décès excédentaires, affectant des personnes déjà fragiles, se seraient de toute façon étalés sur l'année suivante. On ne joue pas une remontée démographique sur des accidents météo, science trop incertaine, et la rencontre de deux sacro-saints principes – enfermement à domicile des sucreurs de fraises et caractère non négociable du mois d'août pour les familles – ne se reproduira pas de sitôt. Le réchauffement climatique est un phénomène lent, et les canicules sérieuses, avec sécheresse, dysenterie, et hier émeute ou famine, etc., interviennent une ou deux fois par siècle (1719, 1859, 1968, 1994). Les hivers exceptionnels pourront également rendre service à l'avenir. Mais ne rêvons pas : les mesures de prévention baptisées « plan canicule » – un bob pour les indigents, un brumisateur pour chaque interné dans les maisons de retraite et un ventilateur par cellule en maison d'arrêt – n'amélioreront pas significativement le taux de sous-mortalité. Chacun sait que la canicule 2003 n'a finalement pas profité aux démographes mais aux médecins et aux marchands de climatiseurs.

Le désencombrement dans l'immédiat des hôpitaux et des hospices et, à plus long terme, le lissage d'une pyramide des âges bosselée de creux et d'enflures, totalement dysfonctionnelle, exigent un mélange de discipline et d'explication. Il va falloir communiquer de plus belle, mais en renonçant aux biendisances ministérielles. Car sous nos cieux on se fripe de plus en plus tard, sous des noms de plus en plus frais ; et la Sécurité sociale qui se ruine en soins palliatifs se pardonne cette inconséquence en édulcorant sa nomenclature. On ne dit plus les *Anciens* ou *nos aînés*, cela sent trop l'amicale du régiment, le sous-préfet aux champs et la distribution de prix 1880. Ni même *vétérans*, ces aide-mémoire ne sortent du placard à naphtaline qu'un jour ou deux par an, 11 Novembre ou Omaha-Beach.

L'hypocrisie a fabriqué un benoît *troisième âge* vers 1950, au même moment où pointait l'optimiste *tiers-monde*, fantasmatique tiers-état aujourd'hui en faillite. On lui préfère de nos jours *senioritude*, majestueux cache-misère. Le *senior* est au vieux schnock ce que le malentendant est au sourdingue ou le technicien de surface au balayeur : une concession onéreuse. Pensons au manque à gagner pour la SNCF de la « carte senior ». S'il n'y avait que les services publics… Les seniors n'épargnent pas plus les rues que le rail. C'est à ces claudicantes silhouettes accrochées à des quadrupèdes semeurs de cacas coûteux qu'on doit les trottoirs constellés d'immondices, forçant au slalom les caractères les plus droits. On rêve d'une dépollution générale de la voie publique, oui, mais en attendant, il faut payer : des dizaines de millions d'euros annuels pour la seule ville de Paris, voir nos impôts locaux.

Ce qui subsiste de *vertu* en nos âmes gâtées – au sens républicain du mot, à savoir « la continuelle préférence de l'intérêt public au nôtre propre » – regimbe à ces faux-fuyants. Nous sentons tous obscurément que le point d'orgue et le cul-de-lampe, dans le grand livre de la vie, ne se répondent pas. Nos urbanistes de pointe préparent des nécropoles à cinq cent mille places en parking souterrain, nous nettoyons en surface nos villes des ombres portées de la mort, et nos médecins s'ingénient, sous les tentes à oxygène, à prolonger les comas et à retarder la fin. Ellipse des soins funéraires, inflation des soins intensifs. On ne tolère plus les cortèges funéraires et les levées du corps, qui ralentissent la circulation, mais on subventionne la décrépitude, prolonge les tourments, remplit à ras bord les mouroirs du département. Rien pour le cadavre, tout pour le moribond. N'y aurait-il pas incohérence ? Pourquoi miser sur le biodégradable *après*, et renchérir sur le bio-dégradant *avant* ?

*

Que ce soit hier pour les familles et les sœurs de charité, aujourd'hui pour l'État et les collectivités territoriales, « le malheureux digne de pitié » a toujours été une charge. Qu'il soit devenu une obscénité est le fait nouveau. On peut le regretter, non l'esquiver. Les personnes dites à risque en constituent d'abord un pour le rayonnement de nos valeurs, notre bien-être et notre bonne humeur. Il tombe sous le sens qu'un bipède sans désirs forts, peu porté, malgré les titillations publicitaires, à bouger, acheter et communiquer, n'a plus sa place dans une société d'émulation vouée à la mobilité, la consommation et la communication. Nous entendons construire *librement* notre identité, par panachage et métissage : le décrépi n'est plus qu'appartenance *subie*, hoquet identitaire et remontée du terroir. Nous avons l'*autonomie* pour mot d'ordre : le déphasé est *dépendant*, pour se nourrir, se déplacer ou déféquer. Face à la *vitesse* et la force de réaction rapide, il est *lent* et léthargique. La variété, le *nomadisme*, le changement de décor, il est *sédentaire* et cul-de-plomb. Le *plaisir*, il n'en donne pas. Le *muscle*, il n'en a plus. La *beauté*, il est moche. Parler du papy comme d'un embouteillage de déficits relève néanmoins de la bienséance. On neutralise sa virulence déstabilisatrice en disant le délabré inutile, poids mort ou fardeau. C'est en réalité un facteur d'insécurité physique et de dépression psychique pour quiconque se veut législateur de sa propre vie. Cette antivaleur, cette négation flageolante mais opiniâtre de notre feuille de route, à nous qui épousons notre époque, fait violence à nos droits et principes, et sa seule vue peut instiller au plus allant d'entre nous un nihilisme pernicieux. Le « on n'est plus rien », qui sert de leitmotiv aux vieilles gens que nous visitons à la sauvette – et qui ne se réduisent pas tous, foin du stéréotype, au grippe-sou grabataire et grincheux –, nous le traduisons *in petto*, compatissants que nous sommes, par un « oui, c'est affreux, pour nous, ils ne valent plus rien. On devrait faire un effort. ». Sensiblerie : ils ne valent plus rien par et en eux-mêmes, en général et dans l'absolu. Même si nous avons « un certain âge », nous gardons tous un besoin vital de saisir l'avenir comme un lieu d'accomplissement, et c'est nous agresser que d'exhiber, à la place, la varice ou l'arthrose. La vie *crescendo*, telle est la promesse démocratique. L'impécunieux intempestif qui clopine sournoisement à notre rencontre, nous reluque à l'oblique, avec un sous-entendu vache : « Inutile de vous presser, vous n'y arriverez pas. » Oui, la seule vue d'un délabré, qui dévoile la promesse intenable, en claironnant mine de rien la victoire du programme biologique sur n'importe quel programme politique, est une grenade dégoupillée jetée en passant sur l'entrain collectif. Un lâche attentat contre le plus exaltant de la modernité – la perspective d'une société tout entière épanouie, sans drame ni conflits, réconciliée avec elle-même, « où chacun se sente bien dans ses baskets ». Le principe de précaution (qui vaut pour le tonus comme pour les prés et les rivières) devra, autant que possible, en préserver physiquement les primo-arrivants.

Il n'en a pas toujours été ainsi. Chaque époque a l'âge de référence qu'elle mérite, et notre dévotion envers la jeunesse aurait ahuri tous nos prédécesseurs. La destitution de la garde sortante par la montante est évidemment liée, dirait-on en jargon, au remplacement de sociétés « antérocentrées » par des sociétés « futurocentrées », ce qui inverse le fléchage du temps. Pendant deux millénaires, les hommes se sont vieillis pour se valoriser. Jusqu'à la Renaissance, plus une doctrine, une religion, une dynastie, une loi, une coutume, un secret pouvaient se dire anciens, plus ils étaient jugés dignes de foi, porteurs de vérité. Pour accréditer un mythe et le rendre respectable, les Grecs le proclamaient égyptien ; les Romains, grec ; et les seigneurs médiévaux, romain. Chez les exilés de l'âge d'or, l'ascendant progressait en s'accrochant au train d'hier. La donne s'est renversée, et avec l'invasion fougueuse du Progrès, la Querelle des Anciens et des Modernes, la foi dans l'avant-garde et le dernier cri, l'Ancêtre, qui avait été des siècles durant la garantie du cadet, certificat de bonne provenance et label de qualité, en est devenu le repoussoir. La signature du faux. Marque de péremption et preuve par neuf du ridicule. À fuir à tout prix. Le moule gérontocratique qui se brise à la Renaissance se survit bon an mal an dans l'appareil des religions, révélées ou non, où les fidèles restent convaincus d'une dette infinie envers des fondateurs, icônes et ossements qui ont dit la Norme et la Loi, une foi pour toutes. Depuis que nos Académies ont fait leur reddition au médiatique, ce sont les dernières enceintes, avec les loges francs-maçonnes, où l'impétrant peut être à peu près sûr que le hiérarque ne sera pas une jeunesse mais un Vénérable. Comme cela se voit dans les mosquées dépourvues d'imam attitré. Les musulmans assemblés choisiront spontanément pour chef de prière le plus âgé, qui n'est peut-être pas le plus compétent mais sera le plus sage. Cela aussi peut mourir. Les juifs, qui seraient par excellence le peuple de la mémoire et de l'aînesse, viennent de rebaptiser l'Ancien Testament le « Premier Testament ». Pour eux aussi, la fraîcheur fait loi. La tradition n'est jamais mieux trahie que par les siens.

Il n'y a pas d'âge pour être vieux, répète le sens commun. C'est un mensonge. Le nôtre est sans doute le moins indiqué pour courir ce danger et le faire courir aux autres. C'est le premier où « il faut être toujours jeune ». La vieillesse a une histoire, à peu près immobile entre le Moyen Âge et le XVIIIe siècle où elle rebondit avec l'invention des lunettes de vue. L'enfance aussi, qui est une invention, tardive, de l'école communale. Et la jeunesse, qui devient un âge en soi avec le service militaire obligatoire, et à laquelle la télé, la moto et le disque ont récemment redonné un soufflant deuxième souffle. La vieillesse en revanche, en dépit des liftings, crèmes, onguents et voyages organisés, passe dans nos contrées son plus mauvais moment. À côté, le barbon amoureux d'un tendron de Molière, la « vieille diseuse de bonne aventure » de Georges de La Tour ou les grimaçantes sorcières de Goya sont des figures de souveraineté. Curieux tête-à-queue que celui-ci : c'est quand le 65-100 ans atteint en Europe son plus haut plateau social et physique – en gagnant la bataille du nombre, et parfois du look – que son autorité morale est au plus bas. C'est quand on ne l'arrête plus, la vieillesse, qu'on ne peut plus la voir en peinture.

Cette infortune s'explique. Il n'a jamais été facile d'être contemporain de son temps. On manquerait le nôtre si on ne prenait en compte quatre facteurs objectifs qui obligent tout responsable politique à un changement de portage, noblesse de sentiments ou pas.

1. *Passage d'une société de transmission*, où le temps est la dimension cruciale, à une *société de communication immédiate*, où l'espace tient la vedette. Le renouvellement accéléré des connaissances ainsi que le précipité des générations technologiques font qu'il n'y a plus grand-chose à transmettre d'amont en aval. La roue des générations humaines s'est mise à tourner à l'envers. Pour l'adolescent inuit en *Nike*, avec sa X-box et ses vidéo-games, le papy chasseur de phoques est un martien inutile. L'ado à prothèses n'a pas besoin d'apprendre à chasser sur la banquise parce qu'il n'a plus besoin d'huile de phoque pour se nourrir et s'éclairer. Le beurre allégé du supermarché, aérotransporté, coûte moins cher. Le *génération-gap* est de toutes les générations, mais celui-là n'a pas d'équivalent dans le passé : il n'est pas existentiel mais onto- et technologique. Ce n'est pas tant qu'on rejette le moisi et le vieux jeu, en s'affranchissant de la loi des pères, en faisant table rase des vétustes morales d'obéissance et de tradition. C'est qu'avec la console, le clavier et la souris, il n'y a plus rien d'appétissant sur la table du grand-père. Nous sommes la première civilisation où la compétence acquise fait obstacle aux compétences à acquérir ; où le jeune se débrouille mieux que l'ancien ; où le petit est plus savant et plus expert que le grand, qui regarde en douce par-dessus l'épaule du bambin pour savoir comment marche le dernier logiciel. Exit le vieil homme de loi, d'études ou de sciences, aux habits démodés, le bonnet sur la tête, devant son lutrin au coin du feu, avec ses in-folio et ses astrolabes. Qui inspirait le respect suscite le quolibet – et pour cause. Le porteur

des mots de passe entre les morts et les vivants se retrouve en *chômage technique*.

2. *Passage d'une culture du travail à une culture de loisir*. On apprend à travailler, on n'apprend pas à s'amuser. Plus de secrets de métier ni de tours de main à recueillir d'un maître, comme jadis l'apprenti ou l'aspirant ébéniste, serrurier-métallier ou staffeur-stucateur. Le temps long des Tours de France, avec l'échelle des grades et des brevets des Compagnons du Devoir, n'a plus lieu d'être, quand il suffit de payer pour se distraire. On glisse une carte et l'on tourne le bouton. Notre civilisation du moindre effort possible pour le plus d'effets gratifiants peut se passer du porteur de flamme, sauf aux spectacles Son et Lumière ou aux jeux Olympiques, pour faire joli. Les sports d'équipe mobilisent la fierté des nations, exutoire d'énergies suspectes comprimées par la paix et ses pudeurs : les vieux ne sont pas de ces fêtes indispensables, ni joueurs ni supporters ni casseurs. La mise sur le podium du corps jeune et sain, performant, rentable, n'est pas un truc de propagande un peu naïve, un truc *en plus*, comme au temps du Maréchal, des jamborees et des retraites aux flambeaux. C'est une nécessité boursière, indispensable à la bonne marche de nos industries culturelles et festives. Il ne s'agit plus de faire tourner les têtes, le dimanche, mais la machine elle-même, tous les jours de la semaine. La Révolution nationale de 1940 et son boy-scoutisme niais, ses appels à la jeunesse européenne, son goût des feux de camp, torses bombés et culottes courtes relevaient de l'incantation. Nous sommes infiniment plus consistants car seule une effective libération des individus par l'argent peut donner aux jeunes le rôle de stimulant central.

3. *Passage d'un âge d'espérance à un âge d'impatience.* Le vieillard est goûteux à qui sait prendre son temps. Le madérisé se savoure. Nous avalons d'un trait. Nous ne faisons plus confiance au lendemain, autant dire à la postérité ; nous exigeons des histoires courtes, des villas louées à la semaine et non au mois, nommons plénitude la révélation instantanée de soi, et liberté la faculté de se réinventer chaque jour à neuf, en s'éclatant. Le sacre de l'instant, la journée dans l'urgence, le flash d'actualité, la patience des destinées sacrifiée à la hâte des carrières ne font pas que rendre l'être qui a tout son temps et peu à faire insupportable au remuant du TGV, à l'agité de l'agenda qui n'a plus le temps de rien faire (d'autant que le premier ne cesse de harceler le second de requêtes manuscrites, demandes de rendez-vous ou d'interventions, visites oiseuses, etc.). La nervosité ambiante a remplacé le septennat par le quinquennat à la tête de l'État. La peinture, pénible apprentissage, par la photo, dans nos galeries chics, et débouté cet art d'attendre le trépas – de la vieille tante et du grand-oncle –, qui fascinait tant Balzac à l'époque où les jeunes gens de bonne famille avaient des espérances, et donc des bouquets de fleurs à la main, sourires et fêtes des Mères. Quand le moindre délai nous devient exaspérant, passé la donation-partage à droits de succession réduits, on rue dans les brancards. Le regard du rejeton sur la tirelire à deux jambes se passe de stratégie. On veut tout et tout de suite. Ce « présentisme » un peu fruste a notoirement perturbé la douceur du nid familial, et chacun a dans l'oreille les sous-conversations autour de la table dominicale, lors de l'inexorable et abominable déjeuner de famille (« – La clé du coffre au fond du placard de l'entrée, où tu l'as plan-

quée ? – Dis donc, ça te gênerait d'attendre un peu, comme je l'ai fait moi-même, quand j'avais ton âge, avec Nany et Jules ? Eux aussi la bouclaient là-dessus, comme sur le reste »). À l'égal des regards en douce du petit-fils sur le manche du couteau à poisson (argenterie authentique ou métal argenté ? Poinçon carré, mauvaise pioche, ou profil de minerve casquée, heureux présage ?). N'insistons pas. Cette ambiance est malsaine. Les lois sur l'héritage fixant des quotes-parts automatiques pour les descendants directs (les autres se retrouvent assujetties à de telles taxations qu'il vaut mieux, à la limite, ne pas figurer sur le testament), l'évidence s'impose, chez les juniors qui gardent le sens de la famille, qu'avec de tels incertains guettés par l'Alzheimer, on se dépense à perte. L'habitude prise d'un échange équitablement calculé de services (monnayés ou non) incitera en revanche l'âge mûr à investir côté benjamin. « Au moins, se dit-on alors, quand je tricote un pull pour le lardon ou que je l'emmène au cinéma voir une niaiserie insupportable (en se poissant les doigts avec une infâme barbe à papa), il s'en souviendra plus tard, il y aura rétribution, ce ne sera pas du temps perdu. »

4. *Passage de la graphosphère à la vidéosphère.* C'est une donnée d'observation : là où le vieux est à l'honneur, l'image est à la peine. Quand le choc des images estompe le poids des mots, c'est sale temps pour les burgraves. Le narcissisme photo, télé et cinéma est plus *matter of fact* que celui des pages d'écriture : il veut des plastiques irréprochables et des peaux lisses (avec ou sans photoshop).

Les politiques d'assistance tendant à faire de nos débris des hommes comme les autres, et de l'humain avarié un *senior citizen* aux tempes argentées (avisé mais indépendant et guilleret), les diverses gestions du « troisième âge », cet *allegro ma non troppo* final du « parcours de vie », ont été mises en place en France au début des trente glorieuses, avant l'avènement de la vidéosphère. Celle-ci fait un milieu de vie cruel, où ce qui ne se voit point est comme s'il n'était point. D'où le *Sophie's choice* du vieux birbe post-moderne : ou il est à l'image et il dégoûte ; ou il n'y est pas, et il passe à la trappe. Invisible en tant que destin collectif, le sujet usé n'incommode ses congénères en état de marche que comme spécimen physique, seul apte, pour son malheur, à réfléchir des rayons lumineux sur une surface photosensible.

Les physiologistes nous l'ont appris : nos organes intérieurs vieillissent assez bien. Ne s'altère gravement que *la peau* – ce que nous avons de plus profond, disait Valéry. Pas de chance. La jeunesse de cœur et d'esprit est protégée par sa pudeur. La peau se regarde, et pire, se touche. C'est le point de chavirement, la bascule irrémédiable, incoercible. Il n'y a plus aujourd'hui de représentation sans émotion, de pensée sans frisson. Que peuvent penser du lézardé lambda nos dauphins montés sur rollers, surf, ski ou planche à voile, faits pour et par la glisse et le lisse, quand ils sont confrontés à ces cuirs squameux, râpeux, granuleux qui vont et viennent sous leurs yeux ? Ou à cet épiderme craquelé et rhomboïdal commun, aux deux extrêmes de l'éventail social, à la nuque couleur brique de l'agriculteur à marcel et à la star à bijoux recuite à l'ultra-violet, qui-n'est-plus-toute-jeune ? Quel respect moral attendre de ces ados *total-look* formés dès l'enfance à l'enchaîné, au satiné, au fluo, pour ces mannequins désarticulés, vaguement habités, hagards, arythmiques, avec des gestes de film 1900 et des larmes au coin de l'œil ? Ce n'est plus ici un conflit de devoirs mais de sensations – le moiré, le nacré, le lamé contre le flapi, le crevassé, le fané ; la brillance contre le terne ; le lubrifié contre le verruqueux. Perdu d'avance. Nous opposera-t-on le « beau vieillard » ? On ne niera pas en avoir croisé quelques-uns – Aragon, Agnelli, Clint Eatswood, Jean Daniel... Mais combien, sous cette appellation, de vieux beaux, coquets à postures, avec chaussettes et pochettes assorties, moumoute et pattes-d'oie retravaillées, contrefaçons pathétiques ? Comme s'il suffisait d'un Stetson pour faire cow-boy de Marlboro. Nombre d'ex-belles se font tirer la peau, remonter les seins, rectifier le nez ? Certes, mais leurs mains restent en l'état (nos lolitas septuagénaires n'y prennent garde), et ces extrémités d'écorce ou de cédrat, dont nos chirurgiens esthétiques ont bien tort de ne pas se préoccuper, accusent le coup : noueuses, ligneuses, avec des veines bleu-saillantes au milieu d'ocelles bistre. Les douairières, jadis, troquaient la mitaine contre la filoselle pour dissimuler ces cornes d'iguane. Affaire de décence, voire de délicatesse. Autre temps.

On ne saurait s'étonner de voir les « vieilles peaux » bannies des télés, exclues des panneaux publicitaires et des « une » de magazines ; ni reprocher aux jeunes de préférer leurs écrans à leur mamy. Réflexe d'autodéfense. Mesure préventive. Du désodorisé contre le fermenté, du flux oxygéné contre le stock oxydé, de l'élastique contre le cartonné : du berger à la bergère, en somme. Car, en dénonçant avant l'heure l'inutilité du combat, ces démobilisateurs collectifs, ces hérauts de la déroute finale qui dînent à dix-huit heures et se réveillent à quatre heures du matin, ne font pas qu'attenter à l'équilibre psychosomatique des forces vives, dont ils coupent les jambes. Ils ramollissent notre noyau dur, le plus intime. Le handicapé ne blesse pas notre orgueil. Il est accidentel. On peut avoir pitié. C'est sans frais. La vieillesse est banale. Elle tend les bras à tous. On a beau avoir appris à l'école que l'organisme pluricellulaire n'est pas fait pour durer, la triviale capilotade exhibe un dégénéré on ne peut plus compromettant, dont nous ne pouvons imputer les tares et les stigmates à des facteurs externes, comme on le fait pour la misère, la prostitution, ou la faim dans le monde – méchants exploiteurs, multinationales rapaces, corruption urbaine, pollution atmosphérique, régime de vie lénifiant ou défaut d'exercice physique (on connaît des marathoniens septuagénaires). La sénescence est une dégénérescence qui décourage tout eugénisme, tout effort de régénération par sarclage méthodique de l'espèce, toute recherche de bouc émissaire. Sinon la vie elle-même comme système régulateur dont le bon fonctionnement général repose sur toutes ces catastrophes locales. La souche vicieuse, c'est nous. On éviterait à moins.

Le moderne est un lutteur-né. Le doux commerce l'a privé d'ennemis, mais il se bat, toujours et partout. Contre le cancer. Contre l'exclusion. Contre le chômage. Contre l'échec scolaire. Contre l'homophobie, le racisme et l'antisémitisme. Mais comment lutter contre les heures et les jours ? Contre le destin ? Contre la part non choisie de l'existence ? Notre vie est et doit rester semblable à un parc Disney, un jeu vidéo où un jouet cassé est aussitôt remplacé, où le cow-boy tué par l'Indien se relève, où le film se rembobine à volonté, où les aiguilles se remettent à zéro sur un coup de pouce. L'horloge biologique ne joue pas le jeu – en quoi tout enterrement est une trahison. Elle débobine à sens unique. Nauséeux. Déloyal. C'est ce scandale qu'il faut interdire. La force tranquille du marché n'y suffira pas. Il faut agir. Non, le destin n'aura pas le dernier mot. *No pasarán*.

« Moi, ça, jamais ! » Les yeux pochés, le cheveu filasse et cassant, les bajoues, le double menton, le fanon, c'est pour les autres. La gueule empâtée, qui se fait chaque matin plus large que haute, insensiblement, sans grimage qui tienne... Les jeunes sont gênés de nous voir car nous avons le visage qu'*ils* méritent, et ils le savent au fond d'eux-mêmes, les bougres, que ce sera le leur après-demain. On les excuse. Si nous-mêmes, la soixantaine venue, ne pouvons décemment soutenir le regard du jumeau grotesque et contrefait qui nous lorgne chaque matin du fond de la glace, dans notre salle de bains. Cet ennemi intime ne nous ressemble pas, n'est-ce pas ? Abrégeons, abrégeons... L'esprit de l'époque est ainsi fait : on ne veut pas voir la suite des opérations. Là où le Père Blanc, en 1920, partait pour toute sa vie, le coopérant de 1960 pour deux ans, l'humanitaire de 2000 boucle sa mission en deux mois. Le premier est un anonyme, le second, un fonctionnaire, le troisième, un héros. Comme le dit un fin observateur du comportement des jeunes : « Nous finissons toujours par tuer, symboliquement ou physiquement, celui à qui nous ne reconnaissons pas droit de cité en nous-mêmes et à qui, finalement, nous ne reconnaissons pas droit de cité dans le monde[1]. » Ce maudit, partout où l'on zappe, c'est le traînard.

1. Philippe Meirieu, *L'école ou la guerre civile*, p. 128, Plon, 1997.

Le nombre de cadavres non réclamés à la fin du mois d'août 2003, dans tout le pays, parle de lui-même : nos politiques de la vieillesse sont en retard sur nos réflexes. La timidité des pouvoirs publics sur la question de l'euthanasie est pour le moins décalée. Manque d'à-propos. Sur la floraison sans la moisissure, les familles en savent plus que le gouvernement. Pourquoi ne pas l'avouer ? Dans l'éternel présent du sexuel et du ludique où nous baignons tous *volens nolens*, le congé donné au négatif sera plus léger qu'on ne croit. Nous avons la phobie de la mort, et nous avons pris les dispositions qui s'imposaient pour l'évacuer de notre champ visuel, faire deuil net. Nous avons la hantise du vieillissement – ceci parce que cela –, et nous n'avons pas encore la législation qui correspond à nos aversions. Périlleux porte-à-faux.

*

On s'exposerait au pire si l'on s'en remettait à une force d'inertie qui joue à la légère les prolongations. Car le temps nous est compté. La vieillesse de France, et d'Europe, ne s'est pas encore aperçue qu'elle existe. Cette force d'avenir, si elle forme une catégorie sociale relativement unifiée, garde pour l'heure une faible capacité de marchandage. Faute d'avoir pris une claire conscience de lui-même, le continent gris n'a pas encore accouché du redoutable groupe de pression qu'il porte dans ses flancs. Chacun aujourd'hui se définit par son genre, son origine, son orientation sexuelle, sa religion, représenté par le lobby correspondant. La tranche d'âge 65-100, peu ou mal ciblée par nos grandes entreprises, ne s'est pas construite culturellement. Elle n'a toujours pas acquis l'autonomie de manières et de références que la jeunesse européenne s'est donnée à partir des années 1930, avec les maisons de la Jeunesse du Front populaire, les défilés de la Hitlerjugend, les fiers Romains chantant *Giovinezza* à tue-tête. Face à la « culture jeune » (16-24 ans), pas de « culture vieux ». Il y a bien des moignons de vie associative (clubs, foyers-restaurants, « rencontres des aînés », Rotary, lieux d'animation, etc.), mais point de Mouvements de vieillesse, point de blousons blancs, ni de *Salut les vieux copains*, ni de *Mademoiselle âge mûr*. Cette grande puissance en sommeil aspire au *senior power*. Si le jeunet aux bords flous, que le fond de l'air aurait dû boire comme un buvard, a pu, malgré tout, se construire un monde séparé, le vieillot ne manquerait pas de motifs pour marquer son territoire. Son aspect caramel mou ne durera pas toujours. L'unité générationnelle manque de contours fermes ? La retraite à 60 ou 65 ans faisait un rite de passage clair et net (comme pour les jeunes le vote à 18 ans ou la conscription). Les âges de la retraite, c'est vrai, sont devenus fluctuants, et la cessation d'activité peut désormais s'autoriser d'un simple congé maladie. Les effectifs font tache d'huile, l'identification flotte encore un peu. Seraient éligibles au sens large à cette catégorie tous ceux et celles pour qui demain ne sera pas un autre jour mais le même en pire. Tous ceux et celles, comme vous et moi, qui devraient répondre (s'ils joignaient l'exact au poli) comme Fontenelle à Chamfort lui demandant « comment ça va ? » : « Cela ne va pas, cher ami ; cela s'en va. » Voilà qui en ferait du monde, le sens large. Difficile pour l'heure à décompter et à classer, le raplapla qui joue sur tous les tableaux. Où le loger ? Ce n'est pas un malade à soigner, direction hôpital. Pas un délinquant à réinsérer, direction prison. Pas un handicapé à réhabiliter, direction maison de santé. Pas, ou pas toujours, un clochard à planquer, direction préfecture de police. Cette absence de case attitrée, cette visibilité sociale réduite (pas de presse spécifique) ne permettent cependant pas d'exclure un Mai 68 transnational des renvoyés pour cause d'anachronisme. Les jeunes étant désormais normalisés, formatés à souhait, peut-être verra-t-on émigrer côté sortie la culture du refus (de l'inauthentique, du compromis, du mensonge, etc.) que les entrants n'incarnent plus. Opposera-t-elle, cette élite future, à James Dean et Brando Ginger et Fred, au hip-hop la valse ou le fox-trot, à la moto le tricycle ou le rocking-chair, et aux décibels le silence du chat ? C'est possible, mais n'oublions pas que le premier genre musical de la vieillesse française, qui n'aura pas été empoissée, adolescente, par Tino Rossi, mais électrisée par Mick Jagger, reste le rock. Préparons-nous au jour où, retombée la révolte des Spartacus de demain, le ministère de la Jeunesse, de l'Éducation nationale et des Sports rétrogradera en secrétariat d'État aux personnes immatures, les choses sérieuses passant, dans notre Venise sous perfusion, au ministère de la Vieillesse, des Minima sociaux et des Tombes. Ce ne sont pas les berceaux, après tout, qu'on souille de croix gammées…

À peu de choses près, la situation faite aux vieux par notre XXe siècle ne serait pas sans rappeler celle des femmes du XIXe, le droit de vote en plus (mais à quoi bon ?), les travaux d'aiguilles en moins. Ces sans-voix font leurs petites affaires en marge, collectivement transparents, comme jadis les femmes au foyer. Ils jouent aux boules, à la belote et au millionnaire avec la même discrète docilité que les mères reprisaient, balayaient ou enseignaient le catéchisme. Et le même double jeu apaise nos remords. Il y eut la mère et la putain; il y a le vioc et le patriarche. On sanctifie le légume pour mieux le laisser pourrir. On adore Victor Hugo, Albert Einstein et Sœur Emmanuel, quatre-vingt-quinze ans, pour mieux pouvoir, patenôtres faites, priver de soupe pépé ou l'attacher à son lit s'il dérange trop. Comme on priait la Mère de Dieu, Jeanne d'Arc et Marie Curie pour river notre moitié à ses fourneaux. Puissent au moins nos étranges étrangers contrôler demain leur mortalité, comme les femmes leur fécondité. Les dévotes ont dû, pour y parvenir, s'émanciper des curés de paroisse. Les égrotants auront à s'émanciper des médecins de famille pour arracher le droit de mourir dans la dignité. Car les dévôts de la congrégation médicale apprendront un jour à leurs dépens que leur tuteur préféré est leur ennemi numéro un.

Bien sûr, l'à-peu-près du parallèle est fallacieux. Ce qui est ressenti comme une injustice par les personnes âgées (et en particulier les plus démunies) correspond assez bien à leur valeur réelle. La gent féminine contribue notoirement à la croissance parce qu'elle procrée d'abord, renouvelant ainsi la force de loisir disponible, et travaille ensuite (après la ménopause comme avant). Il est normal que la collectivité prenne un plus grand soin des créateurs de richesses que des autres. Que cela plaise ou non, « l'évolution du prix de la vie humaine est une composante essentielle du calcul de la rentabilité économique des investissements publics ». Un économiste canadien (M. Fernand Martin de l'Université de Montréal) chargé par le ministère des Transports de savoir s'il était rentable d'effectuer des travaux de réfection des routes où se produisent des accidents graves, et qui coûtent à la société des millions de dollars, a justement répondu que cela dépendait de la valeur économique des individus que de tels travaux pouvaient éventuellement sauver. Or le prix de la vie d'un être humain ne se calcule pas dans l'abstrait. Cet expert l'a évalué à cinquante millions d'euros pour un « chef d'entreprise et père de famille » et à trente mille euros seulement pour un « vieillard inactif ». Sans entrer dans le détail des modalités de calcul, l'estimation nous paraît assez objective et vraisemblable. Mieux connue, elle serait de nature à apaiser bon nombre de ressentiments *subjectifs*.

En l'absence de réels débats publics sur cette question, il est à craindre qu'un démagogue ne développe quelque jour cette fausse analogie, entre la domination juvénile d'aujourd'hui et la masculine d'hier. On se souvient de la banderole « un homme sur deux est une femme ». Qu'attendre d'« un électeur sur deux est un vieux » ? Verra-t-on un *Mouvement de Libération des Vieux*, pour relayer un MLF déjà fatigué par son triomphe ? Des chroniques de l'âgisme ordinaire, après celles du sexisme ordinaire, la violence contre les personnes et les biens compensant le viol des corps ? Il y a plus de vieillards battus, après tout, que de femmes battues. Si nous avons pu dénoncer les offenses à la dignité et à l'image de la femme dans la vie quotidienne, on devine quelle masse de récriminations pourrait faire surgir une Ligue des droits des vieux ! C'est tous les jours qu'ils sont injuriés, moqués, agressés, humiliés, harcelés, stigmatisés parce qu'ils ont une canne, des cheveux blancs, un dentier, un sonotone ou une prostate. Pourtant, tous les partis politiques ont une commission Culture, éducation, jeunesse. Et aucun n'a de commission

Ennui, solitude et vieillesse. Le législateur et nos plus hautes autorités ne cessent de lutter contre toutes les formes de discrimination, qu'elles proviennent du racisme, de l'intolérance religieuse, du sexisme ou de l'homophobie, et nul n'a encore pensé à rajouter « et de l'âge ». Aux avanies subies par toutes nos « vieilles biques », combien de musulmans, de juifs et de tsiganes ne déposeraient-ils pas plainte aujourd'hui ? L'antiracisme fait la loi, l'antiâgisme attend son tour. Quand les vieillards s'éveilleront, l'Europe tremblera...

Pour l'instant, Dieu sait s'ils ne sont pas susceptibles, nos pensionnaires. Sans même évoquer les horreurs qu'abritent certaines maisons de retraite agréées, dont la chronique des tribunaux nous informe parfois, en page treize, coin gauche.

Santé publique. Demandez à n'importe qui : où est l'urgence ?, et il vous répondra : VIH. Le lobby homo a du génie, et il est scandaleux que neuf malades sur dix dans le monde n'aient pas accès aux soins. Mais dans nos contrées c'est une illusion. Le sida tue autour de cinq cents personnes en France par an, Alzheimer, quatre-vingt mille. Cent fois plus. C'est la troisième cause de mortalité, après le cancer et les maladies cardio-vasculaires. On estime à cent vingt mille les porteurs du VIH sida, mais huit cent cinquante mille le nombre d'Alzheimer de plus de soixante-dix ans (cent mille cas nouveaux chaque année). Un « programme Alzheimer » a été adopté en 2001. On attend toujours la circulaire d'application et les moyens. Il prévoyait la création de sept mille places d'accueil par jour. À peine la moitié a été obtenue, et il y aura, dans dix ans, deux millions de malades, dans notre pays. Les temps d'antenne et les budgets vont aux sidéens. Place aux jeunes.

Allez à l'hôpital. Vous avez soixante-dix ans ? Vous serez mis au bout du couloir. On entrera dans votre chambre sans frapper. On vous tutoiera. Vous avez besoin d'un scanner, appareil rare et coûteux ? Repassez dans un mois, il est réservé en priorité aux moins de soixante ans. Avec les patients les plus âgés, les moins bien traités, on fait tout au rabais, soins et allocations. Les mesures annoncées dernièrement à grandes trompes sont, au vrai, destinées à créer des emplois non qualifiés dans le secteur (« auxiliaires de vie » sans diplôme), pour baisser le taux de chômage. Le jeune handicapé a des aides-soignants éligibles à certains dédommagements ; pas le vieux, qui doit payer, lui, ses moyens de transport. Les internes savent que le vieil hospitalisé n'était pas jugé digne, il y a peu, d'être montré au patron dans la visite matinale (col du fémur ? On passe). La gériatrie reste une spécialité marginale, assez méprisée et secondaire – sans plateau technique. Pas de promotion par les doyens. Soixante lits à Paris.

Regardez vos spots publicitaires. Les « personnes âgées » n'y sont admises qu'à la condition de jouer au jeunot. La grand-mère doit croquer un bonbon d'un air de gamine ravie, et le papy gagner un set de tennis, pour faire vendre un blouson. Il lui faudra bientôt mimer la toupie par terre, la casquette en arrière, rap oblige. Un vieux, en vitrine, n'a pas le droit d'être vieux. Sois jeune ou tais-toi. Nos vieillards ont tellement bien incorporé cette honte de soi qu'ils font un triomphe à n'importe quelle « crème antirides ». Mais justement, entrez dans une pharmacie, rayon cosmétique. La crème antirides, à molécules égales, vous coûtera deux fois plus cher que la crème antiacné. Les vieux paieront. Place aux jeunes.

Allez au kiosque voisin, et sur les portails du Net. Quel magazine, quelle radio, quelle télé sont-ils aux mains d'une équipe de seniors ? Le quantitatif est supposé gouverner les mass media. Les moins de vingt ans sont moins nombreux en France que les plus de cinquante-cinq, mais les seniors, gros lecteurs des news, n'ont le droit que d'en consommer, non d'en produire. Les invisibles doivent regarder la Gay Pride en silence et baisser la tête – il n'y aura jamais de parade des moches. Cinq cent mille homos bardés de micros et de caméras mettent nos législateurs à leurs pieds. Treize millions de votants de plus de soixante ans, interdits de défilé et d'antenne, se cachent dans les embrasures. Les *Inrocks* et *Technikart* disent le beau, le vrai et le bon. Avez-vous entendu citer, lors d'une revue de presse, *Pleine Vie* ou *Notre Temps*, honorables publications catholiques consacrées au troisième âge, qui vendent dix fois plus et rayonnent dix fois moins ? Les très jeunes gens ont l'art de s'enticher si fort d'eux-mêmes qu'ils ne peuvent plus s'intéresser à personne d'autre. Surreprésentation des uns, différents, minoritaires, mais légitimes, sous-représentation des autres, différents, majoritaires, mais ringards. Place à la différence jeune.

Allez dans une librairie. Infinie la production des sociologues, politologues, philosophes, etc., sur les avatars du cyber-monde, les métamorphoses du futur, la pré, la post, l'hypermodernité, la société de l'accès, l'homme numérique, symbiotique, virtuel, machinal. Admirables enquêtes, fulgurants pronostics, pensées au laser. Vous n'y trouverez pas la moindre allusion à la place et au rôle des vieux dans la grande ruée des fauves. L'homme nouveau sera jeune ou ne sera pas. Et surtout n'ouvrez pas les journaux, pour savoir ce qui se passe du côté secteurs sanitaires, socio-éducatifs, judiciaires, secrétariat d'État à la famille, ministère de l'Emploi, du Travail et de la Cohésion sociale, groupes « Projets personnels » et « Loisirs » de la Conférence de la famille, etc. Nos successifs et réitératifs « programmes de lutte contre l'exclusion » contournent ou négligent les non-personnes qui nous encombrent. Le vieux lasse. Place aux ados à problèmes et aux jeunes défavorisés.

Écoutez les conversations. Rajeunir est laudatif. Vieillir, péjoratif. Comment humilier un jeune ? En le traitant de vieux. Flatter un vieux ? « Comme vous avez l'air jeune ! » Sénile n'est pas le pendant de juvénile... Veut-on détourner l'intérêt et les subventions d'une communauté religieuse, intellectuelle, scientifique : « Ils sont un peu âgés, non ? » Un candidat aux présidentielles veut-il disqualifier son concurrent qu'il lui trouve soudain un petit air « vieillissant » ? Outre qu'on ne voit pas bien comment un homme, fût-il politique, pourrait ne pas vieillir (à moins de se suicider dare-dare), personne, et l'inculpé non plus, ne l'entend comme : « vieillissant, cet individu a gagné en sagesse et en esprit de synthèse. Il prend de la hauteur et du recul. Gare à nous, la jeune équipe, avec ce dinosaure, ça va barder ». Il y a des compliments qui s'ignorent.

Ces lazzis et ces vexations sont mal vécus par ceux qui en ignorent les raisons économiques objectives. Les auxiliaires de police font de leur mieux pour répondre aux doléances, mais comment réfréner le premier mouvement du pékin moyen, qui pousse nombre de ceux qui se sentent laissés au bord de la route, par précaution, à sortir le moins possible de chez eux ? Recueillez les confidences des « petites vieilles » stressées – les femmes cumulent les handicaps – au retour des courses dans le quartier. « C'est trop douloureux. On est reçu comme des chiens à la banque, à la Sécu, à la poste. Ils nous forcent à passer par Internet pour la moindre démarche, et moi, je ne sais pas faire avec leurs machines. Et je ne vous parle pas des petits voyous qui lorgnent mon sac. De toute façon, on est largué. On n'intéresse plus personne. » L'une (que j'interrogeais dans le cadre de cette enquête) a même ajouté : « J'ai fait mon temps. Ce monde n'est plus le mien. Je veux m'en aller. » Le « ça ne penche pas du bon côté » s'est toujours retrouvé dans la bouche des sortants, à toute époque. C'est sans doute la première où le leitmotiv de la détresse est devenu : « On se dégoûte. On ne sert plus à rien. On n'a plus notre place ici. Tirons le rideau. »

À ceux qui nous accuseront de noircir le tableau, on répondra par un chiffre indicateur : en dix ans, de 1990 à 2000, la consommation d'antidépresseurs en Europe a doublé. Elle est devenue, en 2003, le troisième poste de consommation pharmaceutique. Quoi d'étonnant si 50 % des personnes âgées résidant en institution et 25 % de celles qui vivent à leur domicile ont été reconnues comme dépressives ?

En termes plus crus : ça peut péter à tout instant, il n'y a plus de temps à perdre.

II. LA SOLUTION ?

Il est clair que la question vieillesse, fatale hypothèque, ne trouvera pas de réponse adéquate à l'intérieur des cadres et des idées reçues. Il nous faut donc sauter par-dessus les actes manqués de l'époque pour esquisser, fût-ce à gros traits, un schéma de solution idéale. En sachant que l'utopie d'aujourd'hui fera, comme toujours, la réalité de demain. Même si les ronchons, devant notre proposition – rien moins qu'une république dans la République –, préféreront au noble mot d'utopie, compris de tous, celui, savantasse et rebutant, de *dystopie*, qui désigne, chez nos Trissotin, les chimères du malheur.

Jusqu'ici, les recommandations concernant « l'accompagnement de la fin de vie » ont été parlementaires : consensuelles mais non professionnelles. Généreuses et vagues. Et d'autant mieux reçues, c'est la règle, que peu opérationnelles. La Mission chargée par le président de l'Assemblée nationale de trouver la quadrature du cercle propose dans son rapport intitulé « Respecter la vie, mais accepter la mort » de modifier à la marge quelques articles des codes en vigueur (code pénal, code de santé publique, code de déontologie médicale), afin de limiter l'acharnement thérapeutique sans pour autant légaliser l'exception d'euthanasie. Ces rapiéçages avalisent le laissez-mourir, sans vraiment sortir du pschitt-pschitt type « plan canicule ». Demi-mesures, incompatibles avec une politique claire et volontariste. La clé du problème n'est pas dans les codes mais dans les modes, c'est-à-dire, au premier chef, un théâtre d'action délimité. Aux grands maux, les grands moyens.

Le plus grand mal, ici, est la solitude humaine due à la dispersion des patients dans tout le pays et au coûteux éparpillement des centres de traitement, qui incite d'ailleurs à la maltraitance les soignants les plus impulsifs et gène le contrôle par les services habilités. Première parade : le regroupement. Non pas dans un supercomplexe hospitalier, ni même dans une cité sanitaire, mais sur un territoire propre. En dehors des centres urbains donc (les hospices sont en général *extra-muros*), et pas en banlieue (type Ivry-sur-Seine). Le bucolique est nécessaire.

Deux avantages : pour l'Administration, une formidable économie d'échelle, à tous les niveaux : formation des personnels soignants (il s'agit de métiers difficiles, toujours confrontés au risque de *burn out*), gardiennage, surveillance mutuelle, intégration des plateaux techniques (radios, anesthésies, interventions, crémations), exécution coordonnée des protocoles. Meilleur encadrement donc, et optimisé. Est-il rationnel qu'un médecin coure la campagne pour vérifier la tension artérielle d'une diabétique légère de quatre-vingt-dix ans ? Ou qu'un simple contrôle du dosage de l'antigène de la prostate mobilise un grand spécialiste ? Pensons au manque de moyens des « Ddass » et à la pénurie du personnel hospitalier (notamment des bénévoles à cornette, effet regrettable de la déchristianisation), qui empêche les médecins experts de se consacrer à leur travail propre. Pour les malades chroniques en fin de vie, et en particulier l'immense sous-catégorie des vieux insolvables, la concentration, à grande échelle, estompera les jalousies sociales (qui tendent à ressurgir avec l'âge) et surtout assurera à tous une protection améliorée, en les soustrayant aux vexations ordinaires du jeunisme dévoyé (« Alors pépé, tu te pousses un peu »). La vieillesse cesse d'être une maladie socialement invalidante dès lors qu'il n'y a plus de RER ou de transports en commun à emprunter ni de jeunes pour l'insulter (hormis les personnels de service). Mieux. Pour prévenir le désœuvrement, facteur classique de dépression, une large gamme d'activités productrices lui sera réservée (un peu comme dans les établissements bénédictins ou franciscains). La déréliction du vieillard tient en effet beaucoup à son exclusion du circuit de production (ne dédaignons pas le bonheur d'écosser les haricots verts au fond du jardin), à laquelle ce retrait sans retraite devrait pouvoir pallier au moindre coût. Sécurité, bénévolat et proximité se confortent l'un l'autre.

Le territoire autonome que nous réclamons, à la fois festif et fonctionnel, exclusivement consacré à l'aménagement prophylactique d'un *happy end* devrait pouvoir accueillir au moins un million de personnes chaque année, par rotation (en fonction des résultats obtenus). Il sera doté d'un véritable projet d'établissement : cette rotation même, à l'intérieur d'un cadre juridique clair et même scientifiquement éclairé. Qui seraient les bénéficiaires de cette offre exceptionnelle ? Il reviendrait d'en décider à une Agence de régulation indépendante (avec une antenne par département), nommée par le ministre de la Santé, en concertation avec l'Ordre national des médecins, mais à l'abri des pressions corporatistes. Ce Comité de vigilance aurait pour mission de repérer, bien au-delà des affections graves et incurables, les sujets les moins solvables et/ou les plus fragiles, parmi les personnes âgées, et de les inviter à bien vouloir se délocaliser. L'évolution contrôlée d'une médecine *palliative* à une médecine *transitive*, destinée à faciliter la dernière délivrance, d'une façon indolore et respectueuse de l'intégrité des personnes, devrait permettre de ramener, par étapes, l'âge moyen de la population mâle aux alentours de soixante-dix, et femelle de soixante-quinze ans. Un point de moins tous les cinq ans, notamment par l'accélération des « protocoles compassionnels » – cette norme chiffrée et dûment vérifiée (l'étiage étant pour l'heure de cinq cent cinquante mille décès annuels dans l'hexagone), serait de nature, semble-t-il, à motiver les personnels soignants dans un secteur où l'incapacité de se projeter dans l'avenir est cause de démoralisation. L'encadrement pénitentiaire a pour but de *réinsérer*, le médical, de *guérir* – mais celui des hospices et maisons de retraite n'avait jusqu'ici aucun but positif, aucune vision stratégique de son rôle social. Avec cette obligation de résultat, et la prime correspondante, c'en serait fini, à la satisfaction générale, de cette impéritie : l'absence de finalité.

Cette nouvelle cohérence des moyens d'intervention, doublée d'une planification prévisionnelle, ne manquera pas de susciter chez des esprits plan-plan quelques objections convenues. On parlera d'apartheid, de ghetto, de biopolitique suspecte, voire d'eugénisme autoritaire et d'hécatombe consumériste. On nous citera le tristement célèbre, « tuer les vieux, et jouir ! ».

Qui « on » ? Probablement, des psychiatres ou psychologues, les mêmes qui refusent de prendre en charge « le fainéant égocentrique » ou « la tatie Danielle » (« fichez-nous la paix avec vos vieux : on a déjà les fous, pas besoin des pauvres »). Nos belles âmes ne se salissent pas les mains avec les couches-culottes spécial-nuit, les lunettes à retrouver à tâtons sous la commode en formica et les dentiers à nettoyer deux fois par jour. Le décès médicalement assisté n'est-il pas le pendant naturel de la procréation médicalement assistée ? S'il est vrai qu'à nos yeux les devoirs de l'homme envers ses semblables impliquent une solidarité à la fois horizontale – ne pas incommoder ses voisins – et verticale – permettre à sa descendance de s'épanouir au mieux et au plus vite –, est-il besoin de préciser que l'inflexion ici suggérée – accepter la vie mais respecter la mort – n'a rien à voir avec les abjects projets de haras humains ou d'élimination des anormaux, apaches et prématurés qui ont déshonoré l'histoire de l'Europe ? Nous ne sommes pas près d'oublier « l'extermination douce » de quarante mille malades mentaux pendant la Seconde Guerre mondiale, cette honte du corps médical français. Mais soulager démocratiquement les souffrances, réduire les gaspillages et dynamiser la croissance, fût-ce en s'aidant d'un carnet vital informatisé, n'est pas créer une race de surhommes ni fabriquer des élites zéro défaut. Il ne s'agit pas, encore une fois, de faire plus beau, mais plus rentable et productif.

On ne saurait admettre qu'une société libérale avancée, éduquée et dotée comme la nôtre, qui peut de surcroît maîtriser la douleur physique (la consommation de morphine a heureusement quintuplé depuis cinq ans) ne se conduise pas mieux envers ses Anciens que les peuples nomades et pauvres où les fils aînés conduisaient les pères, le moment venu, en plein Sahara ou au milieu de la forêt amazonienne, pour les laisser à leur destin. Et que font d'autre nos familles qui partent en vacances en abandonnant la vieille dans son grenier, avec une bouteille d'eau et trois biscuits Lu ? Croit-on que le maintien à domicile, sans aides matérielles ni soutiens psychologiques, la mise à la rue ou le placement imposé en institution, avec tranquillisants, et éventuellement vols, bâillons et privations de dîner, vaillent mieux que l'octroi d'une entité territoriale distincte où les apatrides de la planète jeune ne seront plus les passagers clandestins du voyage mais des excursionnistes à part entière, pris en charge par l'Assistance publique associée à des sponsors du secteur privé, dans la sécurité déontologique qui s'impose ? Cette colonie conviviale et superbement paysagère, entre la réserve naturelle et le parc d'attractions, où l'on ne portera plus aux assistés des repas à domicile parce qu'ils pourront librement déjeuner entre amis, n'aura rien d'un cimetière des éléphants, encore moins d'une cour des Miracles. Ce ne sera pas non plus « le jardin du souvenir » agrandi cent fois. Ce sera « la porte du Nouveau Monde », où chaque ancien enfant pourra retrouver Davy Crockett et Central Plaza. Sera ainsi attribué un lieu d'accueil, voire un foyer supranational, et pourquoi pas, un jour, un micro-État, avec passeport spécial, police et tribunaux, à tout un peuple en diaspora, et qui ne se connaît pas encore comme peuple.

Son nom ? Le *Bioland*. Ses *check-points* aux frontières n'auront qu'un panonceau de bienvenue : *Welcome to the bio age* !

*

La ville, qui est artificialité, nous éloigne de l'essentiel, du biologique. C'est seulement l'immersion dans la nature, la participation aux travaux de la ferme – élevage, cueillette, transhumance –, qui peut redonner aux citadins occidentaux, prisonniers de leur cage de verre et d'acier, le sens perdu du tout que les Hindous et les bouddhistes ont si bien su préserver. Mort et renaissance… Vivre et mourir à la campagne ! Quitter le règne des brutes pour la rondeur des jours et le cercle des saisons, le monde des dieux ! Rouvrir le Livre immémorial des sagesses, celui qu'écrivent chaque soir, d'un coup de plume, les oiseaux qui se cachent dans les feuilles quand ils ne peuvent plus voler, les chevaux qui se couchent dans la paille quand ils ne peuvent plus trotter… Le choix d'un milieu rural, serein mais non abandonné, point trop inaccessible mais en altitude (si les riches ventilent leurs vieux, les moins favorisés sont rarement mis au frais, l'été) nous semble indispensable pour faciliter la réintégration mentale du vieillard dans les grands rythmes cosmiques, dans l'harmonie inaltérable et apaisante du « si le grain ne meurt » évangélique. Après examen des différentes zones d'implantation possibles, et mise en concurrence des offres régionales, l'Ardèche nous a paru l'endroit le mieux désigné pour abriter notre futur *Bioland*, qui fera sans doute école en Europe. On pense plus précisément au Haut-Vivarais cristallin et mouvementé, au nord du département, touchant au Forez (auquel pourrait s'adjoindre, en cas d'encombrement, la belle planèze du Coiron borné par la rivière qui a donné son nom au département). Une haute ambition humanitaire sied à de hautes terres chargées de mémoire. Elle relancerait de vieux projets (au vrai, assez cafouilleux) de « revitalisation de l'espace rural » par le biais de colonies de retraités encadrés d'agriculteurs eux-mêmes retraités utilisant des procédés naturels de culture bio et d'élevage traditionnel. Plusieurs membres du Conseil général, consultés, ainsi que les services de la Préfecture, nous ont dit leur enthousiasme. L'afflux de capitaux publics et privés requis par l'aménagement de ce territoire, la construction des installations sanitaires et des lieux de résidence, le regroupement en périphérie des notaires, *coachs*, assureurs, prévisionnistes, statisticiens et services télécoms constitueraient, assurément, un formidable poumon d'oxygène pour une région déshéritée, où le car de touristes et le festival mozartien ne font encore que de rares percées.

Outre sa centralité géographique et la rémanence de stations thermales trop méconnues, plusieurs facteurs favorables recommandent ce choix :

– de forts écarts annuels de température, vague de chaleur l'été, vague de froid l'hiver, auxquels des organismes affaiblis ne sont pas insensibles.

– un relief tourmenté, la pauvreté du sol, la rudesse de la vie rurale, accompagnés de très forts dénivelés (parfois mille cinq cents mètres en quelques dizaines de kilomètres), qui ne peuvent rester sans conséquences, à la longue, pour les cardiaques et les asthmatiques.

– des facilités de sport et de détente telles que randonnées à cheval en forêt, canoë-kayak en amont des rapides, G.R. jouxtant à-pics et falaises, de nature à tenter les plus vaillants.

– le petit nombre de voies d'accès terrestre à ces vertes solitudes, et l'absence de terrains d'aviation, permettant un contrôle relativement aisé des identités à l'entrée et à la sortie, et donc la tenue de statistiques à jour.

– enfin, et surtout, une tradition mystique implantée de longue date. Nombreux les chercheurs d'idéal et de sentiments élevés, qui ont, dans le passé, trouvé refuge auprès de ces autochtones durs à la tâche mais à l'âme sensible et désintéressé (camisards, jansénistes, etc.). En font foi les vestiges d'abbayes et de chartreuses, quelques chapelles et monastères catholiques encore en activité, et, plus pertinent pour ce projet, de florissantes communautés spirituelles de type orientaliste ou jungien arrivées depuis peu.

Nous savons bien que les vieux, qui détestent les jeunes, aiment encore moins les vieux. Cet âge exaspère la méchanceté ; c'est celui du règlement de comptes à retardement, et d'abord envers les membres de la famille. Cela n'empêche pas que la plupart ne souhaitent rien tant que de mourir chez eux – désir compréhensible mais que les conditions de logement, l'éclatement des familles et la maximisation des plaisirs ne permettent plus d'exaucer. D'où la multiplication des mouroirs dissimulés en banlieue. Il y aura donc des résistances à ce qui pourra passer pour un exil aggravé de promiscuité (« entre nous, on s'emmerde »). C'est bien pourquoi le Bioland sera l'antithèse de la maison de retraite à l'ancienne. On y combinera l'animation la plus décoiffante avec un recyclage extrême-oriental, en sorte que les bienheureux puissent s'éveiller à la fois au jeu joyeux du divin et aux facéties d'une Nature réenchantée. Le but serait de combler le fossé entre le dalaï-lama et Disneyland, la prière et le fun, afin que chacun puisse se sentir Harry Potter en se levant et lama zen en se couchant. Musique douce, corso fleuri, courses en sac, châteaux forts, oui. Mais aussi causeries et méditations vespérales. Petits lapins, ours en peluche, citrouilles et bermudas se mêleront sans façon à la couleur locale – foire aux violettes, mulots des pagels et la châtaigne des sous-bois. Le droit de mourir dans la gaieté – le mot moderne pour dignité – fera l'objet de consultations auprès des spécialistes d'outre-Atlantique. Mais sans empiéter sur les horaires de conférences des maîtres spirituels qui guideront les pensionnaires sur les plus ésotériques sommets de l'humanité. Cette Université du terminal devra faire toute leur place aux doctrines éprouvées de la transmigration et de la réincarnation des âmes. Des cours réguliers de littérature bouddhique et de cosmologie new age donnés par des renonçants venus d'Asie entraîneront le vieil Occidental au « lâcher prise », auxquels s'adjoindront des formations en biologie élémentaire (affaiblissement adaptatif des organismes, différence entre cellules somatiques appelées à disparaître et cellules germinales répliquées de génération en génération, nécessité du succès reproductif, etc.). Un Européen sur quatre adhère à la réincarnation. Ce n'est pas assez. On évitera de faire allusion à la théologie chrétienne classique. Elle risquerait de dissiper l'heureuse confusion, déjà faite par un catholique sur deux, entre la Résurrection, qui n'arrive qu'une fois et n'est pas donnée à tous, et la Réincarnation, qui échoit à n'importe qui (pour son malheur, ajoute l'hindouiste), et sans attendre le Jugement dernier. Notre Sécurité sociale a plus de bénéfice à attendre de la Roue que de la Route, et du Lotus que de la Croix. Le Paradis n'étant plus vraiment crédible, et l'Enfer par trop attentatoire aux Droits de l'homme

– on gagnera, pour le réconfort moral des populations, fussent-elles passées par les eaux du baptême, à les éloigner des routines et clichés du monothéisme aliénant (« l'heure de l'échéance n'appartient qu'à Dieu »). Se libérer de bonne grâce et en temps voulu des souffrances et chagrins de l'existence impose de mettre les ultimes pulsions des consommateurs en phase avec les rythmes consolateurs de la Nature. Il y a toute la ramure de l'arbre bouddhique, certes, mais aussi Marc Aurèle : « Tout ce qui t'arrange m'arrange, ô Cosmos… Quand le moment de la retraite est venu, il faut se soumettre comme l'olive qui, en tombant, rend grâce au rameau qui l'a portée. »

*

Notre proposition ne serait qu'une énième vanité du bon cœur si on ne l'accompagnait de mesures d'incitation, de précaution et de préparation.

Pour l'*incitatif* : le civisme étant ce qu'il est, et la nature humaine, il serait prudent de prévoir une allocation de mille euros par famille pour tout vieillard mis de côté (le transport au Bioland est gratuit). Les autorités australiennes allouent trois mille dollars pour chaque bébé mis au monde. C'est « la prime nouveau-né ». Son équivalent terminal, « la prime au supprimé », pourrait inciter les familles négligentes, impressionnables ou dans le besoin à remplir leur devoir envers la société, quitte à devancer les délais. Les marges dégagées par la fermeture des maisons de retraite et la rationalisation des systèmes d'aide suffisent, et au-delà, à financer ce modeste secours.

Pour le *préventif* : seraient d'emblée exemptés des

mesures de regroupement ici prévues un certain nombre de sous-groupes encore bruyants, apparemment superfétatoires mais pouvant contribuer au produit national brut, directement ou indirectement. 1/ Les personnes âgées assujetties à l'impôt sur la fortune (sous certaines conditions : croisière annuelle dans les mers chaudes, séjour cinq étoiles en ville d'eaux, abonnement à l'Opéra, cotisation aux Amis du Louvre et du Château de Versailles). 2/ Les membres des Cinq Académies de l'Institut, plus la Goncourt, ainsi que certains artistes, chercheurs et sénateurs méritants, sélectionnés sur dossier par le Conseil national de Prévention des Risques majeurs. 3/ Les décorés de la Légion d'honneur et quelques autres Ordres (non compris les Palmes académiques et le Mérite agricole). Les trois catégories susdites ayant de fortes chances de n'en faire qu'une, on y ajoutera 4/ les religieux et ecclésiastiques, en dépit de leurs faibles revenus, mais en hommage à l'Abbé Pierre et eu égard aux services qu'ils rendent encore à la collectivité et à la chute des vocations dans les séminaires. Il serait contre-productif d'éclaircir les rangs déjà clairsemés des préposés aux formalités d'état civil (baptême, mariage, enterrement).

Pour l'*éducatif* : notre objectif suppose une mobilisation nationale (centres sociaux, maisons des jeunes, réseaux associatifs), avec une campagne de spots radio ciblée sur les dix-huit trente-cinq ans (le Bioland, ça te concerne). Mais c'est dès le collège qu'il conviendra, en fusionnant les sciences de la vie et de la terre avec l'éducation civique et les sciences juridiques et sociales, d'initier les adolescents aux bienfaits du renouvellement des générations, d'un environnement humain protégé ainsi qu'aux exigences démographiques du progrès général. On n'attendra pas la terminale pour commenter le « philosopher, c'est apprendre à mourir », et donner en dissertation aux élèves le classique « mourir plutôt que vieillir ». Ni les cours de biologie pour expliquer que l'accroissement de la longévité, comme on l'a démontré sur les souris, se fait au détriment de la fertilité des individus, en sorte que repousser le vieillissement, en compensant les variations hormonales, génère un risque accru d'altération des fonctions vitales. Un module obligatoire sera créé dans les IUFM sur les réalités du troisième âge et les désastres du quatrième, avec projections vidéo et débat avec la salle. En un mot, tout sera mis en œuvre pour que la ventilation des stocks existants devienne une cause nationale, comme le sont les luttes contre le cancer et pour la sécurité routière. Si rien ne devra être fait, à l'intérieur du Bioland, qui enfreigne le désir du transféré, il convient que ce désir ait été préalablement stimulé, instruit et circonscrit par des actions multimédia et interdisciplinaires[1].

Si toutes ces conditions sont remplies, le plan vermeil, nous en sommes sûr, fera consensus à l'intérieur du cercle de la Raison.

*

Des objections ont été formulées, localement, par les Verts : dégradation du milieu naturel par accumulation des déchets, atteinte à l'intégrité des paysages par d'in-

1. D'autant plus qu'en l'état actuel des choses et des mentalités, seulement 76 % des plus de soixante-cinq ans, contre 85 % pour la moyenne des Français, se disent favorables à la mort volontaire « en cas de maladie grave et incurable accompagnée de souffrances insupportables ».

vasives nécropoles, non-préservation des sites, érosion des sols, dangers d'épidémie. Les Verts aussi vieillissent. Et déplorer n'est pas raisonner. Les restaurateurs-conservateurs de l'Ancien Monde ne se grandissent pas en faisant leur la sotte manie de condamner l'innovation au nom de ce qu'elle périme. On juge l'après-pompes funèbres sur les critères de l'avant. Le marbre censure le bit, le columbarium (le bidonville des morts...) la nécrothèque numérique, le caveau de famille la crémation électroniquement commandée ! Pleurnicheries du rétroviseur ! Pourquoi pas des rangées de tombes au milieu des cyprès, avec coussinets de pierre noire bordés d'œillets de fer-blanc peint, et dédicaces gravées en faux doré sur des plaquettes de zinc ? Ce kitsch a l'âge du purgatoire et du loup-garou. On frôle les fantasmes médiévaux de la décomposition des corps, les miasmes insinuants de la putréfaction, ce halo lugubre et fétide qui entourait la faucheuse au Camposanto. S'il est un archaïsme qui n'aura plus cours au Bioland, aussi incongru que les fourgonnettes du Samu ou les ambulances à sirène coincées dans les embouteillages, c'est bien le dispendieux tintouin des funérailles en milieu urbain : les corbillards et les croque-morts, les allées et venues entre funérarium, église et cimetière (chaque tronçon : une heure de trajet minimum), les laborieuses descentes de cercueil, avec pioches, cordages et jurons, les interminables battements de semelles avant, pendant et après, et qui montera dans le fourgon, et qui trouvera le moyen de s'esquiver avant la fin (excusez-moi, j'avais pris un rendez-vous), et comment on va rentrer après, et où l'on va manger un morceau parce qu'on ne va pas se quitter comme ça non ? Que les ethnographes fassent archive des couronnes et chrysanthèmes, cravates noires, annonces nécrologiques, condoléances, faux-frais annexes, veuvage et re-corvée à la Toussaint… Ce musée des Arts et Traditions bourgeoises nous semblera bientôt d'aussi mauvais aloi que cette affichette trouvée il y a peu dans le hall de la faculté de médecine de Paris : « Veuve de collègue vend un squelette complet ».

Oui, Bioland *fera le suivi*, mais de la façon la plus rationnelle, systémique et respectueuse qui soit. En restant fidèle à la devise : *La terre aux vivants*. Et rien qu'à eux. Dans la gestion des non-vivants, le regroupement des services permettra d'optimiser les nouveaux procédés de compactage.

On n'a pas encore pris la mesure du gain de place, de temps et d'argent dans l'élimination des résidus. La parole aux chiffres, de nouveau : en 1887, quand fut inauguré le crématoire du Père-Lachaise, il fallait trois cents kilos de bois pour produire, en deux heures, deux, sept kilos de cendres. En 1960, avec le fuel, on en était à une heure et un kilo. Demain, avec le laser, un quart d'heure, sept cents grammes. Le cercueil, déjà remplacé par l'urne, le sera demain par le colis (expédiable en recommandé, ou mis en consigne à la poste), et après-demain par le sachet plastique sous enveloppe kraft – pour les fétichistes réfractaires à la dispersion *in situ* dans « le jardin du souvenir ». Le prix du mètre carré dans les centres-villes ne tolère plus encombrement ni gaspillage. Grâce à la crémation (choisie pour soixante-quinze pour cent des cas), l'Angleterre a déjà pu économiser sur son territoire l'équivalent de six cents terrains de football. Aujourd'hui, récipient et livraison compris, on calcule à deux cents euros le coût unitaire de l'effacement. Quant au gain de temps, on a observé que la durée du deuil se réglant traditionnellement sur celle de la décomposition du cadavre, l'incinération la rend pratiquement sans objet. Elle évite en outre les fatigues du pèlerinage, des déplacements sur la tombe, et les temps creux du recueillement (le recueil préalable des cendres étant aussi en soi une fatigue physique). Il n'est pas étonnant que les pays les plus avancés se tournent chaque année davantage vers l'option crématiste : 98,5 % au Japon, 75,2 % en Grande-Bretagne, autour de 70 % dans les pays scandinaves. Bioland devrait permettre à la France catholique, avec sa manie d'investir dans la pierre, de combler son retard sur ses voisins protestants. Et de convertir définitivement en musées privés et lieux de promenade payants les désuets labyrinthes du Père-Lachaise ou de Ménilmontant (seule façon d'en rentabiliser l'onéreux entretien, encore à la charge de la Direction des parcs et jardins de la Ville de Paris). En fait, ce retard s'avérera bénéfique dans la mesure où Bioland pourra enjamber l'étape « crémation » encore bien territoriale et matérielle (Certificat papier du Souvenir délivré aux proches, déposition et transport des urnes) pour une gestion numérique des flux quasi en temps réel : étiquetage et traçabilité des cendres (en supplément), banque de données consultable à distance avec code d'accès, information gratuite des familles qui le souhaitent (il en restera très certainement), et qui pourront, contre une modeste redevance, visualiser par écran ou C.D.Rom des images-souvenirs de leur proche en phase terminale. Au-delà de cette information conviviale, les recherches en biotechnologies permettent d'augurer une utilisation optimale des restes, en réconciliant l'arboriculture avec la vie éternelle. Comme cela s'est déjà expérimenté au

Royal College of Arts de Londres, on pourra prélever une cellule dans la bouche du *de cujus*, en extraire l'ADN, l'injecter dans une cellule de pommier ou de cerisier, laquelle conservée dans une solution ad hoc donnera, après traitement, un plant transgénique et transportable. Nos amis britanniques ont poussé plus loin que nous l'art du jardinage, mais le rachat du brevet pourrait inciter les mélancoliques à repiquer le grand-père (ou une vieille maman) dans leur jardin, les voir pousser et fleurir sous leur fenêtre. Et pourquoi pas, en retrouver au dessert l'indéfinissable saveur, en laissant se fondre en jouissance dans la bouche le code génétique du disparu, enfoui sous un quartier de pomme ou une cerise. Les arbres auraient alors une âme pour de bon et l'on verrait, dans nos fermettes ou en terrasse, se multiplier les potagers et vergers d'ancêtres, lieux non plus seulement de mémoire mais de dégustation généalogique.

*

La question de savoir s'il convient de donner à chacun sa propre mort ou à tous une mort propre et à part égale, est, en démocratie, une question d'avenir. Si l'histoire n'était pas encore notre code, ce serait déjà *la* question de cours. Elle n'est pas tranchée – d'où notre combat, et la véhémence qu'on croit devoir y mettre. Il serait dommage que les destinataires de cette note d'information prennent une trouée théorique pour une corvée administrative, voire une prophétie pour une profanation. Nous sommes assis sur la banquette avant. Nous ne proposons pas une énième diversion techno-bucolique, un recyclage des sandales d'Empédocle ou un humanitarisme d'arrière-garde. Bioland ne prend pas en charge les traînards de la société marchande, il entrouvre – pardon pour la grandiloquence – un nouveau chapitre dans l'histoire du mutant. Il faut y voir un poing dressé par l'entrebâillement d'une très ancienne pierre tombale, et qui a manqué asphyxier l'espèce. Ce n'est pas pour notre plaisir (ni le leur) qu'on mettra un nez rouge aux patriarches, et qu'on fera circuler les clowns au milieu des incurables (que nous sommes tous). Ni parce qu'on trouve personnellement un peu *lourds* le sapin et le chêne, pour ne rien dire de la moto en bronze ou de la guitare en gypse en guise de stèles. Notre bataille pour le désencombrement de l'espace, du temps et des cerveaux, doit s'inscrire dans la guerre millénaire que, nous vivants, menons contre les morts, et où il y eut jusqu'ici plus de défaites que de victoires. « L'humanité est composée de plus de morts que de vivants », a dit Auguste Comte, philosophe nécrophile et peu écologique qui, tout mathématicien qu'il fut, ne serait jamais entré à la Cour des comptes. Depuis deux siècles, la société des nations a aligné neuf milliards de cadavres le long de sa route. Où les stocker ? Qu'en faire ? À quel coût-bénéfice ? Les terres émergées ne sont pas extensibles. Notre mémoire non plus, ni nos archives ni nos bibliothèques ni nos musées (tous heureusement n'étaient pas écrivains, sculpteurs, notaires ou peintres). Ne sommes-nous pas saturés de pyramides, mausolées, catacombes, cénotaphes, nécropoles, stèles, stupas, cimetières, tombeaux, gisants, cippes et calvaires ? Veut-on faire de la planète une taupinière ? Un Pompéi à perte de vue ? Ou pour chaque nouvel ossuaire, un polder ?

La dalle moussue qui nous empêche de respirer et

bloque notre marche en avant vers la lumière sans nuit a trois épaisseurs : les vieux, les livres et les morts. Ces anachronismes complices composent la société de conservation dont on ne viendra pas à bout sans l'attaquer par ses trois faces. Nous ne pouvons lutter séparément contre la tyrannie des morts et celle des livres. On n'arrêtera pas l'invasion de nos aéroports, nos centres commerciaux et nos listes électorales par le grand âge sans réduire la place des macchabées dans nos europoles, des librairies dans nos agglomérations et des récits dans notre vie. Il y a du nécrophage dans un avaleur de pages et du liseur de romans chez les flâneurs des cimetières. Sépulture, lecture et vague à l'âme ont partie liée. Les Américains l'ont compris, qui, d'après diverses études, ensevelissent et lisent de moins en moins. Entre 1982 et 2002, le nombre de lecteurs a baissé aux USA de 10 % (soit vingt millions de lecteurs potentiels en moins), et le nombre d'incinérés est monté de 10 %. Un Américain sur deux ne lit plus de livres. Et la moitié des autres lit des digests. Le Nouveau Monde tire l'Ancien dans le bon sens, mais il serait présomptueux de croire que la partie est gagnée. Il y a encore des fossiles qui veulent enseigner aux enfants d'Europe le latin et le grec. Et des bientôt embaumés qui réclament à Bruxelles des traductions de l'anglais au néerlandais, italien ou français.

En un mot, il s'agit rien moins que de forger une civilisation où conduire à la dernière demeure, converser sans force majeure avec un vieux et lire *Guerre et paix* en intégrale seront passe-temps d'antiquaires. Mieux : où la mort elle-même sera chose du passé. Si cela n'est pas innovant, qu'est-ce qui le sera ?

Sans doute ne part-on pas de zéro. Il y a longtemps

que nos villes rejettent leurs déjections extra-muros, sous les échangeurs autoroutiers. Les caveaux sont pleins. Il faut aller à Palerme pour trouver des momies au balcon, bien enrubannées. Malodorants ou non, chair ou papier, on a appris à rendre virtuels les corps que leur rouille accuse. Leur entretien coûte, et ils voyagent mal. Numérisés, les livres, comme les cadavres incinérés, vagabondent et se dispersent mieux. Au vent, dans la mer ou en pixels. Comment solder des corps en trois dimensions, devenus inaptes au spectacle, à la production ou au plaisir ? Qu'on ne peut plus mettre sur une bécane, un stade, une scène ou un lit, qui ne peuvent pas danser, se déshabiller, chanter, pédaler, saisir un micro, marquer un but, remporter une course ? En les aidant à partir sur la pointe des pieds. « Tout doit disparaître. » Et ne regrettons pas le temps où le fils, l'ami, la sœur procédaient eux-mêmes, avec des gestes hésitants, à une maladroite toilette funèbre. Nos thanatopracteurs ont mieux assuré. Félicitons-nous de ce que le « masque mortuaire », en cire ou en plâtre, soit devenu incongru, et la « photo sur le lit de mort », ce moule de papier, prohibée. Nos ancêtres agonisaient avec emphase. Nous nous en irons en catimini. C'est plus prudent. Les grimoires d'antan parlent de moins en moins aux jeunes ; et nos morts les plus proches s'éloignent de nous comme « des livres qu'on n'ouvre plus ». Nous n'avons plus grand-chose à nous dire, faute de langue commune. L'absence a cessé de résonner. On ne trouve plus d'épitaphes sur les tombes récentes, et le « à la mémoire de », qui succéda naguère au confiant *requiescat in pace*, disparaît à son tour. Inutiles. Comme le passé simple et l'imparfait du subjonctif dans les journaux. Ci-gît personne. Nulle part repose. Faut que ça saute. Une démocratie se doit de vivre au jour le jour. Seul l'avenir peut rendre les humains égaux, paisibles et conviviaux. Si leur passé leur colle à la peau, ils s'entre-déchireront. C'est notre responsabilité morale de prévenir les résurgences et gommer les restes de préhistoire, afin que l'homme lui-même devienne un perpétuel printemps, sans hiver ni automne.

On se libère déjà du monde ancien en étouffant la voix du radoteur qui sommeille en nous. C'est une ombre en plein soleil. Elle brouille le message et nuit à la vraie vie : info continue, pub, sondages, voitures, penaltys et portables. Les grincheux qui dénoncent les fameux « symptômes de déshumanisation » ne voient pas qu'une humanité pionnière émerge sous nos yeux, où les bafouillants, les rougissants et les perplexes n'auront plus aucun prétexte. Il nous faut l'aimer parce que rien ne l'arrêtera. Ce sera la plus forte. À titre de précaution, il y a des mots à éviter dès maintenant, comme fragilité, mélancolie, secret, grâce, laideur, deuil, gêne, gentillesse, poésie, chagrin, mystère, lenteur, nostalgie, silence. Ils sentent le vieux. Chacun doit dorénavant s'entraîner, et sans tarder, à aller droit *au fait* : à quoi ça sert ? Combien ça vaut ? Combien de spectateurs ? Et ça dure combien de temps ?

On aura compris que notre projet peut aider à franchir le pas. Qu'il soit en avance sur son temps n'empêchera pas les secteurs éclairés de l'opinion de s'en emparer, voire de l'enrichir par mille suggestions utiles.

*

Permettez-moi enfin, Monsieur le chef de service, et même si l'impudeur n'est pas d'usage dans l'administration, une ultime précision, d'ordre personnel. L'auteur de ce rapport a soixante-trois ans. Il a pris sa retraite et s'est démis de toutes ses fonctions, au demeurant modestes. Ni académicien, ni décoré, ni particulièrement fortuné, il a déjà touché sa part d'héritage, et appris à distinguer entre le métal argenté et l'argenterie. Il remplit à ce titre, et à quelques autres, toutes les conditions requises pour bénéficier l'un des premiers des hygiéniques aménités du Bioland, qui sera inscrit sur la carte, c'est bien sûr, avant sa soixante-dixième année. Conscient que les nouvelles générations ont plus besoin de témoins que de discours, et d'acteurs que d'auteurs, il ne désespère pas de prendre part, le moment venu, à sa mise en route et d'en faire rayonner tout alentour les bénédictions, en payant d'exemple, au milieu de ses frères en invalidité.

Achevé d'imprimer
par l'Imprimerie Floch
à Mayenne, le 15 décembre 2004.
Dépôt légal : décembre 2004.
1er dépôt légal : octobre 2004.
Numéro d'imprimeur : 61823.

ISBN 2-07-077299-3 / Imprimé en France.

135008